HISTOIRE

DE

LA TERREUR

PARIS. — IMPRIMERIE DE J. CLAYE
RUE SAINT-BENOÎT, 7

HISTOIRE

DE

LA TERREUR

1792-1794

D'APRÈS DES DOCUMENTS AUTHENTIQUES

ET INÉDITS

PAR

MORTIMER-TERNAUX

TOME TROISIÈME

PARIS

MICHEL LÉVY FRÈRES, LIBRAIRES ÉDITEURS

RUE VIVIENNE, 2 BIS, ET BOULEVARD DES ITALIENS, 15

A LA LIBRAIRIE NOUVELLE

1863

Tous droits réservés

HISTOIRE DE LA TERREUR

LIVRE IX

LE LENDEMAIN DE LA RÉVOLUTION DU 10 AOUT 1792.

I

Nous l'avons dit au début de cet ouvrage, et nous aurons souvent occasion de le redire, despotisme et démagogie ont entre eux mille points de ressemblance. Presque toujours même origine : l'ignorance, la peur et la bassesse ; mêmes moyens : le mensonge, la violence et l'intimidation ; mêmes résultats : l'abaissement des cœurs et l'écrasement des volontés. Tant qu'ils n'ont pas réussi à absorber toutes les forces vives d'une nation, les despotes et les démagogues prennent grand soin de déguiser leur nature et leurs tendances, ils se glissent dans l'ombre vers la proie qu'ils convoitent. Mais dès que, par ruse ou par violence, ils l'ont saisie, ils changent de langage en changeant d'attitude, ils remettent en honneur les maximes qu'ils ont poursuivies de leurs plus ardentes invectives ; ils adoptent les pratiques qu'ils ont flétries le plus énergiquement.

Nous n'écrivons pas l'histoire du despotisme ; peut-être un jour nous sera-t-il donné de dévoiler, dans un autre ouvrage, les mystères qui ont entouré les origines d'autres pouvoirs qui, eux aussi, donnant un éclatant démenti à leur programme, se sont hâtés de confisquer à leur profit la souveraineté populaire.

Aujourd'hui c'est la démagogie que nous avons à montrer telle qu'elle apparut le lendemain de son triomphe aux yeux de nos pères terrifiés. Jamais elle ne s'est plus complétement incarnée que dans la commune insurrectionnelle du 10 août. Jugeons-la donc sur les actes de cette commune fameuse. Voyons comment les envahisseurs de l'Hôtel-de-Ville comprirent et pratiquèrent la liberté. Sachons ce qu'ils firent des conquêtes de 1789.

Eux et leurs amis n'avaient eu jusqu'alors à la bouche que les mots d'humanité et de philanthropie ; ils ne cessaient de se proclamer les *hommes sensibles* par excellence. A peine vainqueurs, ils ne parlent plus que de meurtres et de vengeances.

Ils avaient épuisé leurs anathèmes à flétrir la maxime célèbre : *La fin justifie les moyens*. Cette maxime devient leur unique symbole de foi, depuis qu'ils l'appliquent à ce qu'ils appellent *le salut public*[1].

---

1. Nous sommes heureux d'avoir à constater sur ce point notre

Soit pour attaquer, soit pour se défendre, ils avaient toujours invoqué le grand principe de la liberté individuelle. Aussitôt que le trône constitutionnel de Louis XVI est renversé, la commune, au moyen de ses comités de surveillance, institués à l'Hôtel-de-Ville et dans chacune des quarante-huit sections parisiennes, organise le plus formidable espionnage qui jamais ait existé en aucun temps et dans aucun pays. Elle attribue le droit d'opérer des arrestations en masse à des subalternes qui demain délégueront leurs prétendus pouvoirs à des subalternes plus infimes et plus misérables encore; elle remplit les anciennes prisons au point de les faire déborder, elle en ouvre de nouvelles qui bientôt déborderont à leur tour, jusqu'à ce que le massacre les vide.

Combien d'applaudissements avaient accueilli les décrets de l'Assemblée constituante qui avaient déclaré individuelle la responsabilité des fautes et des crimes ! La commune propose de se saisir à titre d'otages des enfants de ceux qu'à tort ou à raison elle poursuit de ses vengeances; empruntant aux tyrans du moyen âge leurs odieuses pratiques, elle va jusqu'à emprisonner des

---

complet accord avec un écrivain dont nous sommes si souvent obligé de combattre les assertions et les doctrines. M. Louis Blanc, en terminant son *Histoire de la Révolution*, p. 601 du tome XII, s'écrie : « Il était réservé à la Convention de léguer aux générations futures un exemple à jamais mémorable du danger de ce sophisme, plein de meurtres : Le salut du peuple est la suprême loi. — Je dis sophisme; car le salut du peuple, en fait, signifie toujours le salut de telle ou telle nation dans telle ou telle circonstance, et, certes, il n'est pas de nation dont le salut vaille qu'on lui sacrifie un seul des principes qui sont, pour l'humanité, d'un intérêt permanent, invariable, éternel. »

femmes, pour forcer les maris à se livrer eux-mêmes.

Le droit de pétition avait été proclamé un droit sacré; il avait été revendiqué avec une audace sans pareille par les démagogues avant le 20 juin et le 10 août; ils en avaient abusé pour envahir la salle de l'Assemblée nationale, interrompre les plus importantes discussions et violer le domicile royal. Maintenant la commune proscrit en masse les signataires de pétitions qu'elle qualifie d'anti-civiques; elle les signale aux vengeances populaires, les prive de leurs droits électoraux et les déclare indignes de remplir aucune fonction [1].

La liberté de conscience avait été inscrite dans la constitution avec l'assentiment universel; la commune sollicite l'emprisonnement et la déportation, bientôt elle ordonnera le meurtre en masse des ecclésiastiques, auxquels on ne peut reprocher d'autre crime que de n'avoir pas voulu prêter un serment que leur conscience réprouve.

La déclaration des droits, la constitution et les lois pénales avaient assuré aux accusés la liberté absolue de la défense; pendant la Constituante et la Législative, les orateurs de la démagogie n'avaient pas cessé de tonner contre les commissions extraordinaires, contre les chambres ardentes, dont la création momentanée avait signalé les plus mauvais jours du despotisme royal. Les nouveaux souverains de Paris enlèvent aux prévenus la faculté de se faire défendre par des avocats autres que

---

[1]. Arrêté du 11 août 1792. *Histoire parlementaire* de Buchez et Roux, tome XVII, p. 49.

ceux qui auront obtenu de leur bon plaisir un certificat de civisme[1]. Ils exigent l'institution immédiate de tribunaux extraordinaires qui ne seront astreints à aucune des formes protectrices que les lois nouvelles ont consacrées.

Quant à la liberté de la presse, la première des libertés, puisqu'elle est la sauvegarde de toutes les autres, qu'en fait la commune? Par un seul arrêté, elle supprime tous les journaux royalistes, et ordonne l'arrestation de leurs rédacteurs, comme empoisonneurs de l'opinion publique. Ne respectant pas plus l'inviolabilité de la propriété que celle de la pensée humaine, elle confisque les presses et caractères qui servaient à la publication de ces feuilles; elle les distribue gratuitement aux écrivains réputés patriotes, et ceux-ci ne rougissent pas de s'enrichir des dépouilles de leurs ennemis[2].

Les despotes populaires s'arrêteront-ils au moins devant le secret des lettres, pour lequel l'Assemblée constituante avait montré un respect si scrupuleux? Non. Ils n'ont pas même la pudeur des gouvernements absolus qui voilent de certaines ombres ces honteuses pratiques. En plein soleil, des délégués municipaux envahissent les bureaux de la poste, arrêtent le départ des courriers, ouvrent toutes les correspondances.

On avait proclamé comme la plus sûre garantie de la

---

1. Arrêté du 21 août.
2. Arrêté du 12 août. *Histoire parlementaire* de Buchez et Roux, tome XVII, p. 51.

liberté la division des pouvoirs. La commune les usurpe et les concentre tous entre ses mains; elle suspend les autorités auxquelles elle est hiérarchiquement subordonnée, elle appelle journellement à sa barre les ministres, les magistrats, les administrateurs qui n'ont aucun compte à lui rendre.

En vain lui objecterait-on qu'elle viole le principe de la souveraineté du peuple, élevé par ses amis à la hauteur d'un dogme? Elle affecte de voir le peuple français dans le peuple de Paris, et le peuple de Paris dans les quelques milliers d'émeutiers qui l'ont installée à l'Hôtel-de-Ville et qu'elle conserve à ses ordres et à sa solde. Pourquoi tiendrait-elle compte du vœu des trente-six mille autres communes de France? N'est-elle pas la commune initiatrice, et, par cela même, n'est-elle pas exclusivement souveraine?

Elle ne regarde plus l'Assemblée nationale que comme une chambre d'enregistrement. Au lieu du fouet de poste de Louis XIV, c'est une pique à la main qu'elle vient dicter ses volontés aux représentants de la nation. Malheureusement elle sera aussi servilement obéie par eux que le grand despote le fut par les parlements.

L'abaissement progressif de l'Assemblée législative, sa défaillance et sa retraite continue devant les envahissements de la démagogie triomphante, tels sont les caractères distinctifs de la période dans laquelle nous allons entrer. Jamais historien n'aura eu à soulever les voiles d'une époque aussi tachée de sang et de boue; mais s'il n'est pas de récit plus affligeant à écrire, il n'en est pas de plus utile à méditer. Puissent nos lecteurs, en nous suivant au milieu de tant de hontes et de crimes, ne pas prendre la nature humaine en horreur, et, comme nous, ne jamais désespérer de la liberté.

11

Dès le 11 août au matin, l'Assemblée législative eut à s'occuper du sort des infortunés qui étaient venus chercher un asile dans son sein.

Pour sauvegarder la vie de la famille royale, on ne trouve d'autre parti à prendre que de la faire ramener dans la loge du Logographe et de lui infliger le supplice que déjà, la veille, pendant vingt heures, elle avait subi.

Les Suisses, qui avaient accompagné la famille royale et s'étaient laissé désarmer par ordre de Louis XVI, avaient passé la nuit dans l'église des Feuillants ; mais il est difficile de les y garder plus longtemps, car la populace, amassée dans les rues environnantes, ne cesse de demander qu'on les lui livre. La prison de l'Abbaye est d'abord désignée pour tous, mais bientôt on se ravise. Comme on est déjà parvenu, depuis vingt-quatre heures, à obtenir de quelques-uns d'entre eux des dépositions qui paraissent charger plusieurs de leurs chefs, on divise les prisonniers en deux catégories : les officiers et les sous-officiers sont envoyés à l'Abbaye, les simples soldats dirigés sur le palais Bourbon [1].

---

[1]. Le palais Bourbon avait été habité jusqu'à l'émigration par les princes de Condé; il ne comprenait pas, à beaucoup près, les con-

Avant leur départ, l'Assemblée nationale rend un décret par lequel elle déclare :

« Que les officiers et soldats suisses et toutes autres personnes qui sont mises en état d'arrestation par le peuple sont et demeureront sous la sauvegarde de la loi et des vertus du peuple français;

« Qu'une cour martiale sera organisée pour juger sans désemparer les officiers et soldats suisses dont elle a décrété la translation dans les prisons, et que les officiers qui doivent composer cette cour seront nommés par le commandant général provisoire de la garde nationale[1]. »

La commune est chargée de promulguer immédiatement ce décret par tous les carrefours et places de Paris; elle le commente dans une adresse qui indique assez la résolution bien arrêtée des ultra-révolutionnaires de ne faire grâce à aucun de leurs ennemis. Suivant la logique des partis, ces ennemis étaient coupables, puisqu'ils étaient vaincus.

« Peuple souverain, » — proclamait la municipalité en trois phrases d'un effrayant laconisme —, « suspends ta vengeance, la justice endormie reprendra aujourd'hui ses droits ; tous les coupables vont périr sur l'échafaud[2]. »

---

structions actuelles, qui furent élevées sous le premier empire et les gouvernements postérieurs.

1. *Collection des Lois,* année 1792, tome X, p. 128.

2. Chabot s'était chargé de conduire sains et saufs les prisonniers dirigés sur la prison de l'Abbaye, il avait répondu « sur sa tête de la moindre égratignure qui pourrait leur être faite ». Cet ex-capucin, qui avait oublié son vœu d'humilité chrétienne, n'aimait pas que ses moindres faits et gestes passassent inaperçus ; il prenait la peine de

L'Assemblée était encore occupée de la translation des prisonniers suisses, quand le maire, que depuis près de vingt-quatre heures elle mandait à sa barre, se pré-

rédiger les certificats de courage et d'éloquence qu'il se faisait délivrer, puis les déposait lui-même sur le bureau du président. Nous avons retrouvé ceux qu'il rédigea et déposa le 11 août 1792. Ils sont entièrement écrits de sa main.

« M. François Chabot, député à l'Assemblée nationale, commissaire nommé par elle pour protéger les officiers et soldats suisses mis en état d'arrestation à la suite de la journée d'hier, a fait conduire en sa présence et des officiers municipaux de Paris et de Neuilly..... (suivent les noms de quinze Suisses dont neuf sont qualifiés de caporaux, sergents et fourriers), lesquels ont été reçus à ladite prison de l'Abbaye dans la soirée de ce jour par le concierge de ladite prison, dont la signature sert de décharge aux personnes chargées de leur conduite.

« Bon pour décharge,

« *Signé :* Lavaquire, commis-greffier.

« Paris, ce 11 août an IV. »

Au dos est écrit :

« Nous certifions qu'aucune insulte n'a été faite aux quinze prisonniers dans leur route et qu'ils ont été conduits sains et *sauves* aux prisons de l'*Abaye* et que le peuple a *été frapé* de tout ce que M. Chabot lui a dit sur le respect dû aux personnes, aux propriétés, à la loi et au droit des gens.

« *Signé :* François Chabot, député; Gérard, maire; Gardol, officier municipal de Paris; Bourjot; Robert Picolet, officier municipal de Neuilly; Alleman, Noll. »

« A Paris, le 11 août, à dix heures du soir, l'an IV. »

Ces derniers noms sont ceux de deux malheureux Suisses qui faisaient partie du convoi. Les noms des quinze Suisses amenés par Chabot, le 11 août au soir, se retrouvent tous sur les listes mortuaires dressées à l'Abbaye après les massacres de septembre.

On envoya successivement au palais Bourbon les Suisses qui étaient

sente enfin devant elle et vient constater par sa présence que ceux qu'il décore du nom de « collègues » ont enfin consenti à le mettre en liberté[1].

restés pour garder les casernes de Rueil et de Courbevoie et les Suisses isolés qui se trouvaient en résidence fortuite dans d'autres communes. Nous avons eu entre les mains les comptes présentés par les fournisseurs chargés de la nourriture des Suisses du palais Bourbon ; ces prisonniers étaient cent douze le premier jour ; quelques jours après leur nombre montait à deux cent quarante-six. Un décret du 20 août ayant autorisé les officiers, sous-officiers et soldats, servant dans les régiments suisses à rester, s'ils le préféraient, au service de France avec leurs grades, mais à charge par eux de prêter le serment du 10 août, la plupart des Suisses du palais Bourbon usèrent de cette faculté. Aussi la commune ne les désigna-t-elle pas aux sicaires qu'elle envoya, le 2 septembre, à l'Abbaye.

On trouvera à la fin de ce volume une note sur différentes particularités relatives aux régiments suisses qui faisaient partie de l'armée française et qui furent licenciés en vertu du décret du 20 août précédemment cité.

1. Le malheureux Pétion, qui avait lui-même demandé, le 10 août au matin, à être mis en quasi-arrestation, trouvait que l'on était bien lent à venir le délivrer. Il lui tardait naturellement de jouir des fruits d'une victoire à laquelle sa coupable abstention avait si fort contribué. Le billet suivant, qu'il adressait aux commissaires de la commune insurrectionnelle et que nous avons eu le bonheur de retrouver, montre combien peu ses complices se souciaient de lui, depuis qu'ils n'avaient plus besoin de s'abriter sous les plis de son écharpe populaire :

« L'Assemblée nationale, messieurs, a rendu hier un décret pour lever la consigne établie à la mairie. Depuis ce temps, la consigne n'est point encore levée, puisqu'on ne veut pas me laisser sortir ; cependant nous devons tous obéir aux décrets de l'Assemblée. Je vous prie en conséquence, messieurs, de vouloir bien donner les ordres nécessaires pour que je puisse me rendre librement où mes devoirs m'appelleront, et particulièrement à la barre de l'Assemblée nationale. »

Plusieurs officiers municipaux accompagnent Pétion. « Législateurs, s'écrie emphatiquement l'un d'eux, les amis du peuple viennent rendre aux amis du peuple l'ami du peuple[1] ! » Puis Pétion débite des phrases aussi banales que pompeuses, où il promet, au nom de la nouvelle commune, obéissance complète aux décrets de l'Assemblée nationale. Pour prix de cette obéissance, que l'on jurait tout haut, mais que l'on se réservait tout bas de pratiquer le moins possible, l'Assemblée s'empresse d'accorder à la municipalité de Paris un subside de 850,000 francs par mois. Il était destiné à couvrir, dit le décret, les frais de la police militaire établie près des bureaux de la mairie, et devait remonter au 1er janvier 1792[2].

A quoi servit cette somme de près de six millions ainsi allouée à la municipalité comme une sorte d'indemnité d'entrée en campagne, et sans qu'elle eût besoin d'en rendre compte? Dieu seul le sait !

Au sortir de l'Assemblée, Pétion se rend à l'Hôtel-de-Ville et adresse à ses terribles collègues, qui le tenaient en chartre privée quelques heures auparavant, les adjurations les plus pathétiques[3] pour qu'ils restent toujours dans la ligne de la sagesse et de la modération. Ap-

1. *Moniteur,* page 949.
2. *Moniteur,* page 950.
3. Nous avons retrouvé la minute de la lettre que Pétion adressa aux commissaires de la commune insurrectionnelle pour récapituler les conseils qu'il leur avait donnés de vive voix, quand il avait paru un instant parmi eux, mais sans oser reprendre la présidence de l'assemblée qui lui appartenait cependant de plein droit. En lisant ces

plaudi, acclamé comme autrefois, le premier magistrat de Paris se figure n'avoir rien perdu de sa popularité. Mais combien il se trompe! Durant sa courte captivité, à moitié volontaire, d'autres chefs se sont intronisés à sa place. Ils lui conservent encore l'apparence du pouvoir, mais ils en ont accaparé la réalité. Le maire nomi-

conseils, on se prend à rire de pitié pour celui qui les donnait s'il pouvait s'imaginer un instant qu'ils seraient écoutés :

« Messieurs et collègues,

« L'intérêt public et votre gloire exigent que vous conduisiez, avec fermeté et prudence, jusqu'à son terme, la grande entreprise que vous avez si courageusement commencée. Je vais dire la vérité à des hommes dignes de l'entendre. Les premiers moments exigeaient beaucoup de célérité dans les mesures. Ceux actuels permettent plus d'examen et de discussion. L'essentiel n'est pas de beaucoup faire, mais de bien faire; avec l'enthousiasme on fait de grandes choses, mais c'est avec la raison qu'on les conserve, avec la justice qu'on les fait chérir. Il ne faut pas croire que toute idée civique doive devenir à l'instant l'objet d'un arrêté, et que le vœu particulier d'une section doit être transformé en volonté communale. Nous devons vouloir tout ce qui est bien, mais il faut distinguer ce que nous avons le droit de faire par nous-mêmes d'avec ce qui est hors de nos pouvoirs. Nous sommes dans cette circonstance heureuse que l'Assemblée nationale veut le salut du peuple et se montre avec énergie. Elle est toujours prête dès lors à consacrer tous les moyens de prospérité publique qu'on lui présentera. C'est donc avec elle, c'est sous son égide qu'il faut marcher; prenons dans nos assemblées une attitude imposante; ayons le calme du courage et la dignité des hommes libres, oublions notre amour-propre pour ne penser qu'à l'amour du bien public. Pourvu que le bien se fasse, qu'importe qui l'a fait? Tout nous annonce le dénouement le plus heureux; la liberté est à nous. Elle est à nous tout entière si nous savons la suivre dans ses développements et la conserver. Les commissaires de 92 tiendront dans l'histoire une place aussi honorable que les électeurs de 89. »

nal peut, s'il lui plaît, prononcer des harangues, rédiger des circulaires et des adresses, recueillir même des applaudissements ; il ne dirige, il n'inspire plus rien. Robespierre, du coin obscur de la salle où les regards des spectateurs le cherchent et le découvrent à grand'peine, gouverne désormais la commune.

On ne l'avait vu nulle part, ni dans la nuit du 9 au 10 août, ni dans la matinée du 10. Le triomphe de la démagogie une fois assuré, il avait paru le soir dans la salle des Jacobins et y avait reçu les hommages de ses séides[1]. Le lendemain matin, il s'était fait nommer par sa section (celle des Piques, ci-devant de la place Vendôme) membre de la nouvelle commune. Durant les six semaines que Robespierre siégea à l'Hôtel-de-Ville (du 11 août au 22 septembre), la présidence fut occupée par un grand nombre de membres, la plupart assez obscurs[2] ; jamais le célèbre tribun ne consentit à prendre le fauteuil. Il remplit des missions temporaires, mais n'accepta aucune charge permanente. S'il ne demandait pas mieux que d'aller intimer, au nom de la commune, à l'Assemblée législative, des ordres qui n'admettaient pas de réplique, il tenait surtout à conserver sa liberté d'action, et ne voulait être enchaîné à aucune fonction, quelque brillante qu'elle fût. Il com-

1. *Journal du Club des Jacobins,* n° CCXXXXVII.
2. La présidence fut exercée pendant la période du 10 août au 22 septembre à titre définitif ou provisoire par Huguenin, Lullier, Marie-Joseph Chénier, Xavier Audouin, Léonard Bourdon, Boula, Truchon. Les ordres et arrêtés manuscrits que nous avons eus entre les mains portent tantôt l'une, tantôt l'autre de ces signatures.

mençait ainsi à mettre en pratique le système qu'il suivit à la Convention : restant, sur les bancs de l'Assemblée ou au Comité de salut public, dans une espèce de pénombre d'où il pouvait tout voir sans être vu, tout entendre sans être obligé de parler, et, comme l'araignée, tissant avec patience les toiles perfides dans lesquelles tous les moucherons révolutionnaires devaient venir successivement se faire prendre et se faire égorger.

III

Lorsque le canon du 10 août tonnait encore, la Législative s'était hâtée de faire appel au peuple français et d'annoncer la convocation d'une Convention nationale. Le 11, sur le rapport de Guadet, elle vote les décrets nécessaires pour consommer la suspension du pouvoir exécutif et déterminer les formes de l'élection des membres de la nouvelle assemblée.

La distinction des Français en citoyens actifs et non actifs, établie par la Constitution de 1791, est supprimée; mais on conserve l'élection à deux degrés. Pour être électeur du premier degré, il suffira d'être Français, âgé de vingt et un ans, domicilié depuis un an, vivant de son revenu ou de son travail et de ne pas être en état de domesticité. Les assemblées primaires doivent nommer le même nombre d'électeurs et les électeurs le même nombre de députés que lors des élections de 1791 pour la Législative. Les assemblées primaires sont convoquées pour le dimanche 26 août, et les assemblées électorales pour le dimanche suivant, 2 septembre. Les députés élus devront être réunis à Paris le 20 septembre.

A ses décrets sur la suspension du pouvoir exécutif et la convocation de la Convention nationale, la Législative joint un exposé de motifs dans lequel elle croit devoir expliquer « à la nation, à l'Europe, à la postérité, comment, placée entre le devoir de rester fidèle à ses serments et celui de sauver la patrie, elle a voulu les remplir tous deux à la fois... » Elle refait donc l'histoire des trois derniers mois sous la dictée des Jacobins victorieux, blâmant ce qu'elle a loué, glorifiant ce qu'elle a condamné, et, tout en insinuant qu'on lui a forcé la main sur la question de la suspension ou de la déchéance du pouvoir royal, qui ne devait, dit-elle, être décidée qu'après un examen mûr et réfléchi, elle proclame la légitimité de l'insurrection qui a brisé le trône et la tient elle-même asservie.

Sans prononcer encore le nom de la République, l'Assemblée s'étudie à écarter d'elle le soupçon d'une arrière-pensée favorable au maintien de la monarchie[1]. En

---

[1]. La commune plus encore que la Législative cherchait à effacer, dans les formules et les monuments, jusqu'aux derniers vestiges de la royauté. Elle changeait les unes et mutilait les autres. Ainsi, elle substituait le mot de citoyen à celui de monsieur dans tous actes officiels, engageait les diverses autorités à suivre son exemple et ordonnait la suppression de toute marque distinctive. Ainsi, elle décidait que de l'HEUREUSE RÉVOLUTION DU 10 AOUT devait commencer une ère nouvelle, et datait ses arrêtés de *l'an Ier de l'Égalité*. Ainsi elle faisait abattre les statues de Louis XIV et de Henri IV, briser les bustes de Necker, de La Fayette et de Bailly, et ordonnait la démolition des portes Saint-Martin et Saint-Denis. (Ces deux der-

vain, le 11, un montagnard, Guérin, lui rappelle-t-il qu'elle doit nommer le gouverneur du Dauphin ; en vain, le 12, des pétitionnaires insistent-ils pour que l'héritier du trône soit séparé de sa famille et pourvu d'une garde particulière : elle s'obstine à ne pas délibérer sur ces diverses propositions et borne ses efforts à résister à l'insistance de plus en plus vive de la commune qui, maîtresse absolue de Paris, entend rester seule gardienne de la personne du monarque.

niers monuments furent sauvés par l'heureuse intervention du littérateur Dussaulx.)

Voulant se différencier de plus en plus de la Commune légale, dont elle avait usurpé les pouvoirs, elle prescrivait à chaque section de se faire représenter dans son sein par six commissaires au lieu de trois.

Le sanhedrin démagogique compta dès lors 288 membres; il fallut trois jours pour le compléter, car quelques-unes des sections ne nommèrent leurs délégués que le 12 et même le 13 août.

Il est curieux d'étudier jour par jour les modifications successivement apportées par la commune insurrectionnelle dans les qualifications qu'elle croit devoir se donner. Le 10, les usurpateurs s'intitulent commissaires de la majorité des sections réunis avec pleins pouvoirs pour sauver la chose publique ; le 11, assemblée générale des commissaires réunis des diverses sections de la capitale, formant la majorité de la commune ; le 12, assemblée générale des représentants de la commune de Paris réunis pour le salut public. Le 13, voyant déjà leurs pouvoirs contestés au sein de l'Assemblée nationale et voulant s'affirmer eux-mêmes, ils finissent par prendre le titre de « Conseil général de la commune. »

Les nominations faites par les sections le 11, le 12 et le 13 août n'amenèrent à l'Hôtel-de-Ville que très-peu d'individus ayant déjà ou devant plus tard acquérir une certaine célébrité. Dans cette foule, nous ne trouvons à citer que Robespierre, Chaumette, Méhée fils, Destournelles, Billaud-Varennes, Pache, Choderlot-Laclos ; encore ces deux derniers n'y parurent-ils qu'un instant.

La famille royale était toujours aux Feuillants, contrainte de passer ses journées dans la loge du Logographe, ses nuits dans quatre petites chambres de l'ancien couvent. On avait permis, dans les premiers moments, aux femmes de la reine, de madame Élisabeth et des deux enfants, de pénétrer jusqu'aux princesses et de leur offrir les soins auxquels elles étaient accoutumées. Mais, dans la précipitation de leur départ des Tuileries, le roi et les siens n'avaient emporté ou fait emporter ni hardes ni argent; depuis, tout ce qui n'avait pas été pillé avait été mis sous les scellés. La pénurie des augustes captifs devint extrême, il fallut que la tendre piété de quelques amis dévoués vînt leur fournir les objets les plus indispensables.

Un officier des cent-suisses offrit quelques vêtements à Louis XVI. La duchesse de Grammont donna du linge pour la reine et les princesses. La femme de l'ambassadeur d'Angleterre, la comtesse de Gower-Sutherland, dont le fils avait le même âge que le Dauphin, envoya quelques hardes adaptées à la taille du pauvre enfant. La commisération d'une étrangère vint ainsi en aide au dénûment du fils de tant de rois. C'est que la moindre marque de sympathie donnée à cette malheureuse famille était déjà une cause de suspicion; elle devint plus tard un titre de proscription pour celui qui se la permettait ou se l'était permise[1].

---

1. Mme Auguié, l'une des femmes de chambre de la reine, remit, le 11 août, à Marie-Antoinette, vingt-cinq louis (on avait volé à la reine sa bourse et sa montre dans la traversée de la terrasse des

Une heure après l'occupation des Tuileries et le massacre des Suisses, la commune insurrectionnelle avait envoyé une députation à l'Assemblée pour demander que Louis XVI fût mis en état d'arrestation. A cette pétition l'Assemblée avait répondu par l'art. 9 du décret rendu sur le rapport de Vergniaud. Cet article prescrivait au département de Paris de donner les ordres nécessaires pour faire, dans les vingt-quatre heures, préparer au Luxembourg un logement où le roi et sa famille seraient mis sous la garde des citoyens et de la loi.

Le département s'empresse d'exécuter les instructions qui lui sont transmises. Mais, au Luxembourg, il trouve

---

Feuillants à la salle de l'Assemblée). Quinze mois après, lors du procès de l'infortunée princesse, il fut question, à l'audience, de ces vingt-cinq louis. Marie-Antoinette, sans prévoir le danger auquel elle exposait Mme Auguié, fit connaître par quelle personne et dans quelles circonstances ils lui avaient été remis. (Voir le procès de la reine, *Histoire parlementaire de Buchez et Roux*, t. XXIX, p. 376; par une faute d'impression, le nom d'Auguié est défiguré, il est écrit Auguel.) Cette preuve de dévouement coûta la vie à l'infortunée Mme Auguié. Le Comité de sûreté générale lança contre elle un mandat d'amener; mais au moment où on venait l'arrêter, elle se précipita par la fenêtre de son appartement et se tua. L'une des filles de Mme Auguié épousa dix ans après le maréchal Ney. La restauration ne parut pas se souvenir du dévouement et de la mort de la mère de la maréchale, car les dédains que celle-ci essuya en 1814 à la cour de Louis XVIII ne contribuèrent pas peu, dit-on, à exaspérer sourdement l'âme bouillante du prince de la Moskowa, et à le jeter dans l'effroyable abîme ouvert par sa proclamation de Lons-le-Saulnier. Le frère de Louis XVI et la fille de Marie-Antoinette auraient dû, en 1816, se rappeler toutes ces circonstances; le héros de la campagne de Russie, quelque coupable qu'il pût être, ne serait pas tombé sous des balles françaises.

les scellés qui y ont été apposés au moment du départ du comte de Provence (20 juin 1791). L'Assemblée n'en a pas plutôt autorisé la levée qu'une nouvelle difficulté se présente, suscitée sous main par la commune. La section des Quatre-Nations vient dénoncer l'existence de souterrains sous le Luxembourg. Pendant qu'un nouveau décret ordonne la vérification du fait, la commune, qui tient essentiellement à ce que le décret du 10 reste inexécuté, propose tour à tour l'abbaye Saint-Antoine, l'Évêché, le Temple, et fixe enfin son choix sur ce dernier monument, que la captivité de Louis XVI et de sa famille devait rendre si célèbre. Elle envoie l'entrepreneur-patriote Palloy en visiter les tours, avec trois municipaux, Paris, Lefèvre et Martin, qu'elle charge, d'ores et déjà, d'y conduire le roi. En réponse à l'arrêté plus que prématuré que viennent de prendre les dominateurs de l'Hôtel-de-Ville, la commission extraordinaire présente, le 12 au matin, un rapport dans lequel elle établit « que la proposition de la commune doit être rejetée, parce que l'évasion est aussi facile au Temple qu'au Luxembourg. L'hôtel du ministre de la justice, place Vendôme, conviendrait beaucoup mieux pour l'habitation royale. » En conséquence, il est décrété que le roi et sa famille seront transférés au ministère de la justice, qu'il leur sera donné une garde sous les ordres et la surveillance du maire et du commandant général ; enfin, que jusqu'à la réunion de la Convention, 500,000 fr. seront affectés à la dépense de la maison du roi.

Le décret est formel. Mais la commune ne se tient pas pour battue. Manuel et Pétion accourent à la barre, environnés d'une nombreuse députation. Le procureur syndic déclare que la municipalité ne peut répondre de la sûreté du roi nulle part ailleurs qu'au Temple « isolé et entouré de hautes murailles. » Pétion, accoutumé à prêter son appui à tout ce qu'avance son ami et son confident, confirme ce qu'a dit Manuel, et, de guerre lasse, la représentation nationale subit la honte de revenir avant la fin de la journée sur ce qu'elle a solennellement décrété le matin.

Son nouveau décret « confie la garde du roi et de sa famille aux vertus des citoyens de Paris ». Seulement, par un reste de pudeur et pour ne pas avoir l'air d'obéir aux ordres de la commune, on n'y nomme pas le Temple; on se contente de charger les représentants de la municipalité de pourvoir sans délai et sous leur responsabilité au logement de la famille royale; on leur ordonne de prendre toutes les mesures de sûreté que la sagesse et l'intérêt national pourraient exiger.

La commune se hâte de célébrer son triomphe en faisant afficher dans tout Paris l'adresse que ses commissaires ont présentée à l'Assemblée nationale et le décret que l'Assemblée s'est laissé arracher.

Dans la soirée du 13 août s'effectue la translation de la famille royale des Feuillants au Temple. Deux voitures de la Cour servent à ce triste voyage. Comme au retour de Varennes, Pétion monte dans le carrosse royal; mais Barnave n'est plus là. Quinze mois auparavant, le roi n'était encore que moralement prisonnier; aujourd'hui, il n'y a plus de doute ni d'illusion possibles. Le cortége royal, en rentrant à Paris, avait été accueilli, le 25 juin

1791, par un profond et douloureux silence; le 13 août 1792, il est accompagné par les vociférations et les hurlements d'une populace en délire.

Au Temple, les augustes prisonniers sont reçus avec une insolence calculée par les délégués municipaux ; on les dépose provisoirement dans quelques pièces démeublées de la petite tour, qui servaient autrefois au logement du garde des archives de l'ordre de Malte [1].

Le soir, les commissaires de la commune reparaissent à la barre de l'Assemblée et annoncent « qu'ils ont procuré à Louis XVI et à sa famille tous les égards dus au malheur et *surtout à un roi,* et qu'ils ont, de concert avec lui, donné tous les ordres nécessaires pour qu'il soit convenablement et commodément logé. »

Ainsi on conservait encore dans le langage officiel des formes qui n'étaient plus observées en réalité ; mais l'Assemblée, ainsi que la commune, ne devait pas tarder à se corriger de ces condescendances apparentes.

IV

Depuis plusieurs mois, la commission extraordinaire avait été chargée d'élaborer une loi dite de police géné-

---

[1]. Nous renvoyons, pour tous les autres détails relatifs aux premiers jours de la captivité de la famille royale soit aux Feuillants soit au Temple, à l'ouvrage si intéressant et si pathétique que M. de Beauchesne a consacré à la mémoire de Louis XVII. Nous croyons devoir nous borner à donner, à la fin de ce volume, plusieurs pièces officielles qui complètent les renseignements recueillis par M. de Beauchesne.

rale, dont le but avoué était d'ôter la police politique des mains des juges de paix, suspects de royalisme, pour la transférer aux municipalités qui paraissaient plus disposées à entrer dans les voies révolutionnaires. Déjà le rapporteur Gensonné en avait fait adopter plusieurs articles dans les premiers jours d'août. Le 11, on se hâta de voter les autres.

L'art. I de la nouvelle loi confiait aux corps municipaux la recherche des crimes contre la sûreté extérieure et intérieure de l'État. L'art. II invitait les citoyens à dénoncer les conspirateurs et suspects. L'art. III donnait aux officiers municipaux le pouvoir de s'assurer du corps du délit et de la personne des prévenus, s'il y avait lieu. En vertu de l'art. VIII, « tout dépositaire de la force publique, et même tout citoyen actif, pouvaient conduire devant la municipalité un homme fortement soupçonné d'être coupable d'un délit contre la sûreté générale, sauf la responsabilité que le magistrat et le simple citoyen encourraient dans le cas où ils auraient agi méchamment ou par envie de nuire.

Les municipalités étaient, il est vrai, tenues de faire passer, dans les vingt-quatre heures, aux conseils de district, les pièces, procès-verbaux ou interrogatoires, à l'appui des mandats lancés contre les citoyens. Ces pièces devaient être transmises par les districts aux départements et, par ceux-ci, au corps législatif. Mais qui ne voit à quelles lenteurs interminables était assujettie, en fait, cette transmission de pièces souvent volumineuses, qui, après avoir été examinées à chaque degré de la hiérarchie administrative, devaient en définitive s'enfouir dans les cartons de l'Assemblée? En réalité c'était abandonner la liberté et quelquefois la vie des citoyens à l'arbitraire des préventions aveugles, à la violence des haines privées.

Si l'application d'une pareille loi était redoutable partout, elle ne pouvait qu'être désastreuse à Paris, où elle allait être confiée à une municipalité qui, n'ayant, pour se perpétuer, d'autre titre que son audace, devait, par cela même, user et abuser de tous les pouvoirs extraordinaires remis entre ses mains. La fatale loi était à peine rendue que ceux mêmes qui en avaient été les promoteurs s'aperçurent de quelle force ils venaient d'armer la commune de Paris. Mais ils se prirent à espérer que tout pourrait encore être réparé, s'ils parvenaient à rendre quelque vie au corps intermédiaire que le législateur de 1791 avait placé au-dessus des municipalités pour surveiller leurs actes, c'est-à-dire au conseil de département. Par malheur, l'Assemblée avait elle-même fortement contribué à saper l'autorité de ce corps, lorsque celui-ci, ayant à sa tête le vénérable duc de la Rochefoucauld, était entré en lutte avec la municipalité.

Pour rendre au département de Paris une force nouvelle, on pensa qu'il fallait en retremper les éléments dans une élection populaire. On espérait atténuer ainsi les conséquences du discrédit moral dont on avait frappé ce corps intermédiaire et les dangers de la loi qu'on venait de voter si inconsidérément. Mais à quoi servent les palliatifs de cette espèce?

L'expérience de nos soixante-dix années de révolution ne l'a que trop souvent démontré. Au nom du salut public, on improvise des lois ou même des constitutions qui attribuent à un homme ou à un corps des pouvoirs exorbitants. On a soin, il est vrai, d'entourer l'exercice de ces pouvoirs de conditions accessoires qui doivent, dit-on, en neutraliser tous les périls ; mais, une fois la loi rendue, la constitution adoptée, les habiles trouvent moyen de faire, d'une manière ou d'une autre, disparaître ces conditions accessoires, ces fameux palliatifs, dans l'efficacité desquels les législateurs ingénus avaient mis toute leur confiance. Les dispositions principales restent seules et deviennent un bel et bon instrument de tyrannie. C'est ce qui arriva dans cette circonstance.

V

Pour la formation du nouveau conseil de département l'élection à deux degrés était supprimée. Chacune des quarante-huit sections parisiennes et chacun des seize cantons ruraux devait élire directement un administrateur départemental.

Une autorité, à laquelle ils seraient obligés de rendre compte des arrestations en masse journellement opérées, ne pouvait convenir aux dictateurs de l'Hôtel-de-Ville. Elle devait être, il est vrai, nommée au moins en grande partie par les sections qu'ils inspiraient et dominaient, et n'exercer sur leurs actes qu'une surveillance illusoire. N'importe ! en droit, si ce n'est en fait, un contrôle était rétabli, et la commune insurrectionnelle entendait rester souveraine absolue. Sans hésiter, sans perdre un instant, elle envoie des commissaires aux quarante-huit sections pour les inviter fraternellement à suspendre les nominations qu'elles s'apprêtaient à faire conformément à la nouvelle loi. En même temps, elle charge une députation conduite par Robespierre de faire savoir aux représentants du peuple que le dernier décret qu'ils ont rendu déplaît aux sauveurs de la patrie, et qu'ils aient à le retirer.

« Le conseil général de la commune, dit l'insolent démagogue, nous envoie vers vous pour un objet qui intéresse le salut public. Après le grand acte par lequel le peuple souverain vient de conquérir sa liberté, il ne peut plus exister d'intermédiaire entre le peuple et vous. Le peuple, forcé de veiller à son propre salut, a pourvu à sa sûreté par ses délégués. Obligés à déployer les mesures les plus vigoureuses pour sauver l'État, il faut que ceux qu'il a choisis lui-même pour ses magistrats aient toute la plénitude de pouvoir qui convient au souverain; si vous créez un autre pouvoir qui domine ou balance l'autorité des délégués immédiats du peuple, alors la force populaire ne sera plus une, et il existera dans la machine de votre gouvernement un germe éternel de division qui fera encore concevoir aux ennemis de la liberté de coupables espérances. Il faudra que le peuple, pour se délivrer de cette puissance destructive de la souveraineté, s'arme encore une fois de la vengeance !...

« Quand le peuple a sauvé la patrie, quand vous avez ordonné une Convention nationale *qui doit vous remplacer*, qu'avez-vous autre chose à faire qu'à *satisfaire son vœu?* Craignez-vous de vous reposer sur la sagesse du peuple, qui veille sur le salut de la patrie, *qui ne peut être sauvée que par lui?* Conservez-nous les moyens de sauver la liberté; c'est ainsi que vous partagerez la gloire des héros conjurés pour le bonheur de l'humanité; c'est ainsi que, *près de finir votre carrière,* vous emporterez avec vous les bénédictions d'un peuple libre..... »

A ces paroles menaçantes, les tribunes applaudissent, les représentants se taisent. Thuriot, demande formellement qu'afin de rétablir l'harmonie entre la représentation nationale et la commune de Paris, le décret, rendu le matin, soit immédiatement rapporté. Lacroix propose un moyen terme qui, suivant lui, semble tout concilier. « Il suffit, dit-il, que le Directoire du département n'exerce sa surveillance sur les actes de la municipalité qu'en ce qui concerne les contributions publiques, le séquestre des biens des émigrés, les domaines nationaux et autres objets d'administration générale. »

Si le fond était complétement abandonné, la forme était au moins respectée, c'est tout ce que voulait la pusillanime Assemblée, qui adopte sans mot dire la proposition de Lacroix. Sera-ce le dernier sacrifice demandé à sa dignité, à ses convictions, à sa conscience? Non, car une fois engagé dans cette voie, jamais celui qui sent sa force ne se lasse d'exiger ; jamais celui qui avoue sa faiblesse ne se lasse de céder [1].

---

[1]. Il nous paraît indispensable de mettre sous les yeux de nos lecteurs le texte même de la loi du 13 août, qui donne la mesure de l'abaissement dans lequel était tombée la Législative devant sa toute-

VI

L'Assemblée avait décrété, comme nous l'avons vu, la formation d'une Cour martiale pour juger les auteurs de ce qu'on appelait les crimes du 10 août. Mais cette Cour n'était évidemment compétente que pour connaître des actes qui se rattachaient d'une manière intime et directe aux faits militaires de cette journée. L'Assemblée l'avait si bien compris ainsi que, le 13, elle renvoyait devant la haute Cour d'Orléans Barnave, Alexandre Lameth et les anciens ministres Duportail[1], Duport-

---

puissante rivale. On croirait, en en lisant les considérants, qu'elle a été rédigée par Robespierre lui-même.

« L'Assemblée nationale, considérant qu'il est indispensable dans
« les circonstances actuelles de simplifier la marche ordinaire des
« corps administratifs de la capitale, de débarrasser celle des repré-
« sentants de la commune de Paris de toutes les entraves qui peuvent
« suspendre ou retarder l'exécution des mesures, dont la célérité seule
« peut produire l'effet qu'on en attend, décrète qu'il y a urgence.

« L'Assemblée nationale, après avoir décrété l'urgence, décrète que
« l'administration du département de Paris cessera d'exercer sur tous
« les actes de sûreté générale et de police, faits par les représentants
« de la commune de Paris la surveillance qui lui est attribuée, et qu'à
« l'avenir, pour ces objets, les représentants de la commune de Paris
« correspondront directement, tant avec les corps législatifs qu'avec le
« pouvoir exécutif. »

1. Nous avons retrouvé une lettre écrite par Duportail au moment même où il venait d'apprendre que l'Assemblée législative l'avait mis en accusation. Cette lettre montre trop bien avec quelle résolution sereine et même enjouée certains hommes acceptaient les redou-

Dutertre, Bertrand de Molleville, Montmorin et Tarbé, que semblaient inculper certains papiers trouvés dans le secrétaire de Louis XVI, et dont Gohier fit publiquement la lecture.

Le ministre de la guerre, ou plutôt Clavière, ministre des finances, qui, en l'absence de Servan, tenait l'intérim,

doutables conditions de cette époque pour que nous n'en donnions pas à nos lecteurs les principaux fragments.

« Paris, le 22 août.

« Tu auras sans doute été bien surpris, mon cher ami, de me voir décréter d'accusation par l'Assemblée ; je ne l'ai pas été moins que toi, et je suis encore à chercher ce qui peut y avoir donné lieu... L'Assemblée a, dit-on, pris cette résolution sur un mémoire trouvé dans les Tuileries, par lequel il paraît que les ministres, joints à des membres influents de l'Assemblée nationale, avaient des intelligences avec les émigrés ou travaillaient contre la Constitution, etc. Il semble que la première chose que l'Assemblée eût à faire était de faire comparaître les ex-ministres et de voir s'ils reconnaissaient le mémoire, s'il était signé d'eux, etc. Alors, quand on en serait venu à moi, je leur aurais appris que j'ignorais parfaitement tous ces faits, que je n'ai eu aucune espèce de part à aucun travail, aucun plan de l'espèce indiquée, que, s'il y a eu des conférences sur ces objets, je n'en ai jamais été. Je les aurais défiés de trouver jamais un mot de mon écriture ou signé de moi, qui confirmât leurs soupçons, et j'aurais défié qui que ce fût de m'inculper de cette manière avec quelque ombre de vraisemblance. Ils auraient apparemment trouvé alors qu'il n'y avait pas lieu à accusation ; mais il était bien plus court de trancher ainsi qu'ils l'ont fait. . . . .
. . . .
Si je dois être jugé et que je le sois par un tribunal éclairé, équitable et libre, je n'ai rien à craindre. Je sortirai même avec honneur de cette épreuve... Si mon sort vient à dépendre d'un tribunal tout différent, eh bien ! il faut considérer cet accident comme d'être massacré par des brigands..... on court ce danger dans les forêts, cela n'empêche pas de voyager gaiement.

avait été chargé de s'occuper de la formation de la Cour martiale. Mais bientôt il vint avertir la commission extraordinaire qu'il ne pouvait obtenir de Santerre la désignation des officiers qui devaient composer cette Cour, et dont le choix avait été confié au commandant en chef de la garde nationale et de la force armée de Paris.

La commune insurrectionnelle, en effet, se souciait fort peu d'une cour martiale dont l'action eût été limitée aux faits de guerre proprement dits. Ce qu'elle voulait, c'était la création d'un tribunal extraordinaire qui, revêtu de pouvoirs généraux et jouissant d'une juridiction illimitée, pût devenir le docile instrument de ses vengeances. Comme un décret ampliatif de celui du 11 devait régler toutes les formes à suivre par la Cour martiale, elle attendait la promulgation de ce deuxième décret pour dénoncer aux colères des ultra-révolutionnaires la timidité et les irrésolutions de sa rivale. Mais bientôt elle s'impatiente, et, le 14 au matin, elle envoie deux commissaires réclamer de l'Assemblée nationale une décision immédiate : Si le décret n'est pas rendu, disent-ils, notre mission est de l'attendre[1]. » La Mon-

---

1. Ces commissaires étaient porteurs de l'arrêté dont la teneur suit :

MUNICIPALITÉ DE PARIS
« 14 août 1792.

« L'Assemblée a nommé MM. Boursier et Destournelles, commissaires, pour se rendre sur-le-champ à l'Assemblée nationale à l'effet de demander qu'il soit donné, à la commune de Paris, connaissance du décret relatif à la Cour martiale.

« *Signé :* CHÉNIER, président; TALLIEN, secrétaire. »

tagne elle-même se récrie contre tant d'insolence. Pour prouver jusqu'où va la mauvaise volonté de la commune, Hérault-Séchelles annonce que la commission extraordinaire a prié les délégués municipaux de venir se concerter avec elle pour s'occuper des difficultés soulevées par Santerre, mais que les délégués n'ont pas cru devoir se rendre dans son sein. Néanmoins Thuriot, qui sert toujours d'organe aux vœux secrets de la commune, s'empresse de demander « que l'Assemblée rapporte le décret qui ordonne la formation de la Cour martiale et que tout ce qui a trait aux conspirations de la Cour soit jugé par les tribunaux ordinaires. Comme il y a des jurés, ajoute-t-il, qui n'ont pas la confiance de la nation, je demande que vous autorisiez chacune des quarante-huit sections à nommer deux jurés d'accusation et deux jurés de jugement [1]. »

Les propositions de Thuriot sont votées en principe. L'Assemblée pouvait croire que la commune serait satisfaite puisqu'elle lui avait accordé l'abolition de la Cour martiale, avant même qu'elle eût été formée, et l'élection de nouveaux jurés par les sections parisiennes. Il n'en fut rien. En instituant de nouveaux jurés pour les crimes du 10 août, c'est-à-dire en faisant juger les vaincus de cette journée par les prétendus vainqueurs, on laissait le soin de diriger les débats aux tribunaux ordinaires, c'est-à-dire aux tribunaux criminels établis par la loi du 29 septembre 1791. Ces tribunaux étaient naturellement tenus de suivre les

---

[1]. Séance du 14 août au matin. *Moniteur*, p. 965.

formes établies par cette loi : jury d'accusation, jury de jugement, recours en cassation, droit de récusation, délai accordé pour faire entendre les témoins, etc. Or, ces tribunaux criminels, établis depuis un an, au nombre de six à Paris, composés de juges élus sous le régime constitutionnel étaient suspects aux ultra-révolutionnaires. Il fallait donc ne pas en rester là et tirer les conséquences des prémisses posées par Thuriot.

Le 15 août au matin, Robespierre se présente à la barre de l'Assemblée, suivi d'une nombreuse députation. Au nom de la tranquillité publique et de la liberté, il déclare qu'il ne suffit pas de punir les crimes commis dans la journée du 10, mais qu'il faut étendre la vengeance du peuple sur tous les conspirateurs. « Les plus coupables, ajoute le tribun municipal, n'ont pas paru dans cette journée, et, d'après la loi que vous venez de rendre, il serait impossible de les punir. Ces hommes qui se sont couverts du masque du patriotisme pour tuer le patriotisme, ces hommes qui affectaient le langage des lois pour renverser toutes les lois, ce La Fayette, qui n'était peut-être pas à Paris, mais qui pouvait y être[1], ils échapperaient donc à la vengeance nationale ?...

---

[1]. Robespierre est tout entier dans ce discours et surtout dans cette phrase : « La Fayette n'était pas à Paris, mais il pouvait y être. » — Le futur tribunal révolutionnaire est, lui aussi, tout entier dans les dispositions proposées par l'orateur. Ainsi, on peut le dire, le nom de Robespierre se retrouve inscrit en caractères sanglants dans toutes les phases de l'histoire du tribunal révolutionnaire ; c'est lui qui vint en apporter la première pensée à l'Assemblée législative le 15 août 1792, lui qui le fit établir le 10 mars 1793, lui qui le perfectionna le 22 prairial an II (11 mai 1794).

« Vous ne devez pas donner au peuple des lois contraires à son vœu unanime. *Débarrassez-nous des autorités constituées en qui nous n'avons pas confiance, effacez ce double degré de juridiction qui, en établissant des lenteurs, assure l'impunité.* Nous demandons que les coupables soient jugés par des commissaires pris dans chaque section, souverainement et en dernier ressort. »

Chabot convertit tout de suite en motion les demandes de Robespierre. A la voix de ces deux hommes bien dignes de se comprendre et de s'appuyer mutuellement, l'Assemblée décrète le principe de la formation d'une Cour populaire, et, pour son application, charge la commission extraordinaire de lui faire un rapport séance tenante.

La pétition de Robespierre et de la commune se trouvait ainsi renvoyée à Brissot et à ses amis. Que vont-ils faire? Vont-ils rédiger en articles de loi les volontés des insurgés de l'Hôtel-de-Ville? vont-ils apporter à l'Assemblée le code monstrueux de la justice expéditive dont le tribun, déjà leur rival et bientôt leur bourreau, vient de tracer le programme? Leur orgueil se révolte à tant d'humiliations. Ils croient faire preuve de courage en n'accordant à l'impérieuse commune que la moitié de ce qu'elle exige. Les deux points principaux sur lesquels les commissaires municipaux avaient insisté étaient la suppression du recours en cassation et l'élection de nouveaux juges pour diriger les débats. La commission extraordinaire se résout à céder sur le premier point et à résister sur le deuxième; elle consigne son adhésion dans un projet de décret, et son refus dans un projet d'adresse, que Brissot lit dans l'après-midi même du 15 août.

Les Girondins ne s'apercevaient pas qu'ils accordaient l'essentiel et refusaient l'accessoire. Car, supprimer le recours en cassation, c'était enlever aux accusés la plus sérieuse des garanties stipulées en leur faveur par la nouvelle législation ; c'était donner un démenti formel à tous les principes qui avaient servi de base à la réforme de nos lois criminelles ; c'était ouvrir la voie aux précipitations les plus effroyables, aux violations les plus flagrantes de la loi.

L'adresse présentée par Brissot est noble, éloquente même. On y revendique l'application des grands principes au nom desquels la Révolution française s'est faite ; on y flétrit « les chambres ardentes que quelques hommes semblent vouloir emprunter au despotisme[1]. » Mais en définitive, quoique approuvées à l'unanimité par l'Assemblée, imprimées, affichées, expédiées aux sections, les phrases de l'habile publiciste ne produisent aucun effet. Pendant que la population parisienne les lit avec indifférence, le décret, qui prive les accusés du plus précieux de leurs droits, s'inscrit au *Bulletin des lois* et devient le premier chapitre du code sanguinaire qui, pendant deux ans, doit présider aux arrêts de la justice démagogique[2].

---

1. On trouve cette adresse dans le *Moniteur*, p. 969, et dans l'*Histoire parlementaire* de Buchez et Roux, tome XVII, p. 86.

2. Le *considérant* du décret du 15 août qui supprime le recours en cassation est ainsi conçu :

« L'Assemblée nationale considérant que les délits commis dans la
« journée du 10 août sont en trop grand nombre pour que les juge-

La commune aurait pu se montrer satisfaite de tant d'abnégation ; mais elle professait cette maxime que rien n'est obtenu tant qu'il reste quelque chose à obtenir. Le 16, elle laisse les sections nommer les nouveaux jurés d'accusation et de jugement ; le 17, dès le matin, elle envoie à la barre de l'Assemblée une députation dont l'orateur fait entendre des paroles plus insolentes encore que toutes celles qui jusqu'alors ont été prononcées[1].

« Comme citoyen, comme magistrat du peuple, je viens

« ments auxquels ils donneront lieu puissent produire l'effet qu'en « attend la société, qui est celui de l'exemple, si ces jugements res- « taient sujets à cassation... »

Quel misérable prétexte et quelle effroyable logique!

1. A propos de ce discours, les auteurs de l'*Histoire parlementaire*, tome XVII, p. 89, soulèvent deux questions : 1° Quel était l'orateur du 17 août? était-ce Robespierre ou un autre officier municipal? 2° Faut-il adopter la version de ce discours donnée par le *Moniteur* ou celle donnée par le *Patriote français*, laquelle est beaucoup plus modérée?

Nous avons été assez heureux pour retrouver la minute même du discours signée de l'orateur et déposée par lui sur le bureau du président. On ne peut accuser Robespierre d'avoir prononcé cette insolente harangue, peut-être la rédigea-t-il, c'est ce que nous ne pouvons dire ; mais la minute est signée d'un nom fort obscur, celui de Vincent Ollivault, officier municipal. Ce Vincent Ollivault appartenait à la section des Quatre-Nations (voir l'*Histoire parlementaire*, t. XVI, p. 420). Il n'a jamais figuré dans les fastes révolutionnaires qu'en cette circonstance mémorable.

Quant au discours lui-même il renferme et les phrases données par le *Moniteur* et celles données par le *Patriote français*. Ce dernier journal, qui était l'organe des Girondins, a pris soin de faire disparaître les passages les plus violents, afin d'atténuer la gravité de la honteuse défaite que venaient de subir ses patrons.

vous déclarer que ce soir à minuit *le tocsin sonnera, la générale battra, et le peuple tout entier se lèvera pour la seconde fois.*

« Eh quoi ! l'aristocratie lèverait-elle encore sa tête hideuse au milieu de vous ?... les principes de justice sont-ils donc différents pour un peuple souverain que pour les tyrans ?...

« Les jurés d'accusation et de jugement que vous avez décrétés sont organisés ; ils sont tout prêts, mais il n'y a point de juges pour faire l'application de la loi ; le tribunal criminel a perdu la confiance du peuple... Je demande que, *sans désemparer, vous décrétiez qu'il sera nommé un citoyen par chaque section* pour former à l'instant un tribunal criminel...

« Je demande que le château des Tuileries soit le temple d'où la justice prononce ses décrets, dus à la vengeance du peuple souverain.

« Je demande que Louis XVI et Marie-Antoinette, si avides de sang, puissent s'en rassasier à leur aise en voyant couler celui de leurs infâmes complices...

« Vous avez promis justice au peuple français, vous la lui rendrez ; il l'attend, et alors il verra en vous les dignes représentants et les fidèles interprètes de la volonté souveraine. »

De pareilles brutalités ne pouvaient être subies sans qu'il s'élevât quelques protestations au sein de l'Assemblée. Le montagnard Choudieu lui-même déclare que l'adresse rédigée par Brissot suffit et que nul tribunal inquisitorial ne doit être institué ; Thuriot lance des paroles d'indignation dont l'histoire lui doit tenir compte au milieu des défaillances qui ont marqué sa carrière politique.

« Il ne faut pas que quelques hommes, qui ne connaissent pas les vrais principes,... viennent substituer leur volonté particulière à la volonté générale... Je demande que le Corps législatif se montre décidé à mourir plutôt qu'à souffrir la moindre atteinte à la loi... J'aime la liberté, j'aime la révolution ; mais s'il fallait un crime pour l'assurer, j'aimerais mieux me poignarder... La révolution n'est pas seulement pour la France, nous en sommes comptables à l'humanité. »

Belles paroles, mais de quel effet furent-elles suivies? C'étaient, hélas! les derniers accents d'une résistance qui allait expirer. Voici venir, en effet, une députation des citoyens élus la veille par les sections pour former les jurys de jugement et d'accusation :

« Vous paraissez, dit l'orateur, être dans les ténèbres sur ce qui se passe dans Paris!.. Si, avant deux ou trois heures, les jurés ne sont pas en état d'agir, de grands malheurs se promèneront dans Paris. »

Devant ces menaces, le reste d'énergie dont l'Assemblée semblait encore animée un instant auparavant s'évanouit. Hérault-Séchelles, qui avait en poche un décret tout préparé dans le sens des demandes formulées par la commune, se présente à la tribune, et propose de créer un tribunal nouveau pour les crimes commis dans la journée du 10 août, en laissant subsister à côté de lui les anciens tribunaux criminels qui continueraient à connaître des crimes et délits ordinaires. « De cette manière, ose-t-il dire sans rougir, on ne portera aucune atteinte à la rigueur des principes et aux droits éternellement sacrés de la liberté. »

L'Assemblée était habituée à se payer de mots sonores; elle ne cherche pas à approfondir ce qui est au fond du projet présenté par Hérault-Séchelles, elle l'adopte en toute hâte.

Aux termes de ce décret, le nouveau tribunal, qui a gardé dans l'histoire le nom de *tribunal du 17 août*, était divisé en deux sections et comprenait huit juges, huit suppléants, deux accusateurs publics, sept directeurs de jury, quatre greffiers, huit commis-greffiers et deux commissaires nationaux. Ces deux derniers étaient les seuls qui dussent être nommés par le pouvoir exécutif provisoire ; tous les autres fonctionnaires étaient électifs. On n'osa pas cependant les faire nommer par les sections de Paris, comme l'avaient été les jurés; car, dans la Constitution que l'on voulait toujours avoir l'air de respecter, une disposition formelle portait que les juges ne pourraient être élus directement, mais bien par un corps électoral composé d'électeurs du second degré, ce corps étant réputé présenter plus de garanties de lumières et d'expérience que les assemblées primaires. On tourna la difficulté. Le décret portait que, pour la formation du corps chargé d'élire les fonctionnaires du nouveau tribunal, chaque section de Paris nommerait un électeur à la pluralité des voix. Quarante-huit individus au plus étaient ainsi appelés à pourvoir aux trente-sept charges électives de la nouvelle cour de justice ; les électeurs ne manquèrent pas de se choisir eux-mêmes ou au moins de désigner leurs amis les plus intimes.

Le premier tribunal révolutionnaire était créé. C'était, dans toute la force du terme, une véritable chambre ardente, formée pour servir les haines et les vengeances des puissants du jour. D'un seul bond, les ultra-révolutionnaires avaient franchi tout l'espace qui sépare les principes de 1789 des pratiques d'un Louis XI ou d'un Richelieu.

VII

Le décret du 17 août consacrait le triomphe de la commune, il ne pouvait donc manquer de recevoir une très-rapide exécution. D'une part, les meneurs de l'Hôtel-de-Ville voulaient être assurés de trouver, dans les nouveaux juges, des organes fidèles et dévoués de toutes leurs colères; de l'autre, les nouvelles places qui venaient d'être créées n'étaient pas à dédaigner pour la cupidité et l'ambition des conspirateurs subalternes qui n'avaient pas encore été pourvus d'emplois lucratifs.

L'Assemblée avait rendu le décret, le 17 dans la matinée. Sans attendre qu'il ait été régulièrement promulgué, encore moins que les sections aient été légalement convoquées, les amis des dictateurs parisiens se hâtent de procéder, dans toutes celles qui leur sont dévouées, au choix de l'électeur chargé de participer à la nomination des membres du nouveau tribunal.

Le nombre de citoyens nécessaire pour valider ce choix n'étant pas indiqué, le simulacre d'un vote émis par une infime minorité suffit pour investir de tous les pouvoirs de la section un affidé désigné d'avance. Moins de douze heures après la décision de l'Assemblée, trente-trois électeurs, nommés plus ou moins régulièrement, se trouvent réunis à l'Hôtel-de-Ville. Là, sans attendre les collègues que les sections non averties pourront leur donner lorsqu'il ne sera plus temps, ils passent la nuit à procéder aux trente-sept scrutins individuels qui doivent pourvoir chacun à une des nouvelles places. Le 18, à six heures du matin, tout est terminé.

Dans la journée même, les individus nommés pour faire partie de ce tribunal si étrangement improvisé sont avertis de venir prendre possession des fonctions que *la confiance du peuple leur a conférées*[1]. A cinq heures du soir, le maire de Paris les installe au palais de justice dans la *grande salle dite de Saint-Louis*[2].

Les huit juges étaient Osselin, Mathieu, Pépin-Des-

[1]. Nous avons eu entre les mains le procès-verbal d'élection du tribunal du 17 août; il constate : 1° que le 17 août, à dix heures du soir, trente-trois électeurs se trouvaient réunis dans une des salles de la maison commune, et que les trente-sept élections faites par scrutin spécial et individuel, furent terminées le 18, à six heures du matin. Parmi les trente-trois électeurs, six au moins s'élurent eux-mêmes à des fonctions dépendant du nouveau tribunal, savoir : Osselin, Dubail et Pépin-Desgrouettes, comme juges; Perdrix, comme l'un des directeurs du jury, Mulot (d'Angers), comme juge suppléant, et Hardy, comme greffier. Un autre des huit juges élus fut Lavau, qui assistait à l'élection comme substitut du procureur de la commune.

[2]. Aujourd'hui la grand'chambre de la Cour de cassation. Cette salle servit non-seulement aux audiences du tribunal du 17 août, mais encore, plus tard, à celles du tribunal révolutionnaire.

grouettes, Lavau, Vilain-Daubigny, Dubail, Coffinhal, Desvieux, tous Jacobins émérites[1].

Robespierre avait été élu premier juge, mais il refusa. Le tribun ne voulait à aucun prix quitter en ce moment le conseil général de la commune, d'où l'aurait exclu son acceptation. Dans l'intérêt de son influence future, il n'avait rien à gagner et beaucoup à perdre en se confinant dans une fonction judiciaire. Attaqué quelques jours après à raison de son refus, Robespierre s'expliqua lui-même dans une lettre[2] qu'il s'empressa de rendre publique. « J'ai combattu, y disait-il, depuis l'origine de la révolution, la plupart de ces criminels de lèse-nation ; j'ai dénoncé la plupart d'entre eux... je ne pourrais être le juge de ceux dont j'ai été l'adversaire, et j'ai dû me souvenir que, s'ils étaient les ennemis de la patrie, ils étaient aussi les miens[3] ! » — Puis il ajoutait, révélant ainsi le fond de sa pensée : — « L'exercice de ces nou-

---

[1]. A la fin de ce volume, on trouvera plusieurs pièces relatives à la formation du tribunal du 17 août, et notamment : les procès-verbaux d'installation du jury d'accusation et du tribunal; une lettre du fameux Jacques Roux, prêtre apostat et officier municipal, qui, au moment de conduire Louis XVI à l'échafaud, refusa de recevoir le testament de l'infortuné monarque. Dans cette lettre, il se plaint à Danton, ministre de la justice, d'avoir été écarté de la liste des jurés qui devaient siéger auprès du nouveau tribunal.

[2]. Lettre insérée au *Moniteur* dans le n° du 28 août, p. 1022.

[3]. Robespierre aurait dû se souvenir de cette solennelle profession de foi lorsque, quatre mois plus tard, il fut appelé à prononcer sur le sort du malheureux Louis XVI, dont il avait été l'adversaire constant, l'ennemi acharné; mais les contradictions et les palinodies ne coûtaient rien à ce tribun, que certains écrivains vantent sans cesse pour l'inflexibilité de ses convictions.

velles fonctions était incompatible avec celles de représentant de la commune... Je suis resté au poste où j'étais, convaincu que c'était là où je devais *actuellement* servir la patrie. »

L'installation du tribunal du 17 août fut marquée par une ridicule comédie digne d'une époque où l'on savait déjà si bien pratiquer l'art, perfectionné depuis il est vrai, de masquer sous les dehors d'une responsabilité dérisoire le despotisme le plus absolu. Les juges, jurés, accusateurs publics, greffiers, etc., après avoir reconduit le maire et la municipalité, s'arrêtèrent sur le seuil du palais, et là, s'avançant sur une estrade, ils prononcèrent la formule sacramentelle, déterminée par un arrêté spécial de la commune :

« Peuple, je suis *un tel de telle section*, demeurant *en tel endroit :* avez-vous quelque reproche à me faire avant que j'aie le droit de juger les autres? »

Comme on le pense bien, personne ne se présenta pour contester le civisme de ces juges. Puisant une nouvelle force dans *cette confirmation solennelle*, ils rentrent dans la chambre de leurs délibérations, et se hâtent d'adresser à l'Assemblée nationale la demande d'une loi destinée à agrandir le cercle de leurs attributions, à accélérer la procédure et à restreindre encore plus le droit de défense des accusés.

L'Assemblée s'empresse de faire droit à leur réclamation, et un nouveau décret, en date du 19, vient compléter celui du 17.

Sous prétexte que les délais légaux ralentissaient le cours de la justice sans être favorables à l'accusé, celui-ci ne devait désormais avoir communication de la liste des témoins que pendant douze heures au lieu de vingt-quatre. L'interrogatoire préalable devant un juge délégué *ad hoc* était supprimé. On n'avait besoin que de demander à l'accusé s'il avait un défenseur, et de lui en donner un d'office, s'il n'en avait pas. Il ne lui était laissé que trois heures pour présenter ses récusations de jurés. Enfin, le délai légal de trois jours entre l'arrêt et l'exécution était aboli.

Le tribunal du 17 août était prêt à agir, il ne restait plus qu'à pourvoir à l'exécution de ses arrêts. La commune avait encore pris les devants sur ce point; prévoyant que la guillotine ne tarderait pas à fonctionner, elle s'était empressée d'arrêter, le 16 août « que le crime devait être puni là où il avait été commis ; que les délits attentatoires à la souveraineté du peuple ayant éclaté dans le château des Tuileries, les jugements du nouveau tribunal seraient exécutés sur la place du Carrousel. »

L'incendie du 10 août avait commencé à déblayer le terrain ; le marteau des démolisseurs fit bien vite le reste de la besogne, et l'on put établir la terrible machine en face du palais dévasté.

Le premier dont elle abattit la tête, fut un malheureux maître d'écriture, ex-employé au secrétariat de l'administration de la garde nationale, Collenot d'Angremont, accusé d'embauchage pour le compte de la cour. Il fallait beaucoup de bonne volonté pour transformer ce pauvre diable en chef de complot, mais on avait parlé bien haut de conspirations; il était nécessaire de trouver à tout prix des conspirateurs.

Quoi de plus commode que de masquer ses propres trames en les attribuant à ceux mêmes qui viennent de s'y laisser prendre ? Dans l'histoire de nos révolutions, on a vu plus d'une fois les vainqueurs imputer et faire expier aux vaincus les crimes que seuls ils avaient commis.

L'exécution du malheureux Collenot d'Angremont eut lieu le 21 août, à dix heures du soir, à la lueur sinistre des flambeaux ; triste inauguration de l'échafaud révolutionnaire !

VIII

Pendant que les deux seuls pouvoirs restés en présence après la chute du trône constitutionnel de Louis XVI se livraient, chaque jour et sur chaque question, à une lutte acharnée, que se passait-il dans le reste de la France et surtout aux armées, toutes alors placées sur l'extrême frontière en présence des troupes de la coalition ?

La nouvelle de la révolution du 10 août avait été reçue avec stupeur dans un grand nombre de départements. Plusieurs conseils généraux hésitèrent à promulguer des décrets, adoptés évidemment sous la pression de l'émeute, puisqu'ils étaient en contradiction formelle avec ceux que l'Assemblée, libre encore, avait rendus quelques jours auparavant.

Les résistances départementales ont à peine été signalées par les historiens qui nous ont précédé, parce que, sauf celle de Sedan, elles laissèrent peu de traces, et que les promoteurs eurent soin, après leur insuccès, de faire disparaître les documents qui les auraient inutilement compromis. Cependant, d'après certaines indications éparses dans le *Moniteur* lui-même, il est facile de s'apercevoir que la révolution du 10 août ne fut pas acceptée dans toute la France avec cette unanimité dont parlent certains écrivains.

A Metz, le conseil général de la Moselle délibéra durant plusieurs jours sur la question de savoir si les décrets rendus, les 10 et 11 août, par l'Assemblée législative pouvaient être promulgués avant d'avoir été revêtus des formes prescrites par la Constitution[1], c'est-à-dire signés du roi, qu'ils suspendaient, et de ses ministres, qu'ils remplaçaient.

A Nancy, à Rouen, les corps constitués ne se montrèrent pas moins hésitants.

A Amiens, le conseil général de la Somme déclara, le 12 août, qu'il ne reconnaissait aucun caractère officiel aux divers actes qui lui avaient été envoyés au nom du président de l'Assemblée[2].

A Strasbourg, le maire Dietrich, une grande partie du conseil général de la commune et le conseil général du département montrèrent la plus grande répugnance à exécuter les décrets de l'Assemblée[3].

---

1. Voir la dépêche lue par Merlin de Thionville, et datée de Metz, le 15 août. *Moniteur*, p. 972.

2. Voir la dénonciation que Saladin, l'un des députés de la Somme, porta contre cet arrêté. *Moniteur*, p. 978.

3. Voir la lettre des commissaires de l'Assemblée à l'armée du Rhin, signée Carnot, Prieur et Ritter. *Moniteur*, p. 1012.

Le conseil général du Haut-Rhin lança une adresse ainsi conçue :

« La patrie est dans le plus grand danger; mais Louis XVI est bon et juste, il recouvrera la confiance publique. Nous maintiendrons la royauté et défendrons l'Assemblée nationale et le roi constitutionnel. L'ennemi est à nos portes. Ayez du calme, du courage. Ralliez-vous autour de nous [1]. »

Le conseil général de l'Indre, dans une adresse en date du 12 août, déclara « que sa profonde douleur ne lui permettait pas de sonder les vrais motifs de la loi du 10 août, mais qu'il regardait comme essentiel d'instruire les districts et les municipalités de l'état actuel du gouvernement et du danger imminent de la chose publique [2]. »

L'Assemblée législative comprit qu'il fallait, par des mesures de vigueur, couper court à ces hésitations avant qu'elles ne se transformassent en protestations éclatantes. Elle manda à sa barre le procureur général du départe-

---

[1]. *Moniteur*, p. 984. Nous avons retrouvé une lettre du général d'Harambure, qui commandait dans le Haut-Rhin. Nous la donnons à la fin de ce volume; elle fait connaître quels étaient les véritables sentiments de ce département, et, on peut le dire, d'une grande partie de l'Est. Elle est d'autant plus remarquable que celui qui, dans ce moment, se rendait ainsi, auprès du général d'Harambure, l'interprète des vœux du département du Haut-Rhin, était Rewbell qui, élu à la Convention un mois plus tard, vota la mort du roi, et, par ce gage donné à la République, acquit le droit de faire partie de la première formation du Directoire, où il représenta constamment la faction jacobine.

[2]. Registre des délibérations du pouvoir exécutif; séance du 25 août 1792.

ment de la Seine-Inférieure, qui vint s'excuser, et promit, au nom du conseil, une obéissance aveugle aux ordres de la représentation nationale [1].

Elle agit de même contre le maire de Strasbourg, Dietrich [2]. Mais celui-ci, après avoir apaisé les troubles que sa destitution avait suscités, ne crut pas devoir imiter le procureur général de la Seine-Inférieure, et se déroba pendant plusieurs mois aux poursuites de ses ennemis.

L'Assemblée ordonna que le procureur général syndic et le président du directoire de la Moselle fussent amenés à Paris par la gendarmerie, de brigade en brigade; enfin, sur la proposition de Lacroix, elle renvoya devant le tribunal criminel du département le président, le procureur général et le secrétaire du département de la Somme.

Par une coïncidence digne de remarque, plusieurs des principaux chefs de la démagogie dans les départements se trouvaient à Paris, au moment de la révolution du 10 août. Depuis longtemps en lutte avec les autorités constitutionnelles, ils étaient venus se plaindre à l'Assemblée des prétendues persécutions dont ils avaient été victimes. Naturellement ils avaient cherché des protecteurs et des appuis parmi les meneurs du club de la rue Saint-Honoré, et s'étaient fort mêlés aux conciliabules qui avaient préparé l'insurrection. Parmi eux étaient Philibert Simond, vicaire de l'évêque constitutionnel

---

1. Séance du 16 août. *Moniteur*, p. 970.
2. *Moniteur*, p. 979.

de Strasbourg; Anthoine, maire de Metz, et Châlier, officier municipal de Lyon. Dietrich avait fait expulser de Strasbourg Simond à cause de ses menées démagogiques. Anthoine et Châlier avaient été suspendus par les conseils généraux de la Moselle et de Rhône-et-Loire à raison de faits fort graves dont ils s'étaient rendus coupables dans l'exercice de leurs fonctions.

Après le 10 août, *les trois patriotes persécutés* changent d'attitude. Solliciteurs la veille, ils deviennent accusateurs le lendemain. Ils ne demandent plus justice, ils exigent vengeance.

L'Assemblée, qui n'a rien à refuser aux démagogues parisiens, se montre aussi complaisante pour ceux des départements.

Le 11 août, elle rend Anthoine à ses fonctions et casse le directoire de la Moselle qui l'a destitué.

Le 16, c'est sur la dénonciation de Simond qu'elle mande à sa barre et suspend le maire de Strasbourg.

Le même jour Châlier, dont Chabot et Fauchet chantent les louanges, est réintégré avec honneur dans ses charges municipales. Il devait, comme nous le verrons plus tard, y déployer de nouveau toute son audace démagogique, attirer sur Lyon d'épouvantables malheurs et acquérir une effroyable célébrité.

Le ministre de l'intérieur, Roland, s'empresse de compléter les mesures prises par l'Assemblée en faisant prononcer par le conseil exécutif provisoire, non-seulement la destitution des trois conseils généraux de la Moselle, de la Somme et de Rhône-et-Loire, mais encore celles d'un grand nombre d'autres directoires et conseils de départements qui, après le 20 juin et même après le 10 août, avaient manifesté des sentiments constitutionnels [1].

IX

On se le rappelle, le 10 août au soir, l'Assemblée nationale avait nommé douze commissaires chargés d'aller immédiatement faire reconnaître par les armées la révolution accomplie à Paris. Il fallut vingt-quatre heures pour rédiger et copier les pièces dont ils devaient être porteurs.

Leurs instructions furent préparées par la commission extraordinaire réunie au comité militaire. Afin que la variété des versions ne rendît pas trop palpables les mensonges qu'il était indispensable de répandre, il importait que les douze commissaires fussent pourvus d'un récit uniforme. Mais, paraît-il, il ne fut pas possible de trouver dès l'abord, parmi les législateurs, une mémoire assez complaisante, une plume assez habile pour rédiger le récit des événements qu'il s'agissait d'expliquer et de faire accepter. D'ailleurs, à qui appartient le droit de rédiger le bulletin de la bataille, si ce n'est aux vainqueurs eux-mêmes? Qui pouvait mieux que la commune insurrectionnelle et le maire Pétion, son docile instrument, faire connaître aux armées les détails de la fameuse journée? Les commissaires s'adressèrent

---

1. Voir les deux rapports de Roland. *Moniteur*, p. 966 et 996.

donc à la commune et au maire pour cette rédaction difficile[1].

Un récit tout fait leur ayant été envoyé de l'hôtel de ville et leurs instructions étant complétées, les douze commissaires partirent dans la nuit du 11 au 12 août dans quatre directions différentes (Nord, Nord-Est, Rhin et Midi). Ils étaient autorisés à suspendre provisoirement et à faire arrêter tous les fonctionnaires civils et militaires, même les généraux d'armée si les circonstances l'exigeaient.

De tous ces généraux, le plus suspect au parti vain-

---

[1]. Nous donnons ce récit à la fin du volume, il servit de thème à celui beaucoup plus développé qui fut lu à l'Assemblée par Condorcet le 12 août et qui se trouve au *Moniteur*, p. 960. Voici le texte même de la lettre que les commissaires écrivirent à Pétion dans cette circonstance :

« L'Assemblée nationale, monsieur le maire, vient de nommer douze commissaires chargés de se rendre dans les différentes armées, afin de détruire les projets des malveillants, et pour que les armées, lorsqu'elles apprendront les événements de ce jour et les mesures que le Corps législatif vient de prendre, restent fidèles au poste où la patrie les a placées pour la sûreté générale de l'empire.

« Les commissaires nommés pensent que rien ne serait si dangereux que de rendre compte de cette journée d'une manière contradictoire; en conséquence, vous êtes prié de faire rédiger demain matin de bonne heure une relation succincte de ce qui s'est passé dans la capitale aujourd'hui. Quant à ce qui regarde le Corps législatif, il suffira de prendre un extrait de son procès-verbal.

« Nous sommes bien fraternellement, monsieur le maire, etc.

« Les commissaires : Dubois-Dubay, Carnot, Delmas, Coustard, Debellegarde, Peraldi, Antonelle.

« Paris, le 10 août 1792, an IV, à dix heures et demie du soir. »

queur était, à bon droit, La Fayette[1], dont le quartier-général se trouvait dans ce moment établi sous les murs de Sedan. Les trois commissaires qui avaient dans leurs circonscriptions son corps d'armée étaient Kersaint, An-

---

[1]. La Fayette était tellement suspect aux yeux du parti victorieux, que celui-ci n'attendit pas pour faire éclater ses soupçons les premières nouvelles des événements de Sedan. Nous avons vu Robespierre, parlant au nom de la commune, dénoncer, le 15 août, La Fayette à l'Assemblée. Dès le 14, le conseil exécutif consignait le témoignage de ses soupçons sur le registre de ses délibérations.

« *Seconde séance, 14 août 1792.*

« MM. Roland, ministre de l'intérieur;
 Clavière, ministre des contributions et, par intérim, de la guerre;
 Danton, ministre de la justice;
 Monge, ministre de la marine;
 Lebrun, ministre des affaires étrangères.

« Étant tous assemblés en l'hôtel du ministre de la justice à sept heures du soir, lecture a été faite du décret de l'Assemblée nationale du 10 août, qui ordonne que des commissaires pris dans son sein se rendront dans les armées.

« Le conseil a considéré que l'instruction jointe à ce décret autorise les commissaires à faire, à l'égard des généraux et officiers des armées, toutes les dispositions nécessaires, à les suspendre ou à les remplacer suivant ce que pourront exiger les circonstances; que le droit qui appartient au conseil exécutif de destituer et de nommer les généraux ne peut, en ce moment, s'exercer concurremment avec le même pouvoir délégué auxdits commissaires; que cependant le conseil étant convaincu de la nécessité de destituer du commandement de l'armée du Nord le général La Fayette, lequel a manifestement perdu la confiance de la nation, en conséquence le conseil arrête qu'il ne sursoit à prononcer définitivement la destitution de M. Motier La Fayette que jusqu'au moment où les commissaires auront donné nouvelle de leur arrivée à l'armée commandée par ce général. »

tonelle et Péraldi. Leur mission comprenant l'inspection des troupes postées entre Maubeuge et Bitche, ils avaient à visiter successivement La Fayette et Luckner. Ils prirent la route directe de Sedan ; leur première étape fut le camp de Soissons, dont on avait tant parlé depuis deux mois. Ils devaient s'assurer du nombre et de la situation des volontaires déjà rassemblés.

Pendant qu'ils s'y arrêtent, transportons-nous à Sedan, et voyons ce qui s'y passe. La Fayette avait reçu les premières nouvelles de l'insurrection parisienne par un de ses officiers qui était parvenu, le soir même du 10, à franchir le mur d'enceinte de la capitale et était accouru en toute hâte lui rapporter les événements dont il avait été témoin. Pendant une nuit entière, il fut seul dans son armée à savoir que le peuple était maître aux Tuileries, et le roi suspendu de ses fonctions.

Quelles avaient été, pendant cette nuit, les pensées de l'illustre général, également attaché aux droits de la nation et aux prérogatives de la couronne dont il avait, comme tant d'autres, rêvé l'harmonieux concert? Ira-t-il courber silencieusement la tête devant l'orage qui vient de briser la couronne de Louis XVI ? Doit-il trahir la confiance dont soixante-quinze Directoires de département lui ont donné le glorieux témoignage en adhérant à la conduite qu'il a tenue lors des événements du mois de juin? Peut-il faire abstraction du vote de l'Assemblée législative qui, le 8 août, lorsqu'elle jouissait encore de son libre arbitre, s'est refusée à le livrer aux accusations jacobines et lui a donné implicitement à entendre qu'elle comptait sur lui et sur son armée pour le jour de la crise déjà imminente et prévue? Mais, d'autre part, lui est-il possible de diriger sur Paris les troupes qui couvrent la frontière la plus menacée et de dégarnir les premières places fortes devant l'ennemi qui s'avance? Comment songer à établir la moindre entente entre lui et les chefs de la coalition étrangère, au moment où ils accourent pour mettre à exécution les effroyables menaces du manifeste de Brunswick? Peut-il un instant espérer que ces chefs, qui s'apprêtent à envahir la France dans le dessein hautement avoué d'y rétablir le pouvoir absolu, consentiront à s'arrêter, sur sa demande, et à respecter la frontière jusqu'à ce qu'il ait eu le temps de rétablir le trône constitutionnel? Lui était-il donc réservé de donner le signal de la guerre civile? Mais quoi, ce signal, est-ce lui qui le donne? N'est-il pas parti des rangs de ceux qui, à main armée, ont envahi les Tuileries? Parce que la populace de Paris s'est emparée de la demeure royale, parce qu'elle dicte ses volontés à la représentation nationale, faut-il la laisser jouir tranquillement de son triomphe? N'est-il pas plutôt de son devoir, à lui, le général de la Constitution, et, quand il en est temps encore, de faire une dernière tentative pour dégager la France des étreintes mortelles de la démagogie? La France, la vraie France qui veut l'ordre et la liberté, ne l'appelle-t-elle pas, n'étend-elle pas vers lui ses bras suppliants?

Ces questions et mille autres du même genre se heurtaient tumultueusement dans l'âme de La Fayette, comme elles devaient s'agiter dans la conscience de tous ceux qui, le 10 août 1792, se trouvaient avoir entre les mains la moindre parcelle de la puissance publique.

Jamais, depuis le commencement de la Révolution, les fonctionnaires civils ou militaires de tous les ordres n'avaient eu à délibérer avec eux-mêmes dans des circonstances plus difficiles et plus délicates. De toutes les phases que la Révolution française avait eues à traverser, celle, dans laquelle elle entra le 10 août, était la première où les lois reconnues par la nation entière eussent été brisées par la force brutale. La convocation des états généraux, le serment du Jeu-de-Paume, la réunion des ordres, la prise de la Bastille, la translation de la famille royale à Paris, l'espèce d'emprisonnement moral qui en avait été la conséquence, l'adoption de la Constitution civile du clergé, l'acceptation du pacte de 1791 avaient été des événements d'une portée immense; mais ils avaient tous été couverts par l'assentiment plus ou moins spontané, plus ou moins sincère du pouvoir royal.

Le monarque était resté sur son trône, acceptant successivement les modifications qui avaient été apportées à l'autorité absolue qu'il avait reçue des mains de ses prédécesseurs. Les fonctionnaires publics, civils et militaires, pouvaient donner leur démission, si ces modifications ne leur convenaient pas, et rentrer dans la vie privée. Mais, s'ils demeuraient à la place où la confiance du roi les avait mis, ils n'avaient aucun droit de refuser obéissance à des mesures législatives que Louis XVI lui-même avait revêtues de sa sanction. Le 10 août, droits anciens, pacte nouveau, tout était brisé, tout était remis en question; ceux qui avaient juré la Constitution de 1791 pouvaient-ils se croire déliés de leur serment par ce fait seul que le roi était prisonnier, et que quelques milliers d'émeutiers régnaient dans Paris par la terreur ?

Nous avons souvent entendu des partisans dévoués de la liberté blâmer le général La Fayette d'avoir voulu opposer quelque résistance aux décrets que les commissaires de la Législative avaient été chargés de lui porter.

Un tel reproche implique forcément le dogme de l'obéissance passive, non plus aux ordres d'un gouvernement régulièrement établi et auquel on a prêté serment (ce que nous ne pourrions même admettre qu'avec certaines restrictions), mais aux ordres d'un gouvernement quelconque, sans qu'il y ait lieu d'apprécier la nature de ces ordres ou la qualité de ceux qui les ont signés.

Nous disons qu'un fonctionnaire civil ou militaire ne doit pas obéir à toutes les instructions qu'il peut recevoir d'un gouvernement, même régulier, auquel il a prêté serment. Le refus du comte d'Orthez de laisser exécuter le massacre de la Saint-Barthélemy, dans la ville dont la garde lui était confiée, a consacré les légitimes limites de l'obéissance. Mais, si ces instructions émanent d'un gouvernement qui a renversé violemment celui auquel on a prêté serment, d'un gouvernement qu'on ne reconnaît pas, qu'on aurait honte de reconnaître, que doit faire le fonctionnaire public ? Il n'a que deux partis à prendre : s'éloigner en laissant à d'autres le soin d'accomplir les ordres qui lui ont été transmis, ou faire usage de la portion de la puissance publique qu'il a entre les mains, pour résister à la révolution ou à l'usurpation qui vient de s'imposer.

Que les esprits honnêtes y réfléchissent donc à deux fois, avant de blâmer la conduite tenue par La Fayette et les magistrats des Ardennes en août 1792.

Le despotisme et la démagogie, deux noms que nous ne cesserons pas d'accoler ensemble, parce qu'ils signifient la même chose sous une dénomination différente, s'accommodent fort bien de la théorie du succès amnistiant ou légitimant les moyens. Suivant cette théorie, la France a dû se soumettre, sans mot dire, au 10 août, plus tard au 31 mai, au 18 fructidor, au 18 brumaire, à toutes les autres usurpations violentes auxquelles la populace ou la soldatesque ont, à tour de rôle, prêté leur appui depuis soixante-dix ans. Mais les libéraux sincères n'ont et ne peuvent avoir qu'un respect fort médiocre pour les faits accomplis. Ils se reconnaissent toujours le droit d'en discuter sévèrement la moralité. Ils détestent les surprises et ne se prosternent pas devant tous les gouvernements dont l'avénement leur est annoncé, comme autrefois, par des courriers de cabinet, comme aujourd'hui, par le frémissement d'un fil électrique.

Le 10 août fut une surprise. Cette vérité pourrait être contestée, si ce fait restait isolé dans l'histoire de nos révolutions, si depuis nous n'avions pas été les témoins et les victimes de plusieurs surprises semblables, dont les conséquences ont été aussi durables et souvent aussi funestes que celles du 10 août 1792. Mais celle-ci était la première que la nation eût à subir. On pouvait donc espérer qu'elle ne l'accepterait pas. C'est cette espérance qui dicta la conduite de La Fayette. Il ne savait pas tout ce qu'on peut faire supporter aux Français, quand on sait les tromper d'abord, les terrifier ensuite. Sa tentative de résistance avorta, mais il eut droit et raison de la faire.

X

La Fayette fait la première confidence de ses projets au maire de Sedan, M. Desrousseaux, avec lequel il se trouvait en contact journalier pour tous les besoins de son armée. Aussitôt qu'il s'est assuré du concours de ce magistrat courageux et dévoué, il écrit une lettre officielle à la municipalité. Il y expose « que le représentant du pouvoir exécutif étant prisonnier, le pouvoir législatif étant asservi, les chefs du pouvoir militaire devaient se mettre à la disposition des autorités administratives qui subsistaient encore et jouissaient de la plénitude de leur liberté;... que dans le département des Ardennes, où se trouvait le quartier général de son armée, la première de ces autorités était le conseil général séant à Mézières, mais que, vu l'urgence des circonstances et en attendant qu'il pût recevoir ses ordres, il se mettait, lui et son armée, à la disposition du pouvoir civil le plus rapproché de lui. »

Au reçu de cette communication, le conseil de la commune de Sedan est réuni extraordinairement par les soins du maire et, le jour même (12 août), il prend un arrêté par lequel il déclare : « Qu'il est informé que l'Assemblée législative a suspendu le roi, mais qu'il ne peut reconnaître la légalité de ce décret, car cet acte est en contradiction manifeste avec la Constitution que tous les Français ont juré de maintenir ; que cette Constitution veut un roi dans la dynastie régnante héréditairement et de mâle en mâle ; qu'elle a bien, il est vrai, prévu pour le pouvoir exécutif des cas de suspension et d'abdication, mais qu'aucune de ces dispositions n'est applicable au roi régnant ; que l'Assemblée qui a rendu le décret de suspension n'a pu agir ainsi qu'étant privée de la liberté nécessaire pour délibérer ; que dès lors, fidèle à son serment, il persiste dans la résolution de maintenir la Constitution dans toute son intégrité, et décide qu'il sera envoyé immédiatement au conseil de département une députation pour le prier de prendre les mesures qu'il croira les plus promptes et les plus efficaces pour conserver intact le dépôt de la Constitution [1]. »

Le conseil du district de Sedan adhère par un arrêté encore plus vigoureux à la délibération que vient de prendre la municipalité. La Fayette ayant ainsi obtenu le concours des deux corps administratifs qui siègent dans la ville où il réside, se hâte d'écrire au conseil général du département des Ardennes ; il lui énumère les motifs de la conduite qu'il se propose de tenir et l'avertit de l'arrivée prochaine des commissaires pris

---

[1]. Les quatre membres de la municipalité sedanaise qui furent chargés de porter à Mézières l'expédition de cet arrêté pour le faire revêtir de l'approbation du conseil général du département furent MM. Desrousseaux, Édouard Béchet, Legardeur aîné et Ternaux.

dans le sein de l'Assemblée et chargés par elle de faire exécuter les décrets « que le défaut de sanction royale frappe d'une complète nullité. » — « La Constitution, ajoute-t-il, a déclaré que les troupes de ligne ne peuvent agir dans l'intérieur du royaume que sur une réquisition des corps administratifs. Je viens me ranger sous les ordres de la seule autorité civile, constitutionnelle et incontestable à laquelle je puisse légalement m'adresser dans ce moment [1]. »

Le conseil général des Ardennes avait, quelque temps auparavant, soutenu par une adresse énergique, la pétition du général La Fayette contre les menées jacobines. Il n'hésite donc pas à adhérer aux principes exposés dans la lettre du général et dans les arrêtés pris à Sedan. Il ordonne « qu'il soit sursis, dans toute l'étendue du département, à la publication de la loi du 10 août portant suspension provisoire du pouvoir exécutif, jusqu'à ce que le conseil général ait pu connaître et apprécier les motifs qui ont déterminé cette suspension [2]. »

Pendant ce temps, La Fayette publie un ordre du jour à ses troupes, dans lequel il leur recommande « de se rallier en bons citoyens et en braves soldats autour de la Constitution, qu'ils ont juré de défendre jusqu'à la mort [3]. »

A tous les généraux sous ses ordres, notamment à

---

1. Le texte de la lettre du général La Fayette au conseil général des Ardennes se trouve au *Moniteur*, p. 992.

2. Tous ces arrêtés n'ont jamais été publiés. On les trouvera à la fin de ce volume.

3. Cet ordre du jour se trouve au *Moniteur*, p. 978.

Dillon, qui est à Pont-sur-Sambre, et à Dumouriez, qui commande le camp de Maulde, près de Saint-Amand, il prescrit d'imiter sa conduite, leur envoie sa lettre à la municipalité de Sedan, l'arrêté pris par celle-ci, et enfin leur ordonne de faire renouveler à tous les régiments placés sous leurs ordres le serment de fidélité à la Constitution de 1791, serment qui comprenait nominativement la nation, la loi, le roi.

Au moment même où toutes ces mesures étaient prises, les trois commissaires de l'Assemblée législative quittaient Soissons et Reims (dans la nuit du 12 au 13), traversaient Rethel et Mézières, où ils ne s'arrêtaient que quelques instants, et arrivaient aux portes de Sedan (14 août au matin). Aussitôt qu'ils s'y présentent, ils sont arrêtés et conduits dans la salle où le conseil général de la commune siégeait en permanence. Ils déclinent leurs noms et qualités, déposent sur le bureau les passe-ports et la commission dont ils sont porteurs. Mais la municipalité, examen fait de ces papiers, « se refuse à reconnaître les pouvoirs dont veulent se prévaloir les soi-disant commissaires, parce qu'au moment où ils leur ont été conférés, l'Assemblée nationale était sous la pression d'une horde factieuse, parce que d'ailleurs le décret qui prononce la suspension du roi viole de la manière la plus outrageante la Constitution, parce que l'Assemblée législative se fera sans doute un devoir de révoquer un acte aussi monstrueux aussitôt qu'elle ne sera plus sous le glaive des assassins, parce qu'enfin, si les soi-disant commissaires étaient députés ainsi qu'ils se qualifient, ils n'auraient pas accepté une mission destructive de la Constitution, une mission qui tend à tromper le peuple, à soulever l'armée et à lui retirer les braves généraux qui la commandent. » Et aussitôt elle arrête « qu'il y a lieu de retenir en otages ces soi-disant commissaires jusqu'à ce qu'il soit notoire que le roi et l'Assemblée nationale sont libres et n'ont plus rien à craindre de leurs oppresseurs [1]. »

Les trois députés sont conduits aussitôt au château de Sedan et remis à la garde du colonel Sicard, que La Fayette avait chargé de cette mission périlleuse. Puis, la municipalité fait afficher sur tous les murs de la ville une adresse à ses concitoyens, dans laquelle elle les met en garde contre les faux bruits qui pouvaient être semés, et leur rappelle « que l'union parfaite qui règne entre tous les habitants de Sedan, et qui fait leur force, doit encore se resserrer, s'il est possible, dans les moments de crise et de calamité où l'on se trouve [2]. »

Toutes ces mesures sont expédiées immédiatement aux conseils du district de Sedan et du département des Ardennes, desquels ils reçoivent une pleine et entière approbation.

La première nouvelle de ces événements arrive à Paris, le 17 au matin, de plusieurs côtés à la fois [3]. Elle

---

1. Le *Moniteur*, p. 980, donne l'arrêté de la commune de Sedan. Nous avons comparé sa version avec le texte original de cet arrêté, il ne présente avec lui que des différences insignifiantes.

2. Le *Moniteur*, p. 980, contient une analyse de cette proclamation. Elle se trouve *in extenso* dans les pièces justificatives de ce volume.

3. Une lettre datée de Valenciennes, le 15 août, et signée par les

cause naturellement l'agitation la plus vive dans la ville et au sein de l'Assemblée nationale. Le jour même, Vergniaud vient proposer, au nom de la commission extraordinaire, un décret qui est immédiatement adopté.

L'arrestation des commissaires, les arrêtés de la commune et du district de Sedan, et ceux du Directoire du département des Ardennes, sont réputés actes de rébellion, attentats à la liberté, à la souveraineté du peuple et à l'inviolabilité de ses représentants. En conséquence :

« 1° Les administrateurs du département des Ardennes et du district de Sedan, les officiers municipaux et les commandants de la force publique de cette ville sont déclarés personnellement responsables de la sûreté et de la liberté des commissaires de l'Assemblée nationale ;

« 2° Les quatorze administrateurs et le procureur général syndic du département des Ardennes qui ont concouru à l'arrêté du 15, et le maire de Sedan, seront mis en arrestation et traduits à la barre de l'Assemblée ;

« 3° Trois nouveaux commissaires, pris dans le sein de l'Assemblée, sont envoyés immédiatement dans les Ardennes [1] et autorisés à y requérir la force publique pour assurer la liberté de leurs fonctions ;

« 4° Seront considérés comme infâmes et traîtres à la

---

trois commissaires à l'armée du Nord, annonce l'arrestation de leurs trois collègues opérée, le 14 au matin, à Sedan. On voit avec quelle rapidité cette nouvelle avait franchi les cinquante lieues qui séparent ces deux villes.

1. Ces trois nouveaux commissaires furent Isnard, Quinette et Baudin (des Ardennes).

patrie les officiers civils et militaires, et les citoyens qui refuseraient d'obéir à la réquisition de ces commissaires [1]. »

Ces premières mesures parurent bientôt insuffisantes. Les nouvelles qui arrivaient à chaque instant du camp de La Fayette exaspéraient de plus en plus les Montagnards. Les motions les plus violentes éclataient contre le général et les constitutionnels qui, quelques jours auparavant, avaient pris sa défense.

« Le décret qui a absout La Fayette, s'écriait Chabot, est la seule cause de l'insurrection qui a lieu. » Et se tournant vers la droite, il ajoutait : « Oui, c'est vous qui l'avez faite, cette insurrection ; c'est l'absolution de La Fayette qui a fait répandre le sang aux Tuileries ; vous êtes couverts du sang de vos concitoyens ! » Bazire proposait que la tête du général fût mise à prix et qu'il fût permis à tout citoyen de lui courir sus.

Le lendemain, 18, Léonard Robin et Charlier demandaient que tous les citoyens de la commune de Sedan, les officiers et généraux actuellement dans cette ville, et même les soldats faisant partie des bataillons de volontaires ou des troupes de ligne, fussent responsables sur leurs têtes de la liberté et de la vie des trois commissaires arrêtés. Merlin proposait de décréter que tous les membres du conseil général de la commune de Sedan qui avaient signé la délibération, dont le texte venait de parvenir à l'Assemblée législative étaient compris dans les mesures déjà prononcées contre le maire de cette ville,

---

[1]. *Moniteur*, p. 976.

c'est-à-dire devaient être arrêtés et traduits à la barre.

Toutes ces motions furent coup sur coup transformées en décrets [1]. Le 19, l'Assemblée décréta d'accusation « Motier La Fayette, ci-devant général de l'armée du Nord, comme prévenu du crime de rébellion contre la loi, de conspiration contre la liberté et de trahison envers la nation, » défendit en même temps aux corps administratifs, municipalités et autres fonctionnaires publics « de lui prêter assistance, d'obéir à ses réquisitions, et à tous dépositaires de fonds publics, de rien payer sur ses ordonnances sous peine d'être déclarés complices de rébellion [1]. »

---

[1]. *Moniteur*, p. 978 et 980. Collection des lois, 1792, tome X, p. 441 et 474.

[2]. En même temps que l'Assemblée législative décrétait d'accusation le général de l'armée du nord, son Comité de sûreté générale lançait un mandat d'amener contre Mme de La Fayette, qu'il supposait au Havre prête à s'embarquer pour l'Angleterre. Nous croyons devoir donner le texte même de cet ordre :

« Le Comité de sûreté générale de l'Assemblée nationale,

« Considérant que le commandement de l'armée du Nord a été retiré à M. La Fayette par le pouvoir exécutif provisoire, et confié à M. Dumouriez, que M. La Fayette a eu ordre de se rendre de suite auprès du pouvoir exécutif pour rendre compte de sa conduite, qu'il n'a point obéi à ces ordres et demeure au contraire à la tête de son armée et arrête tous les courriers qu'on lui envoie ; considérant que M. La Fayette vient d'être mis en état d'accusation, et que diverses pièces annoncent une désobéissance formelle de la part de M. La Fayette aux précédents décrets du Corps législatif, qu'il est à craindre qu'il n'égare les soldats qui l'entourent et les porte à des extrémités nuisibles au bien public ; *ce qui nécessite des otages à la nation, capables ou de conduire M. La Fayette à l'obéissance aux lois ou de répondre de ses faits dans le cas contraire ;* considérant aussi

XI

Pendant ce temps, La Fayette, fidèle au plan qu'il s'était tracé, ne déplaçait aucun de ses bataillons, ne faisait aucune démonstration militaire dans la direction de Paris. Il mettait toutes ses espérances dans le mouvement moral dont il avait donné le signal et qu'il

qu'il existe de violents soupçons d'un complot de conduire le roi au Havre, où plusieurs généraux, entre autres MM. La Fayette et Lameth, se sont fait précéder par leurs femmes, ce qui pourrait exposer ces dernières à la vengeance du peuple; considérant enfin que l'Assemblée nationale n'a donné le droit au Comité de sûreté générale de faire arrêter les personnes suspectes que pour hâter de toutes manières le salut public, et qu'un otage, tenant de près à M. La Fayette, paraît de toute nécessité dans les circonstances actuelles;

« Le Comité requiert la force publique et tous citoyens en état de réquisition, de saisir et arrêter au Havre ou partout ailleurs, la dame La Fayette et de la faire conduire de brigade en brigade à Paris avec ses enfants et domestiques qui seront avec elle, pour y demeurer en otage jusqu'à nouvel ordre; invite les citoyens, qui l'arrêteront et conduiront, d'user de tous les ménagements dus au sexe et à une femme à qui il n'est attribué aucun délit personnel et de veiller à sa sûreté et à ce qu'il ne lui soit fait aucune insulte, par tous les moyens possibles, et de mettre ses papiers sous le scellé pour les remettre en cet état au Comité.

« Fait au Comité de sûreté générale, etc., le 19 août 1792, l'an IV de la liberté.

« *Signé :* Vardon, Grangeneuve, Bazire, secrétaire du Comité de sûreté générale. »

Mme de La Fayette était tranquillement à sa terre de Chavaniac, en Auvergne, pendant qu'on la cherchait au Havre. C'est là qu'elle

espérait voir se propager jusqu'aux extrémités de la France. Il avait adressé à chacun des membres de l'Assemblée législative, à tous les Directoires de département, ainsi qu'aux principales municipalités du royaume, les actes par lesquels les autorités des Ardennes avaient déclaré ne plus reconnaître les décrets émanés d'une Assemblée placée sous les poignards des assassins. Il supposait que les députés de la droite sauraient se soustraire à la surveillance des nouveaux dominateurs de Paris et viendraient se grouper autour de lui pour former une assemblée que bientôt le pays entier, à la voix de ses autorités départementales, reconnaîtrait comme sa seule représentation légitime. Par malheur, aucune des prévisions du général ne devait se réaliser. Si, le premier jour, les troupes directement placées sous ses ordres avaient accueilli ses proclamations avec enthousiasme, celles qui occupaient des cantonnements éloignés de Sedan s'étaient montrées froides et même hostiles aux exhortations que ses lieutenants leur avaient

---

fut arrêtée, amenée dans les prisons du Puy et de là à Paris. Elle fut providentiellement épargnée par la hache révolutionnaire, tandis que sa grand'mère, la maréchale de Noailles, sa mère, la duchesse D'Ayen, sa sœur, la vicomtesse de Noailles, périssaient sur l'échafaud. Quelques mois après le 9 thermidor, un ordre du Comité de sûreté générale (13 pluviôse an III) signé Harmand, Vardon, Legendre et Boudin, ordonnait sa mise en liberté. Elle en profita pour aller immédiatement, avec ses deux filles, partager à Olmütz la captivité du général, donnant ainsi au monde un magnifique exemple d'amour conjugal, pendant que son époux en donnait un non moins grand de courage civique, en refusant d'acheter sa liberté par le sacrifice de ses convictions.

transmises de sa part. Une partie de ses troupes étant campées dans l'Aisne, La Fayette avait cru devoir s'adresser au Directoire de ce département pour obtenir de lui les mêmes ordres que ceux qui lui avaient été donnés par celui des Ardennes. La Fayette comptait d'autant plus sur le succès de cette démarche, que le Conseil général de l'Aisne avait naguère signé et publié une adresse très-vive contre les événements du 20 juin, s'était même approprié le fameux arrêté du département de la Somme, et avait, lui aussi, envoyé à Paris des délégués chargés de veiller à la sûreté de la personne royale.

Néanmoins, les administrateurs du département de l'Aisne ne crurent pas devoir, après le 10 août, persévérer dans la ligne de conduite qu'ils avaient paru disposés à adopter après le 20 juin. Loin de faire bon accueil aux appels du général de la Constitution, ils ordonnèrent « à tous les gardes nationaux d'arrêter La Fayette partout où ils le trouveraient et de le détenir sous bonne et sûre garde, jusqu'à ce que l'Assemblée nationale eût décidé à quel tribunal il devrait être envoyé. » Ils enjoignirent en même temps à la force publique de se saisir du colonel Langlois[1], qui était venu leur porter les lettres du général, et s'empressèrent de

---

[1]. L'ordre d'arrestation lancé contre le colonel Langlois par le département de l'Aisne ne fut pas exécuté, grâce à nous ne savons quelle circonstance. Le colonel put rejoindre son général et lui rendre compte de l'insuccès de sa mission. Nous voyons cet officier figurer parmi ceux des amis de La Fayette qui furent arrêtés le 19 août aux avant-postes autrichiens.

transmettre une copie de leurs décisions au général Dillon, qui avait des troupes cantonnées dans leur département[1].

Dillon avait obéi aux ordres que, dès le 12, il avait reçus de son supérieur. Il avait fait prêter à ses troupes le serment de fidélité à la constitution de 1791, à la loi, à la nation, au roi; il leur avait même adressé un ordre du jour très-vif contre les événements du 10 août et leurs auteurs[2]. Mais l'arrêté du département de l'Aisne le fit réfléchir, il se rétracta aussitôt et rompit toute communication avec son général en chef.

A Metz, Luckner, sur le concours duquel La Fayette croyait pouvoir compter, se contenta de pousser des gémissements contre les attentats du 10 août et d'entremêler son jargon allemand de phrases à double entente sur les Jacobins. Mais il n'agissait pas et paraissait ne pas vouloir agir. D'ailleurs, l'ancien maire de Metz, Anthoine, était revenu porteur du décret qui le réintégrait dans ses fonctions et qui cassait le Conseil général de la Moselle. Tout projet de résistance constitutionnelle était donc annihilé de ce côté. De toutes parts les nouvelles étaient désastreuses pour La Fayette et ceux qui avaient résolûment embrassé son parti. Partout on paraissait se résigner à se soumettre au fait accompli.

---

1. La lettre du général La Fayette au département de l'Aisne, et l'arrêté de ce Directoire, déclarant qu'il n'y a pas lieu d'y obtempérer, se trouvent à la page 992 du *Moniteur*.

2. Cet ordre du jour du général Dillon se trouve au *Moniteur*, p. 969. Il fut envoyé à l'Assemblée par le général Dumouriez, qui était alors placé sous les ordres de Dillon, et auquel celui-ci l'avait fait passer.

Notre pays est toujours le même. Sous le nouveau comme sous l'ancien régime, après comme avant la Révolution, on semble reconnaître à Paris seul le droit de donner un mot d'ordre à la France.

Le jour même où l'Assemblée le décrétait d'accusation (19 août), La Fayette apprenait par les rapports de son état-major que les soldats placés sous ses ordres immédiats étaient près d'en venir aux mains. Les uns entendaient le défendre à tout prix; les autres paraissaient disposés à le livrer pieds et poings liés, comme ils y étaient conviés par l'arrêté du département de l'Aisne. Le malheureux général ne pouvait plus, dès lors, se maintenir dans l'attitude de résistance légale qu'il avait adoptée. Pour épargner à sa propre armée la terrible épreuve d'une lutte intestine, il n'avait qu'un parti à prendre : se dérober, lui et ses amis les plus compromis, au décret de proscription qu'il ne pouvait connaître encore, mais qu'il devait facilement prévoir.

Avant de partir, il prit les précautions militaires les plus minutieuses, afin que les troupes restassent en sûreté dans les positions qu'elles occupaient. Désirant aussi mettre à couvert la responsabilité des magistrats qui s'étaient associés à sa cause, il rédigea une réquisition antidatée, dans laquelle il se constituait seul coupable de tout ce qui, depuis le 10 août, avait été dit et fait autour de lui contre les décrets de l'Assemblée législative [1].

Puis, sous le prétexte d'exécuter une reconnais-

---

[1]. Cette réquisition, datée du 13 août, se trouve à la page 1000 du *Moniteur*.

sance, il se dirigea sur Bouillon, point extrême de la frontière ; là il renvoya son escorte et ses ordonnances, et adressa à la municipalité de Sedan et à son armée des lettres d'adieu nobles et tristes, où se réflètent les sentiments douloureux dont son âme était agitée[1].

La Fayette et ses amis comptaient gagner la Hollande, et de là l'Angleterre ou l'Amérique ; mais à Rochefort, petite ville dépendant alors de l'évêché de Liége et située, par conséquent, en pays neutre, ils furent arrêtés par les avant-postes autrichiens. Le général Moitelle, qui aurait dû les accueillir comme d'illustres proscrits, leur déclara qu'ils étaient prisonniers de guerre.

Au moment où, en France, la démagogie les poursuivait comme les vils esclaves d'un despote, et où sur la terre étrangère les suppôts du despotisme les punissaient d'avoir été les promoteurs de la Déclaration des droits de l'homme, les généraux et officiers constitutionnels tombés entre les mains des lieutenants de Brunswick ne renièrent pas leur foi politique. Dans une protestation digne et ferme ils consignèrent le témoignage de leur dévouement inébranlable à la cause de la liberté, et attachèrent un ineffaçable stygmate au front de la puissance qui violait en eux le droit des gens.

« Rochefort, 19 août.

« Les soussignés, citoyens français, arrachés par un

---

[1]. La lettre à la municipalité de Sedan fut imprimée dans le *Moniteur* le lendemain du jour où elle parvint à l'Assemblée (*séance du 21 août*, p. 1000). Les adieux de La Fayette à son armée ne furent imprimés que beaucoup plus tard, sous la rubrique de Bruxelles. (*Moniteur* du 20 septembre 1792, p. 1119.)

concours impérieux de circonstances extraordinaires au bonheur de servir, comme ils n'ont cessé de le faire, la liberté de leur pays, n'ayant pu s'opposer plus longtemps aux violations de la Constitution que la volonté nationale y a établie, déclarent : qu'ils ne peuvent être considérés comme des militaires ennemis, et moins encore comme cette portion de leurs compatriotes que des intérêts, des sentiments ou des opinions, absolument opposées aux leurs, ont portés à se lier avec les puissances en guerre avec la France, mais comme des étrangers qui réclament un libre passage que le droit des gens leur assure et dont ils useront pour se rendre promptement sur un territoire dont le gouvernement ne soit pas actuellement en état d'hostilité contre leur patrie [1]. »

Les généraux autrichiens s'efforcèrent à plusieurs reprises de tirer du général La Fayette et de ses compagnons des renseignements sur la situation et la force des armées françaises; mais ils échouèrent honteusement dans leurs tentatives. Les prisonniers furent conduits à Namur, et de là à Nivelles. Dans cette dernière ville,

---

[1]. Par un reste de pudeur, les Jacobins laissèrent publier cette protestation qui avait paru dans la *Gazette de Leyde*, le 30 août. Elle se retrouve au *Moniteur* du 8 septembre 1792, et est signée : La Fayette, César Latour-Maubourg, Alexandre Lameth, Laumoy, Duroure, Masson, Sicard, Bureaux de Pusy, Victor Latour-Maubourg, Victor Gouvion, Langlois, Sionville, V. Romœuf, d'Agrain, L. Romœuf, Curmer, Gillet, La Colombe, V. Romeuf, Charles Latour-Maubourg, Al. Darblay, Soubeyran, Cadignan.

Nous avons rassemblé, à la fin de ce volume, les documents que nous avons pu recueillir sur les signataires de ce monument de courage et de loyauté.

on les divisa en trois catégories : les officiers qui appartenaient et avaient toujours appartenu à l'armée ; ceux qui avaient servi dans la garde nationale ; enfin les quatre anciens membres de l'Assemblée constituante, MM. de La Fayette, César de La Tour-Maubourg, Bureaux de Pusy et Alexandre Lameth[1]. Les premiers furent relâchés avec défense de rester dans le pays ; les seconds furent renfermés dans la citadelle d'Anvers et en

---

1. Alexandre Lameth servait dans l'armée de La Fayette, mais dans le corps qui, sous les ordres de Dillon, occupait les bords de la Sambre. Il avait été décrété d'accusation, le 15 août, avec Barnave et plusieurs des ministres de Louis XVI. Les gendarmes, chargés de son arrestation, l'avaient été chercher à Maubeuge, à Rocroy, à Mézières, où il s'était rendu pour les besoins du service et sans savoir le sort qui le menaçait. Dans cette dernière ville, lorsque les gendarmes eurent exhibé leur passeport et les ordres dont ils étaient porteurs, la municipalité refusa de leur prêter assistance pour une mission qu'elle déclara illégale, puisqu'elle leur avait été donnée par une Assemblée qui, contrairement à la constitution, avait prononcé la suspension du pouvoir royal. Grâce à ce refus, Alexandre Lameth put rejoindre le général La Fayette à Bouillon, au moment où celui-ci s'apprêtait à franchir la frontière. (*Moniteur*, p. 1007.)

Un autre ami de La Fayette, le colonel Daverhoult, fut moins heureux. Nous avons eu occasion de parler du courage qu'il déploya à l'Assemblée législative, lors des événements du 20 juin. Peu de temps après, il avait donné sa démission et était allé rejoindre son régiment qui se trouvait dans les environs de Sedan. Dans la nuit du 19 août, accompagné d'un seul domestique, il cherchait à rejoindre son général, lorsque dans les bois de Sugnion, sur le chemin de Vrignes-au-Bois à Saint-Menge et à une lieue de la Belgique, il se vit poursuivi par des douaniers ; ne voulant pas tomber vivant entre les mains de ses ennemis, il se brûla la cervelle, mais ne mourut pas sur le coup et n'expira que quelques jours après dans un village où on l'avait transporté. (*Moniteur*, p. 1005.)

sortirent au bout de deux mois. Quant aux derniers, ils furent traités avec la dernière rigueur. Remis, on ne sait pourquoi, par les Autrichiens au roi de Prusse, ils furent déposés successivement dans les citadelles de Wezel, de Neïss et de Glatz. Lorsque la Prusse fit à Bâle (1795) la paix avec la France, cette puissance remit les illustres captifs à l'Autriche[1], qui les retint pendant plus de deux ans encore dans les prisons d'Olmütz. Ils n'en sortirent qu'au moment des préliminaires de Campo-Formio et sur les instances directes et formelles du général Bonaparte.

Tout le monde doit être d'accord pour qualifier l'acte dont La Fayette et ses compagnons furent rendus victimes par les puissances étrangères, au mois d'août 1792. Ces exilés volontaires, bien qu'ils fussent officiers de l'armée française, ne pouvaient être considérés comme des prisonniers de guerre, puisqu'ils avaient perdu tout caractère militaire, en résignant d'eux-mêmes leurs commandements. Cependant, par ordre de leurs souve-

---

1. En janvier 1796, on échangea contre la fille de Louis XVI les quatre conventionnels livrés par Dumouriez, Camus, Quinette, Lamarque et Bancal, l'ancien ministre de la guerre Beurnonville, le fameux Drouet, l'ancien maître de poste, qui avait arrêté Louis XVI à Varennes, et qui était tombé entre les mains des Autrichiens ; enfin deux ministres plénipotentiaires, Maret et Semonville, pris sur le territoire suisse. Le gouvernement français d'alors ne s'occupa ni de La Fayette ni de ses amis, et, par une prétérition calculée, laissa l'Autriche exercer tout à son aise contre les prisonniers d'Olmütz ces incroyables rigueurs dont on trouve le récit dans les Mémoires de La Fayette et dans l'ouvrage si intéressant dans lequel M. Jules Cloquet a retracé la vie privée de l'illustre général.

rains, les généraux de la coalition les qualifièrent ainsi, tout en ne les traitant pas comme tels. On ne relâche pas des prisonniers de guerre sans échange et sans condition. Or, 18 sur 21 des compagnons de La Fayette furent mis en liberté soit tout de suite, soit au bout de deux mois. On rend aux officiers pris sur l'ennemi la captivité aussi douce que possible. La Fayette et ses trois amis furent, durant cinq années, traités par leurs geôliers prussiens et autrichiens avec une excessive dureté. On les laissa sans livres, sans plumes ni papier, sans communication avec le dehors, sans nouvelles de leurs familles. C'est qu'en réalité ils étaient prisonniers d'État. Les despotes européens les tenaient pour coupables du plus grand des crimes, celui d'avoir voulu établir dans leur patrie une liberté sage et modérée, et de n'avoir renié aucune de leurs convictions. Cela est si vrai que le duc de Saxe-Teschen fit faire au général La Fayette, dès les premiers jours de sa captivité, la *communication suivante* :

« Puisque le chef de l'insurrection française, forcé de s'expatrier par ce même peuple, auquel il avait appris à se révolter, est tombé dans les mains des puissances alliées, on le gardera prisonnier jusqu'à ce que son souverain, dans sa clémence ou dans sa justice, ait décidé de son sort. »

Ainsi le roi de Prusse et l'empereur d'Autriche, de leur autorité privée et contrairement au droit des gens, s'établissaient les vengeurs des querelles particulières du roi de France. Croyant servir les rancunes qu'à une autre époque la reine Marie-Antoinette avait pu manifester contre La Fayette et certains membres de l'Assemblée constituante, ils s'instituaient les geôliers, on peut dire les bourreaux de ceux qui venaient de sacrifier leurs grades, leur fortune, leurs familles, leur présent et leur avenir à la défense du trône de Louis XVI et des droits de son fils[1]. Il faut le proclamer hautement, la captivité de La Fayette et de ses amis, dans les cachots de la Prusse et de l'Autriche, fut une des plus grandes infamies de cette époque où l'Europe se croyait tout permis contre la Révolution française. Leur délivrance, stipulée par le victorieux négociateur de Campo-Formio, est un des actes qui lui font le plus d'honneur; il atteste chez le général Bonaparte une généreuse préoccupation du droit qui manqua trop souvent à l'empereur Napoléon.

XII

La nouvelle du départ de La Fayette arriva à l'Assemblée législative dans la soirée du 21. Elle délivra de leurs dernières inquiétudes ceux qui venaient de détruire la constitution. Lasource qui, quelques jours avant le

---

[1]. On ne conçoit pas, même dans l'ordre d'idées où se plaçait le duc de Saxe-Teschen, beau-frère de Marie-Antoinette, les rigueurs dont on usa envers Latour-Maubourg, qui, lors du voyage de Varennes, avait spécialement montré un tendre respect pour la famille royale, et aussi envers Alexandre de Lameth, qui, pendant qu'on l'arrêtait à Nivelles comme rebelle à son roi, était décrété d'accusation pour avoir été l'un des conseillers intimes de Louis XVI. Lameth, il est vrai, fût relâché après deux années seulement de captivité, peu avant que ses compagnons d'infortune ne fussent transférés à Olmütz.

10 août, avait prononcé contre le général un véritable réquisitoire, demanda aussitôt que, par une délibération solennelle, le nom du fugitif fût voué à l'exécration de la nation française. Merlin de Thionville, allant plus loin, proposa que la maison de La Fayette fût rasée et que, sur le terrain par elle occupé, on élevât une colonne portant une inscription qui transmettrait à la postérité le souvenir du crime[1]. La commune de Paris ordonna que le coin de la médaille frappée en l'honneur du créateur de la garde nationale par ordre de l'ancienne municipalité fût brisé sur l'échafaud par la main du bourreau[2].

La section Mauconseil arrêta que le drapeau donné par La Fayette au ci-devant bataillon Saint-Jacques-l'Hôpital serait traîné jusqu'au Carrousel et brûlé en grande cérémonie avec un mannequin représentant *le traître*. Les cendres provenant de cet auto-da-fé devaient être jetées au vent[3].

Les commissaires emprisonnés à Sedan avaient été rendus à la liberté dès le 20 août au matin. Ayant reçu la soumission entière et complète de la municipalité et aussi celle du conseil de district et du conseil général du département des Ardennes, ils écrivirent à la Législative pour la prier de ne pas donner suite aux décrets lancés contre ces trois corps administratifs, venus à résipiscence. Heureuse d'avoir triomphé sans coup férir, l'Assemblée se rendit aux vœux de ses commissaires[4].

---

1. *Moniteur,* p. 1002. — 2. *Moniteur,* p. 1041.
3. Registre des délibérations de la section Mauconseil (28 août).
4. Cette affaire, qui paraissait ainsi complétement terminée, fut re-

Les autres commissaires expédiés aux armées furent loin de trouver les mêmes difficultés dans l'accomplissement de leur mission.

Delmas, Bellegarde et Dubois-Dubay avaient été chargés de visiter les corps stationnés sur la frontière entre Dunkerque et Maubeuge. Ils se dirigèrent sur Cambrai[1] et Valenciennes. Arrivés dans cette dernière ville, ils appelèrent à eux Arthur Dillon et Dumouriez[2].

Dumouriez, presque aussitôt après sa sortie du ministère, avait été dirigé sur le camp de Maulde qui formait l'extrême gauche de l'armée du Nord. Dès son arrivée, il avait cherché à se rendre indépendant et s'était mis en querelle ouverte avec ses supérieurs, Dillon et La Fayette. Pendant que ce dernier écrivait au ministre[3]

---

prise dix-huit mois plus tard (avril 1794) par ordre du Comité de sûreté générale de la Convention, sans qu'aucun nouveau fait fût venu en réveiller le souvenir. Les municipaux de Sedan et les administrateurs du département des Ardennes furent traduits devant le tribunal révolutionnaire et condamnés à mort. Nous consacrons à la fin du volume une note à ce triste épisode de l'histoire de la Terreur.

1. Leur première lettre à l'Assemblée est datée du 13 août, de Cambrai. (*Moniteur*, p. 966.)

2. Dumouriez était placé sous les ordres de Dillon, son ancien de grade, comme lieutenant général.

3. La Fayette déclarait, avec assez de raison, qu'il ne pouvait avoir sous ses ordres un général que, dans sa lettre du 16 juin, il avait nommé « le plus vil des intrigants »; il se plaignait également que l'étendue de son commandement n'eût pas de limites bien déterminées, ce qui l'exposait à devenir tout à coup, au moins moralement, responsable des décisions d'un général qui pouvait impunément contrevenir à ses ordres.

pour être débarrassé de lui, Dumouriez écrivait à l'Assemblée pour dénoncer La Fayette. Il était encouragé, excité dans cette conduite par l'un des plus audacieux chefs du parti montagnard. Couthon, atteint depuis plusieurs années d'une paralysie complète des jambes, était venu, un mois avant le 10 août, prendre les eaux de Saint-Amand, très-voisines du camp de Maulde, et s'était empressé de s'aboucher avec l'ex-ministre des affaires étrangères de Louis XVI.

Au fond, les Montagnards n'en voulaient pas trop à Dumouriez.

N'avait-il pas contribué plus que tout autre, le 14 juin, à la chute des Girondins, ceux de tous leurs adversaires qu'ils haïssaient le plus ? D'ailleurs Dumouriez n'était-il pas allé aux Jacobins se coiffer du bonnet rouge ? N'avait-il pas montré en mainte circonstance qu'il n'avait ni principes, ni scrupules ? N'en était-ce pas assez pour mériter le pardon et même la faveur des ultra-révolutionnaires ?

Dumouriez n'espérait plus rien de la Cour, avec laquelle il avait complétement rompu après sa sortie du ministère ; il était donc tout préparé à se jeter dans de nouvelles aventures. Aussi, à la première nouvelle du 10 août, n'hésita-t-il pas à se prononcer hautement pour la révolution accomplie et à promettre à l'Assemblée législative l'appui de son épée.

Dumouriez avait commencé sa carrière politique sous les auspices du Girondin Gensonné, qui l'avait accompagné dans sa mission en Vendée (1791). Il avait maintenant pour répondant auprès des Montagnards l'un de leurs coryphées, Couthon[1]. L'avisé général, ayant ainsi des amis dans les deux partis qui commençaient à se dessiner et allaient bientôt se disputer le pouvoir, espérait manœuvrer assez habilement pour arriver au but de son ambition : *devenir avant un an l'arbitre des destinées de la France.*

Dillon, aussitôt après avoir reçu les dépêches de La Fayette, avait, comme nous l'avons vu, lancé un ordre du jour, par lequel il semblait vouloir associer sa fortune à celle de son chef. Cette proclamation, datée de Pont-sur-Sambre, avait été envoyée aux officiers commandant les places de Valenciennes, de Landrecies et de Maubeuge. Les colonels et adjudants généraux Chazot, Selmieder, Foissac et Lanoue l'avaient fait lire sur le front de leurs bataillons, puis avaient attendu pour agir les ordres ultérieurs du général Dillon. Mais l'attitude prise par le directoire du département de l'Aisne et l'arrivée des trois commissaires à Valenciennes avaient fort ébranlé celui-ci dans ses résolutions premières. Mandé par les commissaires de l'Assemblée, il leur écrivit qu'il était retenu dans son camp par les mouvements inquiétants de l'ennemi, mais qu'il ne tarderait pas à répondre à leur appel. Bientôt, apprenant que Dumouriez se déclarait pour la révolution et que les troupes avaient assez froidement reçu son ordre du jour, il se

---

[1]. Nous avons retrouvé la lettre de Couthon en date du 19 août 1792 par laquelle il se porte, pour ainsi dire, garant de Dumouriez. Le *Moniteur* (p. 1002) se contente de l'analyse; nous avons cru que cette pièce ne devait pas être perdue pour l'histoire et nous la donnons à la fin de ce volume.

détermina à obéir aux injonctions des trois commissaires.

Delmas, Bellegarde et Dubois-Dubay ne crurent pas devoir scruter très-profondément sa conduite et ses intentions primitives ; mais, pour l'engager plus avant dans la nouvelle voie qu'il paraissait disposé à suivre, ils lui remirent une réquisition formelle portant « qu'il n'avait plus à obéir aux ordres du général La Fayette, qu'il ne devait plus correspondre avec les généraux des autres armées ni détacher aucun corps actuellement sous ses ordres. » Dillon consentit à tout ce qu'on exigeait de lui, se mit à acclamer le nouveau régime avec autant d'enthousiasme qu'il en avait montré deux jours auparavant à suivre les inspirations de La Fayette. Cependant plusieurs copies de son premier ordre du jour avaient été envoyées directement à l'Assemblée[1], et celle-ci s'était hâtée de décréter que le général Dillon avait perdu la confiance de la nation. A cette nouvelle, Dillon expédia protestations sur protestations, déclara sous toutes les formes qu'il avait été abusé par La Fayette, qu'il reconnaissait ses torts et qu'il saurait les réparer. Mais ce fut en vain. L'Assemblée ne crut pas devoir s'en rapporter à lui pour diriger les mesures qu'elle s'apprêtait à prendre contre le général rebelle. Le 17 août, le jour même où les commissaires en mission à Valenciennes remettaient à Dillon leur réquisition et sa nomination provisoire au grade de général en chef, la Législative investissait Du-

---

1. Voir au *Moniteur*, p. 975 et 995, outre la lettre de Dumouriez citée plus haut, p. 67, les lettres de la municipalité de Landrecies et du district de Douai.

mouriez du commandement de tous les corps d'armée répandus sur la frontière, depuis Dunkerque jusqu'à Metz. On laissa Dillon à la tête de sa division, mais en le subordonnant à Dumouriez. Le nouveau général en chef reçut sa nomination le 18 août au soir; il envoya aussitôt son lieutenant Miaczinsky prendre le commandement des troupes cantonnées dans le département des Ardennes, lui promettant qu'il irait bientôt le rejoindre. Puis, il adressa à l'Assemblée les remerciements les plus chaleureux pour la confiance qu'elle daignait lui témoigner, lui jurant d'agir vigoureusement contre le général et les autorités civiles qui avaient osé porter une main coupable sur les représentants de la nation, revêtus d'un pouvoir *devant lequel tout devait plier!*

Huit mois plus tard Dumouriez faisait arrêter les commissaires de la Convention presque au même lieu d'où il datait la lettre dans laquelle il proclamait l'inviolable omnipotence des mandataires de l'Assemblée.

XIII

Carnot, Coustard et Prieur de la Côte-d'Or avaient été chargés de l'inspection des armées depuis Bitche jusqu'à Besançon. Ils avaient demandé et obtenu qu'on leur adjoignît un député de l'Alsace, Ritter, que sa connaissance de la langue, des hommes et des choses du pays pouvait leur rendre très-utile.

Ils allèrent droit au quartier général de Biron, à Wissembourg. Quelques années auparavant, lorsqu'il s'appelait *Lauzun,* ce général avait été admis dans l'intimité de la reine; depuis, il s'était jeté dans les bras des Jacobins. On ne pouvait donc pas douter de son empressement à se prononcer en faveur de la révolution du 10 août. Mais certains membres de son état-major étaient d'un civisme assez suspect, comme on disait alors. C'est pourquoi dès leur arrivée, les représentants réunirent tous les officiers du corps d'armée posté à Wissembourg, leur firent lire à haute voix les pouvoirs qu'ils avaient reçus de l'Assemblée et posèrent à chacun des assistants cette question :

« Vous soumettez-vous purement et simplement aux décrets de l'Assemblée nationale? Oui ou non? »

« Oui, sans restriction, » répondit Biron.— Plusieurs des officiers supérieurs, entre autres le général chef d'état-major Victor de Broglie et le chef de bataillon du génie Caffarelli Du Falga, firent entendre d'énergiques réserves. Caffarelli déclara formellement « qu'il ne reconnaissait point l'omnipotence de l'Assemblée concernant les objets sur lesquels elle s'était récemment prononcée, la suspension du pouvoir exécutif, l'emprisonnement du roi, etc.; qu'il était résolu à agir contre les factieux de toute espèce; que même il marcherait contre les ennemis intérieurs et contre Paris, s'il était commandé. »

La suspension de ces deux officiers et de plusieurs autres qui suivirent leur exemple fut aussitôt prononcée par les commissaires [1].

1. On trouvera, à la fin de ce volume, une notice sur plusieurs des officiers suspendus à la suite des événements du 10 août. La plupart de ces officiers rentrèrent plus tard dans les rangs de l'armée, notam-

Du quartier général de Biron, ceux-ci se dirigèrent vers Lauterbourg au quartier général de Kellermann; tous les officiers s'y soumirent au serment. A Landau, Custines les reçut et les fit recevoir par ses troupes avec enthousiasme. Il n'y eut là que deux colonels qui se montrèrent formellement opposés aux décrets du 10 août, MM. Joseph de Broglie et de Villantroy. Ils furent immédiatement suspendus de leurs fonctions et arrêtés. M. de Villantroy fut remplacé par Houchard, le futur vainqueur d'Hondschoote[1]. — Les commissaires de l'armée du Rhin terminèrent leur voyage en passant par Huningue et Besançon. Dans la première de ces villes ils suspendirent de ses fonctions de maréchal de camp l'ancien constituant Richelieu d'Aiguillon qui, dès

---

ment Caffarelli Du Falga que les commissaires eux-mêmes déclarèrent, dans leur rapport (voir le *Moniteur*, page 987), « jouir d'une réputation distinguée pour son mérite personnel, son patriotisme et même ses principes philosophiques. » On sait que Caffarelli Du Falga mourut pendant l'expédition d'Égypte, à Saint-Jean-d'Acre, dont il avait dirigé le siége.

Victor de Broglie fut moins heureux. Rentré dans la vie privée, il fut dénoncé, dix-huit mois après, au Comité de sûreté générale. On réunit contre lui les témoignages de Carnot, de Prieur (de la Côte-d'Or) et de Ritter (le quatrième commissaire, Coustard, avait lui-même péri sur l'échafaud), et sur le vu de ces pièces, le tribunal révolutionnaire le condamna à mort, le 9 messidor an II (27 juin 1794). On trouvera, à la fin de ce volume, le texte même de la déclaration que Victor de Broglie remit le 16 août entre les mains de Biron et les trois certificats qui furent envoyés au Comité de sûreté générale par Carnot, Prieur et Ritter, au moment même où le procès de Victor de Broglie s'entama.

1. Voir le rapport des commissaires près de l'armée du Rhin. *Moniteur*, p. 1012.

le 17 août, s'était joint à Victor de Broglie pour protester contre les décrets du 10[1].

Les trois commissaires de l'armée du Midi, Gasparin, Rouyer et Lacombe-Saint-Michel, dont les pouvoirs s'étendaient depuis Besançon jusqu'au Var, ne rencontrèrent aucun obstacle dans l'accomplissement de leur mission. Au camp de Cessieux, près de Bourgoin, ils trouvèrent le général Montesquiou tout disposé à reconnaître les décrets de l'Assemblée et à les faire acclamer par son armée; malgré cette réception brillante, les commissaires durent suspendre et remplacer un grand nombre d'officiers suspects d'opinions inciviques.

Les protestations qui se multipliaient pour ainsi dire sous les pas des commissaires envoyés auprès des diverses armées n'étaient pas de nature à rassurer l'Assemblée. Le 20 août, sur le rapport de Lasource, elle rendit le décret suivant:

« Tous les généraux en chef, les officiers généraux et autres officiers de tout grade qui auraient été destitués ou suspendus soit par le pouvoir exécutif, soit par les commissaires de l'Assemblée nationale, soit par l'Assemblée nationale elle-même, seront tenus de s'éloigner sur-le-champ à une distance de vingt lieues au moins de l'armée

---

[1]. Nous donnons, à la fin de ce volume, le texte même de la lettre adressée par Richelieu d'Aiguillon à l'Assemblée, et dans laquelle il s'élève contre le despotisme « qui, détruit en 1789, est prêt à renaître sans cesse sous une autre forme. » Rien ne peint mieux le changement apporté dans l'esprit du siècle que ces protestations contre le despotisme signées par le petit neveu du cardinal de Richelieu, par le fils même du favori de Louis XV et de l'ami de Mme Du Barry.

où ils étaient employés, et ne pourront se rapprocher à une moindre distance des autres armées sous peine de détention pendant tout le temps de la guerre. Ils seront tenus en conséquence de justifier au pouvoir exécutif du lieu de leur domicile par une déclaration de la municipalité. »

Les commissaires qui avaient été chargés d'inspecter l'armée de Luckner étaient, on s'en souvient, Kersaint, Peraldi et Antonelle, que La Fayette avait fait arrêter. Après leur délivrance, ils se hâtèrent de revenir à Paris faire le rapport de tout ce qui leur était arrivé, et ne purent remplir leur mission jusqu'à la fin. Ils furent remplacés par Laporte, Lamarque et Bruat[1]. Mais quand ceux-ci arrivèrent à Metz, le commandement de l'armée campée aux environs de cette ville venait de passer des mains de Luckner dans celles de Kellermann.

Luckner, par ses tergiversations, par ses lettres à double entente[2], avait inspiré les plus grandes défiances. Aussi personne ne fut-il étonné lorsque le ministre de la guerre annonça à l'Assemblée nationale, le 23 août, qu'il avait

---

1. Ces nouveaux commissaires avaient été nommés le 20 août (voir le *Moniteur*, p. 995) sur le rapport de la commission extraordinaire. Ils reçurent la démission d'un certain nombre d'officiers de l'armée de Luckner qui crurent, eux aussi, que le serment qu'ils avaient prêté à la Constitution de 1791 ne leur permettait pas de prêter celui qu'on leur demandait. Parmi ces démissions, une nous a frappé d'abord, parce qu'elle est aussi simple que noble et ensuite parce qu'elle est signée d'un nom qui est depuis plus de cent ans, en France, le symbole du dévouement et du courage : celui de d'Assas. Nous la donnons à la fin de ce volume.

2. Voir les lettres de Luckner dont le ministre de la guerre vint donner lecture à l'Assemblée dans les séances des 17 et 23 août. *Moniteur*, p. 979 et 1009.

retiré au maréchal le commandement de l'armée du Centre et qu'il l'avait remplacé par Kellermann. Mais celui-ci n'accepta qu'à la condition que Luckner fût nommé généralissime. Les troupes étaient fort attachées au vieux héros de la guerre de sept ans, et, dans ce moment de pénurie apparente de généraux habiles, elles n'avaient de confiance qu'en ceux de leurs chefs qui avaient déjà fait la grande guerre. Pour ne pas les exaspérer, le pouvoir exécutif consentit à cette exigence. Le quartier général du nouveau généralissime fut établi sur les derrières des armées de l'Est, à Châlons-sur-Marne. On lui donna la mission spéciale « de former une armée de réserve et de concourir par ses conseils aux opérations militaires; » mais en réalité il ne devait avoir rien à faire, et sa nomination n'avait qu'un but : masquer sa disgrâce.

Ainsi, dix jours après le 10 août, quatre mois après la formation des armées chargées de défendre notre territoire, une grande partie des officiers qui avaient présidé à cette formation étaient obligés de s'expatrier ou étaient violemment écartés de leur commandement. D'autres hommes montaient au premier plan et allaient un instant jouir de toutes les faveurs de la popularité. Dumouriez, Montesquiou, Kellermann, Biron, Custines, Houchard, Miaczinsky étaient cités comme les incorruptibles, les vrais patriotes, les soutiens inébranlables de la république, qui n'était pas encore proclamée, mais qui allait bientôt l'être.

Un an après, Dumouriez, l'heureux défenseur des défilés de l'Argonne; Montesquiou, le conquérant de la Savoie, étaient proscrits et en fuite. Biron, Custines, Houchard, Miaczinsky, après avoir prodigué leur sang dans vingt combats, étaient conduits à l'échafaud aux cris de *à bas les traîtres!* Kellermann seul était réservé à de plus heureuses destinées, et devait recevoir plus tard des mains de celui qui n'était encore en ce moment qu'un jeune chef de bataillon d'artillerie, fort avancé lui aussi dans les idées du jour, le titre de duc de Valmy, titre qui rappelait en même temps son origine républicaine et ses grandeurs impériales.

LIVRE X

LA LÉGISLATIVE ET LA COMMUNE.

I

Le triomphe de la révolution du 10 août est désormais assuré. L'ouragan démagogique a passé sur la France entière et brisé toutes les résistances individuelles ou locales.

Les adresses d'adhésion commencent à affluer sur le bureau du président de l'Assemblée législative. Chaque société populaire tient à honneur de recevoir, l'une des premières, la mention honorable accordée généreusement, en tête du procès-verbal, à toutes les folies soi-disant patriotiques.

Nous avons pris la peine de secouer la poussière qui couvre, depuis soixante-dix ans, ces volumineux dossiers, de parcourir les dithyrambes en prose et en vers que la révolution du 10 août sut inspirer à la verve jacobine[1].

---

1. Toutes ces adresses se ressemblent et se valent; seulement, comme spécimen, nous en donnons une qui ne manque pas d'une

Nous avons pu les comparer à ceux qui furent adressés à la Convention, le lendemain de la victoire successive de chacune des factions qui, pendant les deux années de la Terreur, traversèrent le pouvoir pour aboutir à l'échafaud, et nous avons été édifié! Toujours la même exécration pour le tyran abattu, la même adoration pour l'homme vertueux qui apparaît et va régénérer le monde; toujours, pour exprimer les mêmes admirations, la même phraséologie niaise et redondante. Quand, pendant quelques heures, on a respiré cette atmosphère de bassesse et de servilité, on éprouve d'effroyables nausées, on est dégoûté pour jamais de ces fleurs de la rhétorique politique, que chaque soleil levant fait éclore, que l'éclat de chaque établissement nouveau fait épanouir, que récoltent, pour les offrir à n'importe quel vainqueur, les adorateurs du fait accompli, toujours prêts à s'incliner avec un égal enthousiasme et une servilité infatigable, aux genoux de *monseigneur le despotisme* ou de *son excellence la canaille*.

De tous les complaisants adulateurs du nouveau souverain, aucun n'avait mieux réussi que Marat à sur-

certaine originalité; elle émane de la société populaire de Nîmes, et est datée du 21 août 1792.

« Législateurs,

« Nous applaudissons aux décrets salutaires que vous venez de rendre; nous sommes des sans-culottes, nous; les *honnêtes gens* changent plus souvent de vêtements et d'opinions. Les sans-culottes ne changent guère d'habits, ils se croient heureux lorsqu'ils en ont un. Quant à leur opinion, ils ne sauraient en avoir qu'une, c'est l'amour de la patrie; celle-là, ils n'en changent jamais. »

prendre sa faveur. L'ignoble folliculaire, grâce à ses haineuses diatribes contre Lafayette et la Cour, était proclamé prophète, en attendant qu'il passât dieu.

Aucune des sections de Paris n'avait eu l'impudeur de le nommer son représentant à l'Hôtel de Ville ; mais, le conseil général de la commune, par une décision solennelle, lui avait accordé une tribune spéciale dans la salle de ses séances et, s'il ne siégeait pas parmi les deux cent quatre-vingt-huit membres de la commune, il leur soufflait les motions les plus furibondes.

Marat était homme à savoir profiter de la victoire du parti qu'il avait servi de sa plume, si ce n'est de son bras ; car, aux heures périlleuses, il disparaissait tout à coup pour se blottir au fond de sa cave. Dès qu'il ne se tira plus de coups de fusil, il vint déclarer à la commune que les feuillants et les royalistes l'avaient privé naguère de ses presses, et que, par conséquent, il était équitable que la nation les lui rendît. Muni d'un ordre du comité municipal de surveillance, il alla avec quelques sans-culottes de ses amis s'emparer, à l'imprimerie nationale, alors établie au Louvre, de quatre presses et d'une grande quantité de caractères. Cette audacieuse invasion d'un établissement public, qui ne dépendait sous aucun rapport de la commune, fut dénoncée à la commission extraordinaire et lui fit jeter les hauts cris. Marat ne fit que rire de cette colère. Il poussa l'impudence jusqu'à faire redemander au directeur de l'imprimerie certains ustensiles qu'il avait oublié d'emporter. Le directeur, Anisson Duperron, se hâta d'avertir l'Assemblée, afin qu'elle se préoccupât de sauver du pillage un établissement national qui devait, aux termes d'un décret spécial, être en activité permanente de jour et de nuit.

La commission extraordinaire interpella le procureur-syndic de la commune, Manuel. Celui-ci jura ses grands dieux qu'il ignorait complétement ce qui s'était passé, et qu'il allait faire justice des déprédations commises sous le couvert de la municipalité[1]. Cependant rien ne fut fait.

---

1. Nous avons retrouvé la lettre de M. Anisson-Duperron et les deux billets de Manuel, relatifs à cette affaire.

« M. Marat se présente encore à l'imprimerie nationale du Louvre pour demander un supplément de caractères et de divers ustensiles d'imprimerie, en vertu de l'ordre du comité de surveillance de la Commune, sur lequel il lui a déjà été remis quatre presses et un assortiment de caractères, et dont l'original, ainsi que le reçu de M. Marat, sont déposés au bureau de la commission extraordinaire de l'Assemblée nationale.

« Le directeur de l'imprimerie nationale du Louvre supplie MM. de la commission extraordinaire de lui donner leurs ordres et leur décision en marge de ce mémoire, sur la nouvelle demande de M. Marat.

« Le directeur observe que les quatre presses qui lui ont été enlevées par M. Marat font partie des dix qui ont été inventoriées comme appartenant à la nation, par décret de l'Assemblée nationale du 14 août 1790, et que les livraisons qu'il pourrait faire d'autres ustensiles d'imprimerie et de caractères diminuent d'autant la propriété nationale, dont il s'est reconnu le dépositaire, en même temps qu'elles affaiblissent de plus en plus les moyens pour l'exécution du décret de l'Assemblée nationale qui a mis l'imprimerie nationale en activité permanente de jour et de nuit.

« ANISSON-DUPERRON. »

« MUNICIPALITÉ DE PARIS.

« Enchaîné au parquet, messieurs, il m'est impossible d'aller, comme je le voudrais, causer avec vous d'un ordre que j'ignorais et

Qui aurait osé s'attaquer à Marat au moment même où il conviait ce qu'il appelait le peuple « à se porter en armes à l'Abbaye, à en arracher les traîtres, particulièrement les officiers suisses et leurs complices, et à les passer au fil de l'épée. » Quelle folie, osait-il imprimer dans son journal, « quelle folie de vouloir leur faire leur procès! il est tout fait. Vous les avez pris les armes à la main contre la patrie ; vous avez massacré les soldats ; pourquoi épargnez-vous leurs officiers, incomparablement plus coupables [1]? »

II

Pendant que Marat prêche ouvertement l'assassinat des prisonniers, la commune s'occupe de remplir les prisons [2]. Elle donne à son comité de surveillance, pour-

---

qui n'a pu être donné que par erreur. On doit sentir que l'imprimerie nationale est indispensablement nécessaire au pouvoir exécutif. Deux commissaires de la commune vous exprimeront, messieurs, ses sentiments et ses principes.
« P. MANUEL. »

« Ce que j'apprends m'étonne, messieurs, je croyais les presses nationales rendues; on me l'avait promis, et il paraissait même que ce n'était pas un effort. Votre lettre et une nouvelle réquisition sont portées à l'instant au comité de surveillance, à la mairie, où j'espère que justice sera faite.
« *Signé :* MANUEL. »

1. *Journal de la République*, n° du 19 août.
2. La Commune invite, par une circulaire en date du 24 août, les quarante-huit sections à faire immédiatement l'inventaire et le dépôt

voyeur ordinaire de ces tristes lieux, une organisation définitive. C'est à lui que viennent aboutir les dénonciations reçues jour et nuit dans les comités de chacune des quarante-huit sections parisiennes.

Grâce à cette centralisation de la police politique, servie non-seulement par une armée d'espions soldés, mais encore par une multitude de soi-disant patriotes aux yeux desquels la délation est une vertu, l'inquisition *du Conseil des Dix* est dépassée. Tout Paris tremble sous la domination du terrible comité, et ce que disait le vertueux Malesherbes, du temps des lettres de cachet, est redevenu vrai en changeant seulement le nom des personnages auxquels est remis le maniement de l'arbitraire.

« Il n'est pas d'homme assez grand pour braver la vengeance d'un commissaire municipal; il n'est pas d'homme assez petit pour se dérober à l'inimitié du dernier des démagogues. »

Les principaux membres du comité de surveillance étaient Panis et Sergent, conservés administateurs de police, quoiqu'ils ne fissent pas partie de la commune insurrectionnelle; deux membres de celle-ci, Jourdeuil et Duplain, leur avaient été adjoints dès le 11 août. Ces

---

de toutes les pièces qui sont entre leurs mains et peuvent jeter quelque lumière sur les crimes du 10 août, circonstances et dépendances, et sur leurs auteurs. Toutes ces pièces, — déclarations de suspects, dépositions de témoins, dénonciations, procès-verbaux d'arrestation, de perquisition, d'interrogatoire, d'apposition et de levée de scellés, — devront être réunies à la mairie et, par les soins du procureur de la commune, centralisées et cataloguées entre les mains du comité de surveillance.

quatre individus, tantôt seuls, tantôt assistés provisoirement de délégués du Conseil général, restèrent grands inquisiteurs jusqu'après le 2 septembre. Leur action s'exerçait, par un étrange abus de pouvoir, non-seulement sur Paris, mais même sur les départements. Ils siégeaient à l'hôtel de la mairie (aujourd'hui la Préfecture de police), sous le même toit que Pétion, qui occupait, au premier étage, les appartements du premier président du parlement de Paris. Mais ils ne s'inquiétaient guère du blâme ou de l'approbation de ce docile et complaisant instrument que ses anciens complices avaient jeté de côté, comme font les enfants d'un jouet devenu inutile.

La commune de Paris, grâce à ses usurpations successives, en était venue à former un État dans l'État. Si le conseil général, avec ses deux cent quatre-vingt-huit membres, en était le pouvoir constituant, le comité de surveillance en était le pouvoir exécutif. Aussi, dans leur langage habituel, les dominateurs de l'Hôtel de Ville l'appelaient-ils le *comité d'exécution*. Était-ce une allusion anticipée à la mission dont il devait *se charger* le 2 septembre? Quoi qu'il en fût, ce nom glaçait d'épouvante ceux devant qui il était prononcé [1].

L'attention du comité, dès qu'il fut réorganisé, se porta sur les prêtres insermentés. Le trône de Louis XVI renversé, les décrets sur lesquels il avait apposé son veto constitutionnel avaient été, dans la soirée même du 10 août, déclarés lois de l'État. Celui du 27 mai 1792 put donc immédiatement être mis à exécution. Il pro-

---

1. Voir la relation de Mme de Fausse-Lendry.

nonçait, en principe, la déportation de tous les prêtres qui n'avaient pas prêté le serment prescrit par la loi du 26 décembre 1790, ou qui, l'ayant prêté, se seraient plus tard rétractés [1]. Cette peine devenait applicable, sans qu'il fût nécessaire de donner aucun motif, sur la demande de vingt citoyens actifs, et, pour les ecclésiastiques accusés d'avoir suscité des troubles par des actes extérieurs, sur la dénonciation d'un seul individu.

Dans un moment où la délation était mise à l'ordre du

---

1. Voir la note II du premier volume.

Les colères démagogiques poursuivaient non-seulement les prêtres insermentés, mais jusqu'aux sœurs de charité qui, encore à cette époque et au milieu des troubles populaires, continuaient de se dévouer au service des pauvres et des malades. Dans une lettre écrite à l'Assemblée par la section du Roule, en date du 24 août (*Journal des Débats et Décrets*, pages 33 et 35, n° 334; *Moniteur*, p. 1040), nous voyons « que les sœurs grises de la paroisse de la Madeleine furent enlevées de la maison qu'elles occupaient encore et conduites devant le comité civil de la section. » Une populace furieuse les entourait, les accablait d'injures et de menaces. Il fallut l'intervention de deux membres de l'Assemblée nationale, envoyés par elle, pour apaiser le tumulte et faire réintégrer les pauvres sœurs dans leur domicile.

Dans une autre lettre, adressée à la Législative par la section des Quinze-Vingts, et postérieure de quelques jours, nous lisons la dénonciation suivante : « Les sœurs grises qui desservent l'hôpital des Enfants-Trouvés du faubourg Saint-Antoine, se sont constamment refusées, en 1790, à prêter le serment que la loi ordonnait à tout fonctionnaire public. » — *Les sœurs grises transformées en fonctionnaires publics!!!* — « Ces sœurs insinuent dans l'esprit des enfants les principes les plus dangereux, jusqu'à leur persuader que s'ils communiaient de la main d'un prêtre assermenté, ils recevraient le diable au lieu de Dieu; elles ont constamment favorisé les prêtres réfractaires et au mépris de toutes les lois, elles en ont toujours retiré

jour par l'Assemblée, encouragée par la commune insurrectionnelle, pratiquée en grand par tous les jacobins de Paris et des départements, il n'était pas à craindre que les dénonciateurs vinssent à manquer contre les ecclésiastiques désignés légalement à la haine de tous les démagogues. Cependant on trouva plus commode de substituer à l'arrestation individuelle sur simple soupçon la déportation collective, en attendant que la commune de Paris et ses imitateurs, dans quelques autres localités, inventassent une simplification nouvelle : l'égorgement en masse.

Chaque jour, à l'Assemblée législative, la Montagne pressait la commission extraordinaire de déposer le rapport qu'elle avait été chargée de faire sur le mode et le lieu de déportation des prêtres insermentés. On est tellement impatient d'en finir avec cette question brûlante que la discussion s'engage, le 23 août, sur un projet présenté par un membre (Benoiston), en son nom particulier, et aux termes duquel tous les prêtres insermentés doivent sortir du territoire dans le délai de quinze jours. Cambon propose de les déporter à la Guyane française, où l'agriculture manque de bras. « Oui, ajoute Lacroix, il faut débarrasser la France de cette peste publique[1], mais il ne faut pas blesser la morale des nations en les envoyant empoisonner nos voisins. Du reste, ajoute-t-il ironiquement, en les transportant à la Guyane,

chez elles. D'après cet exposé succinct, vous jugerez, législateurs, si de pareilles femmes doivent continuer l'éducation des enfants de la patrie. »

1. *Journal des Débats et Décrets*, p. 25, n° 331.

il ne perdront pas l'espoir de revenir en France, s'ils ne sont pas incurables. C'est une espèce de séminaire où nous les envoyons. » Un député, dont le nom mérite d'être conservé par l'histoire, un simple cultivateur d'Eure-et-Loir, Claye, s'indigne à ce langage et s'écrie : « Il n'y a que quinze jours que vous avez juré de maintenir la liberté et l'égalité, et aujourd'hui vous voulez prononcer une peine rigoureuse contre des individus qui n'ont fait, en refusant le serment, que ce que la loi leur permettait de faire! Vous punissez des gens pour la liberté de leur opinion comme des criminels de lèse-nation. Au moment de terminer notre carrière, ne nous avilissons pas par une loi atroce rendue si précipitamment. »

Lasource, ministre protestant, combat lui-même la motion de Cambon : « Je m'étais imposé la loi de ne jamais prendre la parole quand il s'agirait de religion et de prêtres, étant prêtre moi-même d'une autre religion. Cependant, je parlerai dans ce moment, et sans doute ma parole ne sera pas suspecte. Je dis que si vous avez le droit de chasser de France tous les individus qui en troublent la paix, du moment où vous les avez dépouillés de tous les avantages du pacte social, il ne vous est pas permis de leur dire : Vous irez là! Une fois sortis de la société, ils sont livrés à eux-mêmes, et puisqu'ils ne sont plus citoyens français, ils iront où ils voudront. Si on ne les souffre pas en Europe, ils s'embarqueront, c'est leur affaire... Mais dans quel pays propose-t-on de les envoyer? Faut-il vous rappeler que, sous Louis XV, douze mille Français, envoyés pour peupler la Guyane, y périrent? Dans ce moment, quelques milliers d'habitants blancs et noirs ne peuvent y trouver leur subsistance; ils sont obligés d'avoir recours aux îles voisines, et c'est dans ce pays qu'on propose de transporter cinquante à soixante mille prêtres! Ce serait envoyer ces malheureux à la mort: au nom de l'humanité, au nom de la justice, je demande la question préalable sur la proposition de Cambon. »

Vergniaud combat aussi la loi proposée, parce qu'elle enveloppe dans la même proscription l'innocent et le coupable. « Tâchons, s'écrie-t-il, en finissant notre carrière, d'emporter les regrets de nos concitoyens et l'estime de la nation. Laissons dans cette enceinte le souvenir que nous avons fait, pour sauver la patrie, tout ce qui était nécessaire, et que, dans l'énergie des moyens que nous avons choisis, nous avons respecté l'humanité. »

Vaines protestations! Les Girondins étaient déjà débordés. Cambon, qui, en dehors des questions de finance, se laissait facilement entraîner par sa fougue méridionale et passait d'un extrême à l'autre, déclare qu'il n'a jamais proposé d'envoyer à la Guyane les prêtres insermentés sans secours, sans moyens de subsistance. « Qu'on leur donne, dit-il, des vivres, des femmes même; mais qu'on nous en débarrasse et qu'ils ne soient plus à craindre. »

Un pareil raisonnement met fin aux hésitations de l'Assemblée qui, d'urgence, adopte une loi[1] en douze articles, par laquelle tous les ecclésiastiques inser-

---

1. *Collection des lois de 1792*, t. X.

mentés sont contraints à sortir, sous huit jours, du département où ils ont leur résidence, et, sous quinzaine, de ce que l'on appelait encore *le royaume*. Étrange désignation d'un ordre de choses qui n'était plus la royauté, qui n'était pas encore la république, et qui ne méritait, à vrai dire, qu'un seul nom, celui d'anarchie !

Pendant les quinze jours de délai qui leur étaient accordés, les prêtres insermentés pouvaient choisir le lieu de leur exil ; mais, la quinzaine expirée, ceux qui n'auraient pas obéi au décret de bannissement devaient être déportés à la Guyane française. Les directoires des districts avaient la mission de les faire arrêter et conduire de brigade en brigade aux ports de mer les plus voisins. Un secours de trois livres par journée de dix lieues était accordé aux indigents.

Pour l'exécution d'une pareille loi, si conforme à ses passions, si directement inspirée par ses colères, la commune déploya un zèle extraordinaire. En vertu d'un arrêté spécial, tous les prêtres qui se trouvaient sous le coup de la loi du 26 août, étaient tenus de faire inscrire dans les vingt-quatre heures, sur un registre ouvert dans chaque section, leur nom, leur signalement et le pays qu'ils avaient choisi pour retraite[1]. Le département de police devait sur-le-champ leur délivrer un passe-port.

Voilà ce qui avait été promis ; en fait, voici ce qui arriva. Après que les malheureux prêtres insermentés

---

[1]. MM. Buchez et Roux, dans leur *Histoire parlementaire*, t. XVII, p. 159, donnent le texte même de cet arrêté.

se furent dénoncés eux-mêmes et qu'ils eurent déclaré qu'ils étaient prêts à obéir à la loi, au lieu de leur remettre le passe-port qu'il leur avait fait espérer, le comité de surveillance les envoya au séminaire Saint-Firmin et aux Carmes, provisoirement, disait-on, et pour attendre une translation générale qui devait les garantir de tout outrage, de toute vexation, de toute violence. Les massacreurs de septembre les y trouvèrent et changèrent leur arrêt de transportation en un arrêt de mort[1].

III

Dès le 15 août, Merlin (de Thionville) avait proposé que les femmes et les enfants des émigrés fussent considérés comme les otages de la nation. Le 18, la commune avait demandé qu'ils fussent réunis dans des maisons de sûreté[2].

1. Les prêtres insermentés, qui avaient huit jours pleins à partir du 29 août, jour de la promulgation de la loi, pour sortir des limites du département, ne pouvaient être légalement arrêtés le 31 août et le 1er septembre. Le comité de surveillance, jouant sur les mots, ne les renferma donc pas dans des prisons proprement dites, mais bien dans des *lieux de dépôt,* dont l'établissement n'était prévu, ni par la loi, ni même par l'arrêté municipal. Ainsi s'explique naturellement pourquoi il ne fut pas établi de registre d'écrou pour les Carmes ni pour Saint-Firmin; les noms des malheureux que, grâce à son odieux stratagème, le comité de surveillance avait fait *déposer* dans ces deux maisons furent à peine inscrits sur des feuilles volantes sans caractère authentique. Aussi, après les massacres, fut-il beaucoup plus difficile de constater le décès des malheureux prêtres, que celui des victimes égorgées dans les autres prisons.

2. La discussion sur les enfants et veuves d'émigrés est à peine men-

Le 23 au soir, Merlin renouvelle sa motion en rappelant le vœu émis par la commune. Il est appuyé par Bazire, qui déclare que le moyen proposé par son ami est conforme à la plus saine politique, que, pour arrêter la rage des ennemis de la nation, *tous les moyens sont bons, tous sont justes*. Mais Thuriot, ce jour-là heureusement inspiré, s'écrie : « Vous voulez faire déclarer que les femmes et les enfants sont pour nous des otages? Qu'entendez-vous par là? Voudriez-vous punir les enfants du crime de leurs parents? La France serait déshonorée si on adoptait le système barbare et sanguinaire de M. Merlin. Il n'y aurait pas de bourreau en France, capable d'assassiner l'enfant dans les bras de sa mère parce que son père aurait porté les armes contre sa patrie. Il faut repousser avec horreur cette mesure... »

Ces belles paroles arrachent des applaudissements aux représentants et même aux spectateurs des tribunes, et l'Assemblée, en proie à la plus vive émotion, passe à l'ordre du jour.

Pour combattre nos ennemis, tous les moyens sont bons. Effroyable maxime qui, proclamée tour à tour par les démagogues et par les suppôts de la tyrannie, tendrait à amnistier les crimes des populaces et les coups d'État des despotes! On la préconisait, on la mettait chaque jour en pratique dans le sein de l'Assemblée nationale de France. Un député, qui ne comptait pas cependant

tionnée dans le *Moniteur*, p. 1007 et 1008. Elle est reproduite avec plus de détails dans le *Journal des Débats et Décrets*, n° 331, p. 28 et suivantes.

parmi les plus fougueux montagnards, Jean Debry, propose l'organisation d'un corps de douze cents volontaires se dévouant à attaquer corps à corps les tyrans en guerre avec la France et les généraux qui commandaient leurs armées. Cette motion fait bondir d'enthousiasme Chabot et Merlin ; ils s'écrient qu'aussitôt qu'ils auront cessé leurs fonctions législatives, ils iront s'engager dans le corps des vengeurs de l'humanité. Quelques observations sont cependant hasardées contre le *sublime projet*. Mailhe se charge de les réfuter. « On ne doit pas, dit-il, raisonner sur la guerre actuelle comme sur les guerres anciennes. La guerre actuelle est une lutte à mort. Il n'est rien qui ne paraisse juste pour soustraire un peuple à l'esclavage. »

La motion de Jean Debry avait toutes les chances d'être acceptée, lorsque Vergniaud, qui ne peut pas plus longtemps contenir son indignation, laisse enfin échapper de son cœur le cri de l'humanité et de l'honneur :

« Je ne traiterai pas cette question, dit-il, sous le rapport de la moralité. La solution en est dans toutes les âmes. Je n'examinerai pas la question de savoir si c'est à nous de délivrer les peuples étrangers de leurs tyrans, ou si c'est à ces peuples eux-mêmes. Nous faisons à nos ennemis une guerre franche et loyale. Ce n'est pas le peuple français, ce n'est pas un peuple libre qui donnera le premier l'exemple de semblables moyens contre ses ennemis. »

Son collègue et son ami Sers (de Bordeaux) ajoute : « L'Assemblée ne peut rendre la loi qu'on lui propose

sans se déshonorer devant toutes les nations civilisées. »
Néanmoins l'extrême gauche demande le renvoi à la
commission extraordinaire. « Ce renvoi seul, s'écrie Larivière, serait une offense au peuple français. » Il est,
malgré tout, décrété; l'Assemblée décide implicitement
que la théorie de l'assassinat sera soumise aux délibérations de son comité[1]. Celui-ci, hâtons-nous de le dire,
oublia de présenter un rapport que, du reste, on *oublia*
de réclamer de lui.

Pendant que l'on discutait à l'Assemblée sur le sort
des prêtres insermentés, des femmes et des enfants
d'émigrés, on cherchait à surexciter les passions de la
population parisienne par l'appareil d'une fête funèbre
« en l'honneur des conquérants de l'égalité et de la
liberté, morts le 10 août, au massacre de la Saint-Laurent, » comme disaient les journaux jacobins. Les
apprêts de cette fête avaient été ordonnés par Sergent,
l'un de ceux qui, huit jours plus tard, devaient présider aux massacres de septembre. Ils avaient été combinés de manière à accroître les colères et les haines
des masses, déjà enfiévrées par les nouvelles des frontières et les accusations de trahison lancées vaguement
du haut de la tribune.

Au milieu du jardin des Tuileries, que l'insurrection
avait dévasté, s'élevait un obélisque colossal avec cette
inscription :

SILENCE ! ILS REPOSENT.

---

[1]. *Moniteur*, p. 1021. *Journal des Débats et Décrets*, n° 332,
p. 77-78.

Sur des bannières portées par des volontaires à cheval, on lisait la liste des principaux massacres que les démagogues imputaient aux royalistes et aux constitutionnels :

Massacre de Nancy.

Massacre de Nismes.

Massacre de Montauban.

Massacre d'Avignon.

Massacre de la Chapelle.

Massacre de Carpentras.

Massacre du Champ-de-Mars, etc.

Sur d'autres bannières s'étalaient des phrases comme celle-ci :

« *Pleurez, épouses, mères et sœurs, la perte des victimes immolées par des traîtres ; nous jurons, nous, de les venger !* »

Le sarcophage s'avançait lentement, traîné par des bœufs. Ensuite apparaissait la statue de la Loi, suivie des juges de tous les tribunaux ; puis, celle de la liberté, portée par des gardes nationaux.

Une tribune aux harangues était placée au milieu de l'amphithéâtre occupé par les députés, et Marie-Joseph Chénier, le poëte et l'orateur officiel du moment, prononça l'oraison funèbre « des illustres victimes de la tyrannie. »

Cette fête était toute païenne. Pour la première fois, depuis le commencement de la révolution, la religion ne fut point appelée à prier sur le cénotaphe des morts dont on honorait la mémoire. C'est que, s'il y avait encore une religion de nom, il n'y en avait plus de fait. Les prêtres catholiques étaient proscrits, les prêtres constitutionnels méprisés. Ceux qui soutenaient le nouveau culte au moyen des plus violentes persécutions, l'écartaient par pudeur de leurs cérémonies publiques. Les organisateurs de la fête avaient espéré frapper et émouvoir l'esprit des masses, en étalant à leurs yeux un spectacle qu'ils croyaient imposant et qui n'était que ridicule. L'effet ne répondit pas à leur attente. La foule ne se montra ni silencieusement recueillie, ni profondément affligée, comme le lui recommandait le programme officiel. L'indifférence la plus complète régna parmi ces spectateurs, qui étaient censés pleurer des frères et honorer des martyrs[1]. On s'occupa fort peu de la harangue de

---

[1]. Voir la description de cette fête dans *les Révolutions de Paris*, de Prudhomme, n° CLXIV. MM. Buchez et Roux l'ont reproduite dans leur *Histoire parlementaire*, t. XVII, p. 209 et suivantes.

Cette description ne saurait être taxée de partialité en faveur du parti vaincu; c'est un crime que l'on ne put jamais imputer au journaliste Prudhomme. Cependant on y trouve des aveux précieux à enregistrer; à peine ont-ils besoin de commentaire.

« Les gardes nationales se montrèrent en foule à cette fête, pour se dédommager apparemment de ne s'être pas montrés le jour de l'action... Cette cérémonie lugubre, et dont le sujet devait tour à tour inspirer le recueillement de la tristesse, et une sainte indignation contre les auteurs du massacre dont on célébrait la commémoration, ne produisit pas généralement cet effet sur la foule des spectateurs; dans le cortége, le crêpe était à tous les bras, mais le deuil n'était point sur les visages. Un air de dissipation, et même une joie bruyante, contrastaient d'une manière beaucoup trop marquée avec les symboles de la douleur et en détruisaient l'illusion. »

Quelle réponse péremptoire, faite d'avance par Prudhomme aux historiens modernes, qui ont prétendu que la révolution du 10 août

Marie-Joseph, et beaucoup de la rivalité de plus en plus patente, des querelles de plus en plus envenimées qui surgissaient chaque jour entre la commune et la Législative.

IV

Ces querelles avaient un instant paru s'apaiser; car l'Assemblée avait accédé à toutes les prétentions de sa rivale. Elle avait obéi de mauvaise grâce, mais enfin elle avait obéi à tous les ordres qui lui avaient été intimés au nom de la commune en ce qui concernait la détention de la famille royale et l'institution d'un tribunal exceptionnel pour juger les vaincus du 10 août. Mais il restait une question qui, malgré la condescendance ou plutôt l'humilité des représentants du peuple, entretenait les colères des dictateurs de l'Hôtel de Ville : c'était celle de la réorganisation du conseil de département.

Aux termes du décret du 13 août, chacune des quarante-huit sections parisiennes et chacun des seize cantons ruraux étaient appelés à élire un membre de ce conseil. Les nouveaux administrateurs devaient prendre possession de leurs fonctions aussitôt qu'ils seraient au nombre de vingt.

Presque tous les cantons ruraux se hâtèrent de choisir leurs représentants; mais, obéissant sans doute à des instructions secrètes envoyées par la commune, les sec-

---

avait été opérée par la garde nationale de Paris et applaudie par la population entière de la capitale!

tions parisiennes s'abstinrent de procéder à ces nominations. Les administrateurs élus se déterminèrent à aller exposer à l'Assemblée la situation déplorable qui leur était faite. Ils étaient nommés et ne pouvaient se faire installer dans leurs fonctions faute d'un nombre suffisant de collègues. La mauvaise volonté était trop manifeste; les injonctions de la commission extraordinaire furent trop péremptoires pour qu'un pareil scandale pût longtemps encore se continuer [1].

Le 21 août, quelques sections s'étant déterminées à obéir à la loi, le conseil de département put enfin se constituer [2]. Dès le lendemain au matin, les membres élus se rendent en corps à l'Assemblée législative pour

[1]. Pendant tout ce temps, les débris de l'ancien directoire de département avaient continué de siéger, mais ne s'étaient occupés que des affaires urgentes, relatives aux autres communes du département; quant à la capitale, les dictateurs de l'Hôtel de Ville y avaient mis bon ordre. Dès le 11, de leur autorité privée, ils avaient pris un arrêté par lequel ils déclaraient que les pouvoirs du département étaient suspendus pour tout ce qui concernait la ville de Paris. Le département s'était exactement conformé à cette injonction.

Les délibérations du directoire de Paris, dans la période du 11 au 21 août, sont signées par MM. Dumon, Leveillard, Gouniou, de Jussieu, de Faucompret. Rœderer, resté nominalement procureur-général-syndic, est, à partir du 14 août, remplacé par Gouniou, son suppléant; il était obligé de se cacher, étant très-violemment attaqué par les vainqueurs à raison de sa conduite dans la matinée du 10 août.

2. Le directoire, élu le 21 août, fut composé de MM. Régnier, Cournaud, Lachevardière, Leblanc, Colin, Piquenard, Salmon, Dubois et Momoro, *tous individus qui étaient et qui restèrent parfaitement inconnus*, à l'exception du dernier, grand ami de Chaumette et d'Hébert, et dont le nom reviendra plus d'une fois dans le cours de notre

lui offrir l'hommage de leur respect et lui déclarer qu'ils sont prêts à remplir les fonctions qui leur sont attribuées par la loi; l'orateur prend soin de les détailler, justement parce qu'elles leur avaient été contestées[1]. La commune avait, en effet, eu l'audace de faire placarder la veille un arrêté dans lequel elle déclarait « que, pour assurer le salut public et la liberté, elle avait besoin de tout le pouvoir que le peuple lui avait délégué, au moment où il avait été forcé de reprendre l'exercice de ses droits. » « Une double représentation populaire, » y lisait-on, « l'une sous le nom de conseil de la commune, l'autre sous le nom de conseil de département, ne peut servir qu'à diviser les citoyens et à rallier les ennemis de la liberté, qui déjà commencent à renouer leurs criminelles intrigues; l'ouvrage de la nouvelle régénération ne peut être achevé que par les moyens qui l'ont commencé. »

On conçoit facilement la colère qui s'empara de la commune lorsqu'elle apprit la levée de boucliers que les administrateurs départementaux venaient de faire à la salle du Manége. Aussitôt elle mande dans son sein les magistrats qui ont osé faire acte d'indépendance. L'habitude était si bien prise, même par les autorités supé-

---

récit. Le nouveau procureur-général-syndic était un sieur Berthelot, aussi inconnu que ses collègues.

1. Voici, d'après le discours même de l'orateur, les attributions dont le conseil général se reconnaissait investi :

« Répartition des contributions, exécution des travaux publics, surveillance de toutes les propriétés mobilières et immobilières appartenant à l'État, séquestre et vente des biens d'émigrés, encouragements à l'agriculture et à l'industrie, promulgation des lois. »

rieures, d'obéir aux moindres ordres des dictateurs de l'Hôtel de Ville, que les nouveaux élus se rendent aussitôt à cette étrange injonction. Accueillis par les huées des tribunes, ils essayent de présenter de timides justifications, mais ils sont sévèrement admonestés par le président et le procureur syndic. Bien plus, on leur fait jurer, séance tenante, qu'ils abdiqueront les fonctions dont ils viennent de prendre possession, et qu'ils n'accepteront d'autre titre que celui de commissaires des contributions. Le serment prêté, on les expédie à l'Assemblée, sous la conduite et sous la garde d'une députation, à la tête de laquelle se trouve naturellement l'orateur des grandes occasions, Robespierre.

Celui-ci paraît à la barre de la Législative comme un dictateur triomphant. Ne traîne-t-il pas derrière lui, timides et obéissants, ceux-là mêmes que l'Assemblée a prétendu imposer à la commune comme ses supérieurs hiérarchiques? N'est-il pas habitué à voir convertir en décrets les volontés qu'il intime à l'Assemblée?

« Législateurs, dit-il, vous voyez une députation composée d'une partie des membres de la commune et d'une partie des membres nommés par les sections pour remplacer ce qu'on appelait le département. Déjà nous avions déposé dans votre sein nos inquiétudes sur la formation d'un nouveau département, déjà nous croyions voir renaître les germes de division et d'aristocratie. Nous avons éclairé nos commettants. Ces nuages se sont dissipés d'eux-mêmes. Les membres nommés par les sections se sont présentés à la commune; ils ont juré de n'accepter d'autre titre que celui de commission des contributions. Nous vous prions de consacrer, par un décret, ce grand acte de fraternité et d'union[1]. »

L'Assemblée se révolte en voyant qu'on vient lui demander, pour la quatrième fois, l'interprétation de dis-

---

[1]. Cette lâche palinodie des administrateurs départementaux, cette audacieuse subversion de toute hiérarchie, est constatée d'une manière irréfragable par le *Journal des Débats èt Décrets,* qui contient le récit des deux apparitions des administrateurs départementaux à la barre de l'Assemblée, l'une dans la séance du 22 août au matin (page 406 du n° 329), lorsqu'ils se présentèrent seuls; l'autre à la séance du soir (page 7 du n° 330), lorsqu'ils revinrent accompagnés par Robespierre et la députation de la commune. Le *Moniteur* ne parle que de cette seconde démarche et ne dit pas un mot de la première.

Naturellement, le procès-verbal officiel de la commune dissimule une partie de la vérité; il ne fait pas mention de la prétention primitive que les administrateurs départementaux avaient eue d'exercer véritablement et dans leur intégrité les fonctions auxquelles ils avaient été appelés.

Voici, du reste, comment ce procès-verbal raconte ce qu'il appelle lui-même *l'abjuration* du nouveau département de Paris:

« *Séance du* 23 *août.*

« Les membres désignés par les sections pour composer le nouveau directoire du département de Paris sont admis à la barre. L'orateur, dans un discours énergique, annonce, au nom de tous ses collègues, qu'empressés de concourir avec tous leurs concitoyens à l'établissement de l'égalité, ils seront toujours unis par les sentiments de la plus intime fraternité avec les représentants de la commune, et pour donner une preuve solennelle de la sincérité de leurs sentiments, ils abjurent, en présence du peuple, le titre de directoire du département pour ne conserver que celui de commission des impositions. L'assemblée, partageant ces sentiments, arrête que cette abjuration civique sera notifiée au peuple par une proclamation, et à l'Assemblée nationale par une députation de vingt membres qui sur-le-champ se rendront dans le sein du corps législatif. »

positions qu'elle a déjà, sous la pression de sa rivale, corrigées, amendées, amoindries à contre-cœur. On réclame l'ordre du jour. Lacroix, qui est l'ami de Danton, mais qui doit avoir quelque souci de la dignité d'une assemblée, dont il est dans ce moment le président, Lacroix s'écrie : « Passer à l'ordre du jour, ce serait éluder la question ; des administrateurs ne peuvent être suspendus, et encore moins destitués, que par le corps législatif. On ne saurait comprendre que les représentants provisoires de la commune de Paris aient songé à destituer un directoire, à la formation duquel ont concouru d'autres communes que celles de Paris, un directoire qui est au-dessus d'eux. »

Robespierre essaye d'interrompre l'orateur à la moitié de son discours. « Point de discussion à la barre, » lui crie-t-on ! Le tribun est obligé d'entendre la fin de la semonce de Lacroix sans pouvoir y répliquer, et de quitter la barre avant qu'il n'ait été fait aucune réponse à sa demande.

Se croyant sans doute aux Jacobins ou à la commune, Robespierre venait de prendre, en pleine Assemblée, cette attitude insolente et ce ton impérieux qui, ailleurs, excluaient déjà toute contradiction. Quelle ne dut pas être sa secrète irritation en s'entendant condamner au silence par un énergique rappel au règlement! Quelle haine dut s'amasser dans son cœur contre celui qui, ne pressentant pas la future importance du bilieux tribun, le courbait brutalement, comme le premier venu, sous le niveau de la loi[1] !

---

[1]. Deux mois plus tard l'imprudent Lacroix osait, devant la Conven-

V

Dans le livre précédent, nous avons raconté la formation, l'installation et le premier arrêt du tribunal du 17 août. Au malheureux Collenot-D'Angremont succédèrent bientôt d'autres victimes.

On avait découvert, chez Laporte, intendant de la liste civile, des pièces fort compromettantes pour le roi. Le fidèle serviteur, qui s'en était trouvé dépositaire, remplissait auprès de Louis XVI une de ces charges dont l'étroite et nécessaire subordination exclut toute volonté propre et, par conséquent, toute responsabilité. Mais son nom avait été souvent, dans les clubs et à l'Assemblée, mêlé à toutes les accusations lancées contre la cour; c'était lui qui, lors du voyage de Varennes, avait été chargé par Louis XVI de déposer sur le bureau de l'Assemblée nationale la protestation si intempestive et si imprudente, préparée par le monarque fugitif. Il n'en fallait pas tant pour le désigner spécialement aux vengeances de la démagogie. Devant le tribunal, Laporte ne renia pas son

---

tion nationale, rappeler à Robespierre cette humiliation et raviver ainsi la blessure d'un amour-propre si irritable. « J'eus le courage, » s'écriait-il le 29 octobre 1792, « de combattre la demande de Robespierre, et l'Assemblée législative celui de passer à l'ordre du jour. Alors Robespierre me dit que si l'Assemblée ne l'adoptait pas de bonne volonté, on saurait la lui faire adopter par le tocsin. » Le 5 avril 1794, la guillotine aux ordres de Robespierre devait venger d'un seul coup ces deux crimes de lèse-majesté dictatoriale.

maître, et, comme lui, n'eut que des paroles de pardon pour ses bourreaux.

« Citoyens, » s'écria-t-il aussitôt après que le président du tribunal eut prononcé la fatale sentence, « je meurs innocent... Puisse ma mort ramener le calme dans l'empire, mettre un terme aux dissensions intestines!... mais j'en doute!... Puisse l'arrêt qui m'ôte la vie être le dernier jugement injuste de ce tribunal[1]! »

Le même jour où Laporte montait sur l'échafaud (23 août) commençait le procès de Du Rozoy, rédacteur de la *Gazette de Paris*. Dans ses papiers, on avait trouvé une immense quantité de lettres adressées au journaliste et dont il était libre de faire ou de ne pas faire usage. On le rendit responsable de toutes les folies de ses correspondants, quoique la plupart lui fussent personnellement inconnus. On voulut voir dans la multiplicité de ses relations, dans la concentration de tant de lettres en une seule main, la preuve flagrante de la conspiration que l'on cherchait partout et que l'on ne trouvait nulle part. Le courageux écrivain ne craignit pas de défendre devant ses juges les principes qu'il avait soutenus dans son journal; aussi fut-il condamné à mort, pour la plus grande glorification de la liberté de la presse! Le 25 août, à neuf heures du soir, en gravissant les marches de l'échafaud, il s'écria : « Un royaliste comme moi devait mourir le jour de la Saint-Louis[2]. »

---

1. Voyez le *Moniteur* du 30 août et le *Bulletin du tribunal criminel*, n° 2.

2. *Bulletin du tribunal*, n° 2.

Les trois condamnations de D'Angremont, de Laporte et de Du Rozoy ne firent que mettre les dictateurs de l'Hôtel de Ville en goût de condamnations nouvelles. Pour mieux faire comprendre au tribunal extraordinaire ce qu'ils attendaient de lui, et afin de ne pas laisser chômer cet effroyable agent de gouvernement, ils ordonnèrent, par un arrêté formel, de laisser l'instrument du supplice en permanence sur la place du Carrousel, et commandèrent de leur autorité privée une nouvelle machine qui devait être dressée sur la place de Grève. Cela ne les regardait nullement, car l'exécution des arrêts criminels était de la compétence exclusive de l'administration départementale. Mais ne rentrait-il pas dans leurs attributions de terrifier les partis vaincus et de familiariser les masses avec les spectacles les plus tragiques[1]?

---

1. On lit sur le registre des délibérations du conseil général de la commune de Paris, à la date des 23 et 24 août 1792, les deux arrêtés suivants :

« *Séance du 23 août 1792.*

« Le procureur de la commune entendu, le conseil général arrête que la guillotine restera dressée jusqu'à ce qu'il en soit autrement ordonné, à l'exception, néanmoins, du coutelas que l'exécuteur des hautes œuvres sera autorisé d'enlever après chaque exécution.

« Les commissaires nommés pour faire enlever le coutelas, étant au haut de la guillotine, sont MM. Merlin et Henriot. »

« *Séance du 24 août.*

« Le conseil général autorise le fabricateur de machines à décapiter à en fournir une pour le département de Paris, sauf à lui à se faire payer par devant qui il appartiendra. »

A cette époque (derniers mois de 1792), on guillotinait sur la place du Carrousel, en face des Tuileries, les condamnés pour crime

Ils furent servis à souhait le 27 août. Ce jour-là eut lieu, sur la place de Grève, à la lueur des flambeaux, une triple exécution : trois fabricateurs de faux assignats avaient été condamnés à la peine capitale par le tribunal criminel ordinaire ; en montrant au peuple la tête de l'un d'eux, l'exécuteur fit un faux pas et tomba roide mort sur le pavé. Était-ce un avertissement de la Providence qui faisait disparaître le bourreau au moment même où son office devenait inutile, puisque d'autres mains allaient, ailleurs que sur l'échafaud, immoler les victimes désignées aux fureurs populaires?

Cependant, comme pour déjouer les calculs des dictateurs de l'Hôtel de Ville, plusieurs acquittements succédèrent aux trois condamnations capitales prononcées par le tribunal du 17 août. On n'avait pas encore eu le temps de détruire tout sentiment de pitié dans le cœur des juges qui instruisaient les affaires, des jurés qui prononçaient les verdicts et des habitués qui formaient le public des audiences. Ce ne fut que plus

politique jugés par le tribunal du 17 août, et sur la place de Grève, en face de l'Hôtel de Ville, les criminels jugés par les tribunaux ordinaires.

Dès 1792, la commune avait ainsi mis, par le fait, la terreur à l'ordre du jour, comme plus tard la Convention le fit par un décret formel ; n'avons-nous donc pas eu raison de faire remonter l'inauguration de cet effroyable régime beaucoup plus haut que ne l'avaient fait la plupart des historiens nos devanciers?

Au 24 août 1792 comme au 22 prairial an II, c'était Robespierre qui inspirait les deux seuls pouvoirs véritablement souverains : à la première époque la commune, à la seconde le comité de salut public. Qu'on ose encore réhabiliter la mémoire de cet effroyable pourvoyeur de la mort !

tard, après bien des tâtonnements et des excitations de tout genre, après bien des remaniements de personnel et des modifications de législation, qu'on arriva au beau idéal de la justice démagogique, réalisé par le décret du 22 prairial an II. En août 1792, on daignait encore écouter la défense des accusés ; on consacrait quelques heures à l'instruction d'une affaire ; Fouquier-Tinville lui-même, alors seulement l'un des sept directeurs du jury, montrait quelque humanité, quelque respect des formes.

Le premier de ces acquittements fut prononcé en faveur du vieux D'Affry, colonel des Suisses. Il n'eut pas de peine à prouver qu'il était malade au moment de la catastrophe, et qu'il n'avait en rien participé à la défense des Tuileries. Acquitté solennellement le 23 août, il fut traduit de nouveau devant le tribunal quelques jours après. On n'avait pas craint de violer à son égard tous les principes de la législation criminelle, en le soumettant pour le même fait à un nouveau jugement. Mais il fut renvoyé absous une seconde fois par le jury, « à la grande satisfaction du peuple, » dit lui-même le rédacteur ultra-patriote du *Bulletin du tribunal* du 17 août.

Il en fut de même d'un nommé Dossonville, limonadier et officier de paix de la section Bonne-Nouvelle, accusé d'être l'agent et le complice de Collenot-d'Angremont, mais dont le royalisme tenait plus aux opinions des habitués de son estaminet qu'aux siennes propres [1].

Le 28 août commença le procès Montmorin. Il y avait deux personnages de ce nom, assez proches parents.

---

1. *Bulletin du tribunal* du 17 août, n°s 5 et 8.

L'un, Luce de Montmorin, ancien colonel du régiment de Flandre, était gouverneur de Fontainebleau et avait été élu, depuis la révolution, maire de cette ville, où il était fort aimé. L'autre, Armand de Montmorin, avait été ministre des affaires étrangères en 1791 ; son nom avait acquis une célébrité toute particulière, parce qu'on l'avait lu au bas du passe-port dont la famille royale s'était servi lors du voyage de Varennes. Après le 10 août, on avait trouvé aux Tuileries des lettres où il était question de préparatifs de défense, du projet de la cour de se retirer hors de Paris, et surtout d'une conversation entre plusieurs députés sur les événements qui avaient précédé l'insurrection. On avait d'abord supposé que ces papiers appartenaient à l'ex-ministre, et on avait lancé contre lui un ordre spécial d'arrestation. Saisi dans l'asile qui lui avait été offert au fond d'un faubourg, il fut amené le 21 août à la barre de l'Assemblée. Sur les explications catégoriques qu'il donna, on fut obligé de reconnaître, d'une part, que l'accusation portée contre lui était basée uniquement sur la découverte compromettante qui avait été faite, et, d'autre part, que l'appartement dans lequel les papiers avaient été trouvés était celui du gouverneur de Fontainebleau, qui, d'après un ancien usage, avait droit à un logement dans toutes les résidences royales. Cela n'empêcha pas le comité de surveillance de l'Assemblée d'envoyer à l'Abbaye l'ex-ministre, parce que, disait-on, rien ne serait plus facile que de trouver dans sa conduite d'autres faits pouvant servir de matière à accusation.

Son homonyme, Luce de Montmorin, fut aussitôt recherché, arrêté et amené à son tour à la barre de l'Assemblée. Après un interrogatoire de deux heures, soutenu avec une admirable présence d'esprit, il fut renvoyé devant le tribunal extraordinaire. Quarante-huit heures suffirent au directeur du jury pour examiner toutes les pièces du procès et dresser l'acte d'accusation. Par la franchise de ses réponses, Luce de Montmorin s'attira les sympathies des jurés et des juges. Il confessa être sincèrement attaché à Louis XVI, dont il n'avait reçu que des bienfaits; il déclara s'être strictement renfermé dans l'accomplissement des devoirs de sa charge, sans jamais avoir participé à aucun complot. Les débats durèrent deux jours, la décision du jury fut affirmative sur plusieurs points, mais négative sur la question intentionnelle; l'acquittement dut être prononcé par le tribunal, aux termes exprès de la loi. Depuis le commencement du procès on avait fortement travaillé l'esprit des masses populaires, dans les clubs, dans les sections et dans les groupes qui stationnaient aux abords du Palais-de-Justice. On avait à dessein entretenu la confusion entre les deux Montmorin, entre celui qui était acquitté et n'avait jamais joué de rôle politique, et celui qui avait été ministre et passait pour être l'un des principaux confidents de Louis XVI. L'assistance, qui avait applaudi aux acquittements des jours précédents, accueille celui-ci par de violents murmures : « Vous le déchargez aujourd'hui, crie une voix dans l'auditoire, et dans quinze jours il nous fera égorger. » Le président Osselin avait donné bien des gages au parti démagogique; mais enfin, il était, ce jour-là, l'organe de la loi; aussi croit-il devoir rappeler l'auditoire au silence et au respect. Mais ses remontrances restent vaines ; les hommes apostés par les meneurs de la commune persistent à exiger la révision du procès par la deuxième section du tribunal. Ils font entendre les plus violentes menaces contre l'accusé si le tribunal le fait mettre en liberté. De guerre lasse, le président est obligé de prendre Montmorin sous le bras et de le reconduire lui-même à la Conciergerie, au milieu des hurlements de la foule ameutée.

Le lendemain, le tribunal, pour ne pas rester exposé aux outrages de l'auditoire, fut non-seulement obligé de mettre en accusation le commissaire national Botot, qui avait siégé dans l'affaire Montmorin et que l'on prétendait s'être montré trop favorable à l'accusé, mais encore il dut laisser constater par huit individus de l'assistance, accompagnés d'un huissier du tribunal, que l'acquitté de la veille était toujours sous les verrous de la Conciergerie. Le malheureux n'y resta pas longtemps ; les assassins de la commune vinrent exécuter la sentence que les dictateurs de l'Hôtel de Ville avaient secrètement prononcée contre lui, et dont les jurés du tribunal extraordinaire avaient refusé de charger leur conscience[1].

1. Cette affaire Montmorin joue un grand rôle dans les récits des historiens qui se sont efforcés de faire triompher le système des circonstances atténuantes en faveur des auteurs des massacres de septembre. M. Louis Blanc, p. 137 et 138 de son t. VII, déclare « que le tribunal du 17 août jetait l'insulte à la face de la nation en prononçant des jugements qui, comme ceux de Dossonville et de Montmorin, reconnaissaient que les prévenus avaient réellement coopéré aux délits qui leur étaient imputés, mais les déclaraient non convaincus d'avoir agi méchamment et à dessein de nuire. » Suivant lui, ce furent ces

VI

Avant de raconter les dernières phases de la lutte si vivement engagée entre les dictateurs de l'Hôtel de Ville et la représentation nationale, jetons un coup d'œil sur les dangers qui menaçaient la France et qui auraient dû réunir tous les pouvoirs dans une même pensée, dans une action commune.

Ces dangers étaient immenses, mais ce n'était point en foulant aux pieds toutes les lois divines et humaines que l'on devait les conjurer. Un peuple n'est vraiment digne de la liberté que lorsqu'il sait envisager de sang-froid les périls qui le menacent et lorsqu'il trouve

décisions si extraordinaires, si contradictoires, si évidemment contre-révolutionnaires, qui exaspérèrent la population parisienne et la portèrent à se précipiter dans les prisons pour se faire justice elle-même. M. Louis Blanc n'a pas l'air de se douter que les considérants de ces jugements n'étaient : 1° que la reproduction textuelle du verdict du jury qui, d'après la manière dont il avait été choisi dans les sections parisiennes, ne devait pas cependant être suspect de modérantisme; 2° que la stricte application de la législation d'alors, qui voulait que le jury fût consulté séparément sur la question du fait matériel et sur la question intentionnelle, questions que le code de 1810 a sagement réunies en une seule.

Nous donnons, à la fin de ce volume, un certain nombre de documents inédits sur cette affaire, où l'on avait cherché à confondre les deux cousins dans une même accusation pour faire rejaillir sur l'un l'animadversion qui, à tort ou à raison, pesait sur l'autre. Plus tard, on les confondit dans la même mort, car pendant que Luce était égorgé à la Conciergerie, Armand subissait le même sort à l'Abbaye.

assez de force en lui-même pour maîtriser les tumultueuses inspirations de la peur.

L'ennemi avait envahi le territoire français, il avait investi Longwy et Thionville. Cette dernière place avait bravement résisté aux premières attaques des armées coalisées, mais Longwy s'était rendue. Luckner avait été obligé d'évacuer le camp de Fontoy sur l'extrême frontière, et de se replier aux environs de Metz. La France n'avait que quatre-vingt seize mille hommes de troupes de ligne à opposer aux envahisseurs, dont on évaluait le nombre à deux cent soixante mille. Parmi ces envahisseurs, il est triste de le constater, se trouvaient plusieurs corps d'émigrés qui cherchaient à semer la révolte et la trahison dans les rangs de nos soldats[1].

Les campagnes du Poitou s'agitaient déjà ; une collision sanglante entre les paysans et les gardes nationales des Deux-Sèvres avait eu lieu à Châtillon. On pouvait déjà le prévoir, les prédictions de Cazalès allaient se réaliser[2] ; le feu de la guerre civile, que la Législative avait attisé presque à plaisir par une série de mesures plus inconsidérées les unes que les autres, allait éclater et produire dans les provinces de l'Ouest, où il couvait depuis longtemps, un vaste et effroyable incendie.

Le 23 août, le ministre des affaires étrangères, Le-

---

[1]. Plusieurs lettres, envoyées à des commandants de place, par d'anciens frères d'armes, furent imprimées, soit par les soins des officiers auxquels elles étaient adressées, soit par ceux de l'Assemblée législative et de quelques municipalités.

[2]. Voir 1er volume, p. 321 1re édition, p. 326 2e édition.

brun, présente à l'Assemblée un exposé général des relations extérieures de la France. Quelques précautions oratoires qu'il prenne, il ne peut dissimuler que l'Europe presque tout entière semble prête à s'allier à la coalition déjà formée entre la Prusse, l'Autriche et l'empire germanique. Le Piémont livre passage aux Autrichiens, l'Espagne prend une attitude menaçante, la Russie manifeste contre nous une évidente mauvaise volonté; enfin le gouvernement anglais vient d'enjoindre à son ambassadeur « de quitter provisoirement la France, attendu que, le roi ayant été suspendu, ses lettres de créance ne sont plus régulières[1]. »

La situation faite aux membres du corps diplomatique était, il faut le reconnaître, devenue très-difficile. Déjà l'Assemblée avait laissé la commune porter atteinte au caractère sacré des ambassadeurs dans la personne du ministre de la république de Venise. Les voitures de cet agent diplomatique avaient été arrêtées aux barrières et fouillées; les domestiques qui les conduisaient, mis en

---

1. Voir le discours de Lebrun (*Moniteur*, p. 1000), *Journal des Débats et Décrets,* p. 18, n° 331.

Le ministre des affaires étrangères, en terminant son discours, avait assuré, il est vrai, que l'ambassadeur britannique, en s'éloignant momentanément, lui avait laissé un témoignage satisfaisant des sentiments de sa cour; mais il avait, ainsi que ses collègues, parfaitement compris ce que signifiait cette retraite dont les motifs étaient assez mal déguisés. Dans leur séance secrète de l'avant-veille (24 août), les membres du conseil exécutif avaient décidé : « que M. Chauvelin, alors ambassadeur de France en Angleterre, serait sur-le-champ rappelé, et qu'il ne serait plus envoyé auprès du gouvernement britannique que des agents secrets. »

prison, et l'ambassadeur lui-même, traîné à la barre du conseil général[1]. Ces faits donnèrent lieu à une protestation très-vive des représentants des puissances qui avaient conservé des relations avec le gouvernement français. Le 23 août, presque aussitôt après l'exposé de Lebrun, le rapporteur du comité diplomatique présenta à l'Assemblée le compte rendu de cette affaire. Il conclut à ce qu'on accordât la libre sortie du royaume, non-seulement aux ambassadeurs, mais encore aux étrangers, et cela au nom des lois de l'hospitalité. Cette proposition provoqua les murmures de la gauche. Thuriot demanda que le décret ne fût applicable qu'aux ambassadeurs et ministres reconnus.

« Nous devons, dit-il, rester maintenant dans l'état naturel vis-à-vis des autres nations. La nation française exerce et doit exercer la grande police sur son territoire... On n'est point étranger dans un pays où l'on est criminel. On y est sujet de la loi comme tous les regnicoles... Enfin, serait-il un moyen plus sûr de former et d'exécuter un plan de conjuration contre la France, que de permettre la sortie de tous ceux qui se diraient étrangers ? Non ; les traîtres, après avoir employé le poignard et le poison à l'intérieur, iraient machiner au dehors contre la liberté. »

L'Assemblée adopte cette théorie et retranche tout ce qui, dans le projet de décret, concerne les simples étrangers. Elle décide que « les passe-ports des ambassadeurs continueront à être expédiés par le ministre, mais

---

[1]. Procès-verbal de la commune, 20 août.

visés par la municipalité de Paris ; et que ceux des gens de leur famille et de leur suite seront expédiés dans la même forme, mais après que les sections, sur le territoire desquelles habitent les ambassadeurs, auront scrupuleusement constaté l'identité des personnes comprises dans ces passe-ports[1]. »

Les représentants du peuple n'avaient pas besoin des avertissements de Lebrun pour activer les préparatifs de la défense nationale. Ils consacraient chaque jour plusieurs heures à expédier des décrets relatifs à la formation de nouveaux régiments ; à entendre la lecture de lettres où des pétitionnaires offraient à la patrie leur personne ou celle de leurs enfants, leurs chevaux, leur argent, leurs bijoux ; à recevoir des députations annonçant le départ de nombreux volontaires vers les points les plus menacés de la frontière.

Mais il ne suffisait pas de trouver des hommes et de l'argent, les armes commençaient à manquer. L'Assemblée donne une activité en quelque sorte fébrile aux travaux de l'arsenal de Paris, met toutes les fonderies en réquisition, s'empare de toutes les manufactures d'armes établies à Maubeuge, Charleville, Saint-Étienne, Tulle, Moulins, Klingenthal. Elle fait livrer à l'administration de la guerre tous les cuivres et métaux disponibles, et ordonne que tous les fusils seront distribués aux gardes nationaux qui partent pour la frontière. Elle presse la formation du camp sous Paris, dont elle confie les travaux

[1]. Cette discussion et ce décret se trouvent rapportés aux pages 20 et 21 du n° 331 du *Journal des Débats et Décrets*, séance du jeudi 23 août, 4 heures du soir. Le *Moniteur* n'en fait aucune mention.

à la commune en lui allouant pour cet objet un premier crédit de huit cent mille livres; enfin elle décrète une levée de trente mille hommes à Paris et dans les seize départements voisins.

La commune cherche à rivaliser de zèle patriotique avec la Législative; mais, comme toujours, elle amplifie et exagère les mesures qu'elle est chargée d'exécuter. Elle relève les estrades destinées à recevoir les enrôlements volontaires[1], saisit les armes et les munitions qui sont entre les mains des gardes nationaux signataires des pétitions constitutionnelles[2], prescrit la recherche et la réquisition de tout ce qui peut exister en munitions, en vivres, en fourrages, dans les départements circonvoisins jusqu'à Rouen[3]; elle arrête que toutes les grilles qui entourent les monuments publics, que « tous les fers, autrefois signes de l'esclavage, » seront transformés en piques, pour la défense de la patrie; que les crucifix, lutrins, et tous les objets en métal fusible qui se trouvent dans les églises seront employés à faire des engins de guerre; qu'on ne laissera que deux cloches à chaque paroisse[4], et que toute

---

1. Arrêté du 16 août.
2. Arrêté du 20 août.
3. Arrêté du 17 août.
4. Les cloches d'argent du Palais et celles de Saint-Germain-l'Auxerrois furent mises en pièces en vertu d'un arrêté spécial, parce que, disait Manuel, elles avaient donné le signal de la Saint-Barthélemy (arrêté du 25 août).

L'exécution de ces divers arrêtés donna lieu, dans le sein même de l'Assemblée, à des scènes que l'on pourrait croire contemporaines des temps où le culte de la déesse Raison fut inauguré par Hébert et Chaul'argenterie qui existe dans les sacristies, et même sur les autels, sera portée à la Monnaie.

Sur une seule question, la commune est décidée à ne pas obtempérer aux ordres de l'Assemblée ; celle-ci demande le départ des Marseillais, celle-là ne veut l'accorder à aucun prix. C'est vainement qu'à cet égard le ministre de la guerre adresse des prières, des exhortations, des ordres tantôt à la commune, tantôt

mette. Ainsi, le 28 août, on vit arriver à la barre des citoyens chargés de déposer sur le bureau du président une statue de saint Roch en argent.

« Les diverses confréries, dirent-ils, forment dans l'empire un des anneaux de cette chaîne sacerdotale, par laquelle le peuple était esclave; nous les avons brisés et nous nous sommes associés à la grande confrérie des hommes libres. Nous avons invoqué notre saint Roch contre la peste politique qui a fait tant de ravages en France; il ne nous a pas exaucés. Nous avons pensé que son silence tenait à sa forme; nous vous l'apportons pour qu'il soit converti en numéraire. Il concourra sans doute plus efficacement sous cette forme nouvelle à détruire la race pestiférée de nos ennemis. » L'Assemblée nationale applaudit à tant de civisme et décrète l'impression de ce beau discours. (Voir le *Journal des Débats et Décrets*, n° 335, p. 443.)

Les mesures prises par la Commune rencontrèrent une très-vive opposition de la part d'une partie de la population parisienne; des rassemblements se formèrent autour des églises pour en empêcher la spoliation. Manuel dut lancer une proclamation écrite avec son emphase ordinaire : « Le premier des cultes, c'est la loi... C'est le besoin même du peuple qui a provoqué la suppression des cloches superflues..., de ces cloches qui, pour flatter l'orgueil des riches, ennemis de l'égalité jusque dans les tombes, troublent le sommeil des pauvres..... » Les phrases de Manuel ne produisirent pas l'effet qu'il en attendait. La commune fut obligée d'ordonner à Santerre de recourir à la force, si besoin était, et de prescrire aux sections de faire sortir des tours des églises les personnes qui voulaient s'opposer à l'enlèvement des cloches. (Procès-verbal du 29 août.)

aux Marseillais eux-mêmes. L'une tient à avoir des sicaires sous la main pour accomplir les desseins qu'elle médite, les autres se montrent très-peu disposés à courir chercher, dans les plaines de la Champagne et de la Lorraine, des périls plus réels que ceux qu'ils sont censés avoir affrontés devant la façade des Tuileries[1].

[1]. Nous ne voudrions calomnier personne, pas même ces fameux Marseillais qui, du reste, pour la plupart, n'avaient de Marseillais que le nom. Mais on se demande comment ce bataillon, qui s'était formé dès les premiers jours de juin, put rester à Paris plus de deux mois, du 29 juillet à la fin de septembre, lorsque huit jours de marche le séparaient à peine des avant-postes de l'armée prussienne. Nous ne pourrions expliquer ce mystère si nos recherches ne nous avaient fait découvrir plusieurs documents complétement inédits, qui nous apprennent à quoi s'occupaient ces prétendus défenseurs de la patrie. Ils se faisaient allouer des indemnités sous toute sorte de titres et sur toute sorte de caisses. Non contents de la somme que Choudieu leur fit accorder dans la séance du 10 août (voir la p. 363 du tome II), pour solde et frais de voyage et du prêt de trente sols par jour qu'ils touchaient, ils se firent compter, le 12 août, 3,000 l. par la commune sur la caisse dite de la fédération. Ils obtinrent, le 21 août, du ministre de la guerre et du conseil exécutif le prix des armes qu'ils avaient, disaient-ils, perdues dans la journée du 10. On comprend difficilement que des vainqueurs perdent leurs armes dans un combat qui n'a duré que trois quarts d'heure. Mais les Marseillais du 10 août étaient des héros d'un genre tout spécial; car lorsque, après être restés deux mois à Paris, s'y être gorgés de vols et de sang, avoir joué un rôle très-actif dans les visites domiciliaires du 29 août et dans les massacres de septembre, ils songèrent à quitter la capitale, ils n'eurent pas la moindre idée d'aller retrouver à Valmy les braves qui défendaient le sol sacré de la France. Ils tournèrent le dos au danger et demandèrent à retourner à *Marseille*. Le pouvoir exécutif les supplia de se rendre au moins à l'armée du Midi; les Marseillais consentirent très-probablement à recevoir l'étape, mais nous n'avons pu savoir s'ils rejoignirent jamais cette armée; dès qu'ils

VII

Cependant la lutte entre la commune et l'Assemblée continuait, tantôt latente et sourde, tantôt ouverte et bruyante. Parfois, elle éclatait en accusations passionnées, en récriminations acrimonieuses. Dans d'autres moments, elle prenait les formes voilées d'une pétition ou d'un ordre du jour, qui semblaient ne respirer que la confiance et la fraternité. Les deux pouvoirs rivaux paraissaient sans cesse vouloir enchérir l'un sur l'autre pour accaparer la faveur populaire et se disputer le monopole du patriotisme et de l'énergie révolutionnaire.

Le 25 août, Tallien, en sa qualité de secrétaire-greffier de la commune, écrit officiellement au président, pour lui annoncer que des députés se munissent de passe-ports sous des noms supposés. Cette accusation, au premier abord, semble n'incriminer que quelques-uns des membres de la Législative; mais, par le vague dans lequel elle est formulée, elle peut faire planer sur chacun d'eux le soupçon qu'il pense à déserter son poste au moment du danger. L'Assemblée sent qu'elle est perdue devant l'opinion publique, si elle n'y répond par une éclatante protestation. A la voix de François de Neufchâteau, elle se lève tout entière et jure de demeurer à Paris jusqu'à

---

ont quitté Paris, on perd complétement leurs traces. Comme nous n'avançons rien que les preuves en main, on trouvera à la fin de ce volume les pièces authentiques qui justifient toutes nos assertions.

la réunion de la Convention nationale ; elle ordonne que la prestation solennelle de ce serment sera consignée dans un extrait du procès-verbal, officiellement envoyé aux sections de Paris et à tous les départements par des courriers extraordinaires.

La rédaction de cette pièce, évidemment due à la plume habile de François de Neufchâteau, est très-curieuse à étudier, quand on songe à la situation délicate dans laquelle étaient placés les représentants du peuple. L'Assemblée feint de ne pas prendre en mauvaise part la dénonciation doucereusement perfide que Tallien est venu réitérer à sa barre ; mais, en même temps, elle fait entendre aux membres de la commune qu'elle n'est pas dupe des protestations de respect que le secrétaire-greffier lui a prodiguées en leur nom. Dans ce procès-verbal où abondent les sous-entendus et les réticences, elle prend acte de la confiance que les dictateurs de l'Hôtel de Ville ont déclaré professer pour son patriotisme, rappelle incidemment les appréhensions qui se sont manifestées à plusieurs reprises au sujet des dispositions que l'on accuse la commune, à tort, dit-elle, d'entretenir contre la future Convention, puis, sous le bénéfice de ces réserves, finit par déclarer que les nouveaux représentants du peuple sont assurés de ne trouver à Paris, comme les députés actuels, que des concitoyens et des frères[1] !

---

[1]. *Collection des lois,* année 1792, t. X, p. 624 ; *Journal des Débats et Décrets,* n° 333, p. 74, n° 334, p. 87 ; *Moniteur,* p. 1020 et 1022.

L'Assemblée comprend qu'elle ne doit pas s'en tenir à des serments, et qu'elle a besoin d'affirmer plus catégoriquement que jamais sa résolution de s'ensevelir sous les ruines de la patrie. Aussi, quelques instants après, adopte-t-elle, sur le rapport de Héraut-Séchelles, cette proclamation qui appelle aux armes tous les Français :

« Longwy vient d'être rendu ou livré. Les ennemis s'avancent; peut-être se flattent-ils de trouver partout des lâches et des traîtres. Ils se trompent : nos armées s'indignent de cet échec et leur courage s'en irrite. Citoyens, vous partagez leur indignation; la patrie vous appelle, partez ! »

Un peu plus tard, sur les rapports de Vergniaud et de Guadet, elle vote à l'unanimité deux décrets. Le premier punit de mort tout citoyen qui, dans une place assiégée, parlera de se rendre. Le second ordonne que toutes les maisons de Longwy, aussitôt que cette place sera rentrée au pouvoir de la nation, seront, à l'exception des maisons nationales, détruites et rasées ; déclare infâmes et indignes à jamais d'exercer les droits de citoyen français, tous les individus qui habitaient cette ville à l'époque où elle a été livrée à l'ennemi; renvoie devant les tribunaux criminels les officiers municipaux, et devant la cour martiale le commandant de la place, Lavergne [1].

---

[1]. Dans le premier moment, l'indignation publique qu'avait excitée la reddition de Longwy se porta spécialement sur le commandant Lavergne; mais il fournit la preuve que c'était la municipalité de Longwy qui l'avait forcé de capituler. Pendant dix-huit mois cet officier demanda en vain des juges. Une cour martiale devait être con-

La réponse indirecte, mais aussi vigoureuse qu'adroite, que l'Assemblée venait de faire aux accusations traîtreusement lancées contre elle, était de nature à inquiéter les meneurs de l'Hôtel de Ville. Installés depuis quinze jours à peine, ils avaient tellement abusé de l'autorité par eux usurpée, qu'ils la sentaient déjà s'affaiblir entre leurs mains. On commençait, dans certaines sections, à vouloir leur demander compte de leurs pouvoirs et de leur gestion. On rappelait la promesse qu'ils avaient faite de se démettre, aussitôt la crise passée, de fonctions dont

voquée d'après les ordres formels envoyés par le ministre de la guerre (*Moniteur*, p. 1022); elle ne fut jamais rassemblée. Mais lorsque le règne de la Terreur eut été complétement établi, lorsque le tribunal révolutionnaire condamnait, sans preuves et en quelques minutes, les malheureux traduits devant lui, on tira le commandant Lavergne des prisons de Langres où, malgré ses réclamations et celles de sa courageuse femme, on l'avait laissé sans le juger ni même l'interroger, et on l'envoya à Paris. Dès le lendemain, il comparaissait devant Fouquier-Tinville et ses séides et était condamné à mort. Au moment où la sentence fatale est prononcée, on entend dans l'auditoire des cris énergiques et répétés de *vive le roi!* Le tribunal ordonne que l'on se saisisse de la personne assez audacieuse pour le braver ainsi. On lui amène Mme Lavergne, qui déclare qu'elle n'a trouvé que ce moyen de partager le sort de son mari. Les juges font droit à sa demande. La même mort réunit les deux époux et comble les vœux de cette femme héroïque. Trouverait-on dans toute l'antiquité un plus beau trait d'amour conjugal? Le dévouement d'Arria, s'associant volontairement au sort de son époux et lui tendant le poignard dont elle vient de se frapper, est depuis dix-huit siècles en possession de l'admiration publique. Le dévouement de Mme Lavergne est-il moins beau? Pourquoi est-il moins connu? C'est un de ces traits qui relèvent et consolent le cœur au milieu des plus lamentables récits. Oublieux de nos gloires, ne saurions-nous admirer l'héroïsme qu'à distance et sous des noms grecs ou romains?

ils ne s'étaient eux-mêmes investis qu'à titre temporaire. Ils étaient avertis que la commission extraordinaire préparait secrètement un décret qui devait prononcer la dissolution de la commune insurrectionnelle et la remplacer, soit par l'ancienne municipalité, soit par une commission législative[1].

En présence de pareilles rumeurs, la commune se sent menacée et comprend que, pour continuer d'exister, il faut qu'elle se rende nécessaire. Un seul homme peut la sauver, et cet homme, c'est Danton. Depuis qu'il a quitté les humbles fonctions de substitut du procureur de la commune pour aller s'installer au ministère de la justice, il n'a pas cessé d'être en relations de chaque jour, de chaque heure, avec ses anciens complices de l'Hôtel de Ville. Une étroite solidarité existe entre eux; cette solidarité a fait jusqu'ici sa force, mais elle menace de l'entraîner dans la ruine de la commune, si celle-ci vient à succomber dans la lutte qu'elle a entamée avec la représentation nationale. Dans le conseil exécutif il est isolé; Roland, Clavière, Servan, Lebrun, sont complétement sous l'influence girondine; le ministre de la marine, Monge, ne compte pas. Si, au 10 août, on l'a porté au ministère, lui, le tribun des Cordeliers, c'était uniquement pour donner une satisfaction passagère à l'élé-

---

[1]. Nous trouvons l'aveu formel de cette circonstance dans un écrit que Chabot adressa plus tard à Brissot, et dans lequel, invoquant le témoignage de Gohier, il se vante d'en avoir été faire lui-même la proposition à la commission extraordinaire. Ce pamphlet est reproduit *in extenso*, au tome XX, p. 443, de l'*Histoire parlementaire* de MM. Buchez et Roux.

ment ultra-révolutionnaire. N'a-t-on pas dit de lui : « C'est le levain qui fait lever la pâte? » Mais à présent que les circonstances paraissent changer, on parle de le remplacer par un homme moins compromettant, afin d'établir la parfaite homogénéité du cabinet. La commune peut donc compter sur lui. En la sauvant il se sauve lui-même.

Habile autant qu'audacieux, Danton, une fois d'accord sur tous les points avec les meneurs de l'Hôtel de Ville, saisit la première occasion pour entretenir ses collègues des dangers publics à l'intérieur et à l'extérieur. Il leur parle des agitations auxquelles il faut mettre un terme, des entraves apportées au commerce par la fermeture intermittente des barrières, du manque d'armes pour les volontaires qui se rendent aux armées. Il leur insinue que des visites faites à domicile amèneraient certainement la découverte de beaucoup de fusils et de munitions; qu'elles ne peuvent avoir de grands inconvénients, et qu'elles auront l'immense avantage de faire cesser, une fois pour toutes, les perquisitions particlles qui ne donnent que des résultats très-médiocres, au prix d'inquiétudes sans cesse renaissantes.

Le conseil des ministres se laisse persuader par ces raisonnements, il adopte la résolution que Danton lui propose[1]. La délibération prise, le ministre de la justice se hâte d'entraîner ses collègues à l'Assemblée, afin que les Girondins, en voyant leurs amis sanctionner par leur pré-

---

[1]. Nous avons retrouvé la délibération même que Danton fit prendre par le conseil exécutif, et dont il était armé lorsqu'il vint,

sence les propositions qu'il va faire, ne puissent en soupçonner ni la véritable origine ni la portée réelle. A peine est-il entré dans la salle, qu'il réclame la parole au nom du salut de la patrie, et s'écrie :

« Nos ennemis ont pris Longwy, mais la France ne résidait point dans Longwy... Ce n'est que par une grande convulsion que nous avons anéanti le despotisme dans la capitale ; ce n'est que par une convulsion nationale que nous pourrons chasser les despotes...

« Quand un vaisseau fait naufrage, l'équipage jette à la mer tout ce qui l'exposait à périr; de même tout ce qui peut nuire à la nation doit être rejeté de son sein, et tout ce qui peut lui servir doit être mis à la *disposition des municipalités*, sauf indemnité aux propriétaires.

« On a, jusqu'à ce moment, fermé les portes de la ca-

---

le 28 août au soir, proposer à l'Assemblée le fameux décret sur les visites domiciliaires. Elle est ainsi conçue :

« Le conseil, considérant qu'aucun moyen ne doit être négligé pour se procurer des armes, arrête que les sections seront invitées à nommer des commissaires pour faire au plus tôt les visites nécessaires chez les citoyens pour rassembler les fusils et autres armes qui peuvent s'y trouver.

« Le conseil exécutif se rendra à l'Assemblée nationale pour obtenir qu'elle décrète à l'instant *l'ouverture des barrières de Paris.* »

Les barrières de Paris, closes le 10, le 11, le 12 et le 13, entr'ouvertes le 14, après une visite générale des hôtels garnis, refermées le 15 et le 16, furent, du 17 au 29, à moitié libres. Ceux qui voulaient les franchir devaient être pourvus de passe-ports, dont les assemblées générales des sections autorisaient la délivrance (arrêté du 12 août), et qui n'étaient signés à la mairie que sur la déclaration de témoins « corporellement responsables de l'identité des personnes par eux présentées » (arrêtés des 13 et 18 août).

pitale, et l'on a eu raison. Il était important de se saisir des traîtres; mais, y en eût-il trente mille à arrêter, il faut qu'ils soient arrêtés demain, et que demain Paris communique avec la France entière... La municipalité est *investie du droit de saisir tous les hommes suspects*, mais que, dès demain, le peuple français puisse venir vous défendre et communiquer avec les habitants de Paris. Nous demandons que vous nous autorisiez à faire faire des visites domiciliaires. Il doit y avoir dans Paris quatre-vingt mille fusils... Tout appartient à la patrie, quand la patrie est en danger[1]... »

A peine Danton a-t-il fini de parler que Merlin (de Thionville) s'élance à la tribune et demande que l'on passe la nuit, s'il le faut, pour discuter et décréter les mesures que vient de proposer le ministre de la justice. Celui-ci avait eu soin d'apporter, tout préparé, un projet de décret; Merlin s'en empare et le convertit en motion :

1° Des visites domiciliaires seront faites, par les officiers municipaux et leurs délégués, dans toutes les communes de France, afin de constater la quantité des munitions et le nombre des armes, chevaux, charrettes et chariots qui se trouveraient chez les citoyens;

2° Chaque section de Paris nommera trente commissaires pour procéder à ces visites, qui devront être faites immédiatement et terminées dans la huitaine;

3° Les visites aussitôt terminées à Paris, des passe-

---

1. *Moniteur*, p. 1033; *Journal des Débats et Décrets*, p. 127, n° 336.

ports seront délivrés aux citoyens, conformément aux lois antérieures au 10 août;

4° Les municipalités sont autorisées à désarmer tous les suspects et à distribuer leurs armes aux défenseurs de la patrie et de l'égalité;

5° Tout citoyen chez lequel seront trouvées des armes non déclarées sera réputé suspect, et ses armes seront confisquées.

Dans la rédaction de ce décret, on avait eu grand soin de déguiser le but véritable que l'on se proposait. Ainsi, on ne parlait que de l'arrestation des citoyens chez lesquels on trouverait des armes non déclarées, et qui, par ce fait, pourraient être supposés avoir de mauvaises intentions. On ne prononçait le mot de visites domiciliaires que pour dire qu'elles ne devaient pas avoir d'autre but que de constater la quantité de munitions et le nombre d'armes et de moyens de transport dont on pouvait disposer. On faisait surtout luire l'espérance qu'aussitôt les visites terminées, les relations entre la capitale et les départements seraient débarrassées de toute entrave; enfin, pour mieux dissimuler l'origine de ce projet, né dans les conciliabules de l'Hôtel de Ville, on en étendait l'application à toutes les communes de France.

L'Assemblée se figure que toutes ces mesures ont été concertées entre les chefs de la majorité et les divers ministres. Sans renvoi à la commission extraordinaire, sans discussion, de confiance, elle vote le fatal décret. Danton en presse l'expédition et, triomphant, court le porter lui-même au conseil général de la commune.

VIII

Danton avait pleinement rempli ses promesses, et même surpassé les espérances de ses amis de l'Hôtel de Ville. Il avait fait accepter à ses collégues une proposition presque inoffensive, puis, sous leur nom, enlevé à l'Assemblée le vote d'un décret qui approuvait en principe les violences que méditait la commune. Celle-ci, aussitôt le décret rendu, aggrave, par un arrêté spécial, toutes les dispositions déjà exorbitantes arrachées à l'inattention de l'Assemblée et laisse à ses agents le soin d'outre-passer les instructions qu'elle leur donne publiquement. Le décret avait été voté dans la nuit du 28 août. Dans la matinée du 29, l'arrêté municipal est affiché, le comité de surveillance transmet ses derniers ordres aux quarante-huit sections, et le jour même, à quatre heures du soir, commence l'exécution des formidables mesures prises par la commune pour ne laisser échapper aucun de ses ennemis.

Dans tous les quartiers en même temps les tambours battent le rappel. Les habitants sont prévenus qu'ils doivent rentrer immédiatement chez eux. Les boutiques sont fermées, les portes sont closes. Des corps de garde improvisés s'établissent à tous les coins de rue ; des bateaux-pataches surveillent le haut et le bas de la rivière ; on met garnison dans tous les établissements qui se trouvent sur la Seine et jusque dans les bateaux de blanchisseuses. Afin que personne n'ait un prétexte, une excuse pour rester hors de chez soi, les séances des clubs, les assemblées des sections, les audiences des tribunaux sont suspendues. Le tribunal extraordinaire dont, au nom de la vengeance populaire, on presse chaque jour les jugements, est invité lui-même à interrompre le cours de ses travaux. On pousse le luxe des précautions jusqu'à établir, au delà des barrières parisiennes, une seconde ligne de postes armés. Des battues sont faites à travers les promenades et les bois des environs.

Aux termes de l'arrêté pris par la commune, toute circulation, même pour les affaires les plus urgentes, est interdite ; toute voiture, quelle qu'elle soit, doit être remisée. Tout particulier ayant un domicile à Paris, qui sera trouvé chez un autre au moment de la visite domiciliaire, sera, par ce fait seul, réputé suspect, et, comme tel, mis en état d'arrestation. On doit apposer les scellés sur les portes des appartements dont on ne trouvera pas les locataires chez eux.

Le mouvement de l'immense cité s'arrête instantanément. Un silence de mort règne dans toutes les rues ; on dirait qu'une main invisible vient d'étendre un vaste linceul sur Paris. Chaque citoyen, rentré chez lui, compte les siens avec anxiété, et ne se rassure que si, à son foyer, il voit réunis tous les membres de la famille, dont on va lui demander dans un instant le nom, l'âge et les occupations. Il songe aux périls des amis, des parents dont il est séparé à peine par quelques centaines de pas, et qu'il ne lui est pas permis d'aller visiter. Chaque maison est un sépulcre, mais un sépulcre dont les tristes habitants pensent, veillent et écoutent.

Soirée affreuse, nuit plus affreuse encore, tourments dont ceux qui les subirent conservèrent toute leur vie le souvenir douloureux! Qui pouvait, en effet, se croire à l'abri d'un soupçon stupide, d'une vengeance particulière, d'une audacieuse déprédation? Comment empêcher quelques-uns des visiteurs, commissaires ou hommes à pique, de faire main basse sur quelque objet précieux, sur quelques chères reliques, sous prétexte de les porter à la section, où il serait plus prudent de les laisser que de les aller réclamer.

Dix heures du soir viennent de sonner. C'est l'heure prescrite par la commune pour commencer les visites domiciliaires. Les trente commissaires désignés dans chacune des quarante-huit sections sont à leur poste; ils se sont partagé les circonscriptions, et se mettent deux par deux à la tête d'une forte escouade de sans-culottes. Sept cents maisons pourront être ainsi visitées à la fois dans Paris par sept cents groupes d'inquisiteurs armés jusqu'aux dents.

Bientôt on entend le pas cadencé des patrouilles qui s'avancent, posent leurs sentinelles, font illuminer les fenêtres. Le bourgeois comme l'artisan, retiré dans son intérieur, écoute anxieusement les colloques qui s'établissent entre les visiteurs et les visités, suit avec angoisse les péripéties de ces scènes qui se répètent à chaque porte, dans chaque maison, dans chaque appartement.

Au milieu de l'effroyable silence dans lequel Paris est plongé, on distingue les voix des commissaires interrogeant des malheureux qui répondent en tremblant ; le chœur que forment les hommes à pique, à bonnet rouge et à figure rébarbative qui, eux aussi, délibèrent, opinent et souvent décident ; les supplications des femmes et des enfants qui croient encore à la pitié et qui s'attachent aux genoux des inquisiteurs pour obtenir une grâce presque toujours impitoyablement refusée. On entend la porte qui se referme sur le père de famille que l'on entraîne, le roulement sourd de la voiture qui le conduit à la section ou à l'Hôtel de Ville, les ricanements et les éclats de voix des misérables qui se félicitent de leur capture. Partout où l'on peut espérer mettre la main sur quelque suspect, on procède aux plus minutieuses investigations. Des ouvriers spéciaux sont appelés pour chercher, découvrir, révéler les cachettes ; des serruriers sondent les murs, des maçons fouillent les caves, lèvent les pierres des fosses d'aisances ; d'autres, armés de pioches, remuent le sol des jardins jusqu'à la terre vierge.

D'après l'arrêté de la commune, les visites domiciliaires, commencées le 29 août, devaient être terminées le 30, à six heures du matin. Mais les commissaires y mirent tant de zèle, procédèrent avec un soin si minutieux, qu'en vertu d'un nouvel arrêté[1] elles se prolongèrent jusqu'au 31 août au soir.

1. Voici le texte même de cet arrêté :

« MUNICIPALITÉ DE PARIS.

« *Extrait du registre des délibérations du conseil général des commissaires des quarante-huit sections.*

« Du 30 août 1792.

« Le conseil général a arrêté que les visites domiciliaires seront

Danton avait annoncé que l'on trouverait quatre-vingt mille fusils. On en recueillit à peine deux mille, mais si ces visites furent peu fructueuses pour l'armement des volontaires, elles furent fécondes en violences et en déprédations. Tous les citoyens désignés comme ayant signé une des pétitions constitutionnelles, comme professant des opinions antirévolutionnaires, comme affiliés à des sociétés anticiviques, — l'on comprend l'élasticité de chacune de ces qualifications, — avaient été signalés d'avance à l'attention des commissaires, qui ne se firent pas faute de les traiter avec la plus grande brutalité. N'étaient-ils pas hors de la loi commune, puisque déjà, de son autorité privée, la municipalité les avait exclus des assemblées primaires et les avait ainsi privés du titre de citoyen? On ne respecta ni

continuées sans désemparer jusqu'aux quarante-huit heures expirées.

« Truchon, président; Tallien,
secrétaire-greffier. »

Nos recherches nous ont fait retrouver l'un des mandats dont étaient porteurs les commissaires des sections, qui procédaient aux visites domiciliaires. Tous ces mandats devaient être conçus à peu près dans les mêmes termes. Celui que nous avons eu entre les mains dénote, il faut en convenir, une bien grande ignorance de la langue française ou une bien grande précipitation.

« *Section armée du Luxembourg.*

« Nous, président et commissaires de la section du Luxembourg, donnons pouvoir à MM. Astel et Soules, commissaires nommés par ladite section, d'exécuter l'arrêté du conseil général de la Commune de ce jour et *notoirement* d'arrêter et désarmer toutes les personnes suspectes, et *qu'à cet effet* toutes visites domiciliaires seront faites.

« Fait au comité de la section, l'an iv de la liberté, etc., le 29 août 1792.

« Desages, Daubanel. »

la vieillesse ni la maladie ; on arracha de leurs lits pour les emporter à l'Abbaye de pauvres gens qui tremblaient la fièvre et qui n'avaient commis d'autre crime que d'avoir apposé leur signature au bas d'une pétition, ou d'avoir eu autrefois quelques relations d'affaires avec tel ou tel personnage de la Cour. Les ordres contre ceux qui cherchaient à s'échapper étaient si sévères, ils furent exécutés avec tant de rigueur, qu'un des membres du conseil général de la commune, Lemeunier (de la section de la place Royale), qui présidait à cheval aux visites domiciliaires et que sa monture emporta tout d'un coup, fut tué par une sentinelle qui le prit pour un fugitif.

Un nombre considérable d'arrestations furent opérées dans une seule nuit. Quelques historiens disent trois mille ; d'autres portent ce chiffre à huit mille. Il est impossible d'avoir aucune certitude à cet égard. Des individus arrêtés, et même des plus compromis, parvinrent à s'évader moyennant finance. Les salles d'attente des sections, de l'Hôtel de Ville, du conseil de surveillance, étaient tellement encombrées, il y régnait une telle confusion que la connivence intéressée de certains commissaires put facilement être mise sur le compte de l'erreur ou de l'oubli[1]. Mais tous les malheureux qui

---

[1]. De ces connivences, plus ou moins désintéressées, nous pouvons donner un exemple qui concerne l'un des premiers personnages de la cour. Le prince de Poix, capitaine des gardes du corps, avait suivi Louis XVI jusque dans la loge du Logographe et avait été arrêté quelques jours après. Il parvint à s'esquiver dans le trajet de la mairie à l'Abbaye ; ce ne fut pas probablement sans employer certains moyens irrésistibles pour bien des gens. Cette supposition est autorisée par le

arrivèrent jusqu'aux prisons y furent bien et dûment écroués; copie de ces écrous fut transmise au conseil de surveillance et au procureur de la commune, Manuel; elle leur servit à former leurs listes de proscription.

IX

Pendant et après les visites domiciliaires, la commune, bien loin de chercher à apaiser les justes ressentiments de la Législative, redouble d'audace. Le 26, elle avait attaqué la représentation nationale, non pas seulement dans son

---

témoignage d'un individu qui ne saurait être suspect de vouloir calomnier les sbires du comité de surveillance, car c'est un membre de ce comité même.

« Je soussigné déclare que le sieur Noailles de Poix a été arrêté; qu'il est sorti du comité de surveillance pour être conduit à l'Abbaye; que l'ordre qui l'y envoyait est enregistré au comité de surveillance de la commune, et que ce comité a même nommé un ou deux commissaires pour se transporter à l'Abbaye et y voir sur les registres s'il y avait été reçu ou s'il avait été laissé chemin faisant, afin de faire punir ou le concierge s'il est coupable, ou ceux qui devaient l'y conduire.

« Fait au comité de sûreté générale, ce 27 août 1792, l'an IV de la liberté et le 1er de l'égalité.

« *Signé :* PARIS, membre du comité de surveillance de la commune. »

Aucun écrou ne se trouve au nom de Noailles, prince de Poix, sur les registres de l'Abbaye ou de toute autre prison. Il s'échappa donc dans le trajet du comité de surveillance à l'Abbaye. Nous verrons un peu plus loin ce fait signalé par Cambon à la tribune de la Législative.

autorité légitime, mais encore dans son honneur par la lettre que Tallien avait signée. Deux jours après, elle va plus loin ; une adresse, qu'elle fait placarder sur les murs de Paris, signale à la vengeance publique, sans nommer personne, les traîtres que renferme l'Assemblée et les trames qui s'ourdissent dans ses comités.

Mais, tandis qu'elle dénonce les autres, elle est elle-même dénoncée par ses propres membres. Au moment où, dans tout Paris, l'on procède aux visites domiciliaires, deux municipaux, appartenant à la section des Lombards, paraissent à la barre de l'Assemblée[1]. Ils ont représenté leur section à l'Hôtel de Ville dans la nuit du 9 au 10 août. Ces commissaires de la première heure ne sauraient donc être suspects de modérantisme ; cependant, ils sont tellement las de leur part de souveraineté, qu'ils viennent la déposer dans les mains des représentants du peuple.

« Nommés, dit l'un d'eux, Lelièvre, par la section des Lombards pour ses représentants à la commune, nous n'avons pu voir sans douleur les nombreux abus qui paraissent s'introduire dans la nouvelle organisation du conseil général. Le rôle que nous remplissons est pénible, nous ne nous le dissimulons pas ; mais nous ne pouvons hésiter entre notre devoir et les inconvénients qui peuvent résulter pour nous de l'avoir rempli. Cha-

---

1. La section des Lombards professait des idées fort avancées ; mais un de ses principaux agitateurs était Louvet, l'ami et le commensal habituel de M. et de Mme Roland ; aussi la voit-on souvent faire des adresses et prendre des délibérations dans un sens tout à fait girondin.

cune des sections, en nommant des commissaires, n'a pas entendu leur donner la souveraineté en partage. Toutes savaient qu'elle vous appartient, qu'elle appartient au peuple en masse, et qu'aucune section partielle ne peut s'en attribuer l'exercice. »

A ce début, l'Assemblée éclate en applaudissements ; son exemple est suivi par les tribunes elles-mêmes. Encouragé par cet accueil, l'orateur n'hésite pas à flétrir, comme illégaux, les arrêtés auxquels il a lui-même participé, et notamment « ceux qui ont supprimé le directoire du département, réduit arbitrairement les pouvoirs des nouveaux administrateurs élus, et mis le maire de Paris, le probe et vertueux Pétion, en état de nullité absolue. — La section des Lombards, ajoute-t-il, abandonnant le charlatanisme des grands mots, ne se laisse point égarer par le faux zèle des intrigants et des ambitieux. Elle ne veut voir la souveraineté du peuple que dans ses représentants et non plus dans cette commune qui a jeté la pomme de discorde en dénonçant les Guadet, les Vergniaud, les Condorcet, les Brissot, tous ceux qui se sont constamment et courageusement dévoués à la défense des droits du peuple et au maintien de la liberté et de l'égalité. »

L'orateur connaissait les collègues à côté desquels il avait siégé depuis vingt jours. Il savait combien pouvait être terrible la vengeance qu'il attirerait sur sa tête ; néanmoins, il achève ainsi son courageux discours :

« Je me suis dévoué à vous faire entendre la vérité, et, dût la malveillance m'atteindre en sortant de cette enceinte, j'emporterai du moins le sentiment de la satisfaction pure qu'un homme éprouve quand il a rempli son devoir. »

Le président adresse aux pétitionnaires de chaleureux remerciements sur leur patriotisme :

« L'Assemblée, dit-il, a une confiance entière dans le bon esprit des sections de Paris. Elle se fera un devoir de défendre constamment les droits et les intérêts du peuple, et de lui désigner ceux qui tenteraient de l'égarer... Les premiers moments d'une révolution sont toujours orageux ; mais, dès que les secousses en sont terminées, la loi doit reprendre son empire[1]. »

Sur la demande de Lecointre-Puyraveau, l'adresse de la section des Lombards est renvoyée à la commission extraordinaire, et, une heure après, Vergniaud vient, au nom de cette même commission, non répondre à cette pétition, — elle était d'une date trop récente pour cela, — mais à celle que Robespierre avait si insolemment présentée trois jours auparavant au nom de la commune elle-même.

Le rapport de Vergniaud est aussi sévère que laconique ; on pressent, en l'entendant, que la commission extraordinaire retient à peine la foudre dont elle se propose de frapper bientôt l'audacieuse rivale de l'Assemblée.

« Vous nous avez renvoyé une pétition présentée par la municipalité provisoire de Paris. La commission a

[1]. Cet incident si important de la lutte entre la commune et l'Assemblée est complètement omis par le *Moniteur*. Nous l'avons retrouvé dans le *Journal des Débats et Décrets*, p. 131-132, n° 336, séance du 29 août, onze heures du matin.

pensé qu'il fallait s'en tenir aux principes, et, en conséquence, elle vous propose le projet de décret suivant :

« L'Assemblée, considérant qu'il n'appartient qu'à la Convention nationale de changer l'ordre des pouvoirs établis par la constitution, décrète qu'il n'y a lieu à délibérer sur la demande des représentants provisoires de la commune de Paris. »

L'Assemblée adopte sans discussion le rapport et le décret.

Que faisaient cependant les dictateurs de l'Hôtel de Ville tandis qu'on recevait avec dédain leurs pétitions et que l'on affectait de leur rappeler ce titre précaire de « représentants provisoires, » qu'ils avaient effacé de leurs actes, comme ils eussent voulu l'effacer du souvenir de tous leurs adversaires? Ils se déclaraient inviolables au nom du salut de la patrie! Voici, en effet, la réponse que la commune fit le jour même (29 août) à Lelièvre et à Vergniaud, réponse dont elle ordonna l'impression et l'envoi aux quarante-huit sections.

« Le Conseil général, considérant que les ennemis de la patrie s'agitent dans tous les sens pour diviser entre eux les citoyens dont l'union intime fait la plus grande force ;

« Considérant qu'il faut déjouer les projets coupables de ces hommes, qui veulent renverser la liberté à quelque prix que ce soit ;

« Considérant qu'il est du devoir de ceux qui, le 10 août, ont sauvé la chose publique par leur fermeté et leur courage, de détromper encore ceux de leurs concitoyens qui pourraient être égarés ;

« Considérant que la très-grande majorité des sections ayant confirmé les pouvoirs de leurs commissaires, ce serait une lâcheté de leur part d'abandonner le poste où ils ont été placés par la confiance de leurs concitoyens, au moment où les dangers de la patrie sont plus imminents que jamais;

« Considérant enfin combien il est important que le Conseil général de la commune, centre commun de l'administration, ne se trouve pas, par des combinaisons perfides, privé de ses membres, qui tous ont des missions particulières à remplir;

« Arrête que les commissaires nommés par les différentes sections, à l'époque du 10 août, ne pourront être destitués, à moins qu'il n'y ait contre eux des preuves d'incivisme ou de négligence, lesquelles seront discutées dans les assemblées générales des sections, et portées jusqu'à l'évidence. »

X

Le 29, dans la séance du soir, une députation de la Halle au blé confirme ce qu'avait dit le matin Lelièvre, au nom de la section des Lombards. Elle dénonce les représentants de la commune « comme ayant usurpé une partie du pouvoir souverain, déclare qu'elle a rappelé ses six commissaires et demandé le rétablissement des anciens administrateurs [1]. »

---

1. *Moniteur*, p. 1034; *Journal des Débats et Décrets*, p. 147.

Le lendemain, les plaintes contre les usurpations de la commune continuent d'affluer. A l'ouverture de la séance, un citoyen se plaint d'avoir été maltraité dans une assemblée primaire parce qu'il a exprimé son opinion contre les arrêtés du conseil général[1]. Cette dénonciation est fort bien accueillie et renvoyée à la commission extraordinaire. Un instant après, le ministre de l'intérieur annonce « que la commission des subsistances, en qui le conseil exécutif a mis toute sa confiance, vient d'être cassée par le conseil de la commune, et que *tout se trouve arrêté* dans cette partie importante de son administration. » Il prie l'Assemblée « de prendre de promptes mesures, car il ne répond plus des subsistances de Paris[2]. »

1. *Journal des Débats et Décrets*, p. 152-153, n° 337.
2. Le bureau municipal, composé, aux termes de la loi des 21 mai-27 juin 1790, spéciale pour Paris, de seize administrateurs, avait continué de subsister après le 10 août. Les délégués de la Commune insurrectionnelle avaient annoncé à l'Assemblée législative, au moment même où ils lui avaient signifié leur propre intronisation à l'Hôtel de Ville, que, pour ne pas entraver les services administratifs, ils consentaient à conserver ce bureau. Des seize administrateurs, plusieurs, il est vrai, n'y siégeaient plus; Panis et Sergent étaient trop occupés au comité de surveillance, Clavière avait été nommé ministre des finances, J.-J. Leroux était caché, Perron arrêté; mais d'autres, tels que Le Camus, Bidermann, Lesguillez, Chambon, Quenot, Levasseur, Fallet, Thomas, Jaillier, étaient restés à leur poste, quoique ne faisant plus partie de la nouvelle commune. Le 25 août, les 288, qui entendaient bien se constituer en représentants définitifs de la Commune, de provisoires qu'ils étaient, voulurent faire cesser cette anomalie et nommèrent dans leur sein de nouveaux administrateurs municipaux. Ils élurent, entre autres, à la Commission des subsistances : Huguenin, Léonard Bourdon, Duval-Destain, les trois membres peut-être les plus

La communication ministérielle provoque de nouvelles plaintes ; les accusations trop longtemps contenues éclatent de toutes parts ; ce sont les Montagnards qui en donnent eux-mêmes le signal. Choudieu déclare que les représentants provisoires de la ville de Paris ont désorganisé l'administration publique, usurpé des droits qu'ils ne possédaient pas, et démérité de la confiance de leurs concitoyens.

« Il faut, ajoute Cambon, il faut que l'on fasse représenter à la commune les pouvoirs qui ont dû lui être donnés par le peuple; et si le peuple n'en a pas donné, on doit le faire rentrer dans ses droits... Car, s'ils n'ont pas de pouvoirs, ce sont des usurpateurs, et ils doivent être punis comme tels[1]. »

fougueux de la nouvelle commune ; mais l'exagération ne donne pas le talent, et ces trois forcenés n'avaient pas la même expérience et n'inspiraient pas au commerce d'approvisionnement la même confiance que les trois anciens administrateurs du département des subsistances: Lesguillez, Thomas et Bidermann. Lesguillez était président du tribunal de commerce; Bidermann, banquier, et Thomas était l'ami intime de Pétion. (Voir à cet égard la *Chronique de cinquante jours*, de Rœderer.)

1. *Moniteur*, p. 1043; *Journal des Débats et Décrets*, p. 160. Depuis quelques jours, Cambon avait des griefs presque personnels contre la commune, car ils touchaient à la régularité des payements du trésor que le célèbre financier de la Législative et de la Convention regardait comme sa chose propre. Le 22 août, les commissaires de la Commune avaient mis les scellés sur la caisse de l'extraordinaire et arrêté court tout le service. Quelques heures après, il est vrai, les scellés furent levés; le conseil général de la commune déclina la responsabilité de cet acte plus qu'insolite et la rejeta sur des subalternes qui avaient, disait-il, outre-passé ses ordres. (*Moniteur*, p. 1002.)

L'Assemblée décide que la commission extraordinaire examinera la conduite de la municipalité provisoire. Les dénonciations n'en continuent pas moins, non plus sur les faits généraux, mais sur les actes personnels de certains des deux cent quatre-vingt-huit.

Le ministre Roland se plaint de ce qu'un municipal ait enlevé du garde-meuble un petit canon, dit de Siam, garni en argent. Choudieu lit une lettre de Restout, inspecteur de ce dépôt national, qui confirme le fait et qui raconte que le même municipal, après lui avoir remis un reçu en forme de sa capture, est revenu le lendemain, qu'il a fait enlever une armoire pleine d'effets, qu'il a ordonné d'ouvrir les secrétaires de personnes habitant l'hôtel, et enfin emporté des armes et des papiers. Cambon propose, aux applaudissements de toute l'Assemblée, que ceux qui ont commis un acte aussi *étrange*, comparaissent à la barre pour y rendre compte de leur conduite.

« Lorsque avec deux de mes collègues, raconte à son tour Larivière, je fus chargé de dresser l'inventaire des objets appartenant au roi, j'aperçus un particulier revêtu d'une écharpe et se disant membre du corps municipal; il avait rempli ses poches d'effets pris au château. Nous chargeâmes un officier municipal dont nous connaissions la probité de lui faire restituer ces effets et de faire examiner sa conduite...

« Que le peuple sache qu'il a été trompé dans son choix, et qu'il porte l'examen le plus sévère sur ces sortes d'êtres ambitieux, qui ont profité de cette crise pour usurper les pouvoirs... Il faut que l'on purge la société de ceux qui la déshonorent[1]. »

L'heure du jugement semble être arrivée pour les dominateurs de l'Hôtel de Ville. C'est encore Choudieu qui, s'élançant une troisième fois à la tribune, dénonce le plus récent des attentats commis par la commune de Paris contre la liberté individuelle et la liberté de la presse.

Dans la personne de quel écrivain, ces principes sacrés viennent-ils d'être violés? S'agit-il de quelque citoyen obscur ou suspect de royalisme? Non, celui que menacent les foudres municipales a préparé par ses écrits l'insurrection du 10 août; il a été des plus ardents à en saluer le triomphe; il a toujours compté, il compte encore parmi les membres du club des Jacobins. Seulement, quoique républicain sincère, ou plutôt à cause de la sincérité même de son républicanisme, il a essayé de résister au flot montant de la marée démagogique; mais il a un autre tort, il est rédacteur du *Patriote français*, le journal de Brissot.

La commune, dont Robespierre était l'oracle, épousait toutes les haines du rancuneux tribun, et, n'osant pas encore s'attaquer directement à l'homme d'État de la Gironde, elle voulait frapper à ses côtés son ami le plus intime.

Girey-Dupré avait publié le 28 août, en tête des faits Paris, trois lignes ainsi conçues[2] :

---

1. *Moniteur*, p. 1035; *Journal des Débats et Décrets*, p. 160.
2. *Patriote français*, p. 1114.

« *Les élections commencent aujourd'hui*[1], *la Commune a arrêté de faire des visites domiciliaires pour forcer les citoyens à donner leurs fusils ou à marcher.* »

Cette nouvelle n'était pas d'une parfaite exactitude; mais au moment où écrivait le journaliste, au moment où paraissait son journal (le 28 août au matin), pouvait-il prévoir que la Législative, sur la demande de Danton, s'approprierait quelques heures après le projet municipal? Sans doute, il était permis à la commune de contraindre un journaliste à la rectification d'une erreur; elle pouvait même en requérir la punition judiciaire; mais, habituée à mépriser toutes les formes, à passer par-dessus toutes les lois, elle avait trouvé beaucoup plus simple d'ordonner que l'éditeur du *Patriote français* comparût dans les vingt-quatre heures à sa barre « pour s'expliquer sur l'imposture qu'il avait imprimée dans sa feuille. »

Fort de son droit, Girey-Dupré avait répliqué à cette citation extra-légale par une lettre que Choudieu lit au milieu d'un silence imposant.

« Vous m'avez mandé à votre barre, écrivait le jeune publiciste au conseil général; je ne m'y rends pas, parce que vous n'avez pas le droit de m'y mander, parce que je connais et que je maintiendrai mes droits. Si vous vous croyez calomniés ou insultés, il est des tribunaux où je vous attends; mais vous n'êtes pas un tribunal et encore bien moins pouvez-vous juger dans votre propre

---

1. Les élections primaires commencèrent le 27 août; celles des députés à la Convention, le 2 septembre.

cause. Si vous voulez essayer votre pouvoir contre les écrivains patriotes et détourner, en les effrayant, la vérité qu'ils doivent au peuple, et qu'ils lui diront, vous avez mal choisi l'objet de cette épreuve. Je suis fermement résolu à défendre jusqu'à la mort la liberté individuelle et la liberté de la presse que vous attaquez, les droits de l'homme auxquels vous attentez, les droits du peuple que vous usurpez. »

Choudieu donne également lecture d'une autre lettre adressée au président de l'Assemblée nationale, et dans laquelle Girey-Dupré ne craint pas de signaler avec une noble véhémence « la conduite tyrannique des commissaires provisoires de la commune de Paris, leur avidité à se partager les places et à recueillir les fruits de leur dictature, le système d'avilissement qu'ils osent pratiquer contre le corps législatif. « Il est temps, ajoute-t-il, que l'Assemblée fasse cesser tous ces désordres, qu'elle rende au peuple ses droits, qu'elle maintienne la liberté individuelle et la liberté de la presse contre les entreprises des usurpateurs. Le moment presse. Le corps électoral va s'assembler [1]. »

Les deux lettres du rédacteur du *Patriote* sont couvertes d'applaudissements, sa plainte est renvoyée à la commission extraordinaire pour qu'elle en fasse incessamment le rapport. Bernard (de Saintes), autre montagnard aussi peu suspect que Choudieu de pactiser avec le parti vaincu, demande que « les signataires du mandat d'amener dé-

---

[1]. *Patriote français*, n° 1116. Ces deux lettres se trouvent *in extenso* dans le *Moniteur*, n° du 1er septembre, p. 1038.

cerné contre Girey-Dupré soient tenus de comparaître à la barre des représentants de la nation pour y rendre compte de leur conduite[1]. » La motion est décrétée sans discussion.

L'Assemblée essaye de reprendre son ordre du jour et de discuter les mesures de salut public qu'exige la marche des ennemis sur Verdun. Tout à coup Gensonné annonce, au nom de la commission extraordinaire, que, sur l'ordre du conseil général de la commune, l'hôtel du ministère de la guerre vient d'être investi par des hommes armés, et que, pendant plus de deux heures, les bureaux de cette administration ont été privés de toute communication avec le dehors et empêchés de pourvoir aux urgentes nécessités du salut public. Pourquoi ce déploiement de forces? pourquoi ce trouble apporté dans un moment aussi critique aux opérations si multiples dont le ministère de la guerre était chargé? On supposait que Girey-Dupré s'y était réfugié!

Gensonné dépose sur le bureau la lettre même que Servan a écrite à la commission extraordinaire, en réponse aux explications qu'elle lui avait fait demander sur un fait aussi étrange[2].

1. *Journal des Débats et Décrets*, n° 337, p. 160. Le *Moniteur*, fidèle à son système de partialité en faveur de la commune de Paris, ne mentionne, ni la suite donnée à la plainte de Girey-Dupré, ni la motion de Bernard (de Saintes), ni les applaudissements qui accueillirent les discours de Choudieu et de Bernard.

2. Nous avons retrouvé la lettre même de Servan, qui n'est qu'analysée dans le *Journal des Débats et Décrets* et dans le *Moniteur*.

« Paris, le 30 août.

« Rien n'est plus vrai, monsieur, toutes les personnes à l'hôtel de

L'Assemblée entière manifeste la plus vive indignation. Les Girondins comprennent que c'est le moment de frapper le coup décisif qui doit irrévocablement les débarrasser de la dictature de la commune insurrectionnelle. Grangeneuve s'élance à la tribune et s'écrie que, puisque les circonstances qui ont nécessité provisoirement l'organisation actuelle de la commune de Paris sont changées, il faut rétablir l'ancienne municipalité.

Guadet répond que la commission extraordinaire s'est occupée de cet objet, qu'elle partage en très-grande partie l'opinion de Grangeneuve; qu'un rapport devait être fait, mais que les paroles du préopinant l'en dispensent, et qu'il se contentera dès lors de lire le projet de décret qui a été préparé :

« L'Assemblée nationale, considérant qu'il s'est élevé
« des réclamations sur les pouvoirs des commissaires
« provisoires de la commune de Paris, que quelques
« sections ont déjà révoqué leurs commissaires et de-
« mandé un nouveau mode d'organisation;

« Considérant qu'il importe, pour assurer la tranquil-
« lité des citoyens, le service de toutes les branches d'ad-
« ministration, et notamment de celle des subsistances,

---

la guerre ont été mises ce matin en état d'arrestation par la commune sous le prétexte qu'il devait se trouver dans l'hôtel l'imprimeur du *Patriote français*. En conséquence, pendant plus de deux heures, personne n'a pu sortir de l'hôtel, et cependant il était de la plus grande importance que quelques-unes des personnes, qui y étaient, allassent vaquer sur-le-champ aux affaires les plus essentielles.

« Le ministre de la guerre,
« Servan. »

« de fixer l'organisation du conseil général de la com-
« mune, en attendant le terme prescrit par la loi pour les
« réélections, décrète qu'il y a urgence.

« Art. Ier. Les sections de Paris nommeront, dans le
« délai de vingt-quatre heures, chacune deux citoyens,
« lesquels, réunis, formeront provisoirement, et jusqu'à
« la prochaine élection de la municipalité de Paris, le
« conseil général de la commune de Paris.

« Art. II. D'abord après l'élection ordonnée par le
« précédent article, les commissaires nommés par les
« quarante-huit sections et qui ont provisoirement rem-
« placé, depuis le 10 août, le conseil général de la
« commune, cesseront d'en exercer les fonctions.

« Art. III. Le maire de Paris, le procureur de la
« commune, les membres du bureau municipal et ceux
« du corps municipal, qui étaient en exercice le 10 août
« présent mois, continueront d'exercer leurs fonctions
« jusqu'à leur remplacement.

« Art. IV. Le pouvoir exécutif national est chargé
« de faire exécuter sans délai le présent décret, et d'as-
« surer également l'exécution de la loi qui met la force
« publique de Paris à la seule réquisition du maire de
« cette ville. »

« Aux voix ! aux voix ! » crient un très-grand nombre de députés, et le projet de la commission extraordinaire est à l'instant même adopté sans discussion.
Cependant Chabot et Fauchet demandent que l'on
n'expédie pas la loi nouvelle sans décréter en même
temps que les citoyens de Paris et les fédérés ont bien

mérité de la patrie[1]. Quelques autres Montagnards veulent que le bénéfice de cette mention honorable soit étendu aux commissaires provisoires des sections pour ce qu'ils ont fait dans la journée du 10 août. L'Assemblée, qui croit n'avoir plus rien à craindre du pouvoir qu'elle vient de briser, et qui ne veut pas avoir l'air de marchander à son ancienne rivale une banale satisfaction, enveloppe tous les auteurs de la révolution du 10 août dans un même décret de reconnaissance. C'est, on le sait, une pratique assez usitée dans plus d'une assemblée politique que d'enterrer ainsi pêle-mêle tous ceux dont on espère ne plus entendre parler[2].

XI

La commune insurrectionnelle du 10 août est légalement dissoute. Mais se laissera-t-elle arracher les pouvoirs dont, depuis vingt jours, elle a su faire un

---

1. *Journal des Débats et décrets,* n° 337, p. 168; *Patriote français,* n° 1118; *Moniteur,* p. 1036.

2. La rédaction même du procès-verbal de l'Assemblée, qui fut imprimé en forme de décret, dénote le peu d'empressement que l'on mit à voter des remerciements à la commune insurrectionnelle.

« On demande, dit le procès-verbal (*Collection des lois,* t. X, p. 759), « qu'il soit déclaré que la commune provisoire de Paris a bien mérité de la patrie.

« Cette proposition est appuyée et combattue.

« L'Assemblée décrète que les représentants provisoires de la commune, les citoyens de Paris et les fédérés qui y étaient à la journée du 10 ont bien mérité de la patrie. »

usage si fructueux pour elle, si terrible pour les autres? Après avoir tant de fois imposé sa volonté aux représentants de la nation, subira-t-elle leur décret sans résistance? Si elle résiste, l'Assemblée trouvera-t-elle en elle-même assez de force et d'énergie pour la contraindre à obéir à la loi?

Les fameux commissaires de la majorité des sections avaient eu à manier des sommes considérables, ils avaient reçu en dépôt les objets précieux enlevés des maisons nationales et des églises, les effets et bijoux trouvés aux Tuileries, dépouilles opimes de l'insurrection. Ils devaient donc, s'ils sortaient de l'Hôtel de Ville, rendre leurs comptes de gestion, — ce qui était déjà fort difficile, — faire disparaître la trace des dilapidations et abus de confiance que beaucoup d'entre eux avaient pu commettre, — ce qui était à peu près impossible dans le court intervalle de vingt-quatre heures, qui leur étaient accordées pour vider les lieux. D'autre part, les élections primaires, desquelles allaient sortir au second degré les députés de la Convention, étaient commencées, et les meneurs de la commune se sentaient perdus s'ils ne trouvaient asile dans cette assemblée et s'ils ne lui composaient une députation parisienne capable de la dominer par la terreur. Dans un double intérêt politique et financier, les représentants provisoires de la commune étaient donc fort peu disposés à se laisser déposséder de fonctions qui les rendaient tout-puissants et invulnérables.

Aussi, dès que la première nouvelle du décret arrive à l'Hôtel de Ville, Tallien adresse à chacun des membres du conseil de la commune une circulaire ainsi conçue :

« Vite à votre poste, chers collègues; un décret de l'Assemblée nationale vient d'être rendu à l'instant : le Conseil général est cassé; encore aujourd'hui vous êtes les représentants du peuple; venez vous réunir à nous, nous vous attendons à la maison commune [1]. »

Nous verrons bientôt quels furent les résultats de ce pressant appel.

Le 30 au soir, l'officier municipal Daunay, accusé d'avoir enlevé le fameux canon damasquiné en argent, comparaît à la barre de la Législative, et s'efforce de justifier son étrange conduite; il apporte des certificats qui

---

[1]. Cette circulaire si importante se trouve inscrite textuellement sur les registres de la section du Faubourg-Saint-Denis. Probablement un des commissaires de cette section la déposa sur le bureau, afin d'excuser son départ précipité pour l'Hôtel de Ville, et le secrétaire la consigna sur son procès-verbal. Nous avons retrouvé la trace de cette même circulaire sur le registre de la section du Marché-des-Innocents. Seulement, le texte même n'y est pas reproduit. Ces deux documents se contrôlent l'un par l'autre et mettent hors de doute l'existence de cette pièce si importante et jusqu'alors complétement inédite.

« *Section du Marché-des-Innocents.*

30 août 1792.

« On commençait à discuter, lorsque M. le président a annoncé une lettre importante arrivant de la maison commune; cette lettre contenait invitation pressante à MM. les commissaires des quarante-huit sections de se réunir sur-le-champ, pour délibérer sur la cassation du conseil général.

« Cette nouvelle inattendue ayant excité quelque inquiétude dans l'assemblée, un membre a proposé d'inviter MM. les commissaires de se rendre sur-le-champ à leur poste pour prendre connaissance des motifs, et ensuite renvoyer un d'entre eux à l'assemblée pour l'en informer. L'assemblée a arrêté cette invitation. »

prouvent que le canon est déposé à la section du Roule[1]. Quant aux perquisitions qu'il a faites chez l'un des habitants de l'hôtel du Garde-Meuble, il prétend ne s'y être livré que parce qu'on lui a dénoncé « le particulier comme suspect; » s'il a fouillé le secrétaire, s'il a emporté des papiers, c'est par simple mesure de police. « Du reste, dit-il en terminant, j'ai eu soin de dresser procès-verbal de tous ces faits ! »

---

1. Voici les certificats qui furent déposés à cette occasion sur le bureau du président de l'Assemblée. Nous respectons l'orthographe de ces documents.

« Nous, président du comité, doyen d'âge, accompagné de M. Houdain, commandant de bataillon, et de M. Labre, capitaine des canonniers, certifions et attestons que la pièce de canon dite de Siam et plaquée en différents endroits en *feuille d'argent* est réellement déposée depuis le 26 présent mois dans notre *magazin de canon*. En foi de quoi nous avons signé le présent pour servir à la décharge du citoyen Daunay s'il est nécessaire. A Paris, ce 30 août 1792, etc.

« *Signé :* HOUDAIN, commandant en chef;
VERNHES, président, doyen d'âge;
LABRE, capitaine. »

« Je soussigné avoir reçu de M. Daunay une pièce de canon dite de Siam laquelle pièce vint du garde meble et est damasquinez en argent; à Paris, ce 26 août 1792.

« *Signé :* RECOLIN, sous-lieuxtenant des canoniers dus patallion phipe du Roulle. »

L'officier municipal, si peu scrupuleux sur les formes, s'appelait *Daunay* et non *Delaunay,* comme le nomme le *Moniteur,* p. 1038. (Voir la liste des membres de la Commune insurrectionnelle, dans l'*Histoire parlementaire* de Buchez et Roux, t. XVI, p. 421.) Il était perruquier et appartenait à la section même du Roule qui, du reste, le destitua quelques jours après.

Bazire demande que l'Assemblée se déclare satisfaite des explications de l'officier municipal, mais Lacroix s'oppose vivement à cette proposition : « L'Assemblée, dit-il, ne doit prononcer que sur le vu des procès-verbaux qu'on lui promet. »

Grangeneuve fait observer que rien n'est plus contraire à une apposition de scellés que l'enlèvement préalable des effets. Daunay, après quelques tergiversations, est obligé d'avouer qu'il a fait forcer par un serrurier les portes et les armoires de l'appartement qu'il a visité au Garde-Meuble. L'explication paraît suspecte, et l'Assemblée, loin d'accorder à l'inculpé le *satisfecit* réclamé par Bazire, renvoie la conduite de cet agent de la loi à l'examen de ses comités.

Le lendemain matin, Vergniaud vient, au nom des Vingt et un, lire deux décrets qui répondent chacun à l'un des deux incidents qui se sont produits la veille et l'avant-veille. En vertu du premier, tous les effets déposés au Garde-Meuble, ceux trouvés aux Tuileries, dans les églises, dans les maisons dépendant de la liste civile, sont déclarés appartenir à la nation ; le ministre de l'intérieur doit, *dans le jour*, donner des ordres pour faire rétablir au Garde-Meuble les objets qui pourraient en avoir été retirés et transportés dans d'autres dépôts ; il doit, *dans deux jours*, faire rendre compte par les commissaires des sections qui, depuis le 10 août, ont formé le conseil de la commune, de tous les effets dont la garde a été confiée à leur surveillance ou qui ont été transportés à la maison commune ; enfin toutes les matières d'or et d'argent et tous les bijoux, retirés par les commissaires des maisons royales, des églises et autres lieux publics et particuliers, doivent être portés sans délai, et sous leur responsabilité, à la trésorerie nationale, et de là à l'hôtel des Monnaies [1].

Suivant le deuxième décret, « il est urgent de réprimer les atteintes portées à la liberté individuelle par quelque autorité constituée que ce soit; que dès lors il y a lieu d'annuler, comme attentatoires à la liberté individuelle et à la liberté de la presse, les mandats d'amener et d'arrêt décernés par le conseil général de la commune de Paris, le 30 août, contre le sieur Girey-Dupré, et d'enjoindre à la municipalité de Paris de se *renfermer, à l'égard des mandats d'amener et d'arrêt, dans les bornes prescrites* par la loi sur la police générale et la sûreté de l'État [2]. »

Les deux décisions étaient claires et précises : par la première, la commune était véhémentement soupçonnée d'avoir prêté les mains à des vols, à des déprédations; par la seconde, elle était atteinte et convaincue de s'être livrée à des actes arbitraires.

Quelques députés semblent effrayés de la forme agressive donnée aux conclusions proposées par la commission extraordinaire. Charlier demande que le décret relatif à Girey-Dupré soit renvoyé aux Vingt et un, afin qu'ils présentent une simple explication sur les mandats d'amener. Thuriot invite ses collègues à ne pas con-

---

1. *Moniteur*, p. 1040; *Journal des Débats et Décrets*, n° 338, p. 173; *Collection des lois*, t. X, p. 760.
2. *Moniteur*, p. 1043; *Journal des Débats et Décrets*, p. 179; *Collection des lois*, t. X, p. 763.

damner le conseil général sans l'entendre. Mais Vergniaud fait observer qu'il n'a déjà que trop tardé à obéir aux ordres de l'Assemblée. Thuriot cherche encore à excuser la commune et insinue que la publication du décret proposé pourrait avoir des dangers. — « Je demande, s'écrie Marbot, qu'un membre de l'Assemblée qui a peur d'un représentant de la commune laisse faire ceux qui ont du cœur et du courage. » — Reboul profite de cette interpellation énergique pour signaler à l'Assemblée l'affichage, sur toutes les murailles de Paris, de placards incendiaires signés *Marat*. « On dit, ajoute le courageux député, qu'il ne faut pas traiter cette question dans ce moment-ci, et moi je dirai à ceux qui craignent un mouvement dans la capitale, qu'il s'élèvera un grand mouvement dans les départements qui étouffera celui de Paris... Quant à Girey-Dupré, il importe que la liberté de la presse soit vengée en sa personne, et que le citoyen qui n'a été poursuivi que par un ressentiment particulier et n'a point conspiré contre la sûreté de l'État, trouve au moins un refuge dans l'Assemblée nationale, dans l'asile de la loi. »

Vergniaud relit le projet de décret relatif à Girey-Dupré; il est adopté comme l'autre l'avait été quelques instants auparavant[1].

---

1. Dix-huit mois plus tard, Girey-Dupré comparaissait devant le tribunal révolutionnaire et payait de sa tête l'énergique résistance qu'il avait opposée au pouvoir envahisseur des dictateurs de l'Hôtel de Ville. Arrêté à Bordeaux, il avait été ramené à Paris les fers aux pieds et aux mains. Le jeune publiciste avait une telle confiance dans la justice du tribunal révolutionnaire qu'il comparut devant lui les che-

Cambon, aussitôt après le vote, s'écrie : « Vous venez de venger un particulier d'un attentat contre la liberté, je viens vous demander de venger le peuple d'un attentat contre la sûreté générale! » Cela dit, il annonce l'évasion du ci-devant prince de Poix, et accuse les municipaux chargés de l'arrêter de s'être laissé séduire par lui. L'Assemblée prend en considération l'accusation de Cambon, et charge la commission extraordinaire de s'occuper de l'affaire. Larivière, qui, depuis le commencement de cette discussion, avait demandé la parole, l'obtient enfin [1] et s'écrie : « Cette mesure ne suffit pas, je viens demander aux députés des quatre-vingt-trois départements s'ils ont assez d'énergie pour exiger, au nom de la nation, le respect et l'obéissance?... Le président du conseil général de la commune provisoire

veux coupés sur la nuque, la chemise rabattue sur le col de l'habit, ayant fait lui-même et d'avance la fatale toilette. Pour toute défense il dit à Lescot-Fleuriot, qui remplaçait ce jour-là Fouquier-Tinville au fauteuil de l'accusateur public : « Je suis prêt; faites votre office. »

La plupart des historiens mettent d'autres paroles dans la bouche du jeune girondin ; à Dumas lui demandant s'il avait connu Brissot, Girey-Dupré aurait répondu : « Oui, je l'ai connu. Il a vécu comme Aristide; il est mort comme Sidney. » Ces paroles, le courageux jeune homme les prononça non devant le tribunal révolutionnaire, mais dans l'interrogatoire subi par lui, quelques jours auparavant, à la Conciergerie. Elles se trouvent également consignées dans l'acte d'accusation dressé le 29 brumaire par Fouquier-Tinville. Évidemment, Dumas se garda bien à l'audience de renouveler sa question, pour ne pas donner à l'accusé l'occasion de glorifier publiquement son ami.

Girey-Dupré périt le 1er frimaire an II (24 décembre 1793), six semaines après les Girondins, ses coreligionnaires politiques.

1. *Journal des Débats et Décrets*, n° 338, p. 182.

de Paris a été mandé à votre barre, il n'a point paru et refuse d'obéir à la loi... J'ai entendu dire que le peuple... Ah! peut-on avilir ainsi les Parisiens à leurs propres yeux? Peut-on ainsi dégrader la dignité nationale en nous supposant assez lâches pour ne pas réprimer les excès partout où ils se trouvent? Messieurs, écoutez votre conscience; souvenez-vous de vos commettants et du compte que vous leur rendrez un jour. Conservez votre courage et faites respecter les lois... Je demande pour l'honneur des citoyens de Paris, pour le vôtre, que le citoyen mandé à la barre y soit amené séance tenante. »

Des applaudissements frénétiques éclatent de toutes parts. Cependant, Lagrevol parvient à empêcher l'Assemblée de céder à son enthousiasme; elle se contente de rappeler au ministre de l'intérieur l'exécution du décret rendu la veille[1].

---

1. *Moniteur*, p. 1043; *Journal des Débats et Décrets*, p. 183. Voici le texte même du décret rendu sur la motion de Lagrevol, le 31 août, au matin:

« L'Assemblée, sur la motion d'un de ses membres, décrète que le ministre de l'intérieur répondra à l'instant, par écrit, s'il a fait parvenir, et à quelle heure, au président et au secrétaire de la commune provisoire de Paris, le décret qui les mande à la barre de l'Assemblée. »

XII

On venait à peine de reprendre l'ordre du jour, lorsque le président annonce que Pétion et Manuel, à la tête d'une nombreuse députation de la commune provisoire, demandent à être admis à la barre. Mais pour comprendre la nouvelle scène qui va se dérouler, il faut nous transporter à l'Hôtel de Ville et savoir ce que le conseil de la commune, réuni sur la pressante invitation de Tallien, a résolu dans le péril extrême où il se trouve.

Les usurpateurs, une fois le premier mouvement de colère passé, avaient senti la nécessité de donner à l'Assemblée quelque satisfaction illusoire qui permît de retarder l'exécution du décret de dissolution, et leur donnât le temps de mettre la dernière main à leurs préparatifs de défense. On avait accusé la commune d'avoir désorganisé les divers services municipaux, et notamment celui des subsistances, d'avoir systématiquement annihilé l'action du maire. Ils se hâtent de passer condamnation sur le premier point, en prenant un arrêté par lequel ils reconnaissent « l'utilité dont peuvent être à l'administration les talents et l'expérience des anciens administrateurs, » les réintègrent dans leurs fonctions, et déclarent que ceux qui ont été nommés à leur place devront être considérés comme leurs suppléants et auront seulement voix consultative dans les assemblées du corps et du bureau municipal. En même temps ils chargent Robespierre de rédiger une adresse à l'Assemblée nationale, dans laquelle il devra exposer toutes les mesures prises depuis le 10 août par les commissaires des sections, tous les exploits civiques dont ces sauveurs de la patrie ont marqué l'accomplissement de leur mission.

Le lendemain, 31, avant que Robespierre ait présenté l'adresse qu'il a rédigée dans la nuit, on veut s'assurer de la coopération sinon active, au moins matérielle de Pétion, et se servir une fois de plus de sa bonhomie d'emprunt pour endormir les ressentiments de ses amis de la Gironde. On lui envoie donc, avec la plus grande solennité, une députation chargée de l'inviter à venir honorer le conseil général de sa présence. Heureux et fier de l'importance qu'on daigne enfin lui reconnaître, le maire accourt aussitôt à l'Hôtel de Ville reprendre possession du fauteuil dont depuis vingt jours il a été écarté. A peine le tumulte occasionné par son arrivée est-il apaisé, que le substitut du procureur syndic se lève et se félicite, au nom de tout le conseil, de voir un magistrat chéri revenir à son poste. « Le premier représentant de la cité pourra ainsi, ajoute l'orateur, se pénétrer des vérités qu'il va être chargé d'aller porter à l'Assemblée législative pour justifier le conseil général des inculpations aussi fausses qu'atroces dont on a osé le noircir. »

Pétion commence à comprendre qu'il est pris au piége. Répondant à la harangue officielle qui vient de lui être adressée, il fait entendre quelques plaintes sur la position difficile qui lui a été faite depuis le 10 août. S'il a cru devoir s'abstenir de présider les séances du conseil, c'est, dit-il, « qu'il n'a pas aperçu distinctement les fonctions qui lui étaient réservées, qu'il se trouvait placé entre les membres de la municipalité, qui ne se croyaient pas légalement destitués, et les patriotes, qui les remplaçaient, peut-être sans titre bien régulier. Il est plein de regrets pour ses anciens collègues, plein d'affection pour les nouveaux, tout en déplorant les erreurs dans lesquelles ils ont pu tomber. » Il s'étend longuement sur les moyens « de concilier les diverses prétentions, de réparer les erreurs du passé, d'empêcher un choc dangereux et impolitique entre la commune et l'Assemblée nationale. » Il termine son discours, selon sa constante habitude, en vantant son courage, sa prudence et sa connaissance approfondie des hommes et des choses.

Le substitut du procureur général réplique, c'est-à-dire réfute les récriminations que vient de faire entendre Pétion, et entonne un nouvel éloge de tout ce qu'a fait le conseil général depuis le moment où il a été investi de la confiance du peuple[1].

---

1. Ces détails se trouvent, les uns dans le procès-verbal de la séance de la commune, les autres dans une lettre que Pétion adressa le même jour (31 août) à la section du marché des Innocents, et qui fut insérée dans le *Patriote français,* n° du 1ᵉʳ septembre. Nous donnons ces deux documents à la fin de ce volume. La lettre de Pétion a déjà été reproduite dans le t. XVII, p. 398, de l'*Histoire parlementaire*, mais elle s'encadre si bien avec les pièces nouvelles que nous avons rassemblées, elle en est le commentaire si vivant, elle fait si nettement ressortir le personnage, que nous n'avons pas hésité à la reproduire, quoique nous ayons adopté la règle générale de ne pas donner *in extenso* les documents déjà imprimés.

Mais ce n'était pas pour entendre les remontrances aigres-douces de Pétion que le conseil était rassemblé, il s'agissait d'approuver l'adresse que Robespierre avait été chargé de rédiger. Lecture en est faite au milieu d'applaudissements unanimes; adoptée par acclamation, elle devra être portée à l'instant même à la barre de l'Assemblée. On annonce à Pétion que l'on a compté sur lui pour remplir cette mission, car, lui insinue-t-on, aux termes de la loi municipale spéciale à Paris, le premier magistrat de la commune doit se mettre à la tête de toutes les députations, qu'il approuve ou non l'avis qu'elles sont chargées de transmettre aux autorités constituées.

Depuis l'intronisation de la nouvelle commune, cet article de la loi avait été parfaitement oublié, et les dictateurs de l'Hôtel de Ville, qui envoyaient, presque tous les jours et même plusieurs fois par jour, des députations à l'Assemblée législative, n'avaient pas paru beaucoup s'en soucier. Mais aujourd'hui ils se le rappellent; ils sont charmés de pouvoir faire réclamer la révocation du décret du 30 août par celui-là même qui est accusé d'en avoir été le secret promoteur.

Cette demande, formulée officiellement par le substitut du procureur de la commune, est accueillie avec la plus grande faveur par les tribunes; leurs applaudissements redoublés trouvent un écho jusque sur la place de Grève au sein de cette tourbe que les meneurs tiennent à leur solde, et qu'ils font apparaître ou cachent dans l'ombre, suivant qu'ils ont besoin de terrifier leurs adversaires ou de les endormir dans une fausse sécurité.

En présence de cette immense acclamation, le maire de Paris n'élève plus aucune objection et sort accompagné des applaudissements de ceux qui viennent de se jouer si adroitement de son humeur crédule et de son aveugle passion des faveurs populaires.

XIII

Au moment où Pétion et les membres de la députation, chargés plutôt de le surveiller que de lui faire cortége, se présentent aux portes de la salle des Feuillants, l'Assemblée nationale venait de prendre les résolutions dont nous avons parlé, et qui étaient le complément logique du décret du 30 août.

Admis à la barre, le maire, qui ne veut pas se compromettre, prononce seulement ces paroles ambiguës : « Messieurs, le conseil général de la commune vient vous exposer les motifs de sa conduite et vous présenter une mesure propre à concilier vos suffrages et l'intérêt public, une mesure qui mettra sur-le-champ l'administration en activité. » La présentation ainsi faite, un reste de pudeur l'empêche de lire lui-même l'adresse, où se produisent à chaque ligne contre ses amis des accusations de défaillance qui l'atteignent lui-même ; il en laisse le soin à l'organe officiel de la commune, au secrétaire-greffier Tallien. L'insolent manifeste était ainsi conçu[1] :

---

1. Nous avons retrouvé un exemplaire imprimé de cette adresse et nous la donnons telle qu'elle fut placardée sur les murs de Paris, par

« Législateurs,

« Les représentants de la commune se présentent aujourd'hui devant vous avec confiance. Ils ont été calomniés, ils ont été jugés sans être entendus ; ils viennent réclamer justice *et vous dire la vérité tout entière.*

« Envoyés par le peuple, dans la nuit du 9 au 10 août, pour sauver la chose publique, *pour renverser la tête altière du despotisme qui, fort de quelque succès, croyait pouvoir de nouveau réasservir le peuple français,* ils ont dû faire ce qu'ils ont fait. LE MAL ÉTAIT GRAND, LE REMÈDE DEVAIT ÊTRE EXTRÊME, le peuple n'avait pas limité leurs pouvoirs; il ne les avait pas circonscrits dans des limites étroites, il leur avait dit : Allez, sauvez-nous; tout ce que vous ferez, nous l'approuverons.

« *Dans cette nuit mémorable, où le maire de Paris était retenu en otage au château des Tuileries, où le corps législatif était menacé, où des hordes mercenaires étaient réunies dans cette nouvelle Bastille pour égorger les amis de la liberté, nous, réunis dans la maison commune, nous préparions en silence la mine qui devait détruire tous les projets contre-révolutionnaires; à minuit, vingt-*

ordre de l'audacieuse commune. Nous indiquons par des italiques les passages principaux qui ont été omis dans la version presque identique du *Moniteur*, p. 1043, et du *Journal des Débats et Décrets*, p. 184 du n° 338.

On remarquera que les phrases les plus violentes ont été atténuées ou supprimées par ces journaux. La version du *Moniteur* commence par ces mots : *Les représentants provisoires de la commune de Paris.* Dans l'adresse placardée, la commune s'affirme elle-même et efface soigneusement le mot *provisoires* qui l'offusque.

sept sections [1], c'est-à-dire la majorité de la commune, avaient déjà envoyé des commissaires avec pleins pouvoirs de sauver la chose publique; c'est de là que nous dirigions les légions citoyennes pour environner et protéger le lieu de vos séances. Nous vous le demandons, le corps législatif n'a-t-il pas toujours été respecté? et, nous devons le dire, cette enceinte ne fut, dans ces moments orageux, souillée que par la présence du digne descendant de Louis XI et de la rivale des Médicis.

« Si Louis XVI et sa famille respirent encore, ils ne doivent ce bienfait qu'à la générosité du peuple et au respect qu'il porte à l'asile que ces scélérats fugitifs avaient choisi.

« Législateurs, vous avez applaudi vous-mêmes aux mesures que nous avons prises... »

Ici Tallien est interrompu par le président, qui vient de recevoir un avis important du commandant du poste des Feuillants : « Un rassemblement s'est formé aux portes de la salle! La garde va être forcée! » Quel étrange commentaire aux premières paroles de l'orateur de la commune! L'Assemblée réplique bravement à la menace par un ordre du jour, motivé sur ce que « le peuple est incapable de violer l'enceinte où les législateurs discutent en son nom [2]. »

---

1. Ce passage si important, où la commune reconnaît elle-même que, dans la nuit du 9 au 10 août, vingt-sept sections seulement étaient représentées dans la réunion des commissaires, confirme d'une manière formelle et incontestable ce que nous avons dit de cette réunion dans notre deuxième volume.

2. Cette intervention violente de la foule que le bruit de la

Ce grave incident vidé, Tallien reprend le réquisitoire, dans lequel le rédacteur, Robespierre, avait mêlé, avec l'art qui lui était propre, les récriminations les plus acrimonieuses, les menaces les plus violentes, les perfidies les mieux calculées, et avait su rendre l'Assemblée solidaire de toutes les mesures tyranniques auxquelles la commune s'était livrée depuis trois semaines.

« Vous avez partagé nos trop justes ressentiments; notre énergie, nous osons le dire, a électrisé ceux d'entre vous que le modérantisme ou l'influence de la liste civile avaient plongés dans un état de torpeur qui depuis longtemps excitait la sollicitude des vrais amis de la liberté. Vous êtes remontés par nous et avec nous à la hauteur qui convient aux représentants d'un peuple qui veut demeurer libre.

« Vous avez reçu nos communications fraternelles; vingt fois vous nous avez entendus à cette barre, vous nous avez vous-mêmes qualifiés du titre auguste de représentants de la commune. Vous avez décrété que nous correspondrions directement avec vous. *Vous ne doutiez donc pas alors de l'authenticité de ces pouvoirs dont vous nous demandez aujourd'hui de justifier.*

« *Le pouvoir exécutif provisoire a aussi reconnu l'autorité dont nous avaient investis nos commettants. Il nous a consultés dans diverses circonstances.*

« *Il a, ainsi que vous, approuvé la destitution de ce*

démarche des municipaux avait amassée aux abords de l'Assemblée, n'est point indiquée dans le *Moniteur*. Nous n'en trouvons la trace que dans le *Journal des Débats et Décrets*.

département contre-révolutionnaire, de ces juges de paix indignes de ce beau nom, qu'ils profanèrent pendant trop longtemps, de cette municipalité feuillantine qui, la première, avait déployé le fatal drapeau rouge contre des citoyens réunis paisiblement et exerçant un des droits les plus sacrés garantis par la Constitution.

« Enfin, tout ce que nous avons fait, le peuple l'a sanctionné. Ce ne sont pas ici quelques individus pris isolément, c'est un million de citoyens qui émettent leur vœu. Interrogez-les, et partout vous entendrez ces mots : Ils ont sauvé la patrie.

« *Nous sommes loin sans doute d'approuver les écarts qu'ont pu se permettre quelques-uns de nos collègues dans les missions particulières qui leur ont été confiées ;* nous demandons, au nom de la commune, qu'ils soient punis s'il y a contre eux quelque accusation fondée ; mais nous protestons ici qu'il n'est émané de nous aucun ordre attentatoire à la liberté ou à la propriété d'un bon citoyen.

« Oui, et nous nous en faisons gloire, nous avons séquestré les biens des émigrés, et nous avons fait en cela ce que depuis plus de six mois vous aviez ordonné au directoire du département de Paris de faire. Nous avons fait évacuer les maisons religieuses, et en cela nous croyons avoir rendu un grand service à la patrie, car, par ce moyen, la nation va à l'instant devenir propriétaire de 100 millions de domaines nationaux.

« Nous nous sommes assurés des personnes des contre-révolutionnaires, nous les avons enfermés dans les prisons qu'ils nous destinaient, si leurs complots affreux eussent réussi ; mais nous l'avons fait avec ménagement, et ils ont tous été remis entre les mains des tribunaux, qui bientôt sans doute vengeront les insultes réitérées faites à la souveraineté nationale.

« Nous avons proscrit les journaux incendiaires, et en cela nous avons encore sauvé la chose publique.

« On nous reproche les arrestations, et on veut les faire regarder comme illégales; mais ne nous avez-vous pas donné par un décret le mandat d'arrêt? Ne redoutez pas que nous abusions de ce pouvoir. Les juges de paix l'ont avili; nous, nous l'honorerons en n'en faisant usage que pour frapper les têtes des conspirateurs.

« Nous avons fait des visites domiciliaires : qui nous l'avait ordonné? Vous. Quel en était l'objet? De se procurer des armes. Eh bien! demain, nous vous les apporterons, ces armes, et vous les enverrez à ceux de nos frères qui avaient été envoyés sur nos frontières, sans aucun moyen de défense, par le pouvoir exécutif que vous avez anéanti à si juste titre.

« Nous avons fait arrêter des prêtres perturbateurs, nous les avons fait enfermer conformément à votre décret, et sous peu de jours le sol de la liberté sera purgé de leur présence[1].

« On nous a accusés d'avoir désorganisé l'administra-

---

[1]. Tous les historiens attribuent ce mot affreusement prophétique à Tallien parce que ce fut lui qui le prononça, mais il le prononça au nom et par ordre de la commune.

Cette menace, qui allait se réaliser dans les quarante-huit heures, n'avait point échappé à l'emportement de l'improvisation; elle avait été froidement préméditée, Robespierre l'avait insérée de sa main

tion; à qui en attribuer la faute? Aux administrateurs eux-mêmes. Où la plupart d'entre eux étaient-ils dans ces jours de péril? On ne les rencontrait nulle part. Plusieurs même n'ont point encore paru à la maison commune. *Jaloux, cependant, de repousser ce reproche injuste, nous allons vous donner lecture de l'arrêté que nous avons pris hier, et qui répond victorieusement à toutes ces absurdes calomnies répétées avec tant de perfidie*[1]. . . .

« Une section est venue réclamer dans votre sein contre nos opérations[2]. *Nous n'examinerons pas en ce*

---

dans l'adresse dont Tallien avait été chargé de donner lecture. Ce seul fait, et il en existe d'autres encore, suffirait pour associer le cauteleux tribun au crime inexpiable dont, en France, la liberté porte encore le poids.

1. Ici, Tallien lit l'arrêté municipal qui rappelle les anciens administrateurs à leurs fonctions; nous le publions à la fin de ce volume. Ni le *Moniteur* ni le *Journal des Débats et Décrets*, dans la version qu'ils donnent de l'adresse-Robespierre, ne font allusion à cet arrêté du 30 août, de façon que l'on ne peut comprendre, en suivant leur version, ce que Pétion voulait dire, dans son discours de présentation des délégués municipaux, par *cette mesure conciliatrice qui devait mettre sur-le-champ l'administration en activité*. Ce qui prouve une fois de plus qu'il est impossible de se rendre un compte exact des événements si compliqués de cette période de l'histoire de la Révolution, en s'en tenant à l'étude exclusive du *Moniteur* ou de telle autre feuille de l'époque. Ce n'est qu'en réunissant tous les documents et en les contrôlant les uns par les autres que l'on peut arriver à découvrir la vérité.

2. Il y en avait au moins deux, les sections des Lombards et de la Halle au blé; d'autres avaient fait entendre des plaintes très-vives contre la commune; mais naturellement, pour le besoin de sa cause, Robespierre n'en croit pas devoir tenir compte.

moment si quelques passions particulières, si quelques espérances trompées ne sont pas les causes de ces réclamations dictées à la section des Lombards par quelques intrigants bien connus; nous dirons seulement que le vœu d'une seule section ne peut priver la commune de ses représentants reconnus et avoués par la majorité. En voici la preuve : Votre décret ne fut pas plutôt connu, qu'un grand nombre de sections vinrent nous apporter des actes d'adhésion à tout ce que nous avons fait et confirmer les pouvoirs donnés à leurs commissaires. Le peuple réuni dans les tribunes de notre salle et sur la place de la maison commune manifesta par des cris non équivoques que nous étions encore les représentants du peuple et que nous n'avions pas perdu sa confiance.

« *Législateurs, vous venez d'entendre non pas notre justification, nous n'en avons pas besoin, mais le récit succinct et exact de nos opérations. Ce que nous avons fait, nous le répétons avec plaisir, sûrs de n'être pas démentis, le peuple l'a sanctionné.* Si vous nous frappez, frappez donc aussi le peuple qui a fait la révolution le 14 juillet, qui l'a consommée le 10 août, et qui la maintiendra *au milieu de tous les périls, de toutes les contrariétés, et malgré tous les intrigants couverts du masque du patriotisme.*

« Il est réuni en ce moment, le peuple, dans ses assemblées primaires, et y exerce sa souveraineté ; consultez-le, qu'il parle, qu'il prononce *entre nous et nos lâches calomniateurs; qu'il nous ordonne d'abandonner le poste que nous avons tous juré de défendre jusqu'à la mort, et nous lui obéissons sur-le-champ; qu'il nous retire le dépôt qu'il nous confia le 10 août, et, à l'instant, nous le lui remettons pur et intact; nous retournerons dans nos foyers, contents d'avoir fait le bien et avec une conscience irréprochable. Telle est, législateurs, la réponse que nous avions à faire à votre comité des Vingt et Un. Il a travesti les faits, nous venons les rétablir; il a calomnié nos intentions, il nous tardait de repousser avec une indignation civique les inculpations qui nous étaient faites, sans jamais cependant nous écarter du respect dû aux représentants de la nation.*

« Vous nous avez entendus, prononcez, nous sommes là. Les hommes du 10 août, *dégagés de tout intérêt personnel*, ne veulent que la justice, *nous l'attendrons de vous; s'il faut faire des sacrifices d'amour-propre, d'intérêt particulier, nous les ferons sans balancer, mais jamais nous ne composerons avec nos devoirs, jamais nous ne trahirons les intérêts du peuple, une pareille lâcheté est indigne de nous, est indigne de nos concitoyens, et jamais, non jamais, elle ne souillera les pages de la Révolution française.* »

Pendant la lecture de ce long morceau d'éloquence, où les noms d'intrigants, de calomniateurs, d'imposteurs étaient prodigués aux membres de la commission extraordinaire, l'Assemblée était restée muette et impassible. A peine Tallien a-t-il achevé sa harangue que le procureur syndic Manuel demande l'autorisation d'ajouter une seule réflexion ; s'appuyant sur le vote malencontreux au moyen duquel les représentants de la nation avaient essayé d'adoucir, comme si cela eût été possible, le coup porté à la commune, il fait remarquer que l'Assemblée a rendu deux décrets contradictoires : « Par le premier elle casse la commune provisoire, par le second elle déclare que cette commune a bien mérité de la patrie ; les commissaires ont à se plaindre de l'un ou de l'autre de ces décrets. » Dès que le procureur de la commune a terminé son observation, le président Lacroix prend la parole en ces termes :

« Toutes les autorités constituées dérivent de la même source. La loi dont elles émanent a fixé leurs devoirs, leurs fonctions, leurs limites. *La formation de la commune provisoire de Paris est contraire aux lois existantes.* Elle est l'effet d'une crise extraordinaire et nécessaire ; mais quand ces périlleuses circonstances sont passées, *l'autorité provisoire* doit cesser avec elles. Voudriez-vous, Messieurs, déshonorer notre belle Révolution, en donnant à tout l'empire le scandale d'une *commune rebelle à la volonté générale, à la loi?* Paris est une grande cité qui, par sa population et les nombreux établissements nationaux qu'elle renferme, réunit le plus d'avantages ; que dirait la France, si cette belle cité investissait un conseil provisoire d'une autorité dictatoriale, voulait l'isoler du reste de l'empire, si elle voulait se soustraire aux lois communes, essayer de lutter d'autorité avec l'Assemblée nationale? Mais Paris ne donnera point cet exemple. Un décret a été rendu hier, *l'Assemblée nationale a rempli ses devoirs*, vous remplirez les vôtres. »

L'Assemblée et une partie des citoyens applaudissent vivement.

« Vous demandez le rapport d'un décret, ajoute le président ; l'Assemblée examinera votre pétition ; vous devez tout attendre de sa justice : elle vous invite à la séance. »

La mention au procès-verbal de l'adresse de la commune avec la réponse du président est mise aux voix et adoptée. Au moment où Lacroix cède le fauteuil à Vergniaud, trois citoyens paraissent à la barre.

Ils s'annoncent comme les députés du peuple, ils ne sont que les délégués de cette tourbe révolutionnaire, dont le chef du poste des Feuillants avait signalé la présence quelques instants auparavant.

« Peuple des tribunes, s'écrie l'un d'eux, Assemblée nationale, et vous, monsieur le président, nous venons, au nom *du peuple qui attend à la porte,* demander de paraître à la barre et de défiler dans la salle pour voir ceux qui ont le courage de parler pour nous, pour voir les représentants de la commune qui sont ici. Nous avons tous signé le serment de mourir, s'il le faut, avec la commune. »

Le président Vergniaud leur répond : « l'Assemblée nationale a toujours défendu et défendra toujours, dans les plus grands périls, les intérêts du peuple ; mais ils seraient compromis si la loi était violée, si l'on manquait de respect aux représentants de la nation. L'Assemblée nationale, pleine du sentiment de sa dignité, n'oubliera pas qu'elle représente la nation tout entière ; et vous, elle vous invite à avertir vos concitoyens qu'elle maintiendra également la liberté du peuple et le respect dû aux autorités constituées. »

Le président n'avait rien dit de la demande, qu'avaient

faite les trois pétitionnaires, de défiler devant l'Assemblée, eux et leurs singuliers commettants. Lacroix fait observer dédaigneusement que l'Assemblée n'a pas de temps à perdre. Ces paroles ne découragent pas les pétitionnaires qui établissent à travers la salle une espèce de dialogue avec le député qui vient de descendre du fauteuil pour pouvoir mieux leur tenir tête.

L'un des pétitionnaires. — « Nous venons au nom du peuple, et nous demandons à voir nos représentants à la commune.

Lacroix. — « Nous aussi, nous sommes vos représentants, monsieur.

Un autre pétitionnaire. — « Le peuple est libre, et on lui ôte sa liberté.

Lacroix. — « Je demande si nous sommes libres, nous ?

Une semblable scène ne pouvait se prolonger. Manuel, Tallien et quelques autres municipaux, restés à la barre, entraînent eux-mêmes leurs défenseurs officieux. Le procureur-syndic rentre bientôt et annonce que le rassemblement, beaucoup moins nombreux qu'on ne l'avait dit, vient de se dissiper à sa voix, et qu'il a fait arrêter « les trois ou quatre très-coupables pétitionnaires. » Manuel et ses collègues reçoivent les félicitations de l'Assemblée, mais ils n'en sont pas moins obligés de sortir sans avoir à rapporter à leurs amis de l'Hôtel de Ville la moindre espérance du retrait ou de l'abandon du décret qui a cassé la commune insurrectionnelle.

Le même jour, à la fin de la séance du soir, Huguenin, président du conseil général, et Mehée, secrétaire-greffier adjoint, viennent enfin, à la barre, obéir au décret qui les y a appelés pour s'expliquer sur le mandat d'arrêt lancé contre Girey-Dupré. — « Si je ne me suis point présenté plus tôt, dit Huguenin, c'est que je n'ai connu que par les papiers publics, les ordres de l'Assemblée nationale. « — Le secrétaire Mehée explique comment l'importance de l'affaire du *Patriote français* a été de beaucoup exagérée. « Le conseil général voulait seulement éclaircir si le fait avancé par le journaliste provenait d'une erreur ou d'une calomnie, poursuivre celle-ci ou rectifier celle-là. » On renvoie les allégations des deux prévenus à la commission extraordinaire, et on leur accorde les honneurs de la séance.

Si l'Assemblée avait eu la force de persévérer dans l'attitude calme et digne qu'elle avait su garder durant toute la journée du 31 août, la commune insurrectionnelle eût été définitivement brisée, et la page la plus sanglante des annales révolutionnaires n'aurait pas été inscrite dans l'histoire de notre pays.

LIVRE XI

LE COMITÉ DE SURVEILLANCE.

I

Nous voici arrivé à la veille des journées de septembre. Depuis soixante-dix ans le souvenir de ce lugubre épisode de la Terreur pèse si lourdement sur la conscience publique, que certains historiens se sont étudiés à en déplacer la responsabilité au profit de leurs rancunes et de leurs haines. Aussi, combien de fausses appréciations, d'erreurs calculées, de théories éhontées, n'ont-ils pas accumulées à l'appui et pour le développement de leurs thèses. Néanmoins toutes les questions par eux si vivement débattues peuvent se ramener à une seule :

Les massacres de septembre furent-ils le produit d'un mouvement instantané et irrésistible du peuple de Paris qui, saisi d'un effroyable accès de délire à la nouvelle de la prise de Longwy et de l'investissement de Verdun, voulut, avant de s'élancer contre les envahisseurs, se débarrasser, au nom du salut public, de tous les prisonniers qu'on lui avait appris à considérer comme les complices de Brunswick et de l'émigration? Ne furent-ils pas, au contraire, le crime d'une poignée de scélérats qui, sentant le pouvoir leur échapper des mains, résolurent d'aller le ramasser dans la boue sanglante du ruisseau de l'Abbaye, et de terrifier la capitale pour en rester les dominateurs exclusifs.

Que certains écrivains qui louent la commune de Paris d'avoir « nettoyé les prisons[1], » ou qui ne rougissent pas de qualifier ce crime immense du titre de « grand acte de justice populaire[2] », aient cherché à en étendre le mérite à toute la population parisienne, sinon au peuple français tout entier, nous le concevons facilement, et, quant à nous, nous ne chercherons pas à discuter avec eux. Mais que des historiens qui vouent à l'exécration des siècles futurs et les massacres de septembre et leurs auteurs, s'associent de propos délibéré aux impudents mensonges propagés jadis par les folliculaires aux gages des dictateurs de l'Hôtel de Ville, épuisent une incontestable habileté à torturer les faits, à rapprocher des circonstances misérablement insignifiantes, à les grossir outre mesure pour écarter de ces sinistres événements toute idée de préméditation ; que ces historiens, qui s'intitulent les amis ardents et exclusifs du peuple, essayent de reporter sur le peuple lui-même la terrible responsabilité de forfaits inouïs et déclarent « qu'ils forment les vœux les plus sincères et les plus vifs, afin que, pour l'honneur de la France et de la nature humaine,

---

[1]. Expression employée par M. Alphonse Esquiros dans son *Histoire des Montagnards*, p. 149.

[2]. A. Marrast et Dupont (de Bussac), *Fastes de la Révolution*, p. 342.

leur opinion reste conforme à la vérité[1] »; cela provoque en notre esprit et doit provoquer dans l'esprit de tous les gens de bon sens, de tous les vrais patriotes, une immense stupéfaction!

Oui, c'est mentir à l'histoire, c'est trahir la sainte cause de l'humanité, c'est déserter les intérêts les plus manifestes de la démocratie, c'est calomnier le *peuple*, que de prendre pour lui quelques centaines de misérables, n'ayant de français que le nom, d'humain que la figure, allant lâchement chercher une à une leurs victimes dans les cachots de l'Abbaye ou de la Force, les immolant à la face du soleil avec tous les raffinements d'une froide cruauté, et insultant par d'ignobles ricanements à leur trop lente agonie.

Le peuple, le vrai peuple, celui que composent les ouvriers laborieux et honnêtes, au cœur ardent, à la fibre patriotique, les jeunes bourgeois aux aspirations généreuses, au courage indomptable, ne se mêla pas un instant aux scélérats recrutés par Maillard dans les bouges de la capitale. Pendant que les sicaires du comité de surveillance établissaient dans les prisons, suivant l'énergique expression de Vergniaud, une boucherie de chair humaine, le peuple, le vrai peuple, était tout entier au Champ de Mars ou devant les estrades d'enrôlement; il offrait le plus pur de son sang pour la défense de la

---

[1]. Voir la lettre que M. Louis Blanc a écrite, le 10 décembre 1856, à M. Cuvillier-Fleury, lettre qui fut insérée dans le *Journal des Débats* du 19 décembre suivant, et reproduite dans *les Dernières études historiques* de M. Cuvillier-Fleury, page 128 du 1er volume (1859).

patrie; il aurait eu honte de verser celui de malheureux sans défense.

Mais, si l'immense majorité de la population parisienne n'a pas été complice du massacre des prisonniers, comment a-t-elle pu le laisser commettre? C'est que cet attentat fut exécuté par l'ordre de ceux mêmes qui devaient veiller au respect de la loi; c'est que les chefs des égorgeurs étaient revêtus de l'écharpe municipale, c'est que l'assassinat se commettait *administrativement*[1]. Or, de tous les forfaits, le plus abominable sans contredit, n'est-ce pas celui qui s'exécute, au nom des pouvoirs auxquels la société a remis le soin de sa défense; celui qui, sous le prétexte du salut public, s'impose aux populations stupéfiées et voudrait se faire accepter comme un acte de patriotisme? Lorsque se produit un pareil bouleversement de tous les principes, une semblable interversion de tous les rôles, les consciences se troublent, les courages les plus fermes se sentent ébranlés, les résolutions les plus énergiques chancellent, les forces vives d'une nation sont paralysées. Les hommes de cœur, n'ayant plus aucun lien de cohésion entre eux, se cherchent, hésitent à se reconnaître, à se communiquer leurs pensées; quand enfin l'indignation est prête à réunir toutes les volontés, à éclater de toutes les bouches, à armer tous les bras, il est trop tard : le crime est consommé!

---

1. Ce mot, parfaitement juste et profondément caractéristique, n'est pas de nous; il est des auteurs de l'*Histoire parlementaire,* MM. Buchez et Roux, qui déclarent que « *les journées de septembre furent une affaire administrative,* » (t. XVII, p. 405).

C'est ce qui arriva le 2 septembre 1792, c'est ce qui arrive toutes les fois que les détenteurs de l'autorité publique font servir le dépôt sacré qui leur a été confié à la satisfaction brutale de leurs haines ou de leurs ambitions, et ne craignent pas d'inaugurer leur dictature par les arrestations en masse, les déportations et les assassinats.

L'impunité qui a d'abord couvert les massacres de septembre, le triomphe éphémère de ceux qui les commirent, plus tard le dévergondage des idées démagogiques, l'amour de l'extraordinaire et la passion de l'horrible ont poussé certains écrivains à obscurcir, à dénaturer, à nier les faits les plus certains. Mais, grâce au ciel, la vérité s'est fait jour. On a pu exhumer des archives et des greffes une telle masse de documents incontestés et incontestables, que le procès qui s'est plaidé si longtemps est définitivement instruit.

Aussi, pour nous, juré au tribunal de l'histoire, n'hésitons-nous pas à répondre à la grave et délicate question, précédemment posée, par ce verdict mûrement réfléchi :

En notre âme et conscience, devant Dieu et devant les hommes, non, la population de Paris ne fut pas coupable du crime de septembre[1].

---

1. Nous avons réuni dans une note, à la fin de ce volume, les preuves de la préméditation des massacres. Dans cette même note, nous avons discuté les allégations des historiens qui ont adopté un système différent du nôtre; le lecteur jugera entre eux et nous.

II

Quels furent donc les coupables et quels furent leurs mobiles?

Les coupables furent Marat, Danton, Robespierre, Manuel, Hébert, Billaud-Varennes, Panis, Sergent, Fabre-d'Églantine, Camille Desmoulins et une douzaine d'autres individus plus obscurs, membres du comité de surveillance ou seulement du conseil général de la commune.

Marat, le premier, conçut l'idée et la préconisa dans son infâme journal, dans ses ignobles placards. Dénonciateur perpétuel, inépuisable inventeur de complots imaginaires, il prêchait l'*alliance libératrice*, — ce sont ses propres expressions, — de l'assassinat et de la dictature. Quoiqu'à demi fou, l'hôte habituel des caves, le sanguinaire somnambule était d'une habileté peu commune pour arriver à ses fins; il n'ignorait pas la puissance qu'en temps de révolution l'on acquiert en s'*enténébrant de mystères*. Ses vêtements sordides, sa face tourmentée et livide, qui n'apparaissait en public qu'en de très-rares circonstances, l'emphase de son style, l'affichage clandestin de ses élucubrations lors même qu'il jouissait de la plénitude de sa liberté, tout cela exerçait une sorte de fascination sur la foule et même sur les coryphées du parti démagogique : il s'était imposé à la commune; il s'imposa au comité de surveillance; il avait présidé aux arrestations, il présida aux massacres.

Danton, lui aussi, regarda son crime en face et n'hésita pas : « Il faut faire peur aux royalistes, » avait-il dit, et pour ce résultat il dévoua froidement à la mort plus d'un millier de victimes. On trouve sa main partout; c'est à lui qu'on vient demander les ordres et qu'aboutissent toutes les informations; il a ses hommes à lui dans le sein du conseil général de la commune, du comité de surveillance, dans les simulacres de tribunaux institués au greffe des prisons; il sait à quoi s'en tenir sur le *dévouement et la solidité de tous ces scribes du ruisseau* qui sont à sa dévotion; à chacun il assigne le rôle auquel il est propre, à chacun il donne ses instructions secrètes; il marque d'une croix, sur les listes qu'il se fait apporter, les noms des victimes qu'il *faut sacrifier*, et laisse le reste à la discrétion de ses complices. *De minimis non curat prætor.*

Au 2 septembre, comme au 10 août, Robespierre se tient à moitié dans l'ombre. La veille au soir, il avait lancé le trait du Parthe contre ses ennemis particuliers, les Girondins, en les dénonçant comme les complices de Brunswick. Les mandats d'arrestation lancés contre Roland, Brissot et trente autres députés, au moment même où l'on commençait à égorger dans les prisons, firent assez voir que la dénonciation avait porté. Plus tard, il est vrai, Robespierre déclara qu'il avait maudit les journées de septembre; mais qu'avait-il fait pour les empêcher lui, l'homme populaire par excellence, le tribun qui venait chaque jour intimer ses ordres à l'Assemblée législative, l'idole du club des Jacobins et du conseil général de la commune?

Comment faire la part de la responsabilité qui pèse

sur chacun de ces deux hommes? Nous laissons ce soin à quelqu'un qui ne saurait être suspect aux partisans des idées ultra-révolutionnaires.

« Entre Danton, dit M. Louis Blanc, concourant aux massacres parce qu'il les approuve, et Robespierre, ne les empêchant pas, quoiqu'il les déplore, je n'hésite pas à déclarer que le plus coupable, c'est Robespierre.[1] »

Manuel, procureur-syndic, Hébert et Billaud-Varennes, les deux substituts que la commune insurrectionnelle lui avait donnés, étaient au fait de tout parce que tout leur passait par les mains. Manuel visitait les prisons la veille et le jour même des massacres; Hébert présidait aux tueries de la Force; et Billaud-Varennes à celles de l'Abbaye. Ce fut ce dernier qui régla le salaire des *travailleurs*, c'est-à-dire des égorgeurs.

Fabre d'Églantine et Camille Desmoulins étaient les amis, les confidents, les commensaux de Danton; ils furent ses complices. Fabre d'Églantine faisait partir, sous le couvert du ministre de la justice, la circulaire que le comité de surveillance adressait à toutes les municipalités de France pour les engager à imiter l'exemple qu'on venait de leur donner à Paris. Camille Desmoulins prenait une part active aux conciliabules de la place Vendôme, dans lesquels Danton donnait le mot d'ordre aux journalistes affidés, afin qu'ils eussent à justifier, à préconiser les *mesures de rigueur* prises contre les prisonniers.

Quant à Panis, à Sergent[2] et aux autres membres du

---

1. *Révolution française*, t. VII, p. 193.
2. Sergent, dans les notes qu'il a laissées, a nié cette complicité et a prétendu qu'il avait passé toute la journée du 2 septembre à la cam-

comité de surveillance, leur complicité est manifeste, palpable, éclatante. Plusieurs des membres de la commune président, revêtus de leur écharpe, aux massacres de la Force, d'autres se tiennent en permanence dans le greffe de l'Abbaye ou se présentent dans diverses prisons, s'informant si tout marche bien et si l'on n'a pas besoin de renfort.

Quant aux mobiles qui firent concevoir, méditer, préparer, exécuter le crime de septembre, il y en avait de deux sortes. Pour certains organisateurs des massacres, il s'agissait de se perpétuer dans la dictature qu'ils avaient usurpée; pour d'autres il fallait, n'importe à quel prix, *ne pas rendre de comptes;* pour tous, il fallait mettre un fleuve de sang entre eux et leurs ennemis.

Dans ce but, ils cherchèrent à inoculer au corps social tout entier le mal de la peur, ce mal qui surexcite les passions, exaspère les souffrances, en désigne arbitrairement les auteurs vrais ou faux à d'aveugles soupçons, et qui, après ce moment d'exaltation et de fièvre, jette les masses populaires dans l'abattement et la prostration, pour les livrer aux expériences aventureuses du premier empirique s'offrant à les régénérer. « Vous avez horreur du sang, s'écriait un des sicaires de la commune,

---

pagne. C'est un mensonge impudent. Toutes les pièces émanées ce jour-là du comité de surveillance sont revêtues de sa signature. Il est impossible de s'arrêter un instant aux assertions contenues dans les *Mémoires* de Sergent. Toutes celles que nous avons pu vérifier se sont trouvées fausses. Nous avons dû écarter soigneusement son témoignage de notre récit et nous plaignons sincèrement les historiens qui l'ont pris pour guide.

en donnant aux portes de l'Abbaye le signal des massacres, il faudra bien que vous vous y accoutumiez. »
Tels étaient le calcul et l'espérance de Marat et de ses amis.

Les organisateurs des massacres ne réussirent qu'à demi dans leurs projets. Paris ne fut pas amené au paroxysme de la rage, il fut seulement frappé de stupeur; il y eut même, quelques jours après, une réaction assez violente, qui permit un instant d'espérer que la liberté n'irait pas s'abîmer et se perdre dans la plus effroyable des tyrannies, la tyrannie de la rue. Il fallut encore près d'un an aux Danton, aux Robespierre, aux Billaud-Varennes, pour établir sans conteste leur sanglante dictature. Leur crime à peine consommé, ils avaient, il est vrai, réalisé la première partie de leur programme : ils s'étaient imposés aux électeurs de la capitale; ils avaient fait entrer dans la fameuse députation de Paris, leurs principaux complices, tous ceux qui, suivant l'expression de Collot-d'Herbois, avaient *adopté pour Credo* la glorification des massacres de septembre[1]; enfin, ils avaient assuré l'impunité des vols et des déprédations de leurs agents subalternes.

La Convention, aussitôt après son arrivée, voulut, il est vrai, voir clair dans la gestion des dictateurs de

---

1. Voir la discussion relative aux causes des massacres de septembre qui eut lieu aux Jacobins. (*Moniteur* du 14 novembre 1792, p. 1354). Voici les paroles textuelles de Collot-d'Herbois : « Le 2 septembre est le grand article du *Credo* de notre liberté. Sans cette journée, la révolution ne se serait jamais accomplie. Il n'y aurait pas de liberté, il n'y aurait pas de convention. »

l'Hôtel de Ville; elle réclama, exigea même avec insistance la production des comptes et la punition des concussionnaires; mais ceux-ci avaient, dans le sein même de l'Assemblée, de puissants protecteurs qui ne souffrirent pas qu'on poursuivît les recherches jusqu'au bout. La lutte soutenue par les voleurs et leurs patrons contre ceux qui avaient l'audace de vouloir porter l'œil de la justice dans les ténébreuses affaires de la commune et du comité de surveillance, dura, tantôt latente, tantôt déclarée depuis l'installation de la Convention jusqu'à la chute de la Gironde. Les usurpateurs du 10 août eurent ainsi deux comptes à régler : le premier, avec ceux qu'ils avaient fait arrêter à la suite des visites domiciliaires : ils le terminèrent en les massacrant le 2 septembre à l'Abbaye et à la Force; le deuxième, avec ceux qui voulaient leur faire rendre gorge : ils le réglèrent en les chassant, le 31 mai, du sein de la représentation nationale, et en les faisant monter sur l'échafaud le 31 octobre 1793.

Que l'on ne nous accuse pas de donner des *motifs si bas* à des *actions si grandes*, et de faire descendre l'histoire de la sphère élevée où elle doit toujours se maintenir. Pour sonder la profondeur des crimes que nous nous sommes donné la mission de raconter, nous ne devons pas craindre de pénétrer dans les bas-fonds de la société, de tirer de la fange et de traîner à la lumière ces hommes que le sang qui les couvre n'a pu rendre inviolables. Si le vol et la rapine ont accompagné l'assassinat, nous devons à la vérité, que nous avons promis de dire tout entière, de conduire nos lecteurs dans les bouges, où se comptent et se partagent les pièces d'or encore tâchées du sang des victimes. Nos tableaux sont, il est vrai, bien loin de ressembler aux peintures fantastiques que quelques écrivains se sont plu à tracer, lorsqu'ils nous ont représenté les massacreurs, leurs chefs et leurs complices comme des sacrificateurs d'hécatombes nécessaires, comme des Titans escaladant le ciel sur des montagnes de cadavres, comme des Curtius se précipitant, pour le salut de la patrie, dans le gouffre béant de l'impopularité. Non, les hommes qui se firent les complices de Marat n'étaient rien de tout cela; pour la plupart, c'étaient des comptables infidèles, des violateurs de dépôts publics, des briseurs de scellés[1], des escrocs, pis encore, — des *mouchards*[2].

III

Nous avons vu, dès le 19 août, Marat prêcher l'assassinat des prisonniers. C'est à cette date qu'il faut faire remonter la pensée première du complot qui éclata le 2 septembre.

Le comité de surveillance s'était chargé de préparer les esprits à cette effroyable idée; il faisait répandre partout

---

1. Nous nous servons des expressions mêmes de la délibération du conseil général de la commune, en date du 10 mai 1793. Cette délibération et les autres pièces qu'on trouvera à la fin de ce volume, prouvent surabondamment toutes les déprédations qui furent reprochées, à bon droit, aux organisateurs des massacres de Paris et de Versailles.
2. Voir à la fin du volume la note sur Maillard et sa bande.

ce mot d'ordre qu'il comptait exploiter plus tard : « Avant de voler aux frontières, il faut être sûr de ne laisser derrière soi aucun traître, aucun conspirateur[1]. »

Non contents de toutes les captures qu'ils avaient faites au moyen des visites domiciliaires, les émissaires de la commune établissaient leurs tables de proscription sur les listes des pétitions des huit mille et des vingt mille ; ils étaient allés en réclamer les originaux à l'Assemblée législative, ils en opéraient le dépouillement par sections dans la salle même des Jacobins, qu'on leur avait généreusement prêtée pour cette œuvre d'inquisition patriotique[2]. L'ami de Danton, l'imprimeur de la liberté, comme il s'intitulait lui-même, Momoro, mit ses presses à la disposition des proscripteurs qui, de leur autorité privée, y inscrivirent, à titre de suspects, tous ceux qui étaient, à tort ou à raison, soupçonnés d'avoir fait partie du club monarchique de la Sainte-Chapelle ou du club constitutionnel des Feuillants. Ces listes, imprimées et divisées par sections, furent répandues à profusion et affi-

---

1. *Journal du Club des Jacobins,* n° CCLV.
2. Procès-verbaux de la commune :
Séance du 24 août. — « Sur un arrêté de la section de l'Oratoire, le conseil arrête que les deux membres qui iront à l'Assemblée nationale y demanderont les pétitions qui ont été faites contre la journée du 20 juin et en faveur de M. de La Fayette. »
Séance du 29 août. — « La section des Sans-Culottes se présente au conseil pour demander un local où les députés des sections nommés *ad hoc* puissent se réunir pour constater les signatures des vingt mille. On applaudit à leur zèle et on leur accorde la salle de la Société fraternelle, aux Jacobins, avec invitation à la Société des Jacobins de vouloir bien accéder à cette mesure. »

chées aux portes mêmes des maisons que les individus désignés habitaient[1].

Le décret du 30 août qui cassait la commune insurrectionnelle vint un instant arrêter le comité de surveil-

---

[1]. A propos de ces listes de proscription que l'on affichait aux portes mêmes des suspects, nous donnons une lettre qui prouve que les gardes nationaux, dont les tergiversations et l'indifférence avaient amené les catastrophes du 20 juin et du 10 août, ne trouvaient pas grâce devant les proscripteurs. Elle est de ce commandant de bataillon de Sainte-Marguerite, *Bonnaud,* dont nous avons déjà, dans notre 2ᵉ volume, p. 222, donné une autre lettre dans laquelle se reflète admirablement le caractère du bourgeois indécis qui veut être bien avec tous les partis, et qui prend ses précautions en conséquence. On voit que Bonnaud y réussit fort mal. Comme bien d'autres, il dut comprendre trop tard qu'il n'y a jamais rien de bon à attendre de la démagogie, quand bien même on a cherché à pactiser avec elle et qu'on lui a sacrifié ses convictions et sa conscience.

Voici la lettre qu'il adressait, le 1ᵉʳ septembre, au président de l'Assemblée législative (nous en respectons le style et l'orthographe) :

« M. le Président,

« J'ai l'honneur de vous observer que le sieur Momoro, présidant la section des Cordeliers, dite de Marseille, vient de faire imprimer au Cercle social, rue du Théâtre-Français, n° 4, la liste des électeurs qui s'assemblaient à la Sainte-Chapelle, dans laquelle il a inséré et fait insérer mon nom. Cependant, je jure que je n'y ai jamais entré. Cette calomnie atroce m'a fait perdre la confiance de mon quartier, qu'une conduite sans reproche m'avait méritée après quarante ans que j'y demeure, parce que le peuple confond cette liste anonyme *avec la civile.* C'est d'après cette calomnie, contre laquelle j'ai protesté et fait imprimer, que la section de la rue de Montreuil, où je demeure, vient de faire imprimer et afficher, jusqu'à ma porte, une liste dans laquelle elle a mis mon nom sans autre formalité ni information. On m'a fait, en conséquence, toutes sortes d'outrages, désarmé jusqu'à mon épée, *après les avoir commandés* honorablement depuis le premier jour de la révolution jusqu'au 15 de ce mois, que les vexations m'ont forcé à

lance dans ses préparatifs; ils n'étaient pas, d'ailleurs, complétement achevés[1].

Suspendre les élections municipales qui, aux termes du décret, devaient avoir lieu dans les vingt-quatre heures, tel est le mot d'ordre qui semble avoir été donné par les meneurs de la commune dans les journées du 31 août et du 1er septembre. Sous main, leurs affidés mettent le temps à profit; ils exploitent, au milieu des groupes répandus autour du palais de justice et sur la place de l'Hôtel de Ville, l'acquittement de Montmorin[2], débitent mille mensonges sur les fabriques de faux assignats qu'ils prétendent être établies dans les prisons, et épouvantent les porteurs de cette nouvelle monnaie en

donner ma démission. On me menace de me pendre, je n'ose sortir de chez moi; si l'Assemblée n'a la bonté de venir à mon secours et de me mettre sous sa protection aujourd'hui, peut-être demain il ne sera plus temps. J'ai fait part de ma triste situation à M. le maire, je n'en ai pas eu de réponse.

« D'après ce fidèle exposé, dont je ne suis pas la seule victime, je vous prie, M. le président, d'engager l'Assemblée à faire exécuter la loi contre le sieur Momoro et tout autre calomniateur, sans quoi vous prévoyez que vos pénibles travaux deviendraient inutiles et la France déserte, puisque l'honneur, la réputation et la vie du plus *honethome* dépendrait du premier individu inconsidéré ou mal intentionné.

« J'ai l'honneur, etc.

« *Signé* : BONNAUD, ex-commandant et électeur, rue de Montreuil, faubourg Saint-Antoine.

« Ce 1er septembre, an i de l'égalité. »

1. « Les conjurés n'étaient pas tout à fait prêts, » dit Louvet dans sa philippique contre Robespierre (séance de la convention, 29 octobre 1792, *Moniteur,* n° 305).

2. Nous l'avons raconté dans le livre précédent, p. 445.

leur annonçant qu'elle va subir une dépréciation énorme par suite des contrefaçons. Ils lisent, font lire et commentent une lettre que quelque espion subalterne avait écrite d'Allemagne[1], et qu'on avait trouvée éminemment propre à enfiévrer la population parisienne. Par une coïncidence remarquable, les journaux de toute nuance la reproduisirent les uns après les autres, comme si l'insertion en eût été sollicitée, sinon commandée, par des gens ayant pouvoir de l'exiger.

Cette lettre .contenait tous les détails d'un plan « adopté pour la direction des forces coalisées contre la France ; elle avait été, disait-on, « reçue d'Allemagne » et « provenait d'une main sûre. » Ce n'était qu'un véritable tissu d'absurdités.

On y lisait notamment les phrases suivantes : « Le roi de Prusse marchera sur Paris qu'*on réduira d'abord par la famine;* alors aucune considération, pas même celle du danger de la famille royale, ne pourra rien changer à ces dispositions. Arrivés dans Paris, les habitants seront conduits en rase campagne où on en fera le triage, les révolutionnaires seront suppliciés, les autres (*voile jeté sur leur sort*). Peut-être suivra-t-on le système de l'empereur de n'épargner que les femmes et les enfants. En cas d'inégalité de forces, brûler les magasins, faire sauter les poudres, mettre le feu aux villes, car les déserts sont préférables à des peuples révoltés (*expression des rois ligués*). Dans tous les cas,

---

[1]. Nous avons retrouvé aux archives du ministère de la guerre l'original de cette lettre anonyme ; elle ne porte aucune signature et n'a aucun caractère officiel.

les maisons des révolutionnaires seront sur l'instant livrées au pillage, les biens épargnés confisqués par le roi[1]. »

Un autre incident commenté, amplifié, propagé par les affidés de la commune, sert encore à surexciter les passions des masses déjà si perfidement éveillées.

[1]. La plupart des historiens de notre époque, et notamment MM. Buchez et Roux, dans leur *Histoire parlementaire,* t. XVII, p. 404, M. Louis Blanc, t. VII, p. 138, ont commis une erreur capitale à l'occasion de cet article; cette erreur les a entraînés dans une série de raisonnements par lesquels ils établissent la complicité des Girondins dans les massacres de septembre. Singulière complicité, il faut le reconnaître, qui se traduisait par des mandats d'arrêt lancés contre Roland, Brissot et leurs amis! Mais les contradictions ne coûtent pas à ceux qui veulent, afin de diminuer le poids qui pèse sur chacune, étendre sur le plus de têtes possible la responsabilité du crime.

Nous nous sommes assez sévèrement expliqué, à maintes reprises, à l'égard des Girondins, pour ne pas être taxé de partialité envers eux lorsque nous croyons devoir défendre leur mémoire d'une attaque aussi injuste qu'absurde. Les historiens jacobins accusent Gorsas, rédacteur du *Courrier des départements,* d'avoir sonné le tocsin de septembre en imprimant lui seul, ou du moins le premier, dans son numéro du 2 septembre, une pièce si manifestement fabriquée, ainsi que le reconnaissent dans leur bonne foi MM. Buchez et Roux eux-mêmes. Or, tout l'échafaudage des raisonnements entassés pour bâtir cette accusation tombe par le seul fait que le journal de Gorsas et les autres feuilles girondines furent les *dernières* à reproduire le fameux plan. Nous avons fait à cet égard les recherches les plus minutieuses, et voici quel en a été le résultat:

Le premier journal qui ait donné cette pièce est la *Gazette nationale de France* (numéro du 31 août), qui était alors dans les mêmes mains que le *Moniteur,* celles de l'imprimeur Pankoucke; le lendemain l'article est reproduit par le *Moniteur* lui-même, où tous les historiens dont nous venons de signaler l'erreur grossière auraient pu le lire à la colonne 3ᵉ de la page 1037. Le 2 septembre, il est donné par le *Journal universel,* d'Audouin, par la *Chronique de Paris* et par le *Courrier des départements*; le 3 septembre, par le *Patriote français,*

Un charretier de Vaugirard, nommé Jean-Julien, avait été condamné par le tribunal criminel ordinaire à douze ans de travaux forcés et à l'exposition. Pendant qu'il subit cette dernière peine sur une estrade dressée en place de Grève, il insulte la foule par des gestes obscènes et se met à crier : *Vive le roi! Vive la reine! Vive La Fayette!... A bas la nation!*

Les spectateurs s'ameutent et veulent faire un mauvais parti au criminel exposé. Le procureur syndic de la commune accourt, harangue le peuple, fait détacher Jean-Julien et l'emmène lui-même directement à la Conciergerie pour être traduit devant le tribunal du 17 août.

Le bruit se répand sur la place que ce charretier est un agent de la coalition, que les cris qu'il a poussés devaient être le signal de la guerre civile. Bientôt on annonce que Julien, devant ses juges, vient de révéler l'existence d'un immense complot royaliste ayant des ramifications dans toutes les prisons[1].

Rien n'était plus faux, Jean-Julien n'avait pas fait la moindre révélation. A peine avait-il été déposé à la Conciergerie qu'il avait été interrogé par le directeur du jury chargé de dresser dans les vingt-quatre heures son acte

---

de Brissot, et par les *Annales patriotiques,* de Mercier et de Carra. Les *Révolutions,* de Prudhomme, feuille hebdomadaire, ne le donnent ni dans le numéro du 1er ni dans celui du 8. L'*Ami du Peuple,* de Marat, ne paraissait pas dans ce moment.

1. Tallien, dans son écrit : *La vérité sur les événements de septembre,* réimprimé dans l'*Histoire parlementaire,* t. XX, p. 159, donne une très-grande importance à ce fait. Sa version a été naturellement adoptée par MM. Marrast et Dupont (de Bussac), dans les *Fastes de la Révolution;* par M. Villiaumé et par M. Louis Blanc.

d'accusation. Cet acte, rédigé sur-le-champ, conclut à l'application, contre Jean-Julien, d'une peine afflictive et infamante, attendu qu'il avait risqué de provoquer une émeute populaire. Mais, comme il importe de faire croire à la réalité des conspirations ourdies entre les envahisseurs étrangers et les aristocrates emprisonnés, on change, à l'audience même, la nature de l'accusation dirigée contre le charretier de Vaugirard, et on soumet au jury les questions suivantes :

« 1° A-t-il existé une émeute populaire, une sédition, le 1er septembre, tendant à exciter une guerre civile, par les cris proférés par Jean-Julien, lesquelles émeute et sédition sont une dépendance naturelle de la conspiration qui a éclaté le 10 août ;

2° Jean-Julien en est-il complice ? »

Le jury répond affirmativement à l'une et à l'autre de ces deux questions. Jean-Julien est condamné à mort et exécuté immédiatement, sans qu'il ait été question davantage de ses révélations qui n'existèrent jamais.

Ne croirait-on pas être reporté au temps racontés par Tacite, où l'on torturait et suppliciait des esclaves pour faire croire à des complots imaginaires et motiver l'égorgement des citoyens romains qui offusquaient le tyran? Peut-on se jouer plus impudemment de la crédulité publique? Peut-on, suivant la belle expression de Racine, être ainsi « prodigue du sang des misérables[1] ? »

---

[1]. Nous donnons à la fin de ce volume le texte même du jugement de Jean-Julien.

IV

Le 1ᵉʳ septembre, l'Assemblée s'occupa exclusivement des mesures que nécessitaient les nouvelles, de plus en plus inquiétantes, qui arrivaient du théâtre de la guerre, et spécialement de la levée non encore exécutée de la moitié des grenadiers et chasseurs de tous les bataillons de la garde nationale parisienne. Guadet, au nom de la commission extraordinaire, annonça la découverte d'une conspiration à Grenoble, et Roland celle d'un complot qui devait éclater dans le Morbihan.

Cependant la matinée fut calme et même marquée, à l'Hôtel de Ville, par un semblant de retour à la légalité. Les administrateurs municipaux que la commune avait voulu écarter de leurs fonctions et que, le 30 août[1], elle avait été obligée de rétablir, avaient été convoqués pour le samedi 1ᵉʳ septembre, à l'effet de reprendre le cours de leurs travaux. Leur réinstallation s'effectua avec une certaine solennité, sous la présidence du maire en personne. Le conseil général leur céda la salle ordinaire de ses délibérations, « parce que, les objets dont les administrateurs avaient à s'occuper devant être soumis à sa sanction, il ne pouvait y prendre dans ce moment aucune part[2]. »

On pouvait croire à une sincère réconciliation de l'an-

---

[1]. Voir le livre X, page 166.
[2]. Expressions mêmes du procès-verbal, *Histoire parlementaire*, t. XVII, p. 256.

cienne et de la nouvelle municipalité, mais dans l'après-midi les choses changent de face. A quoi bon dissimuler davantage? *le comité de surveillance était prêt.*

Quand, à cinq heures, le conseil général rouvre sa séance, ce n'est plus Pétion, c'est Huguenin qui préside ; c'est Robespierre qui occupe la tribune et dirige les débats. Dans un discours rempli de fiel, le futur dictateur revient sur la réinstallation, selon lui trop hâtivement faite, des anciens administrateurs. « Comment la véritable représentation du peuple de Paris a-t-elle pu céder un instant la place à ces élus d'un régime tombé, qui n'ont été rappelés que par grâce? Avant de leur permettre de reprendre tout ou partie des fonctions administratives qu'ils ont remplies jusques à la glorieuse révolution du 10 août, il fallait les épurer par un scrutin sévère et patriotique. Les membres du bureau municipal qui ont conservé la confiance publique peuvent être maintenus en fonctions ; mais il faut chasser de l'Hôtel de Ville, il faut mettre en état d'arrestation, comme suspects au premier chef, ceux qui ont signé des procès-verbaux contre la municipalité à l'occasion du 20 juin, ces Leroux, ces Borie, ces Cahier, ces complices des égorgeurs du peuple. »

Et du geste, Robespierre désigne le courageux Cahier qui était à la barre, armé de sa convocation officielle comme d'un sauf-conduit. Ce geste équivalait à un ordre d'arrestation. Cahier est immédiatement appréhendé au corps et emmené à l'Abbaye par ordre du conseil général[1].

1. Nous avons vu, dans le premier volume, la courageuse attitude

Robespierre ne s'arrête pas en si beau chemin. Débarrassé des adversaires qu'il pouvait encore compter dans l'administration municipale, il tonne contre ses ennemis politiques. Il n'a plus à s'inquiéter des constitutionnels ; les uns sont en fuite, les autres viennent d'être jetés dans les prisons ; mais Brissot et les brissotins dominent à l'Assemblée législative ; ce sont eux qui ont entrepris de briser la commune et fait rendre le décret du 30 août. Le bilieux tribun peut donc se venger d'eux en paraissant venger le conseil général, et satisfaire ses haines privées *par dévouement à la patrie.* Il recommence l'énumération, qu'il a déjà faite si souvent depuis vingt jours à la barre de l'Assemblée législative et à la tribune du conseil général, des services éclatants que la commune

---

que Cahier avait prise, le 23 juin et le 6 juillet, devant le conseil général de la commune, à l'occasion de l'attentat du 20 juin. Nous avons raconté, dans le deuxième volume, la conduite énergique de J.-J. Leroux et de Borie qui, au 10 août, firent aux Suisses et à la garde nationale les réquisitions légales, afin que la force fût repoussée par la force ; il en fallait beaucoup moins pour exciter contre eux le courroux de Robespierre et de ses amis.

J.-J. Leroux et Borie ne purent être arrêtés. Cahier, conduit à l'Abbaye, fut énergiquement réclamé par sa section, qui obtint de le garder à vue dans l'enceinte du lieu de ses séances. Voici « la soumission » que, suivant les expressions mêmes du procès-verbal, les courageux commissaires envoyés pour le sauver furent obligés de signer sur la table même devant laquelle siégeait Maillard :

« Nous, commissaires de la section de la Grange-Batelière, répondons aux citoyens de leur représenter M. Cahier sous la responsabilité de nos têtes.

Signé : CHAMONIN, PINEAU, PERNOT, LE GUIN, NOSTRY.

« Paris, le 3 septembre 1792. »

insurrectionnelle a rendus à la liberté, des injustices dont on a voulu l'abreuver ; il exalte, aux applaudissements de ses auditeurs, le désintéressement, le courage, l'énergie dont lui et ses collègues ont fait preuve ; puis, découvrant le fond de sa pensée, il s'écrie : « Personne n'ose nommer les traîtres. Eh bien ! moi, pour le salut du peuple, je les nomme ; je dénonce le liberticide Brissot, la faction de la Gironde, la scélérate commission des Vingt et un de l'Assemblée nationale ; je les dénonce pour avoir vendu la France à Brunswick et pour avoir reçu d'avance le prix de leur lâcheté. . . . . . .

« Dans ces circonstances difficiles, il ne se présente à mon esprit aucun moyen de sauver le peuple, *si ce n'est de lui remettre* le pouvoir que le conseil général a reçu de lui. »

Que voulaient dire ces dernières paroles ? Les historiens qui veulent à tout prix justifier Robespierre ont cherché à donner un sens inoffensif à la fin de son discours. Mais il y avait une signification dans les moindres mots tombés de la bouche de ce sphinx de la révolution qui, lui aussi, dévorait sans pitié tous ceux qui ne savaient pas comprendre ses énigmes. N'était-il pas dans ses habitudes de lancer, comme au hasard, des paroles d'une portée inappréciable pour le vulgaire, mais dont ses séides étaient habitués à faire le lendemain le sanglant commentaire ? N'était-ce pas au nom du peuple souverain que les massacres allaient s'exécuter ? Or, Robespierre et ses amis parlaient et agissaient conformément à cette théorie, par eux mainte fois proclamée : *l'Assemblée législative, depuis le jour où elle a convoqué une Convention nationale,*

a abdiqué tous ses pouvoirs entre les mains du peuple.
Seulement ils entendaient bien que ce fût par leur organe
que le peuple exprimât sa volonté, que ce fût par leurs
mains qu'il exerçât sa souveraine puissance [1].

Dès que Robespierre a fini sa harangue, Manuel remercie l'illustre orateur d'avoir exposé *les vrais principes*, rappelle le serment qu'ont prêté les membres
du conseil général de ne point abandonner leur poste
jusqu'à ce que la patrie ne soit plus en danger, et conclut
à ce que le conseil continue à remplir ses fonctions.

Dans l'organisation municipale, le procureur syndic
était institué le représentant spécial de la loi. C'était à
lui d'en rappeler l'observation stricte à quiconque s'en
écartait. Mais Manuel était accoutumé à intervertir le
rôle que le législateur lui avait assigné ; il avait organisé
la rébellion de l'ancien conseil contre le trône constitutionnel, il organisait la rébellion du nouveau contre l'Assemblée législative.

Les Deux cent quatre-vingt-huit adoptent avec enthousiasme les conclusions de Manuel et de Robespierre, et
se séparent à une heure et demie du matin en se promet-

---

1. Nous avons trouvé cette théorie professée dans un grand nombre
de délibérations des sections parisiennes, mais jamais aussi clairement
que dans celle qui est inscrite, à la date du 31 août, sur les registres
de la section du Finistère :

« Considérant que l'Assemblée nationale, depuis l'époque où elle a
invité le peuple souverain à convoquer la convention nationale, ne
peut, par aucun décret, porter atteinte à aucune partie de la souveraineté... déclare qu'aucun décret rendu depuis celui qui a appelé le
peuple souverain à former une convention nationale ne peut entraver
la marche de la souveraineté. »

tant de résister ouvertement au décret de dissolution dont ils ont été frappés.

Déjà, rien qu'en se tenant immobile, la commune a réussi à paralyser dans les sections l'exécution du décret du 30 août. Maintenant elle compte sur ses amis de la Montagne, qui lui ont promis de faire revenir l'Assemblée sur le seul acte de virilité qu'elle ait osé faire depuis la chute du trône ; elle compte principalement sur l'audace de son comité de surveillance, prêt à ne reculer devant aucun crime pour la faire triompher de ses ennemis.

V

Mais qui proposera à l'Assemblée de retirer le décret qu'elle a voté solennellement il y a déjà trois fois vingt-quatre heures, et qu'elle a maintenu depuis lors avec une fermeté dont elle a jusqu'ici donné peu d'exemples? Il faut, pour faire réussir cette entreprise difficile, faire choix d'un député qui ne puisse être suspect de modérantisme, et qui ait cependant donné certains gages à ceux qui veulent se débarrasser de la tyrannie insupportable de la commune, qui ait parlé, agi contre elle, et que l'on pourra supposer encore parlant et agissant contre elle lorsqu'il viendra assurer son triomphe.

Danton se charge de tout. Après avoir si vivement conduit la grosse affaire des visites domiciliaires, le ministre démagogue sent que tout ce qu'il a déjà fait sera perdu s'il ne réussit pas à prolonger, ne fût-ce que d'un seul jour, l'existence du conseil général de la commune.

Un jour, un jour encore de puissance, et ses amis de l'Hôtel de Ville sont sauvés, et les complots qu'ils ont formés avec lui reçoivent leur exécution. Tout est disposé; on est arrivé au dimanche 2 septembre, à la date fatale assignée par les conspirateurs pour les massacres qu'ils combinent depuis près de dix jours. Mais toutes les mesures concertées d'avance peuvent tout d'un coup venir à manquer si le contre-seing des membres du comité de surveillance peut être méconnu, si une autre autorité légale peut requérir la garde nationale *qui ne doit pas avoir d'ordres*, si les gardiens des prisons ne sont pas obligés de s'incliner, par devoir d'aveugle subordination, devant les *firmans* dont seront porteurs les sicaires du comité de surveillance.

Danton était l'intime ami de Thuriot; il va le trouver, le circonvient, lui dépeint Paris divisé, déchiré par deux factions, à la veille peut-être de voir la guerre civile éclater dans son sein pendant que l'ennemi n'en est plus séparé que par quelques étapes. Il lui montre la commune, sous le prétexte qu'elle est dissoute, se tenant immobile, compromettant par son inertie le salut public dans un moment de péril extrême où les minutes sont des jours, et cependant ne voulant pas céder la place qu'elle a prise, au nom du peuple, dans la nuit du 9 au 10 août. Si l'Assemblée nationale est résolue à anéantir la commune insurrectionnelle, il lui faut employer la force; mais osera-t-elle aller jusqu'au bout? Et, si elle l'ose, est-elle sûre de vaincre? Puisque la lutte entamée entre la Législative et la commune est sans issue, puisque la patrie ne peut être sauvée de la guerre civile et de l'invasion étrangère que si l'on revient sur un décret inexécuté et peut-être inexécutable, il faut se hâter de faire un appel à la concorde.

Vaincu par les sollicitations véhémentes, par l'éloquence révolutionnaire de Danton, qui lui présente un projet de décret tout rédigé, Thuriot accepte des mains de son ami le papier fatal; il y fait quelques changements dans le but d'en diminuer la portée, qu'il se dissimule peut-être à lui-même[1], et court à la salle du Manége, où la séance vient de s'ouvrir. A peine arrivé, il monte à la tribune et débute par le sombre tableau des dangers de la patrie. Il insiste vivement sur la nécessité de presser l'armement des places frontières, l'approvisionnement de l'armée, l'arrivée des volontaires; puis, changeant brusquement l'ordre de ses idées, il dit :

« Il est encore un objet digne de toute votre attention; l'union entre tous les citoyens de la capitale est de la plus haute importance. L'intrigue a cherché à l'altérer par les mesures que l'on a récemment prises. Dans les grandes circonstances où nous nous trouvons, il est essentiel que le service de la commune de Paris soit très-actif. Pour cela, il faut que le nombre des membres qui la composent soit très-considérable. En 1789, nous étions trois cents à la ville et nous n'avions à surveiller que les tra-

---

[1]. Nous avons tenu entre les mains la minute même du projet proposé par Thuriot. Aux ratures et aux corrections nombreuses dont elle est surchargée, il est facile de reconnaître que ce dut être après une longue hésitation et avec certains remaniements que Thuriot consentit à porter à l'Assemblée le décret qui devait consolider dans son pouvoir dictatorial la commune insurrectionnelle du 10 août.

mes du château de Versailles ; tous les citoyens de Paris étaient unis pour conquérir la liberté ; aujourd'hui la commune doit porter sa surveillance sur un bien plus grand nombre d'objets et de travaux. Nous ne voyons pas que l'on s'occupe des moyens d'assurer autour de Paris les apports de grains, fourrages et autres approvisionnements nécessaires à la capitale ; il faut que la commune puisse donner des soins à ces immenses et importants objets. La représentation de la ville de Paris ne peut rester telle qu'elle est constituée par le décret que vous avez rendu le 30 août ; il faut la porter à trois cents personnes ; la municipalité a repris ses fonctions, mais elle est insuffisante ; le conseil général est égalemetn insuffisant. Je pense qu'on pourrait concilier les mesures qu'exigent les besoins publics avec le décret rendu, en adoptant celui que j'ai l'honneur de vous présenter[1]. »

Et aussitôt, aux applaudissements de la Montagne, Thuriot lit le projet convenu entre lui et Danton :

« L'Assemblée nationale, considérant que le danger de la patrie augmente, que la direction des armées paraît être principalement contre Paris ; qu'il importe, par conséquent, que l'administration de cette commune, dont les travaux vont se multiplier, soit surveillée et aidée par un plus grand nombre de citoyens ; considérant, d'ailleurs, que l'organisation provisoire du conseil général de la commune et la fixation du nombre des commissaires de chaque section dont il peut être formé sont d'un objet

---

[1]. Voir le *Journal des Débats et Décrets*, n° 341, p. 18 ; le *Moniteur*, p. 1048, et l'*Histoire parlementaire*, de Buchez et Roux, t. XVII, p. 336.

purement local et particulier à la ville de Paris, décrète qu'il y a urgence.

« L'Assemblée nationale, après avoir décrété l'urgence, décrète ce qui suit :

« Art. Ier.—Le nombre des citoyens qui, aux termes de la loi du 30 août dernier, doivent former le conseil général de la commune de Paris, sera augmenté et porté à deux cent quatre-vingt-huit, non compris les officiers municipaux, le maire, le procureur de la commune et ses substituts.

« Art. II.—Les commissaires en exercice à la maison commune de Paris depuis le 10 août dernier seront membres du conseil général de la commune, à moins qu'ils n'aient été remplacés par leurs sections.

« Art. III. — Les sections qui, en exécution de la loi du 30 août dernier, ont nommé deux citoyens pour être membres du conseil général de la commune, désigneront ceux de leurs six commissaires qu'ils doivent remplacer.

« Art. IV. — Dans le jour de la publication du présent décret, les sections dont le nombre des commissaires n'est pas complet seront tenues de le compléter.

« Art. V. — Les sections auront toujours le droit de rappeler les membres du conseil général de la commune par elles nommés, et d'en élire de nouveaux. »

Le projet présenté par Thuriot avait été conçu dans une forme des plus captieuses ; au premier abord il paraissait maintenir la loi du 30 août qu'il mentionnait formellement à deux reprises différentes ; en y regardant de plus près, on aurait pu voir qu'il la détruisait de fond en comble. Il semblait donner gain de cause aux sections qui s'étaient empressées d'élire de nouveaux représentants et avaient soutenu leur droit de révoquer les membres du conseil général dont elles pouvaient être mécontentes; mais en réalité, il maintenait en fonctions les commissaires qui s'étaient installés le 10 août à l'Hôtel de Ville, n'exigeait plus qu'ils représentassent leurs pouvoirs, par conséquent reconnaissait implicitement la légalité de tout ce qu'ils avaient fait et de tout ce qu'ils feraient désormais.

A la simple lecture, il était difficile de discerner ces nuances délicates, de comprendre toutes ces réticences. Aussi beaucoup de députés, empressés de subir le joug de la commune ou seulement fatigués de lui avoir résisté, effrayés de l'avoir combattue, demandent-ils à aller aux voix et à voter immédiatement le projet qu'on leur présente comme le gage de la réconciliation. Cependant d'autres, plus circonspects ou mieux avisés, proposent le renvoi de la motion de Thuriot à la commission extraordinaire. Il est ordonné malgré l'insistance des amis de Danton.

Une heure après, Gensonné vient, au nom des Vingt et un, présenter un projet de décret qui, en principe, maintient le renouvellement du conseil général provisoire de la commune de Paris, mais admet que ceux de ses membres, actuellement en exercice, qui ont conservé la confiance publique, pourront être réélus. Jusque-là tout était bien, tout était dans les règles ordinaires; malheureusement le projet ajoutait que chaque section pourrait, à son choix, envoyer au conseil général six commissaires comme cela avait eu lieu depuis le 10 août, ou deux seulement, comme le voulait la loi votée depuis trois jours.

Dans cette circonstance, comme dans toutes les crises en présence desquelles ils se trouvèrent[1], les Girondins, en tergiversant, en offrant des solutions équivoques, laissaient échapper de leurs mains le gouvernement de l'Assemblée et donnaient sans le vouloir à leurs adversaires, les Montagnards, toute facilité pour s'en emparer; ceux-ci au moins savaient qu'on ne peut rallier les volontés flottantes et indécises des corps délibérants qu'en leur soumettant, au moment décisif, des propositions simples, nettes et tranchées. Ce fut là le secret de leur force et la cause de leur triomphe.

Quand Gensonné a fini d'exposer le plan présenté par la commission extraordinaire, Thuriot remonte à la tribune et n'a pas de peine à faire ressortir les inconséquences que renferme le projet des Vingt et un. Pouvait-on subordonner la composition du conseil général au bon plaisir de chacune des sections parisiennes ? Était-il admissible que telle comptât six représentants et telle autre deux ? A l'anarchie dont on se plaignait n'était-ce pas substituer une nouvelle anarchie que de

---

[1]. Nous avons vu, le 10 août, les Girondins voter en même temps le maintien et la destruction de la royauté; nous les verrons le 17 janvier voter l'amendement de Mailhe qui, au moyen d'un misérable faux-fuyant, avait la prétention de sauver le malheureux Louis XVI tout en le sacrifiant. Nous les verrons, le 31 mai, déclarer que les citoyens de Paris ont bien mérité de la patrie au moment où, au nom de ces mêmes citoyens, la commune vient exiger leur expulsion du sein de la représentation nationale.

laisser indécis à la fois et l'existence et le renouvellement toujours provisoire de la commune?

Personne ne répond à Thuriot; son projet est adopté sans discussion aucune, sans qu'on veuille en entendre une seconde lecture.

Voilà donc la commune insurrectionnelle rétablie dans la plénitude des pouvoirs dont elle avait si fort abusé depuis vingt jours, dont elle va, dans quelques heures, abuser bien plus encore. Dès lors la voie est libre à ceux qui, comme Danton et ses complices, savent, pour nous servir des expressions de madame Roland, que « c'est par l'accumulation des crimes qu'on s'en assure l'impunité. »

VI

Mais pendant ce temps que se passe-t-il à l'Hôtel de Ville, au sein du comité de surveillance et dans les sections?

Le conseil général, sachant qu'il n'a plus rien à craindre pour lui-même, se résout à déployer le plus grand zèle pour la défense nationale. Manuel annonce que les Prussiens ont investi Verdun; il ajoute que cette place est la seule qui puisse encore arrêter l'ennemi sur la route de Paris, mais qu'il est à peu près certain que sa brave garnison sera impuissante à la sauver. En conséquence, il propose de rassembler immédiatement au Champ-de-Mars tous les citoyens en état de porter les armes. Le conseil vote par acclamation la motion du procureur-syndic et arrête, en outre, que, pour faire comprendre aux patriotes toute l'étendue du péril qui menace la capitale, le canon d'alarme sera tiré, le tocsin sonné, la générale battue. Deux officiers municipaux sont à l'instant même choisis par aller prévenir la Législative des mesures prises par la commune. On ne tient pas à la remercier de son dernier décret : car, aux yeux des dictateurs de l'Hôtel de Ville, ce n'est qu'une réparation des infâmes calomnies dont on a osé les abreuver, ce n'est qu'une restitution des pouvoirs qui n'auraient jamais dû leur être contestés ; mais on veut lui persuader qu'en donnant gain de cause à sa rivale *elle a sauvé la patrie.*

Pendant ce temps, le comité de surveillance s'est assemblé à la mairie ; son président, Panis, a compris que l'heure est venue d'exécuter les sinistres desseins conçus depuis plusieurs jours. Il importe de conférer des pouvoirs réguliers à ceux des conjurés qui ne sont pas membres reconnus du comité, bien qu'ils assistent ce jour-là même à ses délibérations ; sans cette précaution, les ordres qu'ils pourraient avoir à donner personnellement risqueraient d'être méconnus par quelques agents subalternes trop soucieux des formes de la légalité.

Il fabrique à l'instant même un arrêté ainsi conçu :

« Nous, soussignés, constitués à la mairie en comité
« de police et de surveillance, en vertu d'un arrêté du
« conseil général qui porte que l'un de nous, Panis, se
« choisira trois collègues pour former avec lui le comité,
« avons statué que, vu la crise des circonstances et les
« importants travaux auxquels il nous faut vaquer, nous
« nous choisissons pour administrateurs adjoints nos six

« concitoyens : Lenfant, Guermeur, Leclerc, Duffort,
« Marat, l'ami du peuple, Des Forgues, chef de bureau à
« la mairie ;

« Lesquels auront avec nous la signature sous notre
« inspection, attendu que le tout est sous notre plus grave
« responsabilité à nous quatre soussignés.

« Les administrateurs de police et de surveillance,

« PIERRE DUPLAIN, PANIS, SERGENT,
JOURDEUIL[1].

« A la mairie, le 2 septembre 92, an 1er. »

Le premier acte du comité de surveillance ainsi reconstitué est de préparer des mandats d'amener contre les traîtres, que Robespierre a dénoncés, la veille, du haut de la tribune du conseil général, à savoir : Brissot, le président de la commission des Vingt et un, Roland, le ministre de l'intérieur, et trente autres députés girondins.

---

1. Cet arrêté n'est inscrit sur aucun registre, mais l'original en a été providentiellement conservé et se trouve dans les archives de la préfecture de police. Nous l'avons tenu plusieurs fois entre les mains. Le *fac-simile* en a été donné dans le deuxième volume de l'*Histoire des Journées de septembre,* par M. Granier de Cassagnac. Tout y révèle le trouble de celui qui l'écrivit et de ceux qui étaient réunis près de la table autour de laquelle, pendant quarante-huit heures, délibérèrent les chefs des assassins.

A chaque ligne il y a des surcharges et des ratures. La rédaction est remplie de contradictions. Ainsi, Panis se déclare autorisé à se choisir trois collègues, et il s'en choisit six ! De ces six il en est trois qui ne font partie ni de l'ancien conseil ni du nouveau : Guermeur, Marat, Desforgues.

La signature de Lenfant s'y lit très-distinctement, quoique biffée. On s'aperçut après coup qu'il était par trop irrégulier que l'un des administrateurs, nommés par l'arrêté lui-même, signât sa propre nomination.

LIVRE XI. 217

Au même moment sont expédiés de divers côtés des émissaires chargés de faire adopter par les sections des mesures qui puissent servir de prétexte aux meurtres dont le programme est arrêté d'avance.

Que trois ou quatre sections votent en principe l'égorgement des prisonniers, cela suffira pour que les organisateurs des massacres puissent prétendre que leur crime a reçu *la sanction du peuple*.

Le faubourg Poissonnière s'était montré dès longtemps l'un des plus ardents. C'est là que les affidés se rendent d'abord; ils font prendre aux quelques citoyens qui se trouvent dans la salle, qui peut-être y avaient été apostés, cette exécrable délibération, par laquelle la section :

« Considérant les dangers imminents de la patrie et les manœuvres infernales des prêtres, arrête :

Cette signature biffée prouve de la façon la plus manifeste que ceux que l'on nommait étaient présents, que même ils étaient déjà entrés en fonctions avant qu'un arrêté illégal leur eût donné même l'ombre d'un mandat officiel.

Les deux derniers noms, ceux de Marat et de Desforgues, sont intercalés au moyen d'un renvoi à la marge. Probablement, tout en se laissant dominer par l'Ami du peuple, les conspirateurs se souciaient peu de l'avoir pour collègue et pour chef avoué; ils ne l'avaient pas compris dans l'arrêté primitif. A ce moment, sans doute, Marat survint, et s'imposa avec son impudence ordinaire.

Desforgues est qualifié, dans l'arrêté même, de chef de bureau à la mairie, emploi qui paraît incompatible avec la nouvelle fonction dont on l'investit; mais Desforgues était l'ami particulier de Danton (voir les *Mémoires* si intéressants du comte Miot de Melito). Le ministre révolutionnaire devait tenir à avoir dans le sein du comité de surveillance un homme à lui, qui le tînt au courant de tout ce qui pouvait s'y tramer; il fit dire probablement au dernier moment qu'on eût à nommer Desforgues, et on le nomma.

« 1° Que tous les prêtres et personnes suspectes, enfermés dans les prisons de Paris, Orléans et autres, seront mis à mort;

« 2° Que les femmes, enfants des émigrés et personnes qui n'ont pas paru, ni ne se sont montrés citoyens, seront mis sur une ligne en avant des volontaires qui partent pour les frontières, afin de garantir les braves sans-culottes des coups que pourraient porter les ennemis. »

Du faubourg Poissonnière, les affidés du comité de surveillance se répandent dans les autres sections et y arrivent armés du formidable arrêté. Dans beaucoup ils sont éconduits, mais dans d'autres ils trouvent quelque écho. Au Luxembourg, où présidait un révolutionnaire fougueux, Joachim Ceyrat, ils font prendre, avec son assistance, un arrêté encore plus terrible, si cela est possible, que celui du faubourg Poissonnière :

« La motion d'un membre de purger les prisons en faisant couler le sang des détenus de Paris avant de partir, les voix prises, a été adoptée; trois commissaires ont été nommés, Lahire, Lemoine, Richard, pour aller à la ville communiquer ce vœu, afin de pouvoir agir d'une manière uniforme. »

Quant à agir d'une manière uniforme, ce soin regardait le conseil de surveillance, et il n'y manqua pas[1].

---

[1]. On trouvera à la fin de ce volume une note relative aux délibérations prises par diverses sections, dans les premiers jours de septembre 1792, et indiquant l'état des registres des quarante-huit circonscriptions parisiennes pour ce qui concerne ce sinistre événement.

VII

Cependant les commissaires municipaux se sont rendus à l'Assemblée et lui annoncent que toute la population valide est convoquée au Champ-de-Mars. Les représentants du peuple étaient eux-mêmes très-vivement émus des nouvelles désastreuses qu'on ne cessait de recevoir du théâtre de la guerre ; les communications avec Verdun étaient coupées, la place pouvait être considérée comme perdue.

A ce même moment Vergniaud monte à la tribune, et, plein d'un noble enthousiasme, s'écrie :

« C'est aujourd'hui que Paris doit se montrer dans toute sa grandeur ; s'il se montre comme on vient de l'annoncer, la patrie est sauvée.

« Que les citoyens de cette grande ville renoncent un moment aux pétitions, aux défiances, aux soupçons ; qu'ils s'occupent enfin des ennemis extérieurs, et nous n'avons rien à craindre. Le plan de Brunswick est d'arriver à Paris en laissant derrière lui nos places fortes et même nos armées.....

« Que nos armées se replient sur lui, que Paris marche au-devant! Alors les hordes étrangères seront dévorées par cette terre souillée de leur présence.....

« Mais nos ennemis ont un grand moyen sur lequel ils comptent beaucoup, c'est celui des terreurs paniques. Ils sèment l'or, ils envoient des émissaires pour répandre au loin l'alarme et la consternation ; et vous le savez, *il est* des hommes pétris *d'un limon si fangeux* qu'ils se décomposent à l'idée du moindre danger.

« Il faut que le peuple se mette en garde contre ces *désorganisateurs par système*, contre ces *exagérateurs qui sèment les fausses alarmes et montrent les dangers où ils ne sont pas*. »

Vergniaud est interrompu par les applaudissements les plus vifs. Il félicite la commune de l'énergie qu'elle déploie, mais il ne craint pas de rappeler combien peu l'on a fait de tout ce qu'on a promis, combien peu est avancée la création du camp sous Paris, décrété depuis près de vingt jours, et dont, malgré un grand étalage de zèle et de dévouement, les retranchements sont à peine commencés.

« Où sont, s'écrie l'éloquent député de la Gironde, les bêches, les pioches et tous les instruments qui ont élevé l'autel de la fédération et nivelé le Champ-de-Mars? Vous avez manifesté une grande ardeur pour les fêtes; sans doute, vous n'en aurez pas moins pour les combats. Vous avez chanté, célébré la liberté, il faut la défendre; nous n'avons plus à renverser des rois de bronze, mais des rois environnés d'armées puissantes. Il n'est plus temps de discourir, il faut *piocher la fosse de nos ennemis, ou chaque pas qu'ils font en avant pioche la nôtre*[1]. »

---

[1]. Nous avons pris les traits les plus saillants du discours de Vergniaud dans le *Moniteur*, p. 1050, et dans le *Journal des Débats*, n° 341, p. 22. Ce dernier journal donne de la dernière phrase du discours de Vergniaud la version suivante : *Il faut creuser la fosse de nos ennemis, ou bien le sommeil de Paris nous précipiterait dans la nôtre.*

Électrisée par l'énergie que vient de déployer son plus grand orateur, l'Assemblée vote, par acclamation et à l'unanimité, toutes les mesures qui lui sont proposées. En présence de l'ennemi victorieux, il ne peut plus y avoir de partis.

« Envoyez des courriers extraordinaires qui portent dans tout l'Empire le tocsin général qui doit s'y sonner. » Ainsi parle la gauche par l'organe de Cambon. La droite, par la voix de Mathieu-Dumas, demande que le pouvoir exécutif prenne sur-le-champ les mesures propres à accélérer les armements; en même temps, elle recommande l'union de tous les pouvoirs constitués pour diriger les efforts des citoyens.

Danton voit le moment propice pour abriter ses projets de terreur sous le masque du patriotisme; il s'élance à la tribune et ne semble préoccupé que de donner une vie nouvelle aux sentiments qu'ont exprimés les précédents orateurs. Mais en réalité il présente à mots couverts le programme des forfaits que vont oser ses amis du comité de surveillance. « Tout s'émeut, s'écrie-t-il, tout s'ébranle, tout brûle de combattre ; que quiconque refusera de servir de sa personne ou de remettre ses armes soit puni de mort. Le tocsin qu'on va sonner n'est point un signal d'*alarme*, c'est la charge sur les ennemis de la patrie: pour les vaincre, messieurs, il faut de l'audace, encore de l'audace, toujours de l'audace, et la France est sauvée. »

Aussitôt, sur la motion de Lacroix, l'ami et le confident de Danton, l'Assemblée nationale décrète la peine de mort contre tous ceux qui, soit directement, soit indirectement, refuseraient d'exécuter ou entraveraient les ordres donnés et les mesures prises par le pouvoir exécutif provisoire.

Pendant que l'on rédige le décret qui lui décerne à lui-même et à ses collègues une sorte de dictature, Danton disparaît et court au Champ-de-Mars haranguer les nombreux volontaires qui s'y rassemblent. Il sait la véritable signification du signal qui va partir du terre-plein du Pont-Neuf, il tient à ne se trouver, au moment décisif, ni dans la salle des Feuillants, ni à l'Hôtel de Ville, ni au ministère de la justice. La haute position qu'il occupe l'oblige de rester derrière le rideau, tant que le crime se consomme, sauf à paraître, une fois le crime accompli, pour en recueillir les fruits.

Danton vient de quitter l'Assemblée; presque aussitôt le canon d'alarme tonne, les cloches de toutes les églises sonnent à la fois le tocsin, la générale retentit à travers toutes les rues, le drapeau noir de la patrie en danger s'élève dans les airs.

A ce signal, donné en même temps sous tant de formes diverses, le héros et le sicaire répondent. L'un court rejoindre ses camarades déjà rassemblés au Champ-de-Mars et se disposant à partir pour les plaines de Valmy. L'autre se glisse le long des murailles de l'Abbaye pour être exact au rendez-vous que lui a donné Maillard.

Jamais peuple au monde ne se leva avec tant de majesté et d'enthousiasme pour chasser de son territoire les armées étrangères. Pourquoi fallut-il que le grand mouvement patriotique, qui doubla en un seul jour le contingent de Paris, fût, à son origine même, souillé du plus horrible des crimes par le fait de quelques scélérats?

VIII

Il était naturel que le premier acte du drame sanglant, médité depuis quelques jours par les décemvirs, se passât au lieu même où tout avait été préparé et ordonné.

Le dépôt de la Mairie, situé sous les appartements qu'occupait Pétion, était l'antichambre des diverses prisons de Paris et spécialement de celles où s'entassaient les suspects que le comité de surveillance faisait arrêter, interrogeait sommairement et envoyait rejoindre les malheureux incarcérés les jours précédents.

Le 2 septembre, le dépôt contenait vingt-quatre personnes, dont vingt-deux prêtres coupables de refus ou de retrait de serment; parmi eux était l'abbé Sicard[1].

---

[1]. Les deux prisonniers laïques étaient M. Martin de Marivaux, ancien avocat au parlement de Paris, et Labrouche, surveillant de l'institution des sourds-muets, que l'on avait arrêté avec l'abbé Sicard, à cause de son attachement pour ce bienfaiteur de l'humanité.

Quelques historiens, et notamment M. Granier de Cassagnac (p. 119 du t. II), parlent d'autres prisonniers renfermés également le 2 septembre au dépôt de la Mairie, et qui, dirigés sur *la Force et la Conciergerie,* auraient été également massacrés. Ils ont été trompés par les indications erronées du journal de Marat et du procès-verbal du conseil général de la commune. Dans la précipitation des événements, les rédacteurs ont sans doute écrit à la place du mot d'Abbaye celui de Force ou de Conciergerie. Tous les prisonniers du dépôt de la mairie furent transportés en même temps à l'Abbaye. Le récit de l'abbé Sicard est positif à cet égard. Si des individus avaient été conduits de la Mairie dans d'autres prisons et massacrés *sur* la voie publique, il serait évidemment resté quelques traces du fait dans les récits contemporains.

A deux heures, au moment même où le canon d'alarme fait entendre ses premières détonations, la grande salle du dépôt est envahie par une bande de Marseillais[1] qui se saisissent des prisonniers et les entraînent dans la cour. Là on leur annnonce qu'on va les transférer à l'Abbaye ; on les entasse dans quatre fiacres, et le chef de la bande donne aux cochers l'ordre d'aller très-lentement, sous peine d'être massacrés eux-mêmes sur leurs siéges. Les soldats — si on peut donner ce nom à des misérables qui déshonoraient l'uniforme français. — annoncent hautement aux prisonniers qu'ils n'arriveront pas vivants à leur destination, que rien ne pourra les soustraire à la rage du peuple. Pour que cette menace puisse plus sûrement s'accomplir et que la populace ait toute facilité d'exercer ses outrages, les portières des fiacres sont laissées ouvertes. Les Marseillais les maintiennent ainsi pendant toute la route, malgré les supplications qui leur sont adressées.

Durant le trajet, effectué avec la lenteur commandée, le long du quai des Orfévres, sur le Pont-Neuf, à travers la rue Dauphine, les gens de l'escorte ne cessent de vomir les invectives les plus grossières et d'exciter la fureur populaire contre les malheureux prison-

---

[1]. La coopération ardente et presque exclusive des Marseillais aux massacres de septembre est constatée par la plupart de ceux qui échappèrent à ces scènes hideuses, et notamment par les abbés Sicard et Saurin, qui étaient l'un à l'Abbaye, l'autre aux Carmes, par Journiac de Saint-Méard, et par le frère de Bertrand de Molleville. Les individus avec lesquels ils furent en contact parlaient tous le patois provençal, ce fut même à la connaissance de ce patois que les trois derniers durent leur salut.

niers. Avec la pointe de leurs sabres ils les désignent aux passants, comme s'ils montraient des bêtes féroces enchaînées. « Voyez ces hommes, répétaient-ils, ce sont vos ennemis, ce sont les complices de ceux qui viennent de livrer Verdun (qui n'était pas livré alors), ils n'attendent que le départ de vos défenseurs pour égorger vos femmes et vos enfants! » La foule s'arrête, regarde, écoute, pousse quelques huées, mais n'agit pas; elle semble avoir conscience de l'horreur du crime dont on veut lui faire prendre la responsabilité.

Au carrefour Bucy, il y avait un très-grand rassemblement autour de l'estrade dressée pour les enrôlements. C'est le moment de faire croire que l'idée du massacre des prisonniers se rattache aux pensées patriotiques qui font affluer là les volontaires. Les excitations des Marseillais redoublent; quelques-uns vont jusqu'à offrir leurs piques et leurs sabres aux hommes du peuple afin qu'ils s'en servent contre les prisonniers; mais il ne se trouve dans la foule personne d'assez lâche pour se ruer sur des malheureux sans défense. Un des Marseillais se décide alors à exécuter lui-même l'ordre qu'il a reçu à la mairie; il monte sur le marche-pied de l'une des voitures et plonge son sabre dans la poitrine du premier prêtre qui lui tombe sous la main[1].

---

1. Nous avons eu le bonheur, au début de nos recherches, de découvrir au greffe criminel de la cour impériale de Paris le volumineux dossier des poursuites dirigées, en l'an IV, contre les septembriseurs. Plus tard nous avons retrouvé à Londres, au British musœum, le discours que le président du tribunal criminel, Gohier, depuis ministre de la justice et membre du directoire, prononça pour résu-

A ce signal, les plus animés de ses camarades suivent son exemple et frappent au hasard à travers les portières ouvertes. En vain les prisonniers demandent grâce et poussent des cris lamentables : la fureur des assassins ne fait que s'accroître. Cependant peu de victimes sont atteintes mortellement, car les coups sont mal dirigés ; les voitures marchent toujours et les sicaires n'osent en arracher les prêtres, de peur que, dans la confusion et le tumulte, ils ne trouvent moyen de s'échapper.

Enfin on arrive à l'Abbaye ; les voitures entrent dans la grande cour du cloître et viennent successivement se ranger au bas du perron qui conduisait au réfectoire des anciens moines, là même où siégeait le comité civil de la section des Quatre-Nations. Aussitôt quelques misérables de la meute maratiste se précipitent sur le premier

---

mer les débats qui eurent lieu devant le jury à l'occasion de ces poursuites. Nous avons pu ainsi recomposer toute l'instruction orale et écrite de ce procès, dont les éléments épars gisaient dans la poudre des greffes et des bibliothèques. Nous nous en sommes servi dans tout le cours de notre récit. C'est ainsi que nous avons pu ajouter des détails nouveaux à ceux déjà connus. On trouvera à la fin de ce volume un résumé de cette immense procédure ; après chaque épisode, nous donnons l'indication aussi précise que possible du dossier spécial auquel nous l'empruntons.

Jusqu'ici, les deux seuls récits dont avaient pu se servir les historiens pour décrire la première scène des massacres étaient ceux de Mehée fils et de l'abbé Sicard. Mehée raconte que le fédéré qui donna le signal du massacre avait été provoqué par un des prêtres, qui l'avait frappé d'un coup de canne à la tête. Les écrivains qui ont pris à tâche de fausser la vérité sur les événements de septembre se sont naturellement emparés de cette assertion. Cependant elle n'est appuyée sur le dire d'aucun autre témoin oculaire ; les journaux et les discours de

fiacre, en font sortir ceux qui s'y trouvent et les égorgent.

Les malheureux prêtres sont successivement tirés des autres voitures. Les uns sont blessés et mourants ; on les achève ; d'autres sont couverts du sang de leurs compagnons qui a jailli sur eux, mais ils n'ont pas reçu d'atteintes graves ; ils essaient de fuir, on leur barre le passage ; ils sont atteints, ramenés au pied du perron et immolés sur les cadavres qui l'encombrent déjà. Trois ou quatre, et notamment l'abbé Sicard, réussissent à pénétrer dans la salle du comité civil de la section ; ils se précipitent dans les bras des citoyens qui y siégent en s'écriant : — « Sauvez-nous ! sauvez-nous ! »

La peur rend égoïste et cruel. « Allez-vous-en ! » répondent à ces malheureux les membres du comité ;

---

l'époque, même ceux qui font l'apologie des massacres ou cherchent à les justifier, n'y font aucune allusion. Le simple bon sens se refuse à admettre cette version. Est-il supposable qu'un malheureux prisonnier résiste et frappe, lorsqu'il sait que toute résistance est impossible, que toute voie de fait peut être suivie de terribles représailles ? Est-il surtout supposable qu'un homme, quel qu'il soit, un prêtre surtout, se laisse entraîner à un acte de colère absurde, alors qu'il se voit entouré de furieux vomissant contre lui des torrents d'injures ? On pourrait tout au plus admettre que, pour écarter une pique ou un sabre dirigé de trop près contre son visage, ou pour ramener à lui la portière de la voiture, l'un des prisonniers ait fait un geste inoffensif avec sa canne. Mais il faut avoir l'esprit par trop prévenu en faveur des massacreurs pour voir dans ce geste, si même il a été fait, une excuse, quelque minime qu'elle soit, à ces affreux assassinats.

Un historien avec lequel nous sommes souvent en désaccord, M. Michelet, a décrit admirablement cette épouvantable scène, p. 139 du t. IV de son *Histoire de la Révolution*.

« voulez-vous nous faire égorger? » Par bonheur on reconnaît l'abbé Sicard, on le laisse entrer avec ses compagnons, on promet de les garder aussi longtemps que l'on pourra.

Mais une femme qui a vu les prêtres s'introduire au comité court les dénoncer aux égorgeurs. Ceux-ci ayant achevé leur besogne dans la cour, viennent les réclamer. Comme leurs hôtes ne portent pas le costume ecclésiastique, les commissaires espèrent qu'ils resteront confondus au milieu d'eux. Par malheur, un des prêtres est reconnu, saisi par les cheveux, renversé, tué sur place à coups de piques. Sicard va être massacré à son tour, lorsque l'horloger Monnot, un des membres du comité, se précipite entre la victime et les assassins, et s'écrie : « Voilà la poitrine par où il faudra passer pour arriver à celle-là ; c'est l'abbé Sicard, un des hommes les plus utiles à son pays, le père des sourds-muets! » Sicard est sauvé. Deux de ses compagnons le sont aussi grâce à la ruse ingénieuse des membres du comité, qui les font asseoir à la table où ils délibèrent sur les affaires de la section.

A peine le massacre des prêtres amenés de la mairie est-il achevé, qu'une voix se fait entendre : « Il n'y a plus rien à faire ici; allons aux Carmes! » C'était là qu'étaient renfermés les principaux ecclésiastiques mis en arrestation par le comité de surveillance.

Le matin, le démagogue Joachim Ceyrat[1], depuis le

---

[1]. C'était sous sa présidence, et avec son appui déclaré, qu'avait été adoptée, le matin même, dans la section du Luxembourg, la motion sanguinaire dont nous avons donné le texte plus haut, page 218.

10 août juge de paix et président de la section du Luxembourg, était venu faire l'appel nominal des prisonniers renfermés, au nombre de cent cinquante environ, aux Carmes de la rue de Vaugirard. Après cet appel, ils avaient été tous réunis dans le jardin de l'ancien couvent. C'est là que les trouvent les assassins.

Le premier qu'ils rencontrent est l'abbé Girault, si profondément occupé à lire qu'il ne les a pas entendus entrer; ils l'écharpent à coups de sabres. Puis, frappant de droite et de gauche tous ceux qui se trouvent à leur portée, ils se précipitent vers l'oratoire placé au fond du jardin en demandant à grands cris l'archevêque d'Arles. Celui-ci s'avance à leur rencontre, écartant ceux de ses compagnons qui veulent le retenir : « Laissez-moi passer, leur dit-il; puisse mon sang les apaiser! » — C'est donc toi, vieux coquin, qui es l'archevêque d'Arles? dit l'un des chefs des assassins. — Oui, messieurs, c'est moi, répond le prélat. — C'est toi qui as fait verser le sang de tant de patriotes à Arles? — Je n'ai jamais fait de mal à qui que ce soit. — Eh bien! moi, je vais t'en faire, réplique le misérable, et il assène un coup de sabre sur le front de l'archevêque. L'infortuné en reçoit un second sur le visage, puis un troisième et un quatrième. Étendu sur le sol, il est achevé d'un coup de pique.

Des coups de fusil tirés à bout portant sur les groupes voisins abattent un grand nombre de prêtres. Une poursuite furieuse commence dans le jardin, d'arbre en arbre, de buisson en buisson. Traqués comme des bêtes fauves, un grand nombre d'ecclésiastiques tombent sous les balles des assassins. Quelques-uns cependant parviennent à s'échapper en escaladant les murs et trouvent un refuge dans les cours et les maisons du voisinage.

Mais bientôt les assassins voient que *cette chasse au prêtre* n'est pas le meilleur moyen d'avancer la besogne dont ils sont chargés. Les chefs donnent l'ordre de rassembler tous les prisonniers dans l'église; on y rapporte jusqu'aux blessés. Un commissaire de la section du Luxembourg, porteur de la liste dressée quelques heures auparavant par Joachim Ceyrat, procède à l'appel nominal. On force chaque prêtre dont le nom est prononcé à descendre l'escalier qui conduit au jardin; sur les dernières marches, les assassins les attendent et les tuent.

Après l'archevêque d'Arles, les deux principaux ecclésiastiques renfermés aux Carmes étaient deux frères du nom de Larochefoucauld, l'un évêque de Saintes, l'autre évêque de Beauvais. Ce dernier avait eu la cuisse cassée par une balle, à la première décharge faite dans le jardin, et avait été transporté dans l'église, où il gisait sur un mauvais matelas. L'évêque de Saintes n'avait pas quitté son frère, on l'appelle; il donne un dernier baiser au blessé et va courageusement à une mort qui rachètera, il l'espère du moins, la vie de celui qu'il laisse mourant.

Mais à peine l'évêque de Saintes a-t-il succombé sous le fer des assassins qu'on appelle l'évêque de Beauvais. Le malheureux prélat se soulève sur son lit de douleur et dit aux sicaires qui l'entourent : « Je ne refuse pas d'aller mourir comme les autres, mais vous voyez, je ne puis marcher; ayez, je vous prie, la charité de me soutenir et d'aider vous-mêmes à me porter où vous voulez que j'aille..» On satisfait à son désir; on le porte à la place même où vient d'être assassiné l'évêque de Saintes, on le jette tout sanglant sur le cadavre encore chaud de son frère qu'il étreint en expirant.

A quelques pas de là, dans l'église même de Saint-Sulpice, siégeait l'assemblée de la section du Luxembourg sous la présidence de Joachim Ceyrat. L'égorgement durait encore quand plusieurs citoyens viennent demander aide et assistance pour les victimes et s'offrent à arrêter l'effusion du sang.

Mais Ceyrat répond : « Nous avons bien d'autres choses à penser; il faut laisser faire : d'ailleurs tous ceux qui sont aux Carmes sont coupables. » Un des commandants de la force armée de la section ne se paie cependant pas de cette réponse, rassemble une centaine de gardes nationaux et se dirige avec eux vers la rue de Vaugirard. Mais il était déjà trop tard; quand ils arrivèrent, tout était consommé[1].

---

1. Le procès-verbal de la section du Luxembourg s'exprime ainsi : *Le citoyen Tanche déclare qu'il s'est efforcé de prendre toutes les mesures convenables pour prévenir les accidents qu'on avait lieu de craindre, relativement aux prisonniers détenus aux Carmes, mais que sa prudence n'a pu les empêcher.*

Les accidents survenus aux Carmes! Que cette expression caractérise bien le langage officiel de l'époque!

Sur cet exposé, l'Assemblée se contente de donner des éloges à la prudence et au patriotisme du commandant, et arrête « qu'il sera fait part sur-le-champ au conseil général de la commune des événements qui viennent d'arriver et des circonstances qui les ont accompagnés. »

Commencé vers les quatre heures de l'après-midi, le massacre des Carmes n'avait pas duré deux heures. On apporta presque aussitôt après, dans l'église Saint-Sulpice, les valeurs et les bijoux trouvés sur les malheureuses victimes. Ces effets, tout maculés du sang des ministres de Dieu, furent déposés sur l'autel même où naguère s'immolait chaque jour la Divinité, — coïncidence providentielle qui consacre encore mieux le martyre de ces nouveaux confesseurs de la foi[1].

IX

Aussitôt que les assassins ont terminé leur effroyable besogne, ils retournent vers le premier théâtre de leurs forfaits, au cloître de l'abbaye de Saint-Germain-des-Prés. Dans leur précipitation, ils avaient oublié d'y égorger les prêtres renfermés dans une prison dite de supplément. Cette prison donnait dans le cloître

---

[1]. Nous renvoyons, pour tous les détails relatifs aux massacres du couvent des Carmes, à l'ouvrage si intéressant et si minutieusement exact que M. Alexandre Sorel vient de consacrer à cet épisode des journées de septembre : *Le couvent des Carmes et le séminaire Saint-Sulpice pendant la Terreur*. Il serait bien vivement à désirer que des écrivains aussi consciencieux que lui consentissent à nous donner la monographie de chacune des prisons où se passèrent les horribles scènes que la rapidité de notre récit ne nous a permis que d'esquisser. Pour notre part, nous remercions bien sincèrement M. Sorel du service qu'il vient de rendre à l'histoire en mettant au jour des documents que nous aurons plus d'une fois l'occasion de citer dans le cours de cet ouvrage.

même, près du lieu où siégeait le comité civil et où Sicard avait été miraculeusement sauvé quelques heures auparavant.

Les massacreurs reviennent couverts de sang et de poussière, fatigués mais non rassasiés de carnage; ils demandent à boire : « Du vin ou la mort! » s'écrient-ils en envahissant la salle du comité. Les commissaires des Quatre-Nations leur donnent des bons de vin à prendre chez un marchand du voisinage. Tandis que les uns boivent, les autres vont chercher leur proie. Une trentaine de prêtres sont successivement amenés et immolés sans merci. Mais bientôt un des assassins, plein d'une rage nouvelle, crie : « *Que faisons-nous ici ? allons à l'Abbaye! Il y a du gibier là. — Allons à l'Abbaye!* » répète en chœur la bande presque tout entière[1].

---

1. Cette prison avait été spécialement désignée pour servir de maison d'arrêt aux auteurs ou complices de ce que les démagogues appelaient « la conspiration du 10 août. »

La plupart des historiens n'ont pas établi une distinction suffisante entre les deux emplacements parfaitement distincts où eurent lieu les massacres de l'Abbaye. Les prêtres, venant de la mairie, ceux qui étaient renfermés dans la prison de supplément et ceux que l'on alla plus tard chercher en ville, d'après le dire formel de l'abbé Sicard, furent égorgés dans la cour, près de la salle où siégeait le comité civil. C'est à ces scènes de meurtre que se rapportent et le récit de Sicard et celui de Jourdan, président du comité civil des Quatre-Nations. Les suisses, les gardes du roi et les autres prisonniers régulièrement écroués furent massacrés dans la rue Sainte-Marguerite, au pied de la tourelle qui a longtemps subsisté à l'angle de la petite place. C'est à ces massacres que se rapportent le récit de Saint-Méard et celui de madame de Fausse-Landry. Mehée fils raconte les uns et les autres, mais en n'indiquant pas toujours le lieu où se passe la scène qu'il

On laisse à quelques tueurs subalternes le soin de poursuivre l'opération commencée contre les prêtres; le reste des égorgeurs revient vers la rue Sainte-Marguerite, et arrive au pas de course au guichet de la prison. A la voix des affidés du comité de surveillance, les portes s'ouvrent sans résistance aucune. Ceux-ci envahissent les guichets, se répandent dans les cours intérieures, s'emparent des registres d'écrou. Mais il faut jouer jusqu'au bout la comédie arrangée d'avance, il faut que le peuple ait l'air d'avoir participé aux massacres, de les avoir sanctionnés par ses délégués, par des juges institués par lui. L'un de ceux qui se sont emparés des registres d'écrou s'avance donc sur le pas de la porte extérieure de la prison et propose l'érection d'un tribunal populaire qui jugera les prisonniers sur la mention même du motif de leur arrestation; *de cette façon,* ajoute-t-il hypocritement, *on pourra distinguer les innocents des coupables.*

Les envahisseurs étaient secrètement commandés par le fameux Maillard, qui, depuis le commencement de la révolution, avait été mêlé à presque toutes les émeutes, et avait fini par avoir à ses ordres une nombreuse escouade de gens de sac et de corde, propres à toutes les expéditions, prêts à tous les crimes. C'était probablement un de ses hommes qui avait fait la proposition du tribunal, ce sont ses amis qui la soutiennent de leurs

raconte. Un espace de deux cents pas environ et un large pâté de maisons séparaient les deux emplacements que nous venons de décrire. Au moyen de cette distinction capitale, tous les passages obscurs des récits des témoins oculaires s'expliquent et se fortifient l'un par l'autre.

applaudissements. Après quelques débats entre les gens attroupés à la porte de l'Abbaye, affidés ou non affidés, entraînés ou apostés, la motion est unanimement adoptée. Aussitôt les gens, qui ont le mot d'ordre, s'écrient en chœur : *Monsieur Maillard, le citoyen Maillard, président ! C'est un brave homme ! Le citoyen Maillard, président !* Celui-ci était là, dans la foule, attendant la fin de la scène qu'il avait lui-même arrangée à loisir ; il s'avance aussitôt, déclare qu'il va *travailler en bon citoyen*, institue, *au nom du peuple souverain*, douze hommes de sa bande pour l'aider dans les jugements qu'il va rendre[1]. On convient qu'afin d'éviter aux juges toute émotion violente et aux détenus toute velléité de résistance, le président, en condamnant, aura l'air de ne prononcer qu'un simple transfèrement d'une prison à l'autre : « A la Force », dira-t-il, et les tueurs sauront ce que cela veut dire.

Avant que le tribunal, organisé par Maillard et composé, pour plus de sûreté, de ses propres affidés, ait eu le temps de fonctionner, on vient avertir les juges qu'il est une catégorie de détenus qu'il faut se hâter d'expédier. « *Il y a des Suisses ici*, s'écrie l'un des assassins pressé d'entrer en besogne, *ne perdons pas de temps à les interroger, ils sont tous coupables, il ne doit pas en échapper un seul.* »

---

1. Méhée fils, qui raconte lui-même cette scène et qui était un révolutionnaire fougueux, dit que les douze juges de Maillard étaient douze escrocs. On trouvera à la fin de ce volume, sur Maillard et sa bande, des détails circonstanciés qui prouveront ce qu'étaient le chef et ses acolytes.

Ces derniers défenseurs de la royauté avaient été, par deux décrets formels, du 10 et du 11 août, placés sous la sauvegarde de la nation; on ne s'en souvint guère le 2 septembre. Sur l'ordre de Maillard, on ouvre la salle où étaient ces infortunés, on leur annonce qu'ils vont être transférés à la Force. Les Suisses ne comprennent que trop ce que cela veut dire, ils restent immobiles. Deux des sicaires du comité de surveillance, l'un garçon boulanger, l'autre Marseillais, leur crient de la porte du cachot : « Allons, décidez-vous, marchons ! » Mais, pour la première fois de leur vie, ces braves militaires ont peur; oui! ils ont peur de la mort hideuse qui se présente devant eux, car cette mort, ce n'est pas celle du soldat dans l'enivrement du combat, sous l'œil de ses chefs, au milieu des chants de la victoire; c'est l'agonie lente, sous des coups mal assurés, tels qu'en portent de lâches assassins, c'est la mort reçue sans gloire, loin du drapeau, loin de la patrie.

Tandis que les Suisses, au lieu d'obéir aux injonctions qui leur sont faites, se pressent au fond de leur cachot et s'enlacent en quelque sorte dans les bras les uns des autres, les assassins restent, eux aussi, immobiles sur le seuil, guettant leur proie, mais n'osant la saisir. Enfin l'un des prisonniers, jeune homme d'une trentaine d'années, à la physionomie noble, à l'air martial, s'avance résolûment. « Je passe le premier ! s'écrie-t-il en lançant son chapeau en l'air. Par où faut-il aller? » On lui ouvre les deux guichets, il paraît sur le seuil de la porte extérieure. Les assassins reculent, forment un cercle hérissé de sabres, de baïonnettes, de haches et de piques.

Le jeune soldat, avec un calme sublime, promène ses regards autour de lui, croise les bras, et après s'être recueilli un instant, s'élance sur les armes dont les assassins se couvrent comme s'ils avaient quelque chose à craindre d'un homme sans défense.

Ses compagnons, arrachés successivement de leur prison, sont livrés un à un aux égorgeurs, qui les massacrent, aux cris chaque fois répétés de *Vive la nation!* Sont également mis à mort, sans la moindre apparence de jugement, vingt-cinq gardes du roi enfermés dans un cachot contigu à celui des Suisses.

Après cette expédition préliminaire, qui a jonché la rue Sainte-Marguerite de plus de cinquante cadavres, Maillard pense qu'il est temps de faire fonctionner son tribunal; car, dans les meurtres en masse, le hasard peut faire échapper certains personnages dont il importe avant tout de se débarrasser. On lui avait désigné d'avance les prisonniers qui devaient nécessairement périr. Pour les autres, on lui avait laissé une certaine latitude; il lui était loisible d'épargner ou d'égorger ceux dont la vie ou la mort était indifférente aux promoteurs des massacres. Quelques acquittements entraient même dans le programme: n'était-il pas important de faire croire à une certaine impartialité dans les jugements du prétendu tribunal populaire?

Les falsificateurs d'assignats étaient abhorrés par le peuple de Paris, parce qu'il leur attribuait la dépréciation toujours croissante de ce signe monétaire, dépréciation qui le frappait dans le taux de ses salaires et dans le prix des choses les plus nécessaires à la vie.

Maillard, pour populariser dans le quartier son œuvre exécrable, commence par faire comparaître devant lui les prévenus de fabrication de faux assignats qui se trouvent dans la prison. A peine leur demande-t-il, pour la forme, leurs noms et prénoms; il se hâte de les envoyer *à la Force.*

Ces misérables expédiés, Maillard ordonne que l'on amène M. de Montmorin, l'ex-ministre des affaires étrangères. Sa qualité d'ami et de confident de Louis XVI suffisait pour le désigner spécialement aux fureurs de ce que Maillard et ses acolytes appelaient LE PEUPLE. M. de Montmorin ignorait complétement les meurtres dont, depuis une heure, l'Abbaye était le théâtre; relégué dans une chambre placée à l'extrémité de la prison, les cris des mourants, les hurlements des tueurs n'avaient point frappé son oreille. Amené devant Maillard, il discute avec sang-froid, même avec hauteur, et prétend que sa cause n'est pas de la compétence du tribunal devant lequel on le fait comparaître. « C'est juste, dit un des juges, et puisque l'affaire de monsieur ne nous regarde pas, je demande qu'il soit envoyé *à la Force.* » *Oui, à la Force!* disent les autres juges.

« M. le président, puisqu'on vous appelle ainsi, réplique M. de Montmorin du ton d'un grand seigneur qui est habitué à être respecté, je vous prie de me faire avoir une voiture. — Vous allez l'avoir, lui répond froidement Maillard. » Un instant après on vient annoncer que la voiture est à la porte. M. de Montmorin réclame ses effets, un nécessaire, une montre; on répond qu'ils lui seront envoyés à la Force. Il sort tranquillement, et, au moment où il apparaît dans la rue, il tombe percé de coups.

Après M. de Montmorin vient le tour de Thierry de Ville-d'Avray, premier valet de chambre de Louis XVI. « Tel maître, tel valet ! » se hâte de dire en ricanant un membre du tribunal ; je demande au président que l'on fasse transférer Monsieur à la Force. » On pousse aussitôt Thierry hors du guichet ; il trébuche sur le cadavre de M. de Montmorin, pousse le cri de *Vive le roi !* et meurt en le répétant à demi-voix.

X

Mais éloignons-nous un instant de ces scènes d'horreur ; sachons ce que vont faire l'Assemblée et la commune en apprenant ce qui se passe.

Sur le théâtre des massacres, à l'Abbaye, il n'a encore paru que deux représentants de l'autorité municipale : Manuel, le procureur-syndic de la commune, et Billaud-Varenne, son substitut.

Manuel a harangué les assassins dans la rue Sainte-Marguerite et les a conjurés d'apporter au milieu des vengeances légitimes qu'ils exercent une *certaine justice*. Billaud-Varenne est venu dans la cour de l'église de l'Abbaye encourager les travailleurs, leur dire « qu'ils n'avaient pas besoin de voler les coquins d'aristocrates dont ils faisaient justice, *car on aurait soin de les payer, comme on en était convenu avec eux !* »

Mais la démarche de ces organes de la loi est peut-être

tout individuelle ; elle ne saurait être le dernier mot des autorités auxquelles il appartient de sauvegarder la tranquillité publique et l'honneur de la nation. Interrogeons donc les procès-verbaux officiels de l'Assemblée et de la commune. Rien qu'en les suivant servilement, nous y trouverons la plus terrible condamnation que l'histoire puisse prononcer contre ceux qui ne voulurent ou n'osèrent pas se précipiter entre les victimes et les bourreaux.

Le conseil général de la commune reprend sa séance à quatre heures du soir, sous la présidence de Huguenin. Un officier de la garde nationale annonce qu'on a égorgé plusieurs prisonniers pendant leur translation. « La foule, ajoute-t-il, commence à entrer dans les prisons. » Le conseil répond à cette communication en envoyant six commissaires « protéger les détenus pour *dettes de mois de nourrice, ainsi que pour des causes purement civiles.* » C'était implicitement abandonner tous les autres prisonniers à la fureur des assassins.

Plus tard, un des membres du conseil vient rendre compte de ce qui se passe à l'Abbaye : « Les citoyens enrôlés, dit-il, craignant de laisser la ville au pouvoir des malveillants, ne veulent point partir que tous les scélérats du 10 août ne soient exterminés. » On se contente de consigner cette nouvelle au procès-verbal, sans prendre aucune mesure. C'était accréditer et consacrer cette rumeur vague que le comité de surveillance avait fait répandre dans les masses par ses agents secrets.

Plus tard encore, la commune envoie quatre commissaires « rendre compte à l'Assemblée nationale de ce qui se passe aux prisons, et lui demander quelles mesures on peut prendre pour garantir les prisonniers ; » comme si le conseil général de la commune avait besoin d'en référer aux représentants de la nation, pour apprendre d'eux quel est le devoir des magistrats chargés de veiller à la sûreté des citoyens et surtout des prisonniers confiés à leur garde !

Pendant ces inutiles allées et venues, le conseil général maintient toutes les précautions de police prises précédemment, il renouvelle les ordres donnés le jour des fameuses visites domiciliaires, fait de nouveau fermer les barrières et autorise les sections à empêcher l'émigration par la rivière. Robespierre, reprenant sa thèse de la veille, tonne contre Brunswick et ses complices ; il est soutenu dans ses diatribes, dans ses calomnies, dans ce que le procès-verbal appelle *ses sentiments civiques*, par l'agent le plus actif des massacres, par l'orateur que nous venons de voir haranguer les assassins, par l'homme dont les vêtements sont encore imprégnés de l'odeur du sang des victimes, Billaud-Varennes. Puis le conseil envoie de nouveaux commissaires dans les prisons, « pour tâcher de calmer les esprits et éclairer les citoyens sur leurs véritables intérêts ». Enfin, sans s'inquiéter davantage de ce qui se passera dans cette nuit funeste, il se sépare, laissant à quelques-uns de ses membres le soin de maintenir la permanence sous la présidence de Mehée.

L'Assemblée législative rouvre sa séance à six heures du soir. Une députation de l'île Saint-Louis vient l'instruire des alarmes causées par le discours incendiaire de Robespierre. « Depuis la veille au soir on ne parle que de la trahison des ministres; il serait utile de faire savoir aux citoyens de la capitale s'il est vrai, comme semble l'annoncer un arrêté de la commune, que le conseil exécutif a perdu la confiance de la nation [1]. »

A cette demande, l'Assemblée répond par des dénégations unanimes. Mais ce démenti, la députation de l'île

---

[1]. Nous avons retrouvé l'arrêté que les délégués de l'île Saint-Louis vinrent apporter à la barre de l'Assemblée, à l'ouverture de la séance du 2 septembre au soir. Il est signé Royer-Collard; le jeune publiciste avait cessé ses fonctions de secrétaire-greffier de la commune légale, le 10 août au matin; mais la section de l'île Saint-Louis, à laquelle il appartenait, avait eu le courage de l'élire pour son président, et il avait eu, lui, le courage d'accepter ces fonctions périlleuses et d'apposer son nom au bas de la délibération suivante :

« SECTION DE L'ILE SAINT-LOUIS.

« *Séance de l'Assemblée générale permanente du 2 septembre 1792, l'an* IV *de la liberté et le* 1er *de l'Égalité.*

« Appert par le procès-verbal, sur la proposition de plusieurs membres, qu'il a été unanimement arrêté d'envoyer une députation à l'Assemblée nationale :

« 1° Pour l'assurer de toute la soumission des citoyens de cette section à ses décrets;

« 2° Savoir d'elle si le décret relatif à la municipalité est rapporté;

« 3° Enfin si, d'après la proclamation qui a été faite aujourd'hui dans Paris par la municipalité qui a annoncé que le pouvoir exécutif actuel trahissait les citoyens français et que la preuve de cette trahison consiste dans un avis qu'a dû donner le pouvoir exécutif aux ennemis pour intercepter un renfort de 4,000 hommes qui était envoyé à Verdun, savoir de nos législateurs si le ministère actuel a encore la confiance de la nation.

« Pour extrait, etc.

« ROYER, président; FRANÇOIS, secrétaire.

« Le 2 septembre, à Paris, 1792. »

Saint-Louis est seule à l'entendre; le pouvoir exécutif, au moment même où l'on vient de lui confier des pouvoirs extraordinaires et de prononcer la peine de mort contre tous ceux qui oseraient lui désobéir, n'en continue pas moins à être représenté, dans tout Paris, comme composé de vils traîtres pactisant avec l'étranger.

Cet incident vidé, l'Assemblée reprend tranquillement son ordre du jour. A lire son procès-verbal, on croirait qu'il ne se passe rien d'extraordinaire dans Paris. C'est seulement deux heures après la réouverture de la séance, six heures après les premiers meurtres de l'Abbaye et des Carmes, que la nouvelle en est apportée par les délégués de la commune qui annoncent « qu'il se fait des rassemblements autour des prisons, et que le peuple veut en forcer les portes. » Ils prient l'Assemblée de délibérer sur cet objet, en lui faisant observer « que le peuple est à la porte et attend sa décision. » Sur la proposition de Bazire, on se contente d'envoyer des commissaires « pour parler au peuple et rétablir le calme! »

Pendant que les commissaires vont remplir leur mission, le président reçoit une lettre de l'abbé Sicard. L'instituteur des sourds-muets y fait connaître le dévouement du brave Monnot, qui lui a sauvé la vie. L'Assemblée nationale, un moment émue, ordonne l'impression de la lettre avec une mention honorable au procès-verbal, et déclare que le citoyen Monnot a bien mérité de la patrie. Satisfaite de ce vain décret qui assure la gloire d'un honnête homme, mais qui aurait dû aussi apprendre aux représentants du peuple quel exemple ils avaient eux-mêmes à suivre, elle reprend le cours de ses délibérations, sans même se préoccuper de la mise en liberté immédiate de l'abbé Sicard[1].

Les commissaires sont de retour après une absence de deux heures environ. L'un d'eux, qui a été au Temple, rapporte qu'il ne s'y est manifesté aucun mouvement extraordinaire. Au nom des autres, le vieux Dussault prend la parole : « Les députés, raconte-t-il, ont reçu, sur leur passage et aux environs de l'Abbaye, les témoignages de la confiance populaire; mais, arrivés sur le seuil de la prison, ils ont vainement essayé de se faire entendre. L'un d'eux, Audrein, a même été grandement exposé à cause du costume ecclésiastique qu'il portait. Les commissaires ont dû se retirer, ils ne peuvent rassurer l'Assemblée sur les suites de ce malheureux événement[2]. »

Dussault, d'après le *Moniteur*, termine son récit par cette phrase tristement significative : — « Les ténèbres ne nous ont pas permis de voir ce qui se passait. » C'est-à-dire que les représentants du peuple n'avaient pas voulu voir le sang qui ruisselait sous leurs pieds, qu'ils

---

[1]. Le décret de l'Assemblée n'ordonnait pas d'une manière péremptoire la mise en liberté de Sicard. Aussi, ce respectable ecclésiastique fut-il retenu prisonnier dans une petite pièce attenant à la salle du comité civil des Quatre-Nations. Il y resta trente-six heures, depuis le milieu de la nuit du 2 au 3 jusqu'au 4 septembre. Il entendit massacrer dans la cour de l'église de l'Abbaye les malheureux prêtres qu'on y amenait. Ce ne fut que le 4, sur une nouvelle lettre écrite par lui, que MM. de Pastoret, Hérault de Séchelles et Romme firent prendre par le comité d'instruction publique un arrêté formel de mise en liberté.

[2]. *Journal des Débats et Décrets*, p. 33 et 34, n° 342.

n'avaient pas voulu entendre les cris des victimes qu'on égorgeait à quelques pas d'eux[1].

L'Assemblée courbe la tête et passe à l'ordre du jour. Elle entend et adopte la rédaction des décrets rendus

[1]. Suivant le récit de Louvet, qui déclare tenir le fait de Dussault lui-même, il paraît qu'à l'instant où le traducteur de Juvénal haranguait les assassins, l'un d'eux lui dit : « Monsieur, vous m'avez l'air d'être un brave homme, mais rangez-vous donc ! Il y en a derrière vous, deux que vous nous empêchez de tuer depuis un quart d'heure, et après eux nous en aurions déjà expédié vingt ! »

Nous avons trouvé une lettre confidentielle et non achevée de Bazire, qui avait été un des commissaires de l'Assemblée; quoiqu'elle ne soit en grande partie qu'un spécimen de la phraséologie sentimentale si fort de mode à cette époque, elle nous a paru assez curieuse pour être reproduite ici :

« Ma chère amie, si quelque chose peut me consoler de ne pas vous voir, c'est de penser que vos beaux yeux n'ont pas été souillés des tableaux hideux dont nous avons eu tous ces jours-ci le spectacle déchirant. Mirabeau disait : Rien de plus épouvantable et de plus révoltant dans ses détails qu'une révolution, rien de plus beau dans ses conséquences pour la régénération des empires. Cela peut être, mais comme il faut du courage pour être homme d'État et conserver une tête froide dans de pareils bouleversements et dans des crises aussi terribles ! Vous connaissez mon cœur, jugez de la situation de mon âme et de l'horreur de ma position ! Il faut que l'homme sensible s'enveloppe la tête de son manteau et qu'il se précipite à travers les cadavres pour s'enfermer dans le temple de la loi et n'envisager que la masse. C'est ainsi que toujours je veux m'arracher du théâtre des massacres et que l'Assemblée, dans la vue d'apaiser les furieux, comptant sur l'intérêt que doivent exciter ma jeunesse et quelque peu de popularité me renvoie au milieu d'eux et ne pense pas que l'humanité, dont elle me constitue l'organe, devient mon propre bourreau.

« Écoutez le récit de ce que j'ai vu, et croyez que je vous épargne encore bien des détails pour ne pas abuser de votre sensibilité et parce qu'il me répugne de les retracer. Hier au soir, des membres du conseil

dans la journée, reçoit des dons patriotiques, écoute des pétitions, une entre autres, dans laquelle un citoyen propose de décerner des honneurs publics aux citoyens illustres qui méritent bien de la patrie, tels que les Danton, les Manuel[1]. Ce pétitionnaire candide choisissait bien son moment!

Enfin, à onze heures du soir, l'Assemblée, ainsi que la commune vient de le faire, suspend sa séance; pour maintenir la permanence qui n'a pas cessé depuis le 10 août, elle laisse, comme dans les nuits ordinaires, une commission de quelques représentants.

XI

Dans la soirée du dimanche 2 septembre, toutes les autorités qui avaient en main le pouvoir exécutif, maire, ministres, commandant de la force armée, présidents de

général de la commune de Paris annoncent à l'Assemblée que le peuple s'est porté sur les prisons et qu'il égorge les détenus. Je suis aussitôt nommé commissaire avec cinq de mes collègues pour lui porter des paroles de paix. Nous partons, quelques amis me peignent l'état actuel des choses devant la prison de l'abbaye de Saint-Germain. Je précipitais mes pas, je gémissais de la lenteur de notre cortége; nous arrivons. La porte de la prison donne sur une rue longue et étroite que l'on appelle la rue Sainte-Marguerite, les maisons en sont très-hautes, il y fait nuit beaucoup plus tôt que partout ailleurs. Alors il y régnait une obscurité profonde à laquelle on n'avait opposé que la lueur sépulcrale de quelques flambeaux et de plusieurs chandelles qui se trouvaient placées sur les croisées... »

1. *Journal des Débats et Décrets,* p. 36.

section, étaient rassemblés à la mairie, par suite d'une convocation qui datait déjà de deux jours, afin de s'entendre sur les mesures de salut public à adopter pour repousser l'ennemi en marche sur la capitale.

Ah! la première mesure à prendre dans l'intérêt de Paris, de la France, de la liberté, de la révolution, n'était-ce pas de courir aux prisons, d'arrêter les massacres, de sauver l'honneur de la nation qui s'écoulait à flots précipités par les plaies béantes de tant de victimes déjà égorgées? Mais toutes les préoccupations des assistants étaient concentrées sur la question de savoir qui l'emporterait de Robespierre ou de Brissot; on se regardait avec méfiance, on s'interrogeait avec crainte; aussi se sépara-t-on sans rien décider.

Pendant ce temps, les mandats lancés contre Roland et Brissot par le comité de surveillance étaient mis à exécution. L'hôtel du ministre de l'intérieur était envahi par une bande d'hommes armés comme l'avait été, quelques jours auparavant, l'hôtel du ministre de la guerre, à l'occasion de l'affaire Girey-Dupré. Roland était absent. Sa femme fut obligée de recevoir les étranges visiteurs, elle eut beaucoup de peine à s'en débarrasser[1].

Brissot reçut une visite à peu près semblable; ses papiers furent examinés avec soin pendant plusieurs heures; enfin les commissaires se retirèrent en lui laissant un cer-

---

1. *Mémoires de M*^{me} *Roland,* p. 67, 1re édition.
Le ministère de l'intérieur était alors établi rue Vivienne, dans l'ancien hôtel du contrôle général. Cet hôtel fait aujourd'hui partie de la Bibliothèque impériale.

tificat qui constatait qu'ils n'y avaient trouvé absolument rien qui parût contraire à l'intérêt public.

Du reste, de ces deux visites, les dictateurs de l'Hôtel de Ville retirèrent tout le succès qu'ils en attendaient. Roland fut annihilé, l'Assemblée fut frappée de stupeur, et le comité de surveillance n'eut plus à redouter de résistances d'aucun genre.

Entre minuit et une heure, les députés qui tenaient la permanence de l'Assemblée, apprenant que les massacres continuaient, se hasardèrent à se mettre en communication avec la municipalité afin de connaître officiellement le véritable état des choses [1].

Au moment où la lettre des représentants du peuple parvint aux commissaires de la commune, ceux-ci s'occupaient de tout autre chose que du sort des prisonniers. Ils ordonnaient des recherches de fusils, des appositions de scellés, des visites dans les maisons des suspects, recevaient des communications sur des objets parfaitement indifférents, tels que les théâtres, la Bourse. A peine retrouve-t-on, dans leur procès-verbal, quelques traces de ce qui se passe au dehors; on y lit seulement, par intervalle, des mentions telles que celles-ci :

— « MM. Truchon et Duval-Destain sont nommés commissaires pour faire une visite à l'hôtel de la Force, au quartier des femmes. » — « On dépose sur le bureau une somme de cent louis en or, etc..., formant ensemble de 2,463 livres, ladite *somme trouvée dans*

---

[1]. Rapport du député Baignoux à l'ouverture de la séance du 3 septembre. *Journal des Débats et Décrets*, p. 37, n° 343.

la poche d'un Suisse renfermé à l'Abbaye et qui a été immolé. »

Rien de plus.

A la demande de renseignements formulée par la commission de l'Assemblée législative, la municipalité répond en envoyant quatre commissaires, Truchon, Duval-Destain, Tallien et Guiraut, « chargés de l'instruire de l'état des choses, et de se concerter avec elle sur les mesures à prendre dans les circonstances[1]. »

Les délégués de la commune arrivent dans la salle du Manége vers deux heures et demie du matin. A la lueur blafarde de quelques lampes, en présence d'un petit nombre de membres épars sur les bancs sombres et déserts, ils débitent successivement leurs sinistres rapports.

« La plupart des prisons sont maintenant vides, dit Truchon ; environ quatre cents prisonniers ont péri, on a fait sortir les prisonniers pour dettes et quelques femmes. »

— « On s'est d'abord porté à l'Abbaye, ajoute Tallien ; le peuple a demandé au gardien les registres. Les prisonniers détenus pour l'affaire du 10 et pour cause de fabrication de faux assignats ont péri sur-le-champ ; onze seulement ont été sauvés. La commune, par l'organe de ses magistrats, a fait tous ses efforts pour faire entendre la voix de l'humanité, mais ses efforts ont été impuissants. On a donné au commandant général l'ordre de faire transporter aux diverses prisons des détachements de la force armée, mais le service des barrières

---

[1]. Procès-verbal de la commune. *Histoire parlementaire*, t. XVII, p. 368.

exige un si grand nombre d'hommes qu'il ne reste point assez de monde pour assurer complétement le bon ordre. »

Pitoyable excuse! comme si, de tous les services, le plus urgent n'était pas la garde des prisons, au moment même où elles étaient envahies par des bandes d'assassins!

Guiraut ajoute le dernier trait aux récits de ses collègues en signalant un fait important, suivant lui, pour l'honneur du peuple :

« C'est que le peuple avait organisé un tribunal composé de douze hommes, et que, d'après l'écrou et d'après quelques questions faites au prisonnier, les juges apposaient les mains sur *sa tête (sic)* et disaient : Croyez-vous que dans votre conscience nous puissions élargir M. .....? Ce mot *élargir* était la condamnation. Quand on disait *oui*, l'accusé était relâché en apparence et il était aussitôt précipité sur les piques[1]. S'il était jugé innocent, les cris de : *Vive la nation!* se faisaient entendre et on rendait à l'accusé sa liberté. »

Que l'historien puisse et doive maîtriser son émotion en racontant des faits depuis de longues années accomplis, et sur lesquels il appelle le jugement de la postérité, cela se conçoit; mais qu'au moment même où l'on tue et où les tueurs se livrent à la sacrilége parodie de toutes

---

[1]. Nous copions la minute du procès-verbal de l'Assemblée législative. Le *Moniteur* porte : *l'accusé était lâché et il allait se précipiter sur les piques*. Notre version est la vraie. Ces mots *en apparence* méritent bien d'être conservés; ils ajoutent, s'il est possible, à l'horreur d'un pareil récit.

les formes de la justice, un orateur vienne froidement étaler les plus hideux détails de la plus épouvantable violation des lois et de la morale et cela en présence d'une Assemblée nationale qui froidement les écoute, voilà une énormité qu'on devrait se refuser à croire s'il restait le moindre moyen d'en douter !

LIVRE XII

LES MASSACRES A PARIS.

I

Il faudrait évoquer le sombre génie de Dante pour peindre les horreurs de la nuit du 2 au 3 septembre 1792 : le démon du massacre planant sur Paris, les autorités muettes ou complices, la masse de la population plongée dans une morne stupeur, les amis de la liberté, isolés, impuissants ; les plus hardis courant solliciter l'appui de leurs sections pour essayer d'arracher à la mort les prisonniers les moins compromis ; les comités civils, obéissant aux exigences sans cesse renaissantes des assassins embauchés par les décemvirs de la mairie.

Les égorgeurs *travaillaient,* suivant l'expression consacrée par les documents officiels, dans cinq endroits différents, près du guichet de la rue Sainte-Marguerite ; à cent pas de là, dans la cour de Saint-Germain-des-Prés ; à la Force, au Châtelet, à la Conciergerie [1].

Partout se passent des scènes presque identiques ;

---

1. Les massacres des Carmes étaient terminés. Les massacres des Bernardins, de Saint-Firmin et de Bicêtre n'eurent lieu que le 3 dans la journée, ceux de la Salpêtrière, le 4 seulement.

l'uniformité des circonstances qui accompagnent les égorgements fait reconnaître l'exécution d'un plan arrêté d'avance et d'un mot d'ordre donné[1]. — Le prétendu tribunal installé à la Force emploie des formules exactement semblables à celles que nous avons vu adopter à l'Abbaye. Comme ces deux prisons étaient connues pour être spécialement destinées aux détenus politiques, on n'éveillait aucune crainte, aucune idée de résistance dans l'esprit des prisonniers en prononçant devant eux leur translation de celle-ci à celle-là, et réciproquement : — *Conduisez monsieur à la Force!* — *Conduisez monsieur à l'Abbaye!* La même phrase retournée servait d'arrêt de mort, à moins que, par un raffinement de précision, on employât cette formule générale qui s'appliquait à toutes les situations, et dont l'officier municipal Guiraut avait vanté l'atticisme devant l'Assemblée nationale : « *Elargissez.* »

Quelque pénible qu'il soit de suivre pas à pas les assassins dans les divers lieux où ils ont établi « *leur boucherie de chair humaine,* » il nous faut entreprendre ce triste pélerinage et nous arrêter à chacune de ces stations de la mort. Les victimes ont succombé en faisant, au fond de leur cœur, un appel à la conscience

---

[1]. Nous n'avons fait entrer dans ce lugubre récit que des faits constatés par des témoins oculaires dignes de foi, par des documents authentiques irrécusables, notamment par la procédure dirigée en l'an IV contre les septembriseurs. Tous les épisodes que la légende, l'imagination, l'esprit de parti ont pu inventer, amplifier, dénaturer, ont été par nous soigneusement écartés. La simple vérité est cent fois plus terrible.

du genre humain. Exauçons, s'il est possible, leur dernier vœu, ne marchandons pas là pitié, cette inoffensive vengeance, à ces infortunés, dont la mémoire ne réclame de nous que cette seule expiation.

Entre les deux guichets de la prison de l'Abbaye, siége le tribunal choisi et présidé par Maillard. Celui-ci a déjà fait égorger Montmorin et Thierry de Ville-d'Avray. De peur que quelque incident imprévu ne vienne arrêter ses terribles exécutions, il juge prudent de commencer par ceux qui lui ont été le plus spécialement désignés.

De ce nombre étaient les deux juges de paix, Buob et Bosquillon (des sections de l'Observatoire et Poissonnière), qui avaient osé commencer une instruction contre les auteurs de la journée du 20 juin. Buob était un homme de haute taille, très-vigoureux ; il se défendit courageusement contre ses assassins, en terrassa et en blessa plusieurs avant de succomber sous leurs coups [1].

Le comte de Wittgenstein, lieutenant général, ancien commandant de l'armée du midi, sous le ministère de M. de Narbonne, se montra plus résigné. Dès qu'il comparut devant Maillard, il se rendit parfaitement compte du sort qui lui était réservé ; il remit donc tranquillement au président des assassins son testament et ses effets les plus précieux, en le priant de les faire passer à sa famille [2].

---

[1]. Voir à la fin du volume le résumé du président du tribunal criminel dans le procès des septembriseurs. L'assassin de Buob se nommait Bourre et fut condamné à 20 ans de fers.

[2]. Voir à la fin du volume, dans la notice sur Maillard, la réclamation de la famille Wittgenstein.

Un officier suisse, M. de Reding, avait été blessé, le 10 août, aux Tuileries. Sauvé par miracle, au moment de l'envahissement du château, il avait été découvert dans son asile et conduit à l'Abbaye. Séparé des autres officiers suisses à cause de sa blessure, il avait été placé dans la sacristie de la chapelle de la prison. Une femme qui, par tendre affection, avait pris le costume d'une sœur de charité, ne quittait pas le chevet du jeune blessé. Depuis une semaine on avait transféré à la Conciergerie la plupart des autres officiers, le matin on avait fait sortir de l'Abbaye sa garde-malade improvisée. Durant les premières heures du massacre, on oublia Reding. Mais son nom et sa qualification sont remarqués par un des juges qui parcourt le registre d'écrou. Deux assassins sont envoyés pour le chercher : ils pénètrent dans la chapelle, encombrée de prisonniers, et de là dans la sacristie, où ils trouvent Reding couché sur un grabat. Ils s'apprêtent à l'arracher de son lit de souffrance et à le faire marcher au supplice. Le malheureux leur dit d'une voix mourante : « Eh! messieurs, j'ai assez souffert, je ne crains pas la mort; par grâce donnez-la moi ici... » Mais ses bourreaux sont sourds à ses plaintes, il est enlevé, porté jusqu'à l'entrée de la prison, et à l'instant même égorgé[1].

Le jeune de Maussabré, aide de camp du duc de Brissac lorsque celui-ci était commandant de la garde du

---

[1]. Voir le récit de Journiac de Saint-Méard. Peltier ajoute à cette mort des détails horribles auxquels nous ne donnons pas place ici, parce qu'ils ne sont attestés par aucun témoin oculaire.

roi, veut se sauver par la cheminée de la pièce où gisait un moment auparavant le malheureux Reding, mais il trouve des barreaux de fer qui l'empêchent de passer. On tire sur lui, dans la cheminée, plusieurs coups de fusil ; ce moyen ne réussissants pa, on allume de la paille. La fumée le fait tomber à moitié étouffé, il est achevé devant la porte du guichet.

La mort de M. de Laleu, ancien officier au régiment de Lyonnais, et depuis adjudant général de la garde nationale parisienne, fut horrible. Un des assassins qui portait un nom tristement célèbre, celui de Damiens, se précipite sur lui, saisi d'une rage indicible, l'abat à ses pieds, lui ouvre le flanc, plonge ses mains dans la blessure, en arrache le cœur tout palpitant encore et le porte à sa bouche en criant : Vive la nation ! « Le sang, dit un témoin oculaire, dégouttait de sa bouche et lui faisait une sorte de moustache[1]. »

II

Ces scènes hideuses durèrent toute la nuit, à la lueur des torches dont les pourvoyeurs du tribunal se servaient soit pour éclairer la sortie des victimes, soit pour aller en chercher d'autres à travers les corridors de la prison[2].

---

[1]. Ces détails affreux, mais hélas trop réels, sont extraits textuellement de la procédure dirigée, en l'an IV, contre les septembriseurs. (Voir les pièces justificatives à la fin de ce volume.)
Damiens fut condamné à vingt ans de fers.

[2]. Lorsque certaines victimes, que l'on ne voulait pas faire recon-

Afin de perdre le moins de temps possible, on amenait les malheureux à la porte du lieu redoutable où siégeaient Maillard et son tribunal. Ils pouvaient ainsi assister au prétendu jugement qui décidait du sort de celui qui les précédait. Aussitôt que le président avait prononcé son arrêt, il avait soin d'indiquer sur le registre d'écrou, par un seul mot, *mort* ou *liberté*, la sentence du tribunal; puis, comme s'il procédait à une vente à l'encan, il prononçait froidement ces mots : *A un autre!*

Juges et bourreaux se relayaient pour que la besogne ne chômât jamais. Pendant que les uns, repus de vin, de meurtre et de carnage, se reposaient couchés sur les bancs qui garnissaient la salle même où siégeait le tribunal, les autres fumaient, mangeaient, buvaient, jugeaient, tuaient. Les bras nus, les mains ensanglantées, ils interrogeaient le registre d'écrou, étalé sur la table[1] où s'accoudait Maillard. Cette table était couverte de pipes, de bouteilles, de verres, de pain et de papiers, car c'était là qu'on déposait les certificats qu'apportaient les citoyens courageux qui venaient réclamer, de la part de leurs sections, les prisonniers auxquels s'intéressaient encore quelques âmes charitables. Parfois, Maillard et ses acolytes accordaient aux réclamants leurs

naître à la foule des assistants, paraissaient à la porte de la prison, on leur appliquait une torche enflammée sur le visage et on les exécutait par derrière. Voir le récit de Journiac de Saint-Méard, *Histoire parlementaire*, t. XVIII, p. 111.

1. Le registre d'écrou de l'Abbaye a été providentiellement conservé; il porte des traces évidentes de sang, de vin et de graisse; on dirait qu'après 70 ans il exhale encore une odeur cadavéreuse.

protégés, mais ils les prévenaient en même temps qu'ils eussent grand soin de ne pas venir en demander d'autres.

Plus hideux encore était le spectacle que présentait la cour de Saint-Germain-des-Prés; là, au milieu de monceaux de cadavres, des tables étaient dressées, les massacreurs venaient s'y asseoir à tour de rôle, aussi bien ceux qui travaillaient dans la rue Sainte-Marguerite, devant le guichet de la prison, que ceux qui expédiaient les prêtres dans la cour même. Le vin et le sang coulaient à flots. Le comité civil des Quatre-Nations, sous l'empire de la terreur, fournissait les bons que l'on allait présenter aux marchands du voisinage et auxquels nul n'avait garde d'hésiter à faire droit. Les verres étaient à chaque instant remplis et vidés; « ils dégouttaient le sang dont étaient fumantes les mains des cannibales qui buvaient dedans[1]. » L'odeur de cette effroyable orgie était si nauséabonde, que dans la salle du comité civil le président Jourdan se trouva mal sur son fauteuil[2]. Ce que voyant, l'un des assistants, sans doute un des affidés

1. Voir la déclaration du citoyen Jourdan, président du comité civil de la section des Quatre-Nations, et la relation de l'abbé Sicard, toutes deux reproduites dans *Histoire parlementaire*, t. XVIII.

2. Le comité civil était étranger aux massacres; frappé de stupeur par l'horrible spectacle dont il était témoin, annihilé et cloué à sa place par les ordres du comité de surveillance séant à la mairie, il ne fit rien, ne tenta rien, n'osa rien dire. On avait besoin de la signature de ses membres pour les horribles réquisitions de paille, de chaux, de voitures, de vin, de victuaille, pour le prêt des *travailleurs*; ils la donnèrent. Les bons se trouvent à la préfecture de police. Ils ont été reproduits *in extenso* dans l'ouvrage de M. Granier de Cassagnac, p. 197-210, t. II. Quant à nous, nous demandons à nos lecteurs la permission de leur épargner l'horreur de pareils détails.

du comité de surveillance, s'écrie : « Le sang des ennemis est pour les patriotes l'objet qui les flatte le plus. » A ce moment, l'un des bourreaux, les bras retroussés, armé d'un sabre ensanglanté, entre et dit au comité : « Je viens vous demander, pour nos braves frères d'armes qui égorgent les aristocrates, les souliers que ceux-ci ont à leurs pieds. Nos braves frères vont nu-pieds et ils partent demain pour la frontière! » Les membres du comité civil se regardent et répondent : « Rien n'est plus juste[1]. »

Les frères d'armes qui partaient pour la frontière étaient ces fameux Marseillais qui devaient toujours, le lendemain, aller combattre *les cohortes étrangères* et qui toujours restaient à Paris en qualité d'égorgeurs patentés et soldés par la commune. Les aristocrates étaient de malheureux ecclésiastiques que l'on tirait successivement de leur prison ou qu'on amenait du dehors par suite des perquisitions incessamment faites dans tous les quartiers environnants.

Ils étaient prêtres insermentés, cela suffisait. On ne daignait pas même les conduire au tribunal de Maillard; on se contentait de leur demander s'ils avaient prêté le serment civique : « Nous ne l'avons pas fait, nous ne pouvons le faire. » Cette réponse, toujours la même, était leur arrêt de mort. Cette mort, ils la subissaient à la manière des premiers chrétiens, en pardonnant à leurs bourreaux. On était revenu aux temps de la primitive Église; la cour de Saint-Germain-des-Prés était le cirque où les confesseurs de la foi subissaient le martyre. Les

---

1. Relation de l'abbé Sicard.

bêtes féroces que le comité de surveillance avait déchaînées se jetaient sur eux en poussant d'affreux hurlements, en proférant d'horribles imprécations. Chaque nouveau meurtre était salué par des cris de : *Vive la nation!* comme si la France pouvait devoir son salut à de pareils holocaustes!

Un seul épisode suffira pour faire juger de la froide cruauté des massacreurs, de l'indomptable intrépidité des victimes. Le carnage tirait à sa fin, la cour était encombrée de cadavres, les bourreaux tombaient de lassitude. On leur amène deux prêtres unis par une amitié fraternelle et qui se tiennent enlacés. « Vois, dit à l'un d'eux le chef de la bande des bourreaux, vois le sort réservé à ceux qui ne veulent pas se soumettre à nos lois; fais le serment ou à l'instant tu vas aller les rejoindre! — Donnez-nous, répond le prêtre avec résignation, le temps de nous préparer à la mort; permettez-nous de nous confesser l'un l'autre, voilà la seule grâce que nous vous demandions; nous sommes aussi soumis que vous à toutes vos lois civiles; nous serions de bien mauvais chrétiens si nous n'étions de bons citoyens. Mais, le serment que vous nous proposez n'est pas seulement un serment civil, c'est un renoncement à des articles essentiels de notre croyance religieuse. Nous préférons la mort au crime dont nous nous rendrions coupables en le prêtant. — Eh bien! qu'ils se confessent, répondent tout d'une voix les égorgeurs! aussi bien nous n'en avons pas d'autres à expédier pour amuser les voisins; qu'ils se confessent, ils donneront le temps aux curieux du quartier de se lever et de venir nous voir faire justice de ces coquins. En attendant nous déblayerons la cour. Qu'on aille chercher des charretiers : envoyons à la voirie tous ces aristocrates. »

Les égorgeurs veulent laver la cour, mais bientôt il faut renoncer à ce travail. Le sol est trop imprégné de sang, on se contente de le couvrir de paille. On apporte des bancs; on invite les prostituées du quartier à venir s'y asseoir, et, pour que le spectacle soit complet, on place un lampion auprès de la tête de chaque cadavre. Ces préparatifs terminés, on va chercher les deux ecclésiastiques qui s'étaient retirés dans un angle de la cour et qui déclarent eux-mêmes qu'ils sont prêts à mourir; on les amène sur le lit de paille préparé d'avance et on les immole. L'assistance rit, chante et applaudit[1].

III

La Conciergerie et le Châtelet regorgeaient de prisonniers. Sauf les officiers suisses récemment transférés de l'Abbaye, M. de Montmorin, le gouverneur de Fontainebleau, qui avait été acquitté par le tribunal deux jours auparavant, et quelques autres encore, la Conciergerie ne renfermait que des individus arrêtés ou condamnés pour crime de droit commun; mais on avait parlé de conspirations de prisons, d'ateliers de faux assignats découverts; il fallait donc que, dans les égorgements en masse, les détenus ordinaires et les détenus politiques fussent confondus. Pour faire croire à des complots et à

---

1. Voir la relation de l'abbé Sicard.

des crimes imaginaires, pour donner le change à l'opinion publique on sacrifiait ainsi, de propos délibéré, des malheureux dont les uns étaient peut-être innocents, puisqu'ils n'avaient comparu devant aucun tribunal, dont les autres avaient été jugés, mais avaient été condamnés par un tribunal régulier à des peines moindres que la mort.

Le meurtre d'ennemis politiques ne se justifie pas, mais à la rigueur peut se comprendre. Il est une chose cent fois plus horrible, c'est le meurtre de criminels ordinaires, commandé et exécuté froidement par des juges et des bourreaux improvisés, se substituant à la justice régulière[1].

A la Conciergerie et au Châtelet, le massacre commença assez tard; mais il se prolongea dans la nuit, et dura toute la journée du lendemain. Y eut-il dans ces deux prisons un simulacre de tribunal? Cela est douteux, car les récits contemporains n'en ont conservé aucune trace. A l'exception des quelques prisonniers qui attendaient à la Conciergerie l'heure de comparaître devant le tribunal du 17 août et qui avaient été spécialement désignés à l'attention des assassins, il n'y avait là que des détenus dont la vie ou la mort n'intéressait que fort médiocrement les organisateurs des massacres. Peu leur importait que l'on

---

1. Robespierre s'écriait, quelque temps après les massacres de septembre : « Heureusement, il n'a pas péri un seul innocent! » L'odieux rhéteur oubliait, pour les besoins de la cause, que tout prévenu est réputé innocent, et que nul n'a le droit de remplacer de son autorité privée, par une peine plus forte, celle qu'a prononcée le juge compétent.

immolât ceux-ci, que l'on épargnât ceux-là, pourvu qu'il en pérît assez pour donner raison aux vagues rumeurs de conspirations, lancées dans la population parisienne.

Le soin de faire le triage des prisonniers, d'après les indications des registres d'écrou, fut laissé à des sicaires en sous ordre ; ce furent des assassins et des escrocs qui, au gré de leurs sympathies ou de leurs haines, décidèrent du sort de complices ou d'ennemis. On conçoit quelle impartialité dut présider à ces jugements prononcés *au nom du peuple souverain*. Chose digne de remarque, c'est que les greffes et les locaux affectés spécialement aux employés de ces deux prisons, furent le théâtre de nombreuses déprédations. Beaucoup de ceux qui, ce jour-là, régnaient en maîtres à la Conciergerie et au Châtelet en avaient été précédemment les hôtes obligés ; ils n'y étaient pas toujours entrés pour y donner des ordres, mais pour en subir. Ils avaient des vengeance particulières à exercer contre les geôliers ; ils ne s'en firent faute[1].

Les sicaires du comité de surveillance envahirent également la Force dans la soirée du 2 septembre ; mais les apprêts du massacre, l'examen du registre d'écrou, la désignation des prisonniers à exécuter et de ceux qu'à la rigueur on pourrait épargner, l'installation d'un simulacre de tribunal prirent assez de temps. Les sanglantes exécutions ne commencèrent qu'à une heure après minuit.

---

1. Voir dans l'ouvrage de M. Granier de Cassagnac, t. II, p. 392 et suivantes, les déclarations des guichetiers du Châtelet relativement aux vols dont ils furent victimes.

On appela d'abord les prisonniers que l'on n'estimait pas utile de sacrifier; on les fit comparaître devant une espèce de commission presque entièrement composée d'officiers municipaux. La Force étant très-rapprochée de l'Hôtel de Ville, les membres de la commune y marquèrent beaucoup plus leur action qu'à l'Abbaye. On y vit successivement apparaître, revêtus de l'écharpe municipale et y donner des ordres, Monneuse, Dangé, Michonis, James, Marino, Lesguillon, Hébert, Lhuillier, Rossignol, Truchon, Duval-Destain.

Les prisonniers à épargner furent mis en dépôt dans la petite église Sainte-Catherine-de-la-Couture; on leur fit prendre l'obligation de s'enrôler et de partir le jour même pour l'armée. Ainsi ceux que leur incivisme prétendu avait rendus suspects, allaient combattre à la frontière, et ceux qui les accusaient de pactiser avec l'étranger, restaient à Paris, se contentant d'égorger des malheureux sans défense et de recevoir le salaire de leurs forfaits. C'était moins dangereux et plus lucratif.

Ces préparatifs achevés, on procéda à l'installation du tribunal qui devait être censé exercer la justice du peuple.

Le tribunal de la Force ne fut pas, comme celui de l'Abbaye, présidé pendant tout le massacre par un seul et même individu; Hébert, Monneuse, Rossignol, un individu boiteux, du nom de Chépy, peut-être plusieurs autres encore, occupèrent successivement le fauteuil.

Ce fut encore parmi les *scribes du ruisseau* que l'on alla chercher le misérable qui consentit à faire l'office de ministère public. Un ancien huissier au Châtelet, nommé

Chantrot, lisait à haute voix les écrous et faisait comparaître devant les juges improvisés les malheureux prisonniers[1].

IV

A la Force se trouvaient Rulhières, ex-commandant de la garde à cheval de Paris, et Baudin de La Chesnaye, un des chefs de légion de la garde nationale parisienne, celui-là même qui avait commandé, le 10 août, aux Tuileries, après le départ et l'assassinat de Mandat.

A deux heures du matin la porte de la chambre où étaient ces deux prisonniers s'ouvre avec fracas; six hommes à piques se présentent et demandent M. de Rulhières. Celui-ci, qui était couché, se lève sur son séant et répond à cet appel.

Un officier municipal prend la parole, et élevant la voix de manière à être entendu des hommes armés qui l'accompagnent et dont les guichetiers peuvent à peine contenir l'impatiente fureur :

« Vous êtes accusé, M. de Rulhières, d'être un des conspirateurs du 10 août; je viens vous dire de

---

1. Voir à la fin du volume le résumé du président du tribunal criminel, à la fin du procès des septembriseurs. Nous avons également consulté dans cette procédure les dépositions des sieurs Desprez, Bailly et Bertrand, gardiens de la Force, du sieur Richelot, greffier de la même prison. Dans son interrogatoire, Chantrot fut obligé de reconnaître qu'il avait lu les écrous à haute voix, et Monneuse qu'il était resté à la Force, depuis le 3 vers deux heures de l'après-midi jusqu'au 6, époque où finit ce qu'il appelle lui-même « l'examen des prisonniers. »

recommander votre âme à Dieu, car le peuple demande votre tête. Je suis fâché d'être chargé d'une semblable mission, mais mon devoir m'y oblige. »

Rulhières répond avec calme : « Il y a déjà longtemps que je m'attendais au sort que vous m'annoncez; j'aurais seulement cru qu'on m'aurait interrogé. » L'officier municipal s'approche de la porte, rappelle à ceux qui l'accompagnent qu'ils lui ont promis d'obéir à la loi : « Voulez-vous permettre, mes camarades, que M. de Rulhières se rende au greffe pour être interrogé? — « Oui! oui! s'écrient-ils, qu'il vienne, mais *qu'il se dépêche!* »

Rulhières se laisse emmener; il est livré à ses bourreaux, qui s'amusent à le frapper de coups de plat de sabre, à le larder de coups d'épée, mais sans lui faire aucune blessure mortelle. Ce n'est qu'après un supplice d'une demi-heure que ce malheureux officier exhale son dernier soupir.

Peu après on vient chercher Baudin de La Chesnaye; on lui fait subir une espèce d'interrogatoire qui se termine vite par la sentence ordinaire : « A l'Abbaye! »

En franchissant le seuil de la prison, La Chesnaye, à la vue des cadavres qui obstruent l'entrée, pousse un cri d'horreur, se voile le visage de ses deux mains et tombe dans une mare de sang et de boue.

A ces meurtres en succèdent plusieurs centaines d'autres qu'il serait trop long de raconter en détail. La petite rue des Ballets, où *travaillaient les égorgeurs*, était dans toute sa longueur bordée de trois rangées d'hommes, de femmes et même d'enfants qui assistaient aux massacres comme à un spectacle. La chaussée était encombrée de cadavres. On les empilait les uns sur les autres; bientôt le ruisseau n'eut plus d'écoulement. Une horrible flaque d'eau et de sang vint, comme une marée montante, baigner les murs des deux côtés de la rue. Quelquefois de malheureux blessés parvenaient à s'échapper des mains de leurs bourreaux; plusieurs purent atteindre la rue Saint-Antoine; mais là ils trouvaient d'autres assassins qui leur barraient le passage et les achevaient. Pendant ce temps, des patrouilles fournies par les sections des environs, circulaient aux abords de la Force; mais lorsque quelques citoyens plus courageux que les autres demandaient aux commandants de faire cesser ces horreurs, ceux-ci répondaient: — Nous n'avons pas d'ordres; — et ils se retiraient sans plus protester[1].

Les portes de la Force étaient soigneusement gardées comme celles d'une ville forte. Ne pouvaient y pénétrer que ceux qui avaient des intelligences dans la place.

Avant de faire comparaître les prisonniers devant le tribunal, on leur enlevait tous les objets de quelque valeur dont ils étaient porteurs; on déposait ces objets dans le cabinet du concierge de la prison, où l'officier municipal Monneuse avait mis une sentinelle[2].

---

1. Tous ces détails sont puisés dans les pièces du procès criminel de l'an IV, et spécialement dans les dossiers Vallée, Caval et Monneuse. La même réponse « nous n'avons pas d'ordre, » fut faite par le commandant du bataillon des Quatre-Nations, à l'occasion des massacres de l'Abbaye.

2. Nous avons retrouvé le certificat qui fut délivré par Monneuse à

Mais laissons parler un témoin oculaire, un acteur de ces scènes sanglantes, l'accusateur public du prétendu tribunal populaire, Chantrot :

« Je vis entrer un beau grand jeune homme bien couvert, auquel on ordonna d'ôter tout ce qu'il avait sur lui et de le déposer sur la table, ce qu'il fit sur-le-champ. On lui fit ôter ensuite son habit, puis l'on dit : « Allons, « *c'est bon pour l'Abbaye!* » Aussitôt deux individus, les manches retroussées, pénétrèrent dans le greffe, saisirent ce jeune homme, le conduisirent à la porte de la prison et rentrèrent presque aussitôt en disant : « *Cela est fait*[1]. »

On voit, par ce seul exemple, combien les jugements étaient expéditifs. Cependant certains prisonniers purent être sauvés, notamment Weber, que l'on ignorait être le frère de lait de la reine Marie-Antoinette, Lorimier de Chamilly, valet de chambre de Louis XVI, Bertrand de Mol-

---

René Jolly, qu'il avait préposé spécialement à la garde des effets des prisonniers. Nous conservons l'orthographe de l'officier municipal :

« Je certifie que j'ai mis en factions le citoyen Joly, pour garder les dépouilles des malheureux du mois de septembre 1792. Je n'ai aucune connaissance qu'il se soit mal comporté, en foi de coi je lui ai délivré le présent certificat.

« Monneuse, membre du conseil générale de la commune
et commissaire à la Force. »

Voir le dossier René Joly, dans les pièces du dossier criminel de l'an IV. Joly y est qualifié de ci-devant gendarme et de lieutenant de l'armée révolutionnaire. M. Granier de Cassagnac range Joly parmi les municipaux. C'est une erreur évidente prouvée par le certificat ci-dessus.

1. Nous copions textuellement l'interrogatoire de Chantrot dans le dossier criminel de l'an IV.

leville, frère de l'ancien ministre. Mais ces acquittements portaient sur des individus qui par eux-mêmes n'avaient pas joué de rôle politique. Ils furent dus à l'intervention de plusieurs honnêtes citoyens, qui n'avaient pas craint de se glisser jusque dans le greffe de la prison, afin de sauver quelques victimes en profitant des moindres incidents de leur interrogatoire, de leur attitude personnelle ou de l'incertitude des égorgeurs.

D'ailleurs, ne fallait-il pas faire croire à l'impartialité de la justice populaire en épargnant un petit nombre de prisonniers?

Ce fut le lundi matin, vers dix heures, que comparut devant l'affreux tribunal la charmante et malheureuse madame de Lamballe, Louise de Savoie-Carignan. Hébert, dit-on, présidait en ce moment. A peine prend-il la peine d'interroger l'infortunée princesse sur ses noms et qualités, et de lui demander de jurer dévouement à la liberté, à l'égalité, haine au roi, à la reine, à la royauté.

La princesse répond : « Je prêterai facilement le premier serment, je ne puis prêter le second..., il n'est pas dans mon cœur. » Quelqu'un lui dit tout bas... : « Jurez donc ; si vous ne jurez pas, vous êtes morte. » La princesse ne répond rien et se dirige vers le guichet. A peine a-t-elle franchi le seuil de la porte qu'elle reçoit derrière la tête un coup de sabre ; son sang jaillit. Elle fait encore quelques pas, deux hommes la soutiennent sous les bras ; mais bientôt elle tombe au milieu de la rue, on l'achève à coups de pique, on la dépouille de tous ses vêtements ; des forcenés, poussés par une horrible lubricité, lui font subir d'inénarrables mutilations [1].

Une horde hideuse s'empare de la tête de la malheureuse princesse et promène, au bout d'une pique, cet odieux trophée dans la rue Saint-Antoine et de là sous les murs du Temple, en demandant à grands cris que la famille royale soit amenée aux fenêtres. Un des commissaires de garde auprès de Louis XVI a l'infamie de se prêter à cet horrible désir; d'autres, plus humains, s'y opposent; le monstre ne veut pas perdre le plaisir qu'il s'est promis, il dit à la reine : « On veut vous cacher la tête de la Lamballe qu'on vous apportait pour vous faire voir comment le peuple se venge des tyrans. Je vous conseille de paraître si vous ne voulez pas que le peuple monte ici. »

Les gens du dehors qui, eux aussi, veulent se repaître de la douleur de la malheureuse reine, font retentir l'air de leurs cris d'impatience et de leurs menaces furibondes. Les commissaires de garde prennent peur et écrivent à l'Assemblée la lettre suivante, monument impérissable de la lâcheté la plus insigne.

« Au Temple, ce 3 septembre.

« L'asile de Louis XVI est menacé. La résistance serait impolitique, dangereuse, injuste peut-être. L'harmonie des représentants du peuple avec les commissaires du conseil de la commune pourrait garantir le désordre. Nous demandons que vous vouliez bien nommer six

---

[1]. On trouvera à la fin de ce volume plusieurs pièces inédites relatives à M*me* de Lamballe et à ses compagnes de captivité.

membres pour, conjointement avec nous, calmer l'effervescence.

« DAUJON, LEMAIRE, CHEVALIER, HUTAN, RENISSART. »

Résister à des furieux qui menacent d'égorger des infortunés placés sous la sauvegarde de la loi, serait *impolitique, dangereux, injuste peut-être !* C'est bien la théorie de la souveraineté du peuple telle que l'enseignent les démagogues de tous les temps. Si cette théorie pouvait être un instant acceptée, il faudrait le dire hautement, la souveraineté du peuple serait la plus révoltante et la plus inepte des doctrines.

V

Sur la rive gauche de la Seine, près du pont de la Tournelle, se dressait encore à cette époque une grosse tour carrée, bâtie par Philippe-Auguste, et qu'on appelait la tour Saint-Bernard ; elle renfermait soixante-quinze condamnés aux galères qui attendaient leur transfèrement au bagne[1]. Les assassins s'y présentent dans la matinée

---

[1]. La tour Saint-Bernard était le point de départ de l'enceinte donnée par Philippe-Auguste à la partie méridionale de Paris. Elle fut démolie peu de temps après les événements que nous racontons. Son emplacement est aujourd'hui englobé dans les dépendances de la halle aux vins.

Nous avons pu constater qu'un grand nombre des condamnés de la tour Saint-Bernard n'avaient à subir que deux ou trois ans de galères. Le comité de surveillance les condamna à mort.

du 3 septembre. Aussitôt les portes leur sont ouvertes par le concierge et le brigadier de gendarmerie qui, pour la forme, « leur font quelques représentations, puis leur facilitent l'entrée[1]. » On appelle les prisonniers les uns après les autres dans le préau, on en immole soixante-douze, on en épargne trois qui, sans doute, comptaient des amis parmi les envahisseurs. Tout cela n'est pas l'affaire de deux heures. Un individu qui, au lieu d'assassiner, s'amusait à voler, est massacré par la bande; il faisait du tort aux camarades, les dépouilles des tués étant comprises dans le salaire des tueurs. La besogne achevée, les assassins se rendent à la section des Sans-Culottes (autrefois du Jardin-des-Plantes), qui siégeait dans une des dépendances du séminaire Saint-Firmin, et demandent leur salaire aux membres du comité civil; on leur abandonne les vêtements des victimes, cela ne leur suffit pas; on leur distribue les quelques pièces de monnaie trouvées dans les poches des galériens, cela ne suffit pas encore; on leur donne enfin des bons sur le ministère de l'intérieur pour toucher le complément de ce qu'ils prétendent leur être dû[2].

Pendant qu'une partie des égorgeurs discute et touche le prix du sang, d'autres pénètrent dans la partie du

---

[1]. Expression même du procès-verbal dressé, le 18 octobre 1792, par le fameux Henriot, alors secrétaire-greffier de la section des Sans-Culottes, et contenant les déclarations des gardiens et guichetiers de la tour Saint-Bernard. Ce procès-verbal est donné *in extenso* dans l'ouvrage de M. Granier de Cassagnac, p. 467 du t. II. Nous en avons vérifié la parfaite exactitude.

[2]. Procès-verbal de la section des Sans-Culottes. (Séance du 3 septembre.)

séminaire affectée aux prêtres insermentés et envahissent la salle où ces infortunés prenaient leur repas en commun.

« Ah! ces messieurs dînent, dit en entrant un des assassins nommé Henriot[1]; eh bien! je vais leur faire prendre leur café! » Et aussitôt il saisit, avec l'aide de quelques-uns de ses compagnons, un malheureux prêtre et le jette par une des fenêtres. A ce signal, toute la bande se précipite sur les prisonniers muets et impassibles, en assomme plusieurs à coups de bûche et entraîne les autres dans la cour. Là, comme aux Carmes, comme à l'Abbaye, on ne se donne pas la peine de compter, d'appeler, d'interroger les victimes; c'étaient des prêtres, ils étaient condamnés d'avance[2].

1. Ce n'était pas le célèbre Henriot qui, dans ce moment même, siégeait à deux pas de là comme secrétaire-greffier de la section des Sans-Culottes, dans l'église Saint-Nicolas-du-Chardonnet. L'assassin de Saint-Firmin est ainsi qualifié dans la procédure de l'an IV, où nous puisons tous ces détails complétement inédits : « Humbert Henriot, âgé de 32 ans, né à Serancour (Vosges), journalier sur les ports. » Cet individu « ayant été blessé *dans son travail* à la maison Firmin » (c'est ainsi que s'exprime le procès-verbal), reçut 50 livres qui lui furent payées par ordre de l'assemblée générale de la section, et envoyé à la Pitié pour être soigné de sa blessure. (Procédure de l'an IV, déposition Cagqon.)

Dans cette bande, personne ne montra plus d'acharnement qu'une femme désignée sur la liste des assassins sous le titre de femme *intrépide;* on l'appelait aussi la *Tueuse*. Son véritable nom était Marie-Anne Gabrielle, femme de François Vincent. Ce fut elle qui abattit d'un coup de bûche l'ancien curé de Saint-Nicolas-du-Chardonnet. «. Cet infortuné tomba à genoux et, joignant les mains, s'inclina la face contre terre, un autre coup l'acheva. » (Déposition Talin.)

2. Quelques heures auparavant, dans le sein de la section des Sans-

Trois ecclésiastiques [1] avaient espéré trouver un refuge dans la salle même du comité civil. Malgré les supplications des commissaires, les sicaires qui les poursuivaient les saisissent et les précipitent par les fenêtres dans la cour, où des camarades les achèvent.

Quelques-uns des assassins dépouillent les cadavres, les autres rentrent au comité pour exiger de l'argent. Un des membres du comité se hasarde à faire des observations à l'un des chefs de la bande. Pour toute réponse, ce misérable lui montre la fenêtre d'où l'on a, quelques minutes auparavant, précipité les trois malheureux prêtres. Cependant le trésorier de la section, Roncier, déclare qu'il ne délivrera pas d'argent sans prendre le nom de ceux auxquels il payera, afin de pouvoir rendre compte à qui de droit. « Qu'à cela ne tienne, répondent les assassins; » et ils donnent leurs noms [2].

Culottes, on avait fait la motion de séparer les individus laïques des prêtres qui se trouvaient à Saint-Firmin, mais cette motion, après discussion, fut rejetée, parce que, dit-on, « ces individus laïques, ayant fait cause commune avec les prêtres réfractaires, n'étaient pas dans le cas de fixer l'attention de l'assemblée et devaient rester détenus avec ces derniers sans en être séparés. » (Registre des délibérations de l'assemblée générale de la section des Sans-Culottes.)

1. Ces trois prêtres étaient : le vicaire de Saint-Étienne, le principal du séminaire Saint-Firmin, et un prêtre de la paroisse de Saint-Nicolas.
(Déposition Wanderweden et Mauroy, membres du comité civil de la section des Sans-Culottes, dans le dossier criminel de l'an IV.)

2. Les assassins furent payés à des taux différents; les uns reçurent 24 livres, les autres 10 et 12 livres, d'autres enfin 5 livres seulement. C'est à cette précaution de Roncier que nous devons les listes retrouvées par nous. En présence de ces listes il n'est plus possible de

Mais parmi ceux qui se présentent, il en est un qui n'appartient pas à la section des Sans-Culottes; il était de Villejuif et perruquier de son état. En vain demande-t-il à être payé, en vain se vante-t-il d'avoir égorgé de sa propre main plusieurs prêtres; on lui répond qu'il ait à s'adresser à ceux qui l'ont employé; les autres tueurs qui ne le connaissent pas, n'appuient pas sa réclamation. Il sort, fort mécontent d'avoir assassiné *gratis*.

Une fois payés, les assommeurs vont chez les marchands de vin des environs se partager les bénéfices de la journée, absolument comme s'il s'agissait de la chose la plus simple et la plus ordinaire. « J'en vis quatre, dit un témoin oculaire, qui avaient à la main un double louis et étaient fort embarrassés de se le partager. Ils me demandèrent de la monnaie que je m'empressai de leur donner[1]. »

révoquer en doute le fait du salaire payé aux assassins, salaire qui a été contesté par quelques historiens trop favorables aux promoteurs des massacres et de leurs complices. Nous donnons à la fin de ce volume le résumé des documents officiels qui constatent ce fait désormais irrévocablement acquis à l'histoire.

1. (Procédure de l'an IV, déposition Podevin.) Chez un de ces marchands de vin, un pari s'établit pour savoir si tel individu avait reçu ce que, dans leur ignoble langage, ils appelaient son dû. Pour vider le pari, on s'adressa à la femme de celui-ci : « C'est bien malin, répondit-elle tranquillement, pourquoi n'aurait-il pas reçu comme les autres ? Il a reçu 40 livres. » (Déposition Talin.)

VI

Mais pendant cette matinée du 3 septembre, que faisaient la commune et la Législative ?

Le conseil général rouvre sa séance sous la présidence d'Huguenin. On envoie des commissaires pour protéger les abords du Temple[1] et ceux du palais Bourbon, où étaient enfermés les simples soldats suisses que l'on avait résolu d'épargner. En s'occupant de ces deux points qui ne sont pas sérieusement menacés, on affecte de ne prendre aucune mesure pour arrêter les meurtres qui se commettent dans les autres prisons.

Mais voici qui est plus significatif encore. Une députation de la section des Quinze-Vingts vient demander « l'emprisonnement, comme otages, des femmes et des enfants des émigrés, ainsi que la mort des conspirateurs avant le départ des citoyens pour l'armée. » Comment la commune accueille-t-elle cette proposition qui, dans le moment même, reçoit son accomplissement? Par un ordre du jour, qui est une nouvelle approbation des mas-

---

[1]. Parmi les trois commissaires envoyés, le 3 septembre, au Temple, par le conseil général de la commune, était Robespierre, preuve évidente qu'il siégeait à la commune pendant que l'on égorgeait dans les prisons, et qu'il prit part aux délibérations par lesquelles les massacres étaient implicitement approuvés; c'est cependant ce que nient impudemment tous les écrivains qui veulent écarter de cette idole de la démagogie tout ce qui pourrait impliquer de sa part la moindre complicité dans les journées de septembre.

sacres, car il est ainsi motivé : « Les assemblées générales des sections pouvant *prendre à cet égard, dans leur sagesse,* les mesures qu'elles jugeront indispensables, sauf à se pourvoir ensuite par-devant qui il appartiendra. »

Amère dérision! recours illusoire!

Les victimes de septembre se sont pourvues devant l'histoire; elle n'a pas failli, elle ne faillira pas à son devoir. Elle a frappé et elle frappera d'une éternelle réprobation les organisateurs des massacres, leurs complices et leurs panégyristes.

Le procès-verbal de la séance du conseil général contient, dans plusieurs passages, la preuve que le retentissement des meurtres commis dans les prisons arrivait jusqu'à la commune. Ainsi, on apporte des lettres trouvées sur madame de Lamballe; on annonce le départ de la force armée pour réduire les prisonniers de Bicêtre, que l'on prétend révoltés; on amène deux prisonniers de la Conciergerie pour leur faire dire, en présence des tribunes, que l'on fabriquait de faux assignats dans cette prison, et que l'un des geôliers était chargé de les colporter.

Certains concierges et geôliers avaient, à ce qu'il paraît, mis trop peu de zèle à livrer leurs prisonniers; peut-être même, le premier moment de stupeur passé, avaient-ils voulu s'opposer à la continuation des massacres. Il fallait immédiatement faire justice de ces velléités de résistance aux ordres secrets du *comité d'exécution.* Voici ce qu'on lit dans ce procès-verbal.

« Sur les plaintes multipliées qui sont portées contre la plupart des citoyens-guichetiers des prisons, le conseil général arrête : qu'ils seront consignés, et que les scellés seront apposés sur leurs papiers et effets, afin de mettre la commission des prisons à portée d'examiner leur conduite et d'en rendre compte au conseil général qui statuera définitivement[1]. »

L'Assemblée législative se montre presque aussi indifférente que le conseil général de la commune. Elle entend, dès l'ouverture de la séance (dix heures du matin), la lecture du procès-verbal dressé par ceux des commissaires qui ont passé la nuit et ont reçu les étranges communications de Tallien, Guiraut et Truchon. Elle se fait lire une lettre de Pétion transmise par le ministre de l'intérieur, et dans laquelle le maire de Paris annonce qu'il n'a appris les événements de la nuit qu'au moment où il n'y avait plus de remède. Sur cette lettre, non plus que sur le rapport de la commission de permanence, aucune discussion ne s'engage, aucune résolution n'est prise; durant quatre heures, la représentation nationale accepte des dons patriotiques, reçoit des députations et n'a pas l'air de se douter qu'elle ait à faire la moindre démarche, à décréter la moindre mesure afin d'arrêter le sang qui coule.

Cependant elle ne peut ignorer ce qui se passe, puis-

---

1. Voir l'*Histoire parlementaire* de Buchez et Roux, t. XVII, p. 385.

Il ne fut donné aucune suite à toutes ces plaintes, qui, évidemment, n'avaient été faites, le 3, que pour les besoins de la cause. Les concierges des prisons furent tous réintégrés dans leurs fonctions quelques jours après les massacres. Nous les voyons signer les listes mortuaires qui, pour être tant soit peu exactes, ne pouvaient être faites qu'avec leur concours.

qu'on lui amène un de ses membres, Jouneau, détenu à l'Abbaye par son ordre, pour avoir, à la suite d'une altercation, frappé le Girondin Grangeneuve. Jouneau ayant écrit à l'un de ses amis pour l'avertir du danger pressant qu'il courait, ses collègues l'avaient, par un décret spécial, rappelé au milieu d'eux[1]. Il arrive accompagné d'une douzaine de personnes qui lui ont servi d'escorte. « Avec votre décret sur la poitrine, dit-il, je suis sorti de prison au milieu des acclamations du peuple ; ces citoyens m'ont accompagné avec le plus grand empressement, leur zèle atteste le respect qu'on a pour vos décrets. »

L'Assemblée ne comprend pas l'appel indirect qui lui est fait au nom de l'humanité ; s'il est vrai qu'on la respecte encore, c'est le moment pour elle d'intervenir au nom de la justice et de déclarer solennellement que tous les prisonniers sont sous sa sauvegarde. Mais le peut-

---

[1]. Certains historiens font honneur de l'acquittement de Jouneau à Maillard, qui aurait envoyé une députation à l'Assemblée pour savoir si elle le reconnaissait encore comme un de ses membres. Les choses ne se passèrent pas ainsi, ce fut Jouneau qui écrivit au député Lacoste (de la Charente-Inférieure), le billet suivant dont nous avons retrouvé l'original écrit d'une main ferme et assurée, quoique depuis vingt heures le signataire entendît les cris des victimes qu'on égorgeait à quelques pas de lui :

« Lundi, midi.

« Mon cher collègue, le brave canonnier qui vous remettra cette lettre m'a dit que si j'étais réclamé de l'Assemblée nationale, je ne courrais pas le moindre risque dans le moment actuel. Faites tout de suite ce que votre prudence et votre amitié vous engageront. J'attends tout de votre zèle et de la sagesse de l'Assemblée nationale.

« JEAN-JOSEPH JOUNEAU. »

elle? Elle se sent enveloppée d'une lourde atmosphère de terreur qui énerve ses résolutions, lui enlève toute énergie. N'espérant plus ressaisir le pouvoir que lui a arraché son indigne rivale, elle achève d'épuiser ses dernières forces dans de misérables disputes de partis.

Au moment où Jouneau va reprendre sa place au milieu de ses collègues, Maribon-Montaud, aujourd'hui Montagnard, autrefois marquis, s'écrie : « Ce serait intervertir les règles ordinaires que de laisser siéger au milieu de vous un de vos membres décrété d'accusation ; je demande qu'il reste sous le glaive de la loi. »

Lacroix, se laissant aller à un noble mouvement, fait observer que Jouneau n'est pas sous le coup d'un décret d'accusation. « Il est poursuivi, dit-il, par un de ses collègues pour une querelle particulière jugée comme telle par l'Assemblée. Cela est si vrai, que si M. Grangeneuve voulait renoncer à ses poursuites, M. Jouneau serait libéré et devrait reprendre sa place parmi nous ; je demande que l'Assemblée, considérant qu'il n'aurait pu, sans risque pour sa vie, rester dans la maison d'arrêt qui lui a été assignée, lui permette de rester sur sa parole d'honneur dans un comité de l'Assemblée.

Tous les regards se tournent vers Grangeneuve ; on espère qu'il va se lever, tendre la main à son collègue, et sacrifier son ressentiment à l'intérêt public ; mais lui qui, moins de deux mois auparavant, prodiguait si facilement aux membres de la droite *le baiser Lamourette*, reste immobile à son banc, et l'Assemblée en est réduite à adopter la proposition de Lacroix.

VII

Les malheureux prisonniers sont donc abandonnés sans recours ni merci à la fureur de leurs assassins. Quoiqu'il nous en coûte, revenons à l'Abbaye, où nous attendent d'autres scènes plus lamentables encore que celles que nous avons déjà racontées.

Là, suivant l'expression d'un contemporain [1], « les juges et les bourreaux, le tribunal et le supplice, la vie et la mort, tout est tellement rapproché que tout paraît confondu ; tandis qu'un prisonnier est jugé, d'autres sont exécutés ; les cris de ceux qu'on égorge étouffent la voix de celui qui se justifie. » Là, les prisonniers peuvent suivre avec une fiévreuse anxiété les alternatives de tumulte et de silence qui se succèdent périodiquement, suivant que l'on interroge ou que l'on tue un de leurs malheureux compagnons. De la fenêtre de la tourelle, qui fait le coin de la rue Sainte-Marguerite, quelques-uns peuvent apercevoir les scènes de la rue, ils racontent ce qu'ils voient à leurs compagnons et tous se regardent, se serrent les mains, s'embrassent en silence. Les plus courageux emploient le temps qui leur reste à vivre, en calculant quelle position ils doivent prendre pour moins souffrir, quand le moment fatal sera arrivé.

Une grande partie des prisonniers étaient réunis dans

---

1. *Mémoires de Garat,* reproduits dans l'*Histoire parlementaire,* de Buchez et Roux, t. XVIII, p. 345.

une vaste chapelle. Tout à coup, à la tribune de cette chapelle, paraissent deux vieillards : l'abbé Lenfant, ancien prédicateur du roi, et l'abbé de Rastignac, ancien membre de l'Assemblée constituante. Ils annoncent à leurs compagnons qu'ils vont tous bientôt paraître devant Dieu, et ils les invitent à se recueillir pour recevoir leur bénédiction. Mais laissons parler un témoin oculaire échappé presque par miracle aux massacres de septembre; nous ne pourrions qu'affaiblir son récit.

« Un mouvement électrique, qu'on ne peut définir, nous précipita tous à genoux et, les mains jointes, nous reçumes leur bénédiction. A la veille de paraître devant l'Être suprême, agenouillés devant deux de ses ministres, nous présentions un spectacle indéfinissable. L'âge de ces deux vieillards, leur position au-dessus de nous, la mort planant sur nos têtes et nous environnant de toutes parts ; tout répandait sur cette cérémonie une teinte auguste et lugubre, elle nous rapprochait de la Divinité, elle nous rendait le courage ; tout raisonnement était suspendu, et le plus froid et le plus incrédule en reçut autant d'impression que le plus ardent et le plus sensible..... Une demi-heure après,.. ces deux prêtres furent massacrés et nous entendîmes leurs cris[1]. »

---

[1]. Journiac de Saint-Méard, « *Mon agonie de quarante-huit heures.* » Ce récit, le plus intéressant et le plus exact de tous ceux qui furent publiés à l'époque même, eut plus de 60 éditions en moins d'un an, du 15 septembre 1792 au 31 mai 1793. Il a été réimprimé depuis dans la *Collection des mémoires sur la Révolution,* dans l'*Histoire parlementaire,* t. XVIII. Nous ne l'analysons même pas, car il faut lire dans l'original ce tableau palpitant de réalité.

L'imagination des poëtes et des romanciers pourrait-elle inventer une scène plus attendrissante et qui révèle mieux tout ce qu'il y a de grand et de divin dans la religion, tout ce qu'il y a de consolant dans la foi en une autre vie?

A l'Abbaye se trouvaient quatre malheureuses femmes. Une seule était sous le coup d'un mandat d'arrêt; c'était la princesse de Tarente. Cette amie de la reine, plus heureuse que Mme de Lamballe, put être soustraite à la rage des assassins. Les trois autres étaient librement entrées depuis quelques jours dans ce lieu de douleur. Mme de Fausse-Lendry était venue partager la captivité de son oncle, l'abbé de Rastignac; Mlle Cazotte et Mlle de Sombreuil, celle de leurs pères.

Plusieurs heures après que son oncle eut été immolé, Mme de Fausse-Lendry ignorait encore la destinée de celui au salut duquel elle s'était dévouée. Elle est amenée devant Maillard. « Pour quelle raison êtes-vous ici, lui dit le farouche président? — Ce n'est point par un décret que je suis détenue; je me suis constituée prisonnière volontairement, pour remplir les devoirs de la reconnaissance et de l'humanité. — Envers qui? — C'est pour donner mes soins à un vieillard respectable, qui est mon oncle et mon bienfaiteur, l'ami et le soutien des malheureux. — Tout cela ne dit pas son nom. — C'est l'abbé de Rastignac. — Vous avez fait une grande imprudence. — Non, monsieur, puisque je demande à partager son sort. — Vous êtes libre et vous pouvez sortir. » Mme de Fausse-Lendry s'apprête à obéir, lorsqu'un des assistants s'élance vers elle en s'écriant : « Non, madame, ne sortez pas, le moment n'est pas favorable! Remontez dans votre chambre, et lorsque vous pourrez sortir sans danger, je vous ferai avertir. — Ne l'écoutez pas, reprend un homme en veste qui se trouve à côté d'elle ; si vous voulez vous en aller, je vais vous pousser et vous serez bientôt sortie. » Sans pressentir le piége affreux qui lui est tendu, Mme de Fausse-Lendry, n'écoutant que le désir de revoir son oncle, se dirige vers le guichet; elle est sur le point de le franchir, lorsqu'elle se sent saisir par le bras. C'est le premier interlocuteur qui s'acharnait à la sauver, comme l'autre s'acharnait à la perdre. « Vous ne sortirez pas, madame. Et vous, dit-il au misérable qui entraînait déjà la malheureuse femme, si vous ne la lâchez, je vous fais fusiller. » L'assassin prend peur, et Mme de Fausse-Landry est sauvée [1]...

Avant le commencement des massacres, Mlle Cazotte avait été séparée de son père, elle n'avait qu'une pensée : le rejoindre, le sauver ou mourir avec lui. Tout d'un coup elle l'entend appeler, elle l'entend descendre l'escalier au milieu d'un cliquetis d'armes et de bruits confus; elle s'élance. Avant qu'on ait pu l'arrêter, elle atteint le vieillard, le presse entre ses bras, s'attache à lui. L'irré-

---

[1]. L'honnête homme qui sauva Mme de Fausse-Landry en l'arrêtant ainsi sur le seuil du fatal guichet s'appelait Pochet. Cette dame, dans son récit, dit qu'il était un des juges; cela n'est pas probable, car Maillard savait mieux les choisir. Peut-être était-ce un officier de la garde nationale qui commandait le poste de service et qui se vengeait, en sauvant des victimes isolées, de l'impuissance où il était d'arrêter, à lui tout seul, les massacres dont il était le témoin involontaire et forcé. Le mot « je vous fais fusiller! » indique bien un officier parlant à un subalterne.

sistible sympathie de son immense amour filial se communique à tous les assistants; les tueurs eux-mêmes se laissent attendrir par les larmes de la jeune fille, par les cheveux blancs du vieillard [1].

Le dévouement de Mlle de Sombreuil n'a pas été moins célébré que celui de Mlle Cazotte. Pendant plusieurs heures, devant le prétendu tribunal, elle déploya une héroïque énergie, attendrit successivement le président et les juges. Maillard, qui n'avait pas reçu l'ordre spécial de faire

---

[1]. Cazotte, ancien commissaire général de la marine, retiré près d'Épernay, était en correspondance très-suivie avec un de ses amis, M. Ponteau, secrétaire de l'intendant de la liste civile Laporte; il lui avait à plusieurs reprises envoyé des plans absurdes d'évasion pour la famille royale; on avait fait de cette correspondance une vaste conspiration, et de ce vieillard illuminé le chef des conspirateurs. Les faiseurs de listes avaient cependant dédaigné de marquer de la croix fatale le nom de Cazotte; les assassins avaient eu ainsi permission d'agir à son égard comme ils voudraient. Mais, quelques jours après les massacres, le tribunal du 17 août ordonna la reprise des poursuites contre le malheureux vieillard. On eut soin d'arrêter en même temps sa fille et de la retenir dans une autre prison jusqu'après le jugement.

Cazotte, sur le conseil de son défenseur, déclina la compétence du tribunal extraordinaire, prétendant qu'il ne pouvait être jugé une deuxième fois, ayant déjà été absous par le tribunal installé au guichet de l'Abbaye. Ce moyen de défense aurait dû être péremptoire auprès des ultra-révolutionnaires; mais ils n'hésitèrent pas de se mettre en contradiction avec eux-mêmes. Cazotte fut condamné à mort et exécuté le 24 septembre.

Voici le texte même du déclinatoire qu'il présenta :

« Jacques Cazotte, ci-devant arrêté à Épernay, sur les indications du bureau de surveillance, conduit dans les prisons de l'Abbaye, à l'occasion de la correspondance avec le sieur Ponteau, correspondance devenue publique par la voie de l'impression, a été tiré des prisons

égorger Sombreuil, fut le premier à se laisser émouvoir. Se levant tout à coup, il s'écria : « Innocent ou coupable, je crois qu'il serait indigne du peuple de tremper ses mains dans le sang de ce vieillard. »

Les bourreaux du dedans étaient vaincus; il fallait vaincre les bourreaux du dehors. Les débats qui devaient décider de la vie ou de la mort du vieil officier avaient duré longtemps; ils avaient même été interrompus à plusieurs reprises par les allées et venues de députations qui,

> de l'Abbaye et absous par la nation, représentée par la commune de Paris, éclairée et assistée de ses propres commissaires; réintégré dans les prisons, traduit aujourd'hui devant le tribunal, où on le force de comparaître. Il doit porter trop de respect à la main qui lui a rendu justice pour ne pas en revendiquer hautement le bénéfice. Il déclare donc qu'il continuera de se regarder absous par le souverain lui-même, jusqu'à ce que l'auguste Convention nationale, représentation du peuple souverain, ait décidé s'il y a eu abus dans ce que la commune a fait en sa faveur. Protestant de nullité contre tout ce qui aurait pu être fait contre lui depuis que cette justice lui a été faite et de tout ce qui pourrait être fait jusqu'à la décision formelle des augustes représentants de la nation souveraine, demandant qu'acte lui soit donné de sa protestation registrée, dont il fera part à la commune de Paris pour justifier auprès d'elle les sentiments de respect et de reconnaissance dont il est pénétré à son égard et des efforts qu'il a faits pour se maintenir dans la jouissance de son bienfait.
>
> « Caron.
>
> « Le 24 septembre, an iv de la Liberté, 1er de l'Égalité. »

Armé de cette pièce, nous nous adressons à ceux qui veulent voir une sorte de justice régulière dans celle que LE PEUPLE, disent-ils, institua aux guichets de l'Abbaye, et nous leur posons ce dilemme : ou le tribunal du 17 août, qui, le 24 septembre, condamna Cazotte, déjà jugé le 3 septembre pour le même fait, a commis un assassinat, ou le tribunal de Maillard a assassiné ceux qu'il a envoyés à la mort et qu'il n'avait pas le droit de condamner.

envoyées aux Invalides et à la section du Gros-Caillou, en étaient revenues avec des attestations de civisme et d'humanité en faveur de Sombreuil. Les exécuteurs placés dans la rue Sainte-Marguerite, et qui depuis longtemps chômaient de meurtres et de carnage, s'impatientaient; on leur avait promis *un fameux aristocrate,* et il n'arrivait pas. Des cris de grâce partis de l'intérieur de la salle où siégeait Maillard et son tribunal se font entendre. Le vieillard paraît enlacé dans les bras de sa fille. Les cheveux épars, les vêtements en désordre, la parole animée, elle réclame l'accomplissement de la parole libératrice que vient de prononcer le chef des assassins. Les bourreaux hésitent; l'un d'eux tenait dans ses mains ensanglantées un verre qu'il venait de vider à moitié; il l'approche de la blessure d'un malheureux récemment égorgé et le tend à la jeune fille. « Bois cela à la santé de la nation et ton père est sauvé. » Elle n'hésite pas, prend le verre des mains du misérable et y trempe ses lèvres[1]. Mlle de Sombreuil et son père sont portés en

---

1. Nous aurions voulu, pour l'honneur de l'humanité, révoquer en doute ce pacte dont Mlle de Sombreuil trouva le courage surhumain d'exécuter l'effroyable condition; nous aurions voulu croire que le sang qui dégouttait du verre était seulement celui dont l'avaient maculé, à l'extérieur, les mains du misérable qui le lui offrait; mais on ne peut hésiter à croire à ce fait, le plus horrible de cette horrible époque, depuis que le fils même de l'héroïne du 2 septembre l'a attesté comme le tenant de sa mère elle-même. (Voir la lettre écrite par M. de Villelume à M. Nettement, lettre qui a été insérée dans la *Réfutation de l'histoire des Girondins*, et reproduite depuis par M. Granier de Cassagnac, t. II, p. 226 de son ouvrage sur les journées de septembre.)

Sombreuil, comme Cazotte, ne fut que momentanément sauvé par

triomphe et poursuivis par les cris d'enthousiasme de la populace en délire.

Quelques heures après, Journiac Saint-Méard, à force de courage, d'adresse et de présence d'esprit, sauvait sa tête et était, lui aussi, ramené dans son domicile par trois braves ouvriers qui s'étaient fourvoyés dans ce repaire d'assassins, peut-être avec l'espoir de sauver quelques victimes.

VIII

Les sicaires du comité de surveillance égorgeaient les prisonniers de la Conciergerie dans la grande cour du palais, au pied même du grand escalier[1]. Les bourreaux osèrent le franchir et violer le sanctuaire où depuis plus de cinq siècles la justice est rendue dans la capitale de la France.

l'héroïque dévouement de sa fille. Traduit, moins de deux ans après, devant le tribunal révolutionnaire, le 22 prairial an II (10 juin 1793), il fut condamné à mort et exécuté le même jour. La fille du vieil officier n'était plus aux côtés de son père pour attendrir les bourreaux qui siégeaient à la grande salle du Palais de Justice et qui étaient encore plus impitoyables que les acolytes de Maillard. Mlle de Sombreuil épousa M. de Villelume, qui fut longtemps gouverneur de la succursale des Invalides à Avignon; elle mourut dans cette ville. Lorsque cette succursale fut supprimée, le cœur de Mme de Villelume, qui avait été déposé dans la chapelle de l'établissement, fut rapporté à Paris dans l'hôtel des Invalides par les braves qui en avaient la garde. Ce cœur qui avait battu si fortement le 2 septembre 1792, ce cœur qui, par un effort héroïque, ne s'était pas soulevé à la vue de l'affreux breuvage, est conservé précieusement dans cet asile du courage.

1. Voir les *Révolutions de Paris*, numéro du 8 septembre 1792, p. 423.

Le tribunal du 17 août était occupé à instruire le procès de Bachman, major du régiment des gardes suisses. Les débats avaient été longs et animés; le prévenu protestait à chaque instant contre la compétence du tribunal, « qui ne pouvait, disait-il, juger des militaires protégés par des capitulations internationales[1]. » Au moment où l'audience tirait à sa fin, une bande armée de sabres et de piques envahit la salle et demande qu'on lui livre l'accusé. Les juges pâlissent sur leur siége; Bachman se contente de jeter un regard de mépris sur les assassins. Le président du tribunal, Mathieu, les supplie de ne pas disputer le prévenu au bourreau officiel. Comptant sur cette promesse ils se retirent, et quelques heures après, l'accusé, déclaré coupable de trahison envers la nation française, était guillotiné en face du palais des Tuileries qu'il avait juré de défendre, et dont il n'avait pas dépendu de lui, le 10 août, de prévenir l'abandon[2].

Les assassins qui n'avaient pu l'égorger de leurs propres mains se vengèrent quelques instants après en massacrant au pied de l'escalier du palais les autres offi-

---

[1]. Nous consacrons à la fin de ce volume une note détaillée au procès Bachman et nous reproduisons le déclinatoire qu'il proposa en son nom et au nom de tous ses camarades.

[2]. A l'occasion de la mort de Bachman, M. Michelet a bien raison de s'écrier : « Rien, dans ces jours effroyables, ne fut plus hideux que ce rapprochement, ce mélange de la justice régulière et de la justice sommaire, ce spectacle de voir les juges, tremblants sur leurs siéges, continuer au tribunal des formalités inutiles, presser un vain simulacre de procès, lorsque l'accusé ne gardait nulle chance que d'être massacré le jour ou guillotiné le lendemain. » (*Histoire de la Révolution*, t. IV, p. 155.)

ciers suisses qui se trouvaient à la Conciergerie, attendant leur jugement. Le procès de Bachman avait obligé le tribunal à examiner des questions de compétence assez délicates; le ministre de la justice, auquel il avait fallu soumettre les difficultés, car elles pouvaient se représenter, les trancha à sa manière : par le massacre.

La Conciergerie renfermait un grand nombre de femmes : elles furent toutes relâchées, à l'exception d'une seule, qui s'appelait Marie Gredeler, bouquetière au Palais-Royal, et dont le crime avait acquis une certaine célébrité. Dans un accès de jalousie elle avait mutilé son amant, garde française; et, par jugement du tribunal criminel, elle avait été condamnée à être pendue devant la porte de la caserne de la rue Verte. La sentence, cassée pour vice de forme, avait été confirmée, mais, nous ne savons par quelles circonstances, n'avait pas encore reçu son exécution.

Les assassins commirent sur cette malheureuse femme les plus horribles cruautés[1]. Parmi eux se trouvaient probablement d'anciens gardes françaises, car ceux de ces gardes qui n'avaient pas voulu reprendre du service

1. On peut lire les détails de la mort de cette malheureuse dans l'*Histoire de la Révolution française,* par M. Michelet, t. IV, p. 171. Voir aussi Prud'homme, *Révolutions de Paris,* n° du 8 septembre 1792.

Il ne nous est pas possible de relever une à une les erreurs dans lesquelles est tombé M. Louis Blanc, dans son *Histoire de la Révolution française,* mais nous sommes obligés de faire remarquer ici l'insistance avec laquelle il nie la mort de la bouquetière et l'injustice qu'il commet envers M. Michelet en lui reprochant, à diverses reprises, d'avoir ajouté foi à une pareille fable. (Voir les pages 181, 207 et 209, t. VII.) S'il n'a pu, comme nous, manier le registre

s'étaient fait incorporer dans les compagnies soldées par la commune et vivaient dans les bouges de la capitale, façonnant leurs compagnons de débauche aux horreurs impitoyables qui accompagnent d'ordinaire le sac d'une ville ennemie.

IX.

Lorsque les commissaires de la municipalité avaient paru à la barre de l'Assemblée dans la nuit du 2 au 3 septembre, ils avaient annoncé « que les prisonniers de Bicêtre s'étaient révoltés et que l'on avait été obligé de marcher contre eux avec sept pièces de canons. » On était venu également annoncer au conseil général de la Commune, au commencement de la séance du 3 au matin,

---

déposé à l'Hôtel de Ville, contenant la liste des individus massacrés à la Conciergerie, et dans lequel il aurait pu lire : « Toutes les femmes ont été mises en liberté; la bouquetière seule a péri. Signé, *Richard,* concierge, et *Letellier,* commissaire, » il avait au moins à sa disposition non-seulement le numéro du 8 septembre de Prud'homme, mais encore le n° 5 du *Bulletin du tribunal révolutionnaire,* si souvent cité par lui-même, et dans lequel on lit : « Parmi les premiers immolés par la justice du peuple à la Conciergerie, se trouvaient : ..... Marie-Magdelaine-Joseph Gredeler, femme Baptiste, âgée de 32 ans, bouquetière, ci-devant condamnée à mort par les 1er et 2e tribunaux d'arrondissement. » Cette mention clôt la liste donnée par le rédacteur du *Bulletin,* elle est suivie d'une phrase banale qui, dans la circonstance, devient horrible : *La suite au prochain numéro.* Qu'un historien qui a eu de pareils documents sous les yeux les repousse et reproche même à un de ses devanciers d'y avoir cru un instant, c'est ce qui ne peut ni se comprendre ni se justifier.

« que le bruit se répandait que les prisonniers de Bicêtre s'étaient munis d'armes à feu, qu'ils se défendaient contre ceux qui voulaient pénétrer dans la prison. »

Le nom seul de Bicêtre avait pour toute la population parisienne une signification des plus sinistres : l'imagination des masses se représentait ce triste lieu comme renfermant plusieurs milliers de scélérats prêts à porter partout le fer et la flamme[1]. Aucune nouvelle n'était donc plus propre à jeter l'épouvante dans la capitale; mais aucune n'était plus fausse. Il n'y avait pas eu la moindre révolte, pas la moindre tentative d'évasion.

Les détachements des sections armées qui se rendirent à Bicêtre dans l'après-midi du 3 septembre ne pénétrèrent pas dans les cours de la prison. Ils se contentèrent d'occuper les postes extérieurs et de garder toutes les issues; le reste ne les regardait pas. Une bande d'assassins, conduite, dit-on, par un membre de la commune, envahit seule le greffe, força les employés à apporter les registres d'écrou et à leur amener les prisonniers à mesure qu'ils étaient désignés. Comme à la Force, on annonçait ainsi les sentences de mort : *Conduisez le citoyen à l'Abbaye.*

Mais laissons parler un témoin oculaire[2] : « On savait

---

1. Bicêtre, dans sa vaste enceinte, comprenait un hospice et une prison. L'hospice était, comme il est encore aujourd'hui, un asile pour ces vieillards, appelés bons pauvres. La prison, aujourd'hui détruite, était destinée aux malfaiteurs, aux mendiants et aux vagabonds. Elle renfermait le 3 septembre 411 individus.

2. Le récit de ce témoin oculaire se trouve *in extenso* dans l'ouvrage de Barthélemy Maurice, *Les prisons de la Seine.*

ce que cela voulait dire. Deux hommes prenaient par le bras le malheureux et l'entraînaient hors du greffe à travers les assommeurs, rangés sur deux files ; quand il avait fait quelques pas, les plus à portée le piquaient dans le dos ; on le lâchait, il tombait de droite ou de gauche, on le tirait avec des crochets, puis on l'assommait à coups de bûche, de crosse de fusil, on le lardait de coups de pique..... C'était quelquefois bien long..... »

La boucherie dura toute la seconde partie de la journée du lundi. Le soir venu, les bourreaux s'arrêtèrent ; puis, s'étant reposés, ils reprirent paisiblement leur besogne le lendemain 4, et la terminèrent vers les trois heures de l'après-midi, sans avoir été le moins du monde inquiétés.

Parmi les prisonniers de Bicêtre, il y avait des jeunes gens, on pourrait dire des enfants placés en correction par leurs parents ou leurs maîtres. Presque tous ces enfants furent assommés. Le sang enivre comme le vin, plus que le vin sans doute. Il fit perdre aux assassins celui des sentiments humains qui subsiste peut-être le plus longtemps dans le cœur de l'homme : la pitié pour l'enfance.

Le témoin oculaire que nous avons cité plus haut, et qui était alors employé à Bicêtre, ajoute, dans sa touchante naïveté : « Les assommeurs nous le disaient, et nous l'avons pu voir par nous-mêmes, les pauvres enfants étaient bien plus difficiles à achever que les hommes faits : vous comprenez, à cet âge, la vie tient si bien[1] ! »

---

1. Nous nous abstenons de donner les états mortuaires des victimes

Quoi qu'en aient dit la plupart des historiens qui ont raconté ces massacres, si la troupe armée, fournie par les sections, se transporta à Bicêtre avec du canon, il ne fut pas fait usage de ce terrible moyen de destruction ; les piques et les bûches suffirent. Les prisonniers n'opposèrent aucune résistance, et les criminels les plus endurcis,

de septembre. On les trouve dans l'ouvrage de M. Granier de Cassagnac, où sont reproduites les listes officielles conservées aux archives de la ville et de la police. Mais nous ne pouvons nous empêcher de donner le nom, l'âge et la profession des jeunes gens âgés de moins de dix-huit ans qui tombèrent sous les coups des sicaires de la Commune; cette seule nomenclature montrera comment les assassins qui prétendaient agir au NOM DU PEUPLE traitaient les enfants du peuple :

1.	Auvrard.	13 ans.
2.	Bernard, faiseur de bas au métier.	17 ans.
3.	Bidault, parcheminier.	17 ans.
4.	Camuset, compagnon menuisier.	16 ans.
5.	Charbonnier, commissionnaire	15 ans.
6.	Charles	14 ans.
7.	Cocambray, relieur.	17 ans.
8.	Campion, couverturier.	15 ans.
9.	Coquel, colporteur de papiers publics	15 ans.
10.	Dalmont, commissionnaire.	12 ans.
11.	Diot, imprimeur de papiers peints	16 ans.
12.	Dubois, berger.	17 ans.
13.	Dubray, marchand de rubans.	15 ans.
14.	Gallois, paveur.	17 ans.
15.	Geoffroy, chapelier	16 ans.
16.	Gervillier dit J. J. Rousseau, manœuvre.	17 ans.
17.	Hansberg, marchand mercier.	17 ans.
18.	Huas, marchand forain	14 ans.
19.	Huré, commissionnaire	17 ans.
20.	Lalande, marchand de cannes	17 ans.
21.	Leblond, domestique	14 ans.
22.	Lefèvre.	17 ans.
23.	Leloup, colporteur de papiers publics	15 ans.

livrés individuellement aux sicaires de la Commune, ne pensèrent même pas à vendre chèrement leur vie; ces malheureux, que l'on présentait aux Parisiens comme des bêtes féroces prêtes à s'élancer sur eux, se laissèrent égorger comme des agneaux.

Quoiqu'il nous répugne de nous appesantir sur ces scènes d'horreur, il nous est impossible de passer sous silence un des épisodes les plus importants des massacres de Bicêtre, l'assassinat de Béchet, économe de l'hospice [1]. Prudhomme [2] et Maton de la Varenne [3] racontent que l'économe fut tué par un des prison-

24. Lenoir, boucher . . . . 16 ans.
25. Leroy, commissionnaire . . . . 16 ans.
26. Lorey, compagnon bonnetier . . . . 17 ans.
27. Mérard, gagne-denier . . . . 16 ans.
28. Mialet, commissionnaire . . . . 16 ans.
29. Mirtil, perruquier . . . . 13 ans.
30. Mollet, colporteur de papiers publics . . . . . 15 ans.
31. Montignard, commissionnaire . . . . 15 ans.
32. Montvoisin, vigneron . . . . 15 ans.
33. Morel, relieur . . . . 16 ans.
34. Mulle, commissionnaire . . . . 16 ans.
35. Pavillier, colporteur de papiers publics . . . . . 16 ans.
36. Petit, jardinier . . . . 15 ans.
37. Pierre, marchand de peaux de lapins . . . . . 15 ans.
38. Pinon, jardinier . . . . 17 ans.
39. Plantier, boutonnier . . . . 13 ans.
40. Rousseau, imprimeur en papiers peints . . . . 15 ans.
41. Saint-André, tailleur . . . . 17 ans.
42. Souchard, colporteur de papiers publics . . . . 15 ans.
43. Varin, apprenti bonnetier . . . . 16 ans.

1. L'hospice, bien qu'attenant à la prison, avait son personnel, ses cours, ses préaux et ses bâtiments tout à fait distincts.

2. *Histoire impartiale*, t. III, p. 280.

3. *Histoire des événements de septembre*, p. 421, 422.

niers qui lui en voulait depuis longtemps. Comment un prisonnier aurait-il pu en vouloir à l'économe de l'hospice? il n'y avait rien, et il ne pouvait rien y avoir de commun entre eux. On doit assigner à cet assassinat une tout autre cause. Nous avons retrouvé aux archives de l'Hôtel de Ville une série de lettres qui nous ont appris pourquoi le malheureux Béchet avait mérité d'être désigné d'une manière toute particulière à la haine des meneurs de la commune insurrectionnelle, par conséquent à la rage des assassins qu'ils soudoyaient.

Avant d'être à Bicêtre, Béchet était économe de l'hospice des Enfants-Trouvés du faubourg Saint-Antoine. Il avait conservé dans ce faubourg beaucoup d'amis et de relations, il y jouissait d'une grande influence. Très-attaché aux principes constitutionnels, il entretenait, avant le 10 août, une correspondance active avec La Rochefoucauld et Rœderer, président et procureur-syndic du département, et leur donnait des indications très-précieuses sur l'état des esprits dans la section des Quinze-Vingts. Il est plus que probable que cette correspondance compromettante tomba entre les mains des organisateurs des massacres et qu'ils donnèrent à leurs affidés les ordres les plus précis pour que le malheureux Béchet fût tué par un de ces hasards qui ne sont que trop souvent arrangés d'avance.

Voici comment un témoin oculaire raconte cette mort :
« M. Béchet rentrait par la porte Rouge; le factionnaire lui dit qu'on le demandait au greffe de la prison pour signer je ne sais quoi ou donner je ne sais quel renseignement. M. Béchet ne voulait d'abord pas y aller, parce

que, disait-il, économe de l'hospice, il n'avait rien à faire dans la prison ; mais, enfin, la sentinelle insistant, il se décida. A peine avait-il fait trois pas en avant, que celle-ci lui lâcha son coup de fusil dans les reins. Le pauvre M. Béchet tomba et dit tranquillement : « Ah ! malheu- « reux, tu m'as pris en traître. » Comme il gisait là, se débattant contre la mort, arrive un garde national en uniforme ; je le vois encore, je crois que c'était un fédéré breton : il lui appliqua le canon de son fusil sur le front ; sa cervelle sauta de tous côtés. On le traîna sur le bord d'un fossé en dehors de la porte Rouge, et, comme il était seul, il y resta quarante-huit heures et fut enterré tout le dernier. »

X

A mesure que les massacres s'étendaient dans tous les lieux de détention placés sous la main du comité de surveillance[1], le conseil général de la Commune agissait de plus en plus en complice des assassins, non en protecteur des victimes. A l'ouverture de la séance du 3 au soir, sur la demande des administrateurs de police, c'est-à-dire de Panis, de Sergent et de leurs acolytes, on leur ouvre un crédit de 12,000 fr., à prendre sur les sommes

---

1. Les seuls lieux de détention où les massacreurs ne se présentèrent pas furent Sainte-Pélagie, qui ne renfermait que des prisonniers pour dettes ; Saint-Lazare, qui, comme aujourd'hui, ne contenait que des femmes, et le palais Bourbon, dans lequel on avait réuni les soldats suisses qui avaient consenti à être incorporés dans les divers régiments français.

qui sont entre leurs mains et résultant des saisies faites sur différentes personnes arrêtées ou émigrées, et dont ils devront justifier l'emploi pour le salut de la patrie[1].

On comprend sans peine ce que dissimule cette phraséologie démagogique. Le crédit était demandé pour payer les massacreurs, et, suivant l'horrible expression, employée dans un autre document officiel, *on prenait les frais sur la chose*[2].

Un peu plus tard, un journaliste (Duplain) est amené devant le conseil général; on lui reproche des opinions anticiviques. « Sa défense faible décèle sa conduite criminelle, » dit le procès-verbal. Le substitut du procureur-syndic, sans doute Hébert, conclut « à ce que l'on débarrasse l'Assemblée de l'odieuse présence de cet homme. » Pour être plus sûr qu'il n'échappera pas à la mort, on l'envoie à l'Abbaye; une heure après il était égorgé.

Le président de l'Assemblée nationale ayant réclamé impérativement un rapport immédiat sur l'état de Paris, le conseil général arrête : « Qu'il sera rédigé une proclamation au peuple pour lui remontrer la nécessité de s'en remettre à la loi qui doit punir les coupables. » A la fin

---

1. Cet arrêté se trouve cité textuellement dans les procès-verbaux du conseil général de la commune de Paris, imprimés dès 1822, dans la *Collection des Mémoires sur la Révolution,* publiée par MM. Berville et Barrière, réimprimés dans l'*Histoire parlementaire,* de Buchez et Roux, t. XVII, p. 392. Les écrivains qui nient le salaire payé aux assassins n'ont pas voulu voir ce qui est évidemment écrit dans cette pièce.

2. Rapport au conseil général de la Commune, n° 46, archives de la préfecture de police, cité textuellement dans l'ouvrage de M. Granier de Cassagnac, t. II, p. 47.

de la même séance de nuit, la Commune prend cette délibération dérisoire :

« Le conseil général, vivement alarmé et touché *des moyens de rigueur* que l'on emploie contre les prisonniers, nomme MM. Simon, Michonis, James, Goupy, Dobernel et Proby, pour calmer l'effervescence et ramener aux principes ceux qui pourraient être égarés ; arrête qu'ils seront accompagnés de deux gendarmes et qu'ils pourront requérir la force armée [1]. »

Sous la plume par trop indulgente du secrétaire greffier de la Commune, d'horribles massacres étaient *des moyens de rigueur*. On parlait des supplices affreux qu'on faisait subir aux prisonniers, comme s'il se fût agi de simples mises au cachot. Deux gendarmes à cheval, voilà toute la force publique que l'on fournissait aux officiers municipaux chargés de purger les prisons des assassins qui s'y étaient cantonnés ! Le premier plénipotentiaire qu'on envoyait aux bourreaux pour les ramener dans les voies de la douceur et de l'indulgence était le cordonnier Simon !

Comme la Commune, la Législative reprend sa séance à six heures du soir. Lacroix, au nom de la commission envoyée au Temple dans la journée, fait connaître le résultat de sa mission. « Les députés, dit-il, n'ont rencontré partout que des élans de patriotisme, n'ont entendu que des cris de *vive la nation!* n'ont recueilli que des témoignages de dévouement pour l'Assemblée

---

[1]. Procès-verbaux de la commune de Paris, *Histoire parlementaire*, t. XVII, p. 395.

nationale. Autour du Temple la foule était grande; sans résistance elle s'est ouverte pour laisser passer les commissaires, qui ont trouvé les cours intérieures absolument vides. La porte de la prison du roi était gardée par une barrière que le peuple n'a jamais franchie et ne franchira jamais, celle de la raison, de la liberté et de l'égalité : un ruban tricolore[1]. »

Ce récit rend quelque courage à l'Assemblée, et bientôt Gensonné vient, au nom de la commission extraordinaire, lui proposer d'adopter une proclamation et un décret destinés en apparence à satisfaire aux demandes formulées par le ministre de la guerre, en réalité à rendre, s'il est possible, aux autorités de Paris, le sentiment des devoirs qui leur incombent. La proclamation adressée aux citoyens qui partent pour la frontière les invite « à se défier *des suggestions perfides, des incitations des hommes qui appellent la discorde, la haine et la division, veulent allumer la guerre civile, exciter des désordres dans Paris, provoquer aux excès.* »

Le décret, dans ses considérants, adjure tous les bons citoyens « de se rallier plus que jamais à l'Assemblée nationale, aux autorités constituées, pour concourir par tous les moyens en leur pouvoir au rétablissement de l'ordre et de la tranquillité publique. »

Après avoir dépeint en termes énergiques la sûreté des personnes et des propriétés méconnue, les haines particulières se substituant à l'action de la loi, la fureur des proscriptions se couvrant du masque d'un faux zèle,

---

1. *Débats*, n° 343, p. 50, 51.

il voue à l'exécration de la France entière et de la postérité tous ceux qui méconnaissent l'autorité des lois, et rappelle le peuple de la capitale à sa dignité, à son caractère, à ses devoirs. Dans son dispositif, il prescrit à la municipalité, au conseil général de la Commune et au commandant de la garde nationale, de donner, chacun en ce qui le concerne et sous sa responsabilité personnelle, tous les ordres nécessaires pour que la sûreté des personnes et des propriétés soit respectée; il leur enjoint de venir le jour même à la barre de l'Assemblée prêter individuellement le serment de faire leur devoir et de mourir, s'il le faut, pour l'exécution de la loi[1].

Aux termes de son article final, ce décret devait être proclamé solennellement dans tout Paris et porté dans chacune des quarante-huit sections par des commissaires de l'Assemblée nationale.

C'était la première protestation qui se fût encore nettement formulée contre les attentats qui se commettaient depuis trente-six heures. Elle était bien timide, car on n'osait pas y nommer les véritables auteurs des massacres, on se contentait de les anathématiser en masse par des phrases vides et sonores.

L'Assemblée adopte sans discussion les propositions de Gensonné. Aussitôt après, Brissot, au nom de la commission extraordinaire, présente la liste des députés qui seront chargés d'aller dans les sections faire entendre des paroles de paix et d'humanité. Elle est

---

[1]. La proclamation et le décret se trouvent *in extenso* dans le *Moniteur*, p. 1055, et dans l'*Histoire parlementaire*, t. XVII, p. 379.

composée des noms les plus populaires ; les Girondins et les Montagnards y sont en grande majorité ; à peine y a-t-on admis quelques députés de la droite. Il était alors dix heures du soir ; un des commissaires désignés, Larivière, demande que l'on parte sur-le-champ ; mais on fait observer qu'il est bien tard, que l'on ne trouvera plus les sections réunies, que la démarche perdra ainsi presque toute sa solennité, et risquera de devenir inefficace[1]. Dans un moment où les minutes étaient si précieuses, où, dans cinq prisons, on égorgeait encore, l'Assemblée est arrêtée par cette misérable objection. Quelques instants après, le président reçoit une lettre de Roland, on en applaudit avec enthousiasme l'emphatique phraséologie, puis on lève la séance, et on laisse aux commissaires précédemment nommés le soin d'aller le lendemain, à leur loisir, arrêter les massacres, si, par hasard, ils ne sont pas encore entièrement achevés.

XI

La lettre de Roland débutait ainsi :

« M. le président, je viens remplir un devoir sacré dont l'accomplissement peut me coûter cher, mais je n'ai jamais capitulé avec ma conscience et je serai docile à sa voix, quoi qu'il puisse arriver[2]. »

---

1. *Journal des Débats et Décrets*, n° 343, p. 60.
2. Cette lettre, très-longue et qu'il nous est impossible de citer tout entière, se trouve *in extenso* dans le *Moniteur*, p. 1056, dans l'*Histoire parlementaire*, t. XVII, p. 382.

Cela dit, Roland expose compendieusement comment il est entré la première fois au ministère, comment il y est revenu. Il rappelle qu'il a osé dire la vérité au roi ; puis, se drapant dans son courage et dans son patriotisme, il entame un second exorde sur les révolutions qui ne se calculent point suivant les règles ordinaires. Il arrive enfin à se plaindre des empêchements opposés au rétablissement de l'ordre par cette commune provisoire qui « a rendu de grands services, mais qui a dépassé les limites légales de son action. » Ces excessives précautions prises, il accuse le conseil général « de contrarier l'action du pouvoir exécutif par les vagues dénonciations qu'il lance contre les ministres, et qui, égarant l'imagination populaire, détruisent la liberté du gouvernement. »

Mais, prêt à réclamer, pour le salut de Paris, pour le salut de la France, l'affranchissement du pouvoir exécutif et l'anéantissement des obstacles qui le gênent, il s'arrête brusquement et laisse tomber de sa plume cette phrase fatale qui pèsera éternellement sur sa mémoire : « *Hier fut un jour sur les événements duquel il faut peut-être laisser un voile ; je sais que le peuple, terrible en ses vengeances, y porte encore une sorte de justice...* »

Malheureux Roland ! il croyait pouvoir apaiser, par quelques phrases conciliatrices, les tigres qui devaient bientôt le dévorer, lui, sa femme et ses amis. Il pensait avoir sauvegardé sa responsabilité en déclarant qu'il « resterait à son poste jusqu'à la mort », en adressant, du fond de son cabinet, à l'Assemblée, à Pétion, à Santerre, des lettres dont il attendait patiemment les réponses en faisant les honneurs de sa table à de nombreux convives.

En effet, ce jour-là, il y avait grand repas au ministère de l'intérieur. C'est Mᵐᵉ Roland qui, dans ses *Mémoires*, raconte elle-même le fait. Un de ses invités lui avait amené un hôte étrange et qui n'était pas attendu : Anacharsis Clootz, l'orateur du genre humain, parasite à ses heures perdues et toujours déclamateur ampoulé.

« L'événement du jour faisait le sujet de la conversation. Clootz prétendit prouver que *c'était une mesure indispensable et salutaire;* il débita beaucoup de lieux communs sur les droits des peuples, la justice de leur vengeance et l'utilité dont elle était pour le bonheur de l'espèce. Il parla longtemps et très-haut, mangea davantage et *ennuya plus d'un auditeur*[1]. »

Parmi les convives était aussi un membre du comité civil de la section des Quatre-Nations, Delaconté. Il avait signé toute la journée les fameux bons de vin et de victuailles, exigés par les *travailleurs* des prisons, et il s'était chargé d'en proposer le remboursement au ministre de l'intérieur; Roland lui répondit tranquillement « qu'il n'avait pas de fonds pour de semblables objets. »

Ainsi, de l'aveu même de la maîtresse de la maison, chez le ministre de l'intérieur on dînait à son aise, on discutait froidement sur l'*événement* du jour, on débattait la question de savoir si la dépense faite pour le

---

1. *Appel à l'impartiale postérité,* 1ʳᵉ partie, p. 71.

salaire des travailleurs de l'Abbaye devait être payée sur telle ou telle caisse !

Pendant que le ministre Roland employait ainsi son temps, le comité de surveillance ne perdait pas le sien, il continuait à déployer une activité fébrile, expédiait coup sur coup les ordres les plus sinistres, surveillait leur stricte exécution par ses affidés [1], et, *tout en ordonnant de faire disparaître la trace matérielle des égorgements, s'occupait d'en propager l'exemple dans la France entière.*

A quelques heures d'intervalle il expédiait les ordres suivants :

MUNICIPALITÉ DE PARIS.

« Vous ferez sur-le-champ, monsieur, enlever les corps des personnes de votre prison, qui n'existent plus ; que, dès la pointe du jour, tout soit enlevé et porté hors Paris dans des fosses profondes, bien recouvertes de terre. Faites avec de l'eau et du vinaigre laver les endroits de votre prison qui peuvent être ensanglantés et sablez par-dessus. Vous serez remboursé de vos frais sur vos états. Surtout, célérité dans l'exécution de cet ordre, et que l'on n'aperçoive aucune trace de sang.

« *P. S.* Employez des hommes au fait, tels que les

---

1. Il est constaté par plusieurs documents authentiques, et notamment par la lettre de Maillard, dont M. Granier de Cassagnac a donné le *fac-simile* dans son deuxième volume de l'*Histoire des massacres de septembre,* que Chanay, secrétaire du comité de surveillance, et Lenfant, un des membres de ce comité, restèrent presque en permanence au greffe de l'Abbaye, et qu'on allait à chaque instant leur rendre compte de tout.

fossoyeurs de l'Hôtel-Dieu, afin de prévenir l'infection.
« Les administrateurs de police,

« A la mairie, ce 3 septembre, une heure du matin.

« Panis, Sergent. »

« AU NOM DU PEUPLE.

« Mes camarades, il est enjoint de faire enlever les corps morts, de laver et nettoyer toutes les taches de sang, principalement dans les cours, chambres, escaliers de l'Abbaye. A cet effet, vous êtes autorisés à prendre des fossoyeurs, charretiers, ouvriers, etc.

« Panis, Sergent, administrateurs,
Mehée, secrétaire-greffier.

« A l'Hôtel de Ville, le 4 septembre. »

Un arrêté à peu près identique fut envoyé *aux camarades*, c'est-à-dire aux égorgeurs des autres prisons. Son exécution eut lieu sur-le-champ; des tombereaux mis partout en réquisition transportèrent les corps des victimes à Vaugirard, à la Tombe-Issoire, à Clamart[1].

Le 3 septembre au soir, tous les courriers de la poste, tous les commissaires pris dans le sein de la commune et expédiés avec des passe-ports du pouvoir exécutif pour activer l'enrôlement des volontaires, emportèrent une circulaire imprimée, au bas de laquelle on lisait les noms des membres du comité de surveillance.

Cette circulaire, apologie officielle du plus exécrable forfait des temps modernes, contenait, après quelques

---

1. Voir, à la fin du volume, la note relative à la statistique des victimes de septembre.

phrases banales sur les conspirations royalistes et sur le dévouement patriotique de la ville de Paris, ce qui suit :

« La commune de Paris se hâte d'informer ses frères de tous les départements qu'une partie des conspirateurs féroces, détenus dans les prisons, a été mise à mort par le peuple : *actes de justice qui lui ont paru indispensables pour retenir par la terreur* les légions de traîtres cachés dans ses murs, au moment où il allait marcher à l'ennemi ; et sans doute la *nation entière*, après la longue suite de trahisons qui l'ont conduite sur les bords de l'abîme, *s'empressera d'adopter ce moyen si nécessaire de salut public,* et tous les Français s'écrieront comme les Parisiens :
« Nous marchons à l'ennemi, mais nous ne laissons pas
« derrière nous des brigands pour égorger nos femmes
« et nos enfants. »

> « Les membres du comité de surveillance, administrateurs du salut public et les administrateurs adjoints réunis,
>
> « P.-J. Duplain, Panis, Sergent, Lenfant, Jourdeuil, Marat, *l'ami du peuple,* Deforgues, Duffort, Cally, constitués à la commune, en séance à la mairie.[1]

« Paris, ce 3 septembre 1792. »

---

[1]. Toutes ces signatures furent-elles réellement apposées sur la minute de la circulaire? On n'en a jamais retrouvé l'original, et plusieurs des individus dont le nom y est imprimé ont protesté contre l'accusation d'avoir coopéré à cet acte de folie furieuse. Qui a écrit ces lignes? qui les a signées? Personne ne le peut dire aujourd'hui avec une certitude complète. Mais, ce qui ne peut être contesté, c'est que cette circulaire sortit des presses de Marat et fut envoyée officiellement à

XII

Les représentants envoyés dans les sections rendirent compte de leur mission dans la séance du 4 septembre. Partout ils avaient trouvé le même enthousiasme pour marcher à l'ennemi, pour obéir aux décrets de l'Assemblée, pour défendre la sûreté des personnes et des pro-

toutes les autorités de France, sous le contre-seing du ministre de la justice.

Que Marat, le plus effronté menteur et le plus audacieux faussaire qui ait jamais existé (nous nous servons des expressions mêmes que MM. Michelet et Louis Blanc emploient à l'égard de cet homme), que Marat, disons-nous, ait rédigé cette affreuse circulaire et, de sa propre autorité, l'ait revêtue de la signature de ses collègues, cela est possible à la rigueur. Mais les deux hommes qui ne pourront jamais se laver d'avoir coopéré à la propagation de cette œuvre sanglante, ce sont Danton et Fabre d'Églantine, le ministre de la justice et son secrétaire général.

En septembre 1792, les ministères n'avaient pas encore été désorganisés comme ils le furent un ou deux ans après. Tout s'y passait, pour ainsi dire, comme sous l'ancien régime, par poids et par mesure, avec des commis d'ordre, des employés au départ, des chefs de bureau et des chefs de division auxquels il était référé dans toutes les circonstances un peu délicates. Certainement, aucun subalterne n'aurait pris sur lui d'expédier la circulaire de Marat sans l'avoir portée au ministre, ou du moins au secrétaire général. Ce fut donc évidemment avec leur assentiment qu'elle fut expédiée. D'ailleurs, dans les discussions qui eurent lieu à la Convention au sujet des massacres de septembre, il fut déclaré à différentes reprises qu'elle avait été envoyée dans les départements sous le couvert et le contre-seing du ministre de la justice. Danton et Fabre d'Églantine étaient présents, ils étaient attaqués presque nominativement, ils ne firent entendre aucune protestation.

priétés; partout ils avaient trouvé la même horreur pour les scènes qui venaient d'ensanglanter la capitale; mais, dans beaucoup de sections, ils avaient pu constater que les accusations vagues lancées par Robespierre contre les principaux membres de l'Assemblée, avaient été très-perfidement propagées par les affidés de l'astucieux tribun. Il fallut que les commissaires de la Législative s'abaissassent à les démentir en en reportant tout l'odieux sur celui qui, le premier, les avait formulées. A la section du Luxembourg, le montagnard Rhul traita Robespierre de calomniateur.

La commission extraordinaire des Vingt-et-Un, qui avait été spécialement désignée aux soupçons de la population parisienne, crut, aussitôt après le rapport des divers commissaires, devoir, pour sa dignité, donner en masse sa démission. Vergniaud, son organe dans cette circonstance solennelle, déclara que, mise en suspicion, elle ne pouvait continuer à remplir l'immense et redoutable mission qui lui était confiée, celle de sauver la patrie.

Le discours du grand orateur de la Gironde respire le découragement et le dégoût; on voit qu'il a honte pour lui et ses amis, pour l'Assemblée à laquelle il appartient, pour son pays auquel il a dévoué sa vie, de n'avoir pu empêcher les atrocités dont Paris vient d'être le théâtre.

« Mes collègues et moi, s'écrie-t-il en terminant, nous n'avons qu'une réponse à faire aux odieuses calomnies dont on a voulu ternir notre patriotisme, c'est de remettre en d'autres mains ces pouvoirs qu'on nous envie et dont nous sommes las nous-mêmes, puisque nous sommes impuissants à faire le bien et à empêcher le mal. »

Un grand nombre de députés réclament l'ordre du jour ; mais Lasource insiste, au nom de la commission qu'on a abreuvée d'outrages et qui n'a trouvé que ce moyen d'y répondre.

« Vous venez de jurer que vous combattriez les rois et la tyrannie, s'écrie Cambon, et déjà vous courbez la tête sous je ne sais quelle tyrannie. La commission vous propose son renouvellement, parce que, dit-elle, on la calomnie dans le sein de la commune et des sections ; mais qui ne calomnie-t-on pas ? Il est temps de nous élever à la hauteur des circonstances. Si vous voulez que *la commune de Paris* gouverne *l'empire* comme *faisait Rome, soumettons-nous, mettons la tête sur le billot*. Mais vous avez juré de *défendre le peuple ou de mourir à votre poste. Eh bien! tenez votre serment et faites respecter la volonté nationale*. Je le vois, quelques factieux, quelques tyrans voudraient asservir ma patrie. Je demande au nom du peuple, dont on se sert pour l'asservir, *que l'on réprime les ambitieux,* que l'on châtie ces intrigants qui *cherchent à le perdre par lui-même*. Je termine par une leçon à ces agitateurs pervers *dont le but secret est de se faire nommer à la Convention nationale;* je leur dirai : Vous pouvez égarer le peuple, mais prenez garde à vous ; croyez que demain il s'élèvera d'autres intrigants qui vous rendront avec usure tout le mal que vous avez fait à vos représentants[1]. »

Ces énergiques paroles de Cambon donnaient le vrai

---

1. *Journal des Débats et Décrets,* p. 72 et 82, n° 344; *Histoire parlementaire,* t. XVII, p. 439; *Moniteur,* p. 1059 et 1060.

mot de la situation; elles mettent fin à la discussion, et l'Assemblée passe unanimement à l'ordre du jour sur la démission qui lui est offerte.

Pendant ce temps, Roland, tout fier des applaudissements qui, la veille, avaient accueilli sa lettre, réitérait ses injonctions à Pétion et à Santerre, et adressait à l'Assemblée une copie de ses missives avec un nouveau rapport. C'était toujours le même système : faire des phrases au lieu d'agir[1].

La réquisition de Roland au commandant général de la force armée était ainsi conçue :

« Au nom de la nation et par ordre de l'Assemblée nationale et du pouvoir exécutif, je vous enjoins, monsieur, d'employer toutes les forces que la loi met dans

---

[1]. Le *Moniteur*, p. 1060 et le *Journal des Débats et Décrets*, p. 81, ne contiennent qu'une analyse succincte du rapport de Roland. Nous avons retrouvé l'original :

« LE MINISTRE DE L'INTÉRIEUR AU PRÉSIDENT DE L'ASSEMBLÉE.

« Il paraît que le massacre opéré dans les prisons n'est pas uniquement l'effet du transport qui a paru saisir des citoyens à l'aspect des dangers dont la capitale est menacée. Cet effet serait momentané, tandis que ces cruelles opérations se prolongent, malgré les réquisitions que j'ai plusieurs fois adressées au maire, vertueux mais sans pouvoir, dont Paris méconnaît la voix.

« J'apprends que des hommes en armes sont encore à l'Abbaye, cherchant à inonder les cachots dans lesquels on suppose qu'il reste des prisonniers. On parlait ce matin d'immoler les signataires de la pétition Guillaume. On ne saurait prévoir les horreurs auxquelles cette marche sanglante peut conduire. Non, il n'est pas possible que la majorité des citoyens se prête à ces excès. Elle se ralliera sans doute à la voix des représentants de la nation pour disperser les hommes égarés qui les commettent. »

vos mains pour empêcher que la sûreté des personnes et des biens soit violée, et je mets sous votre responsabilité tous attentats commis sur un citoyen quelconque dans la ville de Paris.

« Je vous envoie un exemplaire de la loi qui vous ordonne la surveillance et la sûreté que je vous recommande, et j'informe l'Assemblée et le maire de Paris des ordres que je vous transmets. »

A quoi Santerre répondait :

« Monsieur le ministre, je reçois à l'instant votre lettre; elle me somme, au nom de la loi, de veiller à la sûreté des citoyens.

« Vous renouvelez les plaies dont mon cœur est ulcéré en apprenant à chaque instant la violation de ces mêmes lois et les excès auxquels on s'est livré. J'ai l'honneur de vous représenter qu'aussitôt la nouvelle que le peuple était aux prisons, j'ai donné les ordres les plus précis aux commandants du Temple et autres voisins de la demeure du roi et de l'hôtel de la Force, à qui j'ai recommandé cette prison qui n'était pas encore attaquée.

« Je vais redoubler d'efforts auprès de la garde nationale, et je vous jure que si elle reste dans l'inertie, mon corps servira de bouclier au premier citoyen qu'on voudra insulter. »

Que de mensonges accumulés, que de protestations démenties par les faits! Après quarante-huit heures d'immobilité, ce digne commandant des sections armées parle de faire un rempart de son corps au premier citoyen dont la vie sera menacée! Il y a quelque chose peut-être de plus hideux que le cynisme de Marat, c'est l'hypocrisie de Santerre[1].

XIII

La visite des commissaires de l'Assemblée dans les quarante-huit sections, leurs embrassades patriotiques, les serments prêtés entre leurs mains et renouvelés peu d'heures après dans le sein de la représentation nationale par les magistrats municipaux, n'avaient été que de vaines et stériles démonstrations.

Les assassins ne songeaient nullement à évacuer les prisons où ils régnaient en maîtres[2]. Étendus dans les greffes, dans les cours, ils cuvaient leur double ivresse, Les plus valides dépouillaient et chargeaient les cadavres, puis les entassaient sur des charrettes, et, dans leur hébétement stupide et lubrique tout à la fois, se livraient à d'ignobles plaisanteries et à d'affreuses mutilations. Si par hasard on leur amenait, soit du dehors soit du dedans, un malheureux à égorger, ils se dérangeaient de leur besogne courante, le tuaient à coups de

[1]. Il est une série de documents bien curieux, que nous avons eu le bonheur de retrouver; ce sont les rapports de l'état-major de la garde nationale pendant ces jours néfastes; on dirait, à les lire, que Paris jouit de la plus admirable tranquillité. Nous les donnons à la fin de ce volume; c'est un monument d'infamie qui doit être conservé à l'histoire.

[2]. Le 4 septembre, la commune eut l'audace de faire vendre aux enchères publiques, dans la cour même de l'Abbaye, les effets des victimes. (Voir la note à la fin du volume.)

pique, l'assommaient à coups de bûche, puis reprenaient tranquillement leur ouvrage un moment interrompu en achevant de nettoyer les cours et d'enlever les corps morts.

Les massacres continuèrent, pendant toute la journée du 4, à l'Abbaye, à la Force, à Bicêtre. Ce fut à leur retour de cette dernière prison que les assassins envahirent la Salpêtrière. Cet hôpital-prison renfermait des vieilles femmes, des malades et des détenues. Parmi ces dernières, il y avait un certain nombre de jeunes filles en correction.

Le 3 au soir, quelques individus avaient pénétré dans cette maison et avaient fait sortir plusieurs prisonnières; mais, à l'arrivée de deux ou trois compagnies de garde nationale appartenant notamment à la section Mauconseil, ils s'étaient retirés sans avoir pénétré dans la partie appelée la *grande Force*[1].

---

1. M. Granier de Cassagnac, qui tient à augmenter les torts qu'il prête à la bourgeoisie de Paris dans ces malheureuses circonstances, dit (p. 450, t. II) que ce fut la garde nationale de la section Mauconseil qui régularisa le massacre de la Salpêtrière et y assista l'arme au bras. Il se fonde pour appuyer cette assertion sur cette mention qu'il a trouvée, comme nous, dans le registre de cette section, à la date du 3 septembre :

« L'Assemblée, sur la proposition et le rapport de M. Lesimple, nommé commissaire, a arrêté que deux cents hommes et une pièce de canon partiront sur-le-champ pour la maison de la Salpêtrière et renforceront la garde nationale qui s'y trouve. »

Mais cet envoi du bataillon Mauconseil eut lieu le 3 septembre, et le massacre à la Salpêtrière ne commença que le 4, à quatre heures du soir. On voit, par le récit de Prudhomme, corroboré par la lettre de l'économe de la Salpêtrière, que le bataillon réussit à faire retirer les envahisseurs du 3, et, qu'après leur retraite, il rentra dans son quar-

L'économe de la Salpêtrière avait, dès le 4 au matin, écrit au maire de Paris et à la section du Finistère, pour leur exprimer toutes les craintes qu'il avait pour la sûreté de la maison confiée à sa garde ; mais ses lettres étaient restées sans résultat et même sans réponse.

La première partie de la journée fut tranquille ; mais, vers quatre heures du soir, les bandes ivres de sang et de vin qui revenaient de Bicêtre, passant devant la Salpêtrière, s'attroupent sur le boulevard de l'Hôpital ; n'éprouvant aucune résistance, elles pénètrent dans la prison et y portent cette fureur de carnage que les trente-six heures passées à égorger des vieillards et des enfants ont poussée à son paroxysme.

Sauf deux exceptions, prises aux deux degrés extrêmes de l'échelle sociale (la princesse de Lamballe et la bouquetière du Palais-Royal), les femmes avaient été partout épargnées. Mais ici les assassins se surpassent eux-mêmes en férocité et en cynisme. Ils se livrent aux plus odieux attentats sur des femmes, des jeunes filles, des enfants, le meurtre se complique de viol ; en un instant trente-cinq malheureuses femmes sont assommées ou sabrées[1].

tier. Il ne peut donc être responsable d'événements qui se passèrent dix-huit heures après son départ. L'erreur de M. Granier de Cassagnac est d'autant plus étrange qu'il avait sous les yeux la lettre de l'économe de la Salpêtrière, insérée par lui dans un autre passage de son ouvrage (p. 78, t. II.)

1. Parmi les trente-cinq malheureuses femmes qui périrent, il y en avait quelques-unes fort âgées (60 et 70 ans); plusieurs n'avaient que quelques années et même quelques mois de détention à subir.

Cinquante-deux femmes et filles furent emmenées par les assassins,

Le procès-verbal des faits arrivés le 4 septembre à la Salpêtrière est certainement le plus curieux et en même temps le plus épouvantable de tous les documents officiels de cette triste époque; il est daté du jour même, 4 septembre, et dressé par deux commissaires de la section du Finistère. Ceux-ci durent l'écrire en présence des cadavres encore chauds, et peut-être même pendant qu'on tuait les dernières victimes [1].

Les commissaires Brunet et Bertrand y déclarent « qu'ayant été avertis, au comité de la section du Finistère, qu'une affluence d'hommes armés qui s'étaient portés, les 2 et 3 courant, dans les prisons de la capitale et y avaient tué quelques prisonniers » — quelques? il y en avait plus de douze cents ! ! ! — « se rendaient à la Salpêtrière, ils s'y sont eux-mêmes transportés et ont trouvé la cour de cette maison de force remplie d'une quantité d'hommes armés de sabres, d'instruments tranchants et de gourdins, qui, après avoir forcé l'entrée des locaux où les prisonnières étaient renfermées, les en sortaient (*sic*), et, après examen des écrous, les assommaient, les perçaient de coups de sabre et autres instruments, au point qu'il en est résulté la mort de plusieurs d'entre elles et la

---

d'après le document dressé par Dommoy, économe de la prison. Parmi ces dernières, plusieurs étaient condamnées à perpétuité. D'après un état dressé par le comité de surveillance, le nombre des mises en liberté fut beaucoup plus considérable et s'éleva à 213; on comprend, du reste, le motif qui incita les égorgeurs à accorder ici tant de mises en liberté : ce ne fut certes pas un sentiment de pitié.

1. Ce procès-verbal est rapporté *in extenso* à la page 254 et suivantes du deuxième volume de l'ouvrage de M. Granier de Cassagnac. Il est déposé aux archives de l'Hôtel de Ville.

sortie de la maison de force d'autres, desquelles tant assommées que celles sorties, il a été au fur et à mesure fait mention, sur le registre, tant de leur mort que de leur sortie. »

Après avoir dressé ce procès-verbal, monument de stupidité burlesque et d'indifférence brutale, les commissaires firent fouiller les vêtements des malheureuses victimes et ordonnèrent leur inhumation dans le cimetière même de la Salpêtrière.

Quel fut le moment précis où se terminèrent les massacres des prisonniers de Paris? C'est ce qu'il est très-difficile de dire exactement. On voudrait se persuader que le 4 a été le terme fatal des égorgements : car, plus on étendra le cercle des heures durant lesquelles ces horreurs se sont accomplies, plus on rendra pesante la responsabilité de tous ceux qui avaient alors dans leurs mains la moindre parcelle de l'autorité publique.

Mais des documents authentiques ne permettent pas d'accepter cette hypothèse ; ils prouvent que les meurtres se sont continués au moins jusqu'au 6, et même jusque dans la nuit du 6 au 7 septembre. Ainsi, dans un état des morts dressé et signé par les membres du comité de surveillance à la date du 10 septembre, — ceux-là, certes, savaient bien ce qu'il en était, — nous voyons que les décès constatés ont eu lieu dans les journées des 2, 3, 4, 5 et 6 septembre. Ainsi, nous trouvons dans les procès-verbaux du conseil général de la commune plusieurs mentions qui attestent que les massacres continuaient encore le 5 dans plusieurs prisons, et notamment à la Force.

L'un des municipaux qui assistaient aux jugements du tribunal institué au greffe de cette prison, Rossignol, le futur dévastateur de la Vendée, demande, le mercredi 5, à six heures du soir, qu'on vienne le relever de ce poste parce qu'il est excédé de fatigue. Le 6, à dix heures du matin, le conseil reçoit une lettre du maire qui lui annonce que les exécutions se continuent dans cette même prison [1] ; à cette communication le conseil répond en envoyant une députation à Pétion, « pour l'inviter à se rendre à la maison commune, et à délibérer sur les moyens de faire cesser l'effervescence. » On voit de quelles expressions toujours mitigées se servait le secrétaire greffier du conseil général.

A deux heures, Pétion, sortant enfin de son immobilité, se présente au conseil général, et de là se rend avec un nombreux cortége à l'hôtel de la Force pour rappeler aux massacreurs « l'exécution de la loi qui protége les personnes et les propriétés [2] ». Mais laissons-lui raconter lui-même cette dernière scène des massacres [3].

1. En même temps Pétion écrivait à Santerre la lettre suivante :

« Je vous écris, monsieur le commandant, relativement à la prison de la Force. Je vous ai prié d'y établir un nombre d'hommes si imposant qu'on ne fût pas tenté de continuer des excès que nous devons déplorer. Vous ne m'avez pas répondu. J'ignore si vous avez satisfait à ma réquisition ; mais je vous la réitère pour ce matin. Comme j'ai à rendre compte à l'Assemblée nationale, j'ignore ce que je puis lui dire sur l'état de cette prison. »

2. Procès-verbaux de la commune, *Histoire parlementaire,* t. XVIII, p. 263, 265 et 266.

3. Discours de Jérome Pétion sur l'accusation intentée à Robespierre, t. XXI de l'*Histoire parlementaire,* p. 105, 106.

« Des citoyens assez paisibles obstruaient la rue qui conduit à cette prison ; une très-grande foule était à la porte... Non, jamais ce spectacle ne s'effacera de mon cœur. Je vois deux officiers revêtus de leur écharpe; je vois trois hommes tranquillement assis devant une table, les registres d'écrou ouverts et sous leurs yeux, faisant l'appel des prisonniers; d'autres hommes les interrogeant, d'autres hommes faisant les fonctions de jurés et de juges ; une *douzaine de bourreaux,* les bras nus, couverts de sang, les uns avec des massues, les autres avec des sabres et des coutelas qui en dégouttaient, exécutant à l'instant les jugements; des citoyens attendant au dehors les jugements avec impatience, gardant le plus morne silence aux arrêts de mort, jetant des cris de joie aux arrêts d'absolution ; et les hommes qui jugeaient, et les hommes qui exécutaient, avaient la même sécurité que si la loi les eût appelés à remplir ces fonctions. Ils me vantaient leur justice, leur attention à distinguer les innocents des coupables, les services qu'ils avaient rendus ; *ils demandaient, pourrait-on le croire, à être payés* du temps qu'ils avaient passé ; j'étais réellement confondu de les entendre.

« Je leur parlai le langage austère de la loi, je leur parlai avec le sentiment de l'indignation profonde dont j'étais pénétré, je les fis tous sortir devant moi : j'étais à peine moi-même sorti qu'ils rentrèrent ; je fus de nouveau sur les lieux pour les en chasser, la *nuit* ils achevèrent leur horrible boucherie. »

LIVRE XIII

LES MASSACRES EN PROVINCE.

I

Les doctrines de Marat ne furent pas mises en pratique seulement dans la capitale. Plusieurs autres villes eurent à subir le contre-coup des mesures préconisées par le comité de surveillance de la commune de Paris. A Meaux, à Reims, à Charleville, à Caen, à Lyon, ailleurs encore, les assassins de l'Abbaye, de la Force et des Carmes, trouvèrent des imitateurs.

De prétendus fédérés, marseillais ou parisiens, s'étaient glissés dans les rangs des volontaires qui se dirigeaient de toutes parts vers la frontière. Aussitôt que le signal du massacre fut donné, ils dévoilèrent leur présence en assassinant les prêtres et les aristocrates qui leur tombèrent entre les mains. Suivons à la piste les traces sanglantes que ces misérables laissèrent de leur passage et, puisque les bourreaux ne se lassèrent pas de tuer, ne nous lassons pas de raconter leurs effrayants exploits ; remplissons jusqu'au bout le devoir que nous nous sommes imposé.

Meaux et Reims, deux des principales étapes pour les troupes en marche vers la Champagne, voyaient chaque jour se succéder dans leurs murs de nouveaux bataillons de fédérés, et s'accroître les éléments de trouble et d'agitation qu'elles renfermaient déjà. D'un autre côté, ces deux villes avaient été désignées par le décret portant convocation de la Convention nationale comme les lieux de réunion des assemblées électorales de Seine-et-Marne et de la Marne. Elles devaient être naturellement le point de mire des émissaires maratistes.

Le 4 septembre au matin, un détachement de gendarmerie, parti la veille de Paris, arrive à Meaux. Peu après une fermentation extraordinaire se manifeste sur la place de la Halle et dans les rues environnantes. Les autorités constituées siégeaient en permanence; tout à coup, dans la salle même où elles étaient réunies, entrent plusieurs gendarmes parisiens, le sabre au poing, la menace à la bouche. Ils déclarent, *au nom du peuple*, « qu'il faut purger les prisons et la ville des conspirateurs qui s'y trouvent, qu'il faut imiter ce qui vient de se faire dans la capitale. « Nous avons, ajoute l'orateur, les pouvoirs nécessaires pour propager cet exemple sur toute notre route. »

L'administrateur, chargé du service des prisons, déclare qu'elles ne contiennent que des hommes détenus en vertu de la loi et dans les cas prévus par elle. Le juge de paix produit ses registres à l'appui de cette allégation[1].

---

[1]. Les juges de paix remplissaient à cette époque les fonctions attribuées depuis aux juges d'instruction.

Les gendarmes insistent et demandent si, depuis quelques jours, plusieurs prêtres insermentés n'ont pas été amenés à Meaux par des détachements de gardes nationaux. Les administrateurs déclarent que ces prêtres n'ont pas été arrêtés en vertu de mandats réguliers, mais que la force armée, agissant sans réquisition, s'est emparée d'eux de sa propre autorité; ils ajoutent que la municipalité a reçu le matin même l'expédition de la loi qui prononce la peine de la déportation contre les ecclésiastiques qui ont refusé le serment, et qu'elle va la mettre immédiatement à exécution.

Les gendarmes se retirent à moitié satisfaits, promettant du moins de ne pas troubler la tranquillité publique. Peu rassurés par ces promesses, les membres de la municipalité se hâtent de rédiger une proclamation afin « d'exhorter leurs concitoyens à ne pas se laisser égarer par les excitations d'agitateurs secrets qui cherchent à inspirer des soupçons sur le civisme des magistrats de la cité. » Des officiers de police sont chargés d'aller lire à son de trompe cette adresse dans tous les quartiers de Meaux. Mais, arrivés sur la place de la Halle, ils trouvent réunis les gendarmes parisiens et tous les mauvais sujets de la ville. Ils sont accablés d'insultes, menacés de mort, contraints de se réfugier à la maison commune. Le conseil général, voyant l'émeute grandir, fait un appel désespéré à la garde nationale. Un officier municipal se rend à l'église, où siègent les électeurs qui procèdent à la nomination des députés à la Convention nationale, et leur apprend ce qui se passe; mais ceux-ci déclarent que les questions de sûreté et de police intérieure ne sont point de la compétence du corps électoral ; qu'il doit se borner à l'exercice de ses fonctions spéciales et s'en rapporter aux autorités constituées, qui sauront remplir leur devoir.

Cependant les gardes nationaux répondent très-lentement à l'appel de la municipalité ; quelques-uns sont complices de l'émeute, d'autres cachent leur lâcheté sous les plus honteux prétextes. « Le peuple est souverain, disent-ils, il n'y a aucune force à lui opposer lorsqu'il demande qu'on lui livre ses ennemis. »

Profitant de l'indécision de la force armée, les assassins, sous la conduite d'un nommé Turlaire, limonadier et officier de la garde nationale[1], envahissent la prison, mettent en fuite le geôlier et se précipitent dans la chambre où sont renfermés les sept prêtres spécialement désignés à leurs fureurs[2].

---

1. Ce Turlaire était depuis peu de temps établi à Meaux. Il était originaire de Paris et y habitait rue Perrin-Gasselin ; il n'avait que 22 ans. Il est plus qu'à croire qu'il avait d'anciennes relations avec les organisateurs des massacres de Paris, et peut-être aussi avec les chefs de cette troupe qu'on décorait du nom de gendarmerie et qui n'était qu'un ramassis de soudards recrutés, Dieu sait comment, parmi les déserteurs de tous les régiments.

2. Ces sept malheureux prêtres étaient :
Duchêne, ci-devant curé de la paroisse Saint-Nicolas.
Pasquier, prêtre, ci-devant chapelain de la cathédrale.
David, ci-devant curé de Villers-sur-Morin.
Mugnien, prêtre, ci-devant chapelain de l'hôpital.
Capy, ci-devant curé de Bontemps.
Hébert, ci-devant curé de Segy.
Goudin, ci-devant curé de Hautefeuille.

Turlaire intime à ces malheureux l'ordre de descendre dans la cour ; ils obéissent sans défiance, et sont, en arrivant, massacrés à coups de sabres et de piques. Six individus, prévenus de délits ordinaires, subissent le même sort. Cette sanglante exécution ne dure pas une demi-heure, et lorsque les officiers municipaux accourent à la tête des quelques gardes nationaux qu'ils ont pu enfin entraîner avec eux, ils trouvent treize cadavres gisant sur le pavé. Il ne leur reste plus qu'à dresser procès-verbal de ce sinistre événement[1].

II.

A Reims, le chef des agitateurs était le procureur-syndic de la commune lui-même, le nommé Couplet, dit Beaucourt, ex-moine apostat[2]. Par ses discours incen-

---

1. Ce meurtre abominable fut vengé quelques années après. Dans la notice consacrée aux procès faits en l'an iv aux septembriseurs, et que l'on trouvera à la fin de ce volume, nous faisons connaître les différentes phases que suivit l'instruction criminelle que les autorités judiciaires du département de Seine-et-Marne eurent le courage d'entamer contre les assassins des prisonniers de Meaux.

Nous avons établi notre récit des massacres de Meaux : 1° sur le procès-verbal rédigé le 4 septembre même par les corps administratifs de la ville de Meaux ; 2° sur le procès-verbal de l'assemblée électorale de Seine-et-Marne, également en date du 4 septembre ; 3° sur les interrogatoires subis en janvier 1793 par les principaux prévenus de ces assassinats, devant le directeur du jury d'accusation près le tribunal de Meaux ; 4° sur l'instruction faite en germinal an iii, auprès de tous les citoyens qui étaient, en septembre 1792, revêtus de fonctions publiques dans la ville de Meaux.

2. Couplet, dit Beaucourt, était né à Rue, près d'Abbeville ; il était

diaires, par ses motions furibondes, il entretenait la population dans un état de surexcitation continuelle. Grâce à cet énergumène, la terreur était à l'ordre du jour dans cette industrieuse cité. Il ne fallait plus qu'une occasion pour que l'on passât des paroles aux actes.

Le 3 septembre au matin, arrive un détachement de volontaires parisiens ; ils portaient cette inscription sur leurs chapeaux : « hommes du 10 août. » Aussitôt ils se répandent par la ville et font entendre des menaces de mort contre les aristocrates et les prêtres insermentés.

Les maratistes rémois leur désignent, comme première victime à sacrifier, le directeur de la poste aux lettres, Guérin, accusé d'avoir, d'accord avec un de ses facteurs, le jeune Carton, brûlé des papiers compromettants. Aidés de leurs nouveaux amis, les Parisiens envahissent la prison, en arrachent Guérin et l'immolent sur la place même de l'Hôtel de Ville. Ils s'apprêtent à faire subir le même sort à Carton, mais quelques citoyens courageux parviennent à le retirer de leurs mains et à le conduire dans la salle où siége le conseil général. Les assassins l'y poursuivent. Beaucourt prend la parole, moins pour rappeler l'assistance au respect de la loi que pour établir la réalité du délit imputé à Carton. Il déclare « que, des renseignements ayant été recueillis avec le plus grand scrupule, il est impossible de justifier le facteur infidèle. »

---

venu s'établir quelques années auparavant à Reims, pour s'y livrer à l'instruction publique. Il y avait épousé une ex-religieuse. Ce misérable disparut après la tourmente révolutionnaire ; nous n'avons pu savoir ce qu'il devint.

Ce discours est accueilli par les émeutiers avec des applaudissements frénétiques. Ils demandent à grands cris qu'on leur livre le traître, et annoncent qu'ils l'auront de gré ou de force. Des officiers municipaux essaient de faire évader Carton, mais, au moment où on espère l'avoir sauvé, il est saisi et mis en pièces.

Quelques heures auparavant, Beaucourt avait fait arrêter et avait conduit lui-même en prison un officier supérieur, M. de Montrosier, depuis peu démissionnaire du commandement de la place de Lille et retiré chez son beau-père, M. Andrieux, l'un des hommes les plus considérés de la ville, officier municipal en exercice.

Un boulanger, récemment établi à Reims et nommé Mitteau, vient, au nom des émeutiers, dont deux assassinats n'ont point rassasié la fureur, demander au Conseil général la tête de Montrosier. « Il a voulu me faire pendre, dit-il, lorsque je servais sous ses ordres à Lille ; c'est à moi aujourd'hui à lui rendre la pareille. » — Le Conseil général refuse de livrer l'ex-commandant ; mais la populace ne tient aucun compte des exhortations qu'on lui adresse, elle court à la prison et se fait livrer M. de Montrosier, sous prétexte de le conduire à l'Hôtel de Ville. En route, Mitteau lui porte un coup de sabre dans le dos, il tombe ; des forcenés l'achèvent, lui coupent la tête et la portent en triomphe.

Peu après, on amène deux prêtres, qu'une bande armée était allée chercher dans un village voisin, à Monchenot, près Villers-Allerand. C'étaient deux chanoines de Reims, MM. de la Condamine de Lescure et de Vachères, qui s'étaient retirés dans cette petite localité pour être à l'abri des persécutions. On les fait descendre de voiture et on les fusille à bout portant.

La nuit étant venue, les hommes du 10 août et les maratistes rémois allument un immense bûcher sur la place même de l'Hôtel de Ville; ils y jettent les membres épars des cinq malheureux déjà égorgés. Bientôt on y précipite tout vivants deux autres prêtres [1], puis on va chercher les drapeaux, qui étaient suspendus aux voûtes de l'église de Saint-Rémy et qui entouraient le tombeau du saint. Faute de nouvelles victimes humaines, on donne à dévorer au brasier ce qui, depuis quatorze siècles, était l'objet de la vénération universelle.

Pendant cette nuit funeste du 3 au 4 septembre, l'assemblée électorale du département de la Marne se tenait dans l'église Notre-Dame sous la présidence de Diot, l'évêque constitutionnel. Les massacreurs s'y rendent et signifient aux électeurs qu'ils aient à donner leurs suffrages à Armonville, le cardeur de laine, que la démagogie rémoise avait mis à sa tête, et à Drouet, le fameux maître de poste de Sainte-Menehould, qui avait arrêté Louis XVI à Varennes.

Plus de la moitié des électeurs se retirent pour ne pas obéir à ces brutales injonctions. Ceux qui restent élisent les deux personnages que les assassins viennent de leur désigner [2].

---

1. Ils se nommaient Romain et Alexandre.
2. Nous avons eu entre les mains le procès-verbal des élections du département de la Marne. Les électeurs, sous la pression des émeutiers rémois, et pour s'y soustraire le plus promptement possible, procédèrent, sans désemparer, toute la journée du lundi 3 septembre et toute

Le lendemain matin 4 septembre, les excès des septembriseurs continuent. A neuf heures, les émeutiers amènent à l'Hôtel de Ville l'abbé Paquot, ancien curé de Saint-Jean, et annoncent hautement leur intention de l'égorger, s'il ne prête le serment civique. Le procureur de la commune déclare que ce prêtre ne peut plus être admis à le prêter, puisqu'aux termes de la loi du 26 août 1792 il a encouru la peine de la déportation ; de son côté, le digne prêtre refuse avec une noble fermeté de racheter sa vie au moyen

la nuit du 3 au 4, aux treize élections qu'ils avaient à faire. Ce qui, dans d'autres départements, ne put être accompli, avec les formalités légales, que dans l'espace de quatre à cinq jours, fut terminé à Reims en moins de vingt-quatre heures, tant les électeurs étaient pressés d'en finir.

Dans la matinée du 3, et pour le premier tour de scrutin, le nombre des électeurs présents est de 442. Ce nombre diminue graduellement. Drouet est élu le septième représentant de la Marne par 135 voix, et Armonville le huitième par 130 sur 203 votants. Ces deux nominations accomplies, le chiffre des votants remonte à 336.

Armonville traîna pendant trois ans à la Convention sa crapuleuse ivresse. Il était assis près de Marat et votait automatiquement sur un signe de *l'ami du peuple*. Même parmi les montagnards les plus exaltés, il était un objet de risée et de mépris.

Drouet fut placé par ses amis les ultra-révolutionnaires dans le comité de sûreté générale, où il se montra le plus exalté et le plus sanguinaire de tous. Plusieurs fois il fut envoyé à la tour du Temple et put ainsi, à son aise, contempler l'immense infortune de la famille dont il avait tenu le sort entre ses mains. Envoyé à l'armée, il fut fait prisonnier par les Autrichiens, qui l'échangèrent deux ans après, avec cinq autres conventionnels, contre la fille de Louis XVI ; plus tard, il fut impliqué dans l'affaire de Babœuf et dans celle du camp de Grenelle. Malgré ces tristes antécédents, il fut nommé sous-préfet de Sainte-Menehould sous le Consulat et administra cet arrondissement jusqu'à la Restauration.

d'une capitulation de conscience. « Mon choix est fait, dit-il aux forcenés qui l'entourent : je préfère la mort au parjure. Si j'avais deux âmes, j'en donnerais une pour vous, mais je n'en ai qu'une, je la garde pour mon Dieu. »

A peine a-t-il prononcé ces belles paroles qu'on le saisit, qu'on l'entraîne sur la place et qu'on le perce de coups.

A ce meurtre succède bientôt celui de l'ancien curé de Rilly, plus qu'octogénaire. Il avait prêté le serment constitutionnel, mais plus tard il s'était rétracté. « Qu'il jure, s'écrie la troupe, et nous le reconduirons chez lui ! » Le vieillard déclare qu'il est prêt à mourir. « Eh bien ! qu'on le pende ! » hurle la foule, et aussitôt des bourreaux improvisés le portent sous un des réverbères de la place.

Le maire accourt, la loi à la main ; il essaie de la lire, il demande grâce pour les cheveux blancs du pauvre curé ; on ne l'écoute pas, sa voix est étouffée par d'incessantes clameurs ; il parle encore et déjà l'innocent, qu'il s'efforce de sauver, n'est plus qu'un cadavre[1].

Les assassins passent la nuit dans des orgies et des débauches sans nom. Tout à coup on annonce que Verdun s'est rendu, que l'on entend le bruit du canon, que ce bruit se rapproche. Le tocsin sonne à plusieurs églises, les plus grands désordres sont à craindre. Mais les derniers excès, auxquels viennent de se livrer les

---

1. Nous épargnons à nos lecteurs les détails de la mort de ces deux vieillards et des outrages faits à leurs cadavres ; ces détails sont consignés dans le procès-verbal officiel que nous avons sous les yeux.

quelques centaines de forcenés qui, depuis deux jours, règnent en maîtres dans Reims, ont opéré une vive et profonde réaction. Des bataillons de volontaires se déclarent tout entiers prêts à s'unir à la garde nationale pour réprimer l'anarchie. Les égorgeurs s'effraient des conséquences des crimes qu'ils ont commis; leurs chefs, pour faire croire que les meurtres de la veille et de l'avant-veille sont uniquement l'effet d'une sorte de fièvre chaude populaire, tournent la fureur de leurs complices sur un des individus qui ont montré le plus d'acharnement dans les scènes des jours précédents, le nommé Laurent, dit Château. Le procureur de la commune, Beaucourt, s'était servi de ce misérable comme d'un agent provocateur; mais il tient à étouffer les révélations dangereuses que celui-ci pourrait faire un jour. Sous main, il le désigne aux égorgeurs comme le bouc-émissaire, qu'il est de leur intérêt à tous de sacrifier. Château est arrêté et traduit devant le directeur du jury d'accusation. Le lendemain, au moment où il va comparaître devant ce magistrat, il est saisi, entraîné sur la place et immolé à l'endroit où le malheureux curé de Rilly a été égorgé deux jours auparavant. On veut faire subir le même sort à la femme de Château, car elle est peut-être dépositaire d'une partie de ses secrets; mais le maire arrive à temps pour la sauver du bûcher, dans lequel on allait la précipiter et où se consumaient les restes de son mari. Cette dernière scène rend enfin à la garde nationale toute son énergie. Aidée par un bataillon de volontaires bretons, de passage à Reims, elle charge à la baïonnette les assassins qui, trop lâches pour résister un instant à une répression vigoureuse, s'enfuient pour ne plus reparaître[1].

III

Dans le même moment, des scènes sanglantes se passaient dans deux autres villes de France, à Charleville et à Caen. Là, c'étaient des fonctionnaires publics qui devenaient victimes de la populace ameutée.

Le 4 septembre, quatre voitures sortaient de la manufacture d'armes de Charleville et se dirigeaient vers la porte de Flandre, lorsque des volontaires de la Nièvre, de garde à cette porte, arrêtent le convoi et exigent la présentation des papiers d'expédition. Les armes étaient à destination d'Huningue; aussitôt on s'écrie que les voituriers tournent le dos à la route qu'ils doivent suivre, qu'il y a dans tout cela une trahison manifeste. Juchereau, lieutenant-colonel d'artillerie, qui cumulait provisoirement les fonctions de directeur de la manufacture et de commandant de la place, survient et veut expliquer que le mauvais état des allées qui réunissent Charleville à Mézières l'a contraint de faire contourner la ville par les voitures. On ne veut rien entendre, la foule s'amasse,

---

1. Notre récit des massacres de Reims est basé : 1° sur le procès-verbal officiel et très-détaillé qui fut dressé à l'occasion de ces événements; il est daté du 8 septembre 1792 et signé de tous les membres du conseil général de la commune; 2° sur le compte-rendu du jugement des septembriseurs rémois, dont deux furent condamnés à mort le 26 thermidor an III et exécutés le 1er fructidor suivant. (Voir à la fin du volume la note consacrée à la punition des massacreurs de septembre.)

déjà lance des pierres et s'apprête à dételer les voitures. Avertis en toute hâte, deux officiers municipaux accourent et croient n'avoir rien de mieux à faire que de conduire à la mairie les voitures et l'officier expéditeur; mais la foule les suit en proférant les plus effroyables menaces; dans la salle où siége le conseil général pénètrent avec eux une vingtaine de fédérés d'un bataillon de Seine-et-Oise, arrivé depuis deux jours seulement à Charleville.

« Juchereau est un traître, crient-ils; il voulait faire passer des armes à l'étranger; à la lanterne, le complice de Brunswick! » Le maire, Mena, supplie la foule d'écouter au moins les explications du lieutenant-colonel. Un officier municipal lit les pièces que vient de déposer l'accusé; c'étaient : 1° un ordre du ministre de la guerre, en date du 20 juillet, commandant à la manufacture d'armes de Charleville de fournir 1,530 canons de fusils et 2,000 tire-bourres pour la place d'Huningue; 2° une réquisition des trois commissaires de l'Assemblée nationale, Kersaint, Antonelle et Péraldi, ordonnant de ne mettre aucun obstacle à la sortie de ce matériel; 3° une lettre du directeur de l'artillerie d'Huningue, réclamant ces mêmes armes avec instance.

Juchereau réitère devant la municipalité les explications qu'il a déjà données : le mauvais état des allées l'a seul obligé de modifier, pour la sortie de la ville, l'itinéraire du convoi. Les cris « à la lanterne le traître! » l'interrompent à chaque instant.

Le commandant du bataillon de la Nièvre, Baille-Beauregard, essaie de prendre aussi la parole, mais on le traite de royaliste, on le contraint à se retirer. Les salles et jusqu'aux escaliers sont envahis par une populace en délire; du haut des fenêtres, les volontaires de Seine-et-Oise, qui sont entrés les premiers, crient à leurs affidés : « Soyez tranquilles, nous le gardons, nous répondons de lui ; il ne sortira que pour être pendu ; vous n'avez qu'à préparer la corde! »

L'officier municipal Routa, qui vient de lire les pièces justifiant pleinement Juchereau, est jeté violemment à bas du siége, sur lequel il était monté pour mieux se faire entendre ; le procureur de la commune est saisi au collet ; Juchereau est foulé aux pieds, frappé à coups de crosse de fusil; le commandant en second des fédérés de Seine-et-Oise, Pechiné[1], anime lui-même ses hommes en montrant avec ostentation un sabre qu'il dit avoir été saisi dans l'une des voitures. Juchereau est entraîné hors de la salle du conseil ; sous les fenêtres mêmes de la maison commune, on lui porte plusieurs coups de baïonnette, on lui tranche la tête, on la met au bout d'une pique, pour la promener dans les rues de Charleville et de Mézières ; enfin on la jette dans la Meuse, entre cette dernière ville et le faubourg du Pont-d'Arches.

Le crime commis, les voitures d'armes sont pillées. La mairie et la cité entière sont le théâtre de violents désordres jusqu'au moment où, grâce à l'énergique attitude du commandant du bataillon de la Nièvre, Baille-Beauregard, et des magistrats municipaux, les rassemblements peuvent enfin être dissipés[2].

---

[1]. Pechiné, moins de trois ans après, fut lui-même massacré par les chouans à Segré. (3 thermidor an III.)

[2]. Pour le récit des événements de Charleville nous nous sommes

A Caen, un magistrat courageux était depuis plusieurs mois en lutte ouverte avec tous les démagogues du Calvados. Georges Bayeux, avocat célèbre dès avant la révolution, avait été appelé par M. Necker au poste de premier commis des finances, place qui équivalait à cette époque à celle de *secrétaire général*. Retiré dans sa ville natale après la chute de son ami, il avait été élu procureur général syndic du département. Dans ses nouvelles fonctions, il s'était attiré la haine des officiers municipaux de Caen et celle de l'évêque constitutionnel Fauchet, qui, dès le commencement de la Législative, l'avait dénoncé à la tribune pour ses tendances contre-révolutionnaires [1].

---

servis : 1° du procès-verbal de la municipalité de Charleville, en date du 4 septembre 1792; 2° de la lettre écrite par cette municipalité au ministre de l'intérieur, en date du 6 septembre; 3° du rapport du commandant du bataillon de la Nièvre, annexé à ce rapport; 4° et enfin d'un deuxième rapport de la municipalité, en date du 30 novembre suivant. — Voir également le *Moniteur* de 1792, page 1245.

La Convention nationale, sur la demande de Guadet, Barbaroux et Kersaint, avait ordonné, le 19 octobre, par un décret formel, au ministre de l'intérieur, de rendre compte des poursuites dirigées contre les chefs de l'insurrection de Charleville; mais ces poursuites n'eurent aucun résultat. Le crime avait été commis par des personnes étrangères à la ville et qui portaient toutes, dit-on, l'uniforme des fédérés du bataillon de Seine-et-Oise.

1. Voir au *Moniteur* les nos des 14 et 19 novembre 1791.
Nous avons retrouvé une lettre en date du 1er mai 1792, où plusieurs députés du Calvados, Fauchet en tête, dénoncent Bayeux au ministre de l'intérieur. C'était alors le vertueux Roland :

« *Au ministre de l'intérieur.*
« 1er mai 1792.

« Le sieur Bayeux, procureur général syndic, abuse de la souplesse

Trois jours après la révolution du 10 août, Fauchet, qui faisait partie du comité de surveillance de l'Assemblée législative, rédige un ordre formel d'arrestation contre le procureur général syndic du Calvados, et l'envoie sans retard à la municipalité de Caen pour le mettre à exécution. Bayeux est arrêté à la porte de la salle où siége le conseil général du département, et vient lui-même avertir tranquillement ses collègues de la mesure qui le frappe dans l'exercice de ses fonctions. Ses accusateurs, après avoir cherché pendant près de vingt jours un prétexte pour justifier leur dénonciation, sont impuissants à fournir aucun grief sérieux contre lui : force est donc au comité de surveillance de l'Assemblée législative de rendre un nouvel arrêté qui ordonne la mise en liberté de Bayeux.

L'ordre est transmis le 6 septembre à Caen ; mais, au même moment, arrive aussi la fameuse circulaire du 3 rédigée par Marat, et la nouvelle du massacre des prisons à Paris. Une agitation extrême s'empare des esprits, la

et de l'activité de son génie malfaisant pour induire les administrateurs dans les mesures les plus illégales et les plus propres à soulever les esprits. . . . .
. . . .
Il va jusqu'à offrir sa démission, si on n'arrête pas les entreprises des sociétés (les amis de la constitution de Caen), dont les membres usent du plus beau droit des citoyens. Le ministre de l'intérieur est très-instamment prié par les députés du Calvados soussignés de prendre au mot le procureur général syndic, et d'anéantir la cause la plus active des troubles du Calvados en éloignant de l'administration le sieur Bayeux.

CLAUDE FAUCHET, ÉVÊQUE DU CALVADOS, VARDON,
LOMONT, DUBOIS-DUBAIS, BONNET.

populace demande la tête du procureur général et se dirige vers la prison. Cependant, quelques citoyens, espérant le sauver, demandent que Bayeux soit conduit devant les magistrats. Le prisonnier lui-même saisit avec ardeur ce suprême moyen de salut et réclame immédiatement des juges : on le conduit à l'Abbaye-aux-Femmes, où se trouvent réunis le directoire du département et le conseil général de la commune. Sur la route, il rencontre son fils, un enfant de douze ans, le presse entre ses bras et lui remet sa montre qui, dans un moment, va marquer l'heure de sa mort. Arrivé sur la place des tribunaux, il trouve ses collègues du département, accourant au-devant de lui. Ceux-ci tentent quelques explications qui ébranlent la garde nationale jusqu'alors hostile ; mais des misérables fendent la foule, écartent les administrateurs, se ruent sur Bayeux, qui essaye de fuir ; il est atteint d'un coup de baïonnette dans les reins, puis d'un coup de feu à la tête, et va tomber expirant sur la place Saint-Sauveur. Il était déjà mort quand le tambour-major de la garde nationale lui coupe le visage avec son sabre, puis lui tranche la tête, que l'on promène à travers la ville. Quelques heures après, la population honnête, outrée de cet assassinat, chassait ignominieusement de Caen le tambour-major, cet homme, disait-on, qui n'était bon qu'à *tuer des morts*[1].

1. Voir le registre des délibérations du conseil général de la commune de Caen, le *Moniteur* du 14 septembre 1792, et l'ouvrage de M. Vaultier : *Souvenirs de l'insurrection normande*, 1858.

IV

La plus grande effervescence régnait en Bourgogne. « Elle prend dans ces contrées, écrivait à Roland un de ses commissaires, une teinte d'âpreté, pour ne pas dire de férocité. Les routes ne sont pas sûres, le peuple croit voir dans chaque voyageur un aristocrate cherchant son salut dans la fuite[1]. »

Des émissaires maratistes parcouraient les villes et les campagnes, répandant et commentant la fameuse circulaire du comité de surveillance, propageant les bruits les plus sinistres et les plus absurdes ; entre autres fables, ils faisaient accroire aux crédules paysans « que les prêtres insermentés s'étaient déguisés en Suisses le 10 août, avaient ainsi cherché à écraser les patriotes, et que c'était à cause de cela que le peuple de Paris en avait fait prompte et sévère justice[2]. »

Le 8 septembre, dans le petit bourg de Couches, près d'Autun, arrivait par une route de traverse une voiture renfermant quatre voyageurs. Le bruit se répand bientôt que ces étrangers sont des gens suspects. Leur passe-port est en règle, il est vrai, mais ils viennent de l'envoyer, par un domestique à cheval, au district, pour le faire viser ; ils craignent donc de passer dans les villes importantes,

---

[1]. Lettre de Bonnemant, commissaire du pouvoir exécutif, au ministre de l'intérieur, datée de Lyon, le 11 septembre 1792.

[2]. Voir, à la fin de ce volume, l'extrait du mémoire en défense des septembriseurs de Saône-et-Loire, dont nous parlons plus loin.

ils n'osent pas se montrer; ce sont des gens mal intentionnés, il faut savoir d'où ils viennent, où ils vont, ce qu'ils sont. Bientôt le mystère est éclairci, on apprend que les passe-ports soumis par les voyageurs aux autorités d'Autun portent cette mention : « prêtres insermentés. » C'étaient, en effet, quatre malheureux ecclésiastiques qui, pour obéir à la loi du 26 août, quittaient la France et se rendaient en Suisse.

Il était deux heures de l'après-midi, les vêpres venaient d'être chantées par le curé constitutionnel. Les maratistes du pays, probablement aidés par quelques agents provocateurs de passage, ameutent la population au moment où elle sort de l'église, obligent les autorités à conduire les quatre voyageurs à la prison du bourg, pour attendre ce que décidera le district d'Autun. Mais, à la tombée de la nuit, les démagogues de Couches, échauffés par les libations nombreuses auxquelles ils se sont livrés depuis plusieurs heures, déclarent que, quelle que soit la décision du district, il faut empêcher le départ des *ennemis de la patrie*. Pour cela, ils ne trouvent pas de meilleur moyen que de dépecer la voiture qui a amené les voyageurs et d'allumer un feu de joie avec les débris. Cette première expédition ne fait qu'exalter les esprits; on se dirige vers la prison, les portes en sont brisées à coups de hache et de cognée; on entraîne, l'un après l'autre, dans la cour, les quatre malheureux prêtres; on les abat à coups de sabre, on les achève à coups de pierre. Ils ont rendu le dernier soupir qu'on les insulte encore.

Le soir, à dix heures, lorsque le commissaire du gouvernement qui décrit cette scène, traversait le bourg de Couches, les débris de la voiture fumaient encore et les quatre cadavres étaient étendus le long de la grande route[1].

Des scènes non moins lamentables se passaient à Lyon. Cette industrieuse cité était depuis une quinzaine de jours en proie à une très-vive agitation. Durant la nuit du 22 au 23 août, des officiers appartenant à deux régiments de cavalerie arrivés la veille et l'avant-veille avaient été arrêtés par ordre du prince de Hesse. Ce général commandait depuis quinze jours dans la seconde ville de France, et il exerçait son autorité avec toute la turbulence d'un esprit brouillon et remuant, avec toute la violence d'un jacobin de fraîche date[2].

---

1. Nous avons puisé tous ces détails dans la procédure, que le juge de paix de Couches et le directeur du jury du district d'Autun eurent le courage d'entamer, dès le lendemain 9 septembre, contre les auteurs et complices de cet infâme assassinat. A la suite de cette procédure, neuf individus furent condamnés à mort par contumace, le 17 janvier 1793 ; cet arrêt fut contradictoirement confirmé, le 16 prairial an III, contre deux d'entre eux, par le tribunal criminel de Saône-et-Loire.

Dans la note que nous consacrons à la fin de ce volume à la punition des septembriseurs, on trouvera des détails circonstanciés sur les diverses phases du procès des assassins de Couches ; nous y donnons les passages les plus saillants d'un mémoire en défense qu'ils adressèrent à la convention. Cette pièce, rédigée par un praticien de village, démontre mieux que tous les raisonnements à quel point le sens moral avait été oblitéré dans les campagnes par les sauvages doctrines de la démagogie.

2. Le prince Charles de Hesse-Rhinfels-Rothembourg appartenait à la maison électorale de Hesse-Cassel et avait été comblé des bienfaits de Louis XVI. A treize ans, il avait été nommé capitaine au régiment de Royal-Allemand ; quelques années après, on lui accordait une pen-

Parmi les officiers emprisonnés se trouvaient le colonel, le lieutenant-colonel, plusieurs capitaines du 5ᵉ régiment de cavalerie (ci-devant Royal-Pologne), le colonel et onze officiers du 15ᵉ régiment de dragons (ci-devant Noailles). Les démagogues et les journaux à leur solde prétendaient que les officiers de Royal-Pologne n'avaient conduit leur régiment à Lyon que pour être mieux à même de le faire passer tout entier à l'ennemi. On avait trouvé sur eux, au moment de leur arrestation, la copie des démissions qu'ils avaient envoyées depuis plus de six semaines au ministre de la guerre, et naturellement ces pièces étaient devenues les éléments principaux de l'ac-

sion de seize mille livres ; il était fait maréchal de camp en 1788, et lieutenant général le 22 mai 1792. Il était doué du génie spécial de la dénonciation. Il sollicitait un emploi au nom de ses principes philosophiques, et aussitôt qu'il l'avait obtenu, il accusait de trahison celui qui le lui avait fait obtenir ; c'est ainsi qu'il dénonça successivement le ministre de la guerre Narbonne, le commandant de l'armée du midi Montesquiou, et tous les généraux qui se succédèrent à l'armée du Rhin dans les derniers mois de 1792. Sous le régime constitutionnel, il se faisait appeler le *citoyen-général-philosophe*. Après le 10 août, il signait ses lettres *Charles Hesse, jacobin*. Suspendu en 1793, puis réintégré un instant en l'an III, il fut admis à un misérable traitement de réforme de dix-huit cents livres. Il végéta six années, sollicitant les secours de tous les gouvernements qui se succédaient à la tête de la république ; dans ses lettres, il se représentait comme « mourant de faim et de soif. » Il se mit à rédiger avec Antonelle, le fameux juré du tribunal révolutionnaire, le *Journal des Hommes libres ;* fut mêlé à toutes les intrigues du temps, aux conspirations de Babeuf et autres. Le gouvernement consulaire l'interna à l'île de Rhé pendant plusieurs années, puis lui permit de se retirer en Suisse. Il mourut en 1821, méprisé ou plutôt oublié de tous. Digne fin de ce prince qui, après avoir flatté successivement toutes les puissances du jour, était tombé, de chute en chute, dans la dernière dégradation.

cusation dirigée contre eux. Or, c'était le minstre de la guerre lui-même, qui avait engagé les démissionnaires à ne pas quitter leur poste avant qu'ils ne fussent remplacés, et à amener d'Auch à Lyon les deux escadrons de campagne destinés à renforcer l'armée du Midi. En récompense de cette preuve de bonne volonté, ces officiers, au moment où ils allaient quitter une carrière dans laquelle plusieurs d'entre eux comptaient vingt et même trente ans de service, s'étaient vus, le lendemain de leur arrivée à Lyon, conduits à Pierre-Encise et mis au secret[1].

Les griefs que l'on avait contre les officiers du 15ᵉ dragons étaient encore moins considérables; aussi ne

[1]. Nous avons retrouvé : 1° la lettre du général Montesquiou, en date du 1ᵉʳ septembre, qui prouve l'inanité des accusations portées contre les officiers de Royal-Pologne ; 2° le duplicata des démissions par eux données dès juillet 1792. Nous mettons sous les yeux de nos lecteurs et la lettre du général Montesquiou et la démission du lieutenant-colonel, qui fut l'une des victimes de la journée du 9 septembre 1792. Toutes les autres démissions que nous avons eues également entre les mains sont conçues en des termes presque identiques.

« *A M. Servan, ministre de la guerre.*

« Au camp de Cessieux, le 1ᵉʳ septembre 1792,
l'an iv de la Liberté.

« J'ai l'honneur de vous envoyer, monsieur, les démissions de treize officiers du 5ᵉ régiment de cavalerie, ci-devant Royal-Pologne. Elles sont datées des mois de juin et juillet et je les ai, en effet, depuis cette époque. Le ministre d'alors engagea ces officiers à conduire le régiment jusqu'à Lyon. A leur arrivée dans cette ville, ayant persisté dans leur résolution, e leur ai donné le congé que la loi prescrit. En conséquence je vous renvoie l'original de leurs démissions, dont le double doit se trouver dans vos bureaux. Ces officiers sont arrêtés à

tardèrent-ils pas à être mis en liberté, mais le régiment fut éloigné de Lyon et réparti entre Grenoble et diverses autres villes du Dauphiné. Cependant, les préventions aveugles, les accusations vagues qui les avaient fait arrêter, suivirent les officiers désignés, comme ayant donné des regrets au régime récemment tombé. L'esprit d'indiscipline, que le séjour au milieu des démagogues lyonnais avait développé chez les soldats, ne fit que s'accroître par les soins des émissaires maratistes qui enserraient le pays entier dans un vaste réseau d'espionnage et de délation. Ces excitations eurent le résultat qu'on devait en attendre. Le 8 septembre, cinq cavaliers du 15ᵉ dragons, prévenus d'insubordination, avaient été mis

Lyon pour je ne sais quel complot, mais j'ai lieu de penser que c'est un malentendu auquel la date de ces démissions aura donné lieu.

« Lé général de l'armée du midi,

P. Montesquiou. »

« *A M. de Menou, colonel du 5ᵉ régiment de cavalerie.*

« Depuis trente-sept ans que je suis au service, ayant fait quatre campagnes dans les guerres d'Hanovre, jusqu'à cette époque, j'ai constamment fait tout ce qui a dépendu de moy pour prouver mon attachement aux loix civiles et militaires et n'ai rien négligé à mériter et conserver la confiance des cavaliers du régiment. Je vois que depuis deux mois l'on employe tous les moyens possibles pour me faire perdre le seul prix que j'attachois aux pénibles fonctions que je remplis. Comme il est impossible que je fasse aucun bien en restant plus longtemps au régiment, je vous prie, monsieur, de vouloir bien faire agréer au roy la démission de la place de premier lieutenant-colonel que j'occupe au cinquième régiment de cavalerie.

« A Auch, le 3 juillet 1792, par duplicata au ministre.

« D'Esperrières.

« Vu et approuvé par nous, membres du conseil d'administration. »

aux arrêts par les ordres du lieutenant-colonel Spendler, qui se trouvait en résidence à Tullins. Ils allaient être conduits sous bonne escorte à Grenoble, lorsque la populace de cette petite ville s'attroupe, arrête le convoi qui va se mettre en marche, se saisit du lieutenant-colonel, le force à signer la mise en liberté des cinq cavaliers, puis veut le conduire lui-même à Grenoble, à la place des soldats qu'il avait donné ordre d'y mener. Mais, à cinquante pas de Tullins, le malheureux lieutenant-colonel est assassiné et pendu par les pieds à un arbre de la route, où son cadavre reste jusqu'à ce que la municipalité le fasse enlever et inhumer.

Un pareil meurtre pouvait faire augurer du sort réservé aux officiers de Royal-Pologne. Aussitôt que la nouvelle de la mort tragique de Spendler se répand à Lyon, — dimanche 9 septembre, vers trois heures de l'après-midi, — une bande d'émeutiers, sous la direction de trois individus habillés en vétérans et d'un émissaire de la commune de Paris, nommé Saint-Charles, se dirige par les quais de Saône vers le fort de Pierre-Encise, elle demande à grands cris que les huit militaires détenus soient conduits à la prison de Roanne, « l'égalité devant la loi exigeant que les officiers soient renfermés dans les maisons de détention ordinaires. »

Au premier bruit de la formation de cette bande, le maire, Vitet, et deux membres du conseil général, Perret et Nivière, accourent avec le commandant de la garde nationale, Juillard; mais en vain haranguent-ils la populace ameutée, celle-ci commence le siége du fort. Le maire donne secrètement au geôlier l'ordre de faire évader les détenus par la porte du Grillon ; soit mauvais vouloir, soit crainte ou lenteur du geôlier, cet ordre n'est pas exécuté, la porte du Grillon est elle-même assaillie par une nouvelle bande de misérables armés de haches et de leviers. Vitet y court et réussit à empêcher l'invasion ; mais à l'extrémité opposée, du côté du quai, les émeutiers ont profité de l'absence du maire pour forcer la principale entrée. Ils montent vers le fort, se précipitent dans la chambre où se trouvent rassemblés les huit détenus, les saisissent et les font descendre par l'escalier qui conduit au quai de Saône. Cependant, plusieurs officiers municipaux parviennent jusqu'aux prisonniers, les entourent de leurs bras, les couvrent de leurs écharpes ; l'escalier a été franchi sans encombre ; mais au moment où la tête de l'escorte arrive sur le quai, l'un des officiers écarte tout à coup ceux qui l'entourent, se précipite dans la rivière, et, en plongeant, se dérobe aux coups de fusil dont il est poursuivi.

La rage des émeutiers se tourne alors contre les autres prisonniers. Un assassin brûle la cervelle au lieutenant Achard ; cinq de ses camarades sont massacrés dans les bras des municipaux qui cherchent à les défendre au péril de leur vie. Un seul, le lieutenant Vinol, grâce à Pressavin, le substitut du procureur syndic de la commune, aidé de quelques gardes nationaux, peut arriver jusqu'à la place des Terreaux. Quelques pas encore, et il va atteindre les marches qui conduisent au grand vestibule de l'Hôtel de Ville ; s'il parvient à ce lieu de refuge, il est sauvé. Mais un autre groupe d'assassins, profitant de l'obscurité qui commençait à se répandre (il était sept heures et demie du soir), se tenait embusqué dans une des rues étroites du voisinage. Tout à coup il débouche sur la place, envahit l'escalier et ferme le passage à Vinol et à ses libérateurs. Aux cris de Pressavin, le courageux maire Vitet, revenu à son poste, accourt avec les gardes nationaux de service, fend la foule, se fraie un passage jusqu'au malheureux prisonnier; il n'arrive que pour le voir frapper au cœur par le chef de la bande.

Après avoir promené dans les rues de Lyon les têtes de leurs sept victimes, les assassins, la plupart étrangers à la ville, se dirigent vers la prison Saint-Joseph, où ils égorgent un prêtre, l'abbé Lacroix, ancien vicaire de Saint-Nizier. Ce nouveau meurtre commis, ils vont à la prison de Roanne achever leur œuvre exécrable; deux autres prêtres sont victimes de leur rage. Déjà Saint-Charles et ses principaux auxiliaires, installés au greffe, sont occupés à faire, sur le livre d'écrou, le relevé des victimes qui doivent être immolées. Heureusement, survient la garde nationale, sous la conduite du maire; les assassins fuient, quelques-uns sont arrêtés; mais, le lendemain, Chalier, membre de la commune et chef de la démagogie lyonnaise, abuse du pouvoir que lui donne son écharpe municipale pour faire échapper ses amis les égorgeurs. Il avait besoin d'assurer leur impunité pour dominer par la terreur la malheureuse cité, qu'il devait remplir de ses fureurs et que ses complices, devenus ses vengeurs, devaient inonder de sang[1].

1. Les massacres de Lyon ont été racontés, mais très-briève-

V

Le 10 août avait achevé la ruine du parti constitutionnel. Les démagogues profitèrent de leur victoire pour inscrire sur leurs listes de proscription tous ceux qui avaient fait la gloire de ce parti dans l'Assemblée constituante. Clermont-Tonnerre avait été assassiné dans les rues de Paris peu d'heures après l'envahissement des Tuileries. Le 13, un décret d'accusation avait été rendu contre Barnave; quelques jours plus tard, des mandats d'arrêt furent lancés par le comité de surveillance contre le duc de La Rochefoucauld et Adrien Duport.

détails, dans le *Moniteur,* n° 260, dans les *Révolutions de Paris,* n° 166, page 496, et dans l'*Histoire des Crimes de la Révolution,* par Prudhomme, tome III, p. 299.

Les détails authentiques que nous donnons sont tirés : 1° du procès-verbal dressé le jour même du massacre, 9 septembre 1792, par le maire et les officiers municipaux de Lyon ; 2° du compte rendu envoyé, le 11 septembre, au ministre de l'intérieur, par les trois corps constitués séants à Lyon (municipalité, district et département); 3° de la lettre adressée au même ministre par le commissaire du pouvoir exécutif Bonnemant, en date également du 11 septembre. Nous avons également retrouvé : 1° le rapport qui fut fait au général Montesquiou par le capitaine du Hallay, du 15° dragons, pour l'instruire du meurtre du lieutenant-colonel Spendler, meurtre qui n'a été mentionné dans aucun document de l'époque ; 2° un mémoire adressé le 7 septembre par les huit officiers du régiment de Royal-Pologne au président de l'Assemblée législative. Ce mémoire est signé Charles de Menou, ci-devant colonel; J.-A. Deforges, ci-devant capitaine; Desperrières, ci-devant lieutenant-colonel; Fortmanoir, ci-devant capitaine; Vinol, sous-lieutenant, officier de mérite; Gavot, sous-lieute-

L'ancien président du département de Paris était aux eaux de Forges. Des commissaires du pouvoir exécutif, revêtus de pleins pouvoirs *pour le salut de la patrie*, Parain et Corchand, un commissaire de la commune, Bouffart, vinrent s'abattre en même temps dans cette petite ville, se disputant l'honneur de procéder à l'arrestation de celui que sa courageuse conduite au 20 juin désignait spécialement aux vengeances des dictateurs de l'Hôtel de Ville[1].

nant, citoyen actif; Viney, capitaine; Achard, ci-devant lieutenant.

L'Assemblée législative renvoya ce mémoire au ministre de la justice, Danton, qui déclara que « s'il n'y avait pas lieu à accusation contre eux, il y aurait une injustice révoltante à les retenir plus longtemps dans les fers. » La lettre de Danton est du 3 octobre 1792; il y avait trois semaines que les malheureux officiers avaient été égorgés!

Nous terminerons ce lamentable récit par une lettre de Vitet à Servan, ministre de la guerre; elle peint admirablement toute l'amertume, dont était rempli le cœur du courageux magistrat en voyant l'inutilité de ses efforts pour arrêter dans sa ville natale le flot montant de la démagogie; elle est datée du 10 septembre, du lendemain même des massacres :

« La journée d'hier a été la plus affreuse que Lyon ait jamais vu. Les huit officiers détenus à Pierre-Encise ont été impitoyablement massacrés par des scélérats que nos ennemis déclarés avoient excités à tout entreprendre, malgré la présence des officiers municipaux qui ont mille fois exposé leur vie pour les sauver : plaignez notre situation, elle est horrible, nous n'avons plus de recours qu'aux bons et braves citoyens pour empêcher le pillage et tous les crimes qu'il entraîne.

« Agréez les assurances de la plus intime fraternité,

« VITET, maire. »

1. Nous avons retrouvé la commission dont étaient porteurs les agents du pouvoir exécutif Parain et Corchand, ainsi que celle de

Les émissaires du parti démagogique trouvent le duc au milieu de sa famille. Aucune résistance ne leur est opposée. Bouffart se charge d'emmener sous bonne escorte le prisonnier à Paris. Parain et Corchand vont

Bouffart, l'homme de la commune insurrectionnelle. Voici le texte de ces deux pièces :

« Au nom de la nation, le conseil exécutif provisoire, en vertu de la loi du 28 août, a commis et commet les citoyens Pierre-Matthieu Parain et André Corchand, à l'effet de faire auprès des municipalités, districts et départements, telle réquisition qu'ils jugeront nécessaire pour le salut de la patrie et l'exécution dudit décret.

« En foi de quoi nous avons signé les présentes, auxquelles nous avons fait apposer le sceau de l'État.

« Par le conseil,
« Servan, Roland, Danton, Lebrun, Clavière, Monge, Grouvelle, secrétaire. »

« A Paris, le 29ᵉ jour du mois d'août 1792, l'an iv de la Liberté.

« Nous autorisons M. Jean-Baptiste Bouffart, citoyen, à arrêter, partout où il sera trouvé, M. la Rochefoucauld, ci-devant président du département de Paris; nous prions les commandants du peuple armé et le peuple armé de prêter main-forte pour l'exécution de cet ordre.

« Fait à la mairie, le 16 août 1792, l'an iv de la Liberté et le 1ᵉʳ de l'Égalité.

« Les administrateurs au département de police et de surveillance municipale,

« Paris, Duchesne.

« Vu par nous, au comité de surveillance de l'Assemblée nationale, pour être exécuté partout où se trouvera M. la Rochefoucauld.

« Fait au comité de surveillance, à l'Assemblée nationale, à Paris, le 16 août 1792, l'an iv de la Liberté.

« Merlin, Lecointre, C. Bazire, secrétaire du comité de surveillance. »

Nous avons enfin retrouvé à la Cour des comptes la preuve que les

ailleurs *sauver la patrie*. Le commissaire de la commune déclare qu'il a ordre de ne pas suivre la route directe, mais d'aller apposer les scellés au château de La Roche-Guyon, résidence habituelle du duc de La Rochefoucauld. Le voyage s'effectue à petites journées, il faut bien donner aux agents maratistes le temps d'exciter les esprits et de préparer les embuscades. On était parti de Forges le 2 septembre ; on arrive le 3 à Gournay, et le 4, dans l'après-midi, à Gisors. La ville est pleine de fédérés ; la municipalité, craignant pour la sûreté du prisonnier, ordonne que la voiture qui l'a amené avec sa mère, la duchesse d'Anville, âgée de quatre-vingts ans, sa femme et Mme d'Astorg, sera escortée par douze gendarmes, tant de Gournay que de Paris, par un détachement de gardes nationaux, et par elle-même, en corps, jusqu'aux dernières maisons de la ville.

Mmes de La Rochefoucauld et d'Astorg étaient dans la voiture, le duc était à pied ; Bouffart lui donnait le bras, les officiers municipaux l'entouraient. Tout à coup, une troupe armée de sabres et de bâtons se précipite sur le malheureux prisonnier ; il est renversé d'un coup de

---

dictateurs de l'Hôtel de Ville avaient fait accompagner Bouffart d'agents subalternes pour lui prêter main-forte, et ne s'étaient pas reposés sur les autorités locales du soin d'arrêter le vénérable président du département de Paris. Les comptes de M. de Villeneuve, trésorier de la ville de Paris, comprennent pour l'année 1792 l'article suivant :

« Audit de Villeneuve, pour remboursement de 45 livres payées auxdits sieurs Benoist, Pelser, Lecureuil, Cornet, Lauverjeat et Legrand, pour frais de voyage aux eaux de Forges, où ils ont arrêté M. de la Rochefoucauld. Mandement du domaine, 14 septembre ; visé du maire, 15 dudit. . . . . 45 liv. »

pierre à la tempe, puis, frappé à coups redoublés, il expire dans les bras de ceux qui ont été chargés de le défendre. Les malheureuses femmes entendent les hurlements des assassins, les prières et les supplications des officiers municipaux; elles veulent se précipiter au secours de leur fils, de leur époux, on les en empêche; la voiture, attelée de six chevaux, les emporte loin de ce spectacle d'horreur, pendant que le corps du malheureux duc est rapporté à Gisors.

Bouffart a soin de se faire délivrer par les autorités locales un certificat qui constate qu'il a courageusement défendu son prisonnier; puis, il se hâte d'aller rejoindre Mmes de La Rochefoucauld à La Roche-Guyon.

Après avoir fait apposer les scellés sur les papiers du duc, il fait enlever les armes, les objets précieux, les chevaux, et donne l'ordre de les transporter à Paris. Le tout y arriva-t-il? C'est ce qui est fort douteux, car la plupart des expéditions de ce genre commençaient par le meurtre et finissaient par le vol[1].

Le mandat lancé contre Duport était mis à exécution au château du Bignon, près Nemours[2], au moment même où le duc de La Rochefoucauld tombait sous les

---

[1]. Nous avons réuni dans une note, à la fin de ce volume, plusieurs documents fort importants sur le meurtre du duc de La Rochefoucauld; on y verra que nos soupçons sur la probité du sieur Bouffart ne sont pas sans quelque fondement.

[2]. Cette propriété, par une coïncidence remarquable, devait passer successivement dans trois familles célèbres; elle avait appartenu à Mirabeau, l'ami des hommes, le père du célèbre orateur. C'est là que celui-ci était né en 1749. Elle était habitée en 1792 par Adrien Duport; elle appartient aujourd'hui à la famille de Condorcet.

coups de ses assassins. Mais, grâce aux liaisons que l'ex-conseiller au parlement de Paris avait eues jadis avec un avocat, alors obscur, aujourd'hui ministre de la justice, son sort devait être différent de celui de son illustre collègue. Danton veillait, dans l'ombre, sur son ancien protecteur, et avait résolu de le sauver des griffes de la bête féroce que l'on appelait Marat. Il est curieux de suivre toutes les phases de la lutte qui s'engagea à cette occasion entre les deux démagogues.

L'ami du peuple avait confié l'ordre d'arrestation au maire d'une des communes voisines du Bignon[1], qui, *par amour de la patrie* sans doute, était venu lui-même solliciter cette mission. Celui-ci, armé de son ordre, se présente inopinément à Duport, qui se promenait dans une des avenues du château avec sa femme et un de ses amis, et lui déclare qu'il est son prisonnier. En vain Du-

---

1. Le mandat d'amener lancé contre Duport était ainsi conçu :

« MUNICIPALITÉ DE PARIS.

« Nous autorisons M. Milet, maire de Bazoches, à arrêter partout où il trouvera et à traduire devant nous M. Adrien Duport, député à l'Assemblée constituante et auteur du journal intitulé l'*Indicateur,* et à cet effet il requerra les officiers municipaux et civils à se faire assister de la force publique, lesquels officiers municipaux et civils apposeront les scellés sur les papiers dudit sieur Duport et dresseront procès-verbal de leur opération pour nous être envoyé avec lesdits papiers.

« A la mairie, ce vingt-huit août mil sept cent quatre-vingt-douze, an quatre de la Liberté et premier de l'Égalité.

« Les administrateurs de police et membres du comité de surveillance de salut public,

« MARTIN, DANJOU. »

port proteste contre l'évidente illégalité dont on veut le rendre victime, invoque le nom de son ancien collègue Pétion, et déclare qu'il ne peut reconnaître à des gens inconnus, s'intitulant membres du comité de surveillance et de salut public, le droit de lancer, de Paris, un mandat d'amener exécutoire dans le département de Seine-et-Marne, sans qu'il soit revêtu d'aucune autorisation des pouvoirs hiérarchiquement supérieurs. L'émissaire du comité de surveillance ne veut rien écouter, ne donne pas même à Duport le temps de retourner au château, et le dirige, sous bonne et sûre garde, vers Nemours. Cependant, les agents subalternes qui accompagnaient le porteur du mandat d'amener ont l'air de compatir à l'infortune de Duport et d'être sensibles à ses protestations. Celui-ci les charge d'aller immédiatement à Paris et d'informer les amis qu'il compte encore à l'Assemblée de son arrestation arbitraire; ils le lui promettent et reçoivent probablement d'avance la récompense de *leur bonne action*. Ils voyagent toute la nuit, mais au lieu de se rendre à la salle du Manége, ils courent au comité de surveillance, où Marat bondit de joie en apprenant la capture qu'ils ont faite, et leur remet l'ordre d'amener immédiatement Duport à Paris.

Heureusement pour l'ex-constituant, la tendresse conjugale veillait sur lui. A peine a-t-il quitté le Bignon avec l'escorte de gardes nationaux requise par les agents parisiens, que sa femme fait partir secrètement à franc étrier un exprès pour annoncer au ministre de la justice ce qui vient de se passer. Celui-ci, qui connaît la haine de Marat, pressent aussitôt le sort réservé à Duport, s'il arrive dans la capitale ou même dans les environs. Il se hâte donc d'écrire au commissaire du pouvoir exécutif près le tribunal de Nemours, pour lui défendre de se dessaisir de la personne du prisonnier, sous quelque prétexte que ce soit; mais à peine a-t-il plié sa lettre, qu'il se demande si le courrier qui en sera porteur trouvera encore Duport à Nemours. Il craint que ce courrier ne se croise sur la route avec les envoyés de Marat, et qu'aucune autorité n'ose ouvrir un pli portant le contre-seing du ministre. Il ajoute de sa propre main, sur la suscription : *ou à tout autre commissaire de district des environs, sur la route de Paris à Nemours*, et il signe de son nom redouté : *Danton*[1].

La précaution n'était pas inutile. En effet, le courrier, arrivé à Melun, présente l'ordre, dont il est porteur, au conseil général de la commune, qui siégeait en permanence. Celui-ci ne sait ce que veut dire cet ordre, car il n'a pas entendu parler de l'arrestation de Duport; mais, à peine le courrier est-il sorti de la maison commune pour se mettre à la recherche d'autres autorités mieux renseignées, qu'arrive Duport, accompagné d'un nom-

---

1. La lettre de Danton était ainsi conçue :

« Paris, ce 7 septembre 1792, l'an IV de la Liberté, et le 1er de l'Égalité.

« Des motifs importants à l'ordre public exigent, monsieur, que votre tribunal fasse retenir le sieur Duport, ex-député de l'Assemblée constituante, dans les prisons où il est actuellement détenu, et qu'il ne le laisse pas arriver à Paris jusqu'à nouvel ordre. Je vous prie de veiller à l'exécution de mes intentions, ainsi qu'à la sûreté de ce prisonnier.

« Le ministre de la justice,

« DANTON. »

breux détachement de gardes nationales, qui, heureusement, ont marché à petites journées depuis le Bignon et Nemours. Les chefs de l'escorte sont porteurs, non-seulement du mandat d'arrestation lancé par le comité de surveillance, mais de la nouvelle lettre du comité qui invite « les officiers municipaux de Melun à faire conduire jusqu'à Charenton, sous bonne escorte, le sieur Adrien Duport, qui, là, sera confié à la municipalité de Paris. »

A la nouvelle de l'arrivée du prisonnier, qui lui a été si soigneusement recommandé par son supérieur hiérarchique, le commissaire du pouvoir exécutif près le tribunal de Melun accourt à l'Hôtel de Ville. D'un autre côté, le porteur de l'ordre des dictateurs parisiens revendique impérieusement le droit de conduire le prisonnier jusqu'à la limite du département, et de le livrer à ses patrons. Dans quel but? Il a du moins la prudence de ne pas l'avouer.

Chacune des parties contendantes maintient ses droits avec acharnement. Le conseil général de la commune de Melun est pris pour juge du litige. On amène devant lui l'homme dont la vie et la mort se débattent sous la forme d'une simple question de compétence. Mais cet homme est le même qui, trois ans auparavant, a été le promoteur de la réforme de nos lois criminelles ; c'est lui qui a posé, devant l'Assemblée constituante, les vrais principes de la liberté individuelle ; ce sont ces principes qu'invoquent ses sauveurs et que veut fouler aux pieds l'agent des vengeances maratistes. Enfin, après de longues et violentes discussions, le conseil général déclare, « qu'attendu l'espèce de contradiction résultant de l'invitation à lui adressée par le comité de surveillance de la commune de Paris, et de la réquisition qui vient de lui être faite, en vertu de l'ordre de M. le ministre de la justice, par le commissaire du pouvoir exécutif, il y a lieu de consulter l'Assemblée nationale sur le parti à prendre, et de garder Duport en la maison commune, sous la sauvegarde de la loi et la responsabilité des autorités. » Un courrier part à l'instant même, porteur de lettres pour le ministre de la justice et le président de l'Assemblée. Dès le lendemain, 8 septembre, la Législative, saisie par Danton de la question, lui en abandonne la solution par un décret formel. Danton s'empresse de transmettre ce décret au commissaire national près le tribunal de Melun, et ajoute de sa main, à l'expédition officielle, ce post-scriptum significatif : « Je vous *observerai* que, dans cette circonstance, vous ne devez reconnaître que mes ordres, quels que soient ceux que vous receviez d'ailleurs. »

Mais il était difficile de passer outre sans mettre le comité de surveillance et Marat, qui l'inspirait, en demeure de préciser les accusations dirigées contre Duport. Danton se décide donc à écrire, le 10, aux inquisiteurs de la mairie, pour les inviter à envoyer au tribunal du 17 août les pièces qui inculpent l'ancien constituant, et leur déclarer que, si ces pièces ne sont pas immédiatement déposées, il donnera les ordres nécessaires pour mettre le prisonnier en liberté.

En recevant la missive officielle, Marat entre en fureur et dicte lui-même la réponse à faire au ministre. Mieux que tout ce que nous pourrions raconter, elle montre sur quelles bases étaient appuyés les ordres d'arrestation qui se changeaient si souvent, pour tant d'illustres victimes, en arrêts de mort :

« Nous n'avions pas besoin, monsieur, pour mettre en arrestation Adrien Duport, d'aucunes pièces contre lui; sa conduite à l'Assemblée nationale, ses machinations, ses liaisons avec les conspirateurs nous imposaient la loi de nous assurer de sa personne ; mais on est encore parvenu à se procurer une correspondance d'Adrien Duport, qui prouve que le salut public exige qu'on rompe le fil de ses intrigues. On verra par cette correspondance combien Adrien Duport est un ennemi dangereux de la chose publique. Une partie de ses machinations, de ses intrigues, de ses trahisons, va être développée; nous allons livrer à l'impression les pièces importantes et Adrien Duport aux tribunaux. »

Marat exécute immédiatement cette menace; le 13 septembre, dans le *Journal de la République*, il imprime et la lettre de Danton et celle du comité, en les accompagnant de trois billets énigmatiques dont, dit-il, « Duport s'était trouvait nanti lors de son arrestation, et que Fabre d'Églantine, premier secrétaire du ministre de la justice, avait communiqués au comité de surveillance séant à la mairie, avec la clef des allégories. »

Marat n'avait fait suivre cette publication d'aucun commentaire, mais il avait fait parvenir sa feuille à Danton avec une lettre de la dernière insolence. Celui-ci sent le coup; comment le parer? Il voit tout de suite qu'il lui importe d'apaiser la colère de *l'Ami du peuple* et de faire les premières avances ; — dure nécessité, mais qu'il faut subir. — Seulement, pour ne pas avoir l'air de s'humilier devant Marat, et d'aller chercher dans son antre l'oracle du comité de surveillance, le ministre de la justice va trouver le maire de Paris. (On se rappelle que Pétion logeait au-dessus du local occupé par le comité de surveillance.) Danton a l'art de se faire proposer par le débonnaire magistrat de descendre ensemble pour avoir avec Marat une explication *franche et loyale.* Ils trouvent l'*Ami du peuple* très-animé. Danton lui répond avec sa brutalité habituelle; la dispute s'échauffe. Pétion, qui a toujours un thème tout fait sur la concorde et le devoir des concessions mutuelles, s'épuise à apaiser les deux furieux. Ceux-ci, à force de se disputer, de se lancer leurs vérités à la face, en arrivent à s'apercevoir qu'ils ont besoin l'un de l'autre, et qu'il serait absurde de s'entre-dévorer lorsqu'ils ont encore tant d'ennemis communs à détruire. Puisque la paix est indispensable, Marat, habile comédien, tient au moins à avoir les bénéfices de la générosité. Tout à coup, il se précipite dans les bras de Danton, l'étreint fraternellement et déchire la lettre qu'il lui a écrite. Danton, dit M. Michelet à cette occasion, « endura le baiser, sauf à se laver ensuite[1]. » Ainsi tiré du mauvais pas dans lequel l'avait engagé son confident, Fabre d'Églantine, par sa communication plus qu'intempestive, le ministre de la justice sent qu'il importe de terminer au plus vite une affaire qui peut encore le compromettre si elle se prolonge. Il prescrit donc au tribunal

---

1. Voir Michelet, t. IV, p. 216. Voir, dans l'*Histoire parlementaire*, de Buchez et Roux, t. XXI, p. 108, l'extrait du discours dans lequel Pétion raconte cette scène. Cette fois on peut le croire, car il est désintéressé.

de Melun de prononcer le plus tôt possible sur le sort d'Adrien Duport.

Le tribunal n'attendait que cette communication officielle, et quelques heures après la réception de la lettre du ministre de la justice, il déclare par un jugement solennel que l'arrestation de Duport est illégale, et prononce définitivement la mise en liberté de l'illustre prisonnier [1].

VI

Certes, les dictateurs parisiens ne furent pas étrangers à la plupart des meurtres que nous venons de raconter, mais ils restèrent dans l'ombre; leur connivence peut donc être contestée. Il n'en saurait être de même

---

[1]. La lettre de Danton laissait percer l'opinion intime du ministre de la justice; mais la publication de Marat du 13 septembre subsistait toujours et était évidemment sous les yeux des magistrats de Melun lorsqu'ils prononcèrent le jugement du 17, qui déclare illégal l'ordre donné par le comité de surveillance et tous les actes de procédure qui en avaient été la conséquence. Un pareil jugement fait trop d'honneur à ceux qui le rendirent pour que nous ne conservions pas à l'histoire un document qui montre, une fois de plus, qu'en ces temps malheureux la magistrature, lorsqu'elle put intervenir régulièrement, sut se montrer à la hauteur de sa mission.

On trouvera à la fin de ce volume la lettre de Danton et le jugement du tribunal de Melun.

Duport, mis en liberté, se réfugia en Suisse, où il mourut sans avoir revu sa patrie. Son père périt sur l'échafaud avec les autres membres du Parlement de Paris. Nous avons raconté cette catastrophe dans la note I de notre premier volume.

Nous nous sommes servi, pour le récit des faits relatifs à l'arrestation de Duport : 1° des procès-verbaux dressés par le sieur Milet,

pour le dernier épisode des massacres de septembre. Ici la complicité de Danton et de ses amis est manifeste, éclatante. Il est vrai qu'il s'agit d'une catégorie de prisonniers qui, plus que toute autre, était depuis longtemps l'objet de leur haine, le point de mire de leurs invectives. Nous voulons parler des prévenus que les ennemis de la royauté avaient entassés successivement, depuis une année, dans les prisons de la haute cour d'Orléans [1].

Ces prisons renfermaient, à la fin d'août 1792, cinquante-trois accusés. Les principaux d'entre eux étaient :

Le duc de Cossé-Brissac, ci-devant gouverneur de Paris, colonel des Cent-Suisses, et en dernier lieu commandant général de la garde constitutionnelle de Louis XVI, poursuivi pour avoir, disait-on, fomenté parmi ses soldats un esprit *incivique* et *contre-révolutionnaire* [2] ;

M. Delessart, ancien ministre de l'intérieur, puis des affaires étrangères, que Brissot, en mars 1792, avait fait renvoyer devant la haute cour, quelques jours avant l'avénement du premier ministère girondin ;

---

maire de Bazoches, le 4 septembre, et par la municipalité de Melun, les 7 et 8 septembre ; 2° du jugement préparatoire prononcé par le tribunal de Melun, le 8, et de la requête présentée par Duport au tribunal, le 17 du même mois.

1. Le principe d'une haute cour nationale, destinée à juger les crimes de haute trahison avait été inscrit dans la constitution de 1791, article 1er du chapitre III. Des décrets spéciaux de l'Assemblée législative étaient nécessaires pour renvoyer devant cette juridiction les prévenus d'attentat et de complot contre la sûreté de l'État.

2. Voir le vol. Ier, p. 113 de la première édition, et p. 115 de la seconde.

M. d'Abancourt, ministre de la guerre pendant les dix derniers jours qui avaient précédé la catastrophe du 10 août, et qui, le soir même de cette journée, avait été décrété d'accusation [1] pour avoir retenu à Paris une partie du régiment des gardes suisses que l'Assemblée législative avait voulu éloigner;

M. Étienne Larivière, juge de paix de la section de Henri IV, que l'on accusait d'avoir voulu porter atteinte à l'inviolabilité des représentants du peuple, parce qu'il avait lancé un mandat d'amener contre les trois députés Chabot, Bazire et Merlin [2].

L'Assemblée avait également déféré à la haute cour vingt-huit officiers du régiment de Cambrésis, alors en garnison à Perpignan, et sept bourgeois et artisans de la même ville, accusés d'avoir voulu livrer la citadelle aux Espagnols. Il ne s'agissait, en réalité, que d'un tumulte de garnison causé par l'indiscipline qui, à cette époque, s'était glissée dans tous les rangs de l'armée. Ces officiers, bourgeois et artisans avaient été amenés, dans des charrettes, de Perpignan à Orléans, au cœur de l'hiver de 1791 à 1792; ils attendaient depuis huit mois les résultats d'une procédure qui, à la fin d'août, était à peine commencée.

---

1. Voir le second volume, p. 347.
2. Bertrand de Molleville, ancien ministre de la marine, avait formé contre ces trois députés une plainte en calomnie. Larivière, entre les mains duquel cette plainte avait été déposée, avait inutilement sommé ces trois députés de comparaître, et, sur leur refus, avait cru pouvoir user de ce moyen de coercition. On avait transformé cette imprudence en crime de haute trahison.

Les quelques autres prisonniers étaient aussi peu coupables, mais plus obscurs.

Le jury attaché à la haute cour, et qui était formé d'un juré élu dans chaque département, avait prononcé, quelques jours avant le 10 août, plusieurs acquittements. Les démagogues de la capitale n'avaient pas manqué de s'élever contre ces décisions. Aussitôt après leur triomphe, ils demandèrent à l'Assemblée que cette juridiction fût détruite, et que les prisonniers d'Orléans fussent transférés à Paris pour y être jugés par le tribunal du 17 août.

Cette injonction, déjà faite plusieurs fois au nom de la commune fut renouvelée, le 23 août, avec une nouvelle insistance et d'un ton plus impérieux encore que d'habitude[1].

Le surlendemain, 25 août, Gensonné vint, au nom de la commission extraordinaire, proposer une espèce de transaction entre les passions de la rue et les règles de

---

1. Voici les propres expressions dont se servirent, devant l'Assemblée, les délégués de la commune insurrectionnelle (*Moniteur*, p. 1009) :

« Nous demandons que les criminels d'Orléans soient transférés à Paris pour y subir le supplice de leurs forfaits... Si vous n'accordez pas cette demande, nous ne répondons plus de la vengeance du peuple. Vous nous avez entendus et vous savez que l'insurrection est un devoir sacré. »

Nous avons trouvé sur les registres de la commune insurrectionnelle les deux mentions suivantes, qui montrent combien les meneurs de la commune étaient de connivence avec Fournier, le chef des bandes qui amenèrent à leurs assassins les malheureux prisonniers :

« *Le 24 août.* — Un citoyen fait une pétition tendant à réclamer la

la justice. Il rappela le caractère tout exceptionnel du tribunal du 17 août, son jury purement local, le champ borné de ses attributions. Loin de songer à dessaisir la haute cour des procès pendants devant elle, il la déclara seule compétente en matière de crimes d'État et ajouta qu'on ne pouvait, sans violer tous les principes, soustraire les accusés à leurs juges naturels et priver la nation du droit qu'elle avait de participer à leur jugement. Toutefois, il demanda le renouvellement des hauts jurés, parce que, disait-il, l'opinion publique s'était modifiée depuis leur élection, et qu'il fallait dès lors les remplacer d'après le principe qui avait déjà été adopté pour la création du tribunal du 17 août, c'est-à-dire constituer les vainqueurs juges des crimes imputés aux vaincus.

L'Assemblée adopta sans discussion le projet de la commission extraordinaire, et en même temps chargea le ministre de la justice d'envoyer à Orléans deux commissaires s'assurer de l'état des procédures, inspecter les prisons et pourvoir à leur sûreté.

---

force publique pour une expédition qu'il dit être de la plus grande conséquence, et sur laquelle on a cru devoir garder le secret. Renvoyée à M. le commandant général. — Le conseil adjoint à M. Fournier, pétitionnaire, M. Audoin. »

« *Le 26 août.* — Sur la demande faite par une députation de Marseillais, le conseil a arrêté qu'il nommerait quatre commissaires pour aller appuyer leur pétition à l'Assemblée nationale, tendant à continuer leur voyage vers Orléans, pour y garder les prisonniers de lèse-nation. Les commissaires sont MM. Jeanson, Lefèvre, Grécourt et Marie.

« Le conseil arrête en outre que cinq cents hommes accompagneront les Marseillais à Orléans. »

Le décret conservait la haute cour et par conséquent ne pouvait convenir aux meneurs de l'Hôtel de Ville; ils étaient donc d'avance résolus de n'y avoir aucun égard. Comme ils avaient des complices dans le ministère aussi bien que dans l'Assemblée, ils avaient été avertis, avant la législature elle-même, du projet préparé par la commission extraordinaire. Le 24 août, la veille même du jour où Gensonné[1] lisait son rapport, ils dépêchèrent cinq à six cents *patriotes* armés de sabres et de fusils et munis d'une somme de six mille livres prise dans la caisse communale; ces *patriotes* devaient être censés partis de leur propre mouvement pour s'opposer à l'exécution d'un prétendu complot royaliste qui n'aurait tendu à rien moins qu'à forcer les prisons d'Orléans et à enlever les accusés. Par une tactique qui leur était habituelle, les démagogues prêtaient à leurs adversaires leurs propres intentions.

La bande, qui avait été recrutée dans les diverses sections de la capitale, était commandée par le fameux Fournier l'Américain. Elle n'était, du propre aveu de son chef, qu'un ramassis de voleurs[2].

---

1. Ici les dates ont une importance extrême. Par les comptes de dépense de l'expédition d'Orléans, que l'on trouvera à la fin de ce volume, on voit que la première bande fournie par les sections armées et par les fédérés marseillais, partit vingt-quatre heures au moins avant que l'Assemblée n'eût rendu son décret. Pour solder les frais de voyage, on puisa dans la caisse municipale de Paris sans ordre et sans aucun crédit ouvert.

2. Voir à cet égard les lettres de Fournier à la fin de ce volume; voir aussi, dans les *Mémoires de M*^{me} *Roland,* le portrait qu'elle trace de Fournier l'Américain. Elle avait eu l'occasion de le voir de près,

Déjà, depuis quarante-huit heures, elle avait quitté la capitale, rançonnant, pillant les communes qu'elle traversait. Des autorités parisiennes, les unes ignoraient, les autres feignaient d'ignorer le but de l'expédition.

Cependant, à la nouvelle du brusque départ d'une force armée qu'aucune autorité officielle n'avait requise, la commission extraordinaire s'émut et demanda des explications[1]. Nous ignorons dans quels termes elles furent données. Quant au résultat, il fut tel qu'on devait l'attendre de la faiblesse de la Législative. Une fois de plus, l'Assemblée courba la tête ; non-seulement elle accepta le fait accompli, mais elle le légalisa en ordonnant l'envoi immédiat à Orléans d'une force armée

car le chef de l'armée parisienne vint plusieurs fois apporter en personne ses réclamations au ministre de l'intérieur :

« Avec sa face livide et sinistre, ses moustaches, sa triple ceinture de pistolets, son langage grossier, ses jurons, il avait tout l'air d'un pirate..... »

1. Nous avons retrouvé un billet que Manuel écrivait à Pétion, au sujet de l'explication demandée par la commission extraordinaire et que le maire de Paris s'empressa de transmettre à l'Assemblée. Toutes les expressions de ce billet sont à peser. On y voit le complice qui en sait plus qu'il n'en veut dire et qui esquive un interrogatoire embarrassant :

« J'apprends avec peine et surprise, monsieur le maire, que le peuple de Paris se porte vers Orléans ; c'est même pour moi un fait à éclaircir. On m'assure qu'il est question d'amener sous la loi les criminels de lèse-nation. Je vais prendre tous les renseignements que demande la commission extraordinaire ; je vais lui envoyer des officiers municipaux, car je ne peux quitter le parquet. Cette nuit nous nous sommes couchés à deux heures.

« Manuel. »

destinée, disait le décret du 26 août, à veiller à la garde et à la sûreté des prisonniers.

VII

Le premier décret (celui du 25 août) avait chargé le ministre de la justice d'envoyer à Orléans deux commissaires pour examiner les procédures commencées. Le choix de Danton tomba sur Dubail et Léonard Bourdon. Ils avaient des instructions ostensibles et des ordres secrets. Ils devaient, avant tout et sur tous les points, se concerter avec Fournier, en route depuis la veille. Ce qui le prouve, c'est que, partis en poste le 25 au soir, par conséquent avant que le décret du 26 ne fût venu régulariser la marche des *patriotes parisiens,* Dubail et Bourdon s'arrêtèrent à Lonjumeau, qui avait été la première étape de la bande de Fournier. Ils restèrent plusieurs heures en conférence avec celui-ci, et, quoiqu'il dût avoir la bourse encore assez bien garnie des deniers pris indûment dans la caisse de la ville de Paris, quoiqu'il dût être pour eux, commissaires du pouvoir exécutif, en flagrant délit de rébellion, ils lui remirent un nouvel à-compte de six cents francs, puis remontèrent en voiture [1].

[1]. Dubail était secrétaire de la section du Théâtre-Français, dont Danton avait été longtemps président. Léonard Bourdon était tout-puissant dans la section des Gravilliers, et, depuis le 10 août, il était son représentant dans le sein de la commune insurrectionnelle; de plus, l'un et l'autre appartenaient au tribunal du 17 août, Dubail en qualité de juge, Bourdon en qualité de greffier.

Ce n'était pas au ministre de la justice, mais au ministre de l'intérieur qu'il appartenait de pourvoir à l'exécution du décret du 26, relatif à l'envoi d'une force armée à Orléans. Roland aurait pu diriger sur le Loiret des gardes nationaux choisis avec soin, et mettre à leur tête un homme de cœur, muni des pouvoirs nécessaires pour ranger sous ses ordres les détachements déjà en marche. Mais ce ministre, qui se croyait inflexible parce qu'il était rogue, inaccessible à la crainte et aux entraînements parce qu'il se plaisait à se représenter sans cesse comme tel, subissait, sans qu'il s'en doutât, l'influence de son audacieux et habile collègue. Danton lui persuada qu'il n'avait rien de mieux à faire que de suivre l'exemple que venait de lui donner la représentation nationale, d'admettre le fait accompli, de délivrer à Fournier une commission qui l'investît régulièrement de l'autorité dont il s'était emparé et lui donnât le commandement officiel des détachements marchant sur Orléans, aussi bien de ceux qui étaient partis de leur autorité privée que de ceux qui seraient envoyés en vertu du décret de l'Assemblée.

Fournier attendait tranquillement à Étampes le brevet de général de l'armée parisienne, que ses amis de l'Hôtel de Ville lui avaient promis. Il lui fut apporté par les chefs de la deuxième bande, partie de Paris le 26 août au soir. Ces chefs étaient Bécart, commandant du bataillon de Popincourt, et le fameux Lazowski, commandant des canonniers de la section du Finistère. Cette bande vécut en chemin, comme celle qui l'avait devancée, aux dépens des communes et des particuliers, au moyen de réquisitions qui furent plus tard fort contestées par ceux même qui les avaient faites[1].

Le 30 août, l'Américain arrivait à Orléans. Il y était reçu avec les plus grands honneurs par la municipalité et le département, qui croyaient voir en lui et en ses compagnons les vrais représentants de la garde nationale parisienne. Fournier, aussitôt après avoir fait vérifier par les autorités orléanaises sa commission signée *Roland*[2], envoie ses bandes prendre possession des deux prisons affectées aux prisonniers de la haute cour, Saint-Charles et les Minimes.

Les volontaires parisiens s'emparent de tous les postes, pénètrent dans les chambres, exercent sur les prisonniers les plus grandes brutalités, en blessent même quelques-uns. Ayant inspiré à tous ces malheureux une *terreur salutaire*, ils organisent le pillage, font main basse sur l'argenterie et les autres valeurs portatives. Léonard Bourdon est là, approuvant tout par sa présence, et prenant les noms des prisonniers pour savoir si le compte des individus qu'on a promis de lui livrer se retrouve exactement.

---

1. Lorsque Fournier rendit à sa manière les comptes de son expédition, ainsi qu'on le verra dans la note placée à la fin du volume, il repoussa les réclamations de plusieurs des communes qu'il avait dévalisées, et notamment de la municipalité d'Arpajon, prétendant qu'elles *étaient insidieuses et tardives*.

2. M. Granier de Cassagnac, p. 478 de son deuxième volume, donne à croire que les autorités d'Orléans n'auraient pas dû obtempérer aux réquisitions de Fournier. C'est une erreur complète, l'Américain avait une commission parfaitement en règle, signée du ministre de l'intérieur.

Cette première expédition faite, Fournier et ses deux lieutenants, Bécard et Lazowski, posent des sentinelles à tous les guichets, à toutes les portes, dans tous les corridors, avec la consigne d'opposer un refus formel à quiconque, sous n'importe quel prétexte, demanderait à communiquer avec les prisonniers.

Cette consigne est exactement suivie. Un homme énergique essaye cependant de la forcer. Gilbert-Bonnet, huissier audiencier de la haute cour, se présente aux Minimes le 1ᵉʳ septembre et déclare qu'il doit signifier à certains accusés divers actes de procédure; l'entrée lui est brutalement refusée. A force d'insistance, il parvient, à travers six cordons de sentinelles, jusqu'à un des officiers de Fournier, le somme de le laisser pénétrer dans la prison, et, sur son refus, lui demande son nom pour verbaliser. « S.... n.. de D..., lui répond brusquement l'officier sans-culotte, si tu ne te retires pas promptement, je te ferai consigner de manière que tu ne feras jamais de pareilles questions. » Gilbert-Bonnet court à l'Hôtel de Ville, où il trouve Fournier à la tête d'un détachement de canonniers parisiens; il lui demande de donner des ordres pour que lui, huissier de la haute cour, puisse pénétrer dans les prisons et y accomplir les actes de son ministère. Mais Fournier s'emporte et crie d'une voix tonnante : « S.... n.. de D... (il paraît que c'était ainsi que commençaient tous les discours de ces scélérats), je n'ai aucun ordre à donner. Quand ces sacrés gueux auront tous la tête coupée, on fera le procès après. Je n'entends pas les chicanes; tu peux t'aller faire f...... Ni toi ni d'autres n'entreront jamais dans les prisons tant que je serai à Orléans avec mon armée. » Gilbert-Bonnet ose demander au général son nom, quoiqu'il le sache fort bien. Mais Fournier lui réplique : « Retire-toi, te dis-je, sans d'autres raisons, si tu ne veux passer un mauvais quart d'heure. »

Menacé par les sicaires de l'Américain, l'huissier de la haute cour est obligé de faire retraite. Mais, poussant aux dernières limites sa courageuse persistance, il dresse procès-verbal de tous ces faits et le notifie au général dans la personne, à la vérité, d'un de ses suppôts, car il n'eût pas été possible d'obtenir une seconde audience du terrible chef de l'armée parisienne[1].

VIII

Fournier, Bécard, Lazowski règnent en maîtres souverains dans Orléans. Sur la place du Martroy, les canonniers de la section du Finistère stationnent avec pièces chargées et mèches allumées. Cependant, les maratistes de la localité et, à leur tête, le tailleur démagogue nouvellement élu maire, Lombard-Lachaux, traitent de leur mieux leurs amis parisiens et marseillais. Le dimanche 2 septembre, ils leur donnent une fête civique : drapeaux, lampions, musique, banquet, chansons, harangues, tonnes défoncées ; rien n'y manquait.

---

1. Le procès-verbal de Gilbert-Bonnet est conservé dans les archives de la Cour impériale d'Orléans.

Pendant qu'on buvait et qu'on chantait à Orléans, les massacres commençaient à Paris. Le soir même de cette journée néfaste, peu après que le vieux Dussaulx eut annoncé à ses collègues que la députation envoyée à l'Abbaye n'avait pu faire entendre la voix de l'humanité aux assassins, l'Assemblée législative paraît se ressouvenir des accusés qu'elle a elle-même envoyés par-devant la haute cour. Désespérant de sauver les prisonniers qui se trouvent à deux pas d'elle, elle veut au moins faire acte de bonne volonté en faveur de ceux du Loiret qui eux, au moins, ne sont pas directement sous la main de la commune insurrectionnelle. Elle commence à entrevoir les liens étroits qui rattachent le brusque départ de Fournier et de sa bande aux effroyables exécutions dont Paris est depuis quelques heures le sanglant théâtre. Elle espère que son intervention pourra encore sauver les malheureux que, sans le savoir, elle a livrés aux assassins envoyés par les dictateurs de l'Hôtel de Ville. Il faut à tout prix rappeler la troupe indisciplinée dont, par son malencontreux décret du 26 août, elle a sanctionné la mission improvisée; mais il faut aussi lui dissimuler la méfiance qu'elle inspire. Au nom de la commission des vingt-et-un, Gensonné apporte un projet de décret qu'on adopte et qu'on expédie à Orléans par un courrier extraordinaire [1].

Le décret était adressé aux deux grands procurateurs

---

[1]. Nous avons eu entre les mains la minute originale de ce décret. La quantité de ratures et de renvois qui la couvrent dénote l'embarras et le trouble de son rédacteur. L'Assemblée elle-même, après l'avoir voté, l'amenda pendant la nuit en substituant, comme lieu de

de la nation qui remplissaient auprès de la haute cour les fonctions de ministère public[1]. Ils le reçoivent le 3 septembre, dans l'après-midi, et s'empressent de convoquer à l'Hôtel de Ville d'Orléans les autorités municipales et départementales, les deux commissaires du pouvoir exécutif, les commandants de la force armée. Fournier se fait longtemps attendre ; il arrive enfin avec les cinq ou six individus à figure rébarbative qui composent son état-major. On le fait entrer seul dans la salle du Conseil, où se trouvait déjà M. Dulac, commandant de la garde nationale d'Orléans. Lecture est faite à haute voix du décret rendu la nuit précédente par l'Assemblée, et dont le préambule, malgré ses formes vagues, faisait clairement connaître sous quelle douloureuse impression il avait été rédigé :

« L'Assemblée nationale, considérant ce qu'exigent les
« circonstances actuelles, la sûreté des personnes déte-
« nues dans les prisons de la haute cour nationale à
« Orléans, et la nécessité de rappeler promptement les
« gardes nationales parisiennes pour partager avec leurs
« frères d'armes le service extraordinaire que la sûreté
« de la capitale et le salut de la chose publique exigent :

« Considérant que la Convention nationale pourra seule
« déterminer les changements qui devront être apportés
« aux articles constitutionnels qui ont fixé l'organisation

---

détention des accusés, le château de Saumur à celui de Blois, qui avait d'abord été désigné et qui ne lui parut pas assez sûr.

1. Les deux grands procurateurs devaient être, aux termes de la loi, deux membres de l'Assemblée législative élus par elle. Garran-Coulon, député de Paris, et Pellicot, député des Bouches-du-Rhône, remplissaient alors ces fonctions.

« du tribunal de la haute cour nationale et le lieu où
« elle doit siéger, à la distance de trente mille toises de
« la ville où le corps législatif tient ses séances ;

« Considérant enfin que le château de Saumur pré-
« sente tous les moyens de sûreté pour la garde des pri-
« sonniers, et n'exige pas le concours d'une force armée
« considérable.

« L'Assemblée nationale, après avoir décrété l'ur-
« gence, décrète ce qui suit :

« Art. 1er. Les personnes détenues dans les prisons
« de la haute cour nationale seront, à la diligence des
« grands procurateurs de la nation et des commissaires
« envoyés par le pouvoir exécutif à Orléans, transférées
« sur-le-champ dans les prisons du château de la ville de
« Saumur.

« Art. ii. Les commandants de la garde nationale
« d'Orléans et de la garde nationale parisienne actuelle-
« ment à Orléans seront tenus d'assurer le transport des
« prisonniers par une escorte suffisante.

« Art. iii. Les gardes nationales qui se sont rendues
« de Paris à Orléans se retireront sans délai au sein de
« la capitale et viendront partager le service extraordi-
« naire auquel les citoyens de Paris vont se dévouer
« pour le salut de la patrie et la défense de la capitale. »

Le décret lu, on en donne copie aux deux commandants, que l'on invite à fixer le nombre d'hommes rigou-
reusement nécessaire à l'escorte des prisonniers. Fournier demande à conférer de cet objet important avec ce
qu'il appelle son état-major. Pendant ce temps, les com-

missaires civils et les grands procurateurs de la nation écrivent au ministre de la justice pour lui accuser réception de ses dépêches et l'assurer de tout leur zèle à les faire exécuter[1].

A peine le courrier est-il remonté à cheval que Fournier rentre dans la salle du conseil, suivi de son lieutenant Bécard. Il s'explique d'une manière évasive sur le nombre d'hommes dont il a besoin ; mais Bécard, moins dissimulé, répond brutalement : « Tous ces détails sont inutiles, l'armée de Paris ne se divisera point, telle est sa volonté et celle de ses chefs, aucun décret n'y fera rien. » Fournier, bien loin de désavouer son lieutenant, déclare à son tour

---

[1]. Le ministre de la justice s'empressa de communiquer cette réponse à l'Assemblée et de profiter des expressions vagues dont se servaient les rédacteurs de la lettre, pour endormir la vigilance de la commission extraordinaire.

« Monsieur le Président,

« J'ai l'honneur de prévenir l'Assemblée nationale qu'une heure après la réception de la loi, qui ordonne la translation à Saumur des personnes détenues dans les prisons d'Orléans pour accusation de crime de lèse-nation, je l'ai expédiée par un courrier extraordinaire aux commissaires du pouvoir exécutif et aux procurateurs généraux. Ce courrier arrive à l'instant, porteur de la réponse des commissaires qui m'assurent de leur zèle pour mettre promptement la loi à exécution.

« Je suis avec respect, Monsieur le Président,

« Votre très-humble et très-obéissant serviteur,

« DANTON.

« Paris, ce 4 septembre 1792. »

Le courrier, on le voit, avait fait grande diligence à l'aller et au retour. Parti dans la nuit du 2 au 3, il était arrivé à Orléans le 3 environ à quatre heures de l'après-midi, reparti à huit heures du soir, il était de retour le 4, date de la lettre de Danton à l'Assemblée.

qu'il ne consentira pas à partager sa troupe, et, comme on le presse de justifier cette résolution, il salue la compagnie en annonçant qu'il va se mettre à table, étant, dit-il, à jeun depuis le matin. Cette impertinente sortie avait un autre motif. Fournier, craignant qu'on ne prît contre lui quelque mesure de rigueur, voulait rassembler ses hommes et se préparer à toutes les éventualités.

Bientôt on entend battre la générale; on vient avertir les autorités restées à l'Hôtel de Ville qu'il se forme des groupes menaçants du côté des prisons, et que les volontaires parisiens courent aux armes, non pour s'opposer à ce mouvement, mais pour combattre les troupes régulières si elles viennent à se montrer. Ordre est aussitôt donné à la garde nationale d'Orléans, à la gendarmerie et aux troupes de ligne composant la garnison de se tenir prêtes à marcher au premier signal. Mais avant d'en venir aux dernières extrémités, les grands procurateurs veulent s'assurer de l'état des choses, et, entraînant avec eux Bourdon et Dubail, ils se rendent sur la place du Martroy, où leur présence suffit à intimider les rôdeurs de nuit qui s'y sont rassemblés. De là, s'étant dirigés vers l'endroit que l'armée parisienne a choisi pour point de ralliement, ils la trouvent rangée en bataille à l'entrée des rues Bannier et d'Hilliers, les canonniers à leurs pièces, les fusiliers formant des groupes près de leurs armes en faisceaux, tous la tête échauffée et plus mal disposés que jamais à entendre le langage de la raison. Aussi, quand Pellicot et Garran-Coulon veulent porter, de groupe en groupe, des paroles de paix et rappeler aux volontaires les devoirs que leur impose le décret de l'Assemblée nationale, on ne leur répond que par des éclats de rire, des menaces et des huées. L'Américain, tranquillisé par les dispositions qu'il a prises, paraît devant les magistrats et les engage à le suivre à sa demeure; ils y trouvent trois ou quatre individus qui se donnent pour les députés de la section du Finistère et se prétendent chargés de ramener leurs frères dans la capitale. « Quelques mots prononcés par ces émissaires à l'oreille du commandant font frissonner les deux magistrats, quoiqu'ils ne les entendent qu'à moitié[1]. »

Sans doute, les envoyés des démagogues parisiens avaient conseillé à Fournier de dissimuler par une feinte obéissance les projets sinistres qu'ils lui avaient communiqués. Aussi se laisse-t-il ramener sans peine à l'Hôtel de Ville par Garran-Coulon et Pellicot. Là, il se déclare prêt à obéir au décret; il ira à Saumur, mais avec tout son monde, c'est le vœu de son armée. Céder sur ce point, fait-il observer, c'est le moyen de se faire mieux obéir pour tout le reste; d'ailleurs, dans l'état d'effervescence où se trouve le pays, il ne faut pas, suivant lui, moins de douze cents hommes suivis de six pièces de canon pour transférer sûrement les prisonniers. Il ne demande à la garde nationale d'Orléans qu'un détachement de deux cents volontaires. M. Dulac déclare qu'il fournira un détachement aussi nombreux que l'on voudra, et qu'il ne dépendra pas de lui que la loi ne soit fidèlement exécutée. On se résigne à accepter les conditions impo-

1. Expressions mêmes du procès-verbal des grands procurateurs de la nation.

sées par Fournier, mais on lui fait promettre solennellement de conduire les prisonniers sains et saufs à Saumur. L'Américain jure tout ce que veulent les magistrats et se retire. Aussitôt les grands procurateurs de la nation et les autorités départementales s'occupent de faire préparer, sur la route de l'ouest, les étapes du convoi et de sa nombreuse escorte. Une somme de quinze mille francs, empruntée à la commune, est portée à Fournier pour les besoins du voyage.

Pendant tout le reste de la nuit du 3 au 4, on cherche à rassembler des moyens de transport. Les entrepreneurs ordinaires avaient caché leurs chevaux et leur matériel, craignant de ne les revoir jamais s'ils les confiaient aux patriotes parisiens. Garran-Coulon et Pellicot sont obligés de remettre à la municipalité des réquisitions en forme pour l'autoriser à s'emparer, de gré ou de force, des chevaux et voitures des particuliers, même de ceux de la poste, si cela est nécessaire.

L'heure du départ avait été fixée à cinq heures du matin. Déjà depuis la veille, les rumeurs du dehors, quelques propos échappés aux gardiens avaient averti les prisonniers que leur sort allait changer. Mais que devaient-ils devenir? C'est ce qu'aucun d'entre eux ne savait. On parlait vaguement de Saumur, de Paris, d'un prompt jugement qui les rendrait bientôt à la liberté.

Plusieurs, dans l'incertitude du sort qui leur est réservé, passent la nuit à rédiger leurs testaments, à écrire à leurs amis, à leurs proches, à mettre leurs affaires en ordre. Fournier va de chambre en chambre, se présentant à tous comme un protecteur bien résolu à les défendre contre les périls qui pourraient les menacer.

Il y avait dans les prisons de la haute cour des gens fort riches, comme le duc de Brissac; ils aimaient, même en ces tristes demeures, à s'entourer d'un luxe qui leur rappelait leur vie heureuse et les consolait de la liberté absente, et étaient pourvus de vaisselle magnifique, de somptueux habits, de bijoux précieux. Toutes ces richesses, par les soins des affidés de Fournier et de Bourdon, sont enlevées et jetées pêle-mêle dans des malles. Les fourgons, que l'on a mis en réquisition, reçoivent quelques-unes de ces malles; d'autres, *sans doute par inadvertance,* sont transportées en ville, dans les logements particuliers des chefs de l'expédition [1].

Les effets mis en sûreté, on s'occupe des prisonniers eux-mêmes, on les rassemble dans les cours, on leur lie les mains, on les entasse sur des chariots. Bécard s'est chargé des vingt-huit détenus qui se trouvent à Saint-Charles; Fournier s'est réservé ceux des Minimes, MM. de Brissac, Delessart, d'Abancourt, Larivière et plusieurs officiers supérieurs du régiment de Cambrésis. Le concierge de la prison se fait donner par l'Américain une décharge des prisonniers qu'il vient de lui remettre, et demande timidement si dans cette décharge il doit indi-

---

1. De ces déprédations, de ces brutalités les preuves existent dans les nombreuses déclarations recueillies à Orléans en l'an III, lorsque les magistrats de Versailles s'apprêtaient à faire le procès de Fournier l'Américain; nous avons choisi parmi ces déclarations celles émanant de personnes qui, par leur position particulière, étaient plus spécialement à même de savoir comment les choses s'étaient passées. On trouvera ces dépositions à la fin de ce volume.

quer leur destination. — Eh bien, répond Fournier après quelques hésitations, mettez Saumur. — L'attitude embarrassée du commandant de l'armée parisienne fait réfléchir les grands procurateurs de la nation. Ils sentent se réveiller toute leur méfiance et s'approchent de l'Américain qui cherche en vain à les éviter. A force de supplications, ils lui arrachent de nouveau la promesse qu'il ira à Saumur. Cela fait, il saute à cheval, pique des deux et devance les magistrats sur la place du Martroy ; il y trouve son lieutenant, avec les prisonniers amenés de la prison de Saint-Charles. Aussitôt que Bécard aperçoit la tête du convoi que conduit Fournier, et sur un signe probablement convenu d'avance avec lui, il donne à sa troupe l'ordre de s'ébranler et s'engage par la rue Bannier dans la direction de Paris.

Le détachement de la garde nationale d'Orléans, que Dulac avait convoqué, reste immobile; mais de ses rangs sortent quelques individus isolés qui grossissent la troupe parisienne, à laquelle se joint un certain nombre de soldats du régiment de Berwick gagnés au complot et qui se sont échappés de leur caserne.

A la nouvelle que les prisonniers sont entraînés sur la route de Paris, les deux grands procurateurs, Garran-Coulon et Pellicot se font jour à travers la populace qui encombre la place du Martroy, parviennent à rejoindre Fournier et Bécard qui ont pris la tête du cortége, leur rappellent courageusement leurs promesses violées, la loi méconnue et les effroyables suites que peut avoir leur désobéissance. L'Américain leur répond qu'il sait ce qu'il a à faire et continue son chemin. Aucune résistance n'est plus possible. Les magistrats rentrent à la maison commune pour verbaliser. Ils reçoivent les protestations des chefs de la garde nationale d'Orléans, des officiers et d'un certain nombre de soldats du régiment de Berwick, qui, drapeau en tête, viennent témoigner à la municipalité la douleur qu'ils éprouvent de la défection de quelques-uns des leurs [1].

IX

Le 5 septembre, à huit heures du matin, l'Assemblée nationale recevait communication de la dépêche que les grands procurateurs lui avaient envoyée par un courrier extraordinaire pour l'avertir de ce qui s'était passé à Orléans. Quelques heures après, sur le rapport de Vergniaud, elle adoptait un décret qui chargeait le pouvoir exécutif de prendre, dans l'intérêt de la loi, toutes les mesures qu'exigeraient les circonstances et notamment d'envoyer deux commissaires au-devant de la force armée commandée par Fournier. Ce décret était accompagné d'une proclamation également rédigée par Vergniaud ; on y rappelait leurs devoirs aux soldats mutinés

---

[1]. Nous avons consulté, pour toute cette partie de notre récit, le procès-verbal signé des autorités d'Orléans, le procès-verbal dressé par les grands procurateurs, les lettres que Fournier écrivit à l'appui de ses comptes, la volumineuse procédure dirigée contre Fournier en l'an III, et enfin le monument le plus précieux et le plus lamentable que nous ayons recueilli sur ce sanglant épisode de la Terreur, les lettres écrites par les victimes elles-mêmes pendant leur voyage d'Orléans à Versailles ; nous en parlerons plus loin.

et on leur ordonnait de rétrograder non-seulement jusqu'à Orléans, mais encore jusqu'à Saumur.

Ces mesures, cependant bien peu sévères, inquiétèrent les meneurs de l'Hôtel de Ville; ils firent nommer par la commune d'autres commissaires qui, eux aussi, devaient aller au-devant de l'armée de Fournier, sous prétexte que cette armée, composée d'enfants de Paris, ne pourrait qu'écouter avec déférence des magistrats de la cité venant joindre leurs exhortations à celles des délégués du pouvoir exécutif. Roland, tombant encore une fois dans les chausse-trapes que son collègue Danton ne cessait de placer sous ses pas, accepta les envoyés de la commune comme des auxiliaires utiles et leur donna des pouvoirs identiques à ceux dont il avait revêtu son propre représentant [1].

[1]. Les quatre commissaires désignés par la commune furent pris dans le sein même du conseil général; ils se nommaient Moulin, Barey, Jobert et Roussel. Le seul commissaire désigné par Roland fut un sieur Beauvillers. Ils adressèrent, tous les cinq, d'Étampes et d'Arpajon, des lettres collectives au ministre de l'intérieur et au directoire du département de Seine-et-Oise. Leur action fut toujours commune, preuve évidente que leurs pouvoirs étaient communs.

A peine les cinq commissaires étaient-ils partis que Roland écrit de nouveau à Fournier une lettre dont le désordre et l'incohérence dénotent bien le trouble qui agitait le malheureux ministre dans ces jours d'angoisse.

« *A M. Fournier, commandant la force armée sur la route de Paris à Orléans.*

« J'apprends, par un courrier qui vient de passer à Étampes, que les prisonniers y sont rentrés. Faites tous vos efforts pour les y retenir, pour les loger dans les environs, conformément à la mission des commissaires que j'ai envoyés au-devant d'eux et de votre force ar-

Les commissaires arrivèrent à Étampes quelques heures avant les bandes que l'on avait décorées du nom d'armée parisienne.

Cette armée, qui méritait si peu ce nom, marchait dans un affreux désordre, maraudant tout le long du chemin, et, à chaque halte, se livrant à toute sorte d'excès[1].

Aussitôt que les commissaires furent avertis de son approche, ils allèrent la recevoir à l'entrée d'Étampes et, après un roulement de tambours, l'un d'eux lut à haute voix, devant le front des bataillons, le décret du 5 et la proclamation rédigée par Vergniaud. Cette pièce d'éloquence fit naturellement très-peu d'effet sur les officiers et encore moins sur les soldats. Aussitôt après cette lecture, les agents de la commune, se répandant dans les rangs, prêchèrent tout haut la soumission et tout bas la désobéissance.

Fournier et sa troupe séjournèrent deux jours à Étampes. Ce retard dans une marche d'abord précipitée serait difficile à comprendre, si les rapports des commis-

---

mée. S'il n'était pas possible d'agir ainsi que le portait le décret, et que les commissaires en étaient chargés, je m'en référerais à ma lettre de ce matin, laquelle vous a été remise par un courrier que je vous ai envoyé. Vous voyez bien que l'honneur, la loyauté, celle de Paris, *la vôtre,* tiennent à des mesures dignes et humaines. »

1. Nous n'en voulons pour preuves que les explications données plus tard par Fournier à l'appui de ses comptes. Il parle sans cesse des dépenses considérables occasionnées par la mauvaise organisation des hommes qui s'étaient glissés dans les rangs de son armée pour y mettre le désordre, des vols qui se commettaient sous prétexte de réquisitions, de fusils cassés et de tambours brisés au milieu des rixes de chaque jour.

saires ne nous révélaient l'arrivée, durant la nuit, d'un émissaire de la commune, chargé de faire modifier l'itinéraire projeté et de diriger les prisonniers non plus vers Paris, mais sur Versailles.

Quel était le motif de ce changement d'itinéraire? Les organisateurs des massacres avaient pu s'apercevoir que la population parisienne sortait de sa stupeur et pouvait s'opposer au renouvellement des massacres. Ils résolurent donc de transporter ailleurs le théâtre de leur dernier exploit.

Quatre lieues séparent Versailles de Paris. Rien n'était donc plus facile que d'y envoyer les assassins à la solde du comité de surveillance; en dirigeant sur cette ville les prisonniers que l'on avait hautement annoncé vouloir conduire dans la capitale, on paraissait, jusqu'à un certain point, obtempérer au décret de l'Assemblée.

Les deux journées que Fournier eut l'air de perdre Étampes donnèrent aux organisateurs des massacres le temps de faire concorder l'arrivée des prisonniers à Versailles avec un nouveau dimanche, jour, il faut le remarquer, presque toujours choisi pendant la révolution pour tous les mouvements populaires.

La masse des volontaires que commandait Fournier, et auxquels celui-ci ne pouvait, sans se compromettre, expliquer tout haut les motifs du contre-ordre qu'il venait de recevoir, fit d'abord la plus vive opposition au changement d'itinéraire. On craignit à plusieurs reprises une sédition parmi ces troupes indisciplinées. Il fallut que les commissaires de la commune jurassent de marcher avec l'armée parisienne jusqu'à Versailles, en ajoutant que, là, *justice serait faite*[1].

Les prisonniers étaient assez bien traités depuis leur départ d'Orléans. Si parfois les sentinelles, placées près des chariots aux diverses haltes, les insultaient, et, dans la franchise de l'ivresse, leur prédisaient le sort qui les attendait, les officiers affectaient pour eux une sympathie hypocrite, cent fois plus odieuse que la brutale rudesse des soudards et des vauriens qu'ils avaient sous leurs ordres. Fournier surtout se montrait, non-seulement humain, mais prévenant à l'égard des prisonniers. Il leur procurait, à chaque couchée, de la paille fraîche; à chaque repas, de bons vivres; il ne cessait de leur faire entendre des paroles presque amicales. Ainsi parvint-il à capter leur confiance, et même à devenir le dépositaire de leurs secrets, de leurs derniers bijoux et de leurs valeurs de portefeuille. Pendant les deux jours que le funèbre convoi séjourna à Étampes, il redoubla pour eux de soins; il les visita dans le couvent abandonné qui leur servait de prison; il leur expliqua, à sa manière et à son avantage, la cause des tumultes dont le bruit et les clameurs étaient parvenus jusqu'à eux; il se posa comme leur protecteur et leur ami.

Ces malheureux gisaient sur la paille, qu'on avait étendue à la hâte dans de grandes salles toutes nues, sans meubles et sans lits. Ils étaient garrottés et semblaient de vils animaux que l'on mène à la boucherie, mais dont on prend soin cependant, afin qu'ils arrivent

---

[1]. Ce sont les termes mêmes de leur rapport.

en bon état entre les mains de ceux qui doivent les égorger.

Fournier avait accordé à ces infortunés une suprême faveur, il leur avait permis d'écrire à leurs proches et à leurs amis et avait autorisé les gardes qui veillaient sur eux à desserrer les liens qui retenaient leurs mains captives. Mais, de peur qu'ils ne tentassent de s'échapper, on n'en déliait que quelques-uns à la fois. Ils se passaient de main en main les trois ou quatre plumes que l'on avait mises à leur disposition. Aussitôt que l'un d'eux avait fini sa lettre, on le garrottait de nouveau et on *débouclait son voisin*[1].

Ces prisonniers n'étaient pas tous, comme on pourrait le croire, également découragés. Ceux qui avaient le pressentiment du sort qui les attendait l'envisageaient avec assez de fermeté pour cacher leurs appréhensions à leurs compagnons d'infortune et leur épargner les inutiles anxiétés d'une trop longue agonie. Tel, qui venait d'écrire son testament et d'adresser ses suprêmes adieux à ses amis les plus chers, tendait en souriant la plume à son impatient voisin, à qui il tardait de faire partager à sa mère ce que son insouciance lui laissait encore d'espoir. Tous innocents et presque tous jeunes, la plupart se rattachaient avec tant d'ardeur à la vie qu'ils ne demandaient pas mieux que de s'aveugler sur

[1]. Les lettres écrites par les prisonniers d'Orléans sont datées du 4, du 6 et du 7. A la première date, ils avertissent leurs amis qu'on va les transférer d'Orléans à Saumur; à la seconde, ils annoncent qu'ils sont dirigés sur Paris; à la troisième, que c'est décidément à Versailles qu'on les mène.

le danger de leur position et se prenaient à croire aux propos équivoques par lesquels Fournier et ses confidents cherchaient à les endormir. Ils ne soupiraient qu'après des juges et espéraient en trouver là où on les menait. Ils se louaient des soins dont les entourait le général de l'armée parisienne, et surtout de la promesse solennelle qu'il leur avait faite d'envoyer immédiatement leurs lettres à destination.

Mais Fournier, infidèle à sa parole, inaccessible à toute pitié, garda cette correspondance dont il avait accepté ou, pour mieux dire, extorqué le dépôt, et l'envoya au comité de surveillance. Ces dernières volontés des mourants, regardées comme sacrées dans tous les pays, à toutes les époques, furent soustraites par une infâme trahison aux familles auxquelles elles étaient adressées; et cependant, dans ces épanchements des affections les plus légitimes, on ne trouve aucune trace des prétendus complots que l'on accusait ces infortunés d'avoir noués avec les ennemis de leur patrie; on y reconnaît, au contraire, des gens sûrs d'eux-mêmes qui ne se plaignent que des lenteurs de la justice, qui se fient à leurs bourreaux et parlent de leur délivrance ou de leur mort prochaine sans affectation, sans amertume, avec l'inimitable accent de l'innocence[1].

---

[1]. Nous avons eu le bonheur de retrouver les lettres remises par les prisonniers d'Orléans entre les mains de Fournier. Nous en publions les extraits les plus importants à la fin de ce volume. En lisant ces confidences d'outre-tombe, que Fournier et ses patrons ont eu la cruauté de dérober aux mères, aux femmes, aux amis auxquels elles étaient destinées, on sent redoubler sa pitié pour les victimes, sa haine pour les bourreaux.

X

Dans certaines régions gouvernementales on savait si peu ce qui se passait, que Pétion faisait placarder dans la soirée du 8, sur les murs de Paris, une proclamation ainsi conçue :

« Nous invitons tous nos concitoyens, les bons *patriotes composant le peuple,* à faire en sorte que les prisonniers d'Orléans (maintenant à Arpajon), si absolument il est impossible qu'ils ne vinssent point à Paris, y arrivent au moins sains et saufs. Tous les bons citoyens se réuniront ensuite pour veiller à ce qu'il ne s'échappe des prisons aucun de ces prisonniers. Nous nous en rapportons à la sagesse et au génie du peuple sur ce grand objet. »

Pendant que Pétion annonçait dans ce style embarrassé et sentimental l'arrivée des prisonniers à Paris, Roland écrivait la lettre suivante aux administrateurs du département de Seine-et-Oise :

« On m'annonce, messieurs, que les prisonniers d'État, ci-devant détenus à Orléans, doivent arriver dimanche matin à Versailles. Je vous prie de faire toutes les dispositions pour qu'ils puissent être déposés en sûreté dans les prisons de votre ville, et en même temps pour qu'il soit pourvu tant au logement et à la subsistance de ces prisonniers qu'à celle de la nombreuse garde qui leur sert de cortége, et des commissaires de Paris chargés de veiller à leur conservation. Le nombre de ces personnes étant à peu près de quinze cents, vous sentez la nécessité de prendre sur-le-champ les mesures convenables à cet égard. Je ne puis trop recommander à votre sollicitude, messieurs, les précautions les plus sages pour préserver de tout événement les prisonniers qui, étant sous le glaive de la loi, méritent tous les égards de l'humanité. »

Dans ces temps malheureux, les honnêtes gens étaient obligés de cacher les intentions les plus louables sous les formes les plus brutales et quelquefois les plus injurieuses pour ceux même qu'il s'agissait de sauver. La municipalité de Versailles fournit ce jour-là un exemple frappant de cette terrible nécessité. Voici les considérants de l'arrêté qu'elle prit, à la réception de la lettre de Roland, pour affecter au logement des prisonniers qu'on lui annonçait les bâtiments de l'ancienne ménagerie, située à moitié route entre Versailles et Saint-Cyr :

« Considérant que Versailles renferme en ce moment cinq à six mille hommes des diverses parties du département pour se former en bataillons de volontaires; que, depuis plusieurs jours, des hommes pervers cherchent, par des instigations perfides, à égarer le civisme des citoyens pour les porter à des exécutions sanglantes; que si, jusqu'à ce moment, les magistrats sont parvenus à déjouer ces manœuvres odieuses, il est à craindre que l'arrivée des prisonniers d'État ne fournisse l'occasion de les renouveler avec plus de succès; — considérant que les maisons de justice et d'arrêt sont remplies; qu'il n'existe dans la ville aucun local propre à recevoir les prisonniers; que, hors les murs et à peu de distance, il en est un qui, par sa position et sa construction, offre à la fois les moyens de retenir les prisonniers et les moyens de les garantir ; *que, par son nom même, il aura l'avantage de satisfaire en quelque sorte l'animadversion populaire et d'atténuer le sentiment de la haine en faisant naître des sentiments de mépris...* »

Tels étaient les expédients auxquels en étaient réduits les magistrats d'une grande cité, naguère le siége de la cour la plus brillante et la plus policée du monde entier. Telles étaient les phrases à l'aide desquelles on espérait conjurer les desseins de ces hommes que l'on voyait déjà apparaître dans les rues de Versailles, comme l'on voit accourir les hyènes à l'approche des caravanes qui leur promettent une proie facile.

En même temps qu'elles prenaient cet arrêté, les autorités de Versailles envoyaient un exprès sur la route d'Étampes pour savoir si véritablement les prisonniers d'Orléans étaient dirigés sur leur ville, contrairement aux décrets de l'Assemblée. Ce fut à Arpajon que le messager trouva les commissaires de la commune qui, à la tête de l'armée parisienne, y étaient arrivés dans l'après-midi du 8, et attendaient, pour franchir les quelques lieues qui les séparaient encore de Versailles, le dimanche 9, jour convenu avec les organisateurs des massacres.

La réponse rapportée par le messager est très-vague et ne lève aucune des incertitudes qui planent sur la marche du convoi[1]. La municipalité se résout à adresser

---

[1]. Nous avons retrouvé les lettres que les commissaires de la com-

un nouveau message à Roland pour apprendre de lui ce qu'il a décidé. Comme si ce malheureux ministre décidait quelque chose et savait même ce que d'autres décidaient à sa place!

Pendant ce temps, le président du tribunal criminel, Alquier, ancien constituant, court à Paris avertir le ministre de la justice de ce qui se passe. Mais ce ministre était Danton; ce représentant de la loi était le chef secret des assassins. Alquier parvient à grand'peine jusqu'à lui; il expose les dangers que présentent ces attroupements d'hommes armés, mêlés d'agents pro-

---

mune écrivirent d'Arpajon, le 8 au matin, à Roland et à la municipalité de Versailles; on y voit percer en même temps et la crainte de se compromettre et de vagues prévisions de troubles prochains à l'arrivée des prisonniers. Comment les commissaires pouvaient-ils si bien prévoir ce qui allait se passer à Versailles, si, d'avance, dans cet effroyable drame, tous les rôles, toutes les phases de l'action n'avaient pas été prévus et marqués.

Des deux lettres adressées à Roland, la première est de une heure après midi, la deuxième de trois heures et demie, tant les événements se précipitaient au moment du dénoûment, tant les commissaires avaient hâte de mettre leur responsabilité à couvert.

Première lettre.

« Il nous paraît, monsieur, que tout arrivera à bon port. Cependant nous croyons qu'il faudrait prendre des mesures prudentes, car on nous assure qu'une partie du peuple de Paris doit venir à Versailles, et, pour peu qu'on échauffe la troupe qui accompagne les prisonniers, elle pourrait se porter à quelques excès. »

Deuxième lettre.

« . . . . . Nous avons reçu la lettre ci-jointe (des administrateurs de Versailles); nous avons craint de commettre une indiscrétion en y répondant catégoriquement. Dans l'incertitude où nous sommes que le

vocateurs, qui, depuis quelques jours, affluent dans Versailles ; il demande s'il doit interroger les accusés aussitôt leur arrivée. « Que vous importe ? L'affaire de ces gens-là ne vous regarde pas, répond brusquement le ministre ; remplissez vos fonctions et ne vous mêlez pas d'autre chose. — Mais monsieur, objecte le magistrat, les lois ordonnent de veiller à la sûreté des prisonniers. — Que vous importe ! s'écrie Danton, sans répondre directement aux paroles d'Alquier, en ayant l'air de se parler à lui-même et en marchant à grands pas... Il y a parmi eux de bien grands coupables ; on ne sait pas encore de quel œil le peuple les verra et jusqu'où peut aller son indignation. » Alquier veut encore parler, mais le terrible ministre lui tourne le dos, et le magistrat sort de l'hôtel de la place Vendôme, le désespoir dans l'âme et avec la certitude que les prisonniers sont perdus[1].

Le messager, envoyé à Roland, revient le dimanche

bruit répandu que les prisonniers retourneraient à Orléans ou allaient à Saumur ne fût semé pour empêcher qu'on ne se portât en foule à leur rencontre à Versailles, nous avons cru ne devoir répondre que ces quatre mots :

« *A MM. les membres du directoire de Seine-et-Oise.*

« Arpajon, 8 septembre 1792.

« Messieurs, nous avons reçu la lettre que vous nous avez fait l'hon-
« neur de nous écrire ; trop pressés pour vous répondre, nous en ré-
« férons à M. le ministre de l'intérieur, auquel nous vous prions de
« faire parvenir ce paquet, lequel vous instruira de tout ce que vous
« avez à faire. »

1. Tous ces détails sont tirés d'une lettre de Gillet, député de Seine-et-Oise au conseil des Cinq-Cents, en date du 25 nivôse an v.

de bon matin avec une lettre annonçant que les prisonniers arriveront dans la journée à Versailles, accompagnés de deux mille hommes armés, et que l'on va aviser à ce que leur séjour dans cette ville ne soit pas de longue durée. Le doute n'est plus possible. Quelques officiers de Fournier, détachés en éclaireurs en avant du convoi, achèvent d'ailleurs de le dissiper. Ils viennent, disent-ils, s'assurer par eux-mêmes des dispositions qu'on a prises pour la réception des accusés. Sous ce prétexte, ils parcourent la ville et s'abouchent avec les sicaires envoyés de Paris par le comité de surveillance; ils leur donnent les derniers renseignements et reçoivent d'eux le suprême mot d'ordre.

XI

Le dimanche, 9 septembre, jour de douleur éternelle pour Versailles, toutes les autorités civiles siégeaient en permanence à la maison commune. Le maire était Hyppolite Richaud; ce nom mérite d'être conservé à jamais par l'Histoire. A dix heures le courageux magistrat monte à cheval, et, suivi de quelques officiers de la garde nationale, va publier lui-même, à travers les rues, une proclamation qui place les prisonniers, comme un dépôt sacré, sous la sauvegarde des habitants[1]. Puis, il se porte au-devant du convoi qui, parti d'Arpajon avant l'aube, avait traversé Linas, Marcoussis, Orçay et touchait

---

[1]. Cette proclamation se trouve page 302 de la nouvelle édition des *Mémoires sur les journées de septembre* (Firmin Didot, 1858).

déjà à Jouy-en-Josas. Le projet de Richaud était de prendre la direction du cortége, de manière à le conduire par des chemins détournés jusqu'à la ménagerie, sans trop s'approcher de la ville ; mais les chefs de l'armée parisienne qui tenaient essentiellement, et pour cause, à leur premier itinéraire, refusent de s'engager dans les routes de traverse où les chariots et les canons, disent-ils, auraient de la peine à passer ; ils déclarent vouloir absolument suivre la grande route ; le passage par Versailles ne peut, suivant eux, être d'aucun danger, « leurs hommes étant assez nombreux et assez bien armés pour résister, s'il le fallait, à un attroupement de vingt mille hommes. »

On part de Jouy, un détachement de cavalerie en avant, un autre en arrière, les chariots au milieu, entre deux files d'infanterie. Aux abords de la ville, Richaud propose de ranger la cavalerie autour des voitures, entre les prisonniers et les fantassins. Fournier s'y refuse, disant que la précaution est inutile et qu'il répond de son monde. A deux heures, on entre à Versailles par la rue des Chantiers ; on longe l'avenue de Paris, la place d'armes, la rue de la Surintendance. Le convoi chemine lentement au milieu d'une affreuse cohue, mais personne ne paraît disposé à se porter à des excès contre les prisonniers. Le maire, qui est en avant avec l'état-major, veut aller veiller de plus près sur les chariots ; les commandants et les commissaires le retiennent au milieu d'eux en soutenant que c'est là sa place et que, nulle part ailleurs, il ne sera mieux à même de rappeler au peuple le respect dû à la loi ; il cède, passe avec eux la grille de l'Orangerie, et s'engage sur la route de Saint-Cyr. En ce moment un cri se fait entendre : « les chariots sont arrêtés. » Richaud, sans regarder qui le suit, revient au galop et arrive près de l'ancien hôtel de la guerre, au moment où la première voiture était entourée par une troupe d'émeutiers, avant-garde ordinaire des assassins. « Ne vous déshonorez pas, s'écrie le maire, ces hommes n'ont pas été jugés, voudriez-vous frapper des innocents ? » La populace émue recule ; le chariot est dégagé. Mais, malgré les ordres de Richaud, ceux qui le conduisent ne se remettent pas en marche, la grille de l'Orangerie vient d'être brusquement fermée ; tout l'état-major se trouve, par cette manœuvre, séparé du reste de l'escorte.

Fournier et les commissaires de la commune de Paris restent impassibles et ne font nul effort pour rétablir la communication interrompue entre eux et leur soldats. C'est un administrateur du district de Versailles, Deplane, qui harangue et l'escorte et la foule ; mais il se voit bientôt contraint de se retirer devant les plus furieuses menaces. Richaud quitte les chariots et se jette au milieu des émeutiers. Ayant réussi à faire rouvrir la grille, il saute à bas de son cheval, se place entre les deux battants, au risque d'être écrasé, et appelle du secours. Commandant, officiers, commissaires, soldats de l'escorte, personne ne lui répond, personne ne le seconde. Enfin, on l'arrache de l'endroit périlleux où il s'est placé et on l'entraîne de force chez le suisse de la porte.

Vainement l'y veut-on retenir. « Non, s'écrie-il, ce n'est pas ici mon poste ! » Il s'échappe des bras de ceux qui l'empêchent de braver la mort une fois de plus, il se précipite du côté des chariots.

Pendant ce temps, quelques-uns des officiers municipaux, voyant croître le danger de minute en minute, avaient ordonné aux conducteurs de rebrousser chemin et de se diriger vers la maison commune, où ils se flattaient de pouvoir mettre les prisonniers en sûreté. Au moment où le maire, perçant la foule, arrive aux Quatre-Bornes, il aperçoit la première voiture arrêtée, les malheureux captifs se débattant dans leurs liens et poussant des cris de détresse à la vue d'une troupe de scélérats qui ont déjà le sabre levé sur eux. Richaud s'élance, couvre de son corps les prisonniers qui s'attachent à ses habits, il brave les coups des assassins et résiste à tous les efforts que l'on fait pour l'enlever. Par malheur, tant d'assauts l'ont épuisé, il s'évanouit ; on l'emporte, mais déjà tout couvert du sang des malheureux frappés à ses côtés. A peine revenu à lui, il se dérobe aux soins qui l'entourent et retourne au lieu du massacre. Il n'y arrive que pour y recevoir les derniers soupirs des mourants ; tout était fini.

Les assassins, comme s'ils obéissaient à un signal, s'étaient rués sur tous les chariots à la fois et avaient égorgé, presque au même instant, ceux qu'ils renfermaient. Neuf prisonniers, quoique grièvement blessés, parvinrent à s'échapper sans qu'on ait pu découvrir ni leurs noms ni leurs traces. Quarante-quatre cadavres restèrent sur le terrain. Quant à l'escorte de mille cinq cents à deux mille hommes armés de sabres, de fusils, de canons, elle avait assisté impassible à cette boucherie ;

comme si elle n'était venue là, avec cet attirail, que pour protéger les assassins et non les victimes. Pas un de ces *patriotes*, dont les commandants se disaient si sûrs quelques instants auparavant, ne brûla une amorce, ne fit un geste, ne dit une parole pour défendre le dépôt sacré dont ils s'étaient constitués les gardiens. Pas un de ces chefs, en qui les accusés avaient mis une confiance si touchante, pas un de ces commissaires qui leur avaient promis protection, pas un seul ne fit même semblant de les secourir.

Les assassins se dirigent vers les prisons de la ville, quelques-uns seulement restent sur les chariots et dépouillent les cadavres; ils font main basse sur tout ce que les malheureux avaient sur eux, puis viennent déposer, sur le bureau de la municipalité, ce qu'il leur plaît d'abandonner à la nation des dépouilles sanglantes dont ils viennent de s'emparer. Pendant qu'a lieu *cette scène horriblement dégoûtante*[1], pendant que certains assassins portent en triomphe les membres encore palpitants de leurs victimes, les émules de Maillard renouvellent à la maison d'arrêt les égorgements de l'Abbaye; vingt détenus sont massacrés dans un instant. Le maire Richaud, le président du département, Germain, et quelques autres administrateurs y accourent et parviennent, au péril de leur vie, à sauver les derniers prisonniers.

---

1. Ce sont les expressions mêmes du procès-verbal de la municipalité de Versailles. Voir les *Mémoires sur les journées de septembre*, édition Didot, page 307, où se trouvent plusieurs autres pièces importantes relatives aux massacres de Versailles.

Le lendemain, lundi, à six heures du matin, le greffier de la commune de Versailles dressait, en présence de Fournier et de ses officiers, un état sommaire des dépouilles des prisonniers d'Orléans [1]. Ces dépouilles une fois inventoriées étaient remises aux mains des chefs de l'armée parisienne pour être transportées à Paris et déposées au ministère de la justice. Quelques heures après, cette armée faisait son entrée triomphale dans Paris, avec ses chariots ensanglantés et ses six pièces de canon; elle se dirigeait, tambours battants, vers la place Vendôme, où se trouvait alors, comme aujourd'hui, l'hôtel occupé par le haut fonctionnaire qui, pour ainsi dire, personnifie la loi dans notre pays.

Danton, l'hôte momentané de cet hôtel, se présente sur le seuil. Après avoir recueilli de la bouche de Four-

[1]. Cet inventaire commence ainsi :

« L'an mil sept cent quatre-vingt-douze, quatrième de la liberté et le premier de l'égalité ; cejourd'hui lundi dix septembre, six heures et demie du matin, nous, Maire et officiers municipaux, et en présence de M. Claude Fournier, commandant général des volontaires parisiens et marseillais venant d'Orléans, et de M. Joseph-François Bécard, commandant en chef du bataillon de Popincourt et de l'armée parisienne venant d'Orléans, de M. Pierre Guyot, lieutenant de ladite armée, et de MM. Pierre-Louis Robillard et Louis-Florent Barbier, tous deux volontaires de l'armée parisienne, comme aussi en présence des sieurs Michel Manin et Jean Bonnenfant, caporaux d'artillerie, etc., il a été procédé à la description de tous effets, habits, hardes et linge qui se sont trouvés dans les chariots qui conduisaient à Versailles les prisonniers d'Orléans.

« Premièrement : six grands sacs de toile grise renfermant des chapeaux, des sacs de nuit et autres effets, lesquels sacs ont été numérotés depuis un jusqu'à six et sur chacun desquels nous avons apposé le cachet de la municipalité... »

nier le récit de l'événement, qu'il connaissait déjà depuis la veille, il le complimente sur sa conduite et termine par ces mots que l'histoire doit conserver à la honte éternelle de celui qui les prononça : « Celui qui vous remercie, ce n'est pas le ministre de la justice, c'est le ministre du peuple. »

Par un impudent mensonge que, pour l'honneur du nom français, nous devons répudier de toute l'énergie de notre conscience, Danton associait la nation, alors muette et terrifiée, au crime de quelques scélérats; il croyait peut-être qu'il suffit de multiplier le nombre des coupables pour anéantir l'iniquité. Mais non, Danton n'était pas plus le ministre du peuple qu'il n'était celui de la justice; il n'était que le ministre des conspirateurs et des assassins [1].

De la place Vendôme Fournier se rend avec sa bande à la place de Grève, d'où elle était partie quinze jours auparavant. Là, il reçoit de ses amis de l'Hôtel de Ville de nouvelles félicitations et leur laisse en dépôt ses canons, ses chariots, toute la défroque des morts, les malles, les valises et effets qu'il traîne à sa suite depuis Orléans.

Que devint une certaine cassette que l'infortuné Delessart avait confiée à l'Américain? Que devinrent les valeurs de portefeuille que Fournier s'était fait livrer, et surtout un certain paquet qui ne contenait pas moins, paraît-il,

---

[1]. Nous sommes heureux de nous trouver ici complètement d'accord avec M. Michelet qui, en parlant de ce fait, appelle Danton « ce misérable esclave habitué à couvrir les faiblesses des actes sous l'orgueil de la parole. » (*Hist. de la Révolution,* tome IV, p. 243.)

d'un demi-million? Nul ne le sait[1]. Mais la Providence n'a pas voulu que toutes les traces des vols audacieux qui suivirent l'assassinat des prisonniers d'Orléans fussent à jamais ensevelies dans d'impénétrables ténèbres ; elle nous en a conservé un témoignage irrécusable : c'est une lettre confidentielle écrite, dans un temps où l'on pouvait suivre encore la piste des voleurs, par un homme dont la probité ne peut être suspecte à personne. Cette lettre, datée du 19 pluviôse an III, est signée par le citoyen Cavaignac, membre du conseil général et du conseil des comptes de la commune du 10 août :

« Je ne puis, mon cher ami, te donner des renseignements *positifs* sur ta demande. *Ce que je sais*, c'est que d'après les différentes déclarations consignées dans le registre du conseil des comptes, dans les trois premiers mois de 1793, il paraît qu'il est provenu des prisonniers d'Orléans *des objets bien considérables*. La déclaration,

---

[1]. Nous avons retrouvé le dossier administratif le plus curieux peut-être qui puisse exister, c'est celui des réclamations faites par Fournier au ministre de l'intérieur Roland pour être remboursé des frais par lui avancés pour l'expédition d'Orléans. Nous en donnons les passages les plus saillants à la fin de ce volume. On ne sait qu'admirer le plus de l'effroyable impudence du coquin qui présente des comptes grossis à plaisir, qui n'a pas un mot de regret et même d'explication pour les meurtres qu'il a laissé commettre sur de malheureux prisonniers confiés à sa garde, ou de l'incurable stupidité du ministre qui traite presque d'égal à égal avec le chef de la bande des assassins, ne relève pas les erreurs palpables et presque matérielles qui existent dans les comptes qu'on lui fournit et finit par faire payer sur les fonds de son ministère les frais d'une mission entreprise sans lui, malgré lui, continuée au mépris de ses ordres formels et ayant abouti à une sanglante catastrophe.

entre autres, de Dunoni contient des renseignements très-précieux ; *un certain procès-verbal égaré* nous aurait bien appris ce que nous ne pouvions savoir ; mais, pour nous le procurer, nous avons fait tout ce que nous devions et tout ce que nous pouvions. Ce que je puis te dire, enfin, c'est que bien des gens, qui seront, je l'espère, connus par la suite, se sont *fièrement enrichis des dépouilles des prisonniers d'Orléans.* »

Cette effroyable expédition peut donc se résumer ainsi : le vol sur toute la route parcourue, à toutes les étapes, à Orléans, à Étampes, à Arpajon, le vol avant le départ, le vol après l'égorgement, le vol à Versailles, le vol à Paris ; rapines de l'escorte, rapines des chefs, rapines des dictateurs de l'Hôtel de Ville ; voilà ce qui précède, accompagne et suit le crime.

Tous ces hommes de septembre, tous ces suppôts du despotisme démagogique pratiquaient tour à tour le pillage et l'assassinat. Devant les preuves de leur turpitude, accumulées dans ce livre, qui pourrait nous reprocher de les avoir à tout jamais dépouillés du prestige dont certains panégyristes maladroits avaient voulu les entourer, de les avoir saisis, ne craignons pas de le dire, LA MAIN DANS LE SAC ET LES PIEDS DANS LE SANG ? C'est ainsi que l'histoire vengeresse les représentera désormais.

FIN DU TOME TROISIÈME.

NOTES

ÉCLAIRCISSEMENTS

ET

PIÈCES INÉDITES

I

LICENCIEMENT DES RÉGIMENTS SUISSES,

APRÈS LE 10 AOUT 1792.

(Voir page 10.)

Après le 10 août, la situation des régiments suisses au service de la France se trouva des plus délicates. Ils étaient disséminés dans un grand nombre de garnisons; seul, le régiment dit des gardes suisses résidait dans la capitale, à Rueil et à Courbevoie. Nous avons dit, à la fin de notre deuxième volume, quel rôle il joua à l'heure suprême de la royauté française.

Un détachement de 300 gardes suisses avait été envoyé, un mois avant l'insurrection, en Normandie, pour assurer l'approvisionnement de Paris. Deux lettres retrouvées par nous établissent combien peu le roi et son ministre de la guerre s'étaient préoccupés de concentrer dans la capitale les troupes étrangères, soit pour livrer bataille aux démagogues, soit simplement pour garantir les Tuileries d'une attaque facile à prévoir. Le 8 août, les 300 gardes étaient à Mantes; le 9, ils recevaient du ministère l'ordre, non de rebrousser chemin en toute hâte, mais de continuer leur route dans la direction de Dieppe.

« *Aux officiers municipaux de Mantes.*

« Paris, le 8 août 1792, à quatre heures et demie du soir.

« J'ai l'honneur de vous prévenir, messieurs, que le roi s'étant déterminé, sur la demande du département de l'Eure, à changer la destination du détachement des 300 gardes suisses qui devait se rendre à Évreux, je viens de donner ordre à ce détachement de suspendre sa marche et de séjourner demain, 9 du courant, à Mantes, où il recevra des ordres pour sa nouvelle destination.

« Vous voudrez bien, en conséquence, donner des ordres pour que le logement et l'étape lui soient fournis pendant son séjour.

« Le ministre de la guerre,

« D'Abancourt. »

« *Le ministre de la guerre à M. le commandant du détachement du régiment des gardes suisses à Mantes (Seine-et-Oise).*

« Paris, 9 août 1792.

« J'ai l'honneur de vous adresser un ordre du roi pour faire rendre à Dieppe le détachement du régiment des gardes suisses que vous commandez. Vous voudrez bien le faire mettre à exécution. Lorsque cette troupe sera arrivée à Dieppe, elle recevra les ordres de M. de Liancourt, commandant la 15e division militaire, pour être répartie sur la côte et employée aux batteries dont l'armement est ordonné.

« D'Abancourt. »

Aussitôt après le triomphe de la démagogie, Clavière, à peine installé au ministère de la guerre, éprouva des craintes très-graves relativement à l'attitude que pouvaient prendre les 300 suisses qui traversaient la Normandie. Il se hâta de donner l'ordre de les disperser en trois ou quatre garnisons différentes. Cet ordre fut adressé à M. de Liancourt, qui commandait en Normandie, et qui quitta ses fonctions dès qu'il apprit la chute du trône constitutionnel.

« *Le ministre de la guerre à M. Liancourt, à Rouen.*

« Du 15 août 1792.

« Comme je l'avais prévu, monsieur, la réunion des Suisses qui vous a paru convenable, est non-seulement cause de l'inquiétude et de la fermentation, mais elle expose visiblement leur sûreté.

Il est étonnant, monsieur, que vous ne l'ayez pas senti. Je vous ordonne de procéder incessamment à la division des 300 hommes composant le détachement du régiment ci-devant gardes suisses qui se trouve dans votre division. Vous en enverrez 50 à Dieppe, 50 à Saint-Valery, 50 à Fécamp et 150 au Havre; et, s'il est parmi leurs officiers des hommes d'un caractère turbulent ou suspect, je vous charge, sur votre responsabilité, de les mettre hors d'état de troubler la tranquillité et de nuire, comme ils l'ont fait ici, à leurs soldats.

« CLAVIÈRE. »

Lors de l'arrivée des 50 Suisses envoyés à Fécamp, il y eut une assez grande fermentation dans cette ville. La commune paraissait disposée à leur refuser l'hospitalité; pour l'obtenir, il fallut que quelques-uns des militaires offrissent de déposer leurs armes à la mairie. Leurs camarades, qui s'y étaient refusés, s'arrêtèrent au bourg de Cany, où ils furent bien accueillis. Quelques jours après, les soldats désarmés voulurent rentrer dans les rangs; on refusa de les y recevoir.

Le 20 août, comme nous l'avons dit, l'Assemblée législative déclara définitivement les régiments suisses dissous, par un décret dont voici les considérants et les principaux articles :

« L'Assemblée nationale, considérant qu'il importe, dans les circonstances actuelles, de fixer promptement le sort des Suisses qui sont à la solde de la France, et que le terme de la plupart des capitulations est expiré, décrète qu'il y a urgence.

« L'Assemblée nationale, fidèle aux principes de la liberté française, qui ne lui permettent pas d'entretenir au service de la France des troupes étrangères, sous un régime particulier et différent de celui des troupes françaises, décrète ce qui suit :

« ART. 1er. Les régiments suisses et alliés de la Suisse actuellement au service de la France cesseront d'y être.

« ART. II. Le pouvoir exécutif est chargé de témoigner aux cantons helvétiques, au nom de la nation française, sa reconnaissance pour les services par eux rendus dans les armées françaises.

« ART. III. L'Assemblée nationale, voulant donner aux Suisses une preuve de son estime, décrète que les Suisses qui ont jusqu'à présent servi la nation française et qui voudront entrer dans des régiments français ou dans des légions, jouiront de tous les droits accordés aux citoyens français (c'est-à-dire conserveront leurs grades et recevront, en s'engageant, la prime de 300 livres pour les sergents, 200 pour les caporaux, 150 pour les soldats).

« Art. iv. Les retraites, pensions et indemnités pour les capitaines propriétaires de compagnies, les pensions pour les sous-officiers et soldats suisses qui voudront se retirer, seront fixées conformément à l'esprit des capitulations et à la générosité qui caractérise la nation française et qu'elle doit à de fidèles alliés. Les pensions et retraites seront payées, conformément aux capitulations et comme par le passé, en argent, ainsi que celles accordées aux Suisses retirés jusqu'à ce jour.

« Art. v. Le pouvoir exécutif est chargé de pourvoir à la sûreté de tous officiers et soldats suisses qui voudront se retirer, et de veiller à ce qu'ils soient traités comme d'anciens alliés; mais ils ne peuvent se rendre aux frontières que par détachements, qui n'excéderont pas 20 hommes, et ils seront sans armes. Le prix des armes sera remboursé par le pouvoir exécutif à qui de droit. »

Le jour même où le licenciement des Suisses était prononcé, les dangers et l'injustice de cette mesure étaient démontrés, la fidélité et la bonne foi des soldats étrangers, dont la France allait se priver, étaient attestées par un des plus illustres généraux de la république.

Le général Kellermann à M. de Clavière, ministre de la guerre par intérim.

« 20 août 1792.

« M. de Biron m'ayant laissé, monsieur, par son départ pour Strasbourg, le commandement en chef de l'armée campée sur la Lauter, j'ai ouvert le paquet que vous lui avez adressé par un courrier extraordinaire ; je vois par ce qu'il renferme, en date du 16 de ce mois, que les mesures de l'Assemblée nationale ont pour objet le licenciement des régiments suisses.

« Permettez-moi, comme attaché à ma patrie et au bien de la chose publique, quelques observations ; elles sont dictées par ma franchise et par mon désir pour le succès des vues de l'Assemblée nationale. Il me paraît que cette nation, qui a toujours servi l'État avec autant de distinction que de loyauté jusqu'à ce moment-ci, devrait être recherchée par tous les moyens possibles pour s'assurer la continuation de son alliance.

« Je vous ai mandé, monsieur, par ma dernière, qu'il fallait que l'Assemblée nationale emploie toutes les ressources de persuasion et autres pour le renouvellement d'une alliance d'un prix incalculable, surtout dans la crise actuelle des affaires ; elle ne peut ignorer les ressorts employés pour la contrarier, ni les inconvénients funestes de perdre douze braves régiments de cette nation d'une part, et de l'autre les avoir contre nous, ainsi que cette nation.

« Est-il possible, monsieur, que sur un avis d'un voyageur français, donné à M. de Maisonneuve, ministre plénipotentiaire à Stuttgard, on statue sur le sort de la nation suisse sur des bavardages de quelques émigrés de Coblentz? Est-ce que l'on ne sait pas jusqu'à présent tous les moyens qu'ils emploient pour nous brouiller et nous diviser avec nos alliés les plus sûrs? Méfions-nous donc enfin de ce lieu commun, et soyons aussi sages que fermes au soutien de la constitution, et pour ce, ménageons une brave nation qui nous est attachée depuis plusieurs siècles.

« Si les Suisses eussent été capables de trahison, Sarrelouis ne serait plus à nous ; le régiment de Sonnenberg y était seul il y a trois mois, ils n'avaient avec eux que le 2ᵉ bataillon du 8ᵉ régiment d'infanterie, tous les officiers de ce bataillon ont quitté leurs drapeaux, des officiers d'artillerie et du génie en ont fait autant, ainsi que M. de Wurmser, maréchal de camp, qui en avait le commandement ; cet exemple suffit pour justifier ce brave régiment ; dans ce temps je campais avec mon armée à Neunkirch.

« A Bitche, le régiment suisse de Châteauvieux pouvait fermer les portes et se donner aux émigrés ou autres ennemis sans courir le moindre danger, cependant ce régiment tient la place dans le meilleur ordre et dans la meilleure disposition pour la nation; la preuve en est encore, que des officiers d'artillerie et du génie employés dans cette place ont quitté leurs postes, ce qu'ils n'auraient pas fait s'ils avaient pu compter sur une infidélité de la part des Suisses.

« Quant au régiment de Steiner-Suisse, en garnison à Landau, je n'en ai entendu faire que des éloges de la part de l'excellente municipalité et bons citoyens de cette ville; dans le temps que la garnison était faible, ils ont inspiré la plus haute confiance; maintenant qu'elle est de 7,000 hommes passé, comment les émigrés peuvent-ils se vanter de prendre la place par leurs moyens? Ce n'est donc qu'une perfidie de plus, pour nous brouiller avec l'Europe entière. Il est révoltant pour des hommes de voir que l'on croit à toutes les bêtises qui, partout ailleurs, ne seraient payées que du parfait mépris.

« Je vous prie, monsieur, de donner une pleine communication à l'Assemblée nationale de tout le contenu de ma lettre; elle renferme la loyauté et la vérité d'un soldat qui n'a à cœur que le bien de sa patrie, le soutien de la constitution, et de défendre l'une et l'autre jusqu'à la dernière goutte de son sang.

« J'enverrai copie de votre lettre à M. de Biron ainsi qu'à M. de Custine, qui commande à Landau; je suis persuadé que ces deux braves généraux n'auront pas plus d'inquiétude que moi sur la loyauté et la fidélité des Suisses.

« Je ne puis que vous répéter combien il est important de tâcher de détourner l'Assemblée nationale de décréter le licenciement des Suisses, dont les suites sont incalculables.

« Le lieutenant commandant l'armée campée sur la Lauter,

« KELLERMANN. »

A l'occasion de la dissolution des troupes helvétiques au service de la France, le régiment de Châteauvieux prit une attitude qui racheta la conduite tenue par lui, deux années auparavant, lors de cette insurrection de Nancy, dont nous avons parlé dans notre livre Ier. Il était en garnison à Bitche; son commandant, le lieutenant-colonel Mérian, sommé de reconnaître le nouveau régime qui venait de s'imposer par la violence, écrivit à Lukner, le 21 août, la lettre suivante :

« Monsieur le maréchal,

« Plein de respect pour vos ordres, nous ne pouvons acquiescer à celui que M. A. Berthier vient de nous donner en votre nom, pour partir de Bitche avec le régiment suisse de Châteauvieux le 24 de ce mois, pour être rendus le 28 à Toul. Nous sommes entrés dans cette place par ordre du roi, chef suprême de l'armée, nous n'en sortirons que par les siens. Je vous écris au nom de tout le corps qui me charge de signer en son nom.

« Le lieutenant-colonel commandant le régiment suisse de Châteauvieux,
« MÉRIAN.

« A Bitche, ce 21 août 1792. »

Cependant, le colonel Mérian ne voulut point entrer en relations avec les émigrés et leurs alliés; il conserva, en face des armées étrangères, la place forte qui lui avait été confiée. Enfin, lorsqu'il eut été bien constaté que le roi, auquel il avait prêté serment, se trouvait dans l'impossibilité absolue de le relever de son poste, il consentit à remettre les clefs de Bitche entre les mains d'officiers porteurs des ordres du nouveau ministre de la guerre, et laissa licencier son régiment comme tous les autres régiments suisses.

II

PIÈCES INÉDITES

CONCERNANT LES PREMIERS MOMENTS DE LA CAPTIVITÉ DE LOUIS XVI ET DE SA FAMILLE.

(Voir page 21.)

DÉLIBÉRATION DE L'ASSEMBLÉE DES COMMISSAIRES DE LA MAJORITÉ DES SECTIONS AVEC PLEINS POUVOIRS DE SAUVER LA CHOSE PUBLIQUE [1].

« Du vendredi 10 août 1792.

« L'assemblée des commissaires réunis avec pleins pouvoirs pour sauver la chose publique, délibérant sur les grandes circonstances où se trouve la capitale, considérant que l'intérêt de l'empire, que celui de la capitale peuvent exiger que Louis XVI et sa famille restent en otage ; considérant que le salut même de Louis XVI exige qu'il soit mis en lieu de sûreté sous la sauvegarde de la force publique, demande que vous prononciez, qu'en attendant les mesures ultérieures que le salut public pourrait exiger, *il soit mis en état d'arrestation.*

« L'assemblée a nommé pour commissaires, pour porter son vœu, MM. Real, Truchon, Mesles, Deslieux, Guillot.

« Huguenin, président ; Truchon, secrétaire. »

---

1. Cette délibération n'est pas inscrite sur les registres officiels de la commune ; nous en avons retrouvé l'original, qui fut remis par les commissaires délégués sur le bureau du président de l'Assemblée législative.

EXTRAIT DU REGISTRE DES DÉLIBÉRATIONS DES COMMISSAIRES
DE LA MAJORITÉ DES SECTIONS

« 10 août 1792.

« Sur la motion de M. Sergent, il a été arrêté qu'il serait fait une affiche au nom du peuple pour déclarer qu'il sait respecter la loi ; que Louis XVI, malgré sa perfidie et ses trahisons, n'a point à redouter sa colère, et qu'il restera sain et sauf au milieu de lui. »

LETTRE DU PROCUREUR-GÉNÉRAL-SYNDIC AU PRÉSIDENT DE
L'ASSEMBLÉE LÉGISLATIVE.

« Paris, le 11 août 1792.

« En conséquence de l'article 8 du décret d'hier, qui charge le département de donner des ordres pour faire préparer, dans le jour, pour le roi et sa famille, un logement au Luxembourg, où ils seront mis sous la garde des citoyens et de la loi, le directoire du département a fait les démarches nécessaires. D'après les renseignements qu'il a pris, il existe au Luxembourg un mobilier convenable disposé pour le lieu et qui y est tout transporté ; c'est celui qui a été sous les scellés après l'émigration du frère du roi. Pour hâter et faciliter notre mission, il conviendrait que nous pussions obtenir la levée de ces scellés, ce qui ne se peut sans une autorisation spéciale de l'Assemblée nationale. Nous mettons ces observations sous ses yeux et nous attendons ses ordres.

« Je suis, avec un profond respect, monsieur le président, etc.

« Le procureur-général,

« ROEDERER. »

LETTRE DU DIRECTOIRE DU DÉPARTEMENT AU MAIRE DE PARIS.

« Paris, le 11 août 1792.

« Monsieur le maire,

« Nous vous envoyons la copie d'un décret de l'Assemblée nationale, donné aujourd'hui, par lequel le département est autorisé à faire lever les scellés apposés sur les meubles du Luxembourg, et à les employer dans les appartements qui doivent être disposés pour le roi. Une autre copie du même décret a été adressée au juge de paix de la section du Luxembourg, chargé de lever ces scellés. Vous voudrez bien, monsieur, lorsque le juge de paix aura fait son office, vous charger de préparer le local le plus promptement possible et en donner avis au département.

« Les administrateurs composant le directoire du département de Paris,

« De Jussieu et Dumont. »

EXTRAIT DU REGISTRE DES DÉLIBÉRATIONS DE L'ASSEMBLÉE DES COMMISSAIRES DES SECTIONS.

« Du 12 août 1792, an IVe de la liberté, Ier de l'égalité.

« L'Assemblée, considérant que, dans les circonstances, il importe autant à la sûreté de la ville de Paris qu'à celle de tout l'empire, de conserver avec la plus scrupuleuse attention, jusqu'à la prochaine convention nationale, celui que tous les départements regarderont sans doute comme un otage important;

« Considérant que sans des précautions multipliées, et dont la sévérité est commandée par la sûreté de vingt-cinq millions d'hommes, on pourrait, si, par une manœuvre quelconque, Louis XVI échappait à la surveillance du peuple armé, inculper le zèle et peut-être la fidélité de ses gardiens;

« Comparant l'importance du dépôt dont la ville de Paris est chargée, spécialement par les décrets du corps législatif, avec les moyens qui peuvent seuls l'assurer;

« Arrête que Louis XVI sera déposé dans le Temple, qu'il y sera transféré sous la sauvegarde de la loi et sous celle de la loyauté française.

« Arrête pareillement que l'adresse présentée par les commissaires à l'Assemblée nationale et le décret qui a été rendu sur cette adresse, relatif à l'arrestation de Louis XVI, seront imprimés, publiés, affichés et envoyés aux quarante-huit sections, ainsi que le présent arrêté.

« Léonard Bourdon, président; Truchon, secrétaire. »

LETTRES DE PÉTION A SANTERRE.

« Paris, le 12 août 1792, an iv° de la liberté.

« Avez-vous, monsieur le commandant-général, *assez de forces* auprès de l'Assemblée nationale et pour garder le roi et sa famille; c'est là le poste important, et à cet égard on ne peut pas prendre trop de précautions. Envoyez des renforts pour peu que vous ayez les plus légers doutes, et ne perdez pas un instant.

« Le maire de Paris,

« PÉTION. »

« Paris, le 12 août 1792.

« Je vous prie, monsieur le commandant, de mettre autour de l'Assemblée nationale et du roi une garde très-imposante et dont vous soyez sûr. Les patriotes, cette nuit, ont conçu des inquiétudes; j'en ai plusieurs à la mairie qui me recommandent avec instance cet objet.

« Le maire de Paris,

« PÉTION. »

RÉPONSE DE SANTERRE.

« *Garde nationale parisienne, état-major général.*

« 12 août 1792.

« Monsieur le maire,

« D'après les ordres de la commune, je viens d'organiser la garde; je vous ferai passer mes opérations. Les forces sont commandées comme vous le désirez. J'aurai l'honneur de vous voir.

« SANTERRE. »

EXTRAIT DU REGISTRE DES DÉLIBÉRATIONS DU CONSEIL GÉNÉRAL DE LA COMMUNE.

Séance du 14 août.

« On arrête que les citoyens devant former la garde du roi seront à l'avenir choisis par les sections, qui s'assureront de leur civisme.

« L'Assemblée arrête que les citoyens proposés pour la garde du roi seront nommés par la nation, afin que les citoyens ne soient pas obligés de se déplacer. »

EXTRAIT DU REGISTRE DES DÉLIBÉRATIONS DE LA SECTION POISSONNIÈRE.

Séance du 21 août.

« L'Assemblée, instruite qu'un membre du conseil général de la commune avait déshonoré son caractère au point de rattacher le bouton de culotte de Louis XVI, a arrêté qu'elle inviterait les quarante-sept autres sections à se réunir à elle pour exiger que le substitut du procureur de la commune fasse connaître le membre qui s'est avili à ce point, afin qu'il soit promptement expulsé du conseil général, et nomme comme commissaires, pour porter son vœu aux quarante-sept autres sections sur l'arrêté ci-joint, avec pouvoirs, MM. Bouin, Benoist, Damin, Masse, Panin, Petit et Delorme. »

III

FORMATION DU TRIBUNAL DU 17 AOUT.

(Voir page 40.)

PROCÈS-VERBAL DE L'INSTALLATION DU JURY SPÉCIAL D'ACCUSATION ÉTABLI PRÈS LE TRIBUNAL DU 17 AOUT.

« Au nom de la nation, pour le salut de la patrie, nous, citoyens envoyés par les sections de la commune de Paris, nous sommes réunis dans la salle du palais nommée la Petite-Tournelle, où nous avons été installés, à l'heure de minuit, par les officiers municipaux, ainsi qu'il est constaté au procès-verbal annexé au présent. Et après avoir vérifié nos pouvoirs respectifs et après avoir prêté le serment porté au code du jury d'accusation ès-mains desdits officiers municipaux, nous sommes constitués en tribunal formant le jury spécial d'accusation pour connaître des délits commis contre la sûreté, la liberté et le bonheur de la nation française dans la journée du dix du présent mois d'août, l'an IV de la liberté, et le 1er de l'égalité, ainsi que des autres délits relatifs à la police et à la sûreté générale de l'État.

« Le tribunal spécial du jury d'accusation, considérant que l'Assemblée nationale a forcé le jury, par le silence qu'elle garde sur toutes les demandes de mesures à prendre pour sévir d'une manière légale contre les prévenus de conspiration et de crimes dont la connaissance lui est attribuée par le peuple souverain, sont de nature à ne permettre aucuns délais; considérant encore qu'il est important que la majesté du peuple soit à l'avenir garantie des attentats qui viennent d'être commis, le tribunal[1], sans différer plus longtemps à sauver la patrie, la matière mise en délibération, a procédé à la nomination d'un directeur de jury d'accusation, lequel remplacera le directeur du jury qui n'a pas été nommé, et M. Jean-Pierre-André Danjou, citoyen français de la section des Arcis, a été proclamé à l'unanimité pour exercer les fonctions de directeur du jury d'accusation, lequel a accepté.

« Après quoi il a été procédé de la même manière que dessus à la nomination d'un secrétaire-greffier du tribunal du jury d'accusation, et M. Michel-Philippe-Théophile Mandar, citoyen de la section du Temple, a réuni, pour en remplir les fonctions, l'unanimité des suffrages, lequel a accepté.

« Il a ensuite été nommé pour secrétaire-greffier-adjoint, et à l'unanimité des suffrages, M. Étienne-Antoine Rivière, géomètre, de la section de l'Arsenal, lequel a accepté. Pour extrait conforme à la minute lesdits jour et an que dessus.

« Théophile Mandar, membre du jury, secrétaire-greffier. »

« Le tribunal du jury spécial d'accusation a nommé, pour faire part à M. le ministre de la justice des difficultés qu'il éprouve dans son organisation, quatre de ses membres, MM. Crucières, Petit fils, Huguet et Théophile Mandar, lesquels ont accepté. Fait lesdits jour et an que dessus.

« Danjou, président du jury; Théophile Mandar. »

PREMIER REGISTRE DU TRIBUNAL CRIMINEL ÉTABLI PAR LA LOI DU 17 AOUT 1792.

Procès-verbal d'installation.

« 18 août 1792.

« Cejourd'hui 18 août 1792, cinq heures du soir, quatrième de la liberté, en vertu d'une lettre de convocation écrite par le

---

[1]. Les *considérants* qui précèdent sont loin d'être clairs; mais nous en avons par deux fois vérifié la minute, le texte est tel que nous le donnons.

procureur de la commune aux membres nommés par le corps électoral dans la journée d'hier, et celle de ce jour pour former le tribunal des directeurs du jury d'accusation et les deux sections du tribunal criminel, le tout établi par la loi du jour d'hier 17 août, plusieurs de ces membres étant assemblés dans l'une des salles de l'Hôtel de Ville, dit la maison commune, et ayant fait informer le président du conseil général de leur arrivée, il a été pris un arrêté qui ordonne qu'il sera procédé sur-le-champ à l'installation des membres dont il s'agit.

« Le conseil général de la commune, ayant à sa tête le maire de Paris, assisté du procureur-syndic, après avoir prié les membres ci-dessus indiqués de l'accompagner, est sorti de la maison commune et s'est rendu au palais, et, étant entré dans l'une des salles dite de Saint-Louis, il a pris place sur la banquette des juges.

« En cet état, les portes de la salle ouvertes et le peuple qui s'y était rendu introduit, le procureur de la commune a requis qu'il fût fait lecture de la loi du 17 août, contenant la création des tribunaux dont il s'agit et des jurés d'accusation et de jugement qui y sont attachés; le maire, au nom du conseil général, ayant ordonné qu'il y fût procédé sur-le-champ; lecture faite, le procureur de la commune a requis de nouveau qu'en conformité de l'article 8 de ladite loi, les fonctionnaires dont il s'agit fussent installés après avoir prêté le serment. Le maire, ayant fait appeler les membres présents, il s'y est trouvé MM. Osselin, Mathieu, Lavau, Dubois, Pepin, Coffenhal, Perdrix, Saillant, Maire, Brûlé, Hardy, Molard, Bourdon, Desvieux, Lallier et Réal, et, leur adressant la parole, il a développé l'importance des fonctions dont le peuple venait de le charger, et a prononcé la formule de serment qui suit :

« Vous jurez et promettez d'être fidèle à la nation, de main-
« tenir l'égalité et la liberté, l'exécution des lois, et de mourir à
« votre poste. »

« Chacun des fonctionnaires ci-dessus nommés a levé la main et a répondu séparément : « Je le jure; » puis le conseil général étant descendu dans le parquet et s'étant fait remplacer par les juges, il a prêté serment au nom du peuple, et conformément à la loi, de fidélité à la nation et de respect pour le tribunal et ses décisions; après quoi il s'est retiré, reconduit par une députation du tribunal.

« Et, conformément à l'arrêté du conseil général de la commune, tous les dénommés ci-dessus, l'un après l'autre, ont déclaré leurs noms et professions, demeures et sections, et, se retournant en face du peuple, l'ont interpellé de faire connaître ses griefs, s'il en avait à proposer; ils ont en outre, chacun séparément, affirmé n'avoir jamais été membres d'une société anti-populaire ni signataire d'aucune pétition contre les droits du peuple.

« Ces dispositions ayant été remplies par les juges, juges suppléants, accusateurs publics et greffiers, le tribunal a requis la prestation du serment des quatre greffiers du tribunal, qui ont pareillement subi la censure populaire, fait la déclaration ci-dessus relatée et enfin prêté le serment exigé par ledit article 8 de la loi du 10 du présent mois, duquel serment le tribunal leur a donné acte.

« Lesdits suppléants, ledit commissaire national a requis et le tribunal a ordonné la lecture, par l'un des greffiers, de ladite loi du jour d'hier, portant création du tribunal, son inscription sur le registre à ce destiné, et l'impression et affiche de ladite loi partout où besoin sera.

« En cet instant, et sur le réquisitoire dudit commissaire national, le tribunal a ordonné qu'il se retirerait dans la chambre du conseil, à l'effet d'y délibérer sur le règlement à faire des sections, sessions et audiences du tribunal. »

LETTRE DE JACQUES ROUX A DANTON.

« A Paris, le 18 août, l'an IV de la liberté.

« Vous ne devez pas douter, monsieur et brave citoyen, de la joie que j'ai ressentie lorsque vous avez été promu au ministère. Un véritable membre du club des Cordeliers voit avec attendrissement le triomphe et la gloire des Jacobins, et si je ne suis pas allé vous témoigner de vive voix la part que je prenais à cette heureuse nouvelle, c'est que je n'ai pas voulu dérober à la chose publique un temps que vous employez à punir les traîtres, à déjouer les complots pervers et assurer *le triumphe* de la cause du peuple.

« Mais, persuadé que vous tenez compte aux bons patriotes des démarches que leur cœur inspire, je me borne à vous offrir un hommage bien cher à votre âme ; c'est le désir de marcher sur vos traces et le serment de mourir pour le maintien de la liberté.

« Je me permettrai maintenant des observations sur un fait qui est de la dernière importance.

« Après le décret qui ordonnait l'établissement d'une cour martiale, la section des Gravilliers, mardi dernier, me *mis* au rang *de deux commissaires* qu'elle avait choisis. L'Assemblée nationale, ayant dans le même jour changé de mesure et laissé aux tribunaux le soin de juger les accusés, les *intriguants* n'ont pas manqué de profiter de cette occasion pour faire déclarer nulle l'élection *précédante,* afin d'écarter un citoyen dont tout le crime à leurs yeux est d'être prêtre, mais crime qui est bien réparé par les traits de civisme dont j'ai fait preuve depuis que je suis à Paris, tant dans les sociétés populaires que dans les chaires publiques.

« Le sieur Grouvelle, pour donner quelque couleur à ces objections puériles, soutient avec emphase que *l'église aborhait* le sang et qu'un ecclésiastique ne pouvait ni ne devait être du jury d'accusation et de jugement, comme si tous les citoyens *étans* soldats, ils n'ont pas le droit de concourir à la justice des traîtres et des assassins de la liberté.

« Enfin, hier, après des débats, j'ai été exclu de l'emploi honorable qui m'avait été confié à une grande majorité ; on a procédé à l'élection de quatre commissaires ; les deux qui avaient été nommés la veille ont été destitués parce qu'ils étaient d'excellents patriotes. J'ignore quels sont ces personnages nouveaux, car je pris le parti de me retirer et de ne voter pour personne.

« Je crois donc, monsieur, qu'il est de mon devoir de vous dénoncer cet outrage fait à ma qualité de citoyen et à mon patriotisme. Ma cause intéresse la chose publique, et si je tiens dans ce moment à ma première élection, si j'ai l'honneur de vous demander justice de cet attentat aux décrets, c'est que ma conscience est pure et que je suis sûr qu'il est peu d'hommes qui soient dans les vrais principes comme j'en ai donné des preuves. Les amis qui vous entourent vous diront qui je suis, comment je me suis montré dans ces derniers temps où il n'y avait qu'un pas de la mort à l'esclavage. Ils vous diront que j'ai bravé les fers du despotisme et les *pognards* pour éclairer et rendre heureuse l'humanité, en disant la vérité à ceux même qui étaient indignes de l'entendre, et si le *themoignage* que vous recevrez de mon zèle civique est tel que je l'ai mérité, j'espère, monsieur, de votre justice que vous me rendrez tous les services que votre place vous met à portée de rendre aux citoyens qui aiment la liberté par-dessus tout. Soyez sûr que je serai dur, inflexible envers les tyrans, et que je *mourai* au poste que je *devrais* à vos bontés.

« Recevez, monsieur et citoyen vertueux, les sentiments de la vive et sincère fraternité avec lesquels je ne cesserai d'être l'ami du peuple, le *défendeur* de la liberté, etc.

« JACQUES ROUX, chez Mme veuve Chechin, rue Grenetat, 4, maison Parent. »

IV

COMPTE RENDU

DES ÉVÉNEMENTS ARRIVÉS A PARIS DANS LA JOURNÉE
DU 10 AOUT 1792[1].

(Voir page 49.)

« Depuis quelque temps l'inquiétude du peuple était grande ; son agitation était extrême, et tout annonçait des mouvements pour le jeudi. Neuf différentes sections, alarmées par le bruit du départ du roi, que plusieurs circonstances rendaient vraisemblable, avaient arrêté de se porter en armes devant le Château et dans les environs. A minuit, le tocsin sonna dans presque tous les quartiers de la ville ; on battit le rappel, on battit la générale. L'Assemblée se rendit au lieu de ses séances. Le maire de Paris et les officiers municipaux se rendirent au Château. Jusqu'à cinq heures, on n'aperçut que des groupes qui n'avaient rien d'alarmant. Tout à coup, de toutes parts, des citoyens parurent armés ; ils se portèrent en foule au Château. Le roi conçut des craintes et il se rendit avec sa famille à l'Assemblée nationale, les membres du département l'y accompagnèrent. Le peuple restait tranquille, et quoiqu'il déployât un grand appareil militaire, il paraissait disposé à ne commettre aucun désordre. Les commissaires des sections réunis à l'Hôtel de Ville s'emparèrent de tous les pouvoirs municipaux, donnèrent des ordres, nommèrent un commandant général et disposèrent de la force armée. Tous les citoyens ne manifestaient qu'un vœu, qu'une volonté. Les gendarmes municipaux, les fédérés, les gardes nationales, les piquets, tous ne faisaient qu'un, et étaient disposés à mourir pour la même cause. La force était si imposante qu'on ne devait pas s'attendre à la plus légère résistance de la part de

---

1. C'est celui qui fut envoyé aux armées le 11 août.

ceux qui étaient renfermés dans le Château, et d'autant moins que le roi et sa famille en étaient sortis. Les canonniers qui étaient de garde exprimèrent sur-le-champ les sentiments qui les animaient en se réunissant à leurs concitoyens. Un grand nombre de gardes nationaux qui étaient dans le Château en fit autant. Quelques-uns restèrent avec mille à douze cents Suisses, ils donnèrent des signes extérieurs de fraternité, ils jetèrent par les fenêtres quelques papiers à cartouches, ils arborèrent un bonnet rouge ; de sorte que les citoyens, trompés par les apparences, entrèrent, croyant se rendre maîtres du Château sans coup férir. Ils n'eurent pas monté les premières marches de l'escalier que les Suisses tirèrent sur eux à bout portant ; ils se replièrent au dehors, braquèrent le canon, et le combat s'engagea. Un assez grand nombre de citoyens fut tué ou blessé ; mais il échappa très-peu de Suisses. On a remarqué parmi les morts plusieurs jeunes gens affidés du Château, vêtus de l'uniforme suisse.

« Le peuple s'est conduit avec beaucoup de courage ; on a vu des gens dans le besoin dédaigner de prendre les dépouilles des vaincus et remettre des montres, des tabatières, pour venir au secours des veuves dont les époux avaient péri. On les a vus faire le dépôt de la vaisselle et de l'argenterie ; quelques particuliers ayant voulu piller, le peuple en a fait sur-le-champ justice ; des citoyens connus par leur incivisme et leurs principes contre-révolutionnaires ont été victimes du premier mouvement de l'indignation et de la fureur. Nulle boutique n'a été pillée, et le meilleur ordre régnait partout ailleurs que sur le théâtre du combat. Le feu a malheureusement pris dans quelques corps de bâtiments, soit par l'effet de l'artillerie ou des fusillades multipliées, soit par un accident dont la cause n'est pas encore connue. Nous espérons que le calme va se rétablir complétement, et que les mesures que l'Assemblée nationale vient d'adopter achèveront de consolider la tranquillité publique.

« Collationné pour copie conforme par nous, président de la commission extraordinaire de l'Assemblée nationale soussigné, le 11 août 1792, l'an IV de la liberté. « Condorcet.

« Pour copie conforme à l'original :

« Le général d'armée, Biron. »

V

PROTESTATION

DE LA MUNICIPALITÉ DE SEDAN ET DU DÉPARTEMENT
DES ARDENNES CONTRE LE 10 AOUT.

(Voir pages 58, 60 et 75.)

I.

En racontant la résistance essayée contre l'attentat du 10 août par le général La Fayette et les autorités constitutionnelles de Sedan et du département des Ardennes, nous avons donné le texte même de l'arrêté du conseil général de la commune, en date du 12 août. Nous donnons ici celui des arrêtés du district et du département, ainsi que le texte de la proclamation municipale du 14. Ces pièces inédites, ajoutées à celles que contient le *Moniteur,* complètent le dossier des documents officiels relatifs à l'affaire de Sedan.

EXTRAITS DU REGISTRE DES DÉLIBÉRATIONS DU CONSEIL DU DISTRICT DE SEDAN.

« Cejourd'hui 13 août 1792, le conseil permanent du district de Sedan séant, le procureur-syndic, après avoir donné lecture d'une lettre adressée le jour d'hier par le doyen d'âge, président du conseil permanent du département des Ardennes, à M. Philippoteaux, l'un de ses membres, conçue en ces termes : « Nous
« recevons à l'instant, monsieur et cher collègue, par un cour-

« rier extraordinaire, la nouvelle de la suspension du roi. Le
« moment est venu où nous avons plus que jamais besoin de vos
« lumières. Nous vous prions donc, à la réception de cette
« lettre, de venir vous réunir à nous pour nous entr'aider et
« nous soutenir avec la fermeté et le courage que commandent
« les circonstances importantes où se trouve la patrie, » a dit :

« Messieurs,

« Quand le roi, guidé par des vues de bienfaisance et de justice, voulut rétablir l'ordre dans les finances et remédier aux abus qui excitoient des réclamations de tous les points du royaume; quand il convoqua les états généraux, la nation, pleine de sensibilité et de confiance dans ses promesses, dans les lumières et le civisme de ses mandataires et de ses représentants, se promettoit un avenir heureux et l'amélioration de son existence. Le roi trouvoit son intérêt et son bonheur à seconder ce vœu, car il n'est pas présumable que les rois trouvent des jouissances dans les malheurs de ceux qu'ils ont la tâche de gouverner.

« La convocation légale des états généraux, une représentation, égale en nombre à celles du clergé et de la noblesse, accordée à cette partie nombreuse de la nation appelée auparavant tiersétat, suffisoient pour attester aux yeux des contemporains et de la postérité que Louis XVI, renonçant aux ressources d'une autorité arbitraire, désiroit et s'occupoit sincèrement de la félicité de son royaume. Ces actes lui donnoient des droits à l'affection et à la reconnoissance des François, et certes il ne devoit pas s'attendre qu'ils le mèneroient à l'avilissement de son autorité, qu'ils seroient pour lui la source des plus cruelles amertumes.

« Les outrages dont on l'a accablé sont connus de toute la terre. Son sort est devenu tel que le plus chétif et le plus misérable des citoyens n'eût pas voulu le partager au lieu de sa paisible indigence.

« La souveraineté résidoit auparavant dans la personne de ce monarque infortuné. Elle est restituée à la nation par l'article 3 de la déclaration des droits.

« L'article 2, titre III de la constitution, déclare que les représentants du peuple françois sont le corps législatif et le roi ;

« L'article 3 : que le pouvoir législatif est délégué à une assemblée nationale composée de représentants temporaires, librement élus, pour être exercé par elle avec la sanction du roi ;

« L'article 4 : que le gouvernement est monarchique et le pouvoir exécutif délégué au roi pour être exercé sous son autorité par des ministres et autres agents responsables.

« Le corps législatif a suspendu le roi. L'a-t-il pu, et n'est-ce pas de sa part un attentat contre un des principaux pouvoirs établis par la constitution de l'État ?

« Aucun article de la constitution n'a prévu le cas et ne parle de la suspension de l'exercice du pouvoir exécutif en la personne du roi. Trois cas sont ouverts à l'abdication de la royauté :

« Le premier, qui seroit le refus de serment de la part du roi de maintenir la constitution....... à compter de l'invitation qui lui auroit été faite par le corps législatif de le prêter, ou la rétractation de ce serment ;

« Le second, si le roi se met à la tête d'une armée et en dirige les forces contre la nation, ou s'il ne s'oppose pas par un acte formel à une telle entreprise qui s'exécuteroit en son nom ;

« Le troisième, si le roi, étant sorti du royaume, n'y rentroit pas, après l'invitation qui lui en seroit faite par le corps législatif, et dans le délai qui sera fixé par la proclamation, lequel ne pourra être moindre de deux mois.

« Le roi a accepté la constitution et a juré de la maintenir ; il n'a ni rétracté ce serment ni entrepris de subjuguer la nation par la force armée : il a nommé des généraux, fait garnir les frontières de troupes pour repousser l'ennemi extérieur ; il n'est point sorti du royaume ni constitué en retard d'y rentrer après le délai prescrit ; dès lors il ne peut être censé avoir abdiqué.

« Il n'est point dans le cas d'être remplacé par un régent, pour démence notoirement connue, légalement constatée et déclarée par le corps législatif, après trois délibérations successivement prises de mois en mois.

« Ainsi la suspension du roi, pour l'exercice de la royauté, est une violation inouïe de la constitution et du serment que chaque membre du corps législatif a dû prêter, avant même de déployer aucun caractère, de maintenir cette constitution, de ne rien proposer ni consentir dans le cours de la législature qui puisse y porter atteinte, et d'être en tout fidèle à la nation, à la loi et au roi.

« Il est notoire que le corps législatif gémit depuis longtemps sous la tyrannie d'une faction criminelle et conspiratrice; qu'il n'est point libre dans ses délibérations; que ceux de ses membres qui émettent des opinions opposées au plan subversif de cette faction sont outragés et proscrits par ses agents et satellites; qu'enfin on l'a vu réduit à sanctionner le crime par une amnistie en faveur des assassins d'Avignon et par des honneurs rendus à des soldats rebelles à la loi et à leur chef.

« Il est notoire que des scélérats de cette même faction ont, le 20 juin dernier, dirigé un attroupement armé dans les appartements et jusque dans le dernier asile du monarque, dont la personne est inviolable et sacrée; que les portes en ont été brisées à coups de hache; que non-seulement le roi, mais la nation même, sont grièvement outragés dans ces attentats contre celui qu'elle a choisi pour son représentant héréditaire.

« Il est encore notoire que les pouvoirs législatif, exécutif et administratif sont évidemment en danger dans la capitale, soit par la conduite séditieuse des tribuns, soit par l'audace des pétitionnaires à vouloir ébranler les fondements les plus respectables de la constitution, soit par des attroupements qui se répandent autour et jusque dans l'enceinte du palais du roi, dans le coupable dessein de l'insulter et la reine son épouse, ou qui outragent les fonctionnaires publics qui montrent le plus de fidélité à leur serment, le plus d'attachement à leur devoir;

« Que, trop longtemps indifférente à l'égard de cette faction qui la déshonore, qui cherche et trouve son élément dans le crime et l'anarchie, et dont les excès impunis ont provoqué le ressentiment des puissances étrangères, et peut-être justifié aux yeux des autres peuples leurs mesures hostiles, le moment est arrivé sans doute où la nation entière va se lever pour combattre et terrasser les méprisables auteurs de ses maux.

« Enfin, d'après la certitude des faits qui viennent d'être exposés, qui appellent sur la patrie les plus cruelles calamités que jamais aucun peuple ait à la fois éprouvées, telles que la guerre civile, l'invasion du territoire français par les troupes étrangères, le démembrement ou le partage du royaume et l'asservissement de tous les citoyens au despotisme militaire, le procureur-syndic, considérant que l'Assemblée nationale, le roi et sa famille ne sont ni en liberté ni en sûreté dans Paris, requiert messieurs du conseil permanent de proposer à celui du département un arrêté conçu dans cet esprit :

« 1° Que tout le temps que durera la suspension du roi, ouvrage de la foiblesse et de la division du corps législatif, et des menées des factieux, le département des Ardennes regardera ce premier pouvoir constitué comme étant dans un état de violence et de contrainte absolument contraire à la liberté et à la sécurité qui doivent caractériser ses actes, et auxquels, en conséquence, le département n'aura aucun égard ;

« 2° Que l'Assemblée nationale, le roi et sa famille ont les plus puissants motifs de quitter une ville devenue le théâtre du crime et des attentats les plus graves contre la majesté nationale et royale, et de se transporter incessamment dans tel lieu du royaume qui leur offrira le plus de liberté et de sécurité ; que jusqu'à ce que ces deux autorités constituées aient pu effectuer leur translation, reprendre l'exercice de leurs fonctions paisiblement et à l'abri de toute violence, le département des Ardennes gardera inviolablement le serment que chacun de ses habitants a prêté, d'être fidèle à la nation, à la loi et au roi ; en conséquence qu'il emploiera tout ce qu'il a de ressources et d'énergie contre tous ceux qui tentent de les opprimer ou de les anéantir dans le gouffre de l'anarchie et des discordes civiles ;

« 3° Qu'on dénonce à tous les François fidèles, à tous les amis de la liberté, les conspirateurs journalistes, vendus aux ennemis de la France, qui, en disséminant partout la discorde par leurs écrits incendiaires, ne se proposent autre chose que de favoriser les projets des ennemis extérieurs ;

« 4° Que tous les administrateurs du département des Ardennes ne reconnaîtront, jusqu'à nouvelle de la levée de la suspension du roi, d'autres ministres, d'autres généraux, d'autres agents du pouvoir exécutif, que ceux employés par le roi au jour de sa suspension ; que quant au salut de la patrie et aux moyens à employer contre l'ennemi extérieur, lesdites administrations se reposent avec confiance de ce soin sur le civisme et la loyauté des généraux, sur la bravoure de leurs armées et sur leur inviolable attachement à la constitution ;

« 5° Que toutes lesdites administrations invitent et recommandent spécialement à tous les commandants, officiers, soldats et volontaires, sous les ordres du général La Fayette, à ne point abandonner un seul instant leurs drapeaux, à se convaincre que dans ces moments de crise la discipline et l'obéissance aux chefs doivent être maintenues parmi eux avec plus de sévérité que jamais; que par là ils se rendront invincibles et les libérateurs de leur patrie, sous un chef d'ailleurs l'un des plus fermes soutiens de la liberté, que lesdites administrations le seconderont par tous les moyens que la loi a mis à leur disposition;

« 6° Que le conseil du département invite tous les citoyens à l'union et à la fraternité, au concert contre tous les ennemis de la patrie et de la liberté, au respect pour les propriétés et pour les personnes, à l'acquit des contributions, sans quoi l'armée et toutes les autres parties de l'ordre politique ne pourraient subsister;

« 7° Que ledit arrêté sera incessamment adressé à tous les ministres, avec prière expresse à chacun de le faire parvenir à tous les départements, à l'effet d'être entre eux uniformes dans les moyens de sauver le royaume des calamités dont il est menacé, d'empêcher le renversement de la constitution et des autorités qu'elle a établies, d'éloigner la guerre civile et ses horreurs, l'invasion du territoire français par les troupes étrangères, de réunir tous les amis sincères de la liberté autour de la constitution, leur sauvegarde commune; d'assurer la subsistance des armées par le payement des contributions décrétées, de ranimer leur confiance et celle des généraux, et de leur montrer que la nation française, généreuse et puissante jusque dans ses désastres, est toujours là pour juger leurs services et décerner les récompenses qui leur sont dues.

« Et a, le procureur-syndic, signé, Fourier. »

« Du 13 août 1792.

« Vu le réquisitoire ci-dessus et d'autre part, le conseil général de l'administration du district de Sedan, considérant que le corps législatif, en prononçant la suspension des pouvoirs du représentant héréditaire de la nation, a porté atteinte à la constitution; qu'il est à présumer qu'il n'a pu librement s'y déterminer; que s'il a commis cette violation, il n'a pu avoir d'autre but que de se soustraire et le roi à la fureur d'une populace effrénée, agitée par les ennemis de la patrie;

« Déclare qu'il demeurera fermement attaché à ses fonctions, qu'il emploiera tous les moyens que lui donne la constitution pour protéger la sûreté des personnes et des propriétés, qu'il n'aura dans sa conduite d'autres règles que celles que lui prescrit cette constitution, qu'il ne reconnaîtra ni ne fera exécuter aucuns décrets ou lois du corps législatif qui ne seraient pas sanctionnés par le roi; qu'il regardera comme chefs de faction tous émissaires de ladite Assemblée dont les commissions ne seraient pas revêtues de cette formalité, et dont la mission ne tendrait qu'à renverser l'acte constitutionnel.

« Déclare en outre, ladite administration, que son vœu serait qu'on rappelât les membres de la législation actuelle et qu'on les fît remplacer provisoirement par les députés à l'Assemblée constituante, à qui il sera fixé toute autre ville que Paris pour sa résidence et celle du roi et de sa famille, pourvu qu'elle en soit éloignée au moins de trente lieues.

« Arrête que la présente délibération sera envoyée au département, qui est invité de la transmettre au pouvoir exécutif et à qui il appartiendra.

« Les membres du directoire et conseil du district de Sedan,

« Husson, président; Bretagne, Thilloy, Barré, Quinquernel, Merriquet, Levarin et Toussaint. »

ARRÊTÉ PRIS PAR LE CONSEIL GÉNÉRAL DU DÉPARTEMENT DES ARDENNES.

« Cejourd'huy 15 août 1792, l'an iv de la liberté, le conseil général du département des Ardennes, en surveillance permanente, ayant à délibérer sur la question de savoir quelle suite serait donnée à l'acte du corps législatif du 10 du présent mois, portant la suspension provisoire du roi;

« La matière mise en délibération,

« Le conseil, considérant que les administrateurs des départements ne sont que des agents élus à temps par le peuple pour exercer, sous la vigilance et l'autorité du roi, les fonctions administratives, et qu'ils ne doivent regarder comme loi du royaume que les décrets du corps législatif sanctionnés par le roi et envoyés en son nom par le ministre ayant la correspondance des départements (art. 6 de la loi du 5 novembre 1790);

« Considérant que la constitution française est représentative, que les représentants sont le corps législatif et le roi; que le pouvoir législatif est délégué à une Assemblée nationale pour être exercée par elle avec la sanction du roi (titre III, Des pouvoirs publics);

« Considérant qu'aux termes des art. 3, 4 et 5 de la section II, concernant la forme de délibérer, aucun acte du corps législatif ne pourra être délibéré et décrété qu'au préalable il n'ait été fait trois lectures du projet de décret, à trois intervalles, dont chacun ne pourra être moindre de huit jours, et que rien ne constate que lesdites trois lectures ont été faites, ni que le projet de décret ait été mis en délibération, ni que l'urgence ait été décrétée, conformément à l'article 2 de la section II du même titre;

« Considérant qu'aucun des pouvoirs institués par la constitution n'a le droit de la changer ni dans son ensemble ni dans ses parties, sauf les réformes qui pourront y être faites par la voie de la révision, et que la révision ne peut avoir lieu quant à présent (titre VI, De la révision des décrets);

« Considérant que la constitution, qui prononce l'abdication du roi dans les cas prévus par les articles 5, 6 et 7 du chapitre II, De la royauté, de la régence et des ministres, ne dit pas un seul mot de la suspension du roi, et que le décret qui prononce cette suspension est, par sa nature, attentatoire à la constitution, et, par ses effets, subversif de la constitution même, en ce qu'il cumule les pouvoirs dans la personne des législateurs, tandis qu'aux termes de l'art. 1er de la section IV du chapitre II du titre III de l'acte constitutionnel, au roi seul appartient le choix et la révocation des ministres, et que, selon l'art. 16 de la déclaration des droits, toute société dans laquelle la garantie des droits n'est pas assurée, ni la séparation des pouvoirs déterminée, n'a point de constitution;

« Considérant que la constitution est confiée à la fidélité des législateurs et à la garde du roi et des juges, à la vigilance des pères de famille, aux épouses et aux mères, à l'affection des jeunes citoyens, au courage de tous les Français; qu'il a spécialement juré de la maintenir de tout son pouvoir, et qu'il ne peut, sans se parjurer, opiner que la promulgation d'un décret rendu au milieu des horreurs de la guerre civile, des troubles, du bruit des canons et la présence des baïonnettes, ainsi qu'il est constaté par l'aveu des commissaires de l'Assemblée nationale, consigné dans le procès-verbal de la séance d'hier;

« Considérant que, d'après l'article 8 de la section IV du titre III de l'acte constitutionnel, le corps législatif cessera d'être corps délibérant quand le roi sera présent, et qu'il est prouvé, par l'aveu même des commissaires, que le roi était dans le lieu des séances au moment où le corps législatif délibérait;

« Ouï le procureur-général-syndic,

« Arrête,

« A la pluralité de quatorze voix contre huit :

« 1° Que l'acte du corps législatif portant suspension provisoire du pouvoir exécutif ne sera ni proclamé ni promulgué;

« Qu'il sera cependant envoyé aux districts et aux municipalités du ressort avec le présent arrêté, et qu'on leur enverra également les autres actes du corps législatif qui feraient suite à celui du 10;

« 2° Qu'il regarde les dispositions dudit acte comme étant attentatoires à la constitution, comme ayant anéanti un pouvoir organisé par elle et comme étant émané du corps législatif dans des circonstances où ce corps, subjugué depuis longtemps, ne peut notoirement délibérer avec liberté;

« 3° Que l'Assemblée nationale est invitée de rétablir, par tous les moyens qui sont en elle, et la liberté de ses délibérations et le pouvoir qui peut, aux termes de la constitution, leur donner force de loi;

« 4° Invite, et, en tant que de besoin, requiert tous les corps administratifs, civils et militaires, et tous les commandants de la force publique existant dans le département, d'y entretenir la tranquillité et d'y maintenir la sûreté des personnes et des propriétés ;

« 5° Invite les administrateurs des districts et les conseils généraux des communes à demeurer fidèles à leurs postes comme à leur serment, d'assurer et protéger la perception des contributions ; enjoint aux percepteurs et receveurs des deniers nationaux d'exécuter, à cet égard, tout ce qui leur est prescrit par la loi ;

« Invite aussi tous les citoyens, au nom de la patrie en danger, de se réunir autour de la constitution qu'ils ont jurée, d'entretenir la tranquillité dont le département des Ardennes a joui jusqu'à présent et d'assurer, par ce moyen, l'ordre dans l'intérieur et la sûreté des frontières menacées ;

« 6° Arrête que le présent arrêté sera envoyé par un courrier au corps législatif et à la députation, et, par la voie ordinaire, à tous les corps civils et militaires du ressort ;

« 7° Que l'administration remplira ses fonctions jusqu'à détermination ultérieure en tout ce qui ne sera pas contraire à la constitution et une suite de l'acte du 10 août 1792, et sera, en outre, le présent arrêté, publié et affiché, lu au prône du premier dimanche après la réception, et envoyé à tous les départements du royaume.

« Étaient présents à la délibération qui précède : Philippoteaux, président; Gérard, Hanotin, Blondel, Hennequin, Dubois Barquin, Regnard, Wilquier, Bourgeois, Dessaulx, Lambert Macquart, Rambourg, Chanzi, Lenfumée, Gérard, Blay, Legrand, Sené, Poterlot, Tisseron, et Dehayes, procureur-général-syndic. »

Une délibération en date du 17 août 1792 constate que quatre membres arrivés pendant la séance et non présents aux séances précédentes, et à qui il a été donné lecture de l'arrêté pris le 15 de ce mois sur l'acte du corps législatif du 10 de ce mois, relatif à la suspension du pouvoir exécutif, y ont adhéré et ont signé : « Namur, Lemaire, Drion, Lombard. »

ARRÊTÉ DU CONSEIL GÉNÉRAL DE LA COMMUNE DE SEDAN.

Les membres de la municipalité de Sedan à leurs concitoyens.

« Vous êtes prévenus que, depuis quelques jours, les papiers périodiques écrits dans l'esprit des lois n'arrivent plus. Les agitateurs de la capitale, craignant que leur scélératesse, si elle était démasquée, ne soulève contre eux les honnêtes gens des départements, en interceptent la circulation, et ne la permettent qu'aux viles productions qui applaudissent à leurs forfaits ; c'est ainsi qu'en étouffant la voix de la vérité et de la justice, et laissant un libre essor à celle du mensonge, de la calomnie et de la délation, ils espèrent échapper à la vengeance qui les poursuit et répandre dans nos murs et jusque dans nos armées la défiance, le mépris des lois et des pouvoirs constitués, la discorde, la guerre civile et tous les maux qui en dérivent.

« Citoyens, prémunissez-vous contre tout ce qui n'est pas dit ou écrit dans les principes de la constitution, redoublez de confiance dans les magistrats que vous vous êtes donnés. La patrie en danger vous y invite d'une manière plus particulière.

« Vous trouverez jour et nuit, à la maison commune, des membres du conseil général auxquels vous pourrez faire part de vos inquiétudes et de vos doutes.

« Repoussez tous les genres de séduction, et souvenez-vous bien que l'union parfaite qui règne entre nous et qui fait notre force doit encore se resserrer s'il est possible dans les moments de crise et de calamité où nous nous trouvons.

« Fait au conseil général, se réunissant à Sedan le 14 août 1792. »

II.

PROCÈS DES OFFICIERS MUNICIPAUX DE SEDAN ET DES ADMINISTRATEURS DU DÉPARTEMENT DES ARDENNES, SIGNATAIRES DES PROTESTATIONS DES 12, 13 ET 14 AOÛT 1792.

Pendant la période la plus violente de la terreur, la ville de Sedan, comme bien d'autres, fut livrée à l'arbitraire d'une poignée d'ultra-révolutionnaires, à la tête desquels était le nouveau maire de cette commune, *Vassant*. Cependant, quelques citoyens courageux voulurent résister à la tyrannie de ce tribun et obtinrent du nouveau directoire des Ardennes un ordre d'arrestation contre lui et ses principaux adhérents. Pour se venger, les sans-culottes ravivèrent le souvenir de la protestation sedanaise et la dénoncèrent au comité de sûreté générale. Celui-ci rendit le même jour (2 floréal an II, 21 avril 1792) deux arrêtés, l'un qui mettait en liberté Vassant et ses amis, l'autre qui ordonnait nominativement l'arrestation des citoyens qui avaient signé, dix-huit mois auparavant, les protestations des 12 et 14 août 1792 et qui étaient depuis cette époque rentrés dans la vie privée.

Levasseur (de la Sarthe), représentant du peuple, alors en mission dans le département des Ardennes, fut chargé d'exécuter ces deux arrêtés [1]. Des charrettes, voyageant à petites journées et entourées d'une forte escouade de gendarmerie, amenèrent à Paris les malheureux membres de la municipalité de Sedan. L'arrêté du 12 août était revêtu de trente signatures. Vingt-sept accusés seulement comparurent le 15 prairial an II, devant le tribunal révolutionnaire. La procédure indique ainsi les noms des trois absents : Lamotte-Germain, décédé ; Ternaux, voyageant en Allemagne ; Verrier, malade. Ce dernier avait été amené avec ses collègues, quoique atteint d'une très-grave maladie ; en arrivant, on fut obligé de le déposer à l'hospice ; il y subit un premier interrogatoire, mais les médecins le déclarèrent hors d'état de comparaître devant le tribunal ; cette circonstance lui sauva la vie.

On verra, par la liste des vingt-sept, que tous les rangs étaient mêlés dans cette municipalité ; les artisans y siégeaient à côté des premiers fabricants de la ville. Tous avaient pris part à la

---

1. Les *Mémoires* de Levasseur de la Sarthe, tome II, chapitre XVI, contiennent sur cette affaire des détails qui montrent combien celui qui les a arrangés, sinon fabriqués, était peu au fait des événements qu'il fait raconter à ce conventionnel. Il confond les dates, les situations, et ne sait pas même faire ressortir les circonstances qui indiquent que Levasseur ne fit qu'exécuter les ordres du comité de sûreté générale et montra autant d'humanité qu'il était permis d'en avoir dans ces tristes temps.

NOTES. 437

patriotique résistance de La Fayette, tous devaient éprouver le même sort.

Voici cette liste; nous l'avons collationnée nous-même sur l'acte d'accusation dressé par Fouquier-Tinville, sur le jugement rendu par le tribunal révolutionnaire et sur la liste générale des condamnés, où les vingt-sept figurent sous les n°s 1162 à 1188 inclusivement :

Maire : Desrousseaux (Louis-Georges), fabricant de draps, cultivateur, maire de la commune de Sedan depuis 1790.
Procureur de la commune : Lenoir-Peyre (Jean-Louis), teinturier.
Officiers municipaux :
  Bechet (Paul-Stanislas-Édouard), fabricant de draps, administrateur et receveur de l'hôpital ;
  Bechet (Louis-Joseph), manufacturier ;
  Fournier (Pierre-Charles-François), marchand épicier.
  Gigoux Saint-Simon (Louis-François), avant la révolution aide-major de la place de Sedan.
  Legardeur (Jean-Baptiste-Delphine), fabricant.
  Noël (Michel), dit Laurent, confiseur.
  Petitfils (Jean-Baptiste), médecin.
  Raulin-Husson père (Nicolas), fabricant de draps.
  Saint-Pierre (Yvon-Georges-Jacques), vivant de son bien.
Notables :
  Chayaux-Cailloux (Étienne-N.-S.), brasseur.
  Delché (Pierre), orfévre.
  Delatre (Simon-Jacquet), tailleur.
  Édet, le jeune (Louis), charpentier.
  Édet (Louis), menuisier.
  Faussois (Claude), traiteur.
  Giboux-Vermont (Pierre), brasseur.
  Grosselin (Augustin), marchand épicier.
  Hennuy (Étienne), libraire.
  Hermes-Servet, fabricant de poêles.
  Lechanteur (J.-C.), brasseur.
  Legardeur (François-Pierre), fabricant de draps, président du tribunal de commerce et du bureau de paix de ladite commune.

Lubet père (J.-B.), chef armurier.
Mesmer (Henri), brasseur.
Rousseau (Antoine-Charles), manufacturier de draps.
Varoquier père (Nicolas)[1].

Les vingt-sept furent déclarés par le jury du tribunal révolutionnaire « convaincus, étant officiers municipaux, notables et
« fonctionnaires publics, d'avoir été complices d'un complot
« ourdi contre la liberté et la souveraineté du peuple en prenant
« et publiant, de concert avec La Fayette, des arrêtés et procla-
« mations, en date des 12 et 14 août 1792, tendant à favoriser
« la trahison de ce scélérat en privant de leur liberté et retenant
« comme otages les représentants du peuple délégués par le
« corps législatif et invoquant la résistance à main armée contre
« la représentation nationale et le peuple, en faveur du tyran,
« de sa famille et de sa dynastie. »

Le tribunal, présidé par Dumas, prononça contre eux tous la peine de mort. Ils la subirent le même jour sur la place de la Révolution.

Cet holocauste fut bientôt suivi d'un autre ; les administrateurs du département des Ardennes avaient approuvé la résistance de la municipalité de Sedan, ils devaient subir le même sort.

Le 19 prairial comparurent, devant le tribunal révolutionnaire ;

LE PROCUREUR-GÉNÉRAL-SYNDIC du département des Ardennes, Deshayes, homme de loi à Rethel.

Et les ONZE ADMINISTRATEURS dont les noms suivent :
Blay (Jean-Baptiste), laboureur à Wadelincourt.
Boucher (Nicolas-Pierre), notaire à Bar-sur-Buzancy.
Bourgeois (Jean-Baptiste-Antoine), domicilié à Mézières.
Chanzy (Jacques), cultivateur à Vandy.
Dessault (Henry), cultivateur à Montlaurent.
Gérard (Claude-Jean-Baptiste), domicilié à Sedan.
Gérard (Marie-Claude-Gabriel), homme de loi à Sedan.

---

1. Ternaux était fabricant de draps; Verrier, juge au tribunal civil; Lamotte-Germain, pharmacien.

Gromaire (Jean-Sulpice), notaire à Chemery.
Legrand (Jean), cultivateur à Bouvellemont.
Lemaire (Jean-Jacques), maître de forges à Champigneul.
Namur (Pierre), cultivateur à Lucquy.

Ils figurent sur la liste générale des condamnés, sous les n⁰ˢ 1242 à 1253 inclusivement, comme « s'étant rendus coupa- « bles du même délit que la ci-devant municipalité de Sedan, « déjà frappée du glaive de la loi. »

Les administrateurs du district de Sedan n'avaient pas été compris dans les mandats d'arrêt lancés par le comité de sûreté générale, parce que l'acte constatant leur protestation n'avait pas été rendu public. Levasseur (de la Sarthe), en faisant faire des recherches sur les registres des divers corps constitués des Ardennes pour avoir le texte même de toutes les protestations signées à cette époque, en eut connaissance ; mais il se contenta d'ordonner l'arrestation de ces administrateurs, et n'adressa pas leur protestation au comité de sûreté générale, qui n'aurait pas manqué d'envoyer les onze signataires rejoindre sur l'échafaud de la place de la Révolution les malheureuses victimes des 15 et 19 prairial.

Après la tourmente révolutionnaire, le 9 frimaire an III, Colombel, au nom du nouveau comité de sûreté générale, fit à la convention un rapport[1] qui proposait de mettre en liberté, « comme ayant été injustement incarcérés, » les administrateurs du district de Sedan. Les conclusions de Colombel furent adoptées par la Convention, et ces onze magistrats, plus heureux que leurs autres compatriotes, furent rendus à leurs familles.

---

1. Voir le rapport de Colombel dans le *Moniteur* du 9 frimaire an III, n° 69, p. 193.

VI

LES OFFICIERS

SIGNATAIRES DE LA PROTESTATION DE ROCHEFORT.

(Voir page 70.)

Les signataires de la protestation de Rochefort (19 août 1792), furent, dès le premier moment, traités par les Autrichiens comme prisonniers de guerre. Nous avons retrouvé la lettre même qui annonce leur capture au duc de Saxe-Teschen. Elle donne les noms de presque tous ces officiers. Mais ces noms, passant par des bouches allemandes, sont estropiés à plaisir ; nous avons dû rétablir l'orthographe française pour que l'on pût les reconnaître :

« J'ai l'honneur d'annoncer à Votre Excellence que MM. de La Fayette ; de La Tour-Maubourg, maréchal de camp ; Alexandre Lameth, maréchal de camp ; de Launois, idem ; Victor Maubourg, colonel de chasseurs ; Lacombe, adjudant général, colonel des chasseurs ; Charles Maubourg, officier des chasseurs ; Masson, commissaire des guerres ; Soubeyran, capitaine aide de camp ; Gillen, aide de camp ; les deux frères Romœuf, capitaines de dragons ; Cadignan, colonel de dragons ; baron de Puzy, capitaine du génie ; Gouvion, aide de camp (frère de celui tué) ; Curmer, capitaine de dragons, sont arrivés ce soir, avec une quarantaine de chevaux, à dix heures, voulant passer en Hollande : mes avant-postes les ont arrêtés ; un officier est venu me parler ; je les ai tous fait chercher avec cinquante hommes et les ai fait rester ici, prenant leur parole d'honneur comme prisonniers de guerre : rendant compte à Votre Excellence et aussi au général Moitelle, je les garderai jusqu'à réponse. Luckner peut seulement arriver demain matin à l'armée de La Fayette, campée derrière la Chiers, derrière Mouzon.

« Harnoncourt, capitaine. »

« Rochefort, ce 19 août, à onze heures du soir, 1792.

Voici les grades de tous les officiers au moment de leur sortie de France. Nous les avons soigneusement relevés sur leurs états de service :

La Fayette, lieutenant général.
La Tour-Maubourg (César),
Lameth (Alexandre),
Duroure,
Launoy, } maréchaux de camp.

Sicard, colonel du 43ᵉ de ligne.
Lacolombe, colonel du 104ᵉ régiment de ligne.
Langlois,
Siouville,
Masson,
Darblay,
Dagrain,
La Tour-Maubourg (Victor), } adjudants-généraux.

Bureaux de Puzy, capitaine du génie.
Gouvion (Louis-Victor), capitaine des artificiers.
Les deux frères Romœuf (Louis et Alexandre), capitaines de dragons.
De Cadignan, capitaine à la suite du régiment du roi (dragons).
Curmer (Jean-Baptiste-François), capitaine de dragons.
Gillet, commissaire des guerres.
Soubeyran-Renaud (Philippe-Louis), sous-lieutenant au 3ᵉ régiment de chasseurs à cheval.
La Tour-Maubourg (Charles de), sous-lieutenant de chasseurs.

Bonaparte ne cessa pas de témoigner un intérêt tout particulier aux signataires de la protestation de Rochefort. Général de l'armée d'Italie, il exigea de l'Autriche, lors des préliminaires de Campo-Formio, la délivrance des trois prisonniers d'Olmütz (La Fayette, Bureaux de Puzy et La Tour-Maubourg.) Commandant en chef l'expédition d'Égypte, il attacha à son état-major plusieurs des officiers qui avaient signé la protestation du 19 août 1792. Premier consul, il fit liquider des pensions de retraite à ceux de ces officiers qui ne voulaient ou ne pouvaient plus servir, il en fit rentrer d'autres dans les rangs de l'armée ou dans ceux de l'administration supérieure.

Ainsi, en 1800, La Fayette ayant refusé, malgré toutes les sollicitations de Bonaparte et de son frère Joseph, de reprendre du service ou d'entrer au sénat, une pension de retraite lui fut à l'instant même liquidée. Des pensions de même nature furent accordées au général Duroure[1], au général Launoy, au colonel Sicard[2], au capitaine Soubeyran-Renaud et au capitaine Curmer.

Ainsi, Alexandre Lameth fut appelé successivement aux préfectures de Coblentz et de Turin, Bureaux de Puzy à celle du Rhône; Victor Gouvion fut employé dans les hauts grades de l'administration des eaux et forêts[3].

La plupart des officiers rentrés dans l'armée y fournirent une belle carrière. Plusieurs eurent l'honneur de mourir au champ d'honneur ou de verser largement leur sang pour une patrie qu'ils avaient été momentanément forcés d'abandonner, sans jamais l'avoir trahie, sans avoir jamais porté les armes contre elle.

Ainsi, Victor de La Tour-Maubourg fit l'expédition d'Égypte, toutes les campagnes de l'empire, eut la jambe emportée par un boulet de canon à Leipsick, devint pair de France, ministre de la guerre, gouverneur des Invalides.

Des deux Romœuf, Louis, réintégré dans son grade, en l'an VI,

---

1. Ce général est mort le 11 janvier 1838, âgé de quatre-vingt-cinq ans; il avait débuté dans la carrière militaire en 1770, comme sous-lieutenant au régiment de mestre de camp.

2. Le colonel Sicard, qui avait été chargé de garder au château de Sedan les trois commissaires de la législative, était le frère de l'abbé Sicard, l'instituteur des sourds-muets.

3. Le capitaine Victor Gouvion était cousin-germain de l'illustre maréchal Gouvion-Saint-Cyr.

fut successivement aide de camp du général Mathieu Dumas et de Clarke, duc de Feltre, puis chef d'état-major du maréchal Davoust. Il était général de brigade, lorsqu'il fut tué à la prise de la redoute de la Moskowa.

Alexandre Romœuf avait été réintégré dans son grade de capitaine, à la demande du général en chef de l'armée d'Égypte et attaché à l'état-major du général Desaix; mais, bloqué à Malte, il ne put rejoindre l'armée. Par une circonstance spéciale, que nous n'avons pu découvrir, il avait été condamné à mort par contumace, comme prévenu d'émigration, à raison des événements de 1792. Par suite de cette condamnation qui pesait sur lui, il fut obligé de faire, comme volontaire à l'armée du Rhin, les campagnes de l'an VIII et de l'an IX, et plus tard de prendre du service dans l'armée du roi de Naples; il fit avec lui les campagnes d'Italie et de Russie. Après la mort glorieuse de son frère, il fut enfin réintégré dans les cadres de l'armée française en qualité de général de brigade; il survécut à l'empire et même à la restauration.

Darblay, ancien major de la garde nationale parisienne, avait été également réintégré dans les rangs de l'armée; il mourut avec le grade de colonel, à Saint-Domingue, en 1801, lors de la malheureuse expédition du général Leclerc[1].

Le général César de La Tour-Maubourg, l'illustre membre de l'Assemblée constituante, ne prit pas de service pendant l'empire. Il fut fait lieutenant général le 19 août 1814, et mourut le 25 mai 1831, chargé d'ans et d'honneurs.

Comme lui, le général La Fayette, mort trois années plus tard, emporta l'estime de ceux qui, dans quelque parti qu'ils se rangent, estiment avant tout les idées libérales largement comprises et vaillamment défendues, pendant une vie entière, avec l'inflexible constance d'une âme généreuse.

---

1. Darblay était le mari de miss Burney, l'auteur de *Cécilia* et de plusieurs autres romans anglais très-célèbres.

VII

LETTRE DE COUTHON

A L'ASSEMBLÉE LÉGISLATIVE DU 19 AOUT 1792.

(Voir page 78.)

« Valenciennes, le 19 août 1792.

« Monsieur le Président,

« Les divers accidents que j'ai éprouvés dans le cours de mes bains ne m'ont pas permis de voler à mon poste dans un temps où chaque député, prêt et bien intentionné, devait brûler du désir de *se rendre* pour coopérer de tous ses moyens au salut de la chose publique, et renouveler sur l'autel de la patrie le serment de vivre libre ou de mourir. L'Assemblée nationale, qui m'a quelquefois témoigné des bontés, me plaindra peut-être de n'avoir pu vaincre la nature et placer ma volonté au-dessus de ses lois quand il s'agissait de remplir un devoir si cher à mon cœur.

« Malgré le mauvais état de ma santé, je suis résolu de partir sous trois jours. Je passerai ce peu de temps à Valenciennes avec mes trois collègues, commissaires de l'armée du Nord, dont le zèle est infatigable et dont la conduite ne saurait être ni plus sage ni plus ferme. Ils ont mérité et reçu partout les témoignages de la confiance la plus entière et de la vénération la plus profonde.

« Nous allâmes hier ensemble voir le camp de Maulde qu'on peut appeler, à juste titre, le camp du patriotisme et de la liberté. Les commissaires y reçurent les plus grands honneurs et leur caractère y excita un enthousiasme attendrissant. Des cris de *vive la liberté, vive l'égalité, vivent nos représentants*, retentirent de toutes parts. Les bonnets, les chapeaux, les casques, les sabres, tout cela était en l'air.

« Chacun s'embrassait, se serrait, pleurait, et jamais larmes n'eurent plus de douceur.

« Après la revue, MM. les commissaires se rendirent au quartier général; presque toute l'armée, confondue dans un intéressant désordre, les y accompagna; la joie brillait sur tous les fronts, le bonheur se plaisait au milieu de ces enfants de la patrie, et le ciel, j'en suis sûr, éclairait avec plaisir cette glorieuse journée. Ah! si les ennemis de la divinité française eussent paru dans ce moment, comme ils auraient été bien reçus.

« MM. les commissaires parlèrent plusieurs fois. Il n'est pas possible de se montrer plus dignes qu'ils le firent de l'auguste mission dont ils ont été chargés. Aussi furent-ils écoutés comme des dieux tutélaires. Le général Dumouriez, auquel les soldats ne donnent plus que le beau nom de père, eut la douce satisfaction de recevoir sa part des bénédictions de cette brave armée. Il était près de neuf heures du soir, et nous allions partir pour Valenciennes, lorsque le courrier de M. Dumouriez arriva, et nous apprit que le conseil exécutif lui avait conféré le commandement en chef de l'armée du Nord à la place de La Fayette. Cette nouvelle eut parcouru le camp dans une minute et fut un nouveau sujet d'allégresse universelle.

« Nous partîmes sur les onze heures pour Valenciennes, d'où je vous écris ces détails, que j'aurais infiniment abrégés si je n'eusse pas cru important de tout dire, pour que l'Assemblée pût connaître à fond l'esprit du camp de Maulde et juger par là de celui qui régnerait dans toute l'armée du Nord et dans toutes nos armées, si dans les commencements l'Assemblée eût pris plus de part au choix des généraux, et si tout à l'heure l'on avait soin, après avoir chassé La Fayette, de purger nos troupes de tous *les honnêtes gens* qui, comme lui, assassinent la liberté en la caressant.

« En attendant que je vienne confirmer ces faits, et prêter, en personne, un serment que j'aurais, je crois, prêté au berceau, je supplie l'Assemblée, en terminant cette lettre, de me permettre de le lui adresser par écrit :

« Je jure donc de maintenir de tout mon pouvoir la liberté et
« l'égalité, ou de mourir en les défendant. »

« Je suis, avec respect, monsieur le président,

« Votre collègue,

« G. Couthon, député du Puy-de-Dôme. »

VIII

PROTESTATIONS MILITAIRES

CONTRE LE 10 AOUT.

(Voir pages 45, 81 et 84.)

Nous réunissons dans une seule note plusieurs pièces émanées d'officiers de tous grades appartenant à différents corps. Elles permettent de juger quel esprit animait une grande partie de l'armée française au lendemain de l'insurrection parisienne.

LETTRE DE MONTESQUIOU, GÉNÉRAL EN CHEF DE L'ARMÉE DU MIDI, A M. SERVAN, MINISTRE DE LA GUERRE.

« Au camp de Cessieux (Isère), le 15 août 1792.

« Vous acceptés donc le ministère, monsieur, si vous y trouvés bonheur et honneur j'en serai fort aise; je crois que vous mérités l'un et l'autre, mais je doute que vous ayez pris le chemin qui y conduit. J'ai reçu hier au soir les actes du corps législatif du 10, et je les ai fait mettre aujourd'hui à l'ordre de l'armée, même celui qui invite M. Pethion à se montrer au peuple.

« Vous avés raison de penser que je ne porte les armes que pour le peuple. Il y a près de quatre ans que ma vie lui est consacrée. Mais je donne à ce mot *peuple* une extension un peu plus grande que celle des décrets auxquels j'obéis. Lorsque le peuple aura donné à de nouveaux représentants le pouvoir de faire une constitution nouvelle, lorsque cette constitution sera faite, je connoîtrai des loix, un corps social, un empire. Je me croyois, depuis un an, parvenu à ce terme, mes sermens étoient dans mon cœur. On vient de m'en relever à coup de canon, et je prévois tous les malheurs que l'injustice et la violence ont toujours entrainés. Je ne m'en crois pas moins obligé de contribuer, autant qu'il est en moi, à empêcher tous les maux évitables, et voilà ce qui me détermine à demeurer où je suis. La nation non représentée (car elle ne l'est plus), la nation est toujours présente à ma pensée et m'impose des devoirs que je remplirai jusqu'à ce que l'on m'ordonne un crime. Je n'ai pas cela à craindre tant que vous présiderés à l'administration où je suis, ainsi je resterai à mon poste. »

LETTRE DE D'HARAMBURE, LIEUTENANT GÉNÉRAL, COMMANDANT A NEUF-BRISACH, EN DATE DU 15 AOUT 1792, L'AN IV DE LA LIBERTÉ.

« A Monsieur Dabancourt.

« Monsieur,

« Ce fut le 13, à dix heures du soir, que j'appris tous les désordres et les malheurs arrivés à Paris; j'écrivis à l'instant à tous les corps qui sont à mes ordres, je leur recommandais le calme et l'ensemble, seules ressources dans une circonstance pareille pour rassurer la société et mettre les généraux à même de servir la patrie de la manière la plus utile à tous les Français; ils ont tous parfaitement répondu à cette invitation, et m'en ont fait porter l'assurance par des visites ou des réponses de tous les corps. Je donnai hier à dîner à une députation que me fit le département du Haut-Rhin dans les personnes de MM. Rewbell et Lavie, lesquels vont à Huningue, Hœsingen et Porentruy; département et militaire veulent décidément une monarchie et Louis XVI pour roi, et je crois que ce sera le vœu de la majorité des départements, et je vous atteste que c'est bien le mien. Rien de nouveau dans cette partie où le service se fait avec la dernière exactitude.

« Le lieutenant général commandant les troupes du Haut-Rhin et du Porentruy,

« D'HARAMBURE. »

DÉMISSION DU CAPITAINE D'ASSAS.

« Jean-Charles-Marie d'Assas, capitaine au 11ᵉ régiment de cavalerie, ayant juré d'être fidèle à la nation, à la loi et au roi, de servir la patrie sous les autorités reconnues par la constitution, ayant appris qu'une de ces autorités vient d'être suspendue, prie M. du Meilet de vouloir bien faire agréer sa démission à M. le maréchal de Luckner, pensant qu'il ne lui est plus permis d'exercer son emploi d'après son serment, promettant de rester à son poste et d'en remplir les fonctions jusqu'à ce que les formalités prescrites par le décret pour les démissions aient été observées.

« En foi de quoi j'ai signé la présente.

« D'ASSAS.

« A Metz, le 28 août 1792. »

« Vu par nous, commissaires de l'Assemblée nationale, la demande en démission à nous présentée de la part de M. Charles-Marie d'Assas, capitaine au 11ᵉ régiment de cavalerie, ladite demande ayant pour motif ou pour prétexte la suspension du pouvoir exécutif dans les mains du roi, prononcée par le décret du 10 du mois d'août.

« Considérant qu'il importe au salut de la patrie que tous les officiers de l'armée soient soumis aux décrets de l'Assemblée nationale, de donner à la nation le gage du dévouement le plus absolu dans le moment du péril :

« Suspendons provisoirement ledit sieur d'Assas des fonctions de sa place de capitaine au 11ᵉ régiment de cavalerie, en vertu des pouvoirs qui nous sont conférés par le décret de l'Assemblée nationale du 20 de ce mois.

« Fait à Metz, le 28 août 1792, l'an IV de la liberté.

« Les commissaires de l'Assemblée nationale à l'armée du centre,

« Séb. DELAPORTE, F. LAMARQUE, BRUAT. »

DÉMISSION DU MARÉCHAL DE CAMP RICHELIEU D'AIGUILLON.

« Au quartier général à Weissembourg, ce 14 août 1792,
l'an iv de la liberté.

« Mon général,

« Je viens d'apprendre que M. Victor Broglie, chef de l'état-major de l'armée du Rhin était suspendu. Je ne sais pourquoi le même traitement m'est refusé. Mes opinions sont les mêmes que les siennes, ma déclaration contient les mêmes principes que celle qu'il a faite, et si elle a été mal comprise, j'ai l'honneur de vous répéter que notre manière d'envisager le moment actuel est la même et que notre conduite sera semblable. Je vous prie, en conséquence, mon général, de vouloir bien faire attention qu'il est de votre justice que je sois traité comme lui.

« Le maréchal de camp, chef de l'état-major
de l'armée du Rhin,

« RICHELIEU D'AIGUILLON. »

Richelieu d'Aiguillon, ancien membre du corps constituant et maréchal de camp, aux membres de la première législature.

« A Bâle, ce 9 septembre 1792, l'an ive de la liberté.

« C'est au sein d'une terre étrangère, c'est en présence de l'Europe qui nous contemple et de la postérité qui va nous juger, qu'une des nombreuses victimes de vos proscriptions élève sa voix pour rendre compte à tout le peuple français de ses principes et de sa conduite.

« J'ai voulu la liberté de mon pays, je ne parlerai point des sacrifices que j'ai faits pour elle. Je n'aurais rien perdu si mon pays était resté libre. J'ai voulu qu'il n'y eût plus en France que des hommes. C'est sur la base sainte de l'égalité qu'a été fondée par le concours de l'intérêt et de la volonté nationale cette constitution qui, environnée dès sa naissance de l'amour et des hommages de la nation entière, reçut ses serments et ses votes, et qui déjà n'existe plus.

« Vous vous honorez de ce parricide, vous qui n'existiez que par elle, qui aviez promis tout votre sang pour elle, qui deviez au reste de l'empire l'exemple auguste du respect pour les lois dont il vous rendit dépositaires.

« Après avoir anéanti la constitution en plongeant dans un cachot le roi qu'elle avait donné à la France, en réunissant tous les pouvoirs, vous en avez investi des commissaires chargés d'aller dans les départements et dans nos armées prévenir ou dépraver l'expression du vœu national sur les événements du 10 août.

« La lâcheté de l'égoïsme, le despotisme de la peur a courbé presque toutes les têtes, celles même qui s'étaient levées d'abord avec le plus d'énergie. Il me fut prouvé dès lors que les Français n'avaient pas cessé d'être esclaves. Je suis resté libre, moi, et j'ai déclaré à vos commissaires que je ne reconnaissais plus un pouvoir qui s'était détruit lui-même ; que, rentré dans l'exercice de mes droits naturels par la violation du pacte social, je ne devais reconnaître de nouvelles lois, puisqu'il n'existait plus de législateurs, et que je ne devais pas obéir à des ordres qui n'émanaient d'une autorité déléguée par la nation.

« Je résolus cependant de rester à mon poste pour y défendre la constitution qui régnait toujours pour moi, le territoire français et l'indépendance nationale.

« Ce triste et dernier devoir d'un citoyen resté fidèle à son serment, il ne me fut pas même permis de le remplir. Des clubs, des organisateurs, des émissaires d'anarchie, des libelles homicides, montrant au peuple sa souveraineté, sa liberté, son bonheur dans la violation de tous les principes de la justice, de l'humanité, de la propriété, avaient si profondément corrompu des âmes simples et neuves encore aux lumières comme aux vertus de la liberté que ma profession de foi constitutionnelle devint un titre d'incivisme aux yeux des soldats égarés, un titre de proscription auprès de l'Assemblée nationale.

« Une lettre écrite dans le secret et avec l'effusion de l'amitié à un membre de l'Assemblée constituante[1], puni, comme tous ses collègues, d'avoir voulu rendre la France libre, a été livrée contre la garantie de la foi publique et des droits de l'homme à la lâche inquisition de vos comités. Il ne m'a pas été permis d'espérer que l'Assemblée nationale pardonnât à un ami de

---

1. D'Aiguillon avait écrit à Barnave une lettre qui fut interceptée.

l'ordre et des lois l'expression de son regret pour la constitution, pour la justice, pour les droits d'autrui, pour les principes de la vraie liberté, et surtout sa haine pour une secte désorganisatrice et régicide qui a vendu au despotisme le sang et la liberté du peuple français, qui s'est liguée avec les législateurs de la France pour anéantir sa constitution et la fortune publique, pour violer tous les droits jusqu'à ceux de la propriété, toutes les libertés jusqu'à celles de la presse, de la circulation des lettres, de la pensée même, pour ériger enfin des tribunaux féroces qui abreuvent le peuple de tout le sang qu'il demande, de ce sang qui coule déjà trop lentement pour lui sur les échafauds, qu'il va verser par torrents dans le fond des cachots et que sans doute il ira chercher bientôt jusque dans le flanc du roi de la constitution.

« Convaincu qu'il est également contre le devoir d'un homme libre de demander grâce à qui n'est pas digne d'en obtenir, et d'abandonner sa tête aux poignards qui remplacent le glaive des lois, je vais porter sur une terre étrangère la conscience d'avoir fait tout mon devoir et d'avoir voulu faire pour la liberté de mon pays tous les sacrifices dont elle était digne.

« Qu'il me serait doux, au fond de l'asile ignoré que je vais chercher, de partager avec tous les amis de l'humanité l'espérance de voir bientôt cette grande famille des Français rendue à la dignité d'homme, de voir la vraie liberté ramenée par la justice et la paix sur cette terre souillée par tant de bassesses et de crimes, et qui a trop mérité peut-être de l'être bientôt par l'esclavage !

« Richelieu d'Aiguillon, ancien membre du corps constituant et maréchal de camp. »

SUSPENSION DE VICTOR DE BROGLIE.

Déclaration remise par M. Victor Broglie, maréchal de camp et chef de l'état-major de l'armée du Rhin, à M. de Biron, général en chef de cette armée.

« Au quartier général de Wissembourg, le 16 août 1792, l'an iv de la liberté.

« Je pense que le pouvoir de suspendre le roi n'est pas au

nombre de ceux qui ont été délégués par la nation à l'Assemblée nationale législative.

« Je pense que, par la suspension du roi, la constitution est violée. Je pense que jusqu'au moment où la Convention nationale sera rassemblée, et où elle aura prononcé, il est du devoir de tous ceux qui sont investis d'un pouvoir national, et qui sont demeurés fidèles à leurs serments, de continuer à exercer les fonctions qui leur sont déléguées.

« Je pense que, dans les circonstances actuelles, la conduite et le devoir de tout bon citoyen sont invariablement tracés par le serment constitutionnel qu'il a prêté.

« Je pense que toutes les autorités civiles et militaires qui sont émanées de la constitution, qui observent les formes qu'elle a prescrites et se tiennent dans les bornes qu'elle a tracées, sont les seules qui aient droit de commander à tout bon citoyen.

« En conséquence, à cause du danger de la patrie et de la présence des ennemis, je déclare que je reste à mon poste à l'armée du Rhin pour combattre et résister aux ennemis quelconques de la France, pour m'opposer à toute invasion du territoire français, pour accomplir mes serments ; je déclare en outre que j'exécuterai fidèlement les ordres de tous les militaires auxquels je suis constitutionnellement subordonné.

« Le maréchal de camp, chef de l'état-major
de l'armée du Rhin,

« Victor Broglie. »

« A la suite de cette déclaration, et avant qu'elle ne fût rendue publique, le général a reçu des commissaires la réquisition suivante :

« Nous, commissaires de l'Assemblée nationale, envoyés par elle à l'armée du Rhin, en vertu des pouvoirs qu'elle nous a délégués par son décret du 10 de ce mois, requérons le général Biron d'écarter provisoirement de toutes les fonctions relatives à son commandement MM. Victor Broglie, maréchal de camp, Cafarelli-Dufalga, officier du génie, et Jean Briche, lieutenant-adjoint à l'état-major de l'armée ; lesquels ont manifesté des sentiments qui nous paraissent contraires aux décrets du corps législatif et qu'il serait dangereux de laisser propager dans l'armée, dont l'Assemblée nationale leur a confié l'inspection.

« Les commissaires de l'Assemblée nationale à l'armée du Rhin,

« ANNE-PIERRE COUSTARD, L. CARNOT, J. RITTER, PRIEUR.

« Pour copie conforme et exacte :

« Le général d'armée,

« BIRON. »

« En conséquence de cette déclaration, le général Biron a donné à M. Victor Broglie l'ordre suivant : »

« En vertu de la réquisition qui nous a été faite par messieurs les commissaires de l'Assemblée nationale et à laquelle nous avons cru devoir obtempérer, nous en envoyons copie à M. Victor Broglie, en lui faisant connaître que notre intention est qu'il s'y conforme ; nous lui permettons en conséquence de quitter l'armée.

« Le général de l'armée du Rhin,

« BIRON.

« Au quartier général à Wissembourg, le 17 août 1792, l'an IV de la liberté. »

COPIE DE LA LETTRE DE M. VICTOR BROGLIE A M. D'HARAMBURE, LIEUTENANT GÉNÉRAL, COMMANDANT A NEUF-BRISACH.

« A Fessenheim, le 21 août 1792.

« Mon général,

« Je suis passé ce matin à Neuf-Brisach, où je n'ai pas eu l'honneur de vous voir, et où je n'ai fait que relayer parce que j'ai cru que cette conduite m'était tracée par ma position actuelle : la réserve qu'elle m'impose et que j'ai observée en quittant Wissembourg sans voir les troupes, et en partant de Strasbourg au moment où MM. les commissaires de l'Assemblée nationale y sont arrivés, cette réserve, dis-je, vous expliquera très-naturellement que j'ai appris avec peine que vous aviez fait donner officiellement aux troupes lecture de ma déclaration :

ce genre de publicité étant jusqu'à présent le seul que j'aie évité de faire donner à l'énonciation de mes opinions politiques.

« Non-seulement je n'ai pas cru devoir user de l'influence que je pouvais avoir sur les troupes pour leur faire partager mes sentiments, mais je pense que, dans l'état actuel des choses dans les départements du Rhin et vu notre position militaire, ce serait nuire essentiellement à l'ordre public que de ne pas attendre du temps et de la Convention nationale la décision des grandes questions du moment.

« J'ai cru, mon général, ne devoir pas perdre un moment pour vous transmettre franchement ma manière de voir. Vous trouverez simple que je désire qu'elle ait autant de publicité que vous en avez donné à ma déclaration.

« Pour copie conforme à l'original :

« Le maréchal de camp,

« Victor Broglie. »

POURSUITES EXERCÉES CONTRE VICTOR DE BROGLIE DEVANT LE TRIBUNAL RÉVOLUTIONNAIRE.

Le comité de sûreté générale et de surveillance de la Convention nationale à l'accusateur public près le tribunal révolutionnaire.

« Du 5 messidor, l'an IIe de la république française une et indivisible.

« Nous t'adressons, citoyen, de nouveaux renseignements sur la conduite politique de Victor Broglie, ci-devant général de division ; ils prouveront au tribunal combien cet intrigant, vendu à la cour de Capet, était dangereux à la chose publique dans le poste important qu'il occupait à l'armée du Rhin.

« Les représentants du peuple,

« Philippe Ruhl, Louis (du Bas-Rhin), Amar. »

« Je certifie que l'Assemblée législative m'ayant envoyé avec mes collègues Ritter et Prieur (de la Côte-d'Or), en qualité de ses commissaires à l'armée du Rhin, après la journée du 10 août

1792, pour annoncer les événements de cette journée, en développer les causes, prévenir les dangereux effets de la malveillance et faire expliquer les chefs de l'armée sur ces événements et les mesures de l'Assemblée législative prises en conséquence, nous trouvâmes à Wissembourg Victor Broglie qui, non-seulement refusa d'adhérer franchement à ces mesures, mais qui n'oublia aucun des moyens que l'astuce, l'audace et l'intrigue pouvaient lui suggérer pour soulever l'armée et les autorités civiles contre l'Assemblée nationale et ses commissaires ; ce qui nous détermina à le suspendre sur-le-champ de ses fonctions.

« CARNOT.

« 29 prairial an II de la république une et indivisible. »

« Je déclare qu'ayant été envoyé près l'armée du Rhin comme commissaire de l'Assemblée nationale, avec mes collègues Carnot et Ritter, à l'époque de la révolution du 10 août, j'ai su, par la voix publique, et j'ai été convaincu par le rapprochement des circonstances, que Victor Broglie conspirait avec Dietrich et autres adhérents prononcés de Lafayette, pour soulever les départements du Rhin et l'armée contre l'Assemblée nationale, faire méconnaître ses décrets, marcher sur Paris et pendre tous les patriotes ; qu'étant au quartier-général à Wissembourg avec mes collègues, Victor Broglie fut interpellé par nous en présence de tout l'état-major, de déclarer par *oui* ou par *non* s'il était soumis aux décrets de l'Assemblée nationale, qu'il tergiversa de la manière la plus astucieuse, se retrancha sur la fidélité qu'il disait devoir à son serment constitutionnel à la nation, à la loi et au roi, et qu'en manifestant son opposition au vœu national il essaya d'infirmer l'autorité de l'Assemblée nationale et de ses commissaires ; sur quoi, ayant été sévèrement rappelé au respect qu'il devait à la représentation nationale, il prononça d'un air extrêmement contraint le *oui* qui lui était demandé ; qu'ayant tenté inutilement de tourner l'armée en sa faveur, et après qu'il fut certain de ses dispositions patriotiques par l'inspection que nous en fîmes en sa présence, il nous fit remettre une déclaration écrite de ses sentiments, qui était une vraie protestation contre la révolution et fut le signal de plusieurs autres que des officiers, ses complices, nous envoyèrent en même temps; que nous le suspendîmes de ses fonctions, conformément à nos pouvoirs, ainsi que ceux qui avaient imité son exemple; que, malgré la défense du général, il retourna aussitôt à Strasbourg pour y continuer ses intrigues et que, n'ayant pu les faire réussir, il nous précéda dans tout le trajet que nous avions à parcourir, pour nous tendre des piéges, en allant d'abord auprès d'Harambure, à Neufbrisach, et ensuite au camp de Saint-Louis, sous Huningue, rejoindre son ami d'Aiguillon, hommes qui nous présentèrent tous les deux les mêmes caractères de suspicion, et dont Victor Broglie provoqua des protestations semblables à la sienne et qui furent imprimées scandaleusement; que cette conduite de sa part fut si marquée que nous donnâmes des ordres pour l'arrêter, mais qu'il nous échappa; enfin que c'est à mon grand étonnement que j'ai vu ce contre-révolutionnaire, signalé par toute sa vie, mais aussi rusé que pervers, trouver jusqu'à ces derniers temps je ne sais quelle protection à Paris, malgré les comptes bien positifs que mes collègues et moi avons rendus de tout ce que nous savions à son égard, soit au moment même, soit dans maintes circonstances qui se sont présentées depuis.

« Prieur.

« Paris, 1er messidor an ii. »

« Je déclare ce que dessus, à l'exception que, lorsque Victor Broglie fut interpellé de déclarer, en présence de l'état-major général de l'armée du Rhin, s'il adhérait ou non au décret du 10 août, il dit *non* et fut de suite suspendu de ses fonctions;

« Qu'après cette suspension il continua encore, pendant que nous faisions l'inspection de l'armée campée sous Wissembourg, ses fonctions de chef de l'état-major de l'armée.

« F.-J. Ritter.

« Paris, le 5 messidor, l'an ii de la république une et indivisible. »

IX

PROCÈS DE LUCE DE MONTMORIN

DEVANT LE TRIBUNAL DU 17 AOUT.

(Voir page 119.)

Nous donnons ici le texte même des cinq questions qui furent soumises au jury dans l'affaire Montmorin; les trois premières furent résolues affirmativement; les deux dernières négativement. Le jugement ne fait que reproduire textuellement les cinq questions en les résolvant suivant le verdict même du jury :

« 1° A-t-il existé une conspiration, un projet de contre-révolution et des complots et machinations tendant à allumer la guerre civile en préparant la désorganisation du corps législatif, en faisant tirer les gardes suisses sur les gardes nationales, en armant les citoyens les uns contre les autres, lesquels complots et machinations ont amené les crimes commis le 10 août 1792 ? — Le fait est-il constant?

« 2° Louis-Victoire-Hippolyte-Luce Montmorin est-il convaincu d'avoir composé l'écrit séditieux écrit de sa main, qui s'est trouvé dans ses papiers, et sur lequel frappe particulièrement l'acte d'accusation reçu contre lui par le juré d'accusation?

« 3° Louis-Victoire-Hippolyte-Luce Montmorin est-il, en conséquence, convaincu d'avoir été un des agents principaux des complots et machinations tendant à allumer la guerre civile, à désorganiser le corps législatif et à armer les citoyens les uns contre les autres; lesquels complots et machinations ont amené les crimes commis le 10 août 1792?

« 4° Est-ce méchamment et à dessein que Louis-Victoire-Hippolyte-Luce Montmorin a composé l'écrit séditieux écrit de sa main qui s'est trouvé dans ses papiers?

« 5° Est-ce méchamment et à dessein que Louis-Victoire-Hippolyte-Luce Montmorin a été l'un des principaux agents des complots et machinations tendant à allumer la guerre civile et à désorganiser le corps législatif, et à armer les citoyens les uns contre les autres, lesquels complots et machinations ont amené les crimes commis le 10 août 1792? »

M. de Montmorin fut acquitté le 31 août par la deuxième section du tribunal. Le procès-verbal de la séance du 1er septembre de cette même section s'ouvre par la mention suivante :

« A l'ouverture de l'audience, M. le président a fait un discours aux citoyens, pour leur représenter les obstacles qui s'opposent à la marche plus rapide des opérations du tribunal.

« Sur les réclamations de plusieurs citoyens, le tribunal a ordonné que huit citoyens se transporteront ès prisons de la Conciergerie, à l'effet d'y reconnaître la personne de M. Montmorin. (Suivent huit noms parfaitement inconnus.)

« Ces citoyens ont obtenu, au nom du public, la permission de s'assurer par leurs yeux de la détention de la personne de M. Montmorin, détenu ès prisons de la Conciergerie, pour par eux en être immédiatement rendu compte au tribunal, en présence de leurs concitoyens; il leur a été donné un pouvoir à cet égard, et M. Heurtin, huissier, les y a accompagnés.

« Une demi-heure après, les citoyens, nommés par le peuple pour aller à la Conciergerie vérifier la détention de M. Montmorin, sont rentrés et ont affirmé sur leur conscience avoir vu ledit sieur Montmorin à la Conciergerie. »

Aux termes de la loi des 16-29 septembre 1791, il y avait près de chaque tribunal criminel, et par conséquent près du tribunal du 17 août, un commissaire du pouvoir exécutif et un accusateur public. L'accusateur public était chargé de poursuivre les crimes et délits qui étaient déférés au tribunal par les jurés dits d'accusation ou premiers jurés. Le commissaire du pouvoir exécutif avait pour mission de veiller à la stricte exécution de la loi et de toutes les formes de la procédure.

Le jury de jugement devait être consulté séparément sur la question de savoir : « 1º si le fait était ou non constant ; 2º si l'accusé était ou non convaincu de l'avoir commis ; 3º si l'accusé, l'ayant commis, l'avait fait méchamment et avec le dessein de nuire. »

Après la clôture des débats, et lorsque les jurés, retirés dans leur chambre, déclaraient être en état de rendre leurs délibérations, le président du tribunal et le commissaire du pouvoir exécutif les faisaient comparaître successivement devant eux et, en l'absence les uns des autres, leur demandaient de déclarer à haute voix leur opinion sur chacune des questions posées. Pour constater ces diverses déclarations, des boîtes blanches et des boîtes noires étaient placées sur le bureau de la chambre du conseil. Après chacune de ses déclarations, chaque juré, en témoignage de l'opinion qu'il venait de prononcer à haute voix, déposait ostensiblement dans la boîte une boule de la couleur même de celle-ci, blanche pour les déclarations favorables à l'accusé, noire pour les déclarations contraires. Il suffisait de trois boules blanches pour faire décider la question en faveur de l'accusé. L'ouverture des boîtes se faisait en présence de tous les jurés [1].

Botot, juge de paix de la section du Temple, était commissaire du pouvoir exécutif près la deuxième section du tribunal du 17 août. Il avait laissé paraître quelque affliction en voyant le nombre des boules noires déposées en réponse aux trois premières questions, puis quelque joie en s'apercevant qu'il y avait le nombre de boules blanches nécessaire pour une solution favorable à Montmorin sur les deux dernières questions. Cette affliction et cette joie furent incriminées comme un crime de lèse-nation. Le 1er septembre, Botot fut arrêté à l'ouverture de l'audience, et chacun des douze jurés interrogé sur l'attitude que le commissaire du pouvoir exécutif avait eue

---

1. Voir le titre VII de la loi précitée.

pendant la délibération de la veille, sur les paroles qui lui étaient échappées, sur la satisfaction qu'il avait montrée lorsque l'acquittement de Montmorin avait été assuré. Une assez longue instruction fut suivie par Fouquier-Tinville, alors l'un des directeurs du jury. Le pouvoir exécutif s'était empressé de destituer Botot; mais le prévenu fut acquitté le 1er octobre, suivant le verdict du jury, par le tribunal même auquel il avait été attaché. Néanmoins cet incident fut une des causes qui, très-peu de temps après, firent abolir les fonctions de commissaire du pouvoir exécutif et réunir les attributions de ce magistrat à celles de l'accusateur public. Le gardien des formes de la loi devint ainsi l'adversaire né et obligé du prévenu; la libre défense des accusés n'y a pas évidemment gagné, et cependant le système de 1791, aboli en 1792, n'a jamais été rétabli depuis. Aujourd'hui encore, les deux fonctions que l'Assemblée constituante avait sagement séparées sont réunies dans une seule main.

X

INDEMNITÉS EXTRAORDINAIRES

ACCORDÉES AUX MARSEILLAIS.

(Voir pages 126 et 127.)

Nous donnons sans commentaire le texte de quatre pièces relatives aux indemnités accordées aux Marseillais après le 10 août. Nous les avons trouvées, l'une sur les registres de la commune, les trois autres sur ceux du conseil exécutif.

EXTRAIT DES DÉLIBÉRATIONS DU CONSEIL GÉNÉRAL DE LA COMMUNE.

Séance du 12 août 1792.

« L'assemblée générale des représentants de la commune, réunis pour le salut public, a arrêté qu'il sera délivré un secours de trois mille livres aux fédérés de Marseille, à prendre sur la caisse de la fédération, et a nommé pour commissaires à la délivrance MM. de Lavoipierre et Jolly-Berthault.

« LÉONARD BOURDON, président; TRUCHON, secrétaire. »

EXTRAIT DES DÉLIBÉRATIONS DU CONSEIL EXÉCUTIF PROVISOIRE.

Séance du 20 août 1792.

« Monsieur le ministre de la guerre a présenté la note qui lui a été remise des armes que les fédérés de Marseille ont perdues dans le combat qu'ils ont livré le 10 pour la cause de la liberté. Il a exposé qu'il était infiniment juste de remplacer ces armes, ce que le conseil a arrêté à l'instant.

« Il a été observé, en outre, que ces braves citoyens se trouvaient dans un état malaisé, qu'il n'est pas convenable de laisser subsister. En conséquence, le conseil a arrêté qu'il s'occuperait incessamment de leur procurer *l'indemnité* à laquelle ils ont des droits si légitimes et si sacrés. »

Séance du 28 août.

« Le conseil, considérant qu'il importe que la ville de Paris fournisse, dès à présent, une portion des troupes pour marcher à la défense des frontières, arrête qu'en vertu de la loi du 14 octobre, il requiert et ordonne que dix-huit cents grenadiers, dix-huit cents chasseurs, se tiennent prêts à se mettre en marche pour se rendre à la destination qui leur sera indiquée, que huit pièces de canon seront jointes à ce détachement avec le nombre d'hommes nécessaire pour manœuvrer ces pièces.

« Arrête en outre que *les fédérés brestois, marseillais et autres seront engagés à se joindre dès à présent à ce corps.*

« Arrête que la première division de ce corps partira *samedi*[1]. »

Séance du 14 septembre.

« Les *fédérés marseillais* ayant témoigné le désir de *retourner dans leur patrie,* le ministre de la guerre a proposé qu'il leur fût écrit, au nom du conseil, une lettre contenant des félicitations sur le courage et le patriotisme qu'ils ont manifestés pendant leur séjour dans la capitale, et une invitation pressante de se rendre aux armées du Midi prêtes à entrer dans la Savoie[2], et qu'à cet effet l'étape fût accordée aux fédérés jusqu'à leur destination ; le conseil a adopté cette proposition. »

---

1. Le résumé de cette délibération se trouve analysé dans le *Moniteur* du samedi 1er septembre, page 1037.
2. Dans la correspondance du général en chef de l'armée du Midi avec le ministre de la guerre, on ne trouve aucune mention de l'arrivée de ce bataillon au camp de Cessieux ou à tout autre point occupé par cette armée.

XI

LE MAIRE LÉGAL

ET LA COMMUNE INSURRECTIONNELLE
(30-31 AOUT 1792).

(Voir page 168.)

EXTRAITS DU REGISTRE DES DÉLIBÉRATIONS DU CONSEIL GÉNÉRAL
DE LA COMMUNE.

Séance du 30 août 1792.

« Le conseil général de la commune, considérant combien il est important de conserver en ce moment à l'administration toute l'activité qui lui est nécessaire, et sans laquelle il ne peut exister d'ordre ;

« Considérant l'utilité dont peuvent être à l'administration les talents et les connaissances des anciens administrateurs ;

« Désirant concilier les différends qui se sont élevés à l'occasion de l'élection des nouveaux administrateurs ;

« Le procureur de la commune entendu, arrête :

« 1° Les anciens administrateurs continueront à remplir leurs fonctions comme par le passé.

« 2° Les administrateurs nouvellement nommés seront considérés comme suppléants des anciens administrateurs ; ils auront voix consultative dans les assemblées du corps et du bureau municipal.

« 3° Si quelque place d'administrateur vient à vaquer, le conseil général de la commune procédera à leur remplacement en choisissant les candidats parmi les suppléants.

« 4° Les séances du corps municipal seront publiques et se tiendront trois fois par semaine, à dix heures du matin.

« 5° Le présent arrêté sera imprimé, affiché et envoyé aux quarante-huit sections.

« 6° En conséquence des dispositions du présent arrêté, M. le maire est invité à convoquer les membres du corps municipal samedi prochain, 1er septembre, à dix heures du matin. »

Même séance.

« Le procureur de la commune demande que les nouveaux administrateurs ne soient que les adjoints des anciens; il demande deux séances du corps municipal et trois du bureau par semaine, afin de faire marcher l'administration. Le conseil persiste dans son arrêté du matin, relatif à une adresse *dont M. Robespierre est rédacteur.* »

Séance du 31 août, 10 heures du matin.

« Plusieurs membres ayant observé qu'on cherchait à inculper le conseil en répandant le bruit que M. le maire ne prenait aucune part à ses délibérations, deux commissaires ont été députés vers lui pour l'inviter à venir présider l'Assemblée.

« M. le maire occupe le fauteuil.

« M. le substitut du procureur de la commune adresse la parole à M. le maire et lui rappelle les vérités qu'il doit présenter à l'Assemblée nationale pour justifier le conseil général des inculpations aussi fausses qu'atroces dont on ose le noircir.

« La réponse de M. le maire tend à développer les motifs de sa conduite dans les circonstances difficiles où il se trouve, et à le justifier de ce qu'il n'assiste pas plus souvent aux séances du conseil général. Il se dit froissé entre l'ancienne municipalité et les patriotes qui la remplacent; il indique les erreurs dans lesquelles on a pu tomber et s'étend sur les moyens de réparer le passé.

« M. le substitut du procureur de la commune demande la parole et présente le tableau fidèle de la conduite du conseil général depuis le moment où il a été investi de la confiance du peuple. »

EXTRAIT DES REGISTRES DE LA SECTION DU MARCHÉ DES INNOCENTS.

Séance du 29 août 1792.

« Sur l'observation d'un membre que l'on ne voyait que très-rarement le nom de M. Pétion au bas des arrêtés du conseil général de la commune, il a été arrêté que deux commissaires iront chez M. Pétion lui en marquer sa surprise et sa peine, et l'inviteront à continuer de porter son inspection sur toutes les parties de l'administration, suivant son droit; ce que la section désire vivement.

« MM. Porcher et Bernard ont été chargés de cette mission. »

LETTRE DE PÉTION AUX CITOYENS DE LA SECTION DU MARCHÉ DES INNOCENTS.

« Citoyens, mon devoir est de satisfaire au vœu que vous m'exprimez. Vous désirez savoir pourquoi j'ai assisté rarement au conseil général; le voici : dans le passage de l'organisation ancienne à l'organisation nouvelle, je n'ai pas aperçu distinctement les fonctions qui m'étaient réservées; pressé entre ceux dont on occupait la place, qui ne se croyaient pas pour cela destitués, et ceux qui s'en regardaient légitimement investis, ma position était délicate. La marche ordinaire des affaires étant interrompue, la partie administrative étant sans mouvement, mon activité se trouvait par cela même enchaînée et ma présence était moins nécessaire. Je ne me suis pas dissimulé à l'instant que, quelle que fût ma conduite, elle aurait des improbateurs, je ne me suis pas dissimulé que je ne pouvais même pas prendre un parti fortement prononcé soit pour, soit contre, sans danger pour la chose publique. Balançant les services importants rendus par la commission avec ses erreurs, la nécessité de ne pas la détruire dans l'opinion, avec les inconvénients de laisser son empire s'accroître, voulant empêcher un choc dangereux et impolitique entre elle et l'Assemblée nationale, je ne puis vous dire quelle a été, quelle est ma perplexité. C'est ici que j'ai vu que le temps était le grand maître, et que dans toutes choses il y avait un moment de maturité qu'il fallait savoir saisir. J'ai marché à travers ces écueils avec autant de prudence qu'il m'a été possible, ayant toujours pour guide ma conscience et le sentiment du bien.

« Je n'ignore pas qu'on me calomnie, je n'ignore pas qu'on cherche à égarer l'opinion sur mon compte. On n'ose pas encore me faire des inculpations graves et directes; on se contente de préparer les esprits à les recevoir. J'opposerai à ces manœuvres ma vie entière et quelques bonnes actions; au besoin, je dirai à mes amis et à mes ennemis de citer un seul fait dont un homme d'honneur ait à rougir; je continuerai à remplir mes devoirs avec zèle, avec courage, et peut-être qu'en terminant ma carrière j'obtiendrai l'estime de ceux qui chérissent leurs semblables et la liberté.

« Le maire de Paris,

« PÉTION. »

XII

JEAN JULIEN

LE CHARRETIER DE VAUGIRARD.

(*Voir page 201.*)

JUGEMENT PRONONCÉ LE 2 SEPTEMBRE 1792, PAR LE TRIBUNAL DU 17 AOUT, CONTRE JEAN JULIEN.

Vu, par la 1re section du tribunal criminel, établi par la loi du 17 août :

L'acte d'accusation dressé par le directeur du juré d'accusation, établi par ladite loi, contre Jean Julien, charretier à Vaugirard, détenu ès prisons de l'hôtel de la Force et condamné à douze années de fers par jugement du sixième tribunal criminel du département de Paris, et dont la teneur suit :

Le directeur du juré d'accusation établi par la loi du 17 août dernier, soussigné, expose que le nommé Jean Julien, charretier de Vaugirard, condamné par le tribunal du sixième arrondissement du département de Paris, à douze années de fers, étant exposé sur une estrade établie dans la place de Grève pour y rester le temps porté par son jugement, a eu la coupable audace d'insulter le public et la nation entière de la façon la plus grave ; qu'il a déboutonné sa culotte, montré son derrière et le devant au public, et a crié en même temps à voix très-haute et très-distincte *vive le roy, vive la reine, vive M. de La Fayette et au f.... la nation.* Comme ce fait a vivement outragé et indigné le public, il en aurait tiré vengeance sur-le-champ, si M. le procureur de la commune ne fût venu préserver ledit Julien et s'engager à s'en charger pour l'amener devant nous, ce qu'a effectivement fait mondit sieur le procureur de la commune, après avoir entendu deux témoins sur l'objet de cette dénonciation, savoir les sieurs l'Hôpital et Bertrand, lesquels nous ont assuré avoir entendu et vu ledit Julien faire et dire les choses ci-dessus énoncées, après avoir pareillement entendu ledit Julien dans son interrogatoire, lequel a rejeté les faits et propos à lui imputés sur l'état d'ivresse, dans lequel il a prétendu être lorsqu'il était sur l'estrade, place de Grève. Le directeur du jury, ne prenant cette supposition d'ivresse que pour une excuse d'autant plus insuffisante qu'il n'a pas paru ivre deux heures après, regarde les faits et injures proférés par ledit Julien comme un délit par lui méchamment commis et à dessein, et comme devant entraîner peine afflictive et infamante ; attendu surtout le risque qu'a couru ledit Julien de devenir, par les faits et propos dont il s'agit, la cause d'une émeute populaire, le directeur du juré le déclare dans le cas d'accusation ; sur quoi le directeur du juré a remis au juré tiré au sort pour statuer sur le présent acte et l'acte dont il s'agit l'interrogatoire subi par ledit Julien, et les a mis à portée de rejeter les témoins ci-dessus.

Fait à Paris, ce 1ᵉʳ septembre 1792, l'an IV de la liberté, etc.

Signé : LOYSEAU.

Ensuite est écrit :

La loi autorise.

Signé : PERDRIX, commissaire national.

A Paris, le 1ᵉʳ septembre 1792.

Vu la déclaration du juré d'accusation écrite au bas dudit acte portant oui, il y a lieu.

Signé : GOOSSENS.

Paris, ce 1ᵉʳ septembre 1792, an IV de la liberté, 1 de l'égalité.

Vu l'ordonnance de prise de corps rendue par le directeur du juré ledit jour, 1ᵉʳ septembre, contre ledit Jean Julien ;

Le procès-verbal de remise de la personne dudit Jean Julien en date dudit jour, 1ᵉʳ septembre ;

La déclaration du juré de jugement portant qu'il a existé une conspiration, un projet de contre-révolution tendant à troubler l'État par une guerre civile, en ameutant et armant les citoyens les uns contre les autres, ce qui a amené les crimes commis le 10 août dernier;

Qu'il a existé une émeute populaire, une sédition le 1ᵉʳ septembre, présent mois, tendant à exciter une guerre civile par des cris de vive le roy, vive la reyne, vive monseigneur de La Fayette, au f..... la nation ; lesquelles émeute et sédition sont une dépendance naturelle de la conspiration qui a éclaté le 10 août dernier;

Que Jean Julien est convaincu d'avoir excité l'émeute populaire et la sédition, lesquelles ont eu lieu sur la place de la maison commune le 1ᵉʳ septembre présent mois, tendant à exciter une guerre civile par des cris de vive le roi, vive la reine, vive monseigneur de La Fayette, au f.... la nation, lesquelles émeute et sédition sont une dépendance naturelle de la conspiration qui a éclaté le 10 août dernier; que c'est méchamment et à dessein que Jean Julien a excité l'émeute populaire, la sédition, qui ont eu lieu dans la place de la maison commune le 1ᵉʳ septembre présent mois;

Le tribunal, après avoir entendu le commissaire national, condamne Jean Julien à la peine de mort, conformément à l'article 2 de la section II du titre Iᵉʳ du Code pénal, dont il a été fait lecture, lequel est ainsi conçu : « Toute conspiration, tout complot tendant à troubler l'État par une guerre civile en armant les citoyens les uns contre les autres ou contre l'exercice de l'autorité légitime, seront punis de mort; » et conformément au dernier paragraphe de l'article 3 de la même section, dont il a été fait également lecture, lequel est ainsi conçu : « Les auteurs, chefs et instigateurs desdites révoltes, et tous ceux qui seront pris les armes à la main seront punis de mort; » ordonne qu'à la diligence du commissaire national le présent jugement sera exécuté, imprimé, publié et affiché dans l'étendue de la commune de Paris.

Fait à Paris, le dimanche 2 septembre 1792, l'an IV de la liberté, où étaient présents MM. Osselin, président, Pépin, maire, et Dervieux, juge du tribunal, qui ont signé.

XIII

ÉTAT MATÉRIEL DES REGISTRES

DES SECTIONS PARISIENNES PENDANT LES PREMIÈRES JOURNÉES DE SEPTEMBRE 1792.

(Voir page 218.)

Des quarante-huit sections, il y en a douze dont la préfecture de police ne possède pas les registres correspondant au mois de septembre 1792 et sur les délibérations desquelles nous n'avons pu recueillir aucun renseignement, à savoir :

2. Champs-Élysées [1].
4. Palais-Royal.
10. Halle-au-Blé.
11. Postes.
14. Bonne-Nouvelle.
20. Faubourg-Montmartre.
30. Enfants-Rouges.
36. Notre-Dame.
40. Quatre-Nations.
41. Théâtre-Français.
44. Thermes-de-Julien.
45. Sainte-Geneviève.

Les procès-verbaux de sept sections ne constatent aucune séance, pendant les journées des massacres, sans qu'il y ait sur le registre ni *blanc,* ni *feuillets coupés,* à savoir :

12. Place Louis XIV.
18. Lombards.
23. Temple.
27. Gravilliers.
37. Henri IV.
38. Invalides.
39. Fontaine-de-Grenelle.

[1]. Le chiffre qui précède chaque section est le numéro d'ordre correspondant à celui de la liste officielle des sections, donnée par nous dans le deuxième volume, et à laquelle nous nous référerons dans tout le cours de cet ouvrage.

Pour vingt sections, les registres constatent qu'il y eut séance le 2 et le 3 septembre, mais ne contiennent rien de relatif aux massacres, à savoir :

1. Tuileries.	26. Quinze-Vingts.
3. Roule.	31. Roi-de-Sicile.
5. Place Vendôme.	32. Hôtel-de-Ville.
6. Feydeau ou Bibliothèque.	33. Place Royale.
9. Oratoire.	34. Arsenal.
15. Ponceau.	35. Ile-Saint-Louis.
16. Mauconseil.	42. Croix-Rouge.
17. Marché-des-Innocents.	46. Observatoire.
22. Bondy.	47. Jardin-des-Plantes.
24. Popincourt.	48. Gobelins.

Enfin, neuf sections seulement prirent des délibérations relatives aux événements; pour plusieurs de ces neuf sections, c'est à l'aide de documents autres que leurs registres que nous avons pu constater le fait.

N° 7. — La section Grange-Batelière ou Mirabeau, qui avait à se faire pardonner le modérantisme dont elle avait donné tant de preuves jusqu'au 10 août, prit la délibération suivante, que nous avons trouvée consignée sur son registre :

« 2 *septembre*. Sur la motion d'un membre de faire marcher, avec les volontaires parisiens, les ci-devant *comtes, marquis, ducs, barons, ci-devant nobles et financiers,* de plus, les citoyens qui ont signé des pétitions inconstitutionnelles et qui ont assisté aux clubs monarchiques des Feuillants, de la Sainte-Chapelle; qu'ils soient placés entre des patriotes pour les surveiller. Cette motion, mise aux voix, a été arrêtée à l'unanimité; il a été arrêté que le présent serait envoyé sur-le-champ aux quarante-sept autres sections pour y adhérer, et au conseil général de la commune.

N° 8. — Le registre de la section du Louvre contient cette mention :

« 2 *septembre* 1792. — Une députation de la section Poissonnière a été introduite et a fait part d'un arrêté par elle pris,

portant que les conspirateurs seraient livrés à la mort, les prêtres réfractaires et enfants d'émigrés seraient placés aux endroits les plus périlleux de l'armée. L'Assemblée, après en avoir délibéré, a adhéré à cet arrêté, et M. le président a invité les membres de la députation aux honneurs de la séance.

N° 13. — La section de la Fontaine-Montmorency, qui, en 1792, s'appelait la section de Molière et La Fontaine, et devait bientôt s'appeler la section *Brutus,* a consigné sur son registre la mention suivante :

« *Séance du 2 septembre.* — Une députation de la section Poissonnière a lu l'arrêté suivant de cette section :

« Tous les conspirateurs de l'État, actuellement renfermés
« dans les prisons d'Orléans et de Paris, seront mis à mort avant
« le départ des citoyens qui volent à la frontière.

« Les prêtres réfractaires, les femmes et les enfants des émi-
« grés seront placés, sans armes, aux premiers rangs de l'armée
« qui se rend sur la frontière, pour que leurs corps servent de
« rempart aux bons citoyens qui vont exterminer les tyrans et
« leurs esclaves. »

« L'Assemblée, par l'organe de son président, a remercié
« MM. les députés de la communication de cet arrêté. »

N° 19. — La section des Arcis a inscrit sur son registre une mention fort ambiguë, où le mot de *massacres* n'est pas prononcé ; la voici :

« *2 septembre.* — Un membre ayant fait la motion de s'assurer des prisons dites du *Châtelet,* de la *Conciergerie* et de la *Force,* l'Assemblée, consultée par son président, a arrêté que l'on s'assurerait desdites prisons. »

N° 21. — La section Poissonnière donna évidemment le signal des massacres; on trouve la preuve du passage de ses délégués dans les sections du Louvre, de la Fontaine-Molière, du Faubourg-Saint-Denis et du Luxembourg. L'arrêté qu'elle prit le 2 septembre fut probablement consigné sur le registre de ses délibérations; mais à une époque qu'il est possible de déterminer exactement, un feuillet, le quarante-septième, a été enlevé. La lacune existe entre la séance du 28 août et la fin de celle du 2 septembre. L'auteur de cette suppression croyait avoir anéanti la preuve matérielle et unique de l'arrêté Poissonnière, il ne pouvait se douter qu'il se trouvait inscrit sur les registres de trois autres sections. Ce fait providentiel doit prouver une fois de plus combien il est difficile de faire disparaître toutes les traces d'un crime commis *administrativement*.

N° 25. — La section de la rue de Montreuil n'a sur son registre rien ayant trait aux massacres et aux idées qui fermentaient au même moment dans le sein de la capitale; mais nous avons découvert la copie authentique d'une délibération qui porte la date du 2 septembre et qui émane de cette section, preuve nouvelle que toutes les délibérations prises ou censées prises par une section n'étaient pas toujours consignées sur les registres. Elle est ainsi conçue :

« *Du 2 septembre* 1792. — La section de Montreuil arrête que tous les signataires de la pétition contre l'affaire du 20 juin et les membres de la Sainte-Chapelle seront tenus de marcher à l'ennemi, mêlés parmi les patriotes, pour y être punis de leurs mains au cas qu'ils ne marcheraient pas avec franchise; que les membres composant le juré d'accusation et de jugement soient autorisés à nommer entre eux le directeur du juré, pour écarter de leur sein les ennemis de la chose publique qui, jusqu'à ce moment, ont sauvé de dessous le glaive de la loi tous les conspirateurs; qu'il soit fait une adresse à l'Assemblée nationale pour demander une loi qui oblige tous les rentiers, qui ne pourraient pas payer de leurs bras pour défendre la liberté, de payer de leur fortune pour soutenir les femmes et les enfants dont les pères seront à combattre l'ennemi. »

« *Du 3 septembre*. — La section demande la cassation du comité des Vingt-et-Un à l'Assemblée nationale, soupçonné d'aristocratie contre-révolutionnaire; demande qu'il soit formé une compagnie de tyrannicides pour détruire les tyrans ennemis de la patrie et de la liberté, et notamment Brunswick et autres de l'armée antirévolutionnaire, qu'ils soient payés par la nation d'après leurs exploits.

« Pour extrait conforme,

« METTOT. »

« N° 28. — Le registre de la section du Faubourg-Saint-Denis contient les deux mentions suivantes :

« 1ᵉʳ *septembre* 1792. — Un membre est venu annoncer que la commune avait fait demander à l'Assemblée nationale quatre commissaires pour se transporter aux prisons, se saisir des registres et mettre sous la sauvegarde de la loi les prisonniers pour dettes et mois de nourrice, et livrer à la vengeance du peuple le reste des arrêtés au sujet de la journée du 10 août. »

« *Du 2 septembre*. — Il a été fait lecture d'un arrêté de la section Poissonnière, qui expose les dangers de la patrie et qui appelle tous les citoyens à sa défense, qu'il importe de purger la capitale de tous les monstres qui ont conjuré sa perte et celle du royaume ; arrête que tous les conspirateurs enfermés dans les prisons de Paris et d'Orléans seront mis à mort avant le départ des citoyens qui volent au salut de la patrie.

« L'assemblée, étant très-peu nombreuse, a remis à demain son adhésion et s'est séparée. »

N° 29. — Le registre de la section Beaubourg ou de la Réunion a un feuillet coupé, mais le passage supprimé a trait à la fin de la séance du 5 septembre et à la presque totalité de celle du 6. Nous n'avons pu découvrir quel était l'incident qui avait pu porter quelques-uns des membres de cette section à opérer cette mutilation.

N° 43. — La section du Luxembourg fut une des plus actives pour pousser au massacre. Ses procès-verbaux de cette époque n'existent pas dans la collection de la préfecture de police. Mais, parmi les pièces de la procédure dirigée en l'an III contre les septembriseurs, nous avons retrouvé la copie des délibérations prises le 2 septembre et jours suivants par cette section. Nous les donnons *in extenso,* elles sont trop importantes pour être analysées :

« *Du 2 septembre*. — Sur la motion d'un membre de purger les prisons en faisant couler le sang de tous les détenus avant de partir de Paris, les voix prises, elle a été adoptée ; trois commissaires ont été nommés, MM. Lohier, Lemoine, Richard, pour aller à la ville communiquer ce vœu, afin de pouvoir agir d'une manière uniforme.

« L'Assemblée, avertie par le commandant que nombre de citoyens se portent à la maison des Carmes, a autorisé le commandant à prendre toutes les voies que sa prudence lui indiquera avec une force suffisante pour prévenir les accidents. . . . . . ,

« L'assemblée générale autorise le comité de recevoir et donner des reconnaissances des effets qui seront apportés des Carmes. M. le commandant du bataillon a fait rapport qu'il s'est transporté au couvent des Carmes pour prendre toutes les mesures convenables à l'effet de prévenir les accidents qu'on avait lieu de craindre, relativement aux prisonniers détenus dans ce couvent, mais que sa prudence n'a pu empêcher ces mêmes accidents. Il *observe* que la force serait devenue inutile dans cette occasion, que la multitude innombrable s'est portée à sacrifier à sa juste vengeance les prêtres perturbateurs qui étaient détenus dans cette maison.

« L'assemblée, convaincue du patriotisme qui a toujours animé M. le commandant, applaudissant à la prudence qu'il a employée, a arrêté de faire part sur-le-champ au conseil général de la commune des événements qui viennent d'arriver et des circonstances qui les ont accompagnés.

« M. Violette, un des commissaires de la section, amène dans le sein de l'Assemblée neuf particuliers détenus aux Carmes, qu'il est parvenu à soustraire à la vengeance du peuple.

« L'Assemblée nomme MM. Lohier, Violette, Geoffroy-Rochet, Legendre et Lemaire, à l'effet d'interroger ces particuliers.

« Est survenue une députation de la section Poissonnière, avec un arrêté de ladite section, par lequel, considérant les dangers éminents de la patrie et les manœuvres infernales des prêtres, elle arrête : 1° que tous les prêtres et personnes suspectes, enfermés dans les prisons de Paris, d'Orléans et autres, seront mis à mort ; 2° que les femmes, les enfants des émigrés et les personnes qui n'ont *pas paru ni montré* citoyens, seront mis sur une ligne en avant des citoyens qui partent pour les frontières, afin de garantir les braves sans-culottes des coups que pourraient porter les ennemis. »

« *Du 3 septembre*. — L'Assemblée a arrêté, d'après les dénonciations d'un membre, que les personnes employées à la dépouille des morts voulaient s'emparer de leurs dépouilles ; elle a nommé M. Guérin pour s'y transporter et prévenir M. Daubanel qu'il leur soit délivré à chacun un habit, que le reste ou le produit sera distribué aux pauvres.

« M. Daubanel, secrétaire nommé pour procéder à l'inhumation des personnes qui ont subi hier la juste vengeance du peuple, a fait rapport de sa mission et a annoncé que cent vingt personnes avaient été enterrées ce matin dans le cimetière de Vaugirard. Il a demandé que l'assemblée prît un parti définitif à l'égard de la dépouille des morts; il a observé que ces dépouilles, attendu l'état de délabrement où elles se trouvaient, ne pourraient être que d'un rapport très-modique. Il propose en conséquence que ces dépouilles soient données aux personnes qui ont prêté les mains pour les déshabiller. Le comité adopte cette proposition, et néanmoins, avant de faire la délivrance de ces effets, l'assemblée arrête que des commissaires, pris dans son sein, seront autorisés à se transporter au couvent des Carmes pour y faire la visite et recherche de tous les objets qui pourraient se trouver parmi les dépouilles.

« Sur la pétition qui a été faite relativement à M. Duplain, qui était sorti hier des Carmes, où il était détenu comme prisonnier, il a été arrêté que MM. Lucron et Guérin seraient commissaires pour accompagner M. Duplain en l'assemblée générale de la commune, où l'assemblée de la section a arrêté qu'il serait conduit pour prononcer ce qu'il appartiendrait, d'après la sagesse de l'assemblée générale de la commune[1].

« Sur le rapport qui a été fait par MM. les commissaires nommés à l'effet d'examiner la conduite de M. Pierre Camouchard, de MM. J.-B. Bechiron, Jean-Marie Berthelot, qui avaient été détenus aux Carmes et qui en étaient sortis hier, l'assemblée a arrêté qu'ils seraient mis en liberté. Sur le rapport fait par les mêmes commissaires, relativement à M. Jean-Baptiste-François Allais de l'Épine, M. Joseph Forestier, M. Alexandre Inglart-Dutillet, M. Jean-Joseph Leturc, l'assemblée a arrêté qu'ils seront mis en liberté. »

[1]. On a vu p. 299 de ce volume ce que le conseil général de la commune décida dans sa sagesse sur le sort de Duplain. Elle l'envoya à l'Abbaye, où il fut égorgé une heure après.

XIV

MAILLARD ET SA BANDE.

(Voir page 235.)

Nous n'avons pas à faire l'histoire complète et détaillée de Maillard, l'homme du 2 septembre ; nous recommencerions un travail qui a été parfaitement exécuté par M. Alexandre Sorel dans une publication récente. Qu'il nous suffise de rappeler les faits principaux de cette biographie et de la compléter par quelques nouvelles pièces inédites.

Maillard était né à Gournay, Seine-Inférieure, le 11 décembre 1763. Il n'était pas huissier, mais il avait été employé comme clerc chez son frère, puis s'était fait homme d'affaires de bas étage. Il figura au premier rang des vainqueurs de la Bastille et arrêta de sa main le gouverneur, M. Delaunay, qui fut massacré quelques minutes après, peut-être lorsque Maillard le tenait encore au collet ; au 5 octobre 1789, il fut le conducteur des bandes qui, sous prétexte de demander du pain à l'Assemblée constituante, envahirent le château de Versailles, égorgèrent une vingtaine de malheureux gardes du corps, et entraînèrent à Paris l'infortuné Louis XVI.

Pendant la période qui s'écoula du 5 octobre 1789 au 2 septembre 1792, on le voit, d'après les documents authentiques publiés par M. Sorel, impliqué dans plusieurs affaires honteuses. Il est accusé, par Marat lui-même, d'avoir des accointances très-directes avec la police de l'Hôtel-de-Ville ; il est vrai que l'*Ami du peuple* se rétracta peu de temps après, mais on sait que l'ignoble folliculaire n'était pas à cela près de faire amende honorable toutes les fois qu'on le menaçait de certaines vengeances corporelles, fort en usage sous l'ancien régime. Peut-être aussi avait-il reconnu dans Maillard un homme utile et qu'il fallait ménager pour les circonstances critiques.

Dans le récit que nous avons donné des massacres de septembre, nous avons vu à l'œuvre Maillard, entouré d'une soixantaine d'individus lui servant de juges et quelquefois de bourreaux. Maton de la Varenne donne les noms des principaux égorgeurs de l'Abbaye (page 463 de son *Histoire*). Nous les avons retrouvés en très-grande partie au bas d'une pièce datée de quinze mois plus tard et que nous donnons ci-après. Cette coïncidence de noms identiques nous semble prouver sans contestation possible que la bande de Maillard était déjà organisée dès le mois de septembre 1792 et qu'elle subsista sous son commandement jusqu'en 1794, date de la mort de son chef.

Après les journées de septembre, Maillard se fit l'homme d'affaires des parents des victimes qu'il avait livrées aux égorgeurs, et se chargea, moyennant salaire probablement, de recouvrer leurs effets et papiers. Il se mit à donner des certificats pour constater l'existence d'objets précieux que réclamaient les familles et qui avaient passé par ses mains ou celles de ses acolytes[1]; la preuve de ce fait résulte de plusieurs pièces que nous avons retrouvées et que voici :

---

[1]. Il en donna aussi pour les faits du 10 août, ainsi que le prouve la pièce suivante également inédite.

« *Au président de la Convention nationale*,

« Citoyen président,

« Dans la journée du 10 août dernier, au moment où nous manquions de munitions, et lorsque je provoquais le peuple d'entrer à l'arme blanche au Château, ce même peuple s'empara de toutes les armes qui étaient chez le citoyen Mercier, fourbisseur, rue Saint-Honoré.

« Tout ce qui lui a été enlevé est constaté par un commissaire de section et plusieurs citoyens qui étaient alors présents.

« Le citoyen Mercier réclame de la justice de la Convention qu'elle le fasse rembourser du montant de ces armes d'après leur juste valeur.

« *Signé* : MAILLARD, l'un des vainqueurs de la Bastille.

« Paris, le 15 octobre 1792, an 1er de la République.

EXTRAIT DES MINUTES DU GREFFE DE LA SECTION DE MUCIUS SCÆVOLA,
CI-DEVANT LUXEMBOURG.

« Je reconnais que M. Brun m'a remis 1,200 livres pour remettre à celui qui me remettra le testament et autres papiers de M. Chapt de Rastignac, sans que je sois tenu de faire connaître les personnes qui me remettraient lesdits papiers qui peuvent avoir été pillés dans les journées des 2 et 3 septembre à l'Abbaye. « MAILLARD[1].

« Paris, ce 9 novembre 1792, 1er de la République. »

« Je soussigné, Stanislas-Marie Maillard, atteste que, le 2 septembre, vers le minuit, le sieur Curny est mort des coups que le peuple lui a portés ; qu'à cet instant un particulier, apportant sa dépouille, remit un portefeuille de maroquin rouge, contenant en assignats la somme de quatre mille cinq cent soixante-dix livres et une commission pour aller à Soissons, appartenant au sieur Curny. On me remit de même une montre d'or à répétition, où pendait une chaîne en or à grosses mailles, au bout de laquelle étaient deux gros cachets ; je ne me rappelle pas parfaitement s'ils étaient gravés ; lesquels effets j'ai remis dans une cassette, entre les mains des citoyens Lenfant et Chaney, du comité de surveillance de la ville.

« MAILLARD, l'un des vainqueurs de la Bastille.

« Paris, le 28 juin 1793, l'an IIe de la République française.

COMMUNE DE PARIS.

Marc-Antoine Bourdon au président de la commune.

« Citoyen président,

« Georges Withgenstein a été conduit à l'abbaye Saint-Ger-

---

1. Mme de Fausse-Lendry, dans son récit si palpitant d'intérêt et que nous avons eu occasion de citer plusieurs fois, raconte qu'un portefeuille très-volumineux lui avait été envoyé par son oncle, M. l'abbé de Rastignac ; que ce portefeuille ne lui fut pas remis, mais qu'il fut volé. La pièce que nous donnons confirme le récit de Mme de Fausse-Lendry et ajoute une preuve nouvelle à sa complète véracité.

main le 11 août 1792 ; il y est mort le 2 septembre suivant. Chargé de la procuration de sa veuve, muni des pièces qui constatent et établissent ses droits, je réclame de la justice de la commune les objets suivants :

« Suit l'énumération de quatorze objets, dont une lettre.

« *J'observe*, citoyen président, que cette lettre, écrite à l'instant de la mort de Withgenstein, a été par lui remise au citoyen Maillard, ainsi que le petit nécessaire en or ; celui-ci m'a personnellement attesté le fait et m'a assuré avoir remis ces objets au citoyen Lenfant, alors membre du comité de surveillance.

« Quant aux autres effets, le citoyen La Vacquerie m'a assuré qu'ils avaient été religieusement mis sous les scellés dans la chambre qu'occupait Withgenstein, à l'Abbaye, avant sa mort ; il a ajouté que lors de la levée des scellés sur cette chambre, ils avaient été transportés à la mairie et de là à la maison commune.

« Je vous prie, citoyen président, de vouloir bien fixer l'attention de la commune sur cette réclamation, elle m'a paru légitime, et c'est ce qui m'a déterminé à vous la présenter.

« M. A. Bourdon.

« Paris, rue de la Ville-l'Évêque, n° 36, section de la République, le 11 mars 1793, IIᵉ année de la République française. »

Maillard et ses acolytes avaient d'excellentes raisons pour que l'on ne fît pas rendre compte des déprédations qui avaient eu lieu au moment de la prise des Tuileries et des massacres de septembre, et dont les auteurs principaux se rejetaient la responsabilité[1]. Lorsqu'au mois de mai 1793 les Girondins et leurs amis, usant de représailles contre la commune de Paris, qui demandait leur proscription, parlèrent de poursuivre à outrance les auteurs et complices de ces déprédations, Maillard et ses séides coururent les premiers sonner le tocsin à l'Hôtel-de-Ville et faire tirer le canon d'alarme sur le Pont-Neuf. C'est Maillard

---

1. Voir la lettre en date du 13 mars 1793, reproduite par M. Alexandre Sorel, p. 30 de sa notice sur Maillard, et par M. Granier de Cassagnac, qui en donne le *fac simile* à la fin du deuxième volume de son *Histoire des Massacres de septembre*.

lui-même qui le déclare dans une pièce donnée *in extenso* par M. Alexandre Sorel, page 47.

De tels services ne pouvaient être méconnus par le comité de sûreté générale. Aussi, le 4 août 1793, chargea-t-il l'homme du 5 octobre, du 2 septembre et du 31 mai, « de se transporter dans toutes les sections de Paris et lieux environnants, d'y placer des observateurs pour découvrir les démarches de toutes les personnes suspectes ou étrangères qui travaillaient à troubler l'ordre public et à rendre illusoires les décrets de la Convention [1]. »

Maillard se mit tout de suite à la besogne avec sa bande et commit, dans les départements de Seine-et-Marne et de Seine-et-Oise, les actes les plus odieux de vol, de pillage et de brutalité.

Il en fit tant que le comité de sûreté générale, qui n'était pas cependant scrupuleux en pareille matière, rendit, le 11 octobre 1793 (20 vendémiaire an II), un arrêté qui ordonnait que Maillard fût arrêté et les scellés mis sur ses papiers. « Si le citoyen Maillard ne voulait pas remettre ses clefs, on devait requérir les autorités civiles à toute heure, même de nuit, et faire ouvrir, avec leur assistance, toutes les portes et armoires du logement dudit Maillard. »

On voit que le comité tenait fort à mettre la main sur les papiers de l'ex-juge de l'Abbaye ; le considérant de l'arrêté est important à noter : « Considérant, y est-il dit, que les pouvoirs illimités donnés au citoyen Maillard sont dangereux et effrayants pour la liberté, que d'après *ses aveux, il a saisi des effets en or et en argent et une multitude d'effets précieux, dont il n'a point rendu compte depuis sa mission....* »

Armé de cet arrêté, l'agent du comité fit une perquisition exacte chez Maillard. Il ne trouva pas l'individu qu'il cherchait, mais il mit la main sur le registre, qui servait à ce chef de la police secrète pour inscrire les espions qu'il employait et les dénonciations qui lui étaient faites. L'agent ne manqua pas d'empor-

---

1. Déjà antérieurement à cette nomination officielle, Maillard avait été employé comme espion par le conseil exécutif provisoire. Nous en avons trouvé la preuve dans les registres de ce conseil et notamment dans les procès-verbaux des séances des 17 mars et 10 mai 1793.

ter ce précieux registre et de le remettre à ses patrons du comité de sûreté générale [1].

Maillard fut lui-même emprisonné quelque temps après, mais l'influence de ses amis et de ses protecteurs le fit relâcher le 14 brumaire (4 novembre 1793). Cependant, tous les jours, le comité de sûreté générale et les députés des départements où il avait été porter le trouble et le pillage recevaient sur ses méfaits des plaintes aussi vives que nombreuses. Lecointre (de Versailles) crut devoir, le 24 frimaire (14 décembre 1793), en entretenir la Convention. Parmi les faits cités par ce député, celui-ci est caractéristique :

Le 9 brumaire, vingt-cinq hommes de la bande de Maillard [2] avaient pénétré chez un cultivateur de Tigery, près de Corbeil, nommé Gibon et âgé de 71 ans, et, après avoir pillé son argenterie, arraché du cou de sa femme une croix d'argent, devançant les pratiques des fameux chauffeurs, ils avaient approché le malheureux fermier d'un brasier ardent, lui avaient brûlé la plante des pieds pour lui faire dire où il avait caché son argent.

Trois jours après, le 27 frimaire, Fabre d'Églantine, ayant renouvelé cette accusation [3], elle fut renvoyée au comité de sûreté générale qui ordonna pour la deuxième fois l'arrestation immédiate de Maillard [4]. Mais les affidés du chef de bande se rassem-

1. Voir ces deux pièces, pages 36 et 37 de la notice de M. Sorel.
2. D'après le *Moniteur*, Lecointre (de Versailles) s'exprime ainsi : « Ces hommes étaient commandés par un nommé Turlot, aide de camp du général Henriot, se disant chargé des ordres de Maillard. »
3. Fabre d'Églantine trace le portrait suivant de Maillard : « A la tête des coupe-jarrets de la rue Favart, vous verrez encore ce Maillard que le bureau de la guerre a eu les moyens de faire sortir des prisons, où le comité de sûreté générale l'avait fait mettre, et qui est maintenant investi de pouvoirs terribles. » A la suite de l'accusation de Fabre, la Convention décréta d'arrestation les trois chefs de l'armée révolutionnaire, Ronsin, Vincent et Maillard.
Moniteur, pages 359 et 360, séance du 27 frimaire an II.
4. Voici le texte même de l'arrêté du comité de sûreté générale :

« CONVENTION NATIONALE.

« *Comité de surveillance et de sûreté générale de la Convention nationale.*

« Du 27 frimaire 1793, l'an second de la République française une et indivisible.

« Le comité de sûreté générale de la Convention, tant en vertu de ses pou-

blèrent dans leur repaire ordinaire (le café Chrétien, situé rue Favart), et signèrent la pièce suivante, qui montre la société Maillard fonctionnant, délibérant, pétitionnant comme une association régulière :

« Nous, composant la société des employés *par le citoyen* Maillard, commissaire du comité de sûreté générale et de salut public de la Convention nationale, réunis et soussignés,

« Après avoir discuté sur l'arrestation du citoyen Maillard, ne pouvant reconnaître ce qui peut y avoir donné lieu, après avoir examiné scrupuleusement toutes les opérations qui ont été faites par différents citoyens de notre société, estimons que quatre commissaires pris entre nous se rendront auprès du comité de sûreté générale pour le prier de rendre *leur chef à leurs vœux* provisoirement, ou de vouloir bien leur faire connaître les griefs qui sont imputés soit à lui ou à ses agents, et dans le cas où il se trouverait des particuliers qui se soient servis de son nom pour commettre des délits, qu'il soit permis aux agents de Maillard de les conduire au comité de sûreté générale.

« L'assemblée a ensuite nommé et choisi pour présenter *leur observation* au comité de sûreté générale les citoyens Murat, Chabry, Mazure et Mougeot, qui s'en sont chargés, et avons signé. »

(Suivent soixante signatures.)

Le comité de sûreté générale crut que la meilleure manière d'apaiser le courroux de ces gens, auxquels on venait d'enlever leur chef bien aimé, c'était de leur distribuer de l'argent. Le 3 janvier 1794, l'un des membres du comité, Voulland, vint annoncer à la Convention « que, quelques mois auparavant, ses collègues et lui avaient jeté les yeux sur un citoyen mis aujourd'hui en état d'arrestation par un décret, mais qui, à l'époque

---

voirs qu'en vertu du décret qui vient d'être rendu et qui ordonne l'arrestation du citoyen Maillard, chargé ci-devant des pouvoirs du comité de salut public et de sûreté générale, arrête que le maire de Paris prendra les moyens les plus prompts pour arrêter et conduire à Sainte Pélagie ledit citoyen Maillard, et que les scellés seront apposés sur ses papiers.

« Les représentants du peuple,

« Bayle, Guffroy, Dubarran. »

où il fut investi de la confiance du comité, avait plus d'un titre qui pouvait faire croire qu'il en était digne, le citoyen Maillard ; qu'il était urgent de payer les hommes dont le mandataire du comité s'était servi pour remplir les importantes missions qui lui avaient été confiées. » Leur salaire fut fixé à 5 livres par jour, et comme l'état des employés certifié par Maillard présentait un tableau de soixante-huit citoyens, la convention alloua une somme de 22,000 livres à répartir entre eux.

Voulland, dans son rapport, fait le plus grand éloge de ces hommes qui avaient cependant aidé Maillard dans toutes ses violences et toutes ses exactions, les représente comme étant pour la plupart « de bons pères de famille, bons citoyens, tous vrais sans-culottes, dont la plupart ont perdu leur état et leur fortune à la révolution qu'ils ne cessent pas d'aimer ; du reste, ajoute-t-il, ils ont été appelés pour l'intérêt de la République par un chef investi des pouvoirs du comité de sûreté générale et avoué par le comité de salut public[1].

Lorsque les gendarmes s'étaient présentés pour arrêter Maillard, ils l'avaient trouvé mourant. Depuis seize mois, le doigt de Dieu s'était appesanti sur le misérable. Suivant le certificat du médecin, il crachait le pus et souvent le sang.

Le comité de sûreté générale, peu compatissant de sa nature, crut cependant devoir des égards à l'homme du 2 septembre et le laissa prisonnier chez lui, sous la garde de deux citoyens. Cet état de demie-arrestation donna lieu à de nouvelles plaintes de la part des habitués du café Chrétien.

Une nouvelle pétition fut adressée par eux à la Convention, le 22 février[2]. Le comité de sûreté générale n'avait rien à refuser à

---

[1]. *Moniteur* du 3 janvier 1792 (14 nivôse an II). En représentant les gens de la bande de Maillard comme des hommes ayant perdu leur état et leur fortune, Voulland nous indique parfaitement dans quelle catégorie on avait été les recruter, dans la pire de toutes : celle des gens déclassés, celle qui fournit exclusivement à la police de tous les régimes ses agents secrets.

[2]. La pétition de la société révolutionnaire, siégeant au café Chrétien, demandant un prompt rapport sur l'arrestation de Maillard, l'un de ses membres, fut lue à la Convention le 5 ventôse, 23 février 1794. (Voir le *Moniteur* de l'an II, p. 635.)

des patriotes si purs et si dévoués ; quatre jours après il rendit l'arrêté suivant :

« Du 9 ventôse l'an II de la République française une et indivisible. »

« Le comité de sûreté générale, en conformité du décret du 8 ventôse qui l'investit du droit de prononcer sur les patriotes détenus, et considérant que le citoyen Maillard, aux différentes époques de la révolution, s'est montré l'ennemi de la tyrannie, l'ami du peuple et le défenseur de ses droits, arrête que le citoyen Maillard sera mis sur-le champ en liberté.

« Les représentants du peuple, membres du comité de sûreté générale,

« Élie Lacoste, Vadier, Guffroy, Laviconterie, Jagot, Voulland, Dubarran, Louis (du Bas-Rhin). »

Ce n'était pas devant le tribunal des hommes que Maillard devait comparaître, mais bien à celui de Dieu. Le juge de l'Abbaye mourut le 26 germinal an II, huit jours après que Danton avait lui-même expié sur l'échafaud le crime qui les unira dans une éternelle infamie.

Cependant le comité de sûreté générale ne perdait pas de vue ce qui le préoccupait beaucoup plus que la vie de Maillard, à savoir les papiers et ordres dont il pouvait être resté dépositaire. Il fit donc immédiatement apposer les scellés sur les papiers du juge de l'Abbaye, et plus tard, lors de la levée de ces scellés, il envoya Heron, l'exécuteur de ses ordres les plus secrets et les plus importants, pour y assister et probablement pour en soustraire toutes les pièces qui pouvaient compromettre ses propres membres et leurs amis.

« CONVENTION NATIONALE.

« *Comité de sûreté générale et de surveillance de la Convention nationale.*

« Du 6 messidor l'an second de la République française une et indivisible.

« Vu la demande de la citoyenne veuve Maillard, le comité arrête que le citoyen Heron assistera à la levée des scellés apposés sur les papiers de feu Maillard, et qu'il apportera au comité ceux desdits papiers qui pourraient intéresser le comité, relativement aux événements de la révolution.

« Les représentants du peuple,

« BAYLE, DUBARRAN, LAVICONTERIE, ÉLIE LACOSTE. »

Ce que nous avons dit de Maillard et les pièces que nous venons de produire suffisent à faire connaître le misérable dont quelques historiens ont osé balbutier la défense, que d'autres ont même qualifié de grand justicier du peuple. Ce n'était qu'un homme d'affaires famélique, prêt à changer de métier comme de parti ; suivant les circonstances, chef d'émeute, entrepreneur d'espionnage, exacteur pour son compte personnel et pour celui de ses patrons, rédacteur de placets à ses moments perdus, instrumentant avec le même zèle et pour un salaire analogue devant le tribunal de police municipale et devant le tribunal sanglant de l'Abbaye.

Quant aux individus qui siégeaient autour de lui, le 2 septembre, et que l'imagination de certains écrivains a fait comparer aux juges que l'antiquité nous montre aux portes des enfers, pesant dans leurs mains le sort des pâles humains, ce n'étaient que des misérables que Maillard avait depuis longtemps embrigadés pour *tout faire*, qui lui servaient tour à tour d'observateurs, d'assesseurs, de sbires et de bourreaux au besoin. Méhée, en les qualifiant d'escrocs, Fabre d'Églantine, en les représentant comme des coupe-jarrets, leur faisaient encore de l'honneur. Ils appartenaient à la race la plus méprisée et la plus méprisable dans tous les temps et sous tous les régimes, à la race des espions de la police secrète.

XV

MADAME DE LAMBALLE

ET LES DAMES DE LA REINE.

(Voir page 271.)

Plusieurs des dames attachées au service de la reine et de la famille royale les avaient suivies au Temple, mais elles leur furent enlevées dans la nuit du 19 au 20 août, amenées et interrogées à l'Hôtel-de-Ville, puis envoyées au petit hôtel de la Force[1].

C'était là que, d'ordinaire, on enfermait les femmes de mauvaise vie. On eut l'infamie d'y détenir ces infortunées qui n'avaient pas craint, au péril de leur vie, de donner à Marie-Antoinette, prisonnière, une dernière preuve de dévouement et de fidélité.

La princesse de Tarente fut seule envoyée à l'Abbaye. Nous n'avons pu découvrir pour quel motif. Les sept dames écrouées à la Force étaient Mme de Lamballe, Mme de Tourzel, gouvernante des enfants du roi, Mlle Pauline de Tourzel, sa fille, Mme de Navarre, première femme de chambre de Mme Élisabeth, Mme Bazire, femme de chambre de Madame Royale, Mme Thi-

---

1. Ce petit hôtel avait une entrée séparée sur la rue Pavée, au Marais, tandis que la porte du grand hôtel s'ouvrait sur la rue des Ballets, à deux pas de la rue Saint-Antoine. Ces deux entrées étaient très-éloignées l'une de l'autre et séparées par un îlot de maisons considérable. La petite Force avait un registre d'écrou distinct. La grande et la petite Force existaient encore, il y a quelques années, telles qu'elles étaient au moment des événements de 1792. Elles ont été détruites un peu avant 1848.

bault, première femme de chambre de la reine, Mme de Saint-Brice, femme de chambre du prince royal.

Mme de Mackau, qui était aussi une des dames de la reine, mais qui ne se trouvait pas au Temple le 19 août, ne fut écrouée que le 2 septembre.

Les termes mêmes dans lesquels est formulée la levée de l'écrou de chacune de ces dames méritent d'être pesés. Ainsi, les deux premières rendues à la liberté furent Mlle de Tourzel et Mme de Saint-Brice; cette dernière était prête d'accoucher. Elles sont indiquées sur le registre d'écrou comme étant sorties le 2 septembre par ordre de MM. Truchon et Duval-Destain. Effectivement, on lit dans le procès-verbal de la séance du conseil général de la commune, à l'ouverture de la séance de la nuit du 2 au 3 septembre, que MM. Truchon et Duval-Destain sont nommés commissaires pour faire une visite à l'hôtel de la Force, quartier des femmes; et, quelques heures après, Truchon, dans le rapport qu'il fait à l'Assemblée nationale, à deux heures du matin, mentionne la mise en liberté de ces deux dames.

Les cinq autres femmes de la reine, Mmes de Navarre, Bazire, Thébault, de Tourzel et de Mackau, sont indiquées comme sorties le 3, sans que l'on mentionne par quel ordre, sauf pour Mme de Mackau, qui est déclarée avoir été relâchée par ordre des administrateurs de police, membres de la commission de surveillance et de salut public[1].

Le registre s'explique d'une tout autre manière à l'égard de Mme de Lamballe. Voici la mention de l'écrou :

« Marie-Thérèse-Louise de Savoie de Bourbon-Lamballe, conduite, le 3 septembre 1792, au grand hôtel de la Force. »

Pendant que cette malheureuse princesse était amenée à ses bourreaux, les prisonnières de la petite Force étaient relâchées. Nous avons retrouvé un rapport de la concierge même de la prison qui, malgré ses termes vagues et ambigus, donne une idée assez exacte de la manière dont les choses se sont passées.

---

1. Ces indications précises des levées d'écrou confirment pleinement le récit si intéressant qui a été publié récemment, sous le titre de *Souvenirs de Quarante ans*, par les enfants de Mlle de Tourzel, devenue depuis Mme la comtesse de Béarn. Ce récit fait, en effet, connaître qu'elle fut délivrée plusieurs heures avant sa mère.

« *Rapport de la dame Hiancre, concierge ès prisons du petit hôtel de la Force.*

« Le lundi 3 septembre 1792, l'an IV de la liberté, etc., une multitude d'hommes armés est entrée dans le petit hôtel de la Force par le moyen de l'ouverture des portes de la prison des hommes. Aussitôt qu'ils ont été dans la prison, ils ont demandé les prisonnières. On leur a *observé qu'on ne pouvait pas leur livrer sans l'autorisation de la municipalité*. Ils ont commencé par demander Mme Lamballe, ils ont forcé le guichetier dépositaire des clefs de marcher avec eux et de leur ouvrir les portes de la chambre dans laquelle elle était renfermée, ainsi que celles des autres dames qui étaient détenues dans ledit hôtel, et ils les ont fait passer du côté de la prison des hommes pour leur faire subir un interrogatoire; une heure et demie après ils sont venus contraindre de leur ouvrir les portes de toutes les chambres et lieux où étaient renfermées toutes les autres femmes. Le peuple qui était au dehors a demandé qu'on ne laissât point sortir ces femmes en liberté sans faire justice des coupables. Dans cet instant, la force armée du dedans s'est transportée du côté de la rue Pavée, pour forcer les guichetiers à laisser sortir toutes les femmes librement; on a *observé* au peuple que la consigne donnée à la gendarmerie qui était de garde à la porte était de ne laisser sortir par cette même porte aucune prisonnière; alors cette multitude d'hommes armés est allée chercher M. Dangé, officier municipal; il est venu au même moment. Après en avoir interrogé plusieurs, il s'est transporté à la porte de la prison, où il a dit qu'on pouvait laisser sortir les prisonnières; il lui a été observé que la majeure partie de ces femmes étaient criminelles et qu'il y en avait plusieurs de jugées et condamnées à des peines quelconques. M. Dangé a fait cette observation au peuple armé, en déclarant qu'il n'entendait pas mettre en liberté les femmes coupables. Il a même invité la force armée à boucher les rues pour les faire arrêter, ce qui n'a pas été exécuté.

« Le nombre des femmes détenues était de 212[1].

« Ve HIANCRE. »

1. Nous avons retrouvé dans la procédure dirigée en l'an III contre les

Il paraîtrait, d'après ce rapport, que les autres femmes de la reine comparurent devant le tribunal de sang, présidé par Hébert et Rossignol, mais il n'existe aucune trace de cette comparution dans les récits contemporains.

Les outrages faits au cadavre de la malheureuse princesse de Lamballe ont été cent fois racontés. Naturellement aucun procès-verbal authentique ne les constate. Les deux pièces suivantes que nous avons retrouvées sont, avec celles déjà connues, les seules pièces officielles que l'on ait sur la fin de cette amie de la reine [1] :

EXTRAIT DU REGISTRE DES DÉLIBÉRATIONS DE LA SECTION
DES QUINZE-VINGTS.

4 septembre 1792. — Un individu, introduit à l'assemblée générale au nom de M. de Penthièvre, a présenté la somme de 600 livres en trois assignats pour que la tête de Mme de Lamballe fût inhumée dans la section des Quinze-Vingts. L'assemblée a mis en arrestation l'individu qui se nomme François-Jacques Pointel. Jusqu'à ce que les renseignements fussent pris à cet

---

septembriseurs plusieurs dépositions qui donnent quelques éclaircissements sur la manière dont les 212 prisonnières de la Petite-Force furent sauvées. On vint les éveiller dans la nuit du 2 au 3 septembre, on les mit dans les rangs d'un détachement de gardes nationaux qui les conduisit à demi habillées dans l'église du Petit-Saint-Antoine, d'où elles eurent, quelques heures après, la liberté de s'en retourner chez elles. (Dossier Caval et Chantrot.)

1. La *Revue rétrospective*, 1ʳᵉ série, tome III, p. 153, donne le procès-verbal d'inhumation de la tête de Mme de Lamballe; les *Mémoires sur les journées de septembre* (édition de Didot, 1858, p. x de l'introduction), donnent deux pièces importantes : l'une est le procès-verbal dressé le 8 septembre par un membre du conseil général de la commune, chargé d'examiner une lettre trouvée dans la poche de Mme de Lamballe; l'autre est cette lettre même écrite à la princesse de Lamballe par la duchesse de Bourbon.

Les mémoires de Weber contiennent aussi quelques détails sur l'intervention des serviteurs du duc de Penthièvre qui cherchèrent à recueillir les restes de cette infortunée princesse. Cette intervention a été singulièrement travestie dans un rapport que Bazire fit à la convention, le 6 novembre 1793 (*Moniteur*, nᵒˢ 312 et 313), au nom du comité de sûreté générale. Ce rapport n'est, du reste, qu'un tissu d'absurdités et de mensonges qui se réfutent d'eux-mêmes. On ne comprend pas comment quelques historiens l'ont pris pour guide dans leur récit des journées de septembre.

effet, l'assemblée a refusé de recevoir le corps de la ci-devant dame Lamballe, *parce que, étant traître à la patrie, elle ne mérite d'autre* place que celle des conspirateurs. »

« SECTION DES QUINZE-VINGTS. — COMITÉ CIVIL ET DE POLICE.

« *Procès-verbal d'inventaire fait au comité de la section des Quinze-Vingts, Faubourg-Antoine, du 3 septembre 1792, an IV de la liberté et le Ier de l'égalité, des effets trouvés dans un portefeuille saisi sur la ci-devant princesse de Lamballe, ledit inventaire fait à la réquisition des citoyens ci-après nommés, savoir :*

« Sieur Jacques-Charles Hervelin, tambour des canonniers de la section des Halles, ci-devant bataillon Saint-Jacques-la-Boucherie, demeurant rue de la Savonnerie, 3, au Cadran bleu ;

« Sieur Jean-Gabriel Tirveux, ébéniste, rue du Faubourg-Antoine, au coin de celle Saint-Nicolas ;

« Sieur Antoine Pouget, canonnier de la section de Montreuil, rue de Charonne, 25 ;

« Sieur Pierre Fere, tabletier, rue Popincourt, 39 ;

« Sieur Jean-Baptiste Roussel, gagne-denier, demeurant rue d'Aval, 9 ;

« Avoir été trouvés les objets suivants :

« Dans la première case, 8 assignats de 5 livres chaque, 40 liv.

« Dans la seconde case, 10 assignats de 5 livres chaque, 50
$$\overline{}$$
90 l. »

Suit la nomenclature de divers objets de peu d'importance, une bague d'or, un porte-crayon, une image et un médaillon.

Le procès-verbal se termine ainsi :

« Les quelques effets ont été remis aux citoyens sus-nommés pour être déposés à l'Assemblée nationale, ainsi qu'il appert par la minute dudit procès-verbal, restée aux archives dudit comité.

« Pour extrait,
« RENET, secrétaire-greffier.

« Les citoyens dénommés au procès-verbal reconnaissent

avoir retenu par devers eux les assignats énoncés de l'autre part.

« Hervelin, Terveux, Roussel.

« Ce jour 3 septembre 1792. »

Les individus dénommés dans cette pièce et qui savaient si bien s'approprier les assignats, trouvés par eux dans les portefeuilles qu'ils rapportaient, étaient-ils les assassins de la princesse de Lamballe? Nul ne peut le dire. Ceux que la notoriété publique a toujours désignés comme tels se nommaient Charlat, Grison et Petit-Mamin. Les deux officiers municipaux qui siégeaient au prétendu tribunal, devant lequel elle comparut, étaient Hébert et Rossignol. Charlat était un tambour de la garde nationale, qui partit bientôt après pour la Vendée avec un bataillon de volontaires parisiens, et qui fut massacré par ses camarades eux-mêmes lorsqu'ils apprirent qu'ils avaient dans leurs rangs un abominable assassin. Grison fut condamné à mort quelques années après par le tribunal criminel de l'Aube comme affilié à une bande de brigands et de chauffeurs. (Voir le *Moniteur* de l'an v, n° 125.)

Hébert périt sur l'échafaud le 4 germinal an II.

Petit-Mamin et Rossignol furent déportés en l'an IX aux îles Séchelles, de là à l'île d'Anjouan, où ils moururent de faim et de misère. (Voir la note sur la punition des septembriseurs.)

XVI

PROCÈS BACHMANN.

(Voir page 290.)

Nous avons pu retrouver une grande partie des pièces du procès du major Bachmann. Il nous serait impossible de les reproduire toutes ici. Nous nous contenterons de les analyser, en insistant néanmoins sur ce qui a trait au déclinatoire proposé par les officiers suisses contre la compétence du tribunal du 17 août.

Dès le 18 août, les officiers suisses détenus à l'Abbaye[1]

---

[1] La lettre du concierge de l'Abbaye donne les noms des officiers suisses qui étaient enfermés dans cette prison le 21 août :

« Le concierge de la prison de l'Abbaye s'empresse d'envoyer sur le champ à M. Sergent, administrateur de police, le nom des officiers suisses qui lui sont confiés et qu'il a été autorisé à recevoir en vertu d'un décret de l'Assemblée nationale, en date du 11 du présent mois. Quant à la cause de leur arrestation, il en ignore; le même décret l'oblige de même de recevoir tous les soldats suisses qui lui ont été envoyés.

« Du 10 et du 11 sont entrés :

  MM. D'affry, colonel.
  Maillardoz, lieutenant-colonel.
  Bachmann, major.
  Felis, aide-major.
  Wild, officier-major.
  Zimmermann, lieutenant.
  Chaulet, adjudant.
  Almann, etc.
  Maillardoz.
  Rodolphe.
  Reding.

« Je certifie que l'état ci-dessus est conforme aux registres de ladite prison.

     « DELAVAQUERIE, concierge.

« Le 21 août, an IVe de la liberté et le 1er de l'égalité. »

avaient adressé à Danton deux mémoires dans lesquels ils lui exposaient leurs moyens de défense. Ces mémoires furent transmis, le 20, au parquet du tribunal extraordinaire, et, le 31 août, l'accusateur public écrivait au ministre de la justice la lettre suivante pour lui faire part de l'embarras du tribunal, qui ne savait s'il devait ou non passer outre à l'examen du procès :

« Paris, le 31 août, l'an IV de la liberté.

« Monsieur,

« M. Fabre[1] s'était chargé ce matin de vous faire part de quelques observations, relativement à l'affaire des Suisses qui doit demain occuper le tribunal.

« La plupart des officiers proposent *le déclinatoire* : il faudra juger *la compétence* avant de juger *le fond*. Je vous prie, monsieur, *de me mettre à portée de fournir au tribunal les moyens d'écarter les exceptions*.

« Je pense que les capitulations, n'accordant aux Suisses qui sont au service de France que le droit de prononcer sur les délits commis par des individus de leur nation, exceptent néanmoins les crimes de lèse-majesté ; je vous prie, monsieur, de me faire passer à cet égard *les renseignements que doit avoir le ministre des affaires étrangères*.

« Je vous réitère, monsieur, l'observation que nous ne pouvons prononcer sur le fond, que nous ne pouvons même l'entamer, sans avoir prononcé sur la question d'exception déclinatoire.

« L'accusateur public auprès du tribunal créé par la loi du 17 août.

« RÉAL[2]. »

Le lendemain, nouvelles instances de l'accusateur public, Réal, pour avoir une solution :

« Monsieur,

« Le tribunal attend les renseignements qu'il vous a demandés hier, par mon organe, relativement à l'affaire de M. Bachmann.

---

[1]. Il est question de Fabre d'Églantine, alors secrétaire général du ministère de la justice et ami intime de Danton.

[2]. Le signataire de cette lettre est M. Réal qui devint, plus tard, comte de l'Empire, conseiller d'État chargé de la police sous Napoléon Ier.

NOTES. 501

Il n'est pas possible que le tribunal puisse prononcer sur le fond avant que la question du déclinatoire soit jugée.

« Daignez, monsieur, nous indiquer, par l'ordonnance, la marche que nous avons à suivre ; nous avons à cœur de ne point mécontenter le public par des retards dont il ne connaîtrait pas la cause.

« Réal, accusateur public près le tribunal du 17 août. »

« Le 1ᵉʳ septembre 1792, an IVᵉ de la liberté. »

Danton répond à Réal ; le jour même (1ᵉʳ septembre). Une phrase de sa lettre projette un jour sinistre sur les événements du lendemain, et montre par quel moyen on compte sortir des ambages de la procédure imposée au tribunal du 17 août, quelque sommaire qu'elle soit.

« *Monsieur Réal, accusateur public auprès du tribunal créé par la loi du 17 août.*

« Le 1ᵉʳ septembre 1792.

« J'ai reçu, monsieur, votre lettre du 31 août dernier, par laquelle vous me faites part de vos doutes, relativement à l'affaire des Suisses, dont les officiers, pour la plupart, proposent leur déclinatoire. Je vais en conférer avec le ministre des affaires étrangères, et même en référer à l'Assemblée nationale, si, d'après l'examen des capitulations, nous le croyons nécessaire ; mais je ne crois cependant pas que votre tribunal puisse être décliné par les Suisses, puisque ce sont les crimes dont ils sont accusés qui ont donné lieu à sa création.

« Si, comme vous le pensez, les capitulations, en accordant aux Suisses qui sont au service de France le droit de prononcer sur les délits commis par les individus de leur nation, exceptent les crimes de lèse-majesté, c'est-à-dire de la ci-devant majesté royale, à plus forte raison le crime de lèse-majesté nationale, l'assassinat du peuple doit-il en être excepté. J'ai lieu de croire que le peuple outragé, dont l'indignation est soutenue contre ceux qui ont attenté à la liberté et qui annonce un caractère digne enfin d'une éternelle liberté, *ne sera pas réduit à se faire justice lui-même,* mais l'obtiendra de ses représentants et de ses magistrats.

« Danton. »

Sur le vu de cette lettre, le tribunal n'hésite plus. Un acte d'accusation était préparé dès le 29 août contre Bachmann; il lui est à l'instant signifié, et, le soir même, il comparaît devant les juges, dont il s'obstine à décliner la compétence.

A l'ouverture de l'audience, l'accusateur public annonce[1] « que Bachmann et quelques témoins ont protesté contre toute espèce de procédure dirigée contre eux, en vertu des traités qui lient la nation helvétique à la nation française, et qui accordent aux Suisses au service de France le droit de n'être jugés que par leurs pairs. En conséquence, il demande que le tribunal, avant de délibérer, ordonne la lecture de la lettre écrite à ce sujet par le ministre de la justice et l'article du traité qui faisait la base des réclamations.

« M. le commissaire national, considérant que le droit naturel est antérieur à toutes les conventions arrêtées entre les nations réciproques, demande que le tribunal n'ait égard à aucun déclinatoire.

« Le tribunal ordonne qu'il soit fait lecture, par l'accusateur public, de la lettre du ministre de la justice, et, par M. le commissaire national, des articles du traité réclamés par l'accusé et quelques témoins suisses.

« M. le commissaire national fait précéder la lecture des articles d'une série d'observations, et lit ensuite l'article 15 du traité passé en 1777 entre le roi de France et le corps helvétique, et le traité entier passé par Louis XI avec les Suisses.

« M. Jullienne, homme de loi, conseil de l'accusé, prête le serment prescrit par la loi.

« Le tribunal, attendu qu'il s'agit d'une réclamation importante, ordonne que, sur les représentations de l'accusé, de l'accusateur public et sur la réquisition du commissaire national, il se retirera dans la chambre du conseil pour délibérer sur cette importante matière. »

Il revient un instant après et prononce le jugement suivant :

« Le tribunal, après s'être retiré en la chambre du conseil et

---

1. Nous copions le procès-verbal de l'audience. (Procès de Charles-Joseph-Antoine-Léger Bachmann, né à Stepheld, canton de Glaris, militaire, âgé de cinquante-deux ans.)

y avoir délibéré sur les protestations faites par le sieur Bachmann, et consignées dans les déclarations par lui faites devant le directeur du jury d'accusation, devant lequel il a comparu, sur les observations de M. l'accusateur public, lecture faite d'une lettre de M. le ministre, écrite à ce sujet à M. l'accusateur public, M. le commissaire national entendu ;

« Considérant que l'Assemblée nationale, en déterminant les délits ou crimes qui sont de la compétence du tribunal criminel établi par la loi du 17 août, n'a fait ni prononcé aucune exception de personnes, que le privilége réclamé par le sieur Bachmann n'est justifié par aucun article positif de traité qui ait un rapport direct aux délits ou crimes de lèse-nation ou de coopération à des complots contre l'État, ordonne qu'il sera passé outre à l'instruction et que, néanmoins, le présent jugement sera communiqué, à la diligence de M. le commissaire national, à M. le ministre de la justice, lequel sera invité, sous sa responsabilité, à faire passer au tribunal, dans le plus court délai, le résultat précis de ses conférences avec le ministre des affaires étrangères ou avec l'Assemblée nationale, s'il a cru devoir en déférer au corps législatif, pour être ensuite statué ce que de droit.

« Vaillant, Mathieu, président; Lavau (J.-Ch.), Vienne. »

Nous ne raconterons pas toutes les phases de ce procès, qui dura deux jours, nous nous bornerons à extraire du procès-verbal d'audience le récit d'un incident qui tourna à l'entière confusion de ceux qui l'avaient soulevé et dont le récit, grâce aux formes encore suivies par le tribunal du 17 août, a été inscrit dans un document authentique. C'est un démenti donné d'avance aux ignobles et absurdes calomnies débitées, un an et dix-huit mois plus tard, dans le procès de la reine et de Madame Élisabeth, où l'on osa parler de balles mâchées, et mâchées par ces deux malheureuses princesses, pour être remises aux Suisses!

« Louis-François Haller, portier, âgé de 30 ans, demeurant rue Trousse-Vache, chez le sieur Lefebvre.

« Ce témoin dépose sur le bureau une balle mâchée, par lui trouvée dans la poche d'un Suisse. Il annonce en avoir d'autres dans sa maison, et encore qu'une femme, sa voisine, a, quelques jours avant l'affaire du 10, reçu chez elle des effets appartenant à un Suisse.

« Le commissaire national a requis, et le tribunal a ordonné qu'à l'instant, par deux commissaires du comité de la section des Lombards, perquisition sera faite chez ladite femme, dont la demeure sera indiquée par le sieur Haller, témoin, pour les effets et le procès-verbal, s'il est jugé nécessaire par les commissaires, être rapportés au tribunal, de suite être requis et par le tribunal ordonné ce qu'il appartiendra, comme aussi que ladite femme sera amenée par Delaître, gendarme national de service près le tribunal pour répondre et s'expliquer devant le tribunal sur les faits dont il s'agit, et encore que le sieur Haller rapportera les autres cartouches par lui prises sur les Suisses et qu'il annonce être chez lui.....

« Le sieur Delaître, gendarme national, revient avec le sieur Haller et ladite Clément ; il rapporte le procès-verbal de la section dont le tribunal ordonne la lecture par le greffier.

« Le sieur Haller dépose les cartouches qui sont contradictoirement visitées et se trouvent être des cartouches ordinaires.

« La dame Clément, interrogée, dit s'appeler Marie-Marguerite Brumel, veuve Clément, garde-malade, demeurant rue Trousse-Vache, chez le sieur Gosselin, marchand de vin. Elle donne les éclaircissements demandés, et, comme il n'en résulte rien, le tribunal la renvoie à ses malades, ordonne le dépôt au greffe de la balle mâchée et des huit autres cartouches. »

Le directeur du jury, dans l'acte d'accusation qu'il avait rédigé, et l'accusateur public, dans son réquisitoire, mirent le plus grand soin à ménager les cantons suisses et à prétendre que Bachmann, en organisant la défense du Château, avait outrepassé les instructions qu'il avait reçues des autorités de son pays. On lit notamment dans l'acte d'accusation les phrases suivantes :

« C'est surtout par l'influence de Bachmann et celle de quelques autres officiers supérieurs de ce régiment qu'on est parvenu à détacher le plus grand nombre des soldats de ce dévouement franc et loyal qu'ils avaient toujours manifesté en faveur de la nation, dont le corps helvétique a si constamment maintenu l'alliance avec une grande fidélité. Les preuves de cette fidélité se trouvent dans toutes les occasions où il était important de la manifester, et notamment dans la conduite que le ci-devant régiment des gardes suisses a tenue au commencement de notre révolution, et dans les ordres qu'il a reçus des cantons de prêter, ainsi que toutes nos troupes de ligne nationales, le serment d'être fidèle à la nation, à la loi et au roi, serment qui obligeait le régiment et les autres régiments suisses à notre service de ne résister dans aucune circonstance à la volonté nationale, si préférable, dans tous les cas, à celle du roi, que la révolution avait réduit à n'être que le premier fonctionnaire public, en sa qualité de chef du pouvoir exécutif.

« Les manœuvres de Bachmann ne lui ont pas été suggérées par les cantons, ses souverains; elles sont même fort opposées à leurs principes et à leurs institutions; dès lors elles sont le produit de la perversité individuelle du sieur Bachmann; c'est par conséquent à lui seul à répondre à la nation, chez laquelle il jouissait de tous les avantages de l'hospitalité, d'un délit dont la réparation doit être suivie selon toutes les formes judiciaires du lieu où le sieur Bachmann s'en est rendu coupable, ce qui exclut toute idée de suivre celle des Suisses dont *on leur a permis* l'usage que pour les contraventions à la discipline militaire établie entre eux, et dont l'inexécution ne peut être préjudiciable qu'à eux-mêmes. »

La déclaration du jury fut :

« Qu'il était constant qu'il avait été préparé pour la journée du 10 août de la présente année, et qu'il a éclaté, le même jour, une conspiration tendant à exciter la guerre civile en armant les citoyens les uns contre les autres et contre les autorités légitimes;

« Que Charles-Joseph-Antoine-Léger Bachmann est convaincu d'avoir préparé et secondé ladite conjuration;

« Que ledit Bachmann est convaincu de l'avoir fait méchamment et à dessein d'exciter la guerre civile. »

En conséquence, Bachmann fut condamné à la peine de mort et exécuté le jour même.

Le ministre des affaires étrangères se préoccupait beaucoup, et avec juste raison, de l'effet que devait produire, dans les cantons helvétiques, le massacre des Suisses, au 10 août et au 2 septembre. Il voulut, par tous les moyens possibles, atténuer l'irritation qui devait en résulter. Voici la lettre qu'il écrivit à cette occasion au ministre de la justice et celle qui fut écrite par le commissaire du gouvernement, en réponse à la communication qui lui avait été faite de la lettre de Lebrun :

« Paris, le 7 septembre 1792.

« Les événements du 10 août, monsieur, paraissent avoir été présentés en Suisse de la manière la plus fausse, particulièrement en ce qui concerne la conduite qu'a tenue le régiment des gardes suisses. Vous concevrez combien, dans les circonstances présentes, il importe d'effacer les impressions défavorables qu'ont pu produire dans ce pays les récits mensongers qu'on y a faits ; le seul moyen de remplir cet objet serait d'offrir aux Suisses les preuves qui peuvent exister de la complicité de l'état-major dans la conjuration du 10. Ces preuves doivent résulter de l'interrogatoire subi par M. Bachmann avant le jugement qui l'a condamné à mort ; je vous prierai, en conséquence, de vouloir bien me procurer une copie de cet interrogatoire et de donner les ordres nécessaires pour que l'envoi m'en soit fait le plus tôt possible.

« Le ministre des affaires étrangères,

« Lebrun. »

« Monsieur le ministre de la justice,

« Conformément à votre ordre du 15 du présent mois, qui ne m'est parvenu qu'hier 16, j'ai l'honneur de vous envoyer copie de l'acte d'accusation contre le sieur Bachmann, ainsi que le bulletin du tribunal criminel qui est assez exact.

« Je vous *observe* que dans l'instruction du juré de jugement on ne tient point procès-verbal de l'interrogatoire de l'accusé, des dépositions des témoins et des débats ; je ne peux donc vous envoyer que l'acte d'accusation. Si les cantons helvétiques pouvaient douter de la justice du jugement qui a condamné le sieur Bachmann, M. Réal, accusateur public, ainsi que moi, j'ose le dire, nous serons en état de répondre à tout de la manière dont vous le jugerez convenable.

« LEGANGNEUR, commissaire national du tribunal criminel établi le 17 août.

« Ce 17 septembre 1792. »

Nous avons recherché très-minutieusement aux archives des affaires étrangères si les cantons helvétiques avaient élevé diplomatiquement des réclamations pour se plaindre de l'égorgement des Suisses après le combat du 10 août, du massacre des officiers et sous-officiers prisonniers, le 2 septembre, à la Conciergerie et à l'Abbaye, et pour demander au moins quelques indemnités en faveur des familles des braves militaires mis à mort contre le droit des gens.

Toutes ces recherches ont été inutiles.

XVII

MALVERSATIONS

DU COMITÉ DE SURVEILLANCE DE LA COMMUNE DE PARIS

(Voir livres XI et XII.)

Pour prouver les dilapidations auxquelles les organisateurs des massacres de Septembre se sont livrés, nous n'invoquerons que les pièces officielles émanées du conseil général de la commune de Paris. Le témoignage de ce conseil ne saurait être suspect; car aucune autorité n'était mieux à même de connaître et d'apprécier le fond des choses, aucune n'était moins disposée à les exagérer.

Dès le lendemain des massacres, il décline la responsabilité des actes du comité de surveillance, désavoue Panis qui a étrangement abusé de ses pouvoirs[1], et demande qu'on lui rende compte de toutes les décisions prises par les autorités qui dépendent de lui.

On lit, en effet, dans le procès-verbal de la séance de la commune de Paris, en date du 5 septembre 1792 :

« M. Panis, administrateur, membre du comité de surveillance, est invité à se rendre dans le sein du conseil pour donner

---

1. Le conseil général de la commune avait pris, le 30 août, une délibération ainsi conçue :

« M. Panis présentera demain au conseil une liste des membres qui s'adjoindront à lui pour le comité de police. »

Au lieu de présenter cette liste au conseil général, Panis avait, de sa propre autorité, rendu le fameux arrêté du 2 septembre par lequel fut constitué le comité directeur des massacres. (Voir p. 215.)

des renseignements sur les plaintes amères qu'un membre du conseil a portées contre lui... Les administrateurs des différents départements (municipaux) seront tenus de rendre compte par écrit des décisions qui auront été l'objet de leurs délibérations, et de les soumettre à la sanction du conseil général ou à sa critique, s'il y a lieu. »

Ce double arrêté reste, paraît-il, sans effet. Le 22 septembre, le lendemain même de la réunion de la Convention nationale, la commune prend des mesures plus énergiques.

EXTRAIT DES REGISTRES DU CONSEIL GÉNÉRAL DE LA COMMUNE DE PARIS.

Arrêté du 22 septembre 1792.

« Le conseil général, le substitut de la commune entendu, arrête à l'unanimité que, dès cet instant, tous les membres du comité de surveillance, tant ceux qui ont été nommés par le conseil général, que ceux qui s'y sont immiscés de toute autre manière, demeurent révoqués; qu'ils seront sur-le-champ remplacés par quatre nouveaux membres, pris dans son sein, auxquels les membres révoqués rendront compte de leurs opérations, dans le jour. Le conseil général arrête, en outre, que les membres révoqués ne pourront, du moment de la notification du présent arrêté, s'immiscer dans aucune fonction, à peine d'être poursuivis, suivant la rigueur de la loi, à la diligence du procureur de la commune, que le conseil général charge spécialement de l'entière exécution de son arrêté, jusqu'après la nomination des quatre nouveaux membres, qui demeure ajournée à demain, à l'ouverture de la séance.

Arrêté du 23 septembre 1792.

« Le conseil général, considérant combien il est instant d'organiser le comité de police et de la force armée, arrête : que MM. Boula, Gorret, Duchesne et Gaudichon sont nommés commissaires pour remplacer les *membres intrus* qui en ont été éloignés par l'arrêté d'hier [1].

---

1. Boula était l'un des membres les plus importants du conseil de la com-

« Arrête, en outre, que les quatre commissaires du conseil général, nommés depuis le 10 août, qui sont MM. Leclerc, Duffort, Lenfant et Cally, continueront d'exercer leurs fonctions concurremment avec ceux ci-dessus désignés. »

Au commencement de 1793, deux nouvelles délibérations du conseil général viennent confirmer les mêmes accusations :

EXTRAIT DU REGISTRE DES DÉLIBÉRATIONS DU CONSEIL GÉNÉRAL.

« Du 18 février 1793, l'an IIe de la République française.

« Le conseil général, considérant les *soustractions, dilapidations* et *malversations* que présentent les résultats des comptes, suivant le rapport de ses commissaires contre les citoyens Sergent et Panis, alors administrateurs du comité de surveillance des 10 août et jours suivants ; considérant que les scellés apposés sur partie des effets déposés audit comité *ont été la plupart brisés*, que les réponses des administrateurs entendus contradictoirement sont en opposition les unes avec les autres, et présentent *un ensemble de violations de dépôts et d'infidélités ;* que ces déclarations mêmes ne peuvent excuser ces infidélités ; que le prétexte vague qu'on n'a eu rien en maniement ne peut-être regardé que comme un moyen illusoire dans la bouche d'un administrateur toujours comptable de son administration ;

« Arrête : 1° que le tableau de la situation du compte du comité de surveillance de l'époque du 10 août, ensemble copie des pièces justificatives déposées dans les registres du conseil général, et notamment la lettre du citoyen Sergent aux commissaires, et le procès-verbal du comité des Vingt-Quatre de la Convention seront envoyés au conseil exécutif, qui sera invité à prononcer, d'après ces pièces, s'il doit ou non poursuivre les comptes de ces deux citoyens, même à se retirer à la Convention pour faire prendre des mesures de rigueur qui puissent les forcer à rendre leurs comptes, et les discuter devant le conseil

mune. Il avait été élu président le 9 septembre précédent. Nous avons tenu entre nos mains un billet par lequel il refuse d'accepter la succession de l'ancien comité, déclarant que la comptabilité lui paraît trop *embrouillée.*

général, d'autant plus intéressé à leur apurement, qu'on semble verser sur lui seul *l'odieux du déficit;*

« 2° Que le présent arrêté sera envoyé au procureur de la commune pour en suivre l'exécution, imprimé et affiché à la diligence du procureur de la commune [1].

« *Signé :* CAVAIGNAC, vice-président;
COULOMBEAU, secrétaire-greffier. »

EXTRAIT DU REGISTRE DES DÉLIBÉRATIONS DU CONSEIL GÉNÉRAL
DE LA COMMUNE DE PARIS.

« Du 10 mai 1793, l'an II° de la République française.

« Le conseil général délibérant sur les comptes, la partie de la responsabilité matérielle du comité de surveillance relativement aux dépôts qui y ont été portés, mûrement examinée;

---

1. La lettre du citoyen Sergent mérite d'être elle-même rapportée, car elle justifie toutes les accusations dirigées contre cet officier municipal que M. Louis Blanc a cherché à défendre, tome VII, p. 221.

La prétention d'un administrateur d'accepter, au *prix d'estimation*, des bijoux et des effets, dont il est comptable, n'est admissible sous aucun régime et dans aucune législation.

« Paris, le 30 novembre 1792, l'an Ier de la République.

« Je vous envoie, citoyens, *pour être joints au dépôt, les objets dont j'avais été autorisé par mes collègues à faire l'acquisition.* Comme, dans votre rapport, il m'a paru que l'un de ces effets est réclamé par des citoyens, je les remets tous pour être portés à la caisse de l'extraordinaire, où je pourrai encore les acheter en ayant prévenu le directeur. Je vous prie de ne pas, en conséquence, arracher les petits numéros que j'y ai mis qui correspondent à ceux que je lui ai envoyés, car il importe peu à la République *qui sera avec son argent* possesseur de ces objets.

« Votre concitoyen,
« SERGENT. »

« P. S. Je vous prie, dans le compte qui va être imprimé, de mettre ces objets comme représentés. »

Quant à la commission des Vingt-Quatre de la Convention, nous avons tenu entre les mains une lettre à elle adressée, à la date du 13 février 1793, par le secrétaire-greffier adjoint de la commune, Mettot, qui « lui renvoie les portefeuilles de Septeuil, trésorier de la liste civile, et le procès-verbal du grand écrin trouvé chez lui, mais qui n'a pas été représenté lors du récolement. »

« Le procureur de la commune entendu ;

« Considérant, d'après le rapport des commissaires et les déclarations subséquentes qui sont survenues au conseil, consignées au registre, et en partie imprimées, qu'il y a *bris de scellés, violations, dilapidations de dépôts, fausses déclarations* et *autres infidélités*;

« Arrête qu'il dénoncera, en la manière accoutumée, l'administration du comité de surveillance.

« Le conseil général s'étant fait ensuite représenter son arrêté du 30 septembre dernier, portant que, sur la liste, donnée par le citoyen Lenfant, des membres du comité de surveillance, étaient les citoyens Panis, Sergent, Lenfant, Cally, Duffort et Leclerc, arrête qu'il charge le procureur de la commune de dénoncer lesdits citoyens Panis, Sergent, Lenfant, Cally, Duffort et Leclerc à l'accusateur public pour poursuivre la peine due aux délits, à l'effet de quoi toutes les pièces instructives lui seront remises dans le jour.

« Arrête, en outre, que le présent arrêté sera imprimé au nombre de deux mille exemplaires et affiché dans le délai de deux jours, envoyé à la Convention nationale, à toutes les autorités constituées et aux quarante-huit sections.

« Arrête, de plus, que le procureur de la commune rendra compte dans huitaine de l'exécution du présent arrêté.

« *Signé :* CAVAIGNAC, vice-président ;
COULOMBEAU, secrétaire-greffier. »

Ainsi harcelés par la commune elle-même, les voleurs et leurs patrons comprirent qu'il n'y avait plus de temps à perdre, qu'il leur fallait un coup d'État pour se débarrasser de tout souci, s'exempter de toutes redditions de comptes et s'assurer l'impunité. Moins de trois semaines après cette dernière délibération, du 10 mai 1793, les Girondins étaient proscrits, les amis des héros de Septembre étaient maîtres souverains de la situation. Ils profitèrent de leur triomphe pour étouffer toutes les plaintes, supprimer toutes les recherches, faire disparaître toutes les preuves (voir la lettre de Cavaignac, page 400).

XVIII

PRÉMÉDITATION DES MASSACRES

ET SALAIRE DES MASSACREURS

(Voir les livres XI et XII.)

La plupart des historiens de la Révolution française, à quelque point de vue qu'ils se soient placés, à quelque parti qu'ils appartiennent, MM. Thiers, Mignet, Buchez et Roux, Michelet, de Barante, Lamartine, n'ont pas hésité à reconnaître que les massacres de Septembre avaient été préparés, organisés, payés par la commune insurrectionnelle, ou du moins par les meneurs qui parlaient et agissaient en son nom. Cependant la thèse contraire a été soutenue par quelques écrivains de l'école ultra-révolutionnaire, par MM. Dupont (de Bussac) et Marrast, dans les *Fastes de la Révolution Française*, ouvrage qui en est resté à son premier volume, et par M. Louis Blanc qui, dans le tome septième de son *Histoire de la Révolution Française*, a emprunté à l'ouvrage inachevé, que nous venons de citer, la plupart de ses raisonnements et de ses chiffres.

Précisons d'abord les propositions sur lesquelles ces écrivains ont basé toute leur théorie, et pour ne pas être accusé d'en affaiblir la valeur, employons leurs propres expressions :

« Non, elle n'existe pas cette préméditation froide, systématique, infernale, qui centuplerait l'horreur d'événements déjà assez horribles. » (Louis Blanc, tome VII, p. 151.)

« Les journées de Septembre furent spontanées, nécessaires, en quelque sorte fatales. » (*Fastes de la Révolution*, p. 389.)

« La prétendue direction du comité de surveillance est un mensonge historique. » (*Fastes de la Révolution,* p. 370.)

M. Louis Blanc cite cette phrase en se l'appropriant :

« Le salaire promis et payé aux hommes de Septembre est une vieille calomnie inventée, perpétuée par les royalistes, les feuillants et les girondins. » (*Fastes de la Révolution,* p. 374.)

« Si le sang des victimes de Septembre fut versé dans les transports d'un abominable délire, il ne fut pas du moins payé aux forcenés qui le versèrent. » (Louis Blanc, p. 276.)

Ces écrivains, on le voit, ont mêlé à dessein deux questions très-distinctes, parce qu'ils ont senti que la solution de l'une devait singulièrement influer sur la solution de l'autre. Ces deux questions sont celles-ci :

1° L'envahissement des prisons fut-il le résultat d'une émeute spontanée et irrésistible?

2° Les assassins reçurent-ils un salaire?

Le 2 septembre il n'y eut pas d'émeute; aucune maison de détention ne fut forcée, aucune porte ne fut brisée, aucun mur escaladé; ni l'Abbaye, ni la Force, nulle prison ne subit un simulacre de siége. Les portes s'ouvrirent pour ainsi dire d'elles-mêmes, les registres d'écrou furent apportés à la première demande des envahisseurs; nulle part les concierges et les guichetiers ne firent de résistance, n'opposèrent de protestation. Cependant presque tous ces concierges étaient de braves gens, pénétrés de leurs devoirs et connus par leur bonté et leur énergie. Bault à la Force, Richard à la Conciergerie, Delavaquerie à l'Abbaye, donnèrent, dans d'autres circonstances, avant et après les événements de Septembre, des preuves réitérées de leurs sentiments humains et charitables [1].

Le personnel subalterne des prisons était composé aussi bien que possible; il ne fut épuré dans le sens démagogique que plus d'une année après, au plus fort de la tourmente révolutionnaire.

Pourquoi concierges et guichetiers ne firent-ils pas ce jour-là leur devoir comme ils le firent dans tout autre moment? — C'est

---

1. Richard d'abord, et Bault ensuite, étaient à la Conciergerie pendant les deux mois et demi que la reine Marie-Antoinette y fut enfermée. Ils se montrèrent l'un et l'autre pleins d'égards pour cette immense infortune.

qu'ils étaient enchaînés par les ordres formels de leurs supérieurs hiérarchiques. — Mais ces ordres, où sont-ils? On ne les retrouve pas, donc ils n'existent pas. — Ces ordres furent verbaux ou restèrent entre les mains des agents employés par les organisateurs des massacres.

MM. Dupont de Bussac et Marrast, p. 360, M. Louis Blanc, p. 163, donnent eux-mêmes le texte d'une pièce assez significative, émanée du comité de surveillance :

« Au nom du peuple,

« Mes camarades, il vous est enjoint de juger tous les prisonniers de l'Abbaye sans distinction, à l'exception de l'abbé Lenfant que vous mettrez dans un lieu sûr.

« Panis, Sergent.

« Le 2 septembre. »

Cet ordre servit à Maillard de lettre de créance auprès des guichetiers de l'Abbaye; il le conserva après les journées de septembre, et c'est probablement pour le ravoir que Panis et Sergent, membres tous deux de la Convention, firent faire une si minutieuse perquisition dans ses papiers au moment de sa mort, ainsi que nous l'avons exposé dans une des notes précédentes. (Voir la note intitulée : Maillard et sa bande, p. 491 de ce volume.)

Le rapport de la femme Hiancre, concierge des prisons de la Petite Force, rapport que nous avons donné *in extenso* dans la note relative à Mme de Lamballe (p. 495 de ce volume), contient une phrase tristement significative : « On ne peut, répondit-elle aux envahisseurs, *vous livrer les prisonniers sans l'autorisation de la municipalité.* »

Peut-il y avoir une preuve plus explicite des ordres qu'avaient reçus les gardiens des prisons? La municipalité avait donné son autorisation pour les prisons d'hommes, elle l'avait refusée pour les prisons de femmes. Ainsi, à la Petite Force, la résistance s'organise, la force armée est requise, les prisonnières sont sauvées.

Mais, si ce fut par ordre des autorités municipales que les prisons furent abandonnées sans résistance aux envahisseurs, ce fut faute d'un ordre du commandant général de la force armée que l'action de la garde nationale fut paralysée. Santerre, l'ami et le beau-frère de Panis, n'était pas homme à troubler ses amis de la mairie dans l'accomplissement de leurs desseins. « Nous n'avons pas d'ordres, » telle fut la réponse constante des officiers à l'humanité desquels quelques citoyens courageux vinrent faire appel. Les rapports de l'état-major donnant jour par jour les moindres incidents de ce qui se passe dans Paris, rapports que l'on trouvera plus loin (note XXI), sont la preuve la plus palpable et la plus convaincante qu'il y avait ordre supérieur de ne rien voir et de laisser faire. Que disent-ils dans un moment où une terrible responsabilité pesait sur tous ceux qui avaient en main la moindre parcelle de la puissance publique? *Une foule de gens armés s'est portée cette nuit dans les prisons et a fait justice des malveillants de la journée du* 10 ; *rien autre. Patrouilles et rondes faites exactement dans les légions.*

Mais, pour détruire tous les raisonnements sur lesquels M. Louis Blanc échafaude son système de la non-préméditation des massacres, il n'y a qu'à lui opposer certaines parties de son propre récit, car souvent il ne s'aperçoit pas que les faits qu'il admet comme vrais et exacts vont diamétralement à l'encontre de la thèse qu'il soutient.

Ainsi, page 145 de son fameux chapitre *Souviens-toi de la Saint-Barthélemy,* Danton et Camille Desmoulins annoncent au journaliste Prudhomme, avant que les massacres aient commencé, que le peuple va se faire justice lui-même. — Comment le savaient-ils, s'ils n'étaient pas du complot?

Ainsi, page 169, à l'occasion de l'envahissement des prisons du Châtelet, M. Louis Blanc raconte que, quelque temps avant que cet envahissement eût lieu, deux hommes à moustaches vinrent parler bas au concierge et que celui-ci leva les mains au ciel. Quelle pouvait être cette confidence si terrible, si ce n'est la déclaration des ordres souverains du comité de surveillance? Une émeute ne s'annonce pas si discrètement : elle se manifeste hardiment et dicte à haute voix ses volontés.

Ainsi, même page, M. Louis Blanc raconte que ce fut vers minuit que les envahisseurs pénétrèrent dans les prisons du Châtelet. Nous admettons la vérité de ce fait, car ce fut à la même heure que les exécutions commencèrent à la Force. Mais une émeute n'éclate pas au milieu de la nuit; ce n'est pas à cette heure qu'une prison est envahie par l'irruption inopinée et irrésistible d'une multitude en délire. Dans l'hypothèse de la préméditation administrative, l'heure est indifférente, tous les moments sont bons pour donner des ordres que l'on sait d'avance devoir être exécutés, pour introduire des assassins auxquels ne doit être opposée aucune résistance.

Ainsi, page 150, M. Louis Blanc reconnaît que le concierge de l'Abbaye fit sortir, le 2 septembre, de grand matin, sa femme et ses enfants; que le même jour, dans cette même prison, le repas fut avancé de deux heures, et que l'on enleva aussitôt après les couteaux aux prisonniers.

Ces faits ne sauraient être contestés, car ils sont formellement établis par le récit de Jourgniac de Saint-Méard : mais, ajoute M. Louis Blanc, pour qu'ils aient véritablement quelque importance, il faudrait qu'un ordre identique eût été donné dans les autres prisons. Parce que des faits analogues n'ont pas été révélés par les individus échappés aux massacres de la Force ou de la Conciergerie, est-ce un motif pour déclarer que les précautions prises par le concierge de l'Abbaye n'aient aucune signification [1] ?

Les auteurs des *Fastes de la Révolution* tombent dans une erreur semblable lorsque, page 361, ils font observer que les formules dont se servaient les juges des tribunaux établis au greffe des prisons étaient différentes, tandis qu'elles auraient été les mêmes, s'il y avait eu préméditation. Mais ce raisonnement tourne contre ceux qui le mettent en avant : car il est établi que là où il y eut un simulacre de tribunal, la formule ne différait que par l'énonciation du nouveau lieu de détention auquel on était censé envoyer le condamné; ceci est notamment constaté pour l'Abbaye, la Force et Bicêtre.

Mais, disent nos contradicteurs, s'il y avait eu complot et

---

1. MM. Dupont (de Bussac) et Marrast, qui ont réponse à tout, disent que, si le concierge de l'Abbaye éloigna sa femme et ses enfants, c'est que c'était dimanche et qu'il les envoya à la campagne. Mais ce concierge fit sortir aussi la garde-malade du jeune Reding (voir p. 256 de ce volume). Comme il est impossible de donner le change sur ce fait, on le passe sous silence.

préméditation, la commune n'eût pas fait ouvrir les barrières le 1er septembre. Seulement ils oublient de remarquer que cette précaution, ce jour-là, n'était plus utile, puisque les visites domiciliaires des 29 et 30 août avaient mis entre les mains de la commune tous ses ennemis. De plus, comme nous l'avons expliqué (p. 202 de ce volume), le 1er septembre, la municipalité voulait faire preuve de modération pour endormir la vigilance de l'Assemblée et la faire revenir sur le décret qui ordonnait le renouvellement du conseil général; c'est ce que nos contradicteurs n'ont pas même soupçonné.

Mais ce à quoi ils se sont surtout attachés, c'est à prouver, contrairement à l'opinion généralement admise, qu'aucun salaire n'avait été payé aux individus qui avaient fait dans les prisons l'office de bourreaux. Ils sentaient bien que la preuve de ce salaire était la démonstration la plus convaincante de la préméditation. On paye des sicaires que l'on a embauchés, on ne paye pas des émeutiers que le hasard ou la passion ont seuls rassemblés et qui se dispersent pour ne plus se revoir, lorsque leurs haines et leurs vengeances sont assouvies.

Entraînés par la logique de leur système, MM. Dupont (de Bussac), Marrast et Louis Blanc ont entassé calculs sur calculs, hypothèses sur hypothèses, afin d'atténuer l'évidence des preuves qui constatent le salaire. Mais ces preuves surabondent, et tous les jours on en voit surgir de nouvelles du fond de nos archives.

Les trois documents le plus anciennement connus ont été soumis, par les auteurs que nous combattons ici, à un singulier travail de dissection au moyen duquel ils espéraient les avoir dépouillés de tout ce qu'ils contenaient de contraire à leur système.

Le premier de ces documents est la déclaration du citoyen Jourdan, ancien président du comité civil des Quatre-Nations. Quoiqu'elle ait été déjà imprimée plusieurs fois, nous sommes obligés, pour la clarté de notre discussion, de la reproduire au moins dans les parties qui ont trait au payement des sommes allouées aux assassins :

« Le lendemain (3 septembre), je m'efforçai de retourner au comité. Dans le cours de la matinée, sept ou huit massacreurs viennent me demander *leur salaire*. — *Quel salaire*, leur dis-je ? Le ton d'indignation avec lequel je leur fis cette demande les déconcerta : « Nous avons passé, dirent-ils, notre journée à « dépouiller les morts. Vous êtes juste, M. le président, vous « nous donnerez ce qu'il vous plaira. »L..., un de mes collègues, était à côté de moi.

« Je lui proposai de donner un petit écu à chacun de ces monstres pour nous en débarrasser. « Ce n'est pas assez, me « répondit le citoyen L..., ils ne seraient pas contents. »

« Au même instant entra le citoyen Billaud-Varennes, alors officier municipal ; il nous fit un grand discours pour nous prouver l'utilité et la nécessité de tout ce qui s'était passé. Il finit par nous dire qu'en venant à notre comité il avait rencontré plusieurs *ouvriers* (ce sont ses expressions) qui *avaient travaillé* dans cette journée, lesquels lui avaient demandé *leur salaire*; qu'il leur avait promis que nous leur donnerions à *chacun un louis*. Je me levai alors avec vivacité et je lui dis : « Où voulez-vous « que nous prenions ces sommes ? vous savez aussi bien que « nous que les sections n'ont aucuns fonds à leur disposition. » Il fut interdit un moment ; ensuite il me dit qu'il fallait nous adresser au ministre de l'intérieur, qui avait des fonds destinés à cet objet.

« Le citoyen L... m'observa qu'il allait dîner chez le ministre... Je lui donnai par écrit une autorisation pour demander une somme de deux mille livres... Le citoyen L... me rapporta que le ministre lui avait répondu qu'il n'avait pas de fonds destinés pour de semblables objets; qu'il fallait s'adresser à la municipalité.

« Les soi-disant *ouvriers* allèrent le lendemain (4) à la municipalité... On leur dit (suivant leur rapport) qu'il était bien étonnant que la section des Quatre-Nations refusât de les payer, qu'elle avait des fonds pour cela. Ces gens revinrent au comité... Ils étaient furieux, et je vis l'instant où nous allions être massacrés. Heureusement le citoyen..., l'un de nos collègues, nous sauva la vie en leur donnant d'abord des assignats qu'il avait sur lui et en les invitant à le suivre chez lui pour leur donner le surplus de ce qu'ils demandaient.

« Vraisemblablement *ces ouvriers dirent aux autres ouvriers qui avaient travaillé dans les autres prisons que l'on donnait un louis dans le comité des Quatre-Nations.* Le lendemain, 5 septembre, un nombre considérable vint nous demander aussi *son salaire...* J'allai à la commune... je crus devoir m'adresser au citoyen Tallien, qui était alors secrétaire de la municipalité : je lui expliquai le motif qui m'amenait. Il me répondit que cela ne le regardait pas, mais le *comité d'exécution...*

« Arrivé à ce comité, qui était composé de quatre ou cinq membres, je lui demandai quel était le parti qu'il voulait que nous prissions. Le président me demanda si l'on n'avait pas trouvé des assignats et de l'argent sur ceux qui avaient été tués. « Quoi ! m'écriai-je, faudrait-il que les victimes infortunées « payent encore leurs bourreaux ? mais, quand nous voudrions « disposer de ces sommes, nous ne le pourrions pas, puisqu'elles « ont été mises dans un sac sur lequel nous avons apposé le « sceau de la section, et une douzaine de ces gens-là y ont joint « leurs cachets... » Le président me répliqua que ces gens-là étaient de très-honnêtes gens, et il ajouta que, la veille ou l'avant-veille, un d'entre eux s'était présenté à leur comité en veste et en sabots, tout couvert de sang ; qu'il leur avait présenté dans son chapeau vingt-cinq louis en or, qu'il avait trouvés sur une personne qu'il avait tuée ; que le comité d'exécution avait été si touché de cet acte de probité, qu'il avait donné à cet homme dix écus pour acheter une redingote, et, parlant par respect, une paire de souliers.

« Un des commissaires, qui était à gauche du président, me dit : « Est-il vrai qu'il y a eu des personnes sauvées aux Quatre-« Nations ? — Oui, il y en a eu quelques-unes. — Combien ? — « Pas autant que j'aurais voulu. — Que dites-vous ? Savez-vous « que, si ces scélérats avaient eu le dessus, ils nous auraient « tous égorgés ? — J'ignore ce qu'ils auraient voulu faire, mais « tout ce que je sais, c'est que, lorsque mon ennemi est à terre, « je lui tends la main pour le relever et que je ne l'assassine « pas. — Oh ! oh ! monsieur, avec vos beaux sentiments, appre-« nez que ces *gens-là savaient le nombre de leurs victimes* et que, « s'il leur en manque quelques-unes, la tête du président des « Quatre-Nations leur en répond. — J'entends... Eh bien ! j'ai « juré de mourir, s'il le faut, à mon poste. Mon poste est le fau-

« teuil du comité des Quatre-Nations; l'on m'y trouvera tou-
« jours. Mais, si l'on vient pour m'y assassiner, ne croyez pas
« que je me laisse égorger comme un mouton ainsi que tous
« ces infortunés. Soyez assuré que ce ne sera pas impunément. »

« En disant ces mots, je portai les mains sur des pistolets
qui étaient dans mes goussets. Le président chercha à me
calmer et finit par me dire que nous pourrions leur renvoyer
tous les ouvriers, et que le comité d'exécution verrait à s'arranger pour les satisfaire... Alors je me retirai. »

Les éditeurs des mémoires sur les journées de septembre
(1823), en même temps qu'ils livraient à la publicité cette
déclaration trouvée dans les papiers du comte Garnier, donnaient un extrait de l'état des sommes payées par le trésorier
de la commune de Paris, signé Coulombeau, secrétaire-greffier,
lequel extrait comprenait la mention : « 1º d'un arrêté qui autorise l'avance d'une somme de 1463 livres à Ch... pour salaire
des personnes qui ont travaillé à conserver la salubrité de l'air,
les 3, 4 et 5 septembre, et de ceux qui ont présidé à ces opérations dangereuses dans la section du Finistère; 2º d'un mandat
de 48 liv., en date du 4 septembre, au profit de Gilbert Petit,
pour prix du temps qu'ils ont mis, lui et ses trois camarades, à
l'expédition des prêtres de Saint-Firmin, pendant deux jours,
suivant la réquisition qui a été faite auxdits commissaires par
la section des Sans-Culottes, qui les a mis en ouvrage. »

Ces trois documents ont paru convaincants à tous les historiens de la Révolution autres que MM. Dupont de Bussac, Marrast
et Louis Blanc. Ceux-ci, dans leur double dissertation, déclarent
qu'on a fait dire à ces documents ce qu'ils ne disent pas. Suivant
eux, les expressions dont se servent, dans le récit de Jourdan,
ceux qui demandent leur salaire, excluent toute idée d'un payement fait à des assassins. Que disent-ils, en effet? « Qu'ils ont
passé leur journée à dépouiller les morts! » Quant au mandat
de 1463 livres, son libellé indique qu'il est destiné à rémunérer les personnes qui *ont travaillé* à conserver *la salubrité de
l'air dans les prisons!* Les règles de l'arithmétique la plus élémentaire (sic) prouvent que ce total de 1463 livres étant divisé
par 24, taux du salaire indiqué par Jourdan, on n'a pu rémunérer que soixante personnes! ce qui impliquerait qu'il n'y a

eu dans tout Paris, pour toutes les prisons, que soixante individus occupés à massacrer les prisonniers! Ce bon était destiné à payer la main-d'œuvre d'ouvriers et les fournitures faites pour l'assainissement des prisons de la capitale, et cette dépense s'explique tout naturellement! Quant au mandat de 48 francs, il n'embarrasse pas plus les trois écrivains, bien qu'il soit signé pour récompenser quatre individus employés à l'expédition des prêtres de Saint-Firmin. Le mot *expédition* est un terme impropre et qui peut prêter à l'équivoque ; mais, puisque l'on spécifie que ces quatre individus ont employé deux jours à la besogne pour laquelle on les a payés, il est bien évident qu'il s'agit ici de l'enlèvement des cadavres, et non du meurtre en lui-même, car le meurtre n'a duré que deux heures et non deux jours ! (*Fastes de la Révolution,* p. 375 à 377. Louis Blanc, p. 206.)

Rendons en peu de mots à tous ces raisonnements leur juste valeur. Examinons d'abord le récit de Jourdan. Toutes les fois que le président du comité des Quatre-Nations parle des individus qui demandent leur salaire, il prononce les mots de *monstres,* de *massacreurs,* de *bourreaux;* il dit les *soi-disant ouvriers.* Il termine par une parole bien plus grave encore, qu'il recueille de la bouche même d'un des membres du comité d'exécution, et qui prouve tout à la fois la préméditation et le salaire : « Ces gens-là savaient le nombre de leurs victimes, et, s'il leur en manque quelques-unes, la tête du président des Quatre-Nations en répondra. »

Nous laissons à d'autres le soin de qualifier le procédé des historiens que nous réfutons et qui prennent dans tout le récit de Jourdan une phrase, une seule phrase, prononcée par des individus qui, en présence de gens honnêtes et humains, ne font valoir, pour obtenir leur salaire, que le complément de leurs exploits, — le dépouillement des cadavres, — et se taisent sur leur principal mérite, — l'égorgement des prisonniers, — parce qu'ils soupçonnent que ce mérite ne serait peut-être pas *assez patriotiquement* apprécié par les membres du comité civil des Quatre-Nations.

Le raisonnement de MM. Marrast, Dupont et L. Blanc, relativement à l'arrêté portant allocation de 1463 livres, pourrait être admis à la rigueur, si ce payement était le seul qui eût eu lieu pour l'assainissement des prisons et s'il s'appliquait à toutes les dépenses faites dans tout Paris pour ce triste objet. Non-seulement dans l'état imprimé on voit d'autres dépenses du même genre, mais encore nous avons pu constater, d'après les comptes originaux déposés à la cour des comptes, que l'état imprimé contient à cet égard des lacunes importantes. D'ailleurs, ce qui est surtout à remarquer, c'est que cette somme de 1463 livres s'applique aux seules dépenses faites par le comité civil de la section du Finistère ainsi que cela est parfaitement spécifié dans l'arrêté. Or, pourquoi le comité civil du Finistère aurait-il été chargé de conserver la salubrité de l'air dans toutes les prisons, dont beaucoup étaient fort éloignées du lieu où siégeait le comité? Par quelle raison un peu plausible cette section aurait-elle pu être spécialement et exclusivement chargée de l'enlèvement et de l'inhumation de tous les cadavres qui gisaient dans la boue et dans le sang, aux abords des diverses prisons de Paris?

Le bon de 48 livres, délivré à Gilbert Petit et à ses trois camarades, était un document isolé qui, par cela même, pouvait se contester. Le mot sinistre, *expédition des prêtres de Saint-Firmin,* pouvait s'attribuer à une erreur. Mais, par une découverte vraiment providentielle, voilà que nous sommes en mesure d'indiquer toute la filière administrative par laquelle a passé ce fameux bon et que nous retrouvons dans toutes les pièces du dossier ce même mot *expédition*. Voilà que l'on retrouve à la préfecture de police une liasse de bons de 24 livres portant la même date et ne s'appliquant plus aux événements de Saint-Firmin, mais à ceux de l'Abbaye. Voilà que le dossier du procès des septembriseurs (voir note XXVII), examiné de plus près, révèle l'existence de listes nominatives de parties prenantes avec la cause véritable du payement, spécifiée en toutes lettres. La production de telles pièces nous semble de nature à dissiper tous les doutes sur le salaire des assassins de septembre. Donnons d'abord les trois pièces dont copie textuelle se trouve dans l'inventaire des papiers de la commune de Paris, fait sous forme authentique par les commissaires de la Convention nationale, après les événements du 9 thermidor.

« *Assemblée permanente de la section des Sans-Culottes.*

« Sur la réquisition des sieurs Gilbert Petit, Nicolas Guy, Michel Lepage et Pierre-Henri Corsin, qui ont été employés à l'expédition des prêtres de Saint-Firmin et autres pendant deux jours, et ont demandé 12 livres chacun pour les deux jours, l'Assemblée a décrété qu'il leur serait donné un mandat pour toucher 48 livres pour eux quatre et leur a délivré le présent pour mandat sur le ministre de l'intérieur.

« Fait en l'Assemblée générale de la section des Sans-Culottes, le 4 septembre 1792, an IV⁰ de la liberté, le I⁰ʳ de l'égalité.

« Dardel, président; Pierre Bérard, vice-secrétaire [1]. »

A la suite de ce mandat se trouve l'annotation suivante :

« Le ministre de l'intérieur, responsable comme fonctionnaire public, ne peut et ne doit ordonner de payements que d'après les formes commandées par la loi. Il faut que toute dépense de *commune* soit arrêtée par la municipalité du lieu : ainsi c'est à la municipalité de Paris que la section des Sans-Culottes doit s'adresser pour faire régler les dépenses faites dans son sein : en conséquence, il est forcé de renvoyer, ou à leur section même ou à la municipalité, les porteurs du mandat ci-joint.

« 4 septembre, l'an I⁰ʳ de l'égalité. »

« *Extrait des registres des délibérations du conseil général*
« *des commissaires des quarante-huit sections.*

« Du 5 septembre 1792, l'an IV de la liberté, premier de
« l'égalité. Le conseil général arrête, d'après la délibération de
« l'Assemblée permanente de la section des Sans-Culottes, que
« les sieurs Gilbert Petit, Nicolas Guy, Michel Lepage et Pierre-
« Henri Corsin recevront 48 livres pour eux quatre pour des

---

1. Nous avons retrouvé, sur le registre de cette même section des Sans-Culottes, la délibération qui autorise en termes presque identiques la délivrance de ce mandat.

« travaux auxquels ils se sont livrés chacun pendant deux
« jours.
            « Lulier, président; Tallien, secrétaire. »

Ainsi, on le voit, le mandat est délivré par la section qui, suivant l'expression caractéristique dont se sert le comptable, a *mis en ouvrage* Gilbert Petit et ses compagnons. Le ministre refuse de payer, parce que le bon n'est pas dans les règles. Le conseil général ratifie la dépense et le trésorier de la ville paye sur les fonds extraordinaires mis à la disposition de la commune pour solder les dépenses occasionnées par la révolution du 10 août 1792.

Le savant et laborieux archiviste de la préfecture de police, M. Labat, a retrouvé vingt-quatre bons, tous délivrés par le comité des Quatre-Nations, dont le premier porte le n° 7; le vingt-troisième, le n° 29; le vingt-quatrième, le n° 32; ce qui prouve une lacune dans la série des bons conservés. Chacun est de vingt-quatre livres, tous sont datés du 4 septembre et signés des commissaires Lacomté et Prévost [1]. Les titulaires de ces bons sont les uns qualifiés de travailleurs, les autres de dépouilleurs, le plus souvent ils ne sont pas qualifiés du tout. On peut être certain que ceux qui sont dénommés travailleurs et ceux dont le nom n'est suivi d'aucune qualification étaient de ces soi-disant ouvriers dont parle le président du comité des Quatre-Nations dans sa déclaration, c'est-à-dire des assassins.

Le salaire payé aux massacreurs de Saint-Firmin et des Bernardins est celui dont les preuves les plus nombreuses ont été conservées. Outre le fameux bon Gilbert Petit, dont nous avons fait l'historique, il existe une délibération de la section des Sans-Culottes inscrite sur le registre même, qui arrête : « Qu'il sera donné des bons aux ouvriers et voituriers par le trésorier du ministère de l'intérieur pour toucher ce qui serait juste pour leurs salaires [2]. »

Le dossier criminel de l'an III, dont nous avons déjà tiré de si

---

1. M. Granier de Cassagnac, dans son ouvrage sur les *Girondins et les Massacres de septembre*, a donné le fac-simile de ces bons.

2. Cette délibération se trouve *in extenso* p. 474 du tome II de l'ouvrage de M. Granier de Cassagnac.

importantes révélations, nous fournit une preuve plus convaincante encore : c'est une liste de dix-huit individus qui est ainsi intitulée :

« Noms des personnes qui ont exigé, par la violence, un « salaire après avoir fait périr les prêtres qui étaient détenus à « Saint-Firmin, dans la journée du 3 septembre 1792, l'an IV « de la liberté et le 1er de l'égalité. »

Après avoir cité ces documents irrécusables, avons-nous besoin de rappeler : 1° le crédit de 12,000 livres dont nous avons déjà parlé (page 298), crédit que le conseil général ouvrait aux administrateurs de police et dont ils devaient justifier l'emploi pour le salut de la patrie; 2° le discours de Billaud-Varennes, rapporté en termes presque identiques par trois témoins auriculaires, Méhée, Sicard et Jourdan? Il est vrai que nos contradicteurs torturent les phrases, que ces trois témoins mettent dans la bouche de l'officier municipal, pour prétendre que le discours qu'il vint débiter du haut des marches de l'escalier de l'Abbaye était adressé aux dépouilleurs et non aux tueurs, et cependant il est impossible de s'y tromper, car voici les paroles que, d'après l'abbé Sicard, rapporte lui-même M. Louis Blanc[1] :

« Mes amis, mes bons amis, la commune m'envoie vers vous pour vous représenter que vous déshonorez cette belle journée. On lui a dit que vous voliez ces *coquins d'aristocrates après en avoir fait justice*. Laissez tous les bijoux, tout l'argent et tous les effets qu'ils ont sur eux, pour les frais du grand acte de justice que *vous exercez*. On aura soin de vous payer comme on *en est convenu avec vous*. »

Comment peut-on prétendre que les mots que nous avons mis en italiques s'appliquent à des manœuvres qui dépouillent des cadavres? Pourquoi Billaud-Varennes, en leur parlant, qualifierait-il le 2 septembre *de belle journée,* leur travail *de grand acte de justice à exercer*; les victimes, dont ils entassent les cadavres

---

[1] P. 205 du septième volume de M. Louis Blanc, *Révolution française,* pages 134 de la relation de l'abbé Sicard.

dans des charrettes, *d'aristocrates dont ils viennent de faire justice?* Il faut le dire, c'est tout uniment absurde.

Mais nos contradicteurs insistent et font valoir une dernière considération tirée de la position sociale d'un certain nombre des assassins : « C'étaient, disent-ils, pour ceux des Carmes, des jeunes gens bien vêtus, armés de fusils de chasse et appartenant aux classes élevées de la société[1]. C'étaient, pour la plupart de ceux de l'Abbaye, des gens établis, des marchands du voisinage. »

L'assertion relative aux assassins du couvent des Carmes n'est basée que sur un seul témoignage, celui de Roch Marcandier, et elle est formellement contredite par ce fait acquis aux débats, si l'on peut s'exprimer ainsi : c'est que ce fut la même bande d'assassins qui, après avoir égorgé les prêtres amenés dans des fiacres de la mairie à l'Abbaye, se dirigea sur les Carmes. M. Louis Blanc le reconnaît lui-même (p. 156). Or, jamais personne n'a prétendu que cette bande, qui a été décrite par tous les témoins des premiers meurtres, et ils sont nombreux, fût composée comme l'a dit Roch Marcandier. Dans la procédure de l'an III, il n'a jamais été question de jeunes gens bien vêtus, ayant fait la chasse aux prêtres enfermés aux Carmes.

L'assertion relative aux assassins de l'Abbaye s'appuie sur un document plus authentique, mais auquel on a voulu donner une portée beaucoup plus grande que celle qu'il a réellement.

Après les journées de prairial an III, il fut ordonné de faire dans toutes les sections de Paris une enquête sur les individus qui avaient marqué dans les derniers événements et qui presque tous étaient soupçonnés d'avoir pris part aux massacres de septembre 1792.

La seule pièce relative à ces enquêtes que l'on connût, il y a quelques années, était l'analyse, faite par le secrétaire de la commission d'enquête de la section de l'Unité ou des Quatre-Nations, des dépositions reçues par cette commission. L'enquête elle-même n'existe pas ; on n'en a que le résumé, qui n'a aucun caractère d'authenticité. Les témoins n'ont pas été confrontés

---

[1]. Louis Blanc, septième volume, p. 214.

avec ceux qu'ils accusaient; sur les soixante-cinq individus dénommés dans l'enquête, beaucoup sont très-légèrement inculpés. D'ailleurs, il est évident que cette instruction n'a pu porter, après trois ans d'intervalle entre le crime et l'enquête, que sur des gens ayant continué à habiter le quartier et connus particulièrement des témoins. Elle n'a pu évidemment comprendre les fédérés marseillais et autres dont les noms étaient restés ignorés et qui avaient disparu depuis longtemps. D'ailleurs, ce document n'est qu'un des éléments de l'instruction, et nous avons retrouvé l'instruction tout entière; nous avons eu les noms de ceux qui furent traduits devant le tribunal criminel comme accusés d'avoir participé aux massacres de l'Abbaye. Sur les neuf individus qui comparurent devant le tribunal criminel, trois seulement peuvent être considérés comme rentrant dans la classe des bourgeois établis. Ainsi tombe le dernier argument produit par M. Louis Blanc à l'appui de son système; ainsi est réduit à sa juste valeur un document auquel, dans un temps, on a voulu attacher une grande importance historique et qui a été récemment encore l'objet d'une publication spéciale faite avec un très-grand luxe typographique, par M. Horace de Vieil-Castel, sous ce titre : *Les Travailleur de Septembre* [1].

---

[1]. Nous avons retrouvé, aux archives de la préfecture de la Seine, le procès-verbal même de l'enquête qui fut ouverte à Vaugirard, et, dans le dossier criminel de l'an III, celle faite par la section des Sans-Culottes. L'une et l'autre de ces deux enquêtes ne signalent que des individus appartenant aux classes les plus infimes de la société.

XIX

VENTE DES EFFETS DES VICTIMES

(Voir page 314.)

Les pièces relatives à l'inventaire et à la vente des effets des victimes des massacres de septembre se trouvent à la préfecture de la Seine et à la préfecture de police. Nous nous contenterons d'en extraire les passages les plus saillants et les plus caractéristiques.

La première pièce du dossier de la préfecture de police est ainsi intitulée :

« État des effets dont nous nous sommes emparés sur les prévenus de trahison contre la liberté française au tribunal du peuple assemblé le deux septembre 1792, an quatrième de la liberté, premier de l'égalité. »

Suit le détail des effets.

Au bas de cette pièce se trouvent neuf signatures inconnues dont deux de fédérés, puis la mention suivante signée par les deux délégués du comité de surveillance, qui, comme nous l'avons vu, se tinrent presque en permanence dans le greffe de l'Abbaye pendant les massacres.

« Il a été remis au citoyen Maillard deux cent soixante-cinq livres pour frais faits à l'Abbaye.

« Le 7 septembre 1792, l'an ive de la liberté, 1er de l'égalité.

« CHANEY, LENFANT. »

La seconde est un procès-verbal commencé, le 2 septembre même, par six délégués nommés par le peuple souverain pour fouiller les cadavres en présence du peuple ; sur ces six délégués, trois étaient des gendarmes nationaux, anciens gardes françaises.

A la fin du procès-verbal ils déclarent, dans leur stupide cynisme et dans leur français étrange, « attester la fidélité des cadavres qui ont été fouillés et remis avec fidélité ce qui a été déclaré. »

Le lendemain 3, l'inventaire des effets trouvés sur les cadavres continue, et le 4 septembre, à six heures du soir, « deux commissaires de la municipalité provisoire, après les avoir fait laver et nettoyer, procèdent à la vente en bloc des vêtements des différentes personnes qui se sont trouvées mortes dans la cour conventuelle de la ci-devant Abbaye de Saint-Germain-des-Prés, lesquels vêtements étaient en très mauvais état et mutilés, épars dans ladite cour. » Cette vente produit 375 livres 10 sols, « à charge par l'adjudicataire de faire enlever le tout d'ici à demain matin neuf heures et de payer comptant entre les mains des commissaires de la commune. »

Les dépouilles des victimes aux Carmes, aux Bernardins, à Bicêtre, à la Salpêtrière, paraissent avoir été abandonnées aux égorgeurs[1].

Cependant, quelques jours après, la commune, sur la réclamation de plusieurs parents des victimes, reconnut que ces dépouilles appartenaient aux familles, et, le 23 septembre, elle prit un arrêté par lequel elle invitait « tous ceux qui avaient des réclamations à faire en effets et bijoux qui sont dans les prisons de Paris, appartenant à ceux qui sont morts, à se pourvoir dans l'espace de trois jours au secrétariat de la commune, annonçant qu'à défaut de réclamation dans ledit temps, lesdits effets seraient vendus au profit de la commune. »

En vertu de cet arrêté, les effets appartenant aux victimes de la Force et qui n'avaient pas été réclamés furent vendus, le 5 octobre, par les soins des citoyens Dangé, Moneuse, Jams, Michonis et Marino, membres du conseil général de la commune

---

1. Voir Granier de Cassagnac, p. 300.

et commissaires des maisons de justice et prisons de la ville de Paris.

La vente du 5 octobre produisit 3647 livres 15 sols. Elle fut reprise le surlendemain dimanche et produisit ce jour-là 859 livres. On vendit un assez grand nombre d'objets de femme ayant probablement appartenu à Mme de Lamballe, car à la fin du procès-verbal de ce jour on voit comparaître « Claude Louis Toscan, chargé de l'administration, maison et finances de Mme de Lamballe, qui fait opposition aux mains des commissaires présents à la délivrance des deniers de la vente, et notamment de ceux provenant ou à provenir des effets de ladite dame. »

Le 28 octobre suivant, il fut procédé, dans l'une des salles du comité civil de la section du Pont-Neuf, à la vente des effets non réclamés de la Conciergerie. Elle produisit 1,099 livres 6 sols.

Il ne nous reste plus qu'à mettre sous les yeux de nos lecteurs des fragments d'un rapport fait, dans les premiers jours de décembre, par les commissaires de la section des Quatre-Nations au conseil général de la commune pour rendre compte des objets dont ils avaient été constitués comptables par suite des tristes événements de l'Abbaye. Rien ne peut mieux caractériser l'époque que nous racontons que cette pièce, dans laquelle on voit le rédacteur, en parlant de l'effroyable boucherie des prisonniers, allier la pénible emphase des paroles à la plus parfaite insensibilité.

« Nous venons dans le sein des représentants de la commune de Paris et en présence de nos concitoyens vous rendre le compte que vous devait la section des Quatre-Nations.

« La proximité des prisons de l'Abbaye, celle de supplément et surtout les prisonniers amenés de la mairie à notre comité, nous a fourni (sic) une ample matière pour occuper tous les instants de ceux que la confiance avait appelés au poste pénible de commissaires de cette section dans les circonstances dont nous avons tous été les témoins...

« Nous ne vous rappellerons aucun de ces détails, nous ne vous parlerons que des mesures que nous avons employées pour mettre à couvert un dépôt précieux dont notre responsabilité s'est chargée depuis longtemps...

« Nous vous devons aussi un compte exact des dépenses qu'ont nécessitées les événements, et d'ailleurs un arrêté de la municipalité nous autorisait à le faire, et le citoyen Billaud-Varennes en a approuvé la quotité. Dans l'état de ces dépenses sont compris les ouvriers qui ont travaillé à l'enlèvement et au dépouillement, les marchands qui ont fourni le vin, le pain, et toutes les choses absolument nécessaires, et chaque article est appuyé d'un bon des commissaires du comité.

« Enfin nous vous présentons l'état comparatif des objets reçus, de ceux remis, et le résultat que présente l'état de ceux qui restent.

« Dans cet état vous vous apercevrez que la plus grande partie du numéraire a servi à rembourser la dépense, et à cet égard nous devons vous expliquer que la section nous ayant autorisés à prendre les frais sur la chose, nous avons préféré prendre en numéraire pour profiter d'autant à la section en procédant de suite à l'échange de ce numéraire à la trésorerie nationale contre des coupons d'assignats et au pair, ainsi qu'il résulte des bordereaux de la trésorerie que nous avons joints aux pièces pour justifier de l'emploi des espèces.

« C'est ainsi, citoyens, qu'en vous rendant un compte exact de toutes nos opérations, nous aurons rempli la tâche la plus douce pour des citoyens revêtus de la confiance d'une section, et que par une fidélité palpable nous aurons prouvé que nos efforts n'ont pas été vains. »

XX

RAPPORTS

DE L'ÉTAT-MAJOR DE LA GARDE NATIONALE PENDANT
LES JOURNÉES DE SEPTEMBRE

(Voir page 314.)

Du 3 septembre 1792[1].

Ire Légion. Rien de nouveau.

IIe Légion. Rien de nouveau.

IIIe Légion. Rien de nouveau.

IVe Légion. N'a pas envoyé son rapport.

Ve Légion. Deux clercs de notaire dans la section du Temple, convaincus d'avoir crié : vive le roi ! etc., ont été arrachés à la garde et immolés. Rien autre.

VIe Légion. N'a pas envoyé son rapport.

Une foule de gens armés s'est portée cette nuit dans les prisons et a fait justice des malveillants de la journée du 10. Rien autre.

Patrouilles et rondes faites exactement dans les légions ci-dessus.

Certifié par nous, CLÉMENT, secrétaire, le 3 septembre 1792.

Du 4 septembre 1792.

Ire Légion. Rien de nouveau.

IIe Légion. Un nommé Larose, brigadier de la compagnie

---

1. Les rapports datés du 3 donnent naturellement le compte rendu des faits du 2, et ainsi de suite.

Vatinet, à l'École militaire, s'étant permis d'arrêter un particulier, sans qu'on ait pu deviner quelle était son intention, a été arrêté à son tour par une patrouille de l'Oratoire et conduit audit poste. Rien autre.

III⁰ Légion. N'a pas envoyé son rapport.

IV⁰ Légion. N'a pas envoyé son rapport.

V⁰ Légion. Rien de nouveau.

VI⁰ Légion. Rien de nouveau.

Patrouilles et rondes faites exactement dans les légions ci-dessus.

Certifié par nous, CLÉMENT, secrétaire, le 4 septembre 1792.

Du 5 septembre 1792.

I⁰ Légion. Conduit au comité de la section des Plantes un particulier arrêté à dix heures du soir, criant : vive le roi, vive la reine ! etc.

II⁰ Légion. On a arrêté cette nuit, dans les rues Jean, faubourg Saint-Denis, Chamfleury et du Chantrel, plusieurs vagabonds sortis nouvellement de prison et faisant résistance à la garde. Plusieurs personnes de cette même garde ont attesté avoir été menacées du pillage prochain des boutiques.

III⁰ Légion. On a conduit et jugé au conseil général de la commune un particulier de la section des Quatre-Nations, de garde au poste de la rue Sainte-Marguerite, lequel avait fait arrêter deux officiers municipaux porteurs d'ordres, en assurant que c'étaient des imposteurs. Ce particulier se nomme Peltier, ci-devant gendarme et actuellement remplaçant dans cette section.

IV⁰ Légion. N'a pas envoyé son rapport.

V⁰ Légion. Il ne s'est passé rien d'extraordinaire dans tous ses postes.

VI⁰ Légion. N'a pas envoyé son rapport.

Patrouilles et rondes faites exactement dans toutes les légions ci-dessus.

Signé : CLÉMENT, secrétaire de l'état-major général.

Du 6 septembre 1792.

I⁰ Légion. Le limonadier faisant le coin des rues de la

Vieille-Draperie et de celle de Saint-Éloi avait son café ouvert à minuit, et il y avait beaucoup de monde chez lui. Rien autre.

IIe Légion. N'a pas envoyé son rapport.

IIIe Légion. Quelques personnes suspectes ont été arrêtées.

La section des Invalides, d'après la demande des officiers municipaux, a fourni des patrouilles depuis onze heures du soir jusqu'à trois heures du matin autour de l'École militaire. Rien autre.

IVe Légion. Il ne s'est rien passé d'extraordinaire dans cette légion.

Ve Légion. Id.

VIe Légion. L'adjudant général de ronde de cette légion rapporte avoir trouvé les postes en général très-peu garnis. Rien autre.

Patrouilles et rondes faites exactement dans les légions ci-dessus.

Signé : Clément, secrétaire.

XXI

STATISTIQUE DES MASSACRES DE SEPTEMBRE

(Voir page 307.)

Plusieurs écrivains, et notamment MM. Buchez et Roux dans leur *Histoire parlementaire de la Révolution*, M. Barthélemy Maurice dans son *Histoire des prisons de la Seine,* M. Firmin Didot dans la nouvelle édition qu'il a donnée des *Mémoires sur les journées de septembre,* enfin M. Granier de Cassagnac dans son *Histoire des Girondins et des massacres de septembre,* se sont successivement efforcés de calculer aussi approximativement que possible quel avait été le nombre des victimes immolées par les ordres du comité de surveillance de la Commune de Paris.

Ils sont arrivés à des appréciations qui diffèrent sensiblement entre elles : il nous a donc paru indispensable de contrôler minutieusement les chiffres donnés par nos devanciers et de nous livrer à un nouvel examen de tous les documents authentiques qui peuvent être invoqués. Nous espérons arriver ainsi à clore d'une manière définitive le débat ouvert depuis près de trois quarts de siècle sur ce point de statistique rétrospective.

Les documents dont nous nous sommes servi pour notre travail sont :

1° Les listes dressées en vertu de l'arrêté du conseil général de la Commune en date du 10 septembre 1792[1], qui « ordonne

---

[1]. Cet arrêté se trouve *in extenso* dans la nouvelle édition des *Mémoires sur les journées de septembre,* donnée par M. Firmin Didot, n°s 228 et 229.

aux greffiers, concierges, geôliers, gardiens des prisons, de se transporter au comité des sections sur le territoire desquelles se trouvait chacune des prisons et d'y déposer les registres et les renseignements qu'ils peuvent avoir, tant sur les prisonniers morts que sur ceux qui se sont évadés des prisons. » Ces listes portent généralement une date de plusieurs mois postérieure aux événements de septembre, ce qui dénote toutes les difficultés que les magistrats et concierges eurent à les dresser. Ils n'y firent figurer que les décès attestés par des témoins oculaires : elles sont donc nécessairement incomplètes. Ces listes sont déposées à la préfecture de la Seine; M. Granier de Cassagnac, dans le deuxième volume de son *Histoire,* en a donné une copie textuelle;

2° L'état général dressé par les administrateurs du département de police, membres du comité de surveillance, certifié par eux, Jourdeuil, Lenfant, Panis, Duffort, Cally, Leclerc, daté de la mairie le 10 septembre 1792. Cet état ne saurait être récusé par les défenseurs les plus ardents de la Commune de Paris, puisqu'il émane du comité de surveillance lui-même;

3° Les registres d'écrou, les procès-verbaux et lettres officielles émanées de diverses sections, ainsi que les listes rectificatives concernant certaines catégories de prisonniers omises dans les documents cités plus haut, lesquelles listes font partie des papiers ayant appartenu à Pétion et à Pache, maires de Paris, et déposés à la Bibliothèque impériale.

ABBAYE.

Peltier, dans son *Histoire du 10 août* publiée à Londres peu de temps après les événements de septembre, donne pour cette prison le chiffre de 180 victimes.

M. Barthélemy Maurice, après un long exposé de la manière dont il a relevé les noms des décédés sur le registre d'écrou, donne celui de 123.

MM. Buchez et Roux sont arrivés au même chiffre à une unité près.

Le procès-verbal dressé le 18 mars 1793 par Legangneur, commissaire de police de la section des Quatre-Nations, en présence du citoyen Lavacquerie, greffier-concierge de l'Abbaye, assisté de ses quatre guichetiers, constate formellement le décès de 128 personnes.

L'état dressé le 10 septembre 1792 par le comité de surveillance donne les chiffres de 135 décès certains et de 36 incertains.

M. Granier de Cassagnac, après avoir donné la liste des 128 individus compris dans l'état Legangneur, établit par de longs développements que le chiffre des morts doit être considérablement augmenté et propose de le porter à 216 (voir p. 271 et suiv. du IIe volume).

Nous admettons les deux catégories que M. Granier de Cassagnac établit pour ajouter au chiffre de 128 les prisonniers :

1° Qui se trouvent portés sur le registre d'écrou avec la mention *mort ou jugé par le peuple et sur-le-champ mis à mort,* qui ne figurent pas sur le procès-verbal déposé aux archives de la préfecture de la Seine;

2° Qui, ayant été envoyés en vertu d'un ordre signé Panis, Sergent, Duffort et Leclerc, de la mairie à l'Abbaye, n'y furent pas écroués, ayant été massacrés au moment de leur arrivée (c'étaient les compagnons de l'abbé Sicard, dont nous avons raconté la mort p. 227).

Ces deux catégories comprennent 34 prisonniers à ajouter aux 128. Mais il nous est impossible d'admettre les raisonnements de l'auteur à l'égard :

1° Des prisonniers inscrits sur le registre d'écrou, mais sans qu'aucune mention fasse connaître leur sort;

2° Des individus indiqués comme massacrés par Peltier, mais dont le nom ne se trouve pas inscrit sur les registres d'écrou de l'Abbaye.

Dans la liste de 54 individus formant ces deux dernières catégories nous voyons figurer Cahier, ancien officier municipal, qui survécut aux massacres; Chantereine, inspecteur du garde-meuble de la couronne et colonel de la maison constitutionnelle du roi, qui se poignarda trois jours avant les massacres (Jourgniac de Saint-Méard, p. 14), et dont on ne peut raisonnablement mettre la mort sur le compte des égorgeurs. Ces deux erreurs nous donnent la mesure de celles qui ont pu être commises dans cette statistique. Si, pour compenser quelques omissions inévitables, on augmente de 9 le chiffre de 162 trouvé plus haut, on arrive à celui de 171, qui est celui donné par le comité de surveillance lui-même dès le 10 septembre 1792 pour les décès certains et incertains afférents à cette prison. C'est ce dernier chiffre que nous adoptons.

LA FORCE.

Peltier donne le chiffre de 164 victimes; Prudhomme, celui de 161. MM. Buchez et Roux adoptent le chiffre 167, donné par Maton de la Varenne.

M. Barthélemy Maurice, prétendant n'avoir aucune donnée exacte sur le chiffre des victimes de la Force, se contente de réduire arbitrairement les chiffres indiqués par Peltier, et donne avec la plus incroyable légèreté le chiffre de 120 (voir page 351 de son *Histoire des prisons de la Seine*).

Le procès-verbal dressé, à la date du 11 février 1793, par Auzolles, commissaire de police de la section des Droits de l'Homme, en présence de Bault, concierge de la Force, constate : « 1° que les massacres ont eu lieu à la Force les 3, 4, 5, 6 et 7 septembre; 2° que, vu la frayeur et la consternation répandues sur tous les gens attachés à la maison de la Force, les prisonniers n'avaient en général d'autres témoins de leur mort que les auteurs de leur massacre; qu'il était impossible dès lors de tenir registre de ceux que l'on sacrifiait, attendu que l'on ignorait le nom des prévenus et qu'on exécutait avec trop de célérité. »

A ce procès-verbal sont jointes deux listes certifiées par les sieurs Bault et Huyet, un des gardiens : la première, comprenant 64 personnes dont la mort peut être certifiée par Huyet, comme témoin oculaire (Bault avait été éloigné de la Force dès avant le commencement des massacres et n'y rentra que le 7); la deuxième, indiquant 96 personnes dont la mort paraît certaine, quoique l'on n'en ait pas la preuve authentique.

A ces deux listes il faut ajouter le nom de Mme de Lamballe qui ne se trouve ni sur l'une ni sur l'autre. La princesse avait été écrouée à la petite Force, et elle ne fut amenée à la grande

Force, par les cours intérieures, que pour y être massacrée.

M. Granier de Cassagnac propose d'ajouter à ces 161 noms 10 autres qui figurent dans les papiers de Pétion. Il arrive ainsi à un total de 171.

L'état dressé le 10 septembre 1792 par le comité de surveillance porte à 169 le chiffre des victimes de la Force.

On le voit, les historiens, à l'exception de M. Barthélemy Maurice, varient peu dans leur appréciation. Nous croyons devoir encore nous arrêter au chiffre donné par le comité de surveillance, 169.

LE CHÂTELET.

Peltier donne le chiffre de 214 victimes; Prudhomme, celui de 216.

MM. Buchez, Roux, Barthélemy, et Firmin Didot, déclarent qu'ils ont compulsé les registres d'écrou du Châtelet; mais cette vérification leur donne des chiffres différents. MM. Buchez et Roux arrivent à un chiffre de 189; MM. Barthélemy Maurice et Firmin Didot à un chiffre de 153.

On voit, par ce seul rapprochement, que les vérifications sur les écrous sont sujettes à de fréquentes et singulières erreurs; l'on doit dès lors y ajouter peu de foi.

Le procès-verbal dressé par le commissaire de police de la section du Louvre, à la date du 16 septembre 1792, en présence de Watrin, concierge du Châtelet, et de deux membres du conseil général de la Commune, constate 219 décès. M. Granier de Cassagnac propose d'y ajouter 4 autres noms inscrits sur le registre d'écrou avec la mention *mis à mort,* et qui ne se retrouvent pas dans la liste nominale. Nous adoptons ce chiffre de 223 qui se rapproche d'ailleurs beaucoup du chiffre donné par le comité de surveillance, 217.

LA CONCIERGERIE.

C'est sur le chiffre des victimes massacrées dans cette prison que s'élève le plus d'incertitude.

M. Firmin Didot, dans sa nouvelle édition des *Mémoires sur les journées de septembre,* déclare que, d'après les registres d'écrou, rien n'indique qu'il y ait eu des individus massacrés dans cette prison. M. Barthélemy Maurice accumule hypothèse sur hypothèse pour établir qu'il ne pouvait pas y avoir plus de 310 détenus à la Conciergerie, que cette prison n'en pouvait contenir matériellement davantage, et il n'admet pas qu'il y ait eu plus de 85 victimes (c'est le chiffre donné par Peltier; Prudhomme donne celui de 99).

Mais l'état dressé par le comité de surveillance vient détruire tous ces raisonnements, et certes on peut croire le comité sur parole lorsqu'il s'agit du nombre des détenus que contenaient les prisons le 2 septembre au matin. Cet état, disons-nous, constate formellement que le nombre des détenus à la Conciergerie était de 508. Cette indication est encore corroborée par une lettre officielle que nous avons également retrouvée aux archives de la ville, et qui porte le chiffre de la population de cette prison à 497 le 1er septembre.

Le procès-verbal du commissaire de police de la section du Pont-Neuf, en date des 5 mars 1793 et jours suivants, dressé en présence de Richard, gardien-chef, donne les noms de 100 détenus dont on déclare le décès comme certain, puis ceux de 278 autres détenus, « sur le sort desquels aucun renseignement précis n'a pu être donné, quoique leur mort ne paraisse pas devoir être révoquée en doute[1]. »

Ce procès-verbal se termine par la note suivante :

« Toutes les femmes ont été mises en liberté; il s'en trouvait 75; la bouquetière seule a péri.

« *Nota.* On ne peut donner également la liste des femmes, le registre qui contient leurs noms ayant été enlevé le 3 septembre dernier du greffe; et depuis ce temps, malgré les instances du citoyen Richard, il n'a pu parvenir à l'avoir.

« Certifié véritable.

« Richard, concierge; Lethier, commissaire de police. »

---

[1]. La liste nominale de ces 378 victimes est donnée *in extenso* par M. Granier de Cassagnac, p. 345 et suivantes de son deuxième volume.

Le concierge Richard avait été arrêté et transféré le 3 septembre à l'Hôtel de Ville; il n'avait été témoin que du commencement des massacres. C'est pourquoi il déclare ne pouvoir certifier, comme témoin oculaire, le décès des 278 individus dont il donne la liste. Mais, si on se reporte 1° à la déclaration de la femme du concierge, Mme Richard[1], on y lit que « le peuple (c'était l'expression consacrée pour les actes officiels) s'étant porté aux prisons dans la nuit du 2 septembre, en avait fait sortir les prisonniers, dont ils avaient *massacré le plus grand nombre et élargi les autres* (sic) ;

2° Au rapport fait par Guiraut à l'Assemblée nationale législative, on y trouve cette phrase : « Les prisons du palais (c'est-à-dire de la Conciergerie) *sont absolument vides, et fort peu de prisonniers ont échappé à la mort.* » Il est donc constant que la plus grande partie des prisonniers de la Conciergerie périrent sous les coup des assassins.

L'état du comité de surveillance, en date du 10 septembre 1792, donne les chiffres suivants :

Prisonniers présents à la Conciergerie le 2 septembre. 511

Prisonniers dont la mort est certaine .	95
Incertains.	233
Libérés .	183
	511

Si donc on regarde comme exagéré le chiffre de 378 décès indiqué par M. Granier de Cassagnac, il est impossible, en présence des déclarations de la femme Richard et de Guiraut, de descendre au-dessous du chiffre de 328 que l'on trouve en additionnant les décès certains et incertains donnés par les listes du comité de surveillance, et en acceptant comme vraies les 180 mises en liberté qu'il annonce.

---

[1]. M. Granier de Cassagnac la donne *in extenso*, p. 338 de son deuxième volume.

LES BERNARDINS.

Le chiffre des victimes, au cloître des Bernardins, ne soulève aucune discussion. Il y a unanimité dans tous les documents officiels pour le chiffre de 73.

LES CARMES ET SAINT-FIRMIN.

Peltier et Roch Marcandier donnent pour ces deu prisons en bloc le nombre de 244 victimes.

Suivant Prudhomme, il y aurait eu :

Aux Carmes.	75 morts, dont 2 laïques.
A Saint-Firmin.	77 morts, dont 1 laïque.
Ensemble.	152

Un procès-verbal authentique, dressé le 18 octobre 1792 par Daubanel, greffier de la justice de paix de la section du Luxembourg, et par Lemaître, secrétaire de la même section, constate que 120 prêtres périrent au couvent des Carmes; que 30 furent sauvés, dont 16 furent soustraits, dit le procès-verbal, « à la sévérité du peuple » et conduits ensuite au comité de la section, d'où ils ont été remis en liberté; 14 s'étaient évadés par-dessus les murs.

Le chiffre de 120 est également donné par l'état du comité de surveillance; c'est celui que nous adoptons.

D'un état mortuaire dressé le 12 octobre 1792 par les commissaires de la section des Sans-Culottes (Jardin-des-Plantes), il résulte que Saint-Firmin contenait 92 prêtres, sur lesquels 15 furent sauvés; ce qui donne 77 morts.

Une lettre du secrétaire du comité de la même section (le fameux Henriot), conservée également aux archives de l'Hôtel de Ville, déclare que sur 93 prêtres emprisonnés à Saint-Firmin 79 ont été mis à mort « par la juste indignation du peuple. »

L'état du comité de surveillance accuse 76 décès. Nous adoptons le chiffre de 79 décès donné par Henriot.

BICÊTRE.

Les chiffres donnés par Prudhomme et Barthélemy Maurice varient de 163 à 171. Peltier, dans sa nomenclature, omet de comprendre cette catégorie de prisonniers.

L'état du comité de surveillance avoue 159 décès; un autre état dressé par l'économe de la prison donne le chiffre de 170.

C'est à ce dernier que nous croyons devoir nous arrêter

LA SALPÉTRIÈRE.

Peltier et Barthélemy Maurice évaluent à 45 le nombre des prisonniers, mais le procès-verbal dressé à l'instant même par les commissaires de la section du Finistère (nous l'avons donné en partie page 317) ne peut laisser aucun doute sur le chiffre de 35 décès. C'est également le chiffre donné par l'État du comité de surveillance. Seulement, au lieu de 52 mises en liberté avouées par les commissaires de la section du Finistère, cet état en constate 213. Ce chiffre doit être le véritable, à raison des tendances des égorgeurs à délivrer tout ce qui pouvait servir à leurs appétits de débauche.

CONCLUSION.

D'après le tableau que nous avons dressé sur les documents les plus authentiques, on peut affirmer avec certitude que le chiffre des victimes, pour les huit prisons de la capitale qui ont été le théâtre des massacres de septembre, oscille entre le chiffre de 1368 donné par nous, et celui de 1458 donné par M. Granier de Cassagnac.

RELEVÉ COMPARATIF DU NOMBRE DES VICTIMES DES MASSACRES DE SEPTEMBRE 1792 DANS LES PRISONS DE PARIS [1].

PRISONS.	NOMBRES DES VICTIMES, D'APRÈS					
	le Comité de surveillance.	Peltier.	Prudhomme.	Barthélemy Maurice.	Granier de Cassagnac.	Ternaux.
L'Abbaye............	135	180	131	123	216	171
La Force............	169	164	161	120	171	169
Le Châtelet.........	217	214	216	154	223	223
La Conciergerie.....	95	85	99	85	378	328
Les Bernardins......	73	73	70	73	73	73
Les Carmes.........	120	244	75	200	116	120
Saint-Firmin........	76		77		76	79
Bicêtre	159	»	171	166	170	170
La Salpétrière.......	35	45	35	45	35	35
TOTAUX......	1,079	1,005 [2]	1,035	966	1,458	1,368

1. M. Louis Blanc accepte le chiffre de Prudhomme. M. Michelet emprunte à Barthélemy Maurice le chiffre de 966 auquel celui-ci est arrivé par des calculs hypothétiques dénués de toute preuve.

2. Peltier ne parle pas de Bicêtre; si, au chiffre de Peltier, on ajoute 170 pour Bicêtre, on arrive à 1,175.

XXII

ASSASSINAT DU DUC DE LA ROCHEFOUCAULD

(Voir page 351.)

Nous donnons ici : 1° le procès-verbal de la municipalité de Gisors, constatant les circonstances du meurtre de l'illustre président du département de Paris ; 2° le certificat délivré par cette municipalité au sieur Bouffart, agent de la commune de Paris ; 3° la lettre du procureur-syndic de la commune de La Roche-Guyon, relatif aux suites de la mission du sieur Bouffart ; 4° enfin une lettre de Condorcet qui ne se rattache qu'indirectement à ce malheureux événement, mais qui montre que, même après la mort du vénérable duc de La Rochefoucauld, il était resté en relation avec sa veuve ; celle-ci en effet lui demandait aide et protection contre les fauteurs de troubles répandus dans les campagnes et notamment aux environs de son château de La Roche-Guyon. Cette lettre, écrite tout entière de la main de Condorcet et que, par le plus singulier des hasards, nous avons retrouvée dans un dossier relatif aux troubles de Seine-et-Oise, démontre, mieux que toute autre preuve, combien était injuste l'accusation d'ingratitude que M. Granier de Cassagnac, sur des témoignages apocryphes, a lancée (t. Ier, p. 132 de l'*Histoire des Girondins*) contre la mémoire du secrétaire perpétuel de l'Académie des sciences.

EXTRAIT DU REGISTRE DES DÉLIBÉRATIONS DE LA COMMUNE DE GISORS.

« Du mardi quatrième jour de septembre 1792, l'an IV de la liberté et le 1er de l'égalité. Le conseil général permanent, ouï le procureur général, a arrêté que, outre l'étape accordée aux quatre gendarmes nationaux de Gournay, compris le lieutenant, il sera accordé l'étape pour un jour aux six gendarmes arrivés de Paris, compris le maréchal des logis, et qu'ils seront logés chez le sieur Louis Asseline [1].

« Par le procureur de la commune a été dit que le sieur de La Rochefoucault, ayant été arrêté à Forges-les-Eaux, est actuellement, quatre heures après midi, logé en l'auberge de l'Écu de France et qu'il est instant de le faire partir à Dangu, et de là à Vernon, à l'aide de la gendarmerie tant de cette ville que de Paris et d'un détachement de la garde nationale de cette dite ville, accompagné du sieur Jean-Baptiste Bouffart, auquel il a été remis par les mains des sieurs Parain et Corchand, commissaires nommés par le pouvoir exécutif à l'effet de faire auprès des municipalités, districts et départements, telles réquisitions qu'ils jugeront nécessaires pour le salut public et exécution des lois, suivant les commissions qui leur ont été délivrées et dont ils sont porteurs, scellées du sceau de l'État. Ledit sieur Bouffart muni d'un ordre du comité de surveillance, signé, Merlin, Bazire et Lecointre, qui autorise le sieur Bouffart à faire arrêter M. de La Rochefoucauld partout où il se trouvera, ledit ordre, scellé du sceau du comité de surveillance, à l'instant remis audit sieur Bouffart.

« L'Assemblée, ouï de nouveau le procureur de la commune, a arrêté que ledit sieur Bouffart fera partir, heure présente, ledit sieur La Rochefoucauld, à l'aide des douze gendarmes nationaux tant de Gournay que de Paris, et du détachement de gardes nationaux de cette ville, étant de présent en activité, composé d'environ cent hommes, commandé par M. Pantin et accompagné du conseil général de la commune, qui ne cessera sa con-

---

1. C'étaient les six gendarmes dont nous avons retrouvé le payement dans les comptes du trésorier de la ville de Paris (voir page 350 de ce volume).

duite qu'aux dernières maisons de cette ville pour veiller à la sûreté de la personne dudit sieur de La Rochefoucauld, et au même instant le conseil général s'est transporté à l'auberge de l'Écu de France, où était détenu ledit sieur La Rochefoucauld, et a donné l'ordre d'apprêter la voiture qui devait le conduire, ainsi que sa femme, sa mère et Mme d'Astorg, et à la gendarmerie et à la garde nationale de protéger ces voyageurs.

« Le conseil général et le corps municipal environnaient le sieur La Rochefoucauld à pied et les autres personnes étaient montées dans un carrosse à six chevaux. Nous, officiers municipaux et notables soussignés, ainsi que la troupe, étions suivis et entourés de plus de trois cents volontaires, tant du département de l'Orne que de la Sarthe, qui étaient logés en cette ville. Nous les avons entendus faire de violentes menaces contre la vie du sieur de La Rochefoucauld en disant : « Nous allons avoir sa tête, et rien ne sera capable de nous en empêcher. » Les uns étaient armées de sabres, pistolets, bâtons, et d'autres, de massues et de pierres. Dans le cours de sa conduite, malgré la protection qu'on désirait procurer à la personne de La Rochefoucauld, et les représentations qui ont été faites auxdits volontaires, il a été atteint d'un coup de pierre à la tempe qui l'a fait presque tomber, lorsque le sieur Bouffart le tenait dans ses bras, et, au même instant, il en a été arraché par plusieurs volontaires qui lui ont porté plusieurs coups de bâtons et de sabres, qui l'ont mis à mort; ils lui ont en outre, après qu'il a été ainsi sacrifié, donné beaucoup d'autres coups de sabres, bâtons et pierres, que l'on n'a pu empêcher, malgré que le sieur Bouffart, accompagné du corps municipal, formassent un rempart qu'ils croyaient propre à le défendre, et que la troupe ait fait tous ses efforts pour le sauver du danger; et comme le meurtre a été commis vis à vis la chaussée de Cautiers et qu'il était impossible de donner aucun soulagement audit sieur La Rochefoucauld, puisqu'il n'avait en conséquence aucun signe de vie, le corps municipal a fait sauver la voiture qui renfermait les femmes, et le sieur Bouffart a donné ordre aux gendarmes de Paris de les escorter jusqu'à Dangu, en leur observant qu'ils répondaient d'elles personnellement jusqu'à ce qu'il les ait rejoints. Ensuite le corps a été enlevé, assisté du sieur

Bouffart et de deux officiers municipaux, et déposé en l'auberge de l'Écu, dans une chambre sur le derrière, où, en présence du peuple, la municipalité entière a fait perquisition dans les poches du sieur La Rochefoucauld; il a été trouvé deux montres à boîte d'or avec une chaîne d'acier, à répétition et l'autre marquant les *cantièmes*, garnies d'un cordon de cuir; une bourse en maroquin rouge, dans laquelle était un louis en or de 24 livres, huit pièces de 15 sols, pour sept livres douze sols de pièces de deux sols, cinq livres deux sols en pièces de six liards, plus un paquet contenant un assignat de 100 livres, quatre de 50 livres, 19 assignats de 5 livres, quatre billets patriotiques de 50 sols et un de vingt sols; plus une tabatière d'écaille à cercle d'or; un canif à manche d'ivoire; un couteau à deux lames dont une d'or, le manche en écaille garni en or; un cachet remis audit sieur Bouffart; une petite boîte d'argent et un cordon de soie. Il a été remis, par un citoyen, la canne, dont le défunt était saisi, à deux poignards; deux mouchoirs blancs; lesquels effets sont restés entre les mains du procureur de la commune, chargé d'en faire le dépôt au greffe. La redingote et veste, ainsi que la culotte et bottes, bas, chemises, chapeau, laissés à la disposition des nommés Lherbier et Lebel, gardes nationaux qui gardent le corps; dont et du tout ce que dessus le présent procès-verbal a été fait et rédigé en l'hôtel commun, en présence des officiers municipaux, notables et autres sousssignés, lesdits jour et an.

« *Signé :* Bouffart; Ribas; Peron, lieutenant; Laniesse; Vinot, maire; Lefèvre, le jeune; Henri Petit; Meunier; Denainville; Blondel, capitaine; Pantin, commandant. »

« Collationné conforme au registre administratif des délibérations de la municipalité de Gisors pour l'absence du secrétaire-greffier, et il a été apposé le cachet de cette municipalité.

« Denainville. »

CERTIFICAT DÉLIVRÉ A BOUFFART PAR LA MUNICIPALILITÉ DE GISORS.

« Nous, maire et officiers municipaux de la ville de Gisors, certifions que le sieur Bouffart, envoyé par le conseil des recherches de Paris et chargé de l'arrestation du sieur La Rochefoucauld, s'est bien conduit en notre ville; que si ledit sieur La Rochefoucauld y a été assassiné, la faute en est aux gardes nationaux de passage qui étaient au nombre de cinq cents; qu'il est constant que ledit sieur Bouffart a toujours accompagné le sieur La Rochefoucauld, qu'il a fait son possible pour l'arracher à la fureur du peuple et qu'il a reçu différents coups dans la mêlée, surtout à la jambe droite.

« Pour quoi il nous a requis de lui délivrer le présent, pour lui valoir et servir ce que de raison.

« Délivré en la maison commune à Gisors, ce 4 septembre 1792, l'an IV de la liberté et le 1er de l'égalité.

« Vinot, maire; Lefèvre; Henri Petit; Ribas; Denainville; Huet; Laniesse. »

LETTRE DU PROCUREUR-SYNDIC DE LA COMMUNE DE LA ROCHE-GUYON
AU MINISTRE DE L'INTÉRIEUR.

« 18 septembre 1792, an IV de la liberté.

« Monsieur,

« Retenu au lit, malade depuis plusieurs jours, je viens d'apprendre avec bien du chagrin et de la surprise que la municipalité de La Roche-Guyon dont je suis procureur de la commune avait indiscrètement donné trop de confiance et de consistance à deux soi-disant commissaires de la commune de Paris, lesquels venaient, disaient-ils, pour visiter le château de Mme d'Anville. Cette visite ayant déjà été faite par le sieur Bouffart, commissaire qui avait arrêté M. La Rochefoucauld à Forges, et des commissaires de commune ne pouvant exercer aucun pouvoir hors de leur commune, leurs projets à cet égard ont échoué. Mais ils se sont retournés d'un autre côté et, après avoir travaillé l'esprit du peuple, ils se sont offerts d'aller chez les laboureurs pour les forcer à apporter du grain au marché. Ils ont même *mandié* et obtenu de la municipalité une lettre et une espèce de réquisition pour les faire revêtir de quelque pouvoir à ce sujet; un d'eux est parti à Paris, muni de ces papiers. Ils ont même reçu une dénonciation de la municipalité contre le sieur Bouffart, commissaire du pouvoir exécutif, pour avoir enlevé des effets précieux à M`me` d'Anville et à M. de La Rochefoucauld, lesquels effets n'ont pas été déposés, etc., etc. Je vous dénonce, moi, monsieur, ces deux commissaires pour avoir osé taxer le grain sous la halle et pour avoir fait battre la caisse en plein marché pour annoncer un second marché chaque semaine. Ils ont osé dire publiquement qu'ils avaient le droit de porter l'écharpe et envoyer chercher la mienne pour s'en servir dans le marché. Le peuple crédule et ignorant, dont ils ont gagné la confiance en lui promettant beaucoup de choses, peut se porter à des excès, dirigé par ces prétendus commissaires; il n'écoute plus la voix de ses magistrats, contre lesquels il pourrait user de violence quand ils ne diraient pas comme lui. Je serais très-exposé, si on savait que j'écris ceci. Je vous supplie de ne me pas compromettre et de nous débarrasser de ces deux commissaires qui peuvent avoir des vues coupables.

« J'ai l'honneur d'être avec le respect et la confiance qui sont dus à un ministre patriote et vertueux comme vous,

« Monsieur,

« Votre frère et concitoyen,

« Michel, procureur de la commune de La Roche-Guyon. »

« J'ai l'honneur de vous envoyer ci-jointe une lettre que m'avait adressée ce Bouffart qui avait, dit-on, le projet de *m'élargir,* parce que je m'étais opposé à l'enlèvement des chevaux de M`me` d'Anville dont il n'était point chargé par les pouvoirs. On dit qu'il vient d'enlever l'argenterie de l'abbaye du Trésor. Cet homme est mal famé ici et passe pour mauvaise tête. Je serais sacrifié si j'étais connu pour dévoiler les brigandages de ces gens-là, qui ont répandu la terreur dans le pays.

« Monsieur,

« Ne cessez pas de veiller à l'intérêt public; surveillez les chevaux saisis par le procès-verbal, car la municipalité en répondrait; sous peu vous serez débarrassé de la responsabilité par l'enlèvement. Si vous avez le temps de vous transporter demain à Vernon, nous conférerions ensemble sur des objets qui vous intéressent.

« Je suis votre concitoyen,

« BOUFFART, commissaire du pouvoir exécutif dans tous les départements composant la ci-devant province de Normandie. »

LETTRE DE CONDORCET AU MINISTRE DE L'INTÉRIEUR.

« 12 décembre 1792.

« Citoyen ministre, je vous envoie une lettre que je viens de recevoir du citoyen Renneville qui fait à Paris les affaires de la citoyenne Danville. Vous verrez par cette lettre et la pièce dont la copie y est jointe, que ce pays est encore agité. Beaucoup de ci-devant seigneurs ont éprouvé les mêmes menaces; quelques-uns ont payé. La loi n'ayant pas réglé le mode de ces réclamations, ou plutôt le peuple ne sachant pas que cette loi existe, ni comment il peut la faire valoir, il est très-facile à de mauvais sujets de le tromper : peut être suffirait-il de l'instruire, peut-être une loi est elle nécessaire, mais il serait à désirer que, dans ce cas particulier, le projet *parût à temps, il peut être prévenu dans son exécution.*

« CONDORCET. »

XXIII

MISE EN LIBERTÉ D'ADRIEN DUPORT

(Voir page 359.)

Nous avons donné dans le cours de notre récit plusieurs extraits des pièces relatives à l'arrestation d'Adrien Duport. Nous nous contenterons donc de donner *in extenso* la copie textuelle : 1° de la dernière lettre écrite par Danton pour réclamer la mise en liberté du célèbre constituant ; 2° du jugement du tribunal du district de Melun qui fait droit à cette demande.

« Paris, ce 17 septembre 1792, l'an IV de la liberté
et le 1ᵉʳ de l'égalité.

« D'après le décret de l'Assemblée nationale du neuf de ce mois, vous voudrez bien, messieurs, statuer promptement sur la légalité ou l'illégalité de l'arrestation de M. Adrien Duport, afin que ce prisonnier soit mis en liberté s'il n'a pas mérité d'en être privé plus longtemps.

« Le Ministre de la justice,

« DANTON. »

JUGEMENT DU TRIBUNAL DE MELUN.

« Le 17 septembre 1792, le tribunal du district de Melun, assemblé extraordinairement tant pour faire droit à la lettre émanée du ministre de la justice, qui ordonne de statuer promptement sur la légalité ou l'illégalité de l'arrestation du sieur Adrien Duport, qu'à la requête présentée par le sieur

Adrien Duport, qui demande son élargissement; après avoir examiné toutes les pièces, au nombre de douze, relatives à son arrestation, a rendu, le 17 septembre 1792, le jugement qui suit :

« Vu la requête présentée au tribunal du district de Melun par M. Adrien Duport, ex-député de l'Assemblée nationale constituante, ce jourd'hui en état d'arrestation depuis la nuit du sept au huit de ce mois en la maison commune de cette ville, où il a été conduit par quatre gardes nationaux des communes de Bazoches et du Bignon, tendante à ce que le tribunal prononce son élargissement, ensemble toutes les pièces, datées, dénoncées et détaillées au procès-verbal dressé ce jour par le tribunal, dont la minute est annexée au présent jugement, et notamment :

« 1° L'expédition certifiée par le ministre de la justice d'un décret de l'Assemblée nationale, du huit de ce mois, par lequel le pouvoir exécutif est chargé de faire statuer sur l'arrestation de M. Adrien Duport;

« 2° Une lettre adressée ce jourd'hui au tribunal par le Ministre de la justice, par laquelle il lui ordonne de statuer promptement sur la légalité ou l'illégalité de l'arrestation dudit sieur Adrien Duport, afin que ce prisonnier soit mis en liberté s'il n'a pas mérité d'en être privé plus longtemps.

« 3° Un certificat signé par les sieurs Bouchu, commandant en chef, Martin, adjudant major, et Perrier, capitaine de la cinquième légion, septième bataillon, section armée du Marais, et délivré le neuf du présent mois, duquel il résulte que M. Adrien Duport est grenadier dans ladite section, qu'il y a toujours fait son service personnel et nommément les journées des neuf et dix août dernier, qu'il a passé la nuit du neuf à la caserne et que le dix il s'est transporté avec ses camarades à la prison de la Force, où il a fait son service jusqu'à onze heures du soir.

« Ouï le rapport de M. Eicher de Rivière et le commissaire provisoire du pouvoir exécutif entendu,

« Le tribunal, considérant : 1° que la constitution, décrétée par l'Assemblée nationale aux années mil sept cent quatre-vingt-neuf, dix et onze, doit être exécutée dans toutes les dispositions auxquelles il n'a point été dérogé par les lois postérieures ;

« 2° Que par l'article sept de la déclaration des droits de l'homme, il est dit : que nul homme ne peut être accusé, arrêté, ni détenu que dans les cas déterminés par la loi et selon les formes qu'elle a prescrites ;

« 3° Qu'aux termes de l'article dix du chapitre cinq du pouvoir judiciaire, nul homme ne peut être saisi que pour être conduit devant un officier de police, et nul ne peut être mis en état d'arrestation et détenu qu'en vertu d'un mandat des officiers de police, d'une ordonnance de prise de corps d'un tribunal, d'un décret d'accusation du Corps législatif dans le cas où il lui appartient de le prononcer, ou d'un jugement de condamnation à prison ou à détention correctionnelle ;

« 4° Que la détention de M. Duport n'a pour base aucun des actes ci-dessus mentionnés ;

« Que sa détention n'a été précédée ni même suivie d'aucune dénonciation, et enfin qu'il résulte du certificat ci-dessus énoncé que M. Adrien Duport ne peut être suspect d'avoir participé aux événements du dix août dernier, ayant fait ledit jour un service personnel de garde nationale à l'hôtel de la Force jusqu'à onze heures du soir ;

« Déclare illégale l'arrestation de M. Adrien Duport et ordonne qu'il sera à l'instant élargi, à l'effet de quoi charge le commissaire provisoire du pouvoir exécutif de notifier le présent jugement au procureur de la commune de Melun pour être par lui exécuté. — Fait en la chambre du conseil du tribunal du district de Melun le dix-sept septembre mil sept cent quatre-vingt-douze, l'an quatrième de la liberté et le premier de l'égalité par nous André Eicher de Rivière, juge faisant fonction de président ; Martin-Honoré Gaulthier, juge ; Louis-Jacques Venard, et Pierre Guibert, juges suppléants.

« EICHER DE RIVIÈRE, GAULTHIER, VENARD, GUIBERT. »

XXIV

LETTRES

ÉCRITES PAR LES PRISONNIERS D'ORLÉANS DURANT LEUR VOYAGE A VERSAILLES

(Voir page 386.)

Nous croyons devoir donner presque *in extenso* les lettres écrites par les prisonniers de la haute cour, durant leur voyage d'Orléans à Versailles, et confiées au chef de l'armée parisienne, Fournier l'Américain, lettres qui ne furent point remises à leurs adresses, mais détournées par l'indigne dépositaire. Nous supprimerons seulement de quelques-unes d'inutiles répétitions ou des détails de trop peu d'importance.

Il n'existe pas de lettres de M. de Cossé-Brissac, mais nous en avons retrouvé des trois autres prisonniers que nous avons spécialement nommés au commencement de notre récit[1], MM. d'Abancourt, Delessart et Estienne Larivière. Des deux billets émanés de ce dernier, le premier est daté du 3 septembre, d'Orléans, et ouvre par sa date la série des lettres que nous avons eu le bonheur de retrouver.

« *A madame Senemand, née Estienne, à Limoges.*

« Je te prie, ma chère amie, d'instruire nos frères et sœurs que je dois être transféré avec tous les prisonniers de la haute

---

1. Voir pages 360 et 361.

cour demain à Saumur; nous en sommes prévenus à l'instant et je t'avoue qu'il m'est impossible d'écrire plus longtemps. Adieu.

« Estienne Larivière.

« Orléans, le 3 septembre 1792, l'an IVᵉ de la liberté. »

« *A Monsieur Théodore Grenier, négociant, rue Saint-Louis-du-Palais, à Paris.*

« Nous sommes en route pour arriver à Paris. Je vous écris d'Étampes où nous sommes arrivés après trois jours de route. Je ne vous dirai pas, monsieur, tout ce que j'ai à souffrir en voyant les menaces de douze ou quinze personnes qui m'accusent d'être le plus cruel ennemi du peuple, d'avoir manqué à mes devoirs et trahi les fonctions qui m'étaient confiées. La mort qu'on m'annonce sera certainement un bienfait, et je la verrai sans me plaindre; mais, mon cher collègue, il est affreux de prévoir que lorsque je ne serai plus, plusieurs personnes auront à se plaindre. Je ne laisse aucune fortune. Tout mon avoir consiste dans mon mobilier qui ne suffira pas pour payer. Prévenez, je vous prie, les dilapidations et faites en sorte que ceux qui auront à se souvenir de moi puissent dire : il mourut pauvre, mais il n'a rien fait perdre : je vais m'occuper de faire un état des personnes à qui je dois et du montant de leurs créances; j'y joindrai l'état des petits recouvrements que j'ai à prétendre.

« Adieu pour la vie[2]. »

Il existe deux lettres de M. d'Abancourt, toutes les deux datées, l'une du 7, d'Étampes, l'autre du 8, d'Arpajon. La première est adressée à un de ses amis intimes, l'autre à son

---

1. Cette deuxième lettre n'est ni datée ni signée, mais il n'est pas douteux qu'elle n'émane également d'Estienne Larivière. Non-seulement elle est de la même écriture que la précédente, mais le nom de la personne, à laquelle elle est adressée et que le signataire appelle son collègue, l'indique suffisamment. Dans l'*Almanach royal* de 1792, page 389, M. Théodore Grenier, négociant, est indiqué comme premier suppléant du juge de paix de la section Henri IV, lequel juge n'était autre qu'Estienne Larivière.

homme d'affaires à Metz. Ce ministre, honnête homme, que les événements qui se succédèrent si rapidement avaient élevé en un moment du grade de lieutenant-colonel à celui de ministre de la guerre, n'était préoccupé, quelques heures avant de mourir, que de l'obligation de rendre un compte exact de sa gestion régimentaire ; car il n'avait pu l'établir ni pendant les dix jours de son ministère (du 1er au 10 août 1792), ni pendant les premiers moments de sa captivité.

« *A Monsieur Saint-Honoré, lieutenant-colonel du génie, à Paris.*

« Étampes, ce 7 septembre.

« Vous aurez vu, mon cher Saint-Honoré, que les détenus d'Orléans, en vertu d'un décret de l'Assemblée, devaient être transférés à Saumur. Mais il en a été décidé autrement par les circonstances, et notre translation a lieu pour Versailles où nous arriverons le 9 ; j'ai un grand désir d'avoir de vos nouvelles et je désirerais bien savoir si vous auriez songé à causer de moi avec Dobterre et vos autres camarades. Adieu encore, mon cher Saint-Honoré, donnez-moi de vos nouvelles et croyez à l'amitié constante que je vous ai vouée pour la vie.

« D'Abancourt. »

« Arpajon, le 8 septembre 1792, an IVe de la liberté.

« Je vous annonçais par ma dernière, monsieur, que je vous ferais part de quelques dispositions, pour lesquelles je vous demanderai la même attention et la même exactitude que vous avez bien voulu mettre dans les différents objets que je vous ai confiés. Ne pouvant prévoir les événements qui m'attendent, quoique rassuré pour ce qui me concerne, mon cœur serait trop affligé de penser que quelqu'un avec qui je puis avoir des intérêts eût à souffrir de la sécurité que devait me donner ma position éloignée de toute espèce d'affaire. J'aurais désiré pouvoir donner à ceci plus d'authenticité, mais elle doit suffire pour la nature des objets dont il est question.

« J'ai reçu du conseil d'administration du 5e régiment de

chasseurs à cheval, dont j'étais lieutenant-colonel, une somme de 4,000 fr. pour pourvoir au payement de diverses fournitures que je m'étais chargé de prendre à Paris pour ledit régiment. N'ayant pas mes papiers sous mes yeux, je dois avoir recours à ma mémoire qui peut-être ne sera pas aussi exacte que je le désirerais, mais (*un nom illisible*) vous donnera des notions suffisantes : le premier objet est deux mille six cents et tant de livres dues au sieur Clément, maître tailleur. »

(Suit le détail de cinq comptes inutiles à reproduire.)

« Je vais à présent vous entretenir de ce qui m'est personnel. J'ai, comme vous le savez, divers objets d'intérêt avec M. de Villeneuve... Je vous ai remis d'autres papiers relatifs à des rentes... il y en a pour lesquelles il faudrait retirer des coupons, ne m'ayant pas été remis lorsque j'ai fait toucher les derniers. Si je devenais réduit à l'impossibilité de lui rendre ces objets moi-même, voudriez-vous bien lui annoncer qu'ils sont entre vos mains. Mais, comme je vous le dis, vous attendrez que je sois réduit à cette impossibilité... Il me reste encore à liquider trois objets à Nancy... Toujours supposant mon impossibilité de faire mes affaires et qu'il ne me soit plus possible de m'en occuper, vous voudrez bien dans ce cas acquitter les objets courants que je puis avoir, qui consistent dans mon loyer et mon tailleur, et mes gens. Voilà, monsieur, mon cœur bien soulagé ; vous ne ferez cependant usage que suivant les circonstances. Je ne puis que vous offrir les témoignages de ma reconnaissance et de mon attachement.

« D'ABANCOURT. »

La lettre suivante est sans signature ; mais nous n'hésitons pas à l'attribuer à M. Delessart, l'ancien ministre des affaires étrangères de Louis XVI. Il y est question d'une certaine cassette à laquelle le signataire semble attacher une très-grande importance. Or, dans la correspondance de Fournier avec Roland, le général de l'armée parisienne parle de cette cassette comme lui ayant été remise par M. Delessart. Le doute n'est donc pas possible.

« Étampes, le 7 septembre.

« Nous avons séjourné comme il nous avait été promis ; nos commandants, joints aux commissaires venus de Paris, ont eu toutes les peines du monde à nous éviter Paris, quoique porteurs de *décrets positifs*. Mais ils ont eu une effervescence qui, de notre retraite, nous a paru telle qu'elle nous avait persuadés que nous allions être perdus sans ressource. Enfin ils ont tant fait et y ont mis tant d'intérêt que nous l'avons échappé et allons à Versailles. Il y a un excellent fonds dans notre escorte. Mais vous savez comme il faut se mettre en quatre dans les moments d'effervescence, et, d'après cela, vous devez être comme nous, persuadés que nous devons la vie aux chefs.

« Je vous assure que dans ce moment nous sommes devenus très-tranquilles, parce que nous avons à espérer d'être promptement jugés par un nouveau tribunal qu'on nous annonce, qui sera formé de suite exprès pour cela, et, à moins d'effervescence nouvelle, nous aimons à nous persuader que nous ne courons plus de dangers, et même l'expérience que nous venons de faire nous donne à croire que, s'il renaissait des risques, rien ne serait épargné pour nous les éviter. Au reste, Dieu, mon innocence, voilà mon tout ; et je vous assure que, moi comme les autres, j'avais fait le sacrifice de ma tête et n'éprouvais d'angoisses que de l'idée horrible que, si je périssais dans un tumulte de Paris, j'aurais à éprouver non-seulement le long martyre de l'abbé de Fiquelmont, mais encore l'horrible spectacle du martyre de mes cinquante-deux compagnons d'infortune. Cependant, comme il ne faut crier victoire que sur le haut du fossé et que nous n'y sommes pas encore, je ne change rien aux dispositions de ma lettre d'hier. Seulement je vous observerai que la cassette que je vous ai annoncée, qui devait être remise aujourd'hui à l'un des curés d'Étampes, est au contraire déposée entre les mains de M. Fournier, commandant en chef de l'escorte, qui l'a prise dans ses propres effets pour plus de sûreté, et qui me la remettra quand il sera temps ou qui, en cas d'accident, s'est chargé de la remettre ou faire passer à la personne de Metz qui alors la réclamerait. Or cette cassette a sur son couvercle, écrit sur le bois près de l'anse, mon nom ;

et vous seul êtes instruit du dépôt, d'où je conclus que votre réclamation, sans autre renseignement que ce détail que je vous fais, suffira pour vous valoir près M. Fournier titre suffisant de réclamation.

« J'embrasse de tout mon cœur, mère, enfants, tous mes amis, et finis pour envoyer à temps cette lettre à M. le commandant Chappes.

« Le peuple de Versailles sera-t-il bon? Voilà maintenant ce qui décidera de notre sort. Je ne sais pas s'il est sujet à de grands mouvements de fermentation ou s'il se tient facilement sous l'empire de la loi. »

Il y avait parmi les prisonniers d'Orléans vingt-huit officiers du régiment de Cambrésis, devenu le 20me régiment d'infanterie, et sept bourgeois et artisans de Perpignan qui avaient été arrêtés sous une seule et même accusation, celle d'avoir voulu livrer cette place aux Espagnols. Nous avons retrouvé les lettres d'un grand nombre de ces infortunés.

Commençons par les lettres des officiers et surtout des plus jeunes d'entre eux, de ceux qui avaient encore de longs jours à espérer, des parents à chérir, peut-être des fautes à expier. Les premières que nous allons donner, peut-être les plus touchantes, sont du jeune La Blinière. Nous ne les avons jamais pu lire sans un effroyable serrement de cœur, car on sent que leur signataire n'est pas un héros de roman; il a vécu, il a souffert, il a prié, il a arrosé de ses larmes le papier que nous avons tenu entre nos mains. Trois jours après avoir mis son nom au bas de ces deux lettres, il a paru devant Dieu, ainsi qu'il l'avait prévu lui-même.

« Étampes, le 6 septembre 1792.

« Père et mère infortunés, vous aurez déjà versé bien des larmes quand cet écrit vous parviendra. Prévoyant les douleurs qu'il vous causera, je ne le destine à vous être présenté que lorsque les premières que vous aura causées ma triste fin seront passées; mais le croyant indispensable pour la tranquillité de ma conscience, je me fais une indispensable nécessité de vous le faire parvenir. Prêt à rendre compte à Dieu de mes actions, pouvais-je espérer qu'il me fît miséricorde si je ne vous demande un dernier pardon de mes torts envers vous, et si je ne vous en faisais l'aveu? Je me les reproche comme je me reproche en ce moment les erreurs de ma vie. Je vous ai trompés et vous ai causé des chagrins par mon inconduite; elle a été telle que mon âme est oppressée par la douleur qu'elle me donne. Ce temps que j'ai passé loin de vous et que j'ai donné à mes plaisirs a produit la source de toutes vos peines. J'ai laissé enfin une malheureuse créature, fruit de mon commerce avec une fille avec laquelle je vis depuis mon arrivée à Bayonne. Cette innocente perd son père, qui d'avance verse des larmes sur son sort, quoique sa mère, faite pour s'immoler afin de lui procurer une aisance par son travail propre à la dédommager de la malheureuse condition où la condamne sa naissance, lui reste. Par bonheur autant que par nature, je me suis cru obligé de la recommander à mon frère dès l'instant qu'elle vit le jour. Je mis des lettres entre les mains de sa nourrice pour qu'au cas que quelque événement *imprévoyable* me retirât du monde, il en prît soin et eût pour elle les bontés que son cœur et son amitié pour moi lui suggéreraient. Je le priai, n'ayant pas de droits par moi-même, de lui faire 600 livres de rente; depuis que la noirceur et la calomnie m'ont mis dans les fers, je lui ai réitéré la même prière par une lettre que j'ai adressée pour lui à mon intime ami Gérard. Je disais aussi à cet ami de se charger de régler quelques affaires. J'espère que l'un et l'autre seconderont mes intentions et se réuniront pour donner secours à ma pauvre petite fille et à veiller à sa conduite. Elle est sous la sauvegarde de tout ce que j'ai de plus cher après vous et je me sens rassuré sur son compte. Cependant je ne le serais pas entièrement si, en vous la faisant connaître, je ne vous implorais en sa faveur. Ayez donc pitié d'elle en pardonnant les égarements de son père, et dites-lui que si le ciel l'eût conservé, il aurait fait tout ce qu'il aurait pu dans le monde pour la consoler d'être née sans nom, sans rang et couverte de l'ignominie qu'une prévention barbare répand sur les enfants illégitimes. Je vous en conjure, mon tendre père, et vous aussi, mère inconsolable de ma cruelle mort, ne l'abandonnez pas. J'ai aussi de l'attachement pour celle qui lui a donné le jour. Elle le mérite, et je serais le plus ingrat de tous les hommes si je n'étais pas reconnaissant de l'amour qu'elle a pour moi et de sa sensibilité à mon affreuse position ; ma crainte est de lui causer la mort par la mienne, et qu'alors notre fille ne restât la plus à plaindre de toutes les créatures si vous la dédaigniez. Mais c'est votre sang, ma mère, la voix de la nature m'est un sûr garant que vous en aurez pitié. Sa mère se nomme Dominica Ducasse, marchande de modes. Ma fille, née le 17 décembre 1786, fut baptisée sous le nom de Gracieuse-Thimothée ; ce fut la sage-femme qui lui fit donner ce nom ; mais le chirurgien-major du régiment, appelé Goy, voulut être son parrain, en choisissant une marraine, et tous les deux lui substituèrent le nom de Marie-Jeanne de Bellegarde. Le vicaire de la paroisse Notre-Dame, nommé Bérygoyen, leur permit de faire les changements sur les registres ; ainsi vous pourrez vous procurer son extrait de baptême par ces renseignements. C'est assez vous avoir intéressés pour elle et pour sa mère ; je les aime toutes les deux ; je les plains et verse des larmes de sang sur la perte qu'elles vont faire. Il me reste peut-être peu d'heures, trois jours au plus pour vivre. Je tire donc dès celle-ci un rideau entre le monde et moi, je ne vois plus que les tourments qui m'attendent ; je ne dois m'entretenir que du compte que je rendrai à Dieu de mes actions.

« Il me revient un remords de conscience ; en 1784, l'hiver que j'étais chez vous, je fis plusieurs engagements, entre autres celui d'un nommé Derieux, de la paroisse de Cœsme, que je tirai des prisons pour l'engager peut-être d'une manière forcée, et que je dégageai ensuite ; il me promit trois louis pour avoir sa liberté, mais il ne m'en donna qu'un, les deux autres devaient vous être remis ; rendez-lui celui que j'ai touché, car je ne crois pas qu'il me fût dû. Maintenant il me reste à vous faire mes adieux, comment vous les exprimer ? c'est à Dieu, s'il me fait miséricorde, que je demanderai pour vous ses bénédictions et sa grâce ; qu'il vous accorde des jours tant que vous pourrez faire du bien à vos semblables, et qu'ensuite il vous donne le bonheur dans l'autre vie.

« R.-N.-F. Pougret de la Blinière. »

« A Étampes, le 7 septembre 1792.

« Je ne crois pas avoir longtemps à vivre, 'mon ami. Par la date de la présente, vous verrez que nous sommes en route pour Paris. Je vous préviens que je viens d'adresser mes dernières volontés pour être remises à ceux auxquels je les ai cachées jusqu'à présent. Au terme où je suis, on ne peut plus cacher ses affaires ; vous aurez donc plus de facilité à faire connaître ce que je vous ai confié d'après ce que j'ai fait.

« J'ai écrit à M. Fuet pour le prier de vous envoyer mon portemanteau avec la petite boîte qu'il a depuis longtemps. Il vous fera passer aussi 938 liv. que M. Duroux père a touchées de ce qui m'était dû. Vous ferez payer 240 liv. que je dois à M. Goy, chirurgien du 20e régiment ; il a un billet. Jouen en a aussi un de 100 liv. que je lui dois ; je suis de plus redevable à Maillé d'un louis. Voilà le reste de mes affaires, mon cher ami, dont j'espère que vous m'acquitterez. Le reste des 938 fr., ainsi que tous mes effets, sont, comme vous le savez, pour ma triste amie ; consolez-la et protégez-la, et faites pour la mère et la fille tout ce que votre attachement pour moi vous dictera. Adieu, mon cher Gérard, je suis si près de ma fin que je ne pense plus à ce monde ; recevez donc mon dernier adieu et conservez le souvenir de votre malheureux ami,

« La Blinière.

« Je n'ai pas la force d'écrire à celle que j'aimerai jusqu'à mon dernier soupir ; dites-lui après moi mes derniers sentiments pour elle et pour l'objet de notre commun amour. Adieu.

« Votre cousin attend son sort avec impatience, mais il n'en perd ni la gaieté ni l'appétit. Qu'il est heureux ! il est seul dans ce monde, et les douleurs de son cœur ne font pas ses tourments. Il vous embrasse ainsi que moi, et tous les deux nous nous recommandons aux prières de Mme Gérard. »

Les deux lettres suivantes sont adressées par le même officier à deux représentants de la Législative ; le premier, Taillefer, montagnard, qui devint conventionnel, vota la mort de Louis XVI ; le second, Delfau, membre de la droite, et dont nous avons rapporté le courageux discours dans notre premier volume, pages 266 de la première édition, et 270 de la deuxième.

« *A Monsieur Taillefer, député à l'Assemblée nationale.*

« Étampes, le 6 septembre 1792.

« Monsieur et cher cousin,

« Accusé, avec trente-cinq autres malheureux comme moi, d'avoir eu l'intention de livrer la ville de Perpignan à des ennemis qui n'ont jamais existé et que personne n'a jamais vus, j'ai été compris dans un décret de l'Assemblée nationale; il y a neuf mois que nous gémissons dans les prisons sans avoir pu obtenir un jugement, quelques démarches que nous ayons pu faire. Au bout de tout cela, on nous traduit fort durement à Paris; et c'est notre escorte, du moins une partie, qui nous prédit que nous serons déchirés, quelque précaution qu'ils puissent prendre, en arrivant, ou dans les prisons. Nous croyons être à l'abri de tout reproche, persuadés que nous avions donné les meilleures preuves de notre civisme en observant la loi et la faisant observer autant qu'il nous était possible par nos soldats, point sur lequel ils nous ont rendu justice dans *l'adresse qu'ils ont adressée* à l'Assemblée nationale et qui fait pièce à notre procès. Je suis persuadé, mon cher cousin, que si vous vouliez venir au-devant de nous avec mon cousin Delfau, vous pourriez nous préserver de grands malheurs. J'ose assez compter sur votre attachement, quoique je n'aie pas l'honneur de vous connaître, pour espérer que vous voudrez bien le faire et nous faire juger de suite. Si nous avons le temps d'arriver à la prison, notre procès n'a besoin que d'un moment d'examen pour en voir toute l'absurdité. Je ne vous parle pas d'une route de vingt-neuf jours qu'on nous a fait faire dans l'hiver, d'une manière si dure que ce que nous avons éprouvé serait bien seul capable d'expier les plus grands crimes; c'est bien malheureux quand on est accusé d'un crime qui ne pouvait pas exister. Nous nous étions tous promis de servir la patrie d'après les lois, et, jusqu'à notre malheureuse arrestation, aucun officier n'avait quitté son poste. J'ose croire que vous voudrez me donner la consolation que je vous demande en qualité de parent et de *pays;* ma reconnaissance sera éternelle, je vous prie d'en être persuadé, comme du respectueux attachement avec lequel j'ai l'honneur d'être, etc.

« Adhémar aîné. »

« *A Monsieur Delfau, député à l'Assemblée nationale.*

« A Étampes, le 6 septembre 1792.

« On nous transfère à Paris, très-cher cousin, après neuf mois de prison. La plus grande partie de notre escorte nous prédit que nous serons massacrés en entrant dans la capitale Veuillez venir au-devant de nous, avec les marques distinctives de votre caractère; vous ayant avec nous, je suis persuadé que nous serons à l'abri de tous les malheurs qui nous menacent; nous sommes trente-cinq accusés dans le décret où je suis compris, sans aucune preuve. Nous avons gémi dans les prisons sans pouvoir obtenir un jugement. Si nous pouvons arriver dans les prisons, nous vous prions de vous intéresser pour nous faire juger le plus tôt possible; en voyant les pièces de notre procès, on verra les absurdités relativement aux intentions qu'on nous a supposées; ne manquez pas de venir comme je vous le demande, mon très-cher cousin. J'ose croire que vous voudrez nous donner cette marque d'attachement. J'ai écrit à M. Taillefer pour le même objet; je l'ai prié de vous en parler. Je suis persuadé que vous ne négligerez rien pour mettre nos jours en sûreté, et vous prie de me croire, etc.

« Adhémar aîné.

« Mon frère me charge de vous dire les choses les plus honnêtes de sa part. »

Pendant qu'Adhémar l'aîné écrivait cet appel désespéré à deux parents, qu'en mourant il dut à tort accuser d'indifférence, son plus jeune frère s'efforçait de rassurer sa mère.

« *A Madame Adhémar à Belvès (Dordogne).*

« Étampes, le 7 septembre 1792.
« Ma très-chère mère,

« Nous sommes à la dernière journée de Paris, nous ne savons pas notre destination ; le général qui commande notre escorte a les meilleures intentions pour nous préserver des malheurs dont nous sommes menacés, ainsi que toute la troupe. Veuillez être rassurée sur notre compte; quant à nous, nous le sommes, étant revêtus de l'innocence à l'abri de tout reproche. Ne vous donnez pas au chagrin ; on nous rendra justice. Je suis, avec le plus profond respect,
« Votre soumis fils,

« ADHÉMAR.

« Mon frère se porte très-bien, me charge de vous assurer de son respect; mon cousin vous fait les mêmes assurances. »

Il y avait également, dans le régiment de Cambrésis, deux officiers du même nom de Montyon. Nous avons trouvé trois lettres signées de ce nom, mais sans prénom; du reste, les deux frères étaient animés des mêmes sentiments envers leurs parents.

« *Madame de Montyon, près de l'Esplanade, à Arras.*

« Étampes, le 7 septembre 1792.

« Nous sommes arrivés hier soir, chère mère, en très-bonne santé ; il est probable que nous pourrons obtenir un jugement plus prompt : c'est tout ce que nous désirons depuis longtemps. Après une captivité de neuf mois, la liberté nous sera plus précieuse ; il en est de cela comme de la santé, dont on ne connaît bien le prix que lorsqu'on a été longtemps malade. Soyez sans inquiétude sur nous; notre garde, ainsi que leur commandant, paraissent disposés à nous garantir de tous événements fâcheux. Leur désir est d'accélérer notre jugement pour voir les innocents séparés de ceux qui ont le malheur de ne pas l'être. Certains que nous n'avons rien à nous reprocher, nous soupirons après le moment de nous justifier. Dès que nous serons libres nous volerons dans vos bras et nous y oublierons toutes nos souffrances et nos malheurs ; c'est le seul dédommagement que nous ayons à attendre; il suffit à nos cœurs.

« Mille tendres amitiés de notre part à mon père et à la petite Goton. Adieu, ma chère mère, nous vous embrassons de tout notre cœur et nous vous aimons de même. Notre attachement durera autant que nous.

« Montyon. »

« *Madame Durand de La Roque, à Saint-Hippolyte, dans les Cévennes, en Languedoc.*

« Étampes, le 7 septembre 1792.

« Je profite d'un séjour que nous faisons ici, ma chère tante, pour vous donner une marque de souvenir et vous en renouveler les assurances ; dans la position où nous sommes, il faut mettre à profit le présent, car l'avenir est incertain. Que cette réflexion ne vous alarme pas ; il est très-vrai que nous courons des risques, mais notre escorte et leur commandant sont très-résolus à nous en garantir autant qu'il dépendra d'eux. Nous sommes partis mardi d'Orléans, au nombre de cinquante-trois, pour être transférés dans les prisons de Paris. L'Assemblée n'a pas approuvé ce voyage et a envoyé en conséquence une commission pour arrêter notre marche pour cette ville ; on dit que nous n'y allons plus et que nous serons conduits à Versailles. Nous devons partir demain et nous arriverons à notre destination après-demain. Notre manière de voyager est peu agréable, mais notre route de Perpignan nous a aguerris. Nous nous trouvons moins malheureux que nos autres compagnons d'infortune à qui cette manière doit paraître bien pénible. Nous soupirons tous après le moment de notre arrivée, parce qu'on nous fait espérer un prompt jugement. Vous savez que nous soupirons après depuis bien longtemps ; il est affreux d'être privé de sa liberté lorsqu'on n'a aucun reproche à se faire et que l'on est victime de la calomnie.

« Montyon.

« Attendez pour m'écrire que je vous donne de nouveau de mes nouvelles. Adieu. »

« *Monsieur de Montyon, maréchal de camp, par Massine, à Blesle, en Auvergne.*

« Étampes, le 7 septembre 1792.

« Nous voici ici depuis hier, mon cher oncle, et nous partons demain pour Versailles. On nous conduisait à Paris, mais l'Assemblée ne l'a pas voulu. Notre santé est assez bonne, quoique notre manière de voyager soit très-fatigante. Nous sommes cinquante-trois prisonniers ; ce qui nous console d'une translation désagréable, puisqu'il n'est question que de changer de prison, c'est l'espoir d'être bientôt jugés et de pouvoir prouver notre innocence. Soyez sans inquiétude sur notre compte, les gardes nationales qui nous escortent paraissent très-disposées, ainsi que leur commandant, à nous garantir des risques du voyage. Le peuple nous croit coupables parce que nous sommes accusés ; l'expérience lui prouvera que cette manière de juger est injuste ; il me tarde bien d'être libre pour pouvoir aller dans ma famille me dédommager de neuf mois de la plus dure captivité.

« Adieu, mon cher oncle, je vous embrasse tendrement et suis pour la vie le plus affectionné de vos neveux.

« Montyon. »

Transcrivons maintenant, sans ordre, les lettres émanées d'autres officiers du régiment de Cambrésis, et rétablissons, autant qu'il est possible, les signatures qui ne se trouvent pas au bas de quelques-unes de ces lettres. Pour ce travail de recherches, nous nous servons : 1° de l'acte d'accusation dressé contre ces officiers et inséré au *Moniteur* de 1791, n° 349, et des reçus donnés par Fournier et Bécard, lorsqu'ils prirent livraison des prisonniers qu'ils devaient conduire aux assassins apostés à Versailles.

Voici d'abord plusieurs billets très-courts. L'espérance d'être bientôt libres éclate à chaque ligne :

« *A Monsieur Mazelaigne (Paul), vis-à-vis les Minimes, paroisse Saint-Justin, à Lyon.*

« Étampes, le 6 septembre 1792.

« Tu vois par ma lettre, mon bon ami, que nous faisons une route contraire à celle que je t'ai annoncée il y a deux jours. J'aime bien mieux aller à Paris, parce que j'espère que l'on nous jugera bien vite ; il est bien temps, depuis neuf mois que nous ne pouvons l'obtenir. Adieu, je t'embrasse de tout mon cœur[1]. »

« *Mademoiselle Grammont, à Villefranche, département d'Avignon.*

« D'Étampes, le 6 septembre.

« Par la date de cette lettre, vous verrez que la translation à Paris dont je vous ai parlé s'est effectuée. Jusqu'à ce moment j'ai fort bien soutenu les fatigues de cette manière de voyager. Je vois avec plaisir approcher le moment où des juges démontreront à la France entière le vrai but de notre conduite par un jugement dicté par l'équité et légalement rendu. Adieu, je vous écrirai quand je serai rendu à ma destination et que je serai certain que vos lettres me parviendront.

« CHARLES LELAYROUL. »

« *A Madame de Saint-Jouan, à Saint-Malo, Ille-et-Villaine.*

« Étampes, à 12 lieues de Paris, 7 septembre.

« Encore un mot, ma chère maman ; depuis dix jours nous avons plusieurs fois changé de *destinée*. L'autre jour nous partions pour Saumur, hier pour Paris et demain pour Versailles. Voilà, ce me semble, où nous devons séjourner sous la garde de Dieu et celle de MM. de la troupe nationale parisienne. Je ferai mon possible pour vous donner de mes nouvelles. Veuillez me rappeler au souvenir de ma famille et surtout des personnes qui

---

1. Il y avait parmi les accusés du régiment de Cambrésis, un officier du nom de Mazelaigne.

vous entourent. Je n'ai aucun mérite à les aimer, je ne fais que céder à une impulsion de mon cœur, mais je les prie de songer quelquefois à celui qui est tout à vous et à elles.

« J'ai remis à quelqu'un de confiance une lettre qu'il vous fera passer s'il y a lieu. Je ne l'ai point signée, mais je vous la recommande. Ma tranquillité serait troublée si je pouvais croire qu'il en fût autrement. Il me coûte de vous quitter, mais enfin il le faut[1]. »

Viennent ensuite d'autres lettres beaucoup plus sombres. On voit que les infortunés qui les écrivirent ne conservent que très-peu d'espérances et qu'ils pressentent déjà où on les mène.

« *A Mademoiselle Pargade*[2], *à Pau (Basses-Pyrénées).*

« Étampes, le 6 septembre.

« Encore une dernière épreuve, ma chère et tendre sœur, pour toi. Mes maux paraissent être à leur comble ; ils vont vraisemblablement finir ; prépare ma malheureuse maman à lire cette lettre fatale et dites l'une et l'autre que je ne serai plus lorsque vous la recevrez.

« Je ne m'attendais pas, ma chère maman, de dater ma lettre d'Étampes ; on a voulu absolument nous mener à Paris. J'ai demandé l'agrément de pouvoir vous écrire encore une fois ; je ne vous cache pas que je suis bien persuadé que vous n'en recevrez jamais d'autre de ma main. Ma plus grande peine est de vous laisser en proie à une douleur éternelle ; pour ce qui me regarde, j'ai fait le sacrifice de ma vie en rapportant toutes mes pensées à Dieu. Si quelque chose peut adoucir ma position, c'est de savoir que je n'avais point mérité ma destinée, de connaître mon innocence. Puisse-t-elle faire votre consolation ! C'est le dernier vœu que je forme. Sarrante est resté à Orléans. Mes malheurs le ramèneront auprès de vous. Sa conduite auprès de

---

1. Il n'y avait pas d'officier du nom de Saint-Jouan parmi les prisonniers. Le seul nom Breton est celui de M. de Kersauson.
2. Il y avait un officier de ce nom parmi les prisonniers.

moi est inimitable, ses bienfaits seront gravés dans mon cœur tant que je respirerai, vous vous en rappellerez également; je suis forcé de céder ma plume à mes camarades d'infortune, pour jouir de cette dernière douceur. Adieu, ma très-chère sœur et trop sensible mère, que de pleurs ne verserez-vous pas dans toute votre vie !

« Nous arriverons dimanche à Paris. »

« *Monsieur Larivière, administrateur du département de la Haute-Garonne, rue des Filateurs, à Toulouse*[1].

« Estampes, le 6 septembre 1792.

« Mon départ d'Orléans te surprendra sans doute, mon cher ami, et je t'avoue que j'en ai été plus étonné que tu ne le seras sans doute. Rien, jusques il y a huit jours, ne nous promettait ce changement de domicile, mais le destin en a décidé autrement ; il faut suivre son sort. 1,500 hommes de la garde nationale parisienne sont venus à Orléans pour partager auprès de nous le service des habitants de cette ville. Leur séjour dans cette ville n'a attiré encore aucun événement fâcheux ; mais le troisième jour est arrivé un ordre de l'Assemblée nationale, je crois, pour nous transporter à Saumur. Le chef des volontaires parisiens et le corps entier ont eu des raisons pour changer notre destination, et notre départ pour Paris a été décidé. Nous nous sommes donc embarqués le 4 et arrivés ici il y a deux jours. Nous y séjournerons demain et arriverons dimanche dans la capitale. Nous désirerions jouir de l'incognito, mais cela ne se peut pas ; à deux heures après midi, 53 prisonniers et une escorte de 3,000 hommes, sans compter ce qui peut-être viendra au-devant de nous, en démontre l'impossibilité. A notre arrivée ici nous avons eu des commissaires de la municipalité de Paris. Ils sont, je pense, porteurs d'ordres qui ont pour objet notre sûreté ; il est bien difficile de la garantir. Notre parti est pris là-dessus.

---

1. Cette lettre a dû être écrite par M. Larivière, officier du régiment de Cambrésis qui se trouvait parmi les prisonniers et qu'il ne faut pas confondre avec le juge de paix Estienne Larivière, dont nous avons rapporté plus haut les deux lettres.

Je me porte bien et le reste ira comme ça pourra, je ne suis pas assez heureux pour désirer de vivre. Quel monde que j'aille habiter, tu me seras toujours extrêmement cher, toi et toute ma famille ; je ne répéterai que cela ; votre attachement pour moi ajoute beaucoup à la répugnance qu'on a nécessairement à l'approche de sa destruction. Je la redoute plus pour vous que pour moi. Votre amitié me garantit vos regrets, et c'est une de mes grandes peines peut-être.

« Adieu, mon cher ami, j'ai toujours eu de l'attachement pour toi et je t'aime encore davantage. Adieu pour la vie. »

Enfin les deux dernières lettres que nous ayons retrouvées des officiers du régiment de Cambrésis nous apprennent que le maire démagogue Lombard-Lachaux avait tenu à l'égard des prisonniers la même conduite que Fournier. Il s'était aussi posé vis-à-vis d'eux en protecteur et en ami ; mais ni comme maire d'Orléans, ni comme membre de la convention, il n'éleva la voix pour réclamer vengeance au nom de ceux qui avaient mis en lui leur confiance.

« *A monsieur Bigot, décoré de la croix de Saint-Louis, officier municipal à Montjoux, à Dieu-le-Fit (Drôme).*

« Étampes, le 6 septembre 1792.

« Je vous préviens, mon cher ami, que j'ai laissé à Orléans, chez M. Picard, régisseur de la maison Saint-Charles, une malle contenant du linge, etc., que je vous prierai de faire retirer lorsque je vous en donnerai avis... Vous pouvez vous adresser à notre ami M. Lachaux, maire, qui se chargera de vous faire parvenir ces différents objets.

« Adieu, mon cher ami, je me porte bien et je vous embrasse de tout mon cœur.

« Montjoux. »

« Nous arriverons dimanche à Paris, où j'espère que nous ne tarderons pas à être jugés, et par conséquent libres. Je vous écrirai le plus tôt que je pourrai. J'ai deux malles à Perpignan, chez M. Flammant, mon hôte. Il est tailleur pour femmes, place Laborie. »

« *A monsieur Lachaux, maire d'Orléans, à Orléans.*

« Étampes, 6 septembre 1792.

« J'espère, monsieur, que vous aurez eu la bonté, comme vous avez bien voulu me le promettre, d'annoncer à ma mère mon départ pour Paris, n'ayant pu le faire moi-même à cause de la précipitation avec laquelle je suis parti.

« Nous sommes arrivés tous ici sans le plus petit accident. Nous en avons été quittes pour quelques sottises de la part du peuple, mais nous avons beaucoup à nous louer des chefs de notre escorte. Ils sont on ne peut plus honnêtes et prennent toutes les précautions pour qu'il ne nous arrive rien de fâcheux, et je suis persuadé que nous arriverons sains et saufs à Paris, où nous attendrons notre jugement avec impatience et sécurité. Adieu, monsieur, soyez persuadé que je n'oublierai jamais vos honnêtetés et bontés pour moi et que ma reconnaissance égale le sincère et inviolable attachement avec lequel, etc.

« Monjoux.

« Je vous prie, monsieur, de vouloir bien assurer madame votre épouse de mon respect. »

Après les lettres des officiers du régiment de Cambrésis viennent naturellement celles des bourgeois et artisans de la ville de Perpignan, compromis pour la même affaire. Dans quelques-unes éclatent une espérance naïve et une confiance absolue à l'égard des chefs de l'escorte. La première est d'un ouvrier tourneur qu'une accusation absurde avait transformé en criminel d'État.

« D'Étampes, le 7 septembre 1792.

« Je t'écris, petite femme, pour te dire que nous sommes sur la route de Paris. Les personnes qui sont chargées de nous escorter nous traitent avec la meilleure douceur, l'Assemblée nationale a pris tous les moyens qui étaient en son pouvoir pour protéger notre translation ; toute notre confiance est en leur surveillance, et d'après les principes qui les dirigent, il faut espérer que nous arriverons heureusement à notre *destinée*, qui est Versailles. Les commissaires qui sont envoyés à notre rencontre ne font pas moins leurs efforts pour seconder les bonnes intentions du corps législatif et de la garde nationale qui nous conduit. C'est ainsi que dans notre position *nous respirons des faveurs*, que les malheureux désirent de jouir. Il ne peut plus nous rester aucun doute sur la pureté de leurs intentions, qui se bornent à faire accélérer les jugements, afin que ceux qui méritent de jouir de leur liberté n'en soient plus privés. Adieu, petite femme, je ne ferai faute de t'écrire dès que je serai rendu à notre destination, si toutefois on nous l'accorde. Je vous embrasse tous, et suis pour la vie ton bon époux.

« Doc fils. »

« *A monsieur Comellas, place de Laborie, à Perpignan.*

« Estampes, le 6 septembre 1792.

« Nous séjournons aujourd'hui à Estampes ; il paraît certain que nous partirons demain pour Versailles où nous arriverons vraisemblablement lundi. Comme toi, je ne crois pas tout ce qu'on peut vous avoir écrit d'Orléans. J'ai très-bon augure de notre voyage, nous nous portons tous bien. Je t'écrirai de suite après notre arrivée pour que tu connaisses ma position et mon adresse. Adieu, mon cher ami, embrasse pour moi ma chère cousine ; vous êtes les seuls objets qui m'occupent dans mon malheur ; je serais beaucoup plus malheureux si vous n'étiez plus heureux que moi. Donne de mes nouvelles à mes parents et amis, et crois moi pour la vie ton ami,

« Comellas. »

« *A madame Margouet, grande rue de la Réole, à Perpignan.*

« Estampes, département de Seine-et-Oise, le 7 septembre.

« Cinq commissaires, ma chère sœur, arrivés hier au soir, ont changé les dispositions de notre voyage. Nous séjournons ici aujourd'hui pour nous rendre demain aux prisons de Versailles, où l'on vérifiera, dit-on, nos procès pour nous juger définitivement; c'est ce qui me console. Les chefs de l'escorte sont très-affables et très-honnêtes. J'espère que nous finirons notre route sans qu'il nous arrive rien; enfin, si je ne peux te donner de mes nouvelles, prends patience, je serai pour toujours le plus affectionné frère. Adieu.

« MOLINIER.

« Procure-toi les papiers publics dans lesquels, sans doute, il sera fait beaucoup mention. »

Deux autres accusés, portant le même nom et évidemment parents éloignés, ne sont pas aussi rassurés que leurs camarades; mais ils dissimulent leurs trop justes pressentiments, afin de ne pas effrayer leurs familles. Le signataire de la première lettre est évidemment un négociant de Perpignan, car, par suite d'une longue habitude, il appose au bas de sa lettre la signature sociale.

« *A mesdemoiselles Anne Rocantalos de Marant, chez monsieur Vincent Boxader et Costa, à Perpignan.*

« A Estampes, le 6 septembre 1792.

« Ma chère tante, nous sommes partis d'Orléans mardi dernier pour nous rendre à Paris. Je profite de la liberté que nous donnent les chefs de notre escorte pour vous donner des nouvelles de ma santé qui est fort bonne; j'espère qu'il en sera de même dorénavant. Dès que je pourrai vous donner des nouvelles de notre arrivée à Paris qui sera dimanche, je le ferai. J'avais laissé une lettre à Orléans pour vous faire part que nous allions à Saumur, mais il en a été décidé autrement. Ainsi cette lettre devenant inutile, elle n'aura peut-être que l'avantage de me procurer plus tôt une réponse; je ne sais où nous serons à Paris, ainsi je ne puis vous donner mon adresse. J'ai mis tous mes effets dans la malle du petit Boxader, que nous avons laissé à M. Picard, régisseur du couvent Saint-Charles, à Orléans, qui est à l'adresse de son oncle Gagnon. Ménagez, ma chère tante, votre santé, ce sera une consolation pour moi de vous savoir bien portante. Mille choses de ma part à Joseph, ainsi qu'à tous mes parents, amis et voisins.

« V. Boxader et Costa. »

« *A monsieur Gagnon, directeur de la poste aux lettres, à Perpignan.*

« Mon très-cher oncle,

« Cinq commissaires, envoyés de l'Assemblée nationale ici, ont fait changer les dispositions de notre route. Au lieu de nous rendre à Paris, nous serons transportés à Versailles pour que nos procès soient jugés définitivement. Dans l'état présent des choses, cette nouvelle est fort heureuse. La lettre, que je vous écrivis hier, était faite avant l'arrivée de ces commissaires, ainsi nous comptions encore nous rendre à Paris ; nous séjournons ici, nous n'en partirons que demain ; je vous ferai part de notre arrivée aussitôt qu'il me sera permis. En attendant, ma santé est fort bonne, ainsi que celle de tous mes camarades ; notre position s'améliorera après notre arrivée. Nous n'avons qu'à nous louer des chefs de notre escorte dont le zèle infatigable a fait obtenir le changement de destination. Je vous prie de m'écrire aussitôt que vous aurez reçu de mes nouvelles. Ma malle est à Saint-Charles, vous savez déjà mes dispositions à cet égard.

« F. Boxader.

« A Étampes, le 7 septembre 1792. »

Le signataire de la dernière est un ex-procureur de Perpignan. Celui-là connaît trop bien les passions humaines pour se faire la moindre illusion.

« Adieu, mon cher ami, peut-être pour la dernière fois. Tu auras la bonté de dire à mon épouse, et d'agir pour elle pour retirer la malle que j'ai laissée à Orléans et l'ouvrir pour que chacun de mes parents puisse reconnaître les effets qui nous appartiennent, sans compter ce que j'ai remis à Thérèse Boulanger.

« Nous allons à Paris; tu peux te figurer que nous n'arriverons point aux prisons. Adieu donc pour la dernière fois. Priez pour moi.

« Blandinière.

« Le 6 septembre 1792. »

Les quatre dernières lettres que nous avons recueillies contiennent toutes des louanges en faveur de Fournier, tant ce misérable avait su tromper tous les malheureux qu'il menait à la boucherie. Deux sont signées par des prisonniers appartenant à d'autres catégories et placés sous le poids d'accusations spéciales; deux autres sont sans signature; l'une d'elles est datée d'Arpajon, 8 septembre, quatre heures de l'après-midi; c'est la dernière en date de toutes ces missives si palpitantes d'intérêt, au moyen desquelles nous avons pu, presque heure par heure, retrouver la trace des sentiments divers qui animaient les infortunés prisonniers pendant tout leur lamentable voyage.

« *Madame Mocette, à Bellenove (Allier).*

« Estampes, le 6 septembre 1792.

« Ma chère amie,

« Je n'ai pas pu vous écrire avant mon départ d'Orléans, relativement à ce que nous avons été pressés de partir par un détachement de mille hommes, qui sont venus chercher tous les prisonniers de la haute cour pour les conduire à Paris pour y être jugés. Je vous écris en route pour vous prévenir de ne pas être inquiète de moi, car nous avons affaire à deux braves généraux qui répondent de nous conduire à bon port, et il vient de nous arriver deux commissaires députés par l'Assemblée nationale, qui nous ont promis qu'ils nous garantissaient toute sûreté et justice; par conséquent je suis tranquille. L'on ne cherche point à punir les innocents, mais bien les coupables; en conséquence je suis sûr de mon fait de ne pas être puni.

« Je vous prie de vous acquitter de la commission que je vous ai chargée de faire par ma dernière lettre. Adieu, conservez-vous.

« Mocette. »

« *Madame Dubreuil, à la Guerche, par la Charité-sur-Loire
(Nièvre).*

« Le 7 septembre, à Estampes.

« Très-chère maman, c'est avec bien de la douleur que j'ai vu notre séparation ; votre position m'a plus inquiété que la mienne, connaissant votre sensibilité. Il vient d'être arrêté que nous changerions de destination, et nous allons définitivement à Versailles. A mon arrivée je serai plus en mesure de vous faire passer de mes nouvelles ; je vous ferai part en même temps de mon adresse. On nous fait redouter notre destination à Paris ; mais, par l'ordre des commissaires envoyés par l'Assemblée et la fermeté du général chargé de notre *transfération* qui a ramené le peuple à des voies de douceur et de justice, fait (sic) que j'espère *la voix* d'un jugement où mon innocence *pourra pénétrer* malgré la malveillance de mes ennemis ? J'aurai l'honneur de vous écrire plus particulièrement à mon arrivée. En attendant, recevez les assurances du plus sincère attachement, etc.

« Dubreuil. »

« *Monsieur Garodeau, rue Vivienne*, 23.

« Estampes, jeudi 6 septembre 1792.

« Nous sommes arrivés ici ce matin entre dix et onze heures, par un fort beau temps et sans aucun accident. J'ai bien dormi et bien dîné ; nous séjournons ici demain, et je profiterai de ce séjour pour vous envoyer les éclaircissements et pièces que je vous avais promis. Toutes les personnes, qui s'intéressent à nous, doivent beaucoup de reconnaissance aux deux commandants de notre garde nationale qui, par leurs soins et leur intelligence, entretiennent l'ordre et procurent notre sûreté. Nous avons trouvé ici, en arrivant, trois commissaires de la municipalité, envoyés par le pouvoir exécutif en vertu d'un décret de l'Assemblée nationale ; nous ne connaissons point encore l'objet de leur mission et nous ne pouvons que faire des vœux pour qu'ils réussissent à faire exécuter les ordres du corps législatif.

« Adieu, à demain, j'espère pouvoir satisfaire à tout ce que vous m'avez demandé. »

« *Madame d'Hérouville, boulevart Montmartre.*

« Arpajon, samedi 4 heures après midi.

« Le général de notre petite armée a eu l'honnêteté de m'amener lui-même à midi, la personne que vous avez chargée de votre lettre écrite hier, dix heures du soir ; je l'ai reçue dans l'écurie du maréchal de Mouchy, où nous sommes tous rassemblés et où nous sommes très-bien. J'ai été charmé de voir quelqu'un qui pût me dire de vos nouvelles et de celles de ma mère ; les miennes sont bonnes. Je viens de faire un bon dîner et j'espère bien dormir cette nuit.

« Vous me parlez d'un autre billet que vous m'aviez écrit dans la journée d'hier, il ne m'est point parvenu.

« Adieu, madame ; continuez à donner vos soins à ma mère ; vous réunissez tous mes vœux et toutes mes affections. »

XXV

LES COMPTES DE FOURNIER L'AMÉRICAIN

(Voir page 399.)

Fournier avait été arrêté trois ou quatre jours après son retour d'Orléans ; mais il avait un trop grand nombre de complices, et ses complices étaient trop puissants pour qu'il eût beaucoup à redouter les suites de son arrestation ; il fut, en effet, relâché le 20 septembre 1792 par ordre de la commune, afin, dit le procès-verbal, « qu'il pût réunir les pièces nécessaires à l'apurement de ses comptes. Avant de les présenter au ministre, il ne manque pas de se faire décerner par les hommes qui avaient été sous ses ordres des certificats de moralité ; probablement il les rédigea lui-même.

Le motif qu'on y donne pour expliquer le départ des volontaires parisiens démontre que le sort réservé aux malheureux prisonniers était déterminé d'avance. Que l'on pèse ces mots : *pour mettre fin aux dépenses excessives qu'occasionne à l'empire français la trop longue détention des conspirateurs !*

Premier certificat.

« COMPAGNIE DE L'ÉGALITÉ.

« L'an 1er de l'égalité et de la liberté, les fédérés des 83 départements et les patriotes parisiens soussignés, animés par le zèle et l'amour de la patrie, ennuyés de l'impunité des criminels de lèse-nation, ayant appris que ces traîtres avaient l'audace de menacer les sentinelles [1], fatigués de les surveiller, et vu le danger imminent de la patrie, se sont transportés à Orléans pour solliciter et veiller à l'exécution du décret concernant les perfides détenus dans la ville. Espérant par ce motif mettre fin aux dépenses excessives qu'occasionne à l'empire français la trop longue détention des conspirateurs qui en avaient juré la ruine et la perte, ces mêmes citoyens soussignés déclarent et certifient qu'ayant reconnu pour leur général le patriote Fournier, ils attestent qu'il s'est comporté en brave citoyen, avec tout le civisme et l'honnêteté possible envers ses égaux et ses camarades; que c'est contre son gré, ses vœux et malgré lui qu'il n'a pu parvenir à conduire à Saumur les prisonniers d'État; qu'il a eu pour eux, pendant la route, tous les soins possibles; enfin, qu'arrivés à Versailles, lieu de leur destination, le peuple souverain, justement irrité à l'aspect de ses implacables ennemis, s'empara d'eux, et qu'il aurait péri plusieurs milliers de citoyens sans sa prudence et ses lumières. Ne pouvant mieux reconnaître le patriote Fournier, nous lui avons offert le présent certificat pour lui valoir et servir ce que de raison et de réponse à tous ceux à qui la liberté et l'égalité de cette conduite déplaît.

« En foi de quoi les fédérés et Parisiens composant la compagnie de Lofficial, dite de l'Égalité, ont signé à Paris, le 22 septembre, l'an 1er de l'égalité et de la liberté. »

Suivent cinquante et une signatures, celles entre autres de Lofficial, capitaine, Coste, lieutenant, et Dumas, sergent-major de cette compagnie de l'Égalité, à laquelle était attribuée l'initiative de la demande en faveur de Fournier. Viennent ensuite les signatures de Vernier pour tout le détachement de Toulon; de Blochel, capitaine, pour les canonniers de la section du

---

1. Il est curieux de trouver reproduit contre les prisonniers d'Orléans le même reproche banal fait aux prisonniers de Paris par plusieurs des organisateurs des massacres, *d'avoir l'audace de menacer les sentinelles*. Cela prouve que cette calomnie était un mot d'ordre donné pour excuser les violences et les meurtres dont les prisonniers d'Orléans et de Paris allaient être victimes.

Finistère; de Lemoine, capitaine, pour la 9ᵉ compagnie; de Fieffé, capitaine de canonniers, pour sa compagnie; d'Acquier, pour la compagnie de Briffault; de Dijon, pour la compagnie d'Avignon. La plupart des autres signatures ne sont suivies que de la qualification de fédéré.

Deuxième certificat.

« Paris, du 22 septembre, l'an IV de la liberté, le Iᵉʳ de l'égalité.

« Nous soussignés, volontaires nationaux à la section du Finistère, ci-devant des Gobelins, certifions que le citoyen Fournier, nommé pour aller à Orléans, pour la garde des prisonniers d'État, s'est comporté avec *toute la décence et la fermeté qu'exigeaient les fonctions* qu'il avait à remplir. C'est d'après les vœux de toute l'armée que ledit citoyen a résolu de conduire les prisonniers à Versailles. Ainsi il a donc été obligé de suivre la volonté générale. En foi de quoi nous lui avons délivré le présent arrêté. »

Suivent quinze signatures sans aucune désignation.

Muni d'attestations aussi concluantes, Fournier se promena dans Paris, tête haute et toujours armé de ses pistolets, autre argument péremptoire à opposer à quiconque se serait permis d'incriminer sa conduite. Ce fut seulement le 5 octobre qu'il présenta au ministre de l'intérieur le rapport de sa mission, accompagné d'un état des dépenses qu'elle avait occasionnées. Le dossier administratif des réclamations de l'Américain est certainement un des plus curieux que nos recherches nous aient fait découvrir.

Dans son compte rendu, Fournier ne dit pas un mot des motifs qui l'ont empêché d'obéir aux décrets de l'Assemblée nationale, ni des efforts qu'il a faits pour sauver les prisonniers confiés à sa garde. Il semble qu'il raconte une mission régulièrement accomplie. Il parle incidemment du crime de Versailles; ce n'est sous sa plume qu'un détail insignifiant du voyage. Il ne songe point à se disculper; il n'a ni un regret, ni un remords, ni un mouvement de pitié. En revanche, il parle longuement des dépouilles restées entre ses mains, ou du moins de celles qu'il a déposées à l'Hôtel de ville.

Quant à son état de dépenses, il n'est ni beaucoup plus long, ni beaucoup plus clair, mais il l'est assez pour révéler à l'esprit le moins attentif et les désordres de la troupe et les malversations du chef.

« *Compte que rend à M. Rolland, ministre de l'intérieur, le sieur Fournier, citoyen, de la mission dont il a été honoré dans le courant du mois d'août dernier, par ordre du pouvoir exécutif.*

« 1° Il a pris à Étampes, en allant à Orléans, deux pièces de canon avec leurs affûts, et trois caissons d'artillerie, le tout bien conditionné, et les a remis à l'Hôtel de Ville, dont le général Santerre doit rendre compte.

« 2° A Orléans il a fait remettre toutes les malles appartenant aux prisonniers d'État, ainsi que plusieurs autres effets, tant argenterie qu'autres objets trouvés dans les prisons ; le tout a été renfermé dans chaque chambre des prisonniers, dont il a lui-même fermé les portes et remis les clefs au geôlier, en présence de MM. Garran de Coulon et Bourdon la Crosnière, commissaires du pouvoir exécutif, pour le tout être remis à qui de droit.

« 3° Arrivé à Versailles, jour du massacre des prisonniers, tous leurs effets et bagages ont été remis entre les mains de la commune de Versailles ; ces mêmes effets m'ont été remis pour être déposés entre les mains du ministre de la justice, ce que j'ai fait en arrivant à Paris. M. Danton m'a observé qu'il fallait déposer le tout à l'Hôtel de Ville et ai rempli cette mission et ai fait faire un inventaire du tout, ainsi que d'une *cassette* qui m'avait été confiée, de même qu'un *paquet* que M. de Lessart m'avait remis en secret, contenant plusieurs lettres de change et d'autres papiers importants dont je me suis cru obligé de faire le dépôt plutôt que de le remettre à l'adresse qu'il m'avait indiquée.

« 4° Il a été remis par les volontaires du détachement de l'or monnayé et autre argent, ainsi que des billets nationaux, montres et autres effets, à la commune de Versailles, en dépôt, pour en rendre compte.

Je certifie le tout sincère et véritable.

« A Paris, ce 5 octobre 1792, an 1er de la République française.

« FOURNIER. »

« *État des dépenses faites par le sieur Fournier, commandant le détachement envoyé à Orléans par le pouvoir exécutif provisoire, depuis le 24 août jusqu'au 11 septembre 1792, an 1er de la République française.*

« 1° Pour 1,531 hommes, suivant l'état coté n° 1, savoir :

« 1,000 citoyens gardes nationales pendant 18 jours, à 15 sols de décompte par jour, *fait*.... 13,500 l. »

« Plus 531 hommes qui ont été accordés par le département d'Orléans, tant gardes nationales que troupes de ligne Berwick et cavalerie, actuellement placés au camp de Paris pour neuf jours, à 15 sols...................... 3,584   5 s.

« 2° Une liasse de 31 pièces, montant à.... 2,390   6

« 3° Une autre liasse de 43 bons......... 619   13

« 4° Quittance de 517 l. 15 s. et 10 pièces justificatives...................... 517   15

« 5° Pour fourniture de 42 paires de souliers à 7 l.................................. 294   »

« 6° Pour 2,200 brevets à 12 sols......... 1,320   »

« 7° Pour une voiture de pain achetée à Paris le jour du départ, 25 août................ 100   »

« Pour la dépense de poste, etc.......... 120   »

« Pour sept jours de dépense de 53 prisonniers, etc., à 2 livres................ 742   »

« Pour différents déboursés énoncés au mémoire ci-joint[1].................. 7,000   »

« Total......... 30,187 l. 19 s.

[1] Voir ci-après l'état de ces dépenses extraordinaires montant à 7,000 fr.

« Sommes reçues :
« A l'Hôtel de ville, sur mon reçu, à la suite de l'arrêté de la commune[1].. 6,000 l.
« A Longjumeau, de MM. Bourdon et Dubail, commissaires.......... 600
« De la commune d'Orléans....... 15,000

} 21,600 »

« Reste dû pour solde....... 8,587 l. 19 s.

« *État des dépenses extraordinaires faites par M. Fournier, commandant le détachement envoyé sous ses ordres à Orléans par le pouvoir exécutif, qui sont à peu près*, savoir :

« Des dépenses considérables occasionnées par la mauvaise organisation des hommes qui s'étaient glissés pour chercher à mettre le désordre, dépenses qu'il faisait journellement, jusqu'à des vols qui se faisaient sous prétexte de faire des acquisitions, et ces mêmes gens disparaissaient, on ne pouvait plus les distinguer ; j'étais obligé de veiller pour mettre la paix ;

« Dépenses pour les campements des canonniers et l'entretien journalier de l'artillerie ;

« Dépenses pour les pailles pour coucher les prisonniers ;

« Dépenses pour des fusils cassés et des tambours ;

« Dépenses enfin que l'on ne finirait pas à en chercher le détail.

« Si messieurs les ministres doutaient de la réalité de ma réclamation, j'offre de la faire attester par les officiers et volontaires du corps. Je rougirais ici, si, en vrai patriote, je vous rapportais les abus qui se commettaient journellement malgré ma surveillance, et que j'ai resté dix-huit jours sans me coucher.

« J'ai continué jusqu'à ce jour les ordres que vous m'avez

---

1. On retrouve, sur les livres du trésorier de la ville de Paris pour l'année 1792, déposés à la Cour des comptes, la dépense correspondant à cette recette, page 629, chapitre 149 :

« 7 septembre, audit sieur de Villeneuve, remboursement des sommes par lui payées au sieur Fournier, pour subvenir au besoin des troupes qui se rendent à Orléans en conséquence d'un décret de l'Assemblée nationale ; arrêté du conseil général 26 août, joint au mandement-domaine 29 août, visé mairie 7 septembre . . . . 6,000 fr. »

donnés, tant pour les soldats de Berwick et autres, la surveillance que m'a permise ma capacité et mon zèle à servir la chose publique, ainsi tous les ordres que vous voudrez bien me confier.

« Le total des sommes de dépenses ci-énoncées se monte à la somme de sept mille livres. »

Ainsi, d'après son propre compte, Fournier touche, le 24 août, 6,000 fr. sur la caisse municipale de Paris ; le 25 août, à Longjumeau, 600 fr. de la main des commissaires de Danton, Dubail et Bourdon ; le 4 septembre, 15,000 fr. de la commune d'Orléans, en tout 21,600 livres. Il présente un état de frais s'élevant à 30,187 livres 19 sols, et se constitue créancier d'une somme de près de 9,000 livres. Pour arriver à un pareil résultat, il compte la solde de mille hommes pendant dix-huit jours, c'est-à-dire du 24 août au 10 septembre inclusivement, quoique l'expédition ne datât légalement que du 26, et qu'en fait Bécard et la deuxième bande ne fussent partis de Paris qu'à cette dernière date. Il compte 530 hommes emmenés en plus par lui d'Orléans, et nous voyons, d'après les rapports des autorités d'Orléans, qu'une cinquantaine de gardes nationaux de cette ville et à peu près autant de soldats du régiment de Berwick s'étaient joints à la troupe pour le retour. Dans les propres rapports de Fournier, il est dit qu'un certain nombre de maraudeurs l'avaient quitté en route. N'importe, il les compte tous pour le prêt ; il n'appuie ses réclamations d'aucun état de présence, d'aucun document quelconque ; puis, quand il a tout compté, tout supputé au double et au triple de la dépense réelle, il termine sa réclamation en y portant une somme ronde de 7,000 fr. pour fusils cassés et paille fournie aux prisonniers, et autres dépenses *que l'on ne finirait pas à en chercher le détail.*

Aucune de ces monstrueuses irrégularités n'arrête un moment le ministre de l'intérieur ; il n'a pas même la curiosité de demander des renseignements sur les points obscurs du rapport, et particulièrement sur la manière dont cette escorte de 1,500 hommes a pu laisser égorger entre ses bras 53 prisonniers. Roland présente sur cette affaire deux rapports à la Convention, l'un le 5, l'autre le 6.

« *Monsieur le président de la Convention nationale*.

« Paris, le 5 octobre 1792, an 1ᵉʳ de la République française.

« Monsieur le président,

« Je dois prévenir la Convention nationale que le sieur Fournier, chargé de conduire une force armée de mille hommes à Orléans, en ramena avec les prisonniers tous leurs effets, dont plusieurs sont très-précieux, tels que montres d'or à diamants, argenterie, assignats, etc.; des malles remplies de hardes, et entre autres un paquet confié en secret par M. Delessart, contenant plusieurs lettres de change et d'autres papiers importants; lesquels objets ont été remis à la commune de Paris par ordre de M. Danton, ministre de la justice.

« Le sieur Fournier déclare également qu'il a été remis par les volontaires du détachement de l'or monnayé et de l'argent, ainsi que des billets nationaux, montres et autres effets à la commune de Versailles en dépôt, pour en rendre compte.

« Comme les prisonniers d'Orléans étaient les prisonniers de la nation, s'il est une disposition à faire de leurs effets, elle ne peut et doit être faite que par la nation et en faveur de la nation. Or, je n'ai de connaissance de ces dépôts que par la dénonciation qui vient de m'en être faite; je la transmets à l'Assemblée et je la prie de prendre une mesure qui empêche d'être nulles et sans effets toutes les demandes et réquisitions que je fais journellement au nom de la loi à la commune de Paris. Je vais écrire à celle de Versailles.

« Le ministre de l'intérieur,

« Roland. »

« Paris, le 6 octobre 1792, an 1ᵉʳ de la République,

« Monsieur le président,

« Le 26 août dernier, l'Assemblée nationale a rendu un décret portant que le pouvoir exécutif est tenu de faire passer à Orléans une force suffisante pour, de concert avec les citoyens d'Orléans, veiller à la garde et à la sûreté des prisons de cette ville, dans lesquelles étaient détenus les accusés auprès de la haute Cour nationale.

« Le même jour, en vertu de ce décret, je chargeai le sieur Fournier de se transporter à Orléans avec mille gardes nationales parisiennes, pour donner une exécution entière à ce décret.

« Le compte que ce particulier vient de me rendre de sa mission me paraît être de nature à exiger que je le mette sous les yeux de la Convention nationale ; j'y joindrai quelques observations et j'attendrai les ordres de la Convention sur la conduite que je dois tenir pour terminer cette affaire.

« Ce compte consiste dans les deux pièces ci-jointes :

« L'une de ces pièces, cotée n° 1, présente un objet de dépense de 30,596 livres 5 sous[1], à compte de laquelle somme le sieur Fournier déclare avoir reçu celle de 21,600 liv., savoir :

« Le 24 août, par la commune de Paris.......	6,000 liv.
« Le 26 août, par deux commissaires.........	600
« Et le 4 septembre, par la commune d'Orléans.	15,000
« Total............	21,600

« En sorte que ce particulier paraît être en avance de 8,996 liv. 5 sous, dont il réclame le payement.

« Je vois avec édification qu'il ne fait entrer dans ce compte ni le prix d'un cheval que je suis informé qu'il a perdu, ni la récompense qui lui est due pour les soins et peines qu'il s'est donnés dans cette périlleuse expédition où ses jours ont souvent été menacés par la troupe indisciplinée qu'il conduisait.

« C'est à la Convention nationale à prononcer sur le dédommagement à accorder à ce citoyen, qui a montré beaucoup de zèle et de patriotisme...

« Le ministre de l'intérieur,

« ROLAND. »

Ainsi Roland n'a que des éloges pour le complice au moins tacite des assassins de Versailles, et pas même un mot de pitié

---

1. Fournier, paraît-il, avait ajouté à son compte de la veille quelques nouvelles dépenses, puisque de 30,187 livres 10 sous, le total montait le lendemain à 30,596 livres 5 sous.

pour les victimes. Il ne s'aperçoit pas qu'on vole indignement le trésor public dont il est gardien ; la seule chose qui le préoccupe, c'est que la commune, avec laquelle il est depuis deux mois en lutte, a conservé entre ses mains les dépouilles des victimes. « Quelle injustice! quelle déprédation! » s'écrie Roland. Vous croyez qu'il pense aux familles? Point ; c'est la nation qui, selon lui, doit hériter des gens qu'on a égorgés au nom du salut public.

Les deux rapports de Roland furent envoyés au comité de la guerre, parce qu'ils étaient relatifs à la soi-disant armée parisienne.

Le comité de la guerre faisait attendre son rapport. Fournier s'impatiente, et dans un même jour, le 13 octobre, il écrit deux fois à Roland. Le billet du matin n'est qu'une préface ; l'Américain a des scrupules, il fait au ministre cette confidence :

« 13 octobre 1792.

« Monsieur le Ministre de l'intérieur,

« Il me fut déposé entre mes mains, à Orléans, quatre croix de Saint-Louis, dont j'en ai remis deux à l'Assemblée nationale ; les deux autres ont été remises à deux officiers du détachement qui m'en ont donné un reçu ; prescrivez-moi, monsieur, ce qu'on doit en faire ; ne voulant rien prendre sur moi, mon premier devoir est d'en référer à vous.

« Fournier.

Pris pour directeur d'une conscience si délicate, Roland se hâte de répondre :

« 14 octobre.

« Monsieur Fournier,

« Vous venez de me donner une nouvelle preuve de votre civisme et de votre honnêteté en m'informant que deux officiers du détachement que vous commandiez, lors de la mission dont vous avez été chargé pour Orléans, sont encore dépositaires chacun d'une croix de Saint-Louis. Je vous prie de les leur retirer sans délai, en leur rendant les reçus qu'ils vous en avaient passés, et de les déposer à la Convention nationale. Aussitôt que vous en aurez fait le dépôt, vous voudrez bien m'en instruire.

« Le Ministre de l'intérieur,

« ROLAND. »

Le second billet contient la demande essentielle, le payement de ce que Fournier réclame pour solde de sa mission, de ce qui constituait la majeure partie de ses bénéfices. Il parle au nom de ses *créanciers*, c'est-à-dire de ceux qu'il avait avant son expédition, car c'est le cortége habituel de tous ces sacripants qui font des révolutions, des émeutes et des coups d'État pour payer leurs dettes. Roland n'y regarde pas de si près et appuie la réclamation de l'Américain d'une chaude apostille.

« *Au citoyen Ministre de l'intérieur.*

« Le citoyen Fournier, commandant le détachement chargé de la garde des prisonniers d'Orléans, a réclamé, à son retour, le payement des avances par lui faites ; et sur cette demande dont vous avez fait part à la Convention nationale, il a été renvoyé au comité militaire. Le citoyen Fournier, pressé par ses créanciers, vous prie, citoyen ministre, de recommander au comité militaire d'apporter une prompte décision dans cette affaire.

« FOURNIER.

« Paris, ce 13 octobre, an 1er de la République. »

En marge est écrit :

« Je recommande, prie et sollicite le conseil militaire d'avoir à la demande de M. Fournier tout l'égard possible, sentant comme personne la justice de sa demande.

« ROLAND. »

Cependant la liquidation de ces comptes ne s'opérait pas avec la rapidité désirée par Fournier. Pressentant des réclamations, il veut se hâter d'y couper court en palpant d'abord les espèces. Il est obligé de revenir plusieurs fois à la charge ; ses obsessions finissent par arracher à Roland cette nouvelle lettre qu'il adresse à la Convention, et dans laquelle le malheureux ministre ne craint pas d'assumer la responsabilité morale de tout ce qui s'est fait à Orléans et à Versailles. C'est la dernière pièce, signée Roland, que nous ayons trouvée dans le dossier ; c'est aussi la condamnation définitive de cet homme auquel ses enthousiastes avaient décerné le titre de *vertueux*.

« J'ai arrêté le compte du commandant Fournier pour l'expédition d'Orléans. J'étais autorisé par décret à faire faire cette expédition ; mais l'Assemblée n'a pas déterminé sur quoi seraient pris les fonds pour la dépense, et c'est sur quoi il y a lieu à prononcer.

« J'ai fait ce qui m'était prescrit, le commandant Fournier a fait ce qui lui était ordonné. Il reste à payer la dépense, et c'est à la Convention nationale à décréter sur quels fonds elle doit être prise.

« ROLAND.

« Le 2 novembre, an 1er de la République. »

Cinq semaines après, le 9 décembre, intervient enfin un décret qui met à la disposition du ministre de l'intérieur 30,596 livres 5 sous pour payement de la force armée envoyée à Orléans. Il y est dit :

« La trésorerie nationale tiendra à la disposition du ministre de l'intérieur, jusqu'à la concurrence de la somme de 23,996 livres 5 sous, laquelle, jointe aux 6,600 livres que la *commune de Paris* a fournies au citoyen Fournier, et qu'elle portera en dépense dans les comptes qu'elle doit rendre, forme celle de 30,596 livres, pour être employées, s'il y a lieu, au payement des dépenses faites par la force armée envoyée à Orléans, en exécution de la loi du 26 août dernier, d'après l'aperçu fourni par le citoyen Fournier. Les comptes de dépenses présentés par le citoyen Fournier sont renvoyés au ministre de l'intérieur, chargé de nouveau de les vérifier et arrêter. »

Roland venait de recevoir d'Orléans et d'Arpajon diverses réclamations qui semblaient devoir réduire de beaucoup la somme de 9,000 livres que l'Américain espérait toucher pour solde de tous comptes. Il faut voir dans sa correspondance comment il se débat contre les réclamations que les lenteurs administratives de la liquidation ont donné aux municipalités du Loiret et de Seine-et-Oise le temps de faire parvenir.

« *Au citoyen Roland, ministre.*

« Paris, le 1er janvier 1793, l'an 1er de la République française.

« Citoyen,

« Pour répondre à toutes les demandes qui vous sont faites par plusieurs départements, notamment celui du Loiret, signées de la municipalité et autres *idem,* je vous déclare que je ne *reconnais pas aucune des dépenses* qui pourront vous être portées ; je proteste que je n'ai jamais donné d'ordre que par écrit. En conséquence, je proteste contre tous ceux qui pourront vous être présentés, et vous supplie de vouloir bien me les adresser. Ce n'est pas trois mois après une expédition *que l'on fait des réclamations aussi insidieuses.* Je suis bien étonné que la municipalité d'Orléans et la commune *nous ait* pas demandé aussi le payement de *la feste qu'il a donné* à l'armée parisienne, à son arrivée à Orléans. Si l'on a fait quelque générosité aux corps de garde des prisons, cela les regarde personnellement, citoyen ministre. Je vous prie instamment, aussitôt la présente reçue, toutes les réclamations quelconques qui vous seront faites, de me les adresser pour y répondre ; cette expédition ne doit plus vous importuner. *Je prie instamment d'ordonner* que le remboursement du dépôt que j'ai laissé me soit incessamment compté par le trésor national, conformément au décret. J'attends votre réponse pour me présenter, et suis avec fraternité,

« Votre concitoyen,

« Fournier, cul-de-sac du Doyenné. »

« *Au citoyen Ministre de l'intérieur.*

« En réponse de la vôtre du 11 février 1793 et de celle des officiers municipaux de la ville d'Arpajon au ministre de l'intérieur du 25 janvier, Fournier répond que toute la lettre de cette municipalité n'est qu'imposture ; le corps d'armée que Fournier commandait n'a point fait de séjour, ni couché en allant à Orléans, il n'a fait que *brûler*.

« Il est encore faux que Fournier ait donné aucun pouvoir qui puisse autoriser personne à faire des bons. Fournier était parti de Paris trois jours avant Bécard et son détachement; il n'a rejoint le corps d'armée de Fournier qu'à Étampes. En conséquence, Fournier proteste contre toutes les dépenses qui n'auront pas été souscrites par lui et de sa main; la municipalité d'Arpajon peut s'adresser au citoyen Bécard, qui répond de ses actions, et, s'il est vrai qu'il était sous mon commandement à Arpajon, je déclare que lorsque j'ai rendu mes comptes, tant à la Convention qu'au Ministre de l'intérieur et à la commune de Paris, je n'ai jamais porté aucun compte des dépenses du citoyen Bécard; je ne devais en être responsable que *lorsqu'il a été* sous mon commandement.

« Je prie le Ministre de vouloir bien, à vue, faire ordonner que je sois liquidé sur le champ, et vous ferez justice.

« FOURNIER.

« Ce 13 février 1793. »

De guerre lasse, il fallut bien contenter Fournier, qui était armé du décret du 9 décembre 1792. On écarta toutes les réclamations des divers marchands de Versailles et d'Orléans, dont les fournitures n'étaient pas appuyées de pièces justificatives; seulement on fit acquitter par le trésor public 824 livres 14 sous à la municipalité d'Arpajon, pour fournitures délivrées au détachement du sieur Bécard, sur les bons souscrits par cet officier.

Fournier donna quittance du solde qui lui fut compté et ne fut nullement inquiété jusqu'au moment où, en l'an III, les idées de morale et de justice ayant repris quelque empire, le tribunal de Versailles se saisit de l'affaire des meurtres de Versailles et voulut en demander compte à Fournier. On verra dans la note XXVII ce que devint « l'homme à face livide et sinistre, » comme l'appelle Mme Roland.

XXVI

DÉPOSITIONS

FAITES A L'OCCASION DU PROCÈS INTENTÉ CONTRE FOURNIER L'AMÉRICAIN

(Voir les paragraphes VII et VIII du livre XIII.)

La procédure commencée en l'an III par le tribunal de Versailles contre Fournier, et suivie à Orléans au moyen de commissions rogatoires, contient un très-grand nombre de dépositions relatives aux incidents qui précédèrent le départ des prisonniers et aux vols qui se commirent à leur préjudice. Nous avons choisi parmi toutes ces dépositions celles qui, par leur précision et la position exceptionnelle des témoins, nous ont paru devoir mériter une attention spéciale.

DÉPOSITION DU CITOYEN SAUNIER, LIEUTENANT DE GENDARMERIE.

« Le 9 floréal, l'an IIIe de la république française, s'est présenté le citoyen Louis-François Saunier, lieutenant de la gendarmerie d'Orléans, demeurant rue de l'Égalité, section de la Liberté, pour faire la déclaration suivante :

« Je déclare avoir connaissance que, vers le 31 août 1792, la force armée parisienne, ainsi que Léonard Bourdon, qui l'avait précédée, sont venus à Orléans pour enlever les prisonniers de la haute Cour nationale; que j'ai été commandé avec quatre hommes de cavalerie pour les aller reconnaître à Cercottes, qu'ils sont arrivés sur les deux heures après-midi, que j'ai appris de Birre, concierge alors de la maison d'arrêt des Minimes, de son épouse et de ses enfants, que Léonard Bourdon et une partie de la force armée des Parisiens s'étaient rendus à la maison d'arrêt des Minimes; qu'ils avaient pris aux prisonniers des assignats, des bijoux, des pièces monnayées et des jetons d'argent; que, dans le nombre des Parisiens, un d'eux logeait chez le citoyen Ladureau, chevecier, et que là il a partagé avec d'autres de ses camarades les jetons d'argent, ce que je sais par la déclaration qui m'en a été faite par la citoyenne Ladureau. Qu'au moment où les Parisiens et Léonard Bourdon allaient sortir de la maison d'arrêt, Birre, concierge, fit rendre à Léonard Bourdon une boîte pleine d'argenterie qu'il emportait. Ce fait m'a été répété plusieurs fois par la citoyenne Birre et le guichetier. La force armée, ainsi que Léonard Bourdon et autres, sont restés, ainsi que le général Fournier, en cette ville, jusqu'au mardi 4 septembre. La Commune, ainsi que les autorités constituées, sont restées assemblées pendant toute la nuit et j'y étais aussi. Pendant la nuit il y a eu des pourparlers entre Léonard Bourdon, Lazouski et autres et les membres des autorités constituées, à qui on demandait de l'argent, ce que les autorités refusèrent, parce que le décret de la Convention prescrivait de conduire les prisonniers à Saumur, et qu'au contraire Léonard Bourdon et ceux qui dirigeaient la force armée voulaient les conduire à Paris. Que, d'après cela, les autorités leur ont donné une somme sur la promesse qu'ils firent de les conduire à Saumur; qu'au contraire, le matin, ils prirent la route de Paris avec les prisonniers, au nombre desquels était Malvoisin qui, la veille, avait eu la jambe cassée, et ce malgré les plaintes et les réclamations de son épouse; que le peuple d'Orléans voulait au contraire que les prisonniers fussent transférés à Saumur pour obéir au décret; que Fournier, général, avait eu l'air de s'y prêter après avoir, dit-on, donné des instructions la veille à sa troupe. J'ajoute que le séjour des Parisiens était marqué par la plus grande licence, la plus grande insolence et les menaces réitérées qu'ils faisaient aux citoyens d'Orléans, tellement que pendant plus de vingt-quatre heures ils ont laissé leurs canons sur la place, chargés et mèches allumées. »

DÉPOSITION DU CITOYEN LAROUSSE.

« Le 9 floréal, l'an IIIe de la république française, s'est présenté devant nous le citoyen Pierre François Larousse, ci-devant porte-clefs de la maison d'arrêt des Minimes, à présent demeurant rue du Petit-Horloge, n° 10, section des Piques, qui a fait la déclaration suivante :

« Je déclare que le 22 ou le 23 août[1], Léonard Bourdon, avec deux autres citoyens de Paris que je ne connais pas, se sont transportés dans la maison dite les Minimes, dont j'étais alors porte-clefs. Ils ont demandé à faire la visite des prisonniers à l'effet d'en connaître la quantité, ont monté dans les corridors, sont entrés dans toutes les chambres, ont pris les noms de tous les prisonniers et le numéro de chaque chambre, en leur promettant qu'ils allaient s'occuper de leurs affaires, et que sous peu ils auraient leur élargissement. De cette époque à celle du 31 août, Léonard Bourdon et les deux autres particuliers n'ont plus paru en ladite maison.

« Je déclare que le 31 août, sur les une heure après-midi, la force armée arrivant de Paris, commandée par Lazouski, Fournier et autres, s'est transportée à la prison, a forcé le guichet, a pris au collet le portier pour avoir retardé à ouvrir la porte, qu'il avait voulu lui refuser à moins qu'elle ne fût chargée d'ordre, elle répondit qu'elle avait droit, et, dans l'instant, se répandit dans la cour, au nombre d'environ cent hommes, qui se sont rangés en bataille en face du corps de logis où étaient les prisonniers, et là ont chargé leurs armes. Un des hommes ayant aperçu le déposant à une croisée avec deux ou trois prisonniers qui lui marquaient leurs inquiétudes sur l'arrivée de ces Parisiens, ayant été remarqué par plusieurs d'entre eux, il fut à l'instant mis en joue et tous furent obligés de se retirer. Plusieurs d'entre les prisonniers me prièrent de les enfermer dans leur chambre et de tenir de même les portes du corridor fermées pour les mettre en sûreté, si cela était possible. Dans le même moment, vingt-cinq hommes se portent pour

---

1. Le témoin se trompe ici de date. Bourdon n'arriva que le 26 à Orléans.

frapper aux différentes portes et me forcent de les ouvrir. En même temps ils se jettent sur moi en me demandant, en jurant, ce que je faisais : l'un me prit au collet, l'autre m'arracha mes clefs en me disant que je voulais les faire sauver. Ce fut le caporal qui m'arracha les clefs, et j'étais si occupé que je ne puis assurer si Léonard Bourdon y était ou non à ce moment. Je sais seulement que, quelque temps après, il parut. Je déclare en outre qu'ayant les clefs entre leurs mains, ils se portèrent dans différentes chambres, et ayant trouvé plusieurs prisonniers renfermés ensemble, d'autres chambres où il n'y avait personne, cette circonstance m'attira de leur part les plus vifs reproches. De là ils entrèrent dans la chambre de Dubry, qui venait d'être guillotiné, ils tirèrent les matelas pour faire une recherche, ouvrirent la commode, où ils trouvèrent plusieurs assiettes, et me dirent que j'avais laissé sauver le prisonnier. Sur la réponse que je leur fis que nous étions dans la chambre du malheureux qui venait d'être guillotiné, sur le nom de malheureux que j'avais lâché ils voulurent m'assassiner.

« En ce moment, et après cette scène, je fus débarrassé, et alors je me rendis à la chambre du citoyen de Brissac, où je trouvai une partie de la même garde qui était occupée à piller l'argenterie. Pourtant, sur l'observation que quelques-uns de leurs camarades qu'il ne fallait pas piller ainsi et qu'il fallait appeler leur chef, et c'est Léonard Bourdon avec Fournier et autres qui leur dirent qu'il ne fallait rien déranger et que l'on verrait tout cela le soir, et que l'on en prendrait le compte dans un autre moment. Malgré cela, on trouva un sceau d'argent, ainsi qu'un couvert, de manque. Cette opération faite, ils quittèrent le corridor pour se porter dans l'autre, où il se faisait un mouvement assez considérable occasionné par la chute de M. de Malvoisin, que la peur avait forcé de se jeter par une fenêtre, on le ramena à sa chambre, où le déposant vit plusieurs soldats occupés à piller sa chambre; Léonard Bourdon était assis sur une chaise et voyait tranquillement le pillage. Un des pillards trouva la croix de Saint-Louis du citoyen Malvoisin, il la montra à Léonard Bourdon en jurant et blasphémant beaucoup. Léonard Bourdon la lui demanda, il lui répondit en jurant: « Tu ne l'auras pas; » il la mit dans sa poche en disant: « Cela m'annoblira, » et Léonard Bourdon se tut. Le tumulte s'apaisant, les officiers municipaux, qui s'étaient rendus à la prison, se retirèrent. Le déposant ne peut assurer si Léonard Bourdon était un de ceux qui sont restés; mais le pillage commença, et la plupart des prisonniers le furent de leurs effets, bijoux, argenterie, meubles, papiers et autres effets, dont dans le temps je fis ma déclaration à la Commune. Quatre prisonniers ont été pillés en ma présence, et les Parisiens ont fini par se porter dans ma chambre, où ils volèrent tous mes effets et ont tout emporté. »

DÉPOSITION DE LA CITOYENNE BIRRE.

« Le 5 floréal, l'an IIIe de la république française, s'est présentée la citoyenne Marguerite-Anne Rousseau, veuve de François-Gabriel Birre, demeurant à Orléans, rue de la Force, n° 23, section de la Liberté et de l'Égalité, pour déclarer ce qui suit :

« Je déclare qu'il est à ma connaissance que le 31 août 1792 la force armée de Paris est arrivée en cette ville pour la translation des prisonniers qui étaient aux Minimes et à Saint-Charles ; que Léonard Bourdon et Prosper Dubail sont aussi arrivés en cette ville pour le même objet en qualité de commissaires du pouvoir exécutif. Il était à peu près l'heure de midi ; que peu de temps après Léonard Bourdon est venu à la prison des Minimes, accompagné d'environ deux cents hommes de la garde parisienne ; que la garde a été par eux forcée, et de suite ils se sont introduits dans la maison après avoir contraint d'en ouvrir les portes, nonobstant les représentations qui leur étaient faites par la déclarante ainsi que par son mari, alors concierge de la maison d'arrêt ; qu'ils se sont aussitôt jetés avec violence sur le guichetier, qui s'appelle Jacques Provenchère, qu'ils l'ont pris à la gorge, voulant le forcer de livrer les clefs des chambres des prisonniers ; que ledit Provenchère leur ayant assuré que ce n'était pas lui qui avait les clefs, mais bien le citoyen Birre, concierge, ils se sont fait conduire à sa chambre, que la déclarante avait eu la précaution de fermer sur elle ; qu'ils ont frappé à la porte à coups de crosse de fusil, ce qui l'a forcée d'ouvrir ; qu'ils lui dirent alors de donner les clefs, à quoi j'ai répondu : « Ce n'est pas moi qui les ai, mais le porte-clefs. » Ils ont monté aussitôt, et, un moment après, quelques-uns d'entre eux sont descendus et m'ont dit : « Tu en as d'autres, » que j'ai remises sur-le-champ ; que, muni de ces clefs, ils ont été dans les chambres des différents prisonniers, qu'ils ont dépouillés en s'emparant de tout ce qu'ils avaient et les maltraitant, ce que je tiens des prisonniers, qui m'en ont fait des plaintes ; que la terreur s'est emparée des détenus au point que trois d'entre eux ont *essuyé* divers accidents : Malvoisin eut la cheville cassée, Delahaut a eu les reins rompus, Duroux est tombé dans les latrines ; que la force armée ne trouvant point Duroux, quelques-uns d'entre eux se sont adressés à mon mari, qu'ils tenaient le pistolet sur la gorge, lui disant qu'il répondrait sur sa vie de ce prisonnier, qui depuis fut retrouvé dans les latrines ; qu'ils se sont emparés de tous les postes, et ils sont restés maîtres de la maison, où ils ont vécu à discrétion jusqu'au 4 septembre, jour de leur départ ; que, pendant tout ce temps, ils ont tenu la conduite la plus odieuse, couchant en joue tous les prisonniers qui paraissaient aux fenêtres en criant : « Tue, tue ! » que Léonard Bourdon y venait fréquemment, ainsi que le général Fournier et un autre commandant dont je ne me rappelle pas le nom. J'observe que, huit jours avant cet événement, Léonard Bourdon, accompagné d'un particulier qui avait l'air de son secrétaire, était venu à la même maison d'arrêt, où il s'était fait connaître à moi déclarante en montrant ses pouvoirs ; qu'alors il s'est transporté dans les chambres de tous les détenus, dont il a pris les noms, ce qui lui a servi d'indication dans le second voyage dont j'ai parlé ci-dessus.

« Que, le mardi 4 septembre de la même année, sur les sept heures du matin, la même force armée parisienne est venue, accompagnée de Léonard Bourdon, de Prosper Dubail, qui dirigeaient cette force. Alors je faisais la décharge des prisonniers en faisant mention qu'ils allaient être transférés à Paris, en lui observant cependant que leur destination devait être pour Saumur, à quoi Bourdon répondit : « Eh bien ! mettez pour Saumur ; » que, la décharge étant faite, les prisonniers furent enlevés de la maison inhumainement et sans égard pour la triste situation de quelques-uns d'entre eux. Je dois néanmoins rendre justice à la conduite de Dubail, qui a toujours désapprouvé celle de

Bourdon qui était, ainsi que lui, commissaire du pouvoir exécutif. »

DÉPOSITION DE LA CITOYENNE ROSALIE ÉDOUARD.

« Le 8 floréal, l'an IIIe de la République française, s'est présentée devant nous Rosalie Édouard, fille majeure, demeurant à Orléans en qualité de fille de confiance chez le citoyen Benoist Méra, rue de Courville, section de la Vérité, laquelle a fait la déclaration suivante :

« Je déclare qu'il est à ma connaissance que le 31 août 1792 la force armée parisienne est arrivée à Orléans pour enlever les prisonniers des Minimes et de Saint-Charles ; que Léonard Bourdon était arrivé en cette ville la veille ou la surveille, et logeait à la maison du Dauphin, rue Bannier, où je demeurais en qualité de fille de confiance ; que différentes personnes l'environnaient et mangeaient avec lui habituellement, entre autres les nommés Besserve, Laguette, Vigoureux, Nicole, Goulu, Duplessis, Chamouillet et autres de cette espèce ; que Prosper Dubail était le collègue de Léonard Bourdon ; que le général Fournier venait aussi souvent manger avec lui, ainsi que Lazouski et un appelé Bécard. Il est aussi de ma connaissance que, le jour de l'arrivée de la force armée parisienne, Léonard Bourdon est monté en voiture pour aller au-devant d'elle, qu'il était toujours accompagné de deux gendarmes ; il est revenu avec la force armée. Je ne sais ce qui s'est passé dans l'intérieur des prisons, mais seulement que Bourdon est allé aux prisons et qu'on a apporté dans sa chambre différents portefeuilles, effets, et assignats qui ont été remis audit Bourdon, ainsi que des croix de Saint-Louis ; que le général Fournier en a mis une à la tête de son cheval. »

DÉPOSITION DU CITOYEN PROZET.

« Le 1er floréal, l'an IIIe de la république française, est comparu Prozet, pharmacien, demeurant à Orléans, rue de l'Égalité, 84, section de la Vérité, qui a fait la déclaration suivante :

« Je soussigné déclare que Léonard Bourdon et Prosper Dubail vinrent à Orléans comme commissaires de Paris, au mois d'août

1792, pour s'informer de l'état des prisons et des prisonniers près la haute Cour nationale ; que, le 30 dudit mois, il y eut une conférence au département entre les trois corps administratifs et lesdits deux commissaires ; que, dans cette conférence, à laquelle j'assistai comme officier municipal, il fut question de la réception à faire à la garde nationale de Paris, qui devait arriver le lendemain ; que Léonard Bourdon et Lachaux, maire, insistaient beaucoup pour qu'il leur fût fait un grand banquet à leur arrivée ; que l'impossibilité et les inconvénients qui pourraient résulter d'un pareille entreprise, aussi prompte, ayant été démontrés, il fut décidé unanimement de surseoir, d'après l'avis du citoyen Dubail, qui vint à la maison commune pendant que nous tenions une séance publique à laquelle il assista ; qu'après il passa dans la chambre du conseil, et que là, après que le plus grand nombre des officiers municipaux se fut retiré, il dit aux membres restants, dont moi, déposant, étais du nombre, qu'il venait pour nous prévenir que son collègue Bourdon était venu avec les plus mauvaises intentions contre notre ville, et que ses démarches étaient combinées avec quelques membres de la commune, et nommément le maire ; qu'en conséquence il nous exhortait à être très-circonspects dans tout ce que nous dirions devant lui ; qu'il ajouta qu'à leur arrivée le maire Lachaux et deux autres officiers municipaux avaient été souper avec eux, que si les Parisiens venaient à Orléans, c'était à Léonard Bourdon qu'on devait l'attribuer, que le citoyen Dubail les avait *pérorés* à Longjumeau et les avait déterminés à retourner sur leurs pas, mais que Léonard Bourdon, après les avoir fait déjeuner, les avait fait changer d'avis et leur avait fait faire une pétition qu'ils avaient envoyée par une députation au corps législatif, dans laquelle ils demandaient un décret pour les autoriser à venir ;

« Que, le 2 septembre, un garde national de Paris, dont je ne me rappelle pas le nom, vint me prévenir que Fournier, commandant du détachement parisien, avait assemblé sa troupe sur le Mail et que là, avec Léonard Bourdon, ils avaient annoncé qu'il y avait un décret qui ordonnait de conduire les prisonniers à Saumur, mais qu'il ne fallait point y obéir, mais au contraire les conduire à Paris ; qu'il les prévenait que, par la place qu'ils occupaient, ils seraient obligés de paraître vouloir faire exécuter la loi, mais qu'alors la troupe n'aurait qu'à crier : « Nous voulons aller à Paris! » que, sur leur observation qu'eux, Léonard Bourdon et Fournier leur faisaient remarquer qu'ils allaient se rendre coupables de désobéissance et qu'ils seraient regardés comme brigands, qu'alors ils n'auraient qu'à crier plus fort : « Eh bien, oui, nous voulons être des brigands et nous voulons mener les prisonniers à Paris! »

« Que je fis part au citoyen Dubail et au citoyen Garran-Coulon de l'avis que je venais de recevoir; que ces deux citoyens firent venir Fournier et le sommèrent de déclarer s'il voulait obéir à la loi, oui ou non; qu'après plusieurs tergiversations, Fournier demanda à se retirer dans une chambre avec un nommé Bécard, qui était son commandant en second; que le citoyen Léonard Bourdon vint dans ladite chambre où j'étais aussi, et que là il dit à Fournier : « Dis que tu vas les conduire à Saumur, mais demain matin tu n'en feras pas moins ce dont nous sommes convenus; « que l'essentiel était d'avoir de l'argent dans ce moment et qu'il lui conseillait d'en demander et de déclarer qu'il ne pouvait partir sans cela; que Fournier alors se retourna vers Bécard et lui dit : « Combien demanderons-nous? Crois-tu que douze mille francs seront assez? » A quoi Bécard répartit : « Demandes-en quinze; » que je rapportai ces propos aux citoyens Dubail et Garran-Coulon, qui étaient pénétrés de douleur de ne pouvoir retirer les prisonniers des mains des Parisiens qui s'en étaient emparés, et qui me dirent qu'ils n'osaient requérir la force armée d'Orléans, parce qu'ils étaient certains que ce serait le signal du massacre des prisonniers. »

XXVII

PROCÈS

ET PUNITION DES ASSASSINS DE SEPTEMBRE

(Voir les livres XI, XII et XIII.)

Comme nous le verrons dans le quatrième volume, la voix éloquente de Vergniaud se fit entendre avant la clôture des séances de l'Assemblée législative, pour réclamer la punition des assassins de septembre et pour faire décréter « que les membres de la commune répondaient sur leur tête de la sûreté des prisonniers [1]. »

Dès les premières séances de la Convention nationale, la lutte entre la Gironde et la Montagne s'engagea de nouveau à l'occasion des crimes de septembre. Guadet, Barbaroux et Kersaint réussirent à faire décréter, le 19 octobre, que le ministre de l'intérieur serait tenu de rendre compte dans trois jours des poursuites dirigées contre les auteurs de l'insurrection de Charleville. La Gironde s'attaquait aux septembriseurs de province, n'osant pas encore se heurter contre ceux de Paris, trop bien représentés dans le sein de l'Assemblée et trop vivement soutenus par la Montagne, les Jacobins et la populace à leur solde.

L'instruction judiciaire fut sans résultat à Charleville, parce que ceux qui avaient pris part au meurtre de Juchereau étaient tous des individus complétement inconnus dans cette ville et qui avaient disparu aussitôt le meurtre commis [2].

---

1. *Moniteur* du 19 septembre 1792, p. 1116.
2. Voir ci-dessus page 332.

Les assassins de Couches et de Meaux avaient été poursuivis plus vigoureusement, dès le lendemain des scènes lamentables que nous avons racontées (pages 322 et 338). Les autorités de Saône-et-Loire et de Seine-et-Marne avaient commencé des poursuites contre les individus que la clameur publique accusait d'être les auteurs principaux de ces meurtres.

L'instruction commencée dès le 9 septembre contre les prévenus de l'assassinat de Couches aboutit, dès le 17 janvier, à neuf condamnations à mort par contumace.

Celle commencée à la même époque par les autorités judiciaires du district de Meaux amena une déclaration du jury d'accusation, qui déféra au tribunal criminel de Seine-et-Marne cinq individus[1] compromis dans cette affaire.

Le 20 janvier, le jour même où la Convention venait de prononcer sur le sort du malheureux Louis XVI, des voix girondines demandent « que le décret qui condamne le tyran soit immédiatement suivi d'un autre qui ordonne des poursuites contre les provocateurs, auteurs, complices et adhérents des assassinats et des brigandages commis dans les premiers jours de septembre 1792. » Barrère lui-même appuie la motion : en vain Chasles et Marat hurlent-ils pour demander la question préalable ; la proposition de Gensonné, faiblement amendée par Tallien, est adoptée à une immense majorité et au milieu des acclamations les plus vives[2].

Le club des Jacobins s'émeut très-vivement de cette levée de boucliers et vient, le 8 février, par l'organe du citoyen Roussillon, électeur de la section de Marseille, lire une pétition[1] qui était censée présentée au nom des défenseurs de la patrie des quatre-vingt-quatre départements. Nous sommes obligé d'en citer quelques passages pour donner une idée des mensonges audacieux que le rédacteur y avait entassés.

« ... Les tyrans se liguent contre nous, et c'est dans le moment que nous allons les combattre que vous avez rendu un décret

---

1. Le *Moniteur* du 4 février 1793, page 161, annonce que huit prévenus ont été arrêtés par suite de cette instruction dans la nuit du 27 au 28 janvier.
2. Voir le *Moniteur* de 1793, p. 120.
3. Elle se trouve tout entière dans le *Moniteur* du 10 février 1793, p. 190.

qui ordonne de poursuivre les prétendus auteurs des journées des 2 et 3 septembre... Ces journées, sur lesquelles on essaye de vous apitoyer éternellement, ne sont point telles qu'on se plaît à le répandre: le peuple ne *savait-il pas que, pendant que le traître Louis allait effectuer une seconde évasion, les scélérats, détenus à dessein dans les prisons par des tribunaux contre-révolutionnaires devaient en sortir tout à coup*, se joindre aux chevaliers du poignard et égorger les patriotes?... Le premier mouvement de ceux qui s'armèrent pour aller à la rencontre des satellites de Brunswick fut de mettre leurs femmes et leurs enfants à l'abri de toute atteinte ; ils se portèrent aux prisons, punirent les conspirateurs et mirent en liberté les innocents...

« Ces événements, si la morale les réprouve, la politique les justifie... Comme l'a dit un de vos membres, *Isnard,* les vengeances populaires sont un supplément au silence des lois ; et nous aussi qu'on accuse de cannibalisme, nous pleurons de bonne foi les innocents, n'y en eût-il qu'un seul ; et s'il a péri, est-ce au peuple qu'il faut s'en prendre?...

« Mais quels sont ceux que l'on voudrait punir?

« Est-ce le peuple de Paris et les fédérés? Vous aurez alors 800,000 hommes à punir. Est-ce une poignée de brigands soldés, comme le prétendent les aristocrates et les modérés? Dans cette hypothèse, le peuple serait encore complice, puisque par son silence il aurait adhéré à leurs exécutions. Cette procédure ridicule, qu'on veut intenter contre les auteurs des journées de septembre, n'est qu'un échafaudage contre-révolutionnaire... Votre décret a déjà donné lieu à une procédure dans la ville de Meaux ; plusieurs de nos frères sont dans les fers et prêts à perdre la vie ; cinquante pères de famille ont abandonné leurs femmes et leurs enfants pour se soustraire aux persécutions des traîtres qui, au nom de la loi, veulent assassiner le peuple. Nous demandons que nos frères de Meaux soient mis en liberté, en vous observant qu'il existe une loi qui annule toutes les procédures faites et à faire pour cause de révolution. »

Les montagnards Albitte, Bourbotte, Poultier, Bentabole, Jean-Bon-Saint-André, demandent le retrait du décret du 20 janvier; Lanjuinais s'y oppose énergiquement, et s'écrie avec le courage dont il donna tant de preuves dans le cours de sa longue carrière parlementaire : « Non, il est impossible de rejeter la responsabilité des affreuses exécutions de septembre sur le bon peuple de Paris! il est connu que les listes furent dressées par des hommes en place; on sait par quels ordres les victimes furent amoncelées dans les prisons; on sait que les bourreaux salariés recevaient cent sous par tête. Des registres de sections, les registres de la commune portent en ligne de compte le prix de ces forfaits... Il est donc vrai que ce furent, non pas des émeutes, mais des vengeances particulières; non pas des vengeances inopinées, mais des complots, mais des proscriptions. »

Au milieu du tumulte occasionné par la vigoureuse sortie de Lanjuinais, Grangeneuve, qui était peut-être le seul des Girondins qui ne dût pas intervenir dans ce débat, s'écrie : « Je demande que toute la France sache qu'il n'est pas permis de motiver ici un amendement qui contrarie les défenseurs de ceux qui ont provoqué les massacres de septembre. » A quoi le montagnard Ruamps lui répond par ce mot terrible : « Tais-toi, Grangeneuve; n'as-tu pas voulu faire égorger, dans les prisons de l'Abbaye, ton collègue Jouneau pour te venger de lui? » Grangeneuve balbutie et se contente de proposer que l'on continue la procédure contre les assassins de septembre, mais que l'on sursoie provisoirement à tout jugement.

Enfin, sur la motion de Lamarque, la Convention décrète : « Que les procédures relatives aux événements des premiers jours de septembre seront provisoirement suspendues, et renvoie la pétition des défenseurs de la République une et indivisible des quatre-vingt-quatre départements au comité de législation pour en faire son rapport dans trois jours. » (*Collection des lois*, décret du 8 février 1793.)

Certes les Jacobins devaient être satisfaits. Cependant ils avaient eu tellement peur pour leurs amis du comité de surveillance de la commune du 10 août, qu'à la séance du club, le 8 février au soir[1], Thuriot s'écria : « Citoyens, demain, avant que les députés patriotes soient rendus à l'Assemblée, on cherchera à faire rapporter le décret qui suspend la procédure contre

---

[1]. *Journal des Débats et de la Correspondance des Jacobins*, n° 353, p. 2.

les citoyens arrêtés à Meaux; j'invite les citoyens qui sont ici à éveiller les patriotes de bonne heure, afin qu'ils soient rendus à dix heures précises à la Convention pour se mettre en mesure de faire expédier le décret rendu. La rigueur des poursuites que l'on exerce, ajoute Thirion, décèle un plan de contre-révolution; on veut, en poursuivant les auteurs des justes vengeances des 2 et 3 septembre, empêcher les patriotes de se défaire des aristocrates qui sont encore dans le sein de la République. »

A cette occasion, l'un des organisateurs des massacres, Billaud-Varenne, prononça un panégyrique complet des journées de septembre, panégyrique que n'ont fait que copier et amplifier tous les écrivains ultrà-révolutionnaires qui ont cherché à justifier ces effroyables journées. Comme il est la contre-partie complète de notre récit, nous devons le mettre sous les yeux de nos lecteurs.

« C'est le 1er septembre qu'on enlève à la ville de Paris les magistrats qui l'avaient guidée dans la révolution, et c'est le même jour qu'on apprend que Verdun est pris, que les ennemis s'avancent sur Paris. Soudain la voix de la patrie se fait entendre, les magistrats, quoique frappés d'un injuste anathème, font une proclamation. Au même instant la *Convention* révoque son décret de cassation, le peuple s'empresse de voler à l'ennemi; mais il songe que les prisons regorgent de conspirateurs; il sait que si les Prussiens s'avancent, c'est pour délivrer leurs complices et leurs agents secrets; il sait qu'il laisse des femmes, des enfants, et pour leur sûreté il immole les premiers ennemis qu'il rencontre sous sa main... Cette vengeance terrible arrêta le roi de Prusse pendant six jours. La crainte de voir la famille royale tomber sous les coups d'un peuple justement irrité arrêta la marche des Prussiens... Si vous voyez un crime dans un transport révolutionnaire, punissez les vainqueurs de Jemmapes, punissez les héros qui ont sauvé la liberté; punissez enfin tout le peuple de Paris... »

L'apologie de Billaud-Varenne fut naturellement couverte d'applaudissements. Un membre du club vint le lendemain rassurer ses collègues, et leur annoncer « que le décret du 8 février n'avait pas été rapporté, que le ministre de la justice s'était empressé de l'expédier au tribunal criminel de Seine-et-Marne et d'engager en même temps les magistrats à ne faire essuyer aucun mauvais traitement aux patriotes détenus à Meaux[1]. »

Depuis cette époque jusqu'au 31 mai, la lutte de plus en plus animée entre la Montagne et la Gironde ramena souvent à la tribune le souvenir de septembre, mais aucune mesure législative ne fut prise ni pour ni contre les organisateurs des massacres et encore moins contre leurs complices. Aussitôt après la chute définitive et complète de ses adversaires, la Montagne voulut signaler son triomphe en ordonnant la cessation de toutes poursuites contre les individus qui, de près ou de loin, pouvaient être inquiétés pour leur participation aux massacres des prisonniers, et surtout en reconnaissant aux prétendus tribunaux établis dans le greffe des prisons le droit d'absolution qu'ils avaient arbitrairement exercé[2].

Le 28 octobre 1792, le ministre de la justice Garat, qui avait succédé à Danton, avait adressé à la Convention un rapport qui pèsera à jamais sur sa mémoire, et dans lequel, après avoir atténué autant qu'il était en lui le crime de septembre, il posait cette question :

« Les prévenus de crimes et délits non politiques élargis par le peuple doivent-ils être encore soumis au jugement des lois[3] ? »

La Convention avait renvoyé ce rapport à son comité de législation ; celui-ci n'osa pas prendre un parti tant que la lutte entre la Montagne et la Gironde subsista ; la discussion sur le rapport de Garat aurait été le signal des débats les plus violents. Mais aussitôt que le comité sut à quoi s'en tenir sur le résultat de *l'insurrection morale* dont la Montagne avait donné le signal et dont les Girondins furent les victimes, il s'empressa de conclure dans le sens des victorieux. Un député assez obscur, nommé Azéma, déposa un rapport sur la décision

---

1. *Journal des Débats et de la Correspondance des Jacobins*, n° 354, p. 2 et 3.

2. 1° Voir le *Journal des Débats et Décrets*, page 5, n° 75 de la Convention, 1ᵉʳ et 2 décembre 1792, p. 30.

3. Voir le *Moniteur* du 13 novembre, page 1351, et les *Révolutions de Paris*, n° 175, p. 344-348.

que Garat avait sollicitée des lumières de la Convention[1]. Ce rapport, apologie déguisée des massacres de septembre, atténuation assez habile des horreurs commises par les assassins, concluait à faire considérer les juges improvisés de l'Abbaye et de la Force comme de vrais magistrats qui avaient eu plénitude de juridiction et dont les décisions souveraines devaient être respectées[2].

Depuis le 31 mai on discutait à peine à la Convention, et toutes les propositions faites par les divers comités avec l'assentiment des nouveaux dictateurs étaient immédiatement et silencieusement adoptées. Le 16 juin, la Convention nationale rendit donc le décret dont la teneur suit :

« La Convention nationale, après avoir entendu le rapport de son comité de législation sur le mémoire du ministre de la justice, concernant les événements arrivés les 2 et 3 septembre dernier et touchant le sort des prisonniers élargis à la suite de ces événements, décrète que ceux qui ont été élargis dans les journées des 2 et 3 septembre dernier ne pourront point être poursuivis pour les mêmes faits qui avaient donné lieu à leur détention, et que ceux qui ont été arrêtés pour ces mêmes faits seront mis en liberté, à l'exception, néanmoins, des prévenus d'assassinat, de vol avec effraction, de faux brevets au nom de la nation, de fabrication de faux assignats et monnaie, et de conspiration contre la sûreté intérieure et extérieure de l'État[3].

Ce décret fut complété par un autre du 19 juillet rendu sur le rapport de Dartigoyle et ainsi conçu :

---

1. Le rapport d'Azéma n'est point au *Moniteur*. Nous en avons retrouvé un exemplaire imprimé.
2. La théorie du comité de législation était la même qu'avait soutenue le défenseur de Cazotte dans le déclinatoire présenté par lui le 24 septembre au tribunal extraordinaire, au moment où celui-ci s'apprêtait à juger ce malheureux vieillard acquitté par le tribunal de Maillard. (Voir page 286 de ce volume.) Azéma aurait dû, s'il avait été logique, demander que l'on réhabilitât la mémoire de Cazotte; il aurait dû aller au tribunal révolutionnaire servir de défenseur au vieux Sombreuil qui se trouvait dans le même cas, mais il n'y songea seulement pas.
3. *Collection des Lois*, année 1793, p. 730.

« La Convention nationale, après avoir entendu le rapport de son comité de législation, décrète que les procédures instruites à Meaux et à Melun sur les événements des premiers jours de septembre, et qui ont été suspendues par la loi du 8 février dernier, sont annulées; en conséquence, les détenus mentionnés dans lesdites procédures seront sur-le-champ mis en liberté [1]. »

L'exécution du décret du 16 juin donna lieu à un incident qui mérite d'être rapporté. Nous avons vu plus haut que le tribunal criminel de Saône-et-Loire avait condamné à mort, le 17 janvier 1793, par contumace, neuf individus pour le meurtre des quatre prêtres assassinés à Couches. Trois de ces individus s'étaient réfugiés à Paris. Leur signalement ayant été envoyé aux autorités judiciaires, ils y avaient été arrêtés et allaient être transférés dans les prisons de Châlons pour être mis à la disposition des magistrats de Saône-et-Loire qui les réclamaient depuis longtemps; mais, au moment où cette translation allait avoir lieu, on s'aperçut que les quatre voyageurs, munis de passe-ports réguliers, qu'ils avaient assassinés étaient des prêtres, que dès lors ces assassins étaient des patriotes persécutés, qui avaient eu l'énergie de débarrasser la nation d'ennemis acharnés. Leur action, de criminelle qu'elle était, devint naturelle, héroïque même; on s'empressa de les mettre en liberté et de leur délivrer, pour retourner dans leur pays, un certificat ainsi conçu [2] :

---

1. *Collection des Lois,* année 1793, p. 138.
2. Forobert et ses amis, pour être sûrs de ne plus être inquiétés à l'avenir, déposèrent le certificat chez un notaire de la commune de Montcenis, près de Couches.

Nous avons retrouvé sur les registres d'écrou de la Force la mention suivante qui vient corroborer, s'il en était besoin, les preuves que nous avons trouvées dans le dossier de Saône-et-Loire, et qui ne s'expliqueraient pas sans notre commentaire :

« 9 février 1793, Forobert (Antoine), natif d'Essertennes, canton de Couches, district d'Autun. Incarcéré en vertu d'un mandat d'arrêt, signé des citoyens Chambon, maire; Brulé, Arbeltier, Louis Roux et Guinot, tous quatre municipaux et administrateurs. Jugé à mort pour crime d'assassinat, mis en liberté le 30 juillet 1793, en vertu du décret du 16 juin. »

« Le 16 août 1793, l'an iie de la république française une et indivisible, nous, administrateurs de police, attestons à tous nos concitoyens, que les citoyens Antoine Forobert et autres co-accusés relativement aux affaires du commencement de septembre, ont été élargis et mis en liberté en exécution des décrets de la Convention nationale; le premier, du 8 février dernier, et les deux autres en date du 16 juin dernier.

« Nous invitons, en conséquence, nos concitoyens à faire jouir ledit citoyen Forobert tranquillement et paisiblement de la liberté que lui a donnée la loi.

« Les administrateurs de police de la ville de Paris,

« POUVEL, MICHEL, MICHONIS, PACHE, maire de Paris. »

Pendant dix-huit mois le nom de septembre n'est plus prononcé dans le sein de la Convention. Les organisateurs des massacres s'étaient coalisés contre tous ceux qui avaient osé leur rappeler ce souvenir importun. Mais après leur victoire, ils font comme tous les scélérats qui se connaissent trop les uns les autres pour jamais se croire en sûreté, tant qu'ils ne restent pas seuls; ils se proscrivent mutuellement : Manuel, le procureur-syndic de la commune; Danton, *le ministre du peuple*; Hébert, le juge de Mme de Lamballe; les municipaux Danger, Marino, Michonis, qui avaient sanctionné de leur présence les meurtres de la Force, montent sur l'échafaud; Robespierre les y envoie et les y suit. Robespierre tombé, la conscience publique continue de se taire; les vainqueurs du 9 thermidor, les Billaud-Varenne, les Collot d'Herbois règnent encore durant quelques mois au comité de salut public. Mais lorsque les soixante-treize représentants emprisonnés, lorsque les Girondins mis hors la loi sont rentrés dans le sein de la représentation nationale, les ombres des 2 et 3 septembre sont de nouveau évoquées. Tallien, celui qui avait lu à la Législative la fameuse adresse du 30 août, celui qui avait été le secrétaire de la commune insurrectionnelle au 10 août et au 2 septembre, Tallien était devenu le coryphée de la réaction, il essayait de dominer la Convention comme l'avait fait si longtemps Robespierre. Un jour, le 17 brumaire an iii (7 novembre 1794), moins de 4 mois après la chute du dictateur, Cambon était à la tribune défendant ses opérations financières pendant la crise révolutionnaire. Tallien l'interrompt violemment; mais Cambon, sans s'émouvoir, lui jette à la face cette terrible apostrophe : « Viens m'accuser, moi je n'ai rien manié; je n'ai fait que surveiller. Nous verrons si, dans tes opérations particulières, tu as porté le même désintéressement. Nous verrons si au mois de septembre, lorsque tu étais à la commune, tu n'as pas donné ta griffe pour faire payer une somme de 1,500 mille livres dont la destination te fera rougir; oui, je t'accuse, monstre sanguinaire, je t'accuse... On m'appellera Robespierre si l'on veut; ma conduite démentira toutes les calomnies; je ne nie aucune de mes opinions; je t'accuse d'avoir trempé tes mains, du moins par tes opinions, dans les massacres qui ont été commis dans les cachots de Paris;... je t'accuse d'avoir favorisé le brigandage. » Les débris du parti de Robespierre applaudissent. Tallien reste muet[1].

Deux mois plus tard, le 1er pluviôse (16 janvier 1795), on discutait l'abolition de la peine de mort. Tallien en demandait le maintien contre les grands criminels; tout à coup il est salué, par ses anciens amis de la Montagne, du nom de massacreur de septembre; mais, payant d'audace, il leur répond : « Eh bien! j'accepte l'accusation, venez la porter à la tribune! »

Personne ne se lève. Alors Tallien reprend : « Puisque celui qui m'a fait ce reproche ne se présente pas, je somme, non-seulement ceux qui l'environnent, ceux qui siégent sur le même banc... je somme tous leurs sicaires, tous les membres des comités révolutionnaires, tous leurs suppôts, de porter contre moi aucune accusation. Il en est beaucoup parmi eux qui ne m'accusent d'être un égorgeur du 2 septembre que pour mieux étouffer ma voix, parce qu'ils savent que j'ai tout vu. Ils savent que je me suis servi de l'autorité dont j'étais alors dépositaire pour sauver du glaive des assassins un grand nombre de personnes; ils savent que moi seul au milieu de la commune j'osai me jeter au milieu de cette foule sanguinaire pour empêcher

---

[1]. Le *Moniteur* du 20 brumaire (10 novembre 1794).

qu'on ne violât les dépôts confiés à la commune... J'ai fait mon devoir en cette occasion, je le ferai encore en démasquant les provocateurs de cette journée sanglante qui siégent parmi nous[1]. » La convention applaudit. Tous les regards se tournent vers Panis et Sergent, les derniers représentants du trop fameux comité de surveillance.

Mais la réaction vers les idées de justice et d'humanité s'accentuait de plus en plus. Tous les jours, des députations des sections parisiennes venaient demander la punition de ces individus que l'on appelait alors *la queue de Robespierre*. Le 13 ventôse (3 mars 1795), un orateur, parlant au nom de la section des Invalides, s'exprimait ainsi :

« Indulgence pour la tourbe des faibles, dont les yeux, mais non les âmes, ont été fermés à la lumière... Mais guerre à mort aux chats-tigres ! ces hommes n'avaient d'humain que la figure et leurs cœurs étaient de fer. Accélérez le retour de l'ordre par le jugement des grands coupables, des exécrables assassins du 2 septembre, des scélérats qui conduisirent froidemeent une foule de prévenus d'Orléans à Versailles pour s'abreuver de sang jusqu'à satiété [2]... »

Les juges qui avaient déjà les premiers en 1792 donné l'exemple des poursuites contre les assassins de septembre furent encore les premiers à seconder ce réveil de l'opinion publique. Les magistrats de Saône-et-Loire reprirent l'instruction qu'ils avaient commencée, dès 1792, contre les assassins des prêtres de Couches; ils purent mettre la main sur quatre des contumaces condamnés à mort le 17 janvier 1793, et recommencèrent contradictoirement leur procès. Les assassins espéraient trouver en 1795, dans la Convention, une indulgence égale à celle dont leurs complices avaient profité en 1793 ; mais les temps n'étaient plus les mêmes. Cette assemblée régénérée par le malheur passa à l'ordre du jour sur la pétition que ces misérables lui adressèrent. Le tribunal criminel de Saône-et-Loire, sur le verdict affirmatif du jury, condamna à mort

---

1. *Moniteur* du 3 pluviôse (22 janvier 1795), p. 508.
2. *Moniteur* du 16 ventôse (6 mars 1795), p. 679.

deux des accusés et acquitta les deux autres [1] (6 prairial, an III).

D'autres tribunaux suivirent l'exemple des magistrats de Saône-et-Loire.

Le tribunal criminel de la Marne avait également entamé une procédure contre les auteurs des assassinats de Reims et la poursuivait très-activement.

Celui de Seine-et-Oise avait commencé, dès le 10 germinal, des poursuites contre Fournier l'Américain et deux individus beaucoup plus obscurs, qui étaient prévenus d'avoir participé aux meurtres de Versailles. C'était un ouvrier teinturier nommé Tamisier et un ouvrier sur les ports nommé Bouchot. On avait envoyé des commissions rogatoires à Orléans, et nous avons donné, dans une note précédente (pages 601 et suivantes), quelques-unes des principales dépositions qui furent recueillies contre le commandant de l'armée parisienne.

Diverses sections de Paris commencèrent officiellement des enquêtes sur les événements de septembre [2].

Après la journée du 13 germinal, dans laquelle le parti jacobin, relevant la tête, avait voulu s'opposer au décret de transportation qui avait frappé les trois membres de l'ancien comité de salut public, Billaud-Varenne, Collot-d'Herbois et Barrère; après celle du 1er prairial an III, où les bandes démagogiques

---

1. L'un des deux condamnés à mort, Forgeot, ferblantier, à Couches, se donna la mort dans sa prison. L'autre, nommé Masson, tailleur d'habits, fut exécuté sur la place publique d'Autun. La pétition, qu'ils avaient adressée à la Convention avant leur mise en jugement, contenait les phrases suivantes : « Déjà vous avez passé l'éponge de l'oubli sur une foule de traits de cette sorte, arrivés dans plusieurs endroits de la République, et ils sont persuadés que le voile que vous avez déjà employé servira encore à leur égard pour cacher toute la noirceur du crime dont ils sont prévenus... l'on regardait les prêtres comme les vrais auteurs de tous nos maux ; vous les avez vous-mêmes crus si dangereux que vous les aviez proscrits du territoire français... Les quatre prêtres ont été victimes. Le peuple en furie leur a donné la mort et l'on croyait si bien avoir fait une belle action que chacun, le lendemain, se vantait d'en avoir tué sa bonne part... Vous hésiterez d'autant moins, citoyens représentants, à leur accorder ce que vous demandent les pétitionnaires, que ce sont quatre pères de famille, quatre sans-culottes, sur la conduite desquels il n'y a jamais eu le moindre reproche à faire, qui ont toujours marché dans les sentiers de la probité et de la vertu... »

2. Nous avons retrouvé la délibération par laquelle fut constituée la commis-

avaient tenu asservie la Convention pendant quelques heures et égorgé le courageux Féraud, les représentants du peuple comprirent qu'il n'était plus temps d'user de ménagements avec un parti incorrigible; ils firent fermer le club de la rue Saint-Honoré et rendirent, le 4 messidor, une loi qui renfermait des dispositions ainsi conçues :

« Les tribunaux criminels de département connaîtront immé-

sion d'enquête de la section de l'Unité ou des Quatre-Nations, précisément celle dont nous avons parlé dans une note précédente, p. 529. »

SECTION DE L'UNITÉ.

Extrait du registre des délibérations de l'assemblée générale. Présidence du citoyen Guinot. Séance du 20ᵉ jour de germinal, l'an III de la République française une et indivisible.

« Sur différentes propositions faites, qui se trouvent appuyées, et sur l'intime persuasion où sont tous les bons citoyens, que la liberté, l'indivisibilité de la République, et la sûreté de l'État se trouvent en danger tant que le crime se trouvera impuni, que les hommes, qui ont constamment conspiré contre la liberté des citoyens et la sûreté des propriétés, resteront dans la société et en partageront les travaux, ainsi que ceux qui ont trempé leurs mains sacriléges dans le sang de leurs concitoyens, dans les journées des 2, 3, 4 et 5 septembre, se trouveront saisis des armes qui ne devraient être portées que par de bons citoyens.

« L'assemblée générale arrête qu'il sera formé une commission composée de cinq membres à l'effet de recevoir toutes les déclarations et tous les renseignements qui leur seront donnés par leurs concitoyens, soit verbalement, soit par écrit, et qui pourraient tendre à leur faire connaître les auteurs et les complices des assassinats commis dans les journées des 2, 3, 4 et 5 septembre, ainsi que des divers crimes, vols et pillages qui ont suivi ces horribles journées; pour, après avoir fait connaître leur travail et consulté l'assemblée générale, en faire leur rapport au comité de sûreté générale et de salut public de la Convention nationale qui prendra, dans sa sagesse, ainsi que dans sa justice, les mesures qu'elle croira les plus convenables.

« Les citoyens nommés sont : *Goujet-Deslandes, Lambinet aîné, Chauveau de La Garde, Monnot* et *Poulin.* L'assemblée croyant que les citoyens *Schmit* et *Lecomte,* anciens trésoriers de la section, pouvaient donner à cette com- commission des renseignements nécessaires, les a adjoints pour la facilité d'un travail aussi important.

« Pour extrait conforme :

« GUINOT, président; GOUJET-DESLANDES, secrétaire; LAMBINET aîné, secrétaire archiviste. »

« diatement *des crimes de meurtre et d'assassinat commis dans*
« *l'étendue de la République depuis le* 1er *septembre* 1792.

« Art. ii. Les auteurs, instigateurs, provocateurs et complices
« des crimes énoncés dans l'article précédent seront arrêtés
« sur-le-champ et traduits sans délai au tribunal du départe-
« ment du lieu du délit...

« Art. ix. Les accusateurs publics seront tenus d'envoyer copie
« du jugement soit qu'il acquitte, soit qu'il condamne, au comité
« de législation, trois jours après sa date.

« Art. xi. Les juges, accusateurs publics et greffiers des tribu-
« naux criminels demeureront en permanence jusqu'à ce qu'il
« en ait été autrement réglé ; les jurés seront aussi en perma-
« nence pour le temps qu'ils doivent servir. »

La première application de cette loi fut le jugement que le tribunal criminel de la Marne rendit, le 26 thermidor suivant, contre les assassins des prêtres de Reims. Il condamna à mort un colporteur de journaux nommé Leclère et un brocanteur nommé Cenis-Sauris, et, à six ans de fers, le cordonnier Leblanc et le vitrier J.-B. Tullien [1].

Pour obéir à la loi du 4 messidor, le tribunal criminel du département de Paris ordonna, le 26 fructidor an iii, aux secrétaires ou autres dépositaires des papiers des comités ou commissions de déposer dans le plus bref délai au greffe du tribunal tous registres, cahiers, notes, feuilles ou renseignements quelconques contenant des déclarations ou dénonciations contre les prévenus des crimes auxquels s'appliquait la loi du 4 messidor précédent. Mais à peine ce jugement était-il rendu que, par un de ces revirements si fréquents en temps de révolution, intervint la loi d'amnistie qui porte la date du 4 brumaire an iv. La Convention achevait ce jour-là sa longue et sanglante carrière ; elle voulut jeter le voile de l'oubli sur tous les

---

1. Leblanc et Tullien étaient tous les deux domiciliés à Chemery près Reims, et avaient été spécialement convaincus d'avoir joué un rôle très-actif dans l'arrestation des abbés de Lescure et Levacher à Monchenot.

Les deux condamnés à mort furent exécutés le 1er fructidor sur la place publique de Reims.

faits d'une révolution qu'elle croyait avoir terminée en donnant aux Français la constitution de l'an III.

Les art. III et V de cette loi d'amnistie étaient ainsi conçus :

« ART. III. La Convention abolit, à compter de ce jour, tout
« décret d'accusation et d'arrestation, tout mandat d'arrêt mis
« ou non à exécution, toutes procédures, poursuites et juge-
« ments portant sur des faits purement relatifs à la révolution.
« Tous détenus à l'occasion de ces mêmes événements seront
« immédiatement élargis, s'il n'existe point contre eux des
« charges relatives à la conspiration du 13 vendémiaire dernier.

« ART. IV. Les délits commis pendant la révolution et prévus
« par le Code pénal, seront punis de la peine qui s'y trouve
« prononcée contre chacun d'eux.

« ART. V. Dans toute accusation mixte où il s'agirait à la fois
« de faits relatifs à la révolution et de délits prévus par le Code
« pénal, l'instruction et le jugement ne porteront que sur ces
« délits seuls. »

Le premier qui profita du bénéfice de cette loi fut Fournier l'Américain. Il avait été appréhendé au corps par suite du mandat d'arrêt lancé contre lui par le tribunal criminel de Seine-et-Oise et conduit à la Force. Aussitôt que le décret du 4 brumaire fut rendu, il en réclama l'application en sa faveur et obtint d'être mis en liberté le 7 du même mois. Il avait bien fait de se presser; car, dès le 15, un huissier, porteur d'ordres des magistrats de Versailles, venait réclamer sa translation dans les prisons de cette ville. La procédure n'en continua pas moins contre lui et ses deux coprévenus; et, le 10 nivôse an IV (31 décembre 1795), le jury d'accusation du district de Versailles déclarait qu'il y avait lieu de les traduire devant le tribunal de Seine-et-Oise; mais, par une étrange aberration d'esprit, le magistrat qui tenait alors le siége du ministère public à Versailles, ne vit dans les faits que le jury d'accusation venait de déférer au tribunal criminel, que des actes purement révolutionnaires et ne tombant sous l'application d'aucun article du Code pénal ordinaire. La poursuite fut abandonnée contre Fournier et ses acolytes au moment même où elle allait aboutir.

La mansuétude du parquet de Seine-et-Oise ne fut pas partagée par le tribunal criminel du département de Paris. Le 10 mars 1796 (20 ventôse an IV) il vint en corps à la barre du conseil des Cinq-Cents demander les moyens de poursuivre d'une manière légale les individus prévenus d'avoir trempé dans les massacres de septembre[1].

Sur cette pétition intervint un rapport de Colombel, qui ordonnait de reprendre toutes les poursuites contre les complices des massacres de septembre, les faits de cette nature ne pouvant être considérés comme couverts par la loi d'amnistie de brumaire précédent[2].

Dès lors, les procès entamés furent poussés vigoureusement; le tribunal de Seine-et-Marne qui, depuis longtemps, instruisait celui relatif aux septembriseurs de Meaux, en condamna quatre à mort, à savoir:

François Lombard, tisserand; Denis Petit, fripier; Pierre Robert, cordonnier; Pierre Lemoine, dit Moreau, portefaix[3].

Le pourvoi des quatre condamnés à mort fut rejeté par la cour de cassation le 3 prairial an IV, et le jugement du tribunal criminel de Seine-et-Marne reçut son exécution quelques jours après.

Depuis près d'un an, le tribunal criminel du département de Paris s'occupait de l'instruction dirigée contre les individus qui lui avaient été signalés par les enquêtes, faites dans diverses sections, comme étant connus par leur participation aux massacres de septembre. Mais on conçoit facilement les lacunes, que présentait forcément une instruction commencée trois ans après les faits qu'il s'agissait de constater. Ces trois années avaient été si agitées et si remplies elles-mêmes d'événements terribles! la plupart des témoins avaient disparu; les coupables avaient pu changer de domicile; la plupart d'entre eux étaient, d'ailleurs, étrangers à Paris et avaient depuis longtemps fui le théâtre de leurs affreux exploits[4].

1. *Moniteur* du 15 mars 1796 (25 ventôse an IV).
2. *Moniteur* du 28 mars (8 germinal an IV), séance du conseil des Cinq-Cents.
3. Un autre portefaix, Adrien Leredde, fut condamné à vingt ans de fers. Un boucher nommé Goulard était mort en prison pendant l'instruction.
4. L'immense procédure contre les assassins de septembre est conservée

Il nous est impossible de reproduire ici les dépositions des témoins entendus dans les enquêtes et dans l'instruction écrite. Contentons-nous de dire que les individus poursuivis à raison des massacres de l'Abbaye étaient au nombre de neuf, à savoir :

1° Damiens (Pierre-François), âgé de quarante ans, vinaigrier, né à Montmarquel (Somme), demeurant, lors des massacres de 1792, rue Sainte-Marguerite, section de l'Unité; (d'après les débats on voit que, depuis les massacres, il avait été ruiné dans son commerce et qu'il s'était réfugié à Crécy, département de Seine-et-Marne. Damiens avait servi, plusieurs années avant la révolution, dans le régiment de Soubise;)

2° Bourre (Antoine), âgé de trente-neuf ans, natif de Leigneux (Rhône-et-Loire), ancien garde française, sergent de la garde parisienne soldée, puis gendarme, demeurant cour du Tribunal, ci-devant Abbaye Saint-Germain;

3° Debêche (Jean), âgé de quarante-cinq ans, né à Paris, joaillier, demeurant rue de Bucy;

4° Godin (Auguste-Victor-Sébastien), âgé de trente-six ans, né au Bourget (Seine), alors boucher, depuis conducteur des transports militaires, demeurant enclos de la ci-devant Abbaye Saint-Germain-des-Prés;

5° Maillet (François), âgé de quarante-trois ans, natif d'Allones, près de Beauvais (Oise), tambour de la garde nationale, ci-devant garde française, demeurant rue Sainte-Marguerite, section de l'Unité;

6° Ledoux (Louis-Nicolas-Auguste), âgé de trente-huit ans, né à Paris, savetier, rue de l'Échaudé;

7° Mayeux (Pierre-Louis), âgé de vingt-huit ans, né à Somme-sous (Marne), clerc d'huissier, puis défenseur officieux, demeurant rue des Boucheries-Saint-Germain;

---

aux archives de la Cour impériale de Paris. Nous avons été admis à la consulter plusieurs fois, et nous avons pu prendre connaissance de toute l'instruction écrite qui précéda le jugement du tribunal criminel. Les débats oraux qui durèrent plusieurs jours n'ont pas été conservés; mais nous avons eu le bonheur de retrouver au British Museum un exemplaire imprimé du résumé que fit de ces débats le président du tribunal criminel, Gohier, qui, quelques années après, devint ministre de la justice, puis l'un des cinq membres du Directoire exécutif.

8° Lyon (André-Nicolas), âgé de cinquante-deux ans, né à Rouen, limonadier, demeurant rue Sainte-Marguerite ;

9° Dubois (Pierre), âgé de quarante-six ans, né à Cheille (Indre-et-Loire), compagnon charron, demeurant rue de Nevers.

Nous empruntons au résumé de Gohier les passages suivants sur plusieurs accusés :

« Damiens a été vu par plusieurs témoins la chemise retroussée jusqu'aux coudes, les mains et les bras ensanglantés, venir demander à boire, comme un furieux, chez le marchand de vin Lévêque, demeurant vis-à-vis de la prison de l'Abbaye ; il se lava les mains à la fontaine, demanda une bouteille de vin et dit froidement : « *Retournons à notre besogne.* »

« Quelle était cette horrible besogne, à laquelle *Damiens* invitait ses compagnons? D'autres témoins vont vous l'apprendre si vous en doutez encore.

« Le citoyen Roussel déclare avoir vu *Damiens* au nombre de ceux qui frappaient les prisonniers à la porte de la prison, et le citoyen Rengeaut a déposé qu'étant le 2 septembre en face de la prison chez le citoyen Thévenot, il a vu avec horreur, depuis quatre heures après-midi jusqu'à onze heures trois quarts, égorger soixante-trois personnes, et que, parmi ces égorgeurs, il a distingué particulièrement *Damiens* par sa cruauté et son acharnement. Il prétend que ce *Damiens,* après avoir *massacré le citoyen Laleu, lui ouvrit le côté, plongea sa main dans la profonde blessure qu'il venait de lui faire, lui arracha le cœur, le porta à sa bouche comme pour le dévorer, et le lança ensuite en l'air en criant :* Vive la nation !

« Bourre a été, disent le citoyen Lévêque et son épouse, boire chez eux *ayant les mains et les vêtements tachés de matières fécales.* Ils déposent qu'il s'est vanté d'avoir assassiné le juge de paix de Bonne-Nouvelle, *qui était détenu à l'Abbaye ;* qu'en racontant toutes les circonstances de cet horrible assassinat, il a dit que ce juge de paix s'étant sauvé dans les latrines et y ayant été poursuivi par lui, tous les deux s'étaient pris au collet, que le juge de paix l'avait renversé dans ce lieu infect et avait pensé l'étrangler, qu'il avait fallu forcer la porte pour le délivrer, et qu'il portait en effet sur ses mains et ses vêtements couverts d'ordures la preuve de ce qu'il racontait...

« Plusieurs autres témoins sont venus confirmer les faits à la charge de Bourre, comme les ayant vus de leurs propres yeux.

« Godin a été vu par plusieurs témoins, sur les marches de l'escalier qui conduisait au comité civil des Quatre-Nations, armé d'un instrument de charpentier, prêchant le massacre et disant que si on ne les prévenait pas, les prisonniers sortiraient et égorgeraient les femmes et les enfants de ceux qui seraient partis pour les frontières.

« François Maillet était un des tambours du bataillon de la section de l'Abbaye ; deux témoins ont déclaré qu'à l'instant où les voitures contenant des prisonniers arrivèrent dans la cour de l'Abbaye, ils virent ouvrir la porte d'une de ces voitures, en tirer un prisonnier et le massacrer. Parmi les assassins ils ont distingué un tambour, mais ils ne peuvent assurer que ce tambour fût Maillet. »

Sur neuf accusés, sept furent acquittés faute de preuves suffisantes contre eux.

Damiens et Bourre furent déclarés convaincus d'avoir participé aux massacres de l'Abbaye, de l'avoir fait dans l'intention de donner la mort volontairement, sans la nécessité d'une légitime défense, sans provocation violente, mais de ne pas l'avoir fait avec préméditation. Ils furent l'un et l'autre condamnés à vingt ans de fer.

Les individus traduits devant le tribunal criminel comme ayant participé aux massacres de la Force étaient au nombre de seize, savoir :

1º Antoine-Victor Crappier, âgé de vingt-huit ans, natif de Caux, près de Montdidier (Somme), marchand fabricant de bas, demeurant à Paris, rue de Charonne, nº 29, section de Popincourt ;

2º François-Baptiste-Joachim Bertrand, âgé de vingt-trois ans, serrurier, et ci-devant tambour dans le bataillon de Saint-Eustache à Paris, puis dans la compagnie des canonniers de la section des Droits de l'Homme, puis tambour-maître dans l'armée révolutionnaire, au petit café de France, section du Temple ;

3º François Lachève, âgé de trente-six ans, natif de Froberville, département de la Seine-Inférieure, serrurier, demeurant à Paris, rue de Seine, section de l'Unité ;

4° Angélique Voyer, dite femme Nicolas, âgée de trente-deux ans, native de Beauvais, département de l'Oise, regrattière, demeurant à Paris, rue des Prêtres-Saint-Paul, section de l'Arsenal ;

5° Claude-Antoine Badol, âgé de trente-cinq ans, natif de Chaudron, département du Doubs, gendarme licencié, demeurant à Paris, susdite rue des Prêtres-Saint-Paul, section de l'Arsenal ;

6° Jacques Laty, âgé de trente-deux ans, natif de Boulogne, département de la Seine, marchand de journaux et brocanteur, demeurant à Paris, rue et section de Montreuil ;

7° Pierre Laval, âgé de cinquante-neuf ans, natif de La Bigne, département du Calvados, marchand de tabac, demeurant à Paris, rue et section de la Réunion ;

8° Siméon-Charles-François Vallée, âgé de trente-neuf ans, natif de Mesnillens, département de la Manche, marchand de tableaux, et lors de son arrestation secrétaire analyseur du comité de sûreté de la Convention, section de la police, demeurant rue de la Monnaie, section du Muséum ;

9° Michel Marlet, âgé de quarante-trois ans, natif de Neuville-aux-Bois, département du Loiret, demeurant à Paris, rue des Marmousets, section de la Cité ;

10° Pierre-Martin Monneuse, âgé de quarante-trois ans, natif du Tremblay, département de Seine-et-Oise, marchand mercier, demeurant à Paris, rue des Fontaines, section des Gravilliers ;

11° Jean Gonord, âgé de trente-huit ans, charron, natif de Paris, y demeurant, petite rue Taranne, section de l'Unité ;

12° Jean-Nicolas Bernard, âgé de soixante et un ans, natif de Chaulny, département de l'Aisne, cordonnier, demeurant à Paris, rue Barre-du-Bec, section de la Réunion ;

13° Jean-Gratien-Alexandre Petit-Mamin, âgé de trente-trois ans, natif de Bordeaux, département de la Gironde, rentier, demeurant à Paris, place de l'Égalité, section des Tuileries ;

14° René Joly, âgé de vingt-sept ans et demi, cordonnier, ci-devant gendarme, puis lieutenant de la 6e compagnie du 5e bataillon de l'armée révolutionnaire, natif de Paris, y demeurant, rue des Jardins-Paul, section de l'Arsenal ;

15º Pierre Chantrot, âgé de cinquante ans, défenseur officieux, natif de Paris, demeurant rue de la Coutellerie, section des Arcis;

16º Pierre-Nicolas Renier, dit le grand Nicolas, âgé de quarante et un ans, natif de Paris, ci-devant fort au port Saint-Paul, puis gendarme licencié, demeurant rue des Prêtres-Paul, section de l'Arsenal.

Nous empruntons également au résumé de Gohier les passages les plus saillants en ce qui concerne les principaux de ces seize accusés.

« Pierre Nicolas Régnier, dit le grand Nicolas, est accusé d'être un des plus farouches assommeurs des détenus de la Force. Il était à la porte armé d'une batte à plâtre, frappant les détenus qu'on faisait sortir du guichet; il avait assommé un prisonnier sur les marches du portail des jésuites; il traînait les cadavres sur le tas.

« Sa concubine, Angélique Voyer, dite femme Nicolas, est accusée d'être montée sur une charrette de cadavres, de les avoir foulés aux pieds, d'avoir achevé à coups de sabot une victime qui respirait encore; elle mangeait sur la voiture les mains teintes de sang.

« Monneuse était membre du conseil général de la commune. Il est accusé d'être allé aux prisons, notamment à la Force, revêtu de l'écharpe municipale, d'y avoir fait les fonctions d'officier municipal et de juge.

« Le 21e témoin vous a dit avoir vu Monneuse arriver à la Force avec plusieurs autres et envoyer chercher quatre flambeaux.

« Le 35e témoin vous a dit avoir vu Monneuse à côté d'un homme à grande barbe dans une salle en bas, à côté d'une table; il jugeait les détenus que l'on assommait.

« Le 43e témoin et le 46e vous ont dit l'avoir vu aller et venir à la Force, se réjouir des tristes événements qui venaient d'y avoir lieu, y témoigner beaucoup d'immoralité, ajoutant qu'on joua du violon devant lui et que son collègue dansa.

« Le 52e témoin a vu aussi Monneuse en costume d'officier municipal, mais il ne l'a entendu se prononcer contre personne.

« Le 64e témoin, le citoyen Huraut, vous a expliqué comment

on jugeait à la Force. Il vous a dit que c'était Monneuse qui était assis à un des bouts de la table, que Chantrot faisait les fonctions d'accusateur, qu'il faisait les *interrogats,* qu'ils étaient près d'une table, sous un hangar, à la Force, laquelle table était encore surchargée de bouteilles vides et de débris de comestibles.

« Hullot, 65e témoin, dit qu'il a vu Monneuse et Chantrot à cette table, mais qu'il ne les a pas vus juger.

« Le 66e témoin dit qu'il a vu Monneuse arriver le 5 septembre avec trois autres municipaux.

« Monneuse a exposé pour sa défense qu'il s'est porté à la prison de la Force par ordre de la commune, mais pour empêcher le désordre, qu'il a failli perdre la vie, qu'il n'a jugé personne, que c'était le peuple qui avait nommé des jurés pour cette opération, que quant à lui il ne s'était occupé qu'à rechercher les faux assignats, qu'il en avait trouvé à la Force ainsi que les planches qu'il avait déposées à la commune, qu'il avait fait serrer les effets des détenus, qu'il avait rendu compte de ces objets, ainsi que des pièces d'or qu'un témoin lui a vu compter.

« Pierre Chantrot est accusé d'avoir fait les fonctions de juge à la Force.

« Vous avez entendu à cet égard les citoyens Hurant, Hullot et Ernel, 64e, 65e, 66e témoin, qui vous ont dit qu'il était à la table où l'on jugeait, le citoyen Huraut vous a ajouté qu'il faisait les fonctions d'accusateur national.

« Pour sa défense Chantrot avoue que, lorsque le rappel a été battu, il est allé en armes comme les autres citoyens; qu'il est entré à la Force, qu'il y a lu des écrous, mais il a nié s'être livré à aucun acte inhumain et a dit que, s'il a lu des écrous, c'est qu'il y a été forcé parce qu'il s'était qualifié d'homme de loi.

« Petit-Mamin est accusé de s'être vanté d'avoir assassiné à la Force la ci-devant princesse de Lamballe.

« Le témoin Barré nous a déclaré que Petit-Mamin s'était vanté d'avoir commis le crime; mais il a ajouté qu'il ne savait si cela était vrai, et s'il ne l'avait pas dit par forfanterie.

« L'accusé Petit-Mamin a nié tous ces faits et soutenu qu'il n'avait été accusé qu'en haine de son excès de patriotisme; que non-seulement personne ne l'avait vu commettre un assassinat, mais encore qu'il était incapable d'en commettre, et que jamais il ne s'était flatté de pareilles horreurs; quant aux autres inculpations, il les a également repoussées par la dénégation et a dit que, le jour même de l'assassinat de la femme Lamballe, il était allé à Saint-Germain pour faire une arrestation. Plusieurs témoins ont été entendus en faveur de cet accusé. La femme Millet a dit qu'elle avait vu celui qui portait, rue Antoine, le cœur de la ci-devant princesse de Lamballe, qu'il le mordait, mais que cet individu forcené était parti avec son mari pour la Vendée, et qu'il y avait péri en voulant commettre encore de nouvelles horreurs[1]. »

Le jury déclara que quatorze des accusés n'étaient pas convaincus des crimes dont on les accusait; « que Monneuse avait aidé et assisté les coupables dans les faits qui avaient facilité l'exécution du crime, mais qu'il ne l'avait pas fait sciemment et dans l'intention de nuire.

« Régnier, dit le grand Nicolas, fut déclaré convaincu d'avoir coopéré à cette action;

« Qu'il l'avait fait dans l'intention de donner la mort volontairement, sans nécessité actuelle d'une légitime défense et non par suite d'une provocation violente, mais qu'il l'avait fait sans préméditation. »

Par suite de ce verdict, quinze des accusés, y compris Monneuse, furent relaxés; Régnier seul fut condamné à vingt ans de fers.

Le jugement des assassins de la Force avait été rendu le 22 floréal an IV; celui des assassins de l'Abbaye, dont nous avons parlé plus haut, dura deux jours, le 23 et le 24; enfin, le

---

1. Petit-Mamin que, malgré son acquittement, on a toujours considéré comme l'un des assassins de la princesse de Lamballe, passait sa vie dans les bouges du Palais-Royal. Il était tous les soirs au théâtre du Vaudeville, alors établi rue de Chartres. Il en terrifiait les habitués et les acteurs par le récit de ses sinistres exploits. Le témoin Barré était l'un des directeurs du Vaudeville avec Radet et Desfontaines. Dans son interrogatoire devant le juge d'instruction, Petit-Mamin répond avec indifférence à la question, s'il a assassiné quelqu'un? « Au 10 août, il peut bien se faire que j'aie tué quelques Suisses ! »

25, quatorze accusés de faits semblables à l'occasion des égorgements de Saint-Firmin, de la Salpétrière, de Bicêtre et des Carmes furent tous acquittés, y compris le fameux juge de paix de la section du Luxembourg, Joachim Ceyrat, dont la participation matérielle aux massacres ne peut-être prouvée puisque dans ce moment il présidait l'assemblée de sa section dans l'église même de Saint-Sulpice.

Pendant cinq années, les hommes de septembre disparaissent; l'impunité semble leur être assurée. Mais les mesures révolutionnaires amènent d'autres mesures révolutionnaires en sens contraire; en politique, comme en physique, dans ce double monde qui oscille incessamment d'un pôle à l'autre, la réaction est toujours égale à l'action : malheur à ceux qui mettent le pendule en mouvement, ils sont souvent frappés par le retour du balancier.

A la guillotine de la Terreur avait succédé le système des transportations. Le Directoire avait envoyé à Sinnamari de malheureux prêtres insermentés, puis les vaincus du coup d'État du 18 fructidor. Le gouvernement consulaire suivit l'exemple du Directoire. La machine infernale, que les chouans avaient placée sur le passage du premier Consul dans la rue Saint-Nicaise, fut d'abord attribuée au parti démagogique, et avant que l'affaire ne fût éclaircie, un sénatus-consulte autorisa le gouvernement à prendre, contre tous les individus qu'il lui plairait de désigner, un acte de haute police extraordinaire. Fouché, pour faire admettre plus facilement par l'opinion publique la nécessité de cette mesure exceptionnelle, eut soin d'inscrire sur la liste des transportés un certain nombre d'individus connus pour leur participation aux massacres de septembre et aux crimes de la commune insurrectionnelle.

Sur cette liste se trouvaient notamment inscrits :

Villain d'Aubigny et Pepin Desgrouettes, tous deux hommes d'affaires de bas étage, tous deux ayant appartenu en qualité de juges au tribunal du 17 août, tous deux véhémentement soupçonnés de s'être livrés au moment de leur puissance aux plus odieuses malversations[1];

---

1. Villain-D'Aubigny avait été arrêté sous l'accusation de vol, et ne dut sa

Michel (Étienne), marchand de rouge végétal, et membre de la commune au 2 septembre, depuis administrateur de police, dont on retrouve le nom au bas d'un grand nombre d'ordres d'arrestation;

Leroy, dit Églator, ex-instituteur, également membre de la commune insurrectionnelle, que l'on accusait de s'être mis à la tête des bandes qui envahirent Bicêtre le 3 septembre 1782[1];

Rossignol, aussi l'un des municipaux du 10 août et du 2 septembre, l'un des juges de la Force, le dévastateur de la Vendée, auquel nous avons déjà consacré une notice dans notre deuxième volume (voir page 447);

Monneuse, René Joly, Petit-Mamin et Joachim Ceyrat, quatre des acquittés de floréal an IV[2];

André Corchand, que nous avons vu, en qualité de commissaire du pouvoir exécutif, procéder à Forges-les-Eaux à l'arrestation du vénérable duc de La Rochefoucauld (voir page 349 de ce volume);

Et enfin le plus célèbre et le plus audacieux de tous, Fournier l'Américain.

Le reste ne vaut pas l'honneur d'être nommé.

Le sénatus-consulte avait été rendu le 15 nivôse an IX (5 janvier 1801), et, dès le lendemain, le ministre de la marine ordon-

---

liberté qu'à l'intervention de Marat; depuis il avait été l'un des adjoints du ministère de la guerre, ministère qui, sous Bouchotte, était devenu le quartier général des plus ardents jacobins. Ils s'y étaient fait donner des places lucratives, et d'ailleurs il y était facile de s'entendre avec les fournisseurs des armées.

1. Ce fait ne put être prouvé, mais ce qui est hors de doute, c'est que Leroy se fit nommer, très-peu de temps après, concierge de Bicêtre, place qu'il occupa jusqu'après les événements de prairial an III, et où il se signala en inventant les conspirations de prison, au moyen desquelles il mit en coupe réglée les malheureux hôtes de cette prison et fit périr notamment son ancien collègue, le fameux Osselin, le président du tribunal du 17 août.

2. Nous avons raconté plus haut les exploits de Monneuse, de Ceyrat et de Petit-Mamin. Quant à René-Joly, c'était l'individu auquel Monneuse avait délivré le certificat que nous avons donné p. 269 de ce volume. Il avait été depuis l'un des officiers de la fameuse armée révolutionnaire.

nait à l'administration maritime de Nantes d'accélérer l'armement de la frégate la *Chiffonne* et de la corvette la *Flèche*.

La *Chiffonne* fut mise sous le commandement du capitaine Guyesse, et la *Flèche* sous celle du capitaine Bonamy.

Le 20 nivôse (10 janvier), un convoi de quarante déportés partit de Bicêtre; le 27, un second convoi de trente-deux individus partit du même lieu.

On découvrit, il est vrai, quatre jours après, que la machine infernale n'était pas l'œuvre du parti démagogique, que le coup partait d'autres mains; mais les deux convois étaient en route pour les îles de Ré et d'Oléron et on ne jugea pas à propos de leur donner contre-ordre.

Le premier convoi de déportés fut embarqué sur la *Flèche* et prit la mer le 16 février 1801 (27 pluviôse an IX); le deuxième prit passage sur la *Chiffonne*, et partit le 13 avril 1801.

On était en guerre avec l'Angleterre; il fallait avant tout éviter les croisières.

Les instructions avaient été données à chacun des capitaines, sous un pli cacheté qui ne devait être par eux ouvert qu'à la hauteur du cap Finistère et qui devait leur indiquer leur destination.

En ouvrant leur pli, ils apprirent que leur destination était Mahé, la principale des Séchelles, située dans la mer des Indes à 250 lieues nord-est de la pointe nord de Madagascar. Les proscrits devaient ignorer le lieu de leur déportation jusqu'au jour même de leur arrivée aux îles Séchelles.

La *Chiffonne*, après avoir eu deux combats à essuyer successivement avec une frégate portugaise et une frégate anglaise, abordait le 11 juillet 1801 à Mahé (3,700 lieues de France) et débarquait ses trente-deux proscrits.

La *Flèche*, partie la première, arriva la dernière à sa destination, parce qu'elle avait été obligée de relâcher successivement dans deux ports d'Espagne par suite d'avaries considérables. Elle n'atteignit Mahé que le 25 août.

Les déportés des deux convois se trouvèrent ainsi réunis et devinrent bientôt l'objet des suspicions les plus vives de la part des habitants. Une corvette de la marine française, le *Bélier*, capitaine Hulot, étant venue annoncer à l'île de France et aux îles Schelles les préliminaires de la paix d'Amiens, les habitants de Mahé s'emparèrent de trente-trois déportés et les remirent au capitaine Hulot (13 mars 1802). Celui-ci les transporta à Anjouan, l'une des Comores, située à 340 lieues des Séchelles par 12 degrés de latitude sud.

Là, ils furent recommandés au roi de l'île, auquel on promit de payer pension pour leur nourriture. Mais bientôt tous ces malheureux, à l'exception de quatre qui réussirent à s'échapper, périrent victimes de l'effroyable insalubrité du pays.

Nous avons retrouvé, dans un état officiel dressé sept ans après (janvier 1808), ce qu'étaient devenus les soixante-dix individus embarqués sur la *Flèche* et la *Chiffonne* [1].

Cet état est effrayant de simplicité.

29 morts aux îles d'Anjouan.
 4 évadés d'Anjouan.
 8 morts à Mahé.
 1 mort sur la *Flèche* avant son débarquement.
 5 évadés de Mahé.
 3 Partis par autorisation pour l'Ile de France.
20 existant encore à Mahé.
───
70

Parmi tous ces malheureux qu'un machiavélisme politique avait réunis, ceux dont la participation aux journées de septembre est avérée nous occuperont seuls.

Corchand, Petit-Mamin et Rossignol étaient parmi les déportés d'Anjouan et y moururent de fièvres endémiques dans les plus affreuses douleurs. Chrétien et René Joly, qui faisaient également partie des déportés aux Comores, périrent dans un naufrage, en cherchant à s'évader.

Pepin des Grouettes décéda à Mahé, et Monneuse, après avoir

---

[1]. Les convois partis de Bicêtre comprenaient soixante-douze déportés, mais avant le départ des deux bâtiments, deux avaient obtenu la faveur de ne pas être embarqués, Rousselle, qu'un ordre de mise en liberté avait fait relaxer, et Églator Leroy, que l'on s'était contenté d'interner à Nantes comme septuagénaire.

résisté six ans au climat brûlant des Séchelles, alla mourir, en 1808, à l'hôpital de l'Ile de France.

Villain d'Aubigny et Michel ne faisaient pas partie des transportés des îles Séchelles, ils avaient été envoyés à Cayenne. Villain d'Aubigny y mourut; Michel s'en évada en s'emparant, avec quelques-uns de ses compagnons, d'une pirogue à l'aide de laquelle il put arriver à Surinam.

Mais, de toutes ces odyssées, la plus extraordinaire est sans contredit celle du fameux Fournier l'Américain. Pendant deux ans il échappe au décret de transportation qui l'a frappé le 15 nivôse an IX; il est arrêté en pluviôse an XI, écroué à Sainte-Pélagie, puis envoyé à l'île d'Oléron. A peine arrivé, on le transfère au fort de Joux, dans le Jura; de là on le fait revenir dans la Charente-Inférieure, on l'embarque pour Cayenne sur la frégate la *Cybèle*. Après quelques années de séjour dans cette colonie, il s'en évade, se réfugie à la Guadeloupe et se fait corsaire. En 1814, il rentre en France et y meurt tranquillement quelques années après.

Ceyrat, quoiqu'il eût été inscrit sur le décret de proscription, ne quitta pas la France, grâce à de hautes protections. Il fut seulement interné à Clermont-Ferrand.

Panis et Sergent ne furent point compris dans le décret : ce dernier fut un instant inquiété. Nous avons tenu entre les mains une pétition qu'il adressait au citoyen Piis, secrétaire général de la préfecture de police; il y fait valoir « qu'il venait de remplir, sous le régime consulaire, la place de commissaire de la régie des hôpitaux militaires; qu'il sollicitait, dans ce moment même, une préfecture; que sa demande était appuyée par de très-hauts personnages du régime nouveau. » Ce révolutionnaire fougueux, cet organisateur des massacres de septembre, se déclarait l'ami du gouvernement et trouvait très-extraordinaire qu'on vînt le tourmenter *dans sa maison de la rue Cisalpine*.

Fournier aussi, sous le Directoire, avait *sa maison* de campagne.

On peut, sur ces deux exemples, juger ce que sont au fond beaucoup de ces démagogues dont on vante le désintéressement; ils s'amassent, à force de rapines et d'exactions, un certain pécule; plus tard ils le dissipent, retombent dans leur pauvreté primitive, et se vantent alors d'avoir toujours eu les mains pures. Ils trouvent encore des niais pour les croire et pour exalter leurs vertus puritaines.

TABLE DES MATIÈRES

DU TOME TROISIÈME

LIVRE IX.

LE LENDEMAIN DE LA RÉVOLUTION DU 10 AOUT 1792.

		Pages.
I.	Les premiers actes de la commune insurrectionnelle.	1
II.	Pétion libre. — Robespierre à l'Hôtel de Ville.	7
III.	Translation du roi et de la famille royale au Temple.	14
IV.	Loi de police générale.	21
V.	Robespierre à la barre de l'Assemblée.	24
VI.	La cour martiale et le tribunal du 17 août.	27
VII.	Installation du nouveau tribunal.	38
VIII.	Comment les départements accueillent la révolution de Paris.	43
IX.	La Fayette essaye d'organiser la résistance constitutionnelle.	48
X.	Il est soutenu par la municipalité de Sedan et le département des Ardennes.	56
XI.	La Fayette arrêté par les Autrichiens.	64
XII.	Dumouriez adhère au 10 août.	74
XIII.	Les commissaires de la Législative aux armées du Rhin et du Midi.	80

LIVRE X.

LA LÉGISLATIVE ET LA COMMUNE.

I.	Marat pille l'imprimerie nationale et prêche l'assassinat.	87
II.	Arrêtés et décrets contre les prêtres insermentés.	91
III.	Fête funèbre en l'honneur des morts du 10 août.	99
IV.	La commune s'oppose à la reconstitution du département.	105
V.	Tribunal du 17 août. — Procès Laporte, Durosoy, Montmorin, etc.	114
VI.	Défense nationale.	119
VII.	Prise de Longwy. — Discours de Danton.	127
VIII.	Les visites domiciliaires.	136
IX.	La commune dénoncée par quelques sections.	142
X.	Affaire Girey-Dupré. — La Législative casse la commune.	147
XI.	La Législative maintient son décret.	157
XII.	Pétion pris au piége.	166
XIII.	Le manifeste de la commune.	170

LIVRE XI.

LE COMITÉ DE SURVEILLANCE.

I.	Caractère général des journées de septembre.	183
II.	Les vrais coupables.	188
III.	Excitations aux massacres. — Jean Jullien.	194
IV.	Robespierre dénonce ses ennemis à la commune.	202
V.	Motion de Thuriot qui sauve la commune	207
VI.	Constitution définitive du comité de surveillance.	214
VII.	Le tocsin sonné par Danton.	219
VIII.	Les massacres commencent à l'Abbaye, aux Carmes.	223
IX.	Le tribunal de Maillard.	232
X.	Les commissaires de la Législative à l'Abbaye.	239
XI.	Les commissaires de la commune à l'Assemblée.	246

LIVRE XII.

LES MASSACRES A PARIS.

I.	Les massacres continuent à l'Abbaye.	253
II.	L'orgie des assassins.	257
III.	Massacres de la Conciergerie et du Châtelet.	262
IV.	Massacres de la Force. — La princesse de Lamballe.	266
V.	Massacres des Bernardins.	272
VI.	Ce que faisaient la commune et la Législative le 3 septembre au matin.	277
VII.	Mesdemoiselles Cazotte et de Sombreuil.	282
VIII.	Bachmann égorgé légalement	290
IX.	Massacres de Bicêtre.	292
X.	La Législative sort de sa léthargie.	298
XI.	La circulaire du comité de surveillance.	303
XII.	La commission extraordinaire veut donner sa démission.	309
XIII.	Massacres de la Salpêtrière.	315

LIVRE XIII

LES MASSACRES EN PROVINCE.

I.	Massacres de Meaux	321
II.	Massacres de Reims.	325
III.	Émeute de Charleville et de Caen.	332
IV.	Massacres de Couches et de Lyon.	338
V.	Assassinat de La Rochefoucauld et arrestation d'Adrien Duport.	347
VI.	Les prisonniers de la haute cour d'Orléans.	359
VII.	Fournier l'Américain et ses bandes.	366
VIII.	Fournier s'empare des prisonniers et les dirige sur Paris.	370

TABLE. 643

IX. Halte à Étampes... 380
X. Les magistrats de Versailles s'adressent à Roland et à Danton... 387
XI. Massacres de Versailles...................................... 392

NOTES

ÉCLAIRCISSEMENTS ET PIÈCES INÉDITES.

I. *Licenciement des régiments suisses après le 10 août 1792.*..... 403
    Ordre du ministre d'Abancourt à la municipalité de Mantes. — 8 août 1792.................................... 403
    Ordre du même au commandant des Suisses, à Mantes. — 9 août... 404
    Ordre du ministre Clavière à Liancourt. — 15 août..... 404
    Décret relatif au licenciement des Suisses. — 20 août.... 405
    Lettre de Kellermann à Clavière. — 20 août........... 406
    Lettre de Mérian, lieutenant-colonel du régiment de Châteauvieux, à Clavière. — 21 août............................ 408

II. *Pièces inédites concernant les premiers moments de la captivité de Louis XVI et de sa famille.*............................. 411
    Délibération des commissaires des sections. — 10 août 1792. 411
    Autre délibération. — 10 août........................ 412
    Lettre de Rœderer à l'Assemblée. — 11 août............ 412
    Lettre du département au maire. — 11 août............. 412
    Arrêté des commissaires des sections. — 12 août....... 413
    Deux lettres de Pétion et réponse de Santerre. — 12 août. 414
    Arrêté du conseil général. — 14 août.................. 414
    Arrêté de la section Poissonnière. — 21 août.......... 415

III. *Formation du tribunal du 17 août.*......................... 417
    Procès-verbal de l'installation du jury d'accusation.... 417
    Procès-verbal de l'installation du tribunal............ 418
    Lettre de Jacques Roux à Danton. — 18 août 1792....... 420

IV. *Compte rendu officiel des événements arrivés à Paris dans la journée du 10 août 1792.*.................................. 423

V. *Protestation de la municipalité de Sedan et du département des Ardennes contre le 10 août.*............................... 425
    Arrêté du district de Sedan. — 13 août 1792........... 425
    Arrêté du département des Ardennes. — 15 août......... 431
    Arrêté de la commune de Sedan. — 14 août.............. 435
    Procès des officiers municipaux et des administrateurs du département signataires des protestations................ 435

VI. *Les officiers signataires de la protestation de Rochefort.*... 441
    Lettre du capitaine d'Harnoncourt. — 10 août.......... 441

VII. *Lettre de Couthon à l'Assemblée législative.* — 10 août 1792... 445

VIII. *Protestations militaires contre le 10 août*............. 449
    Lettre de Montesquiou à Servan. — 15 août.......... 449
    Lettre de d'Harambure à d'Abancourt. — 15 août...... 450
    Démission du capitaine d'Assas. — 28 août.......... 451
    Démission de Richelieu d'Aiguillon. — 14 août........ 452
    Lettre du même à la Législative. — 9 septembre....... 452
    Suspension de Victor de Broglie. — 16 et 17 août........ 454
    Lettre du même à d'Harambure. — 21 août.......... 456
    Poursuites contre le même. — Messidor an II......... 457
    Certificats de Carnot, de Prieur, de Ritter........... 458

IX. *Procès de Luce de Montmorin devant le tribunal du 17 août*... 461

X. *Indemnités extraordinaires accordées aux Marseillais*...... 465
    Extraits des délibérations de la commune et du pouvoir exécutif. — 12, 20, 28 août, et 14 septembre............ 465

XI. *Le maire légal et la commune insurrectionnelle*........... 467
    Extraits des délibérations de la commune. — 30 et 31 août 1792. 467
    Extraits des délibérations de la section des Innocents..... 469
    Lettre de Pétion à cette section................ 469

XII. *Jean Julien, le charretier de Vaugirard*............. 470
    Jugement prononcé contre lui par le tribunal du 17 août... 470

XIII. *État matériel des registres des sections parisiennes pendant les premières journées de septembre 1792*............. 475
    Extraits des délibérations de la section Mirabeau........ 476
        —   —   du Louvre...... 476
        —   —   de la Fontaine-Montmorency...... 477
        —   —   des Arcis....... 477
        —   —   Poissonnière..... 477
        —   —   de Montreuil..... 478
        —   —   du Faubourg-St-Denis. 479
        —   —   de Beaubourg..... 479
        —   —   du Luxembourg.... 479

XIV. *Maillard et sa bande*...................... 483
    Lettre de Maillard à la convention. — 14 octobre 1792.... 484
    Certificats délivrés par Maillard. — 9 novembre 1792 et 28 juin 1793......................... 485
    Lettre du mandataire de la famille Wittgenstein au président de la commune. — 11 mars 1793............... 486
    Arrêté du comité de surveillance qui ordonne l'arrestation de Maillard. — 27 frimaire an II................ 488
    Pétition des employés de Maillard............... 489
    Arrêté du comité de sûreté générale qui met en liberté Maillard. — 9 ventôse an II..................... 491
    Arrêté du même comité, relatif à la levée des scellés chez Maillard. — 6 messidor an II................. 492

TABLE. 645

xv. *Madame de Lamballe et les dames de la reine*. 493
    Extraits du registre d'écrou de la Petite-Force. 494
    Rapport de la veuve Hianere, concierge de la Petite-Force. — 3 septembre 1792.. 495
    Extrait des registres de la section des Quinze-Vingts. — 4 septembre 1792. 496
    Extrait de l'inventaire des effets trouvés dans un portefeuille saisi sur Mme de Lamballe. — 3 septembre 1792. 497
xvi. *Procès Bachmann*. 499
    Liste officielle des officiers suisses détenus à l'Abbaye, en août 1792.. 499
    Lettres de l'accusateur public Réal. — 31 août, 1er septembre. 500
    Réponse de Danton. — 1er septembre. 501
    Jugement rendu sur le déclinatoire présenté par les officiers suisses.. 502
    Dépositions relatives à de prétendues balles mâchées trouvées sur les Suisses. 503
    Extraits de l'acte d'accusation contre Bachmann, et de la déclaration du jury. 504
    Lettre de Lebrun, ministre des affaires étrangères, au ministre de la justice. — 7 septembre 1792. 506
    Déclaration du commissaire national près le tribunal du 17 août. 506
xvii. *Malversations du comité de surveillance de la commune de Paris*. 509
    Extraits des procès-verbaux du conseil général de la commune. — 5, 22, 23 septembre 1792, 18 février, 10 mai 1793. . . . 509
    Lettre de Sergent. — 20 novembre 1792.. 512
xviii. *Préméditation des massacres et salaire des travailleurs*. 515
    Extrait des procès-verbaux de la section des Sans-Culottes. — Note du ministre de l'intérieur. — Extrait du procès-verbal de la commune. — 4 et 5 septembre 1792.. 526
xix. *Vente des effets des victimes*. 531
    État des effets recueillis sur les victimes de l'Abbaye. — 7 septembre 1792. 531
    Rapport de la section des Quatre-Nations. — Décembre 1792. 532
xx. *Rapports de l'état-major de la garde nationale pendant les journées de septembre*. — 3, 4, 5, 6 septembre 1792. 535
xxi. *Statistique des massacres de septembre*. 539
    L'Abbaye. 540
    La Force. 542
    Le Châtelet. 543
    La Conciergerie. 543
    Les Bernardins.. 546
    Les Carmes. 546
    Saint-Firmin.. 546
    Bicêtre. 547

  La Salpêtrière. 547
  Relevé comparatif du nombre des victimes à Paris. 548
XXII. *Assassinat du duc de La Rochefoucauld.* 549
  Procès-verbal de la municipalité de Gisors. — 4 septembre 1792. 550
  Certificat délivré à Bouffart par la municipalité de Gisors. — 4 septembre. 552
  Lettre du procureur-syndic de la commune de La Roche-Guyon au ministre de l'intérieur. — 18 septembre 553
  Lettre de Bouffart, commissaire du pouvoir exécutif. 554
  Lettre de Condorcet au ministre de l'intérieur. — 12 décembre. 555
XXIII. *Mise en liberté d'Adrien Duport.* 557
  Lettre de Danton. — 17 septembre. 557
  Jugement du tribunal de Melun. 557
XXIV. *Lettres écrites par les prisonniers d'Orléans durant leur voyage à Versailles.* — Du 3 au 9 septembre 1792. 561
  Deux lettres du juge de paix Estienne Larivière. 561
  Deux lettres du ministre d'Abancourt. 563
  Lettre du ministre Delessart. 565
  Deux lettres du jeune officier La Blinière. 566
  Trois lettres des jeunes officiers Adhémar aîné et jeune à Taillefer et Delfaux, députés, et à leur mère. 569
  Deux lettres de l'officier Montyon. 572
  Lettres des officiers Mazelaigne, Lelagroux, Kenausen. . . . 575
  Lettre de l'officier Pargade. 576
  Lettres des officiers Larivière, Montjour. 577
  Lettres de plusieurs bourgeois et artisans de Perpignan. . . 579
  Lettres de divers prisonniers. 583
XXV. *Comptes de Fournier l'Américain.* 587
  Certificats délivrés à Fournier par les hommes de sa bande. . 587
  Comptes de Fournier et état de ses dépenses fournis au ministère de l'intérieur. 590
  Lettres de Roland à la Convention. — 5 et 6 octobre 1792. . . 594
  Billets de Fournier à Roland et de Roland à Fournier. — 13 et 14 octobre. 596
  Lettres de Fournier au ministre de l'intérieur. — 1er janvier et 13 février 1793. 599
XXVI. *Dépositions faites à l'occasion du procès intenté contre Fournier l'Américain.* 601
  Déposition du lieutenant de gendarmerie Saunier. 601
  Déposition du porte-clefs de la prison des Minimes. 603
  Déposition de la veuve du concierge des Minimes 605
  Déposition de la citoyenne Rosalie Édouard, fille de confiance. 607
  Déposition du citoyen Prozet, pharmacien et officier municipal. 607
XXVII. *Procès et punition des septembriseurs.* 611
  Pétition des Jacobins. — 8 février 1793. 612

Apologie des journées de septembre par Billaud-Varenne. —
    9 février.. 615
Extrait du rapport d'Azéma et décret du 16 juin. 616
Décret du 19 juillet.. 617
Passe-port délivré aux assassins de Couches. — 16 août 1793. 619
Pétition de la section des Invalides. — 3 mars 1795. 621
Condamnation des assassins de Couches. — 6 prairial an III. 621
Délibération de la section de l'Unité. — 20 germinal an III. . 623
Lois du 4 messidor an III et du 4 brumaire an IV. 623
Arrêt de non-lieu en faveur de Fournier. — Nivôse an IV. . 625
Pétition du tribunal criminel de Paris. — 20 ventôse an IV . 626
Condamnation des assassins de Meaux. — Germinal an IV. . 626
Jugement des septembriseurs de l'Abbaye. 627
    —   —   de la Force. 629
Jugement des septembriseurs de Saint-Firmin et autres. —
    floréal an IV. 634
Décret de transportation des septembriseurs. — 15 nivôse
    an XI. 634

www.ingramcontent.com/pod-product-compliance
Lightning Source LLC
Chambersburg PA
CBHW071011240426
43673CB00056B/1616